ANAMARA OSÓRIO SILVA

JURISDIÇÃO INTERNACIONAL E INTERNET

ANAMARA OSÓRIO SILVA

JURISDIÇÃO INTERNACIONAL E INTERNET

editora Del Rey
Belo Horizonte
2022

Impresso no Brasil | Printed in Brazil

EDITORA DEL REY LTDA

Editor: Arnaldo Oliveira

Editor Adjunto: Ricardo A. Malheiros Fiuza *(in memoriam)*

Coordenação Editorial: Letícia Neves

Diagramação e capa: Alfstudio

Revisão: Alessandra Alves Valadares

Editora:
Rua dos Goitacazes, 71 – Lojas 20 a 24
Centro – Belo Horizonte – MG
CEP 30190-050

Comercial:
Tel.: (31) 3284-3284
vendas@editoradelrey.com.br

Editorial:
Tel.: (31) 2516-3340
editorial@editoradelrey.com.br

Silva, Anamara Osório
S586j Jurisdição internacional e internet / Anamara Osório Silva
Belo Horizonte: Del Rey, 2022.
XXIV, 471 p. – Inclui bibliografia.

ISBN: 978-65-00-37705-7

1. Direito internacional privado. 2. Internet.
3. Jurisdição (Direito internacional público). 4. Direitos humanos - Proteção. I. Título.

CDU: 341.5

Ficha catalográfica elaborada pelo bibliotecário Junio Martins Lourenço - CRB 6 3167.

NOTA DA AUTORA

O livro *Jurisdição Internacional e Internet* é fruto de minha tese para doutorado na Faculdade de Direito da Universidade de São Paulo, defendida e aprovada com recomendação para publicação em abril de 2021.

O texto foi escrito, em sua grande parte, durante o ano de 2020, ano em que o mundo se viu paralisado por um novo vírus, o Covid-19.

A pandemia causou uma miríade de sentimentos e emoções: tristeza e dor pela perda de familiares e amigos queridos, preocupações financeiras e desemprego, desespero pela falta de recursos médicos, medo de contrair a doença, falecer, adoecer ou de ser um canal de contaminação na família ou no convívio social reduzido.

Foi um ano, ainda, em que os ânimos se afloraram, até mesmo por conta das incertezas, e vimos divergências do ponto de vista econômico, político e sanitário, de como conduzir a crise que se abatia entre nós; fatos e discussões tomaram proporções maiores nas ruas e nas redes sociais. Os crimes e as ofensas causadas por meios eletrônicos aumentaram visivelmente durante a pandemia, ocorreram tentativas de invasão e efetivas invasões a sistemas judiciários brasileiros, inúmeras fraudes eletrônicas e significativos sequestros de dados de empresas ou em poder delas.

No entanto, foi também um período em que a solidariedade humana reascendeu, campanhas de arrecadação de alimentos, roupas, utensílios e outras foram estimuladas nas redes sociais, de forma individual ou por meio de instituições organizadas; vizinhos de porta e de bairro ajudaram-se mutuamente; o comércio em geral se adaptou para a entrega de mercadorias e a prestação de serviços à distância. Igualmente, foi o ano em que mais se conseguiu acesso a obras literárias, científicas e artigos acadêmicos por meios eletrônicos. Nunca a internet ajudou tanto a vida dos mestrandos, doutorandos e estudantes em geral.

A despeito desse difícil cenário, vivido nos últimos dois anos, dedico este momento a agradecer. O fruto de uma tese escrita durante um período tão sombrio não teria sido possível sem a ajuda e o apoio de muitas pessoas. Em primeiro lugar, agradeço à minha família, ao meu filho, minha mãe, irmã, meu esposo e meus sogros que, de forma presente, ajudaram-me compreendendo os meus momentos de reflexão e distanciamento. Ao meu pai, Antônio Wilson Silva, dedico este livro em memória, ele próprio, um admirador do Direito Internacional, foi quem me mostrou as linhas da disciplina quando sequer estudante de Direito eu era, por ter dividido comigo as minhas alegrias, e, até o ano de 2019, em presença, vibrar com minhas conquistas.

Agradeço, também, ao meu amigo e orientador André de Carvalho Ramos, que me orientou como eu esperava, à altura da sua sapiência e humildade, compreendendo que o ano de 2019 já não havia sido fácil e ajudou-me a manter a determinação e o foco na tese. Agradeço, da mesma forma, ao professor Renato de Mello Jorge Silveira, pela amizade e pelo auxílio acadêmico ao longo dos anos de 2019 e 2020.

Por fim, meu agradecimento ao colega do Ministério Público Federal, o Subprocurador-Geral da República Hindemburgo Chateuabriand Filho, Secretário titular na Secretária de Cooperação Internacional da Procuradoria-Geral da República, pelo convite que me fez, ao final do ano de 2019, para assumir como Vice-Procuradora na Secretaria de Cooperação Internacional, o que me proporcionou, sem dúvida, muitas das experiências práticas que compartilho neste livro. De igual forma, agradeço à equipe da Secretaria de Cooperação Internacional, composta por profissionais altamente dedicados e extremamente competentes.

LISTA DE SIGLAS E ABREVIATURAS

Corte EDH – Corte Europeia de Direitos Humanos

CGI – Comitê Gestor de Internet

CIDIP – Conferência Especializada Interamericana de Direito Internacional Privado

Corte IDH – Corte Interamericana de Direitos Humanos

CIJ – Corte Internacional de Justiça

CISG – Convenção das Nações Unidas sobre Contratos de Compra e Venda Internacional de Mercadorias

CPJI – Corte Permanente de Justiça Internacional

ICANN – Internet Corporation for Assigned Names and Numbers

IETF – Internet Engineering Task Force

IGF – Internet Governance Forum

IRTF – Internet Research Task Force

IP – Internet Protocol

ISOC – Internet Society

LICC – Lei de Introdução ao Código Civil Brasileiro

LINDB – Lei de Introdução às Normas do Direito Brasileiro

MLA – Mutual Legal Assistance

ONU/UN – Organização das Nações Unidas/United Nations

TJUE – Tribunal de Justiça da União Europeia

Unidroit – Instituto Internacional para a Unificação do Direito Privado

Uncitral – Comissão das Nações Unidas para o Direito Comercial Internacional

UE/EU – União Europeia/ European Union

W3C – World Wide Web Consortium

WIPO – Organização Mundial de Propriedade Intelectual

OMC/WTO – Organização Mundial do Comércio

LISTA DE CASOS

Suprema Corte dos Estados Unidos da América e outros tribunais

Bank of Augusta v. Earle (1839).
Lafayette Ins. Co. v. French (1856).
Paul v. Virginia, 75 U.S. 168 (1869).
Pennoyer v Neff (1878).
Supreme Court of Appeals of West Virginia no caso White v Tennant (1888).
Philadelphia & Reading Ry. Co. v. McKibbin, 243 U.S. 264 (1917.
In re Jone's Estate. Adams v. Smith et al. Supreme Court of Iowa (1921).
Hess v. Pawloski, 274 U.S. 352 (1927).
International Shoe Co. v. Washington (1945).
McGee v. International Life Insurance Co. (1957).
Hanson v. Denckla (1958).
National Equipment Rental, Ltd. V. Szukhent (1964).
United States v. First National City Bank (1965).
The Bremen v. Zapata Offshore Co. (1972).
World-Wide Volkswagen Corp. v. Woodson (1980).
Hargrave v. Fibreboard Corp. (1983).
Marc Rich & Co v. United States (1983).
Keeton v. Hunter Magazine (1984).
Helicopteros Nacionales de Colombia v. Hall (1984).
Calder v. Jones (1984).
Burger King Corp. v. Rudzewicz (1985).
Panavision International, LP v. Toeppen (1988).

Carnival Cruise Lines v. Shute (1991).

Hartford Fire Ins. Co. v. California (1993).

Maritz, Inc. v. Cybergold, Inc. (1996).

Inset Systems, Inc. v. Instruction Set (1996).

Zippo Manufacturing Company v. Zippo Dot Com Inc. (1997).

Millenium Enterprises In. V. Millennium Music LP (1999).

ALS Scan, Inc. v. Digital Service Consultants, Inc. (2001).

F. Hoffmann-La Roche Ltd. V. Empagran S.A. (2004).

Zurich Capital Markets Inc. v. Coglianese, District Court of Illinois (2005).

Best Vans Lines v. Tim Walker (2007).

D'Jamoos v. Pilatus Aircraft Ltd (2009).

Tamburo v. Dworkin (2010).

Hertz Corp. v. Friend et al (2010).

Morrison v. National Australia Bank Ltd. (2010).

Goodyear Dunlop Tires Operations, S/A v. Brown (2011).

Kiobel v. Royal Dutch Petroleum Co. (2013).

Microsoft v. United States (2014).

Federal Trade Commission v. Boehringer Ingelheim Pharmaceuticals Inc. United States Court of Appeals, District of Columbia Circuit (2015).

RJR Nabisco, Inc. v European Community (2016).

Tribunal de Justiça da União Europeia

Shevill e outros v. Presse Alliance SA, 1995, C-68/93.

Hypotecní banka a.s., 2011, C-3271/10.

eDate Advertising e Martinez, 2011, C-509/09 e C-161/10.

Caso G, 2012, C-292/10.

Wintersteiger, 2012, C-523/10.

Sapir e outros, 2013, C-645/11.

Mario Costeja González v Google Spain SL (2014).

Granarolo SpA, 2016, C-196/15.

Supremo Tribunal Federal e Superior Tribunal de Justiça

REsp. n. 1.444.008/RS.

REsp. n. 116.844/RJ.

REsp. n. 1.642.997/RJ.

AgIn no REsp. n. 1.507.782/RS.

REsp. n. 1.851.328/RJ.

REsp. n. 1.660.168/RJ.

REsp. n. 1.316.921/RJ.

Inq. n. 784/DF.

REsp. n. 1.568.445/PR.

REsp. n. 1.784.156-SP.

AResp. n. 1.604.544.

REsp. n. 1.745.657/SP.

RE n. 1.010.606/RJ.

Inq. 4781/STF.

ADIs 6387, 6388, 6389, 6390 e 6393.

APDF 403 e na ADI 5527.

ADPF 695 MC/DF.

SUMÁRIO

PARTE II

JURISDIÇÃO INTERNACIONAL NO DIREITO INTERNACIONAL E NO DIREITO BRASILEIRO

PARTE IV

PELA CONSTRUÇÃO DE UMA TEORIA GERAL SOBRE JURISDIÇÃO INTERNACIONAL DE ACORDO COM O FUNCIONAMENTO DA INTERNET E OS DIREITOS HUMANOS ENVOLVIDOS

INTRODUÇÃO

Sabemos bem que a imensa maioria das pessoas ao redor do mundo beneficiam-se há décadas das comodidades da internet.

Desde os anos 90, com a explosão e a popularização da internet, as relações comerciais e interpessoais vêm se intensificando nos meios eletrônicos; compra-se, vende-se e entrega-se de forma virtual com muito mais facilidade do que em obrigações contratuais presenciais; a rede estimula a concorrência, ajuda no crescimento econômico, no aumento da arrecadação fiscal e, consequentemente, nas políticas macroeconômicas. Até a mobilidade física e digital das pessoas, cruzando fronteiras reais e virtuais, cresceu por conta das oportunidades em transporte e comunicação oferecidos pelo ambiente virtual.

No entanto, o ambiente online potencializa a circulação de pessoas, bens e serviços que possuem pontos de contato com mais de um ordenamento jurídico, aumentando as chamadas relações jurídicas transnacionais.

A plurilocalização de fatos, relações jurídicas e ordenamentos jurídicos reflete em um outro tipo de plurilocalização, a da jurisdição, trazendo como desafio ao operador do direito a dificuldade de determinar a jurisdição que irá solucionar eventual litígio sobre os fatos transnacionais[1]. Não por acaso, desde 2012, o Observatório de Projetos *Internet & Jurisdição* já documentou mais de 1000 casos de alto nível de discussão ao redor do mundo, demonstrando a tensão existente entre as jurisdições nacionais em face da natureza transnacional das situações jurídicas criadas pela internet[2]. Tais conflitos desafiam os modelos

---

1 CARVALHO RAMOS, André de. *Jurisdição Internacional sobre Relações de Consumo no Novo Código de Processo Civil: Avanços e Desafios.* RT Online, p. 3.

2 *Internet & Jurisdiction Observatory Retrospect Archive.* Disponível em: <www.internetjurisdiction.net>. Acesso em: 11 de fevereiro de 2020.

nacionais e seus tradicionais critérios de determinação da jurisdição, baseados, primordialmente, em aspectos territoriais.

As regras de fixação de jurisdição foram desenvolvidas, ao longo dos anos, com base em fatores territoriais e extraterritoriais de definição. Assim, em relação ao vínculo jurídico das pessoas físicas com um território, tradicionalmente, são critérios de determinação de jurisdição o domicílio, a nacionalidade ou a residência habitual; em relação às pessoas jurídicas, via de regra são estabelecidos o lugar de sua constituição, o local da sede social ou o local do controle social; relativamente às obrigações contratuais, a jurisdição do local de celebração do contrato ou do local da execução da obrigação; para as obrigações extracontratuais, a jurisdição do lugar em que ocorreu o ato ou onde se produziu o dano; aos imóveis, a jurisdição de onde se situarem, e outras mais.

Uma infinidade de fatos transnacionais pode ser regulada pelo Direito Internacional Privado, basta que exista um elemento na relação jurídica que esteja conectado com mais de um ordenamento jurídico, um *elemento de estraneidade*, como se convencionou a dizer. Esse *elemento de estraneidade* pode ser um indivíduo, uma pessoa jurídica, um serviço, um bem imóvel, uma mercadoria, um evento danoso, ou atos jurídicos, como casamento, testamento, e etc., qualquer fato potencialmente disciplinado por lei, de interesse jurídico.

Os elementos de estraneidade vão suscitar, por sua vez, tanto a incidência de normas de definição de jurisdição internacional, gerando casos que podem redundar em *conflito de jurisdições*, quanto de regras de conexão para a aplicação da lei, que podem ocasionar *conflito entre leis*, e ainda, a incidência de normas sobre *o reconhecimento e execução de decisões estrangeiras*. Basicamente, e principalmente no que interessa a esta obra, o Direito Internacional Privado transita, assim, sobre estes três objetos: conflito de jurisdições, conflito de leis e reconhecimento e execução de decisões estrangeiras.

Percebemos que a internet maximizou tudo isso. Não apenas os fatos transnacionais foram maximizados em quantidade, porque um número maior deles ocorre no dia a dia, dada a velocidade da internet, como ficaram complexos os seus elementos de estraneidade, podendo existir vários deles numa mesma relação jurídica, quando, por exemplo, o dado eletrônico está em um lugar, ou em várias jurisdições porque fragmentado, ou até mesmo em local desconhecido; o usuário, por sua vez, em local diverso de quaisquer desses, a pessoa jurídica provedora do serviço de internet em outro, e a vítima dos delitos transnacionais eletrônicos também, todos *plurilocalizados*.

Consequentemente, os conflitos entre os ordenamentos jurídicos tendem a se multiplicar: quanto maior o número de elementos de estraneidade numa mesma relação jurídica maior o potencial de incidência de fatores de definição de jurisdição internacional e regras de conexão de leis, o que pode gerar, no mínimo, confusão no trato jurídico, decisões divergentes, sobreposição de jurisdições nacionais, sobreposição de leis nacionais, denegação de justiça (no sentido processual e material) e potencializar a falta de coordenação na ordem internacional[3].

Muito embora a discussão no tema jurisdição e internet tenha evoluído nos últimos anos, em busca de uma pauta comum, ainda não existe consenso sobre qual critério deve preponderar na determinação da jurisdição mais adequada.

A falta de um critério comum transnacional faz com que muitos Estados afirmem jurisdição em disputas sobre interesses particulares de seus nacionais[4] ou residentes, baseados em diferentes critérios de definição de jurisdição internacional.

Vejamos, por exemplo, os Estados Unidos da América possuem há décadas legislação que lhes garante a aplicabilidade de suas leis e jurisdição às empresas do ramo de internet constituídas em seu território, reforçado pelo fato de que possuem, através da ICANN, o controle sobre os nomes de domínio.

Em outro quadro, a proteção reforçada dos dados pessoais tornou-se um ponto de conhecido destaque na agenda da União Europeia desde as revelações de *Edward Snowden* sobre o Programa de Vigilância da NSA e o seu impacto nos direitos fundamentais dos residentes na União Europeia em face da privacidade de seus dados[5].

---

3 Como diz Galindo "inúmeros problemas nacionais são simples reflexos dos problemas internacionais e que estes necessitam ser bem compreendidos para se tentar a solução daqueles". GALINDO, George Rodrigo Bandeira. *Tratados internacionais de Direitos Humanos e Constituição Brasileira*. Del Rey: 2002, p. 374.

4 MIGUEL ASENSIO, Pedro de. *Encyclopedia of Private International Law*. BASEDOW, Jürgen; RUHL, Giesela; FERRARI, Franco; ASENSIO, Pedro de Miguel. USA: Edward Elgar Publishing, 2017, p. 989.

5 Ver mais em *US NSA surveillance programme, surveillance bodies in various Member States and impact on EU citizens' fundamental rights*. Disponível em: <http://www.europarl.europa.eu/sides/getDoc.do?type=TA&language=EN&reference=P7-TA-2014-0230>. Acesso em: 11 de fevereiro de 2020.

Partindo da premissa de que as regras de fixação de jurisdição são estabelecidas pelas legislações nacionais, com base, preponderantemente, em critérios territoriais, propõe-se o seguinte problema de pesquisa: é possível criarmos uma teoria geral sobre *jurisdição e internet? Em que consistiria essa teoria geral?*

Assim, a presente obra tem por foco de estudo a circulação de dados eletrônicos, hospedados em servidores presentes em vários cantos do mundo, provedores de internet prestando serviços em vários países, comumente de território diverso de onde estão armazenados os dados, e a construção de uma sistematização do tema, sobre qual jurisdição deve ser determinada e a necessidade ou não de uma cooperação internacional para a busca dos dados eletrônicos, à luz do Direito Internacional Privado.

O principal objetivo desse livro foi o de identificar os interesses envolvidos na fixação da jurisdição sobre as atividades da internet e desenhar uma teoria geral no tema, contribuindo para os estudos sobre a construção de um *framework* adequado às funcionalidades da internet, aos princípios do Direito Internacional e coerente com a proteção internacional dos direitos humanos.

A fim de atingir esse objetivo geral, a obra está dividida em quatro partes:

Primeira parte: consiste na análise do impacto da internet no Direito Internacional Privado a partir de seus elementos básicos e da sua atual finalidade enquanto ciência jurídica.

Segunda parte: abrange o conceito, as tipologias, as regras e os princípios da jurisdição internacional de acordo com o Direito Internacional (Público e Privado).

Terceira parte: envolve a jurisdição internacional em matéria de dados eletrônicos e o estudo comparado das legislações dos Estados Unidos da América e União Europeia, abordando-se a legislação brasileira pertinente à jurisdição sobre os fatos transnacionais eletrônicos, além das principais iniciativas internacionais em fontes internacionais. A opção pelo estudo dos Estados Unidos da América deve-se ao fato de possuírem uma legislação baseada na extraterritorialidade e a União Europeia, por sua vez, por sua legislação protetiva dos dados pessoais, contribuindo com a visão de proteção aos direitos humanos.

Quarta parte: é uma tentativa de estabelecer um critério de orientação objetivo e uniforme para a solução dos conflitos de jurisdições no tema.

O tema central desta obra é o estudo da jurisdição internacional, assim, a aplicabilidade das leis, enquanto tema da seara do conflito de leis, e o reconhecimento e execução de decisões estrangeiras, enquanto também objeto do Direito Internacional Privado, fazem parte da narrativa quando correlacionados à jurisdição internacional. Por outro lado, não são abordados neste livro os impactos jurídicos de tecnologias como a criptografia[6], IPV4

---

6 De acordo com a cartilha de Segurança para Internet do Cert.br: "a criptografia, considerada como a ciência e a arte de escrever mensagens em forma cifrada ou em código, é um dos principais mecanismos de segurança que você pode usar para se proteger dos riscos associados ao uso da Internet. À primeira vista ela até pode parecer complicada, mas para usufruir dos benefícios que proporciona você não precisa estudá-la profundamente e nem ser nenhum matemático experiente. Atualmente, a criptografia já está integrada ou pode ser facilmente adicionada à grande maioria dos sistemas operacionais e aplicativos e para usá-la, muitas vezes, basta a realização de algumas configurações ou cliques de *mouse*. Por meio do uso da criptografia você pode: proteger os dados sigilosos armazenados em seu computador, como o seu arquivo de senhas e a sua declaração de Imposto de Renda; criar uma área (partição) específica no seu computador, na qual todas as informações que forem lá gravadas serão automaticamente criptografadas; proteger seus *backups* contra acesso indevido, principalmente aqueles enviados para áreas de armazenamento externo de mídias; proteger as comunicações realizadas pela Internet, como os *e-mails* enviados/recebidos e as transações bancárias e comerciais realizadas." Disponível em: <https://cartilha.cert.br/criptografia/.> Acesso em: 7 de janeiro de 2021.

e IPV6[7], porta lógica[8], *backdoor*[9], e a interlocução dessas tecnologias com os direitos humanos, como o direito à privacidade, à liberdade de expressão, à

[7] IPV4 e IPV6 são protocolos da internet. Os dados eletrônicos são transferidos em "pacotes" e estes identificados por um endereço, de quem recebe e de quem envia. Os endereços são únicos, para que se possa fazer a identificação do usuário. O limite de endereços esgotou-se no padrão de endereços IPv4 e por isso a versão 6 é mais atual. Para saber mais sobre a implantação do IPV6 ver em <http://ipv6.br>. Acesso em: 7 de janeiro de 2021.

[8] O esgotamento do IPV4 levou à múltipla utilização de conexões, isto é, o mesmo endereço IP sendo compartilhado por mais de um usuário. Nesse contexto, o fornecimento da porta lógica é importante, pois, associada ao IP, individualiza o usuário que porventura possui o mesmo endereço IP de outro. Confira o julgamento REsp. n. 1.784.156-SP, Rel. Ministro Marco Aurélio Bellizze, Terceira Turma, DJe 21/11/2019, assim ementado: "RECURSO ESPECIAL. CIVIL E PROCESSUAL CIVIL. AÇÃO DE OBRIGAÇÃO DE FAZER. PROVEDOR DE APLICAÇÕES. IDENTIFICAÇÃO DO DISPOSITIVO UTILIZADO PARA ACESSO À APLICAÇÃO. INDICAÇÃO DO ENDEREÇO IP E PORTA LÓGICA DE ORIGEM. INTERPRETAÇÃO TELEOLÓGICA DOS ARTS. 5º, VII, E 15 DA LEI N. 12.965/2014. RECURSO ESPECIAL PROVIDO. 1. O recurso especial debate a extensão de obrigação do provedor de aplicações de guarda e fornecimento do endereço IP de terceiro responsável pela disponibilização de conteúdo ilícito às informações acerca da porta lógica de origem associada ao IP. 2. A previsão legal de guarda e fornecimento dos dados de acesso de conexão e aplicações foi distribuída pela Lei n. 12.965/2014 entre os provedores de conexão e os provedores de aplicações, em observância aos direitos à intimidade e à privacidade. 3. Cabe aos provedores de aplicações a manutenção dos registros dos dados de acesso à aplicação, entre os quais se inclui o endereço IP, nos termos dos arts. 15 combinado com o art. 5º, VIII, da Lei n. 12.965/2014, os quais poderão vir a ser fornecidos por meio de ordem judicial. 4. A obrigatoriedade de fornecimento dos dados de acesso decorre da necessidade de balanceamento entre o direito à privacidade e o direito de terceiros, cujas esferas jurídicas tenham sido aviltadas, à identificação do autor da conduta ilícita.5. Os endereços de IP são os dados essenciais para identificação do dispositivo utilizado para acesso à internet e às aplicações. 6. A versão 4 dos IPs (IPv4), em razão da expansão e do crescimento da internet, esgotou sua capacidade de utilização individualizada e se encontra em fase de transição para a versão 6 (IPv6), fase essa em que foi admitido o compartilhamento dos endereços IPv4 como solução temporária. 7. Nessa fase de compartilhamento do IP, a individualização da navegação na internet passa a ser intrinsecamente dependente da porta lógica de origem, até a migração para o IPv6. 8. A revelação das portas lógicas de origem consubstancia simples desdobramento lógico do pedido de identificação do usuário por IP. 9. Recurso especial provido."

[9] *Backdoor* (ou "porta dos fundos") é um método utilizado para escapar à criptografia. De acordo com a cartilha do Cert.br: "*Backdoor* é um programa que permite o retorno de um invasor a um computador comprometido, por meio da inclusão de serviços criados ou modificados para este fim. Pode ser incluído pela ação de outros códigos maliciosos, que tenham previamente infectado o computador, ou por atacantes, que exploram vulnerabilidades existentes nos programas instalados no computador para invadi-lo. Após incluído, o *backdoor* é usado para assegurar o acesso futuro ao computador comprometido, permitindo que ele seja acessado remotamente, sem que haja necessidade de recorrer novamente aos métodos utilizados na realização da invasão ou infecção e, na maioria dos casos, sem que seja notado." Disponível em: <https://cartilha.cert.br/malware/>. Acesso em: 7 de janeiro de 2021.

segurança pública e à segurança dos usuários. Tampouco se objetiva discutir a dimensão material desses direitos e a eventual colisão entre eles, porque são temas que pela própria densidade merecem um estudo à parte.

Portanto, o objetivo deste livro é traçar os delineamentos de uma renovada teoria geral sobre jurisdição e internet de acordo com a disciplina do Direito Internacional Privado, campo de estudo que permite buscar em seus preceitos um pouco da luz que clareia o caminho e diminui os anseios dos mais angustiados estudiosos dos fatos transnacionais no Direito.

NOTA SOBRE A TERMINOLOGIA

Ao longo do texto, de forma constante, o termo internet será utilizado. Uma vez que o termo será empregado como expressão de tudo o que se encontra no mundo virtual, de rede, alguns esclarecimentos são necessários.

O Glossário Matisse conceitua internet como *a vasta coleção de redes interligadas que são conectadas usando protocolos TCP/IP*[1].

As pesquisas na área da computação[2] esclarecem que *web* e internet são realidades distintas. *Web*, abreviação de *World Wide Web*, não funciona sem a internet, mas existem aplicações que estão na internet que funcionam sem a *web*, tais como, o tradicional correio eletrônico e o conhecido WhatsApp.

A despeito de os termos *web* e internet não serem sinônimos, optou-se, ao longo do texto, pelo uso do termo internet para abranger, inclusive, o que é *web*, uma vez que esse é o tratamento dispensado pela legislação brasileira, a se ver do *Marco Civil da Internet* (Lei n.12.965, de 23 de abril de 2014), que, claramente, optou pela expressão "internet".

Os termos "digital", "virtual", "online" e "rede" também serão utilizados, indiscriminadamente, como associação ao que expressamos por internet, inclusive para evitar-se a repetição exagerada do uso da palavra.

---

[1] "The vast collection of inter-connected networks that are connected using the *TCP/IP* protocols and that evolved from the *ARPANET* of the late 60's and early 70's." <http://www.matisse.net/files/glossary.html#I>. Acesso em: 7 de janeiro de 2021.

[2] Conforma já mencionamos, não se objetiva, neste trabalho, concorrer com os estudos em tecnologia da computação, tampouco avançar em conceitos que lhes são próprios, não mais do que o necessário para a compreensão do leitor e sem escapar do que pode ser, medianamente, conhecido dentro da própria ciência do direito. As pesquisas referidas pela autora dizem respeito aos *workshops* e cursos desenvolvidos pelo Comitê Gestor da Internet no Brasil, os quais a autora teve a grata satisfação de participar.

PARTE I

PERSPECTIVAS DO DIREITO INTERNACIONAL PRIVADO NA SOCIEDADE DIGITAL A PARTIR DOS SEUS ELEMENTOS BÁSICOS

CAPÍTULO 1

A COMPREENSÃO DO DIREITO INTERNACIONAL PRIVADO NA ATUALIDADE

1. Introdução: o conceito e o objeto da disciplina e sua relação com a sociedade digital

Provavelmente, o Direito Internacional foi o ramo do direito que mais mudou nos últimos tempos, e o que mais deve mudar nos próximos[12].

Podemos não perceber diante da massificação das coisas, mas o Direito Internacional está presente em quase tudo o que utilizamos ou fazemos. Basta pensarmos em nossos aparelhos eletrônicos conectados à internet, como nossos telefones, TVs, videogames, geladeiras, aspiradores de pó, nossas listas de músicas, aplicativos de bancos, e diversos outros aplicativos, ou em nossos carros, com GPS, nossa mobilidade em geral, conexões áreas e serviços de transporte, além, é claro, de nossas comunicações que foram facilitadas com os serviços de troca de mensagens instantâneas ou chamadas por vídeo e voz.

Há quem possa pensar que tudo isso não tem relação com o Direito Internacional, afinal, são serviços prestados dentro do território nacional, de fácil acesso, e que estão submetidos à legislação do país.

A verdade, no entanto, é que essas situações do cotidiano englobam elementos *conectados* com mais de um ordenamento jurídico, seja em razão de envolverem prestadores de serviços localizados em outro país, seja por envolverem dados eletrônicos também localizados em outro território, ou mesmo porque as partes na relação jurídica residem em países diferentes, os quais acabam gerando fatos transnacionais.

---

12 CASELLA, Paulo Borba. *Direito Internacional no tempo antigo*. São Paulo: Atlas, 2012, p. 9.

O *fato transnacional* é aquele em contato com dois ou mais ordenamentos jurídicos: o do local onde o intérprete se encontra (ordenamento nacional) e, no mínimo, com outro ordenamento estrangeiro[13]. O elemento que conecta a relação jurídica aos ordenamentos jurídicos, por sua vez, é chamado de *elemento de estraneidade.*

Os elementos de estraneidade nas situações jurídicas online são os laços que vinculam as pessoas usuárias, as companhias de internet, os intermediários e os dados eletrônicos aos diferentes territórios nacionais.

O Direito Internacional Privado, por sua vez, ao longo dos séculos, preocupa-se com os fatos *conectados* com mais de um ordenamento jurídico e estuda a melhor forma de regulá-los através da escolha do elemento de estraneidade mais relevante[14].

Sendo assim, o estudo dos problemas jurídicos relativos aos fatos transnacionais gerados pelas relações jurídicas desenvolvidas no ambiente online e que redundam em conflitos de jurisdições ou de leis merecem uma visão própria do Direito Internacional Privado.

O fenômeno da internet, no entanto, é um desafio à disciplina.

Primeiro, porque a internet não obedece a fronteiras físicas ao passo que os fatos transnacionais, dentro da disciplina, regulam-se, tradicionalmente, por critérios físicos e geográficos de determinação de jurisdição e escolha da lei.

Segundo, dada a velocidade da internet, os fatos *multiconectados* não se ajustam tão rapidamente às tradicionais formas de delimitação de jurisdição e escolha de lei, construídos aos poucos, ao longo dos séculos, de forma árdua pelos Estados.

Terceiro, porque os elementos de estraneidade multiplicam-se sobremaneira, na mesma velocidade das conexões de rede, gerando múltiplos vínculos territoriais, que não conseguem ser acompanhamos pelos Estados, vinculados às noções de soberania e limites territoriais.

Por fim, a interação humana e suas múltiplas relações jurídicas dão causa aos fatos *multiconectados* ou *plurilocalizados*[15], assim, rapidamente e de forma exponencial a internet pode criar múltiplos fatos *plurilocalizados.*

---

[13] CARVALHO RAMOS, André de. *Curso de Direito Internacional Privado.* São Paulo: Saraiva, 2018, p. 66.

[14] Discorreremos mais adiante, em linhas gerais, sobre a visão particularista e universalista do Direito Internacional Privado.

[15] A nomenclatura é utilizada por André de Carvalho Ramos em *Curso de Direito Internacional Privado.* São Paulo: Saraiva, 2018.

A bem da verdade os *fatos plurilocalizados* existem desde que a vida humana começou a se expandir, portanto, a sobreposição de ordenamentos jurídicos não é um problema atual, dela sempre se ocupou o Direito Internacional Privado.

Por essa razão, a doutrina de Direito Internacional Privado costuma vincular o surgimento da disciplina à expansão da vida humana além das fronteiras nacionais.

Nas palavras de Clovis Beviláqua[16]:

> ao passo que os sistemas legislativos se manteem distintos e ciosos de sua autonomia, os indivíduos, movidos por vários impulsos, à procura de riqueza, do saber ou do gozo, espalham-se pelo mundo, despreocupados das fronteiras, que se erguem cheias de prevenções entre as diferentes soberanias territoriais.

Da mesma forma, Eduardo Espínola já dizia há quase um século que os meios de comunicação e as comodidades de circulação humana impulsionaram as correntes de emigrantes e excursionistas, e, consequentemente, o Direito Internacional Privado[17].

As fronteiras delimitam a esfera de domínio dos Estados, mas as pessoas, realizam constante intercâmbio além dos limites dos Estados. As habituais comunicações extraterritoriais justificam a existência do Direito Internacional Privado, afirmava Oscar Tenório[18].

Os homens não vivem apenas em suas terras, entre seus nacionais, sob a ação de suas leis; saem destas terras, transitam ou permanecem em outra, sob o império de outras leis, que podem ser chamadas a reger situações de sua vida jurídica ou atos por eles praticados, expressou Rodrigo Octávio[19].

---

16 BEVILÁQUA, Clovis. *Princípios Elementares de Direito Internacional Privado.* 4. ed. São Paulo: Livraria Editora Freitas Bastos, 1944, p. 17-18.

17 ESPÍNOLA, Eduardo. *Elementos de Direito Internacional Privado.* Rio de Janeiro: Jacintho Ribeiro dos Santos Editor, 1925, p. 8.

18 TENÓRIO, Oscar. *Direito Internacional Privado*, vol. I. 10. ed. Rio de Janeiro, São Paulo: Livraria Freitas Bastos, 1970, p. 10.

19 OCTAVIO, Rodrigo. *Direito Internacional Privado.* Rio de Janeiro e São Paulo: Livraria e Editora Freitas Bastos, 1942, p. 6.

Para Haroldo Valladão, no mesmo sentido, o desenvolvimento e a intensidade sempre maiores da vida humana fazem com que várias relações sociais escapem de sua sincronização habitual à lei dum lugar e incidam na órbita de outras leis[20].

Os célebres doutrinadores brasileiros em referência, enfatizaram ao longo do século passado o que Savigny, no século XIX, também já dizia no estudo da pessoa e suas relações jurídicas, no sentido de que a pessoa se estende artificialmente para além do seu ser, ela quer dominar coisas e se expõe no domínio de um direito de outro[21].

No passado, o comércio e a circulação das pessoas dentro das cidades em franco desenvolvimento comercial no norte da Itália foram os grandes impulsionadores da expansão da vida humana e, consequentemente, dos estudos do Direito Internacional Privado. Atualmente, a internet é o fenômeno do presente, ocupando o principal lugar como motor da expansão das relações humanas.

Quanto mais intensa a circulação das pessoas ao redor mundo, quanto mais intensamente as relações jurídicas se desenvolverem no seio dessas interações, que não precisam cruzar fronteiras, pois se propagam eletronicamente, tanto mais útil será o Direito Internacional Privado para resolver os conflitos de jurisdições e de leis decorrentes da sobreposição dos ordenamentos jurídicos.

Os conflitos de jurisdições e leis surgem em decorrência das relações jurídicas entre pessoas que estão sujeitas a mais de um ordenamento jurídico nacional.

Como a imposição das leis e da jurisdição estão vinculadas a uma autoridade legislativa nacional, o conflito advém porque as regências normativas nacionais, de julgamento e de implementação de decisões, se chocam.

---

20 VALLADAO, Haroldo. *Direito Internacional Privado. Introdução e Parte Geral.* São Paulo, Rio de Janeiro: Livraria Freitas Bastos S.A., 1968, p. 4.

21 SAVIGNY, Friedrich Karl von. *Sistema do Direito Romano Atual*, vol. VIII. Tradução de Ciro Mioranza. Ijuí: Ed. Unijuí, 20, publicado em 1849, p. 40: "A pessoa, porém, se estende artificialmente para além de seu ser. Ela quer dominar as coisas e, ao abordar o espaço determinado, ocupado por essas coisas, se expõe a entrar no domínio de um direito de outro. Este fato, evidente para os imóveis que ocupam no espaço um local necessário e invariável, não é menos real para as coisas móveis. Ela quer, por meio de obrigações, comandar os atos do outro ou submeter seus próprios atos a uma vontade estranha. Pela família ela reveste diferentes formas de vida e, em decorrência disso ora sai voluntariamente, ora involuntariamente do domínio de seu direito primitivo e puramente pessoal."

O estudo do Direito Internacional Privado é importante para compreendermos os desafios da *internet cross-border regulation*, já que é um direito que está em constante movimento, que se transforma conforme os usos e costumes na vida humana, e conforme vão surgindo as demandas por resolução de conflitos de sobreposição de ordenamentos jurídicos nacionais.

No tocante ao objeto e ao conceito da disciplina, há várias concepções na doutrina, apesar do harmonioso pensamento visto acima quanto à expansão da vida humana como impulso originador do Direito Internacional Privado.

A doutrina dos países anglo-saxões, como Grã-Bretanha e Estados Unidos, estuda o conflito de jurisdições dentro da expressão *Conflict of Laws*, no qual engloba, também, o reconhecimento de sentenças estrangeiras[22].

O autor francês Arminjon critica o uso ampliativo dos anglo-saxões à expressão *Conflit de lois*, dizendo que nem sempre existirá apenas o conflito de lei, reconhecendo a existência de outra espécie de conflito, o conflito de jurisdição[23].

No Brasil, Eduardo Espínola cinge o objeto da disciplina ao conflito de leis e de jurisdições. Escreve o autor que o Direito Internacional Privado tem por objeto próprio formular as normas de aplicação do direito competente

---

[22] Conforme DOLINGER, Jacob. *Direito Internacional Privado*. Parte Geral. 10. ed. Rio de Janeiro: Forense, 2011, p. 20.

[23] "L'expression 'conflits de lois' est d'un usage courant dans les pays anglo-saxons; les auteurs de langue française n'ont pas complètement cesse de s'en servir et nous le ferons nous-même sans scrupule, le cas échéant. Comme la plupart des métaphores, elle donne une vue incomplète et inexacte de l'idée qu'elle concrétise sous une forme imaginée. Elle paraît supposer un concours de souverainetés que nous n'admettons pas et impliquer que plusieurs États prétendent imposer l'application de leurs lois à une espèce particulière, tout au moins que plusieurs sont simultanément applicables à une même personne ou à un même rapport, cela en vertu d'une autorité qui ne cède qu'à l'autorité plus forte d'une des autres lois concurrentes. Rien de plus faux. Des lois ou des juridictions sur l'applicabilité ou sur la compétence desquelles il y a doute, une seule est applicable ou compétente : celle que désignent les règles de rattachement du système juridique dans le ressort duquel la question se pose, et cela par la seule autorité de la loi de ce système. Le conflit existe seulement dans l'esprit du juge ou de l'interprète. Dans de nombreux cas, l'expression est absolument inadéquate. En concluant un contrat, les parties désignent la loi qui déterminera les effets et le tribunal qui sera compétent pour juger les contestations qu'il pourra soulever. Où sont les lois en conflits ? Il est également difficile de découvrir un conflit de lois dans les difficultés que soulève l'effet des jugements, des actes authentiques ou publics et des décisions administratives. C'est conflit de juridictions qu'il faudrait dire." ARMINJON, P. *Précis de Droit International Privé I. Les Notions fondamentales du droit international privé*. Troisième Édition. Paris: Librairie Dalloz, 1947, p. 21.

para regular as relações jurídicas, quando interessados sejam dois ou mais sistemas legislativos e que o conflito de jurisdições deve ser estudado conjuntamente com o da competência das leis, formando um capítulo especial da disciplina[24].

Clóvis Beviláqua acrescenta novos elementos ao objeto da disciplina, delimitando-o: na condição jurídica do estrangeiro, no conflito de leis, e no exercício em um país dos direitos legitimamente adquiridos em outros[25].

Para Haroldo Valladão, o Direito Internacional Privado visa solucionar o conflito de leis no espaço, isto é, regular os fatos em conexão, no espaço, com leis autônomas e divergentes[26].

Denominando os fatos conectados com mais de um ordenamento jurídico como *fatos anormais*, Amílcar de Castro sustenta que o objeto do Direito Internacional Privado é única e exclusivamente organizar o direito adequado à apreciação de fatos anormais, ou fatos em relação com duas ou mais jurisdições, sejam pertinentes ao fórum, ou ocorridos no estrangeiro[27].

Irineu Strenger concentra o objeto do Direito Internacional Privado no conflito de leis no espaço, mas reconhece, no entanto, que os problemas de direito processual, a respeito de provas, por exemplo, devem fazer parte do objeto da disciplina[28].

Na visão de Jacob Dolinger, o Direito Internacional Privado cuida, exatamente, da dimensão extraterritorial do direito, quando todos os institutos jurídicos do direito passam a ser objeto de reexame, na busca da lei que se lhes aplicará quando ocorrerem situações que, extravasando da jurisdição originária do fenômeno jurídico, se transnacionalizam[29].

---

24 ESPÍNOLA, Eduardo. *Elementos de Direito Internacional Privado.* Rio de Janeiro: Jacintho Ribeiro dos Santos Editor, 1925, p. 20.

25 BEVILÁQUA, Clovis. *Princípios Elementares de Direito Internacional Privado.* 4.ed. São Paulo: Livraria Editora Freitas Bastos, 1944, p. 127.

26 VALLADÃO, Haroldo. *Direito Internacional Privado. Introdução e Parte Geral.* São Paulo, Rio de Janeiro: Livraria Freitas Bastos S.A., 1968, p. 4.

27 CASTRO, Amílcar de. *Direito Internacional Privado.* 6. ed. Rio de Janeiro: Forense, 2008, p. 41.

28 STRENGER, Irineu. *Direito Internacional Privado*, vol. I, parte geral. São Paulo: Revista dos Tribunais, 1986, p. 29.

29 DOLINGER, Jacob. *Direito Internacional Privado.* Parte Geral. 10. ed. Rio de Janeiro: Forense, 2011, p. 483.

Como podemos ver, na citação de apenas alguns dos expoentes da clássica doutrina brasileira de Direito Internacional Privado, não há coincidência de opiniões na abrangência do objeto da disciplina, isto é, se esta se aplica apenas aos conflitos de leis e ao tema de jurisdição internacional, ou se engloba, também, a condição jurídica do estrangeiro e o reconhecimento e execução de decisões estrangeiras.

No entanto, o estudo da evolução do método do Direito Internacional Privado ajuda a compreender o seu objeto.

As Escolas Estatutárias, durante a Idade Média e o início da Idade Moderna, principalmente durante os séculos XII a XVIII, dão sinais de que os primeiros conflitos surgiram no tema da sobreposição de leis, eram *conflitos territoriais no mesmo Estado*, que ocorreram nas cidades da Itália[30], evoluindo, após, para *conflitos de leis no espaço*, na medida em que se expandia o comércio além de um mesmo território.

Posteriormente, no século XIX, os sistemas de Savigny[31] e Mancini[32] demonstram a dedicação ao estudo dos *conflitos de leis no espaço e do direito dos estrangeiros*[33], lembrando que ambos viveram períodos de guerras nos seus Estados e, consequentemente, de discriminação à figura do estrangeiro.

No início do século XX, por sua vez, conforme os sistemas francês de Lainé e Pillet, seguidos no Brasil por Clóvis Beviláqua e Rodrigo Octávio, além da condição jurídica do estrangeiro e do conflito de leis, somou-se ao objeto dos estudos do Direito Internacional Privado *o reconhecimento aos direitos adquiridos,* pois aumentaram os conflitos decorrentes de divórcios,

---

30 Savigny explica sobre os conflitos territoriais: "Essa origem do direito particular das cidades já é encontrada no Império Romano quando, antes de sua união ao império, tinham sua legislação especial, direito que sua anexação ao império não eliminava completamente, embora estivessem sempre sujeitas às novas leis emanadas de Roma. Foram elas que em geral forneceram aos jurisconsultos romanos a oportunidade de tratar do tema. Como direitos particulares eles constituíam a contraposição ao direito romano comum." SAVIGNY, Friedrich Karl von. *Sistema do Direito Romano Atual*, vol. VIII. Tradução de Ciro Mioranza. Ijuí: Ed. Unijuí, 20, publicado em 1849, p. 45.

31 Savigny defendia uma "comunhão jurídica internacional" baseada na igualdade jurídica entre nacionais e estrangeiros.

32 Para Mancini, a igualdade das nações estaria garantida pela aplicação do princípio da nacionalidade. MANCINI, Pasquale S. *Direito internacional.* Trad. Ciro Mioranza (edição original em italiano de 1873). Ijuí: Unijuí, 2003, p. 40.

33 Lembrando que o termo "Estado" já tinha sido cunhado nos séculos XV e XVI por Maquiavel (1469-1527), assim como o termo "soberania" por Jean Bodin (1529 ou 1530-1596).

separação, sucessão e inúmeras decisões estrangeiras já circulavam pelo mundo, necessitando-se que um mínimo de direitos fosse garantido. Paralelamente, os legisladores nacionais tratavam do alcance da jurisdição internacional e doutrinas surgiram para expressar os conflitos que surgiam com a extraterritorialidade das jurisdições[34].

Da segunda metade do século XX em diante, observou-se o crescimento da cooperação jurídica entre os Estados, a qual teve um grande avanço em suas fontes internacionais e em face do modelo de integração da União Europeia, daí a razão da doutrina mais recente[35] ter passado a incluir um capítulo especial – da Cooperação Jurídica Internacional – no estudo do Direito Internacional Privado.

Acertadamente, a cooperação jurídica internacional enfrenta o tema da executoriedade dos atos judiciais e administrativos em um outro país, é dizer, o Estado não possui jurisdição para executar seus atos judiciais e administrativos fora de seu território, e, por isso, necessita da jurisdição de outro país para lhe auxiliar. É um tema que também envolve fatos *conectados* a mais de um ordenamento jurídico e que, por isso, é inserido na doutrina do Direito Internacional Privado.

---

[34] Na doutrina estrangeira, citamos alguns: STRISOWER, Léo. "L'exterritorialité et ses principales applications", in: *Collected Courses of the Hague Academy of International Law*, vol. 1, 1923. KEETON, J.W. "Extraterritoriality in international and comparative law", in: *Collected Courses of the Hague Academy of International Law*, vol. 72, 1948. MANN, F. A.P. "The doctrine of jurisdiction on international law", in: *Collected Courses of the Hague Academy of International Law*, vol. 111, 1964. FRAGISTAS, N. "La compétence internationale en droit privé", in: *Collected Courses of the Hague Academy of International Law*, vol. 104, 1961. LAGARDE, Paul. "Le principe de proximité dans le droit international privé contemporain; cours général de droit international privé", in *Collected Courses of the Hague Academy of International Law*, vol. 196, 1986. GONZÁLES CAMPOS, Julio D. "Les liens entre la compétence judiciaire et la compétence législative en droit international privé", in: *Collected Courses of the Hague Academy of International Law*, vol. 156, 1977. C. GUTTERIDGE, H., "Le conflit des lois de compétence judiciaire dans les actions personnelles", in: *Collected Courses of the Hague Academy of International Law*, vol. 44, 1933.

[35] Como Irineu Strenger, Amilcar de Castro, André de Carvalho Ramos, Jacob Dolinger, Carmen Tibúrcio, Nádia de Araújo, Maristela Basso, para citar a doutrina nacional, sendo que alguns deles tratam do tema no campo do Direito Processual Internacional.

Culmina, então, o Direito Internacional Privado do século XXI no campo do direito, que, segundo ensina André de Carvalho Ramos, consiste[36]:

> em um conjunto de normas jurídicas nacionais e internacionais que regula (i) a escolha de uma regra de regência sobre fatos transnacionais que afetam a vida dos indivíduos e pessoas jurídicas, bem como (ii) a fixação de uma jurisdição para solucionar eventuais litígios sobre tais fatos, além de estudar as (iii) fórmulas de cooperação jurídica internacional entre os Estados que resultem na efetiva prestação de justiça aos envolvidos nessas situações transnacionais.

Atualmente, a sobreposição de jurisdições concorrentes na seara de alguns fatos transnacionais já está se mostrando um dos *trending topics* processuais do Direito Internacional Privado, justamente por conta da expansão das relações jurídicas transnacionais.

Em conclusão, o Direito Internacional Privado talvez seja o campo do direito que mais deva se adequar à sua época, pois os conflitos vão surgindo e a regulação a cargo do Direito Internacional Privado deve acompanhar e facilitar as relações jurídicas envolvendo bens, família, sucessões, obrigações, contratos, e tudo o mais que for suscetível à expansão da vida humana e que seja capaz de gerar *fatos conectados a mais de um ordenamento jurídico*.

Apesar das diferentes concepções em torno do objeto da disciplina, podemos extrair uma essência do Direito Internacional Privado que está na regulação dos fatos *conectados* com mais de um ordenamento jurídico.

Tais fatos podem gerar conflito de jurisdições, de leis e conflitos no reconhecimento e execução de decisões estrangeiras e até aqueles decorrentes da condição jurídica do estrangeiro, a depender do objeto que se queira conferir ao Direito Internacional Privado.

---

[36] CARVALHO RAMOS, André de. *Curso de Direito Internacional Privado*. São Paulo: Saraiva, 2018, p. 25. Assim como DOLINGER, Jacob. TIBURCIO, Carmen. *Parte Geral e Processo Internacional*. 12. ed. Rio de Janeiro: Forense, 2016; TIBURCIO, Carmen. *Extensão e Limites da Jurisdição Brasileira. Competência Internacional e Imunidade de Jurisdição*. Rio de Janeiro: Editora JusPODIVM, 2016; BASSO, Maristela. *Curso de Direito Internacional Privado*. 2. ed. São Paulo: Atlas, 2011; DEL'OMO, Florisbal de Souza. *Curso de Direito Internacional Privado*. 11. ed. Rio de Janeiro: Forense, 2015; ARAUJO, Nadia de. *Direito Internacional Privado: teoria e prática brasileira*. 5. ed. Rio de Janeiro: Renovar, 2011. Para parte dessa doutrina, dentre os objetivos do Direito Internacional Privado, inserem-se, ainda, a condição jurídica do estrangeiro e a nacionalidade, conforme André de Carvalho Ramos, em *Curso de Direito Internacional Privado*. São Paulo: Saraiva, 2018, p. 60.

Importa é que se compreenda que o Direito Internacional Privado cuida de atender os fatos *pluriconectados* com ordenamentos jurídicos diversos, gerindo a diversidade desses ordenamentos na expectativa de se traçar uma coordenação adequada à solução dos conflitos transnacionais.

2. O Direito Internacional Privado no tempo: uma breve história sobre os métodos de constituição do Direito Internacional Privado

A história do Direito Internacional Privado o consagrou como um campo do direito dedicado ao domínio *privado* das relações jurídicas individuais.

Enquanto o Direito Internacional Público preocupa-se com o domínio do Estado e com as relações entre Estados soberanos, o Direito Internacional Privado nasceu para resolver os conflitos entre particulares, no âmbito de suas relações em família, em matéria de sucessões, de propriedade e obrigações.

A história do Direito Internacional Privado também o consagrou como um direito notadamente baseado em *fontes nacionais*, principalmente a partir do século XIX. A despeito de seu nome Direito *Internacional* Privado e de suas fontes internacionais, é vasta a doutrina que se dedica a ressaltar a sua importância internacional, para que a disciplina não corra o risco de se tornar apenas mais um campo do direito privado de cada Estado.

Além disso, o Direito Internacional Privado, tradicionalmente, é conhecido como o ramo do Direito destinado a regular *indiretamente* o fato jurídico, isto é, a indicar, diante de um conflito de leis ou de jurisdições, *de forma indireta e remissiva*, a norma que será aplicada ao caso concreto. Assim, numa hipótese, se o dado eletrônico está armazenado no território dos Estados Unidos da América é a lei daquele país que será aplicada. Dito de outra forma, em geral, suas regras não resolvem diretamente a questão em causa, elas designam somente a legislação através da qual a causa será revolvida e a jurisdição que fará a sua aplicação.

O estudo do Direito Internacional Privado no tempo ajuda a compreender bem seus elementos básicos e contribui para as presentes e futuras discussões na matéria.

Os elementos básicos da doutrina, tal como o estudo dos métodos de constituição do Direito Internacional Privado, dizem muito sobre a forma como o Direito Internacional Privado se manifesta através de suas fontes, nacionais ou internacionais.

Os métodos de constituição do Direito Internacional Privado aplicam-se aos conflitos de jurisdições, de leis, e ao reconhecimento e execução de decisões estrangeiras.

Apesar de muitos deles terem nascido em épocas onde os conflitos de leis eram mais comuns e não se falava ainda de conflito de jurisdições ou reconhecimento e execução de decisões estrangeiras, os métodos dizem respeito à constituição do Direito Internacional Privado, por isso são tão importantes aos demais temas da disciplina, tanto quanto aos conflitos de leis.

Ao longo do tempo formaram-se propostas que se consolidaram nos seguintes métodos, que podem ser assim sistematizados, considerando-se a sua relevância e o grau de influência que tiveram: (1) sistema da personalidade das leis; (2) sistema da territorialidade e as escolas estatutárias; (3) sistemas de Savigny, Mancini e Joseph Story; (4) sistema de Pillet; (5) a revolução americana e o estudo do conteúdo da lei; e (6) outros métodos do Direito Internacional Privado.

Nos próximos tópicos, serão enfatizados os métodos de constituição do Direito Internacional Privado que mais espaço ocupam na doutrina internacionalista.

É oportuno esclarecer, de antemão, que nenhum método se afigura mais importante que o outro, todos eles são consentâneos à época em que surgiram, por isso ocupam um relevante papel, e muitos deles ainda são aplicados na prática da disciplina. Importa saber qual é o mais adequado e o que mais auxilia na compreensão dos problemas jurídicos de sobreposição de ordenamentos jurídicos decorrentes das relações jurídicas virtuais.

2.1. O sistema da personalidade das leis

É difícil estabelecer o marco inicial do Direito Internacional Privado[37].

Na Antiguidade, não se encontra um sistema de regras de Direito Internacional Privado no Direito Romano.

---

37 André de Carvalho Ramos divide a história da disciplina em quatro fases: 1) a fase precursora da Antiguidade à Idade Media europeia; 2) a fase iniciadora do final da Idade Média europeia até o início do século XIX; 3) a fase clássica do século XIX até meados do século XX e 4) a fase contemporânea, de meados do século XX até o momento. CARVALHO RAMOS, André de. *Curso de Direito Internacional Privado*. São Paulo: Saraiva, 2018.

O Direito Romano estava baseado na concepção universal de império e de hegemonia e não no reconhecimento do direito estrangeiro ou de decisões estrangeiras, que é a base do Direito Internacional Privado.

Entretanto, a Antiguidade revela nuances *precursoras* do Direito Internacional Privado pelo tratamento dispensado aos estrangeiros pelo Direito Romano, principalmente quando se reconhece a condição jurídica do estrangeiro como objeto da matéria[38].

Os *peregrini,* isto é, todos aqueles que não eram cidadãos romanos, não gozavam integralmente do *jus civitatis,* não podiam testar ou receber herança, por exemplo, e não estavam protegidos pelas mesmas leis que protegiam os romanos, o *jus civile,* mas, sim, submetidos ao sistema jurídico conhecido por *jus gentium.*

Dado que os conflitos de lei são mais frequentes entre pessoas domiciliadas em locais diferentes ou de origens diferentes, é possível que a civilização antiga romana tivesse elementos de Direito Internacional Privado. Todavia, há quem diga que não podiam existir conflitos na civilização romana, porque estes pressupõem ordens jurídicas diversas e os *perigrini* estavam submetidos a uma só ordem jurídica, a do Direito Romano[39].

O fato é que o Direito Romano criou um sistema de tratamento diferenciado para a pessoa do estrangeiro, e isso fez com que se tornasse objeto de estudo na construção do Direito Internacional Privado, servindo de base para as escolas estatutárias e mais tarde para a escola de Savigny.

---

[38] Na esfera do Direito Internacional Público, alguns institutos, como a inviolabilidade dos representantes diplomáticos e a noção de asilo surgiram entre os povos da Antiguidade, vindo do mundo grego antigo, *e se conservam conceitual e operacionalmente presentes, em linha equivalente, no direito internacional pós-moderno.* CASELLA, Paulo Borba. *Direito Internacional no tempo antigo.* São Paulo: Atlas, 2012, p. 167

[39] Eduardo Espínola defende que o *jus gentium* era um verdadeiro direito nacional romano, isto é, estrangeiros e romanos estavam sujeitos ao mesmo Direito, não havendo, em tese, situações conflitantes com outros ordenamentos jurídicos, como é característico no Direito Internacional Privado. Nas palavras de Eduardo Espínola: "o jus gentium se destinava a definir a condição jurídica do estrangeiro e tinha por objecto regular em todos os casos os seus direitos e suas relações, entre si ou com cidadão, o direito internacional privado tem por funcção impedir ou resolver os conflitos que possam surgir entre systemas legislativos concorrentes, e por conteúdo as regras que determinam para cada caso qual a lei aplicável." ESPÍNOLA, Eduardo. *Elementos de Direito Internacional Privado.* Rio de Janeiro: Jacintho Ribeiro dos Santos Editor, 1925, p. 81.

Com a queda do Império Romano do Ocidente, em 476 d.C., a idealização de um império uniforme se fragilizou, inclusive em termos de leis. De potência imperial Roma se transformou numa representação do Império Bizantino na Itália, como uma província[40].

A queda de Roma trouxe o fim da Antiguidade e o começo da era medieval, onde predominou o feudalismo, o universalismo da Igreja, e, em parte, o centro do mundo se deslocou do mediterrâneo para o norte.

Durante os primeiros séculos da Idade Média, no período da invasão dos bárbaros, preponderou o *sistema da personalidade das leis,* aplicado ao direito das tribos germânicas vencedoras e ao direito do povo romano vencido.

Segundo esse sistema, o indivíduo, fosse romano ou germânico, estava submetido ao direito da sua localidade, de tal forma que, onde quer que se encontrasse ou para onde quer que fosse, o seu direito pessoal era aplicado nas suas relações jurídicas[41].

Evitava-se o conflito de direitos entre os povos, pois, basicamente, cada indivíduo estava sujeito ao seu próprio regramento, ou seja, à sua lei pessoal.

A *lei pessoal* é aquela, então, que vincula o indivíduo a uma localidade. Como à época o termo "Estado" ainda não existia, pois só veio a surgir com Maquiavel (1469-1527), o vínculo que unia a pessoa a sua localidade (e não ao Estado propriamente) só poderia se dar por sua origem (*origo*, como local de nascimento) ou por seu domicílio (*domicilii*).

É de se ver que até hoje, na doutrina do Direito Internacional Privado, a *lei pessoal* é aplicada através destes dois critérios: o do domicílio e o do local do nascimento, posteriormente cunhado pela nacionalidade.

O domínio do *sistema da personalidade das leis* manteve-se até quando as raças, germânicos e romanos, não eram mais estranhas umas das outras devido ao convívio entre os povos com o passar dos séculos, afinal, todas habitavam o mesmo território, lembrando que vários reinos haviam se formado onde tinha sido o território do antigo Império Romano.

A fusão lenta das raças tornou, assim, desnecessário o sistema de personalidade do direito, que, aos poucos, foi substituído pelo *sistema da territorialidade das leis.*

---

40 CASELLA, Paulo Borba. *Direito Internacional no tempo antigo.* São Paulo: Atlas, 2012, p. 157.

41 O sistema da personalidade das leis era aplicado também no campo penal, a se ver das extradições.

2.2. O sistema da territorialidade das leis e as escolas estatutárias

O regime feudal facilitou a decadência do sistema da *personalidade das leis* com os numerosos domínios constituídos em territórios restritos, sem preocupações sobre a origem dos vassalos, e com o predomínio do elemento territorial[42].

O feudalismo significava, sobretudo, uma forte ligação do homem com a terra, na terra o homem nascia e se desenvolvia, num regime de suserania[43].

Por conta da ligação do homem com a terra, o feudalismo acabou propiciando, a partir do século X, o surgimento de um sistema oposto ao da personalidade, o *da territorialidade das leis.*

Pelo *sistema da territorialidade das leis,* tão conhecido nos nossos tempos, a lei territorial aplica-se a todas as pessoas, bens e fatos que se encontram na extensão do território.

Em termos absolutos, o *sistema da territorialidade das leis* significa: cada ordem territorial pode exigir que em toda a sua extensão não se reconheçam outras leis senão as suas e nenhuma delas pode estender para além de suas fronteiras a aplicação de suas leis.

O sistema da *territorialidade das leis* predominou no período medieval até o século XII, quando floresceram as Escolas Estatutárias.

Na visão do Direito Internacional Público, o Direito Internacional no Tempo Medieval vai do século V (476 d.C.) até 1453, quando houve a queda do Império Romano do Oriente[44], fruto da invasão dos turcos otomanos.

Para o Direito Internacional Privado, a maior parte desses séculos marcou a sua *fase iniciadora*, desenvolvida, principalmente, pelas Escolas Estatutárias italiana, francesa e holandesa, e que foram responsáveis, basicamente, por trazerem exceções à regra da *territorialidade das leis,* através da chamada *extraterritorialidade das leis.*

---

[42] ESPÍNOLA, Eduardo. *Elementos de Direito Internacional Privado.* Rio de Janeiro: Jacintho Ribeiro dos Santos Editor, 1925, p. 88-89.

[43] E não soberania, já que o termo só surgiu com Jean Bodin na segunda metade do século XVI.

[44] Ver mais na coleção de livros escritos por Paulo Borba Casella. *Direito Internacional no Tempo Antigo.* São Paulo: Atlas, 2012. *Direito Internacional no Tempo Medieval e Moderno até Vitoria.* São Paulo: Atlas, 2012. *Direito Internacional no Tempo Moderno.* De Suarez a Grócio. São Paulo: Atlas, 2014. *Direito Internacional no Tempo Clássico.* São Paulo: Atlas, 2015.

Os *estatutos* foram legislações particulares desenvolvidas no seio das comunas italianas do norte da Itália, que acabaram afetando o sistema territorial feudal.

As comunas deram origem às repúblicas italianas e aos principados, e surgiram como fruto da reação política dos vassalos e servos, que queriam se distanciar do regime feudal e lutavam contra os abusos dos senhores feudais.

Ao mesmo tempo em que ocorriam as lutas entre as classes, as cidades de Bolonha, Modena, Florença, Pisa, Milão, Perugia e Veneza, ao norte da Itália, cresciam com o comércio local e passavam a ter autonomia política a partir do século XI.

Ao lado da autonomia política obtida pelas comunas se desenvolveu uma certa autonomia legislativa, onde cada comuna possuía uma legislação própria escrita ou advinda dos costumes, que eram os *estatutos,* designando o direito especial de cada qual, em oposição à lei, que compreendia as disposições de direito romano, a *lex,* ou do direito lombardo[45].

Como as relações comerciais e civis se intensificaram, junto com elas surgiram os conflitos oriundos das diversidades das leis territoriais.

O regime feudal, preso ao *sistema* absoluto da *territorialidade,* já não combinava mais com o estilo de vida local, que demandava uma legislação mais apropriada à movimentação das pessoas de uma cidade para a outra.

Era preciso reconhecer certos direitos aos comerciantes, que iam e vinham de comunas diferentes, para estimular o comércio entre as comunas e mesmo o comércio com os estrangeiros turcos. Começou-se, então, a pensar sobre a possibilidade de se aplicar a lei estrangeira na localidade, em prol do desenvolvimento das cidades.

Basicamente, as discussões giravam em torno da aplicação da *territorialidade da lei* (sistema vigente) ou da *extraterritorialidade* da lei de outra comuna e cidade. Nascia, assim, a *extraterritorialidade* das leis, que nada mais eram que exceções, *baseadas no estatuto pessoal*, à aplicação da lei territorial.

A teoria dos estatutos foi uma consequência dos conflitos entre os estatutos das comunas, formada por estudos jurídicos que se desenvolveram diante da necessidade de se encontrar uma solução para resolver os conflitos de leis, os quais, com o passar do tempo, também foram aplicados aos estrangeiros.

---

45 ESPÍNOLA, Eduardo. *Elementos de Direito Internacional Privado.* Rio de Janeiro: Jacintho Ribeiro dos Santos Editor, 1925, p. 92.

A divisão entre os tipos de leis ou sistemas legais concebeu a ideia do Direito Internacional Privado, cujas normas surgiram como mecanismo para minimizar as diferenças entre as leis territoriais e evitar inconsistências no tratamento das relações jurídicas.

A primeira Escola Estatutária foi a italiana, em Bolonha, que se voltou à glosa do *Corpus Juris Civilis* de Justiniano, fazendo anotações à margem dos seus textos, numa interpretação literal, em busca de respostas aos conflitos.

Os glosadores mais citados pela doutrina são Irnerius (perto de 1100), residente em Bolonha, e Francesco Accurcio, de Florência (1182 a 1260). Deve-se à Accursio a célebre frase "*Argumentum, Quod si Bononiensis conveniatur Mutinae, non debet iudicari secundum Statuta Mutinae, quibut non subest, cum dicat: quos nostrae clementiae*", isto é, a lei de Módena não se aplica ao comerciante cidadão bolonhês, o qual deve continuar regido pela lei de Bolonha[46].

No século XIV, os glosadores são substituídos pelos pós-glosadores, que se diferenciavam daqueles porque faziam comentários ao Código Justiniano e não apenas seguiam a sua literalidade. Os mais conhecidos são Bartolo de Sassoferrato (1313-1359) e Baldo (1327-1400), que foi aluno de Bartolo.

Bartolo dividiu os *estatutos em reais e pessoais.*

Ao conjunto de normas que tinha relação com a capacidade jurídica e o estado das pessoas Bartolo denominou *estatuto pessoal*, ao qual reconheceu eficácia *extraterritorial*, pois deveria acompanhar o indivíduo da sua comuna a outra quando se deslocasse, o mesmo se aplicando aos estrangeiros de outros reinos. Os estatutos pessoais eram baseados no critério do domicílio.

---

[46] CARVALHO RAMOS, André de. *Evolução Histórica do Direito Internacional Privado e a Consagração do Conflitualismo.* Rev. secr. Trib. Perm. Revis. Año 3, n.5; 2015; p.423-446. Disponível em: <https://edisciplinas.usp.br/pluginfile.php/4883664/mod_resource/content/1/Evolução%20Histórica%20do%20Direito%20Internacional%20Privado.pdf>. Acesso em: 9 de janeiro de 2021. MEIJERS, E. M. "L`histoire des principes fondamentaux du droit international privé a partir du moyen âge. Spécialement dans l'Europe occidentale", in: *Collected Courses of the Hague Academy of International Law,* vol. 49, 1934, p. 547-686. GUTZWILLER, Max. "Le développement historique du Droit International Privé", in: *Collected Courses of the Hague Academy of International Law,* vol. 29, 1929, p. 291-400. FERNÁNDEZ ARROYO, Diego P. *Derecho internacional privado de los estados del Mercosur.* Buenos Aires: Zavalia Ed., 2003, p. 39.

Já os *estatutos reais*, concernentes aos bens, tinham caráter *territorial* e baseavam-se no local onde se encontrava o bem[47].

Bartolo ainda criou as seguintes regras de escolha da lei aplicável, que se tornaram conhecidas: a *locus regit actum*, a lei aplicável aos contratos é a lei do local de sua celebração; a lei do local da celebração do testamento para estipular suas formalidades; a lei do local da execução da obrigação para o caso de seu inadimplemento, além de ter defendido a figura dos estatutos estrangeiros proibitivos, que não podiam ser aplicados porque ofendiam a lei do foro[48].

Os estudos de Bartolo formaram as bases técnicas do direito conflitual por mais de 500 anos[49], do século XIV ao início do XIX. Por isso se diz que a base do método do Direito Internacional Privado é *conflitual.*

Na Escola Estatutária Francesa a doutrina destaca Charles Dumoulin (1500-1566), o qual também partiu da lei justiniana, mas introduziu um novo critério na escolha da lei, o da *autonomia da vontade*, que costuma ser citado como o ponto interessante nos estudos de Dumoulin já que passou a ser um critério igualmente conhecido[50]. No tocante ao estatuto pessoal referir-se às pessoas e ter eficácia extraterritorial e o estatuto real às coisas e ter eficácia territorial manteve Dumoulin as ideias de Bartolo.

---

47 Não demorou para se verificar que os conceitos não eram estanques e que tinham relações jurídicas que poderiam ser classificadas como reais e pessoais, o que acabou provocando a criação de estatutos mistos.

48 André de Carvalho Ramos cita o caso da "Questão Inglesa" para ilustrar o estatuto estrangeiro odioso, que não seria aplicável (embrião da cláusula de ordem pública), envolvendo a sucessão de inglês com bens na Inglaterra e Itália. Na Inglaterra, a lei estipulava que a herança era toda do primogênito; na Itália, havia a regra de partilha entre os filhos. A solução, após o estudo dos vocábulos do estatuto (para aferir se se tratava de um "estatuto pessoal" ou "estatuto real"), foi a desconsideração da unidade da sucessão, tendo o primogênito herdado os bens na Inglaterra, mas partilhado os bens na Itália com seus irmãos. Bártolo considerou a exclusão dos demais irmãos um estatuto odioso e por isso *não* poderia ter alcance extraterritorial, mesmo se fosse considerado um estatuto pessoal. CARVALHO RAMOS, André de. *Evolução histórica do direito internacional privado e a consagração do conflitualismo.* Rev. Secr. Trib. Perm. Revis., año 3, n. 5; marzo 2015, p. 423-446.

49 CASELLA, Paulo Borba. *Direito Internacional no tempo medieval e moderno até Vitória.* São Paulo: Atlas, 2012, p. 435.

50 VALLADÃO, Haroldo. *Direito Internacional Privado.* Rio de Janeiro e São Paulo: Livraria Freitas Bastos, 1968, p. 112.

O fundador da Escola Francesa foi D'Argentré (1519-1590), para esse a regra era a territorialidade, todas as leis e costumes são soberanas no território, excepcionalmente poderia aceitar-se a lei pessoal de certas pessoas, quanto à capacidade e estado, quando então poderiam se aplicar fora do território[51].

A Escola Estatutária Holandesa partiu da mesma concepção da francesa, definindo como regra a territorialidade dos estatutos. Os jurisconsultos holandeses, em especial Paulo Voet (1619-1677), seu filho João Voet (1647-1714) e Ulrich Huber (1636-1694), partindo das concepções positivistas de Grotius (1583-1645), que acreditava que "a lei das nações" fazia parte de um sistema voluntarista baseado na vontade dos Estados e não numa lei natural, conceberam *a teoria da cortesia internacional*. Ou seja, a regra da territorialidade poderia ser afastada, admitindo-se a aplicação da lei estrangeira por um ato de *commitas gentium*, como uma concessão ao direito estrangeiro[52].

A doutrina dos estatutos concentrou sua força principalmente durante os séculos XIV e XVIII, porque logo depois surgiram as primeiras codificações, que repudiavam o sistema da glosa dos textos romanos.

A fase estatutária é considerada a *fase inicial* do Direito Internacional Privado, quando o trabalho de conciliação entre os estatutos legais e as situações pessoais levaram à formação do Direito Internacional Privado[53].

Para muitos doutrinadores a razão maior do Direito Internacional Privado está em reconhecer o direito estrangeiro e permitir, dentro do território nacional, a aplicabilidade do direito estrangeiro.

Reconhece-se a importância da teoria dos estatutos pois foi com base em suas concepções que se primeiro reconheceu a aplicabilidade do direito estrangeiro.

Além disso, as teorias estatutárias trouxeram critérios de aplicação de lei que são conhecidos até hoje, como o *locus regit actum*, a *autonomia da vontade*, o conceito de *cortesia internacional* e a percepção de estatutos proibitivos, que acabaram dando origem à concepção de ordem pública.

---

51 CARDOSO, P Balmaceda. *Ensaio de uma Sistematização Científica do Direito Internacional Privado*. Rio de Janeiro: Livraria Editora Freitas Bastos, 1942, p. 41.

52 VALLADÃO, Haroldo. *Direito Internacional Privado*. Rio de Janeiro e São Paulo: Livraria Freitas Bastos, 1968, p. 114. ESPÍNOLA, Eduardo. *Elementos de Direito Internacional Privado*. Rio de Janeiro: Jacintho Ribeiro dos Santos editor, 1925, p. 283-289.

53 CASELLA, Paulo Borba. *Direito Internacional no tempo medieval e moderno até Vitória*. São Paulo: Atlas, 2012, p. 437.

As teorias estatutárias giravam, também, em torno da dicotomia *territorialidade/extraterritorialidade.* Por mais que desenvolvessem outros conceitos, como autonomia da vontade e cortesia internacional, tudo estava atrelado à *territorialidade/extraterritorialidade,* de forma que os vínculos sempre redundavam ou numa aplicação *territorial ou extraterritorial.*

As teorias estatutárias plantaram o germe da divisão entre leis *territoriais e extraterritoriais,* tema que até hoje provoca opiniões divergentes no Direito Internacional Privado e suscita conflito de jurisdições.

2.3. Os sistemas de Savigny, Mancini e Joseph Story

As monarquias que se formavam, a partir do enfraquecimento dos senhores feudais, precisavam de leis uniformes para manter forte o espírito de união de territórios ao redor do poder absoluto do rei.

O ambiente positivista do direito à época e as codificações cumpriam bem este propósito, surgindo em massa, a partir do século XVIII, sendo o maior exemplo o Código Napoleônico de 1804.

Ademais, as ideias humanistas e revolucionárias do movimento francês no final do século XVIII apregoavam mais igualdade entre nacionais e estrangeiros quanto ao gozo dos direitos civis[54].

É de se ver que a Constituição brasileira de 1891, no seu artigo 72, passou a dispor sobre a igualdade entre brasileiros e estrangeiros residentes no país e a inviolabilidade dos direitos concernentes à liberdade, à segurança individual e à propriedade.

O Código Civil, de 1º de janeiro de 1916, no seu artigo 3º, da mesma forma, preconizou que a lei não distingue entre nacionais e estrangeiros, quanto à aquisição e ao gozo dos direitos civis.

Essa nova visão sobre o direito dos estrangeiros projetou-se nos estudos do Direito Internacional Privado na nova fase que despontava na Idade Moderna, a sua *fase clássica.*

A fase *clássica* do Direito Internacional Privado foi inaugurada por Friedrich Carl von Savigny (Frankfurt, 1779-1861), o qual foi um dos três grandes autores do Direito Internacional Privado do século XIX, ao lado de Joseph Story (1779-1845) e Pasquale Stanislao Mancini (1817-1888).

---

[54] Permanecendo algumas restrições como a caução *judicatum solvi.* ESPÍNOLA, Eduardo. *Elementos de Direito Internacional Privado.* Rio de Janeiro: Jacinto Ribeiro dos Santos editor, 1925, p. 99.

Savigny foi o responsável pela definição de "relação jurídica", que denominou *Rechtsverhältniss*: cada relação jurídica é objeto de uma instituição legal correspondente que é regulada pela mesma regra de direito. A relação jurídica nos é fornecida pelos eventos da vida[55].

No contato livre e natural entre as pessoas, subsiste ao lado delas, assistindo-as mutualmente, uma invisível ligação que dá segurança a cada atividade de cada indivíduo, a regra pela qual essa ligação é determinada é a lei. A lei serve para assegurar o livre desenvolvimento entre as pessoas: as regras são feitas para as partes e não as partes para as regras[56].

Estudioso do Direito Romano, Savigny sistematizou a matéria internacional em alguns princípios.

Concebeu como princípio fundamental, no qual fundou suas reflexões, a existência de uma *comunhão jurídica entre nações*[57], onde nacionais e estrangeiros gozam de completa igualdade em suas relações privadas e onde impera a harmonia das decisões. Para Savigny, as relações jurídicas devem ser julgadas da mesma maneira, sem levar em conta o lugar onde a decisão é proferida.

Na sua compreensão sobre a potencialidade das leis, ou seja, sobre qual relação jurídica a lei deve se ocupar, Savigny explica que nem todas as relações jurídicas de domínio privado pertencem ao domínio da lei. Na visão do autor, existem três tipos de relações: as que inteiramente pertencem ao domínio da lei (como a propriedade), as que não pertencem (como a amizade) e as que parcialmente pertencem (como o casamento), depende do quanto o desejo individual está independente ou não[58].

Ele também divide em três os objetos materiais das relações jurídicas, três concêntricos círculos ao redor dos quais as vontades podem ser regradas: os direitos originais (como os de propriedade, que nascem já garantidos); as vontades ao redor da família, que pertencem apenas em parte ao domínio da lei, e o outro, em que o autor divide como a lei das coisas e a lei das obrigações.

---

[55] SAVIGNY, Friedrich Carl von. *System of the Modern Roman Law*, vol I. Tradução para o inglês de William Holloway. Madras: J. Higginbotham, Publisher, 1867, p. 6.

[56] SAVIGNY, Friedrich Carl von. *Sistema do Direito Romano Atual*, vol. VIII. Tradução de Ciro Mioranza. Ijuí: Editora Unijuí, 2004, p. 116.

[57] Que estaria fundada na Europa Ocidental sobre as bases do cristianismo e do direito romano.

[58] SAVIGNY, Friedrich Karl von. *System of the Modern Roman Law*, vol. I. Madras: J. Higginbotham, Publisher, 1867, p. 269.

A partir daí Savigny define o seu segundo princípio fundamental, o *da sede da relação jurídica*: para determinar a lei aplicável ao conflito de leis importa perquirir qual a sede da relação jurídica, isto é, o território jurídico ao qual a relação jurídica pertence segundo a sua própria natureza, se diz respeito à pessoa, à família, às coisas ou às obrigações.

É preciso classificar as relações jurídicas no sistema concebido por Savigny de tal forma que o direito aplicável é sempre o do lugar onde reconhecida a sede da relação jurídica: o domicílio para as pessoas, o lugar da situação da coisa objeto da relação jurídica, o lugar do ato jurídico realizado ou a se realizar (*locus regit actum*).

Assim, como a pessoa é o centro de toda relação jurídica, tudo o que diz respeito ao estado absoluto da pessoa em si, como sua capacidade de direito e capacidade de agir, deve ser regulado pela lei do seu domicílio (*lex domicilii*). Savigny adotava a lei do domicílio como lei pessoal e não a lei da nacionalidade.

Nos direitos reais, todas as relações jurídicas que digam respeito aos bens, móveis e imóveis, devem ser reguladas pela lei da situação da coisa (*lex rei sitae*).

No direito das obrigações, o direito aplicável pode ser o do lugar da constituição da obrigação ou o da sua execução. Para Savigny, o que mais importa a esta classe de relação jurídica é a execução da obrigação, por isso, o direito aplicável deve ser o do lugar da execução da obrigação (*lex loci executionis*).

No direito de família, as relações desenvolvem-se também em torno da pessoa, assim, o domicílio dos cônjuges deve ser considerado, o que de acordo com a época, correspondia ao domicílio do marido.

Em matéria de sucessões, por dizer respeito à última vontade do falecido, o domicílio do falecido determina a lei reguladora como regra, segundo o pensamento de Savigny.

E assim sucessivamente, a lei competente para regular a relação jurídica é a lei mais em harmonia com a natureza própria e essencial da relação[59].

Savigny desenvolveu, assim, os chamados *elementos de conexão,* elementos presentes nas relações jurídicas que influenciam na escolha da lei porque representam a essência da relação, a natureza da relação jurídica. Assim, por

---

[59] SAVIGNY, Friedrich Karl von. *Sistema do Direito Romano Atual*, vol. VIII. Ijuí: Ed. Unijuí, 20, publicado em 1849. CARDOSO, P. Balmaceda. *Ensaio de uma Sistematização Científica do Direito Internacional Privado.* Rio de Janeiro: Livraria Editora Freitas Bastos, 1942, p. 97.

exemplo, no conflito de leis envolvendo bens, o objeto de conexão será o bem e o elemento de conexão será a lei do local da situação dos bens[60].

Podemos ver que Savigny não parte da dicotomia *territorialidade/ extraterritorialidade* quando desenvolve sua teoria, muito embora os elementos presentes na sua classificação de acordo com a natureza da relação jurídica sejam sempre *reais ou pessoais,* o que pode até redundar, ao final, numa aplicação *extraterritorial de leis.*

A visão de Savigny era sobretudo uma visão universalista do direito internacional, na qual as pessoas são iguais ou deveriam ser, e os sistemas jurídicos poderiam ser uniformes, portanto, parecia-lhe uma tarefa fácil regular o conflito, já que, na sua perspectiva, os Estados aplicariam os mesmos elementos de conexão na resolução dos seus conflitos, fundados em razões científicas emanadas da natureza das relações jurídicas e não por mera cortesia internacional, como a Escola Estatutária Holandesa entendia.

No sistema concebido por Savigny, a tarefa mais difícil consiste em definir qual a natureza da relação jurídica e sua sede, supondo a adoção da mesma classificação jurídica por parte de todos os Estados.

No entanto, a adoção da mesma classificação jurídica ou a mesma *qualificação,* por parte de todos os Estados, não é uma tarefa fácil, também por isso Savigny foi criticado posteriormente pelos líderes da revolução americana.

É preciso lembrar que Savigny desenvolveu suas principais ideias (em 1850-1860) num período em que a região da atual Alemanha era dividida em pequenos reinos e ducados, os quais não eram unidos na forma de Estado-nação e possuíam legislações particulares.

Além disso, a região foi marcada por guerras, como a Guerra dos Ducados, na qual os prussianos enfrentaram a Dinamarca, a Guerra Austro-Prussiana e a Guerra Franco-Prussiana, o que certamente influenciou na construção de seus pensamentos em favor de *uma comunhão jurídica entre nações,* desgastadas pelos conflitos.

O principal legado de Savigny foi o de sistematizar os princípios e critérios que consagraram o método conflitual do Direito Internacional Privado e consolidá-lo em bases científicas[61].

---

[60] CARVALHO RAMOS, André de. *Curso de Direito Internacional Privado.* São Paulo: Saraiva, 2018, p. 254.

[61] CARDOSO. P Balmaceda. *Ensaio de uma Sistematização Científica do Direito Internacional Privado.* Rio de Janeiro: Livraria Editora Freitas Bastos, 1942, p. 83.

Savigny não aderiu às ideias do italiano Mancini sobre a nacionalidade, preferindo aplicar o *domicílio* como critério de lei pessoal. Savigny queria fundir os contrastes nacionais numa comunidade aceita por todos, através de uma mesma classificação de relações jurídicas, por ele proposta, ao passo que a regulação das leis pela separação dos povos por nacionalidades contrariava seus pensamentos igualitários fortemente marcados por razões científicas.

Na Itália, Mancini proclamou o *princípio da nacionalidade* na cátedra de professor de Direito Internacional Privado na Universidade de Turim, numa célebre lição em 1851, tendo exercido grande influência na doutrina do Direito Internacional Privado e nas conferências da Haia, que adotaram, à época, o princípio da nacionalidade. Mancini fundou, ainda, o Instituto de Direito Internacional.

Segundo a escola de Mancini, *a lei pessoal é a lei nacional* e deve regular quase todas as relações jurídicas, do estado e capacidade das pessoas, dos direitos de família e direito hereditário, em lugar da lei do domicílio, preconizada por Savigny e pelas Escolas Estatutárias. Mancini, igualmente, defendeu a autonomia da vontade na lei escolhida pelas partes em relação aos bens e à matéria contratual.

Ao preconizar a *lei da nacionalidade* como a lei que deveria ser aplicada à maior parte das relações jurídicas, Mancini se consagrou como um jurista *personalista,* que defendia a aplicação da *personalidade das leis,* e consequentemente, *sua eficácia extraterritorial,* a qual só cederia espaço à *territorialidade* das leis se ofendesse a ordem pública do país ou sua constituição.

Mancini também proclamava sua teoria da nacionalidade numa época em que a Itália estava dividida e crescia o sentimento de unificação em torno de um Estado-nação[62].

---

[62] Nas palavras de Mancini: "E não basta, senhores, comparar a Itália dos três últimos séculos, esquecida e sem consciência de si própria, curvada e voluntariosa sob o jugo espanhol e austríaco, com a Itália de nossos dias, fremente e envergonhada com sua situação, inflamada de irresistível anseio pelo supremo bem de sua independência, infeliz, é verdade, na primeira prova, mas de modo algum cansada ou resignada, e embora sentada sobre milhares de desaparecidos que generosamente se imolaram por esta causa, mesmo assim confiante na justiça de Deus e nos novos sacrifícios que ainda serão feitos por uma fé que não pode mais abandonar, por um desejo sublime, por uma esperança imortal?" MANCINI, Pasquale Stanislao. *Direito Internacional.* Coleção Clássicos do Direito Internacional. Ijuí: Editora Unijuí, 2003, p. 62.

Para Mancini, o fundamento da aplicação do direito estrangeiro não era a *comitas*, mas a igualdade entre os Estados e a obrigação de cada um, perante o outro, de respeitar os direitos dos estrangeiros[63].

Contemporâneo de Savigny e Mancini, Joseph Story, membro da Suprema Corte Americana e professor na *Harvard Law School* não negou a teoria dos estatutos, defendeu a lei do domicílio como lei pessoal, e sustentou como primeira e mais importante proposição a de que toda nação possui exclusiva soberania e jurisdição dentro de seu território[64] e que somente por ato de cortesia – em citação a Huber – o Estado pode aceitar a aplicação da lei estrangeira.

Story foi, assim, um forte adepto da regra da *territorialidade*, enfatizando a ideia do Direito Internacional Privado como direito nacional.

Os três defenderam a igualdade entre as nações, cada qual dentro de seus propósitos, com perspectivas diferentes.

Savigny sustentou a possibilidade de um sistema de conflito de leis baseado na sede das relações jurídicas, as quais seguiriam uma classificação uniforme em todas as nações, porque seria a mais justa e juridicamente adequada; as leis e decisões seriam uniformes entre os Estados, já que todos seriam iguais e fariam parte da mesma comunhão jurídica internacional.

Mancini compartilhava com Savigny a ideia da existência de uma *comunidade jurídica de nações*, que deveriam se respeitar mutuamente. Vivendo um tempo marcado de anseios pela unificação italiana, sustentou que o respeito às nacionalidades era fundamental para que imperasse a igualdade entre as nações; portanto, por um argumento de nacionalidade, uma nação poderia impor, no território de outra, a extraterritorialidade de suas leis aos seus nacionais e jamais admitir que a lei de outro Estado se lhes aplicasse; o princípio da nacionalidade deveria ser aceito por todas as nações. Mancini rejeitava a ideia de que o Direito Internacional não fazia parte de uma ordem internacional e que pertencia, exclusivamente, à ordem de cada Estado.

Para Story o respeito à igualdade entre as soberanias não admitiria a extraterritorialidade de leis, exceto por consentimento tácito ou expresso do país, uma visão que, embora baseada na igualdade entre as nações, era sobretudo voluntarista e nacionalista.

---

63 CASELLA, Paulo Borba. *Direito Internacional no Tempo Medieval e Moderno até Vitória*. São Paulo: Editora Atlas, 2012, p. 440.

64 STORY, Joseph. *Commentaries on the Conflict of Laws*. First Edition 1834. New Jersey: The Lawbook Exchange, 2010, p. 19.

O século XIX marcou profundamente o Direito Internacional Privado porque foi o século em que se viu uma maior sistematização da matéria e quando se consagrou o *método indireto,* baseado em elementos de conexão, na prática da disciplina.

O *método indireto* consiste na indicação de norma nacional ou estrangeira para regular determinado fato transnacional (escolha da lei) ou para determinar a jurisdição que deve conhecer de eventual litígio (escolha da jurisdição) sobre o mesmo fato[65], não servindo para solucionar o conteúdo do conflito.

Os estatutários se utilizavam do método indireto, resolvendo os conflitos a partir da indicação da lei mais adequada. Ademais, faziam o seu uso de *forma casuística,* aplicando a lei de acordo com um critério espacial *unilateral,* o *da territorialidade ou da extraterritorialidade.*

Baseada, por sua vez, na indicação *a priori* da lei aplicável ou da jurisdição mais adequada, a doutrina do século XIX, influenciada pelo ambiente positivista do direito, em especial a de Savigny, racionalizou o estudo do Direito Internacional Privado, estabelecendo *elementos de conexão* entre o fato transnacional e um determinado ordenamento jurídico, de acordo com a sede da relação jurídica.

Além disso, como vimos, o método de Savigny não partiu das concepções de *territorialidade e extraterritorialidade,* que podem se repelar mutuamente.

Sem dúvida, o método de Savigny, também indireto porque serve para indicar a norma mais apropriada e não resolver o conteúdo do conflito, trouxe segurança jurídica, pois estabelecido *a priori* e não mais de forma casuística, com base em critérios científicos de classificação, que, a rigor, poderiam ser aplicados em qualquer ordenamento jurídico.

Dada a aparente facilidade com que poderia ser empregado em vários ordenamentos, o método indireto com base na identificação de elementos de conexão, também chamado de *método conflitual,* acabou sendo adotado por tratados e pela legislação de vários países.

É de se ver que a Lei de Introdução às Normas do Direito Brasileiro adota o método conflitual quando impõe ao legislador a observância da *lex domicilii, da lex rei sitae, da lex loci contractus,* do *locus regit actum,* da *mobilia sequuntur personam* para os bens móveis em trânsito, entre outras.

---

[65] CARVALHO RAMOS, André de. *Curso de Direito Internacional Privado.* São Paulo: Saraiva, 2018, p. 150.

Trata-se de método, no entanto, que não fica imune a críticas, apresentando dois principais revezes: (1) não permite que o julgador valore o fato, porque ao aplicar a regra de conexão indicada pela lei ou pelo tratado, de forma mecânica e objetiva, não necessariamente fará justiça em sua decisão, o mesmo valendo para a jurisdição competente indicada, que pode não ser aquela mais próxima ao fato ou a mais adequada para decidir a causa; (2) fomenta a fragmentação do Direito Internacional Privado[66], com a criação, de forma esparsa e variada, de *elementos de conexão* especializados de acordo com a matéria, assim, por exemplo, a lei do domicílio ou residência do credor, em matéria de alimentos, a lei do domicílio do consumidor para os contratos de consumo, a lei da residência habitual para a guarda e visitas de menores, etc.

A mecanização do método e a falta de discricionariedade do julgador para indagar se a lei indicada é a mais justa levaram ao aparecimento de novas teorias que tentaram imprimir outros contornos ao método indireto, como se vê no sistema desenvolvido por Pillet e na chamada revolução americana.

2.4. O sistema de Pillet

A doutrina de Antoine Pillet (1857-1926) interessa ao estudo do método do Direito Internacional Privado porque examina a lei de um ponto de vista político e não mais apolítico como se todas as relações jurídicas entre particulares importassem, unicamente, às partes e não ao Estado.

Pillet indaga o interesse da sociedade pelo qual a lei é feita, que elemento ela representa dentro do poder público do Estado e apresenta como a melhor solução para o conflito de leis e jurisdições aquela que administra o melhor efeito social da lei[67].

Enfatiza que *todas as leis são territoriais e extraterritoriais* e que é preciso harmonizá-las, sacrificando-se a territorialidade ou a extraterritorialidade dependendo da função social da lei, ou seja, deve-se dar a cada lei a qualidade (territorial ou extraterritorial) que lhe convém ser melhor[68].

E qual seria o fim social das leis de acordo com Pillet?

---

66 Sobre a dialética entre unidade e fragmentação do Direito Internacional Privado veja GALINDO, George Rodrigo Bandeira Galindo (org.). *Fragmentação do direito internacional: pontos e contrapontos.* Belo Horizonte: Arraes Editores, 2015.

67 PILLET, Antoine. *Principes de droit international privé.* Paris: Pedone/Allier Frères, 1903, p. 267.

68 PILLET, Antoine. *Principes de droit international privé.* Paris: Pedone/Allier Frères, 1903, p. 267, p. 265.

Pillet classifica as leis, em relação ao fim social, como leis de proteção individual e leis de proteção social. E acrescenta: as leis de proteção social são territoriais, porque interessam ao Estado, as leis de proteção individual por sua vez são extraterritoriais[69], e nesse ponto, a lei nacional da pessoa e não a do seu domicílio que importa[70].

Pillet apresentou um sistema de resolução de conflitos de leis baseado, como em Savigny, no princípio da comunhão do direito, e por isso, na sua visão, quando existe um conflito de leis entre dois ou mais Estados é um dever jurídico considerar-se a aplicação do direito estrangeiro e não apenas o repelir com base na territorialidade, ou no dizer de Savigny, cumpre encontrar a lei mais justa para regular a relação jurídica em exame.

Para Pillet, os conflitos de leis se manifestam porque, sendo diferentes os direitos positivos, todos eles se propõem a regular as relações de todas as pessoas que se encontram no seu território, nacionais ou estrangeiras, e todos os seus nacionais que estejam fora de seu território.

O que o sistema de Pillet não soluciona, todavia, é a hipótese de uma mesma lei requerer mais de uma finalidade, isto é, quando se volta à proteção individual e à proteção social com o mesmo interesse ou com o mesmo "fim social".

2.5. A revolução americana

O termo "revolução americana" refere-se a um movimento que ficou conhecido, especialmente, nas décadas de 1950 e 1960[71] nos Estados Unidos da América, por ser contrário à aplicação rígida dos critérios territoriais - como o local do contrato (*lex loci contractus)* e o local da infração (*lex loci delicti*) - baseados nos ensinamentos de Joseph Story e no *Beale's "Restatement First of Conflict of Laws", 1934,* que reunia, basicamente, a forma de pensar o conflito de leis nos Estados Unidos da América à época.

---

[69] *"Les lois essentiellement permanentes sont, avons-nous dit, les lois extraterritoriales. Les lois essentiellement générales sont les lois territoriales. Nous disons maintenant : les lois faites dans l'intérêt de la personne sont les lois permanentes; les lois faites dans l'intérêt de la communauté sont les lois générale"*, p. 291.

[70] Pillet defendeu a nacionalidade, mas a via como o direito que cabe ao Estado de proteger seus nacionais em país estrangeiro.

[71] Especialmente nas décadas de 1950 e 1960, porque já existiam artigos na década de 30 sobre a banalização do método indireto, como em CAVERS, David F. *A Critique of the choice-of-law problem.* Harvard Law Review, vol. 47, 1933, p. 173-208.

A passagem histórica é relevante ao estudo porque demonstra que os critérios de fixação de jurisdição ou de escolha da lei não são definidos em bases puramente científicas, como apregoava Savigny, existindo interesses estatais por detrás da solução dos conflitos e mesmo por detrás da formulação das leis que regulam os conflitos.

Assim, a principal contribuição do movimento foi lançar luzes na aplicação mecânica das regras de conflitos de leis e de jurisdição, e dizer mais abertamente que os Estados possuem interesses políticos nas relações jurídicas bases dos conflitos, mesmo naquelas de natureza privada e que, portanto, quando legislam e decidem sobre a escolha da lei ou sobre a jurisdição competente o fazem movidos por *governamental interest*.

É preciso lembrar que as expressões "*choice of law*" e "*conflict of laws*" do direito norte-americano compreendem não apenas os conflitos de lei e jurisdição de natureza internacional, mas, também, os conflitos domésticos entre os ordenamentos jurídicos dos seus estados federados em face da autonomia legislativa.

Symenon Symonides, professor na Willamette University em Salem, Oregon, em artigo publicado em 2015, sobre a *Choice-Law Revolution*, relembra alguns precedentes da justiça norte-americana onde os estados norte-americanos, em disputas privadas, apresentaram-se como *amicus* na causa demonstrando interesse de agir[72].

Em um desses precedentes, no caso *Bernhard v. Harrah's Club*, numa causa de responsabilidade civil contra um cassino de Nevada, movida no Estado da Califórnia, entre particulares, o Estado de Nevada interveio na causa como *amicus*, apoiando a manifestação do cassino, porque lhe interessava a solução da demanda em favor do cassino. O mesmo ocorreu no caso *Clay v Sun Insurance Office Ltd.*, em que havia uma disputa privada sobre seguro, e o Estado da Flórida, através de seu Procurador-Geral, interveio na causa, perante a Suprema Corte, para sustentar a aplicação da legislação da Flórida.

No plano dos conflitos internacionais, o autor cita o conhecido caso *Kiobel v. Shell*, movido por 12 nigerianos, com base no *Alien Torts Claim Act* de 1789, contra a companhia petrolífera, alegando responsabilidade da empresa por

---

72 SYMEONIDES, Symeon. *The Choice-of-Law Revolution Fifty Years after Currie: An End and a Beginning* (February 21, 2015). University of Illinois Law Review, vol. 2015, n. 2, 2015. Disponível em: <SSRN: https://ssrn.com/abstract=2568175>. Acesso em: 8 de agosto de 2020.

ter sido cúmplice em violações de direitos humanos durante a ditadura de Abacha, na região de Ogoni, na Nigéria, entre os anos de 1992 a 1995. Apesar de a empresa controladora da companhia ser holandesa, o caso foi apresentado perante a Justiça norte-americana porque a Shell possuía escritório em Nova York. Foi um caso de responsabilidade extracontratual entre particulares que interessou aos Estados Unidos da América pelas alegadas violações a direitos humanos.

Os autores que mais se destacaram na chamada revolução americana foram os professores Brainerd Currie[73], David Cavers[74], Walter W. Cook[75] e Robert Leflar[76].

Para eles, o método indireto tradicional era falho porque negligenciava o papel do julgador, não lhe permitia ponderar valores ou dizer qual a lei ou a jurisdição mais justa para o caso em concreto.

Baseando sua teoria no interesse dos Estados no tocante às relações jurídicas envolvidas nos conflitos, no chamado *governamental interest,* Currie separou os conflitos em três classes: (1) os falsos conflitos, (2) os verdadeiros conflitos e (3) os casos em que não há interesse de nenhum Estado.

Nos "falsos conflitos", segundo Currie, apenas um Estado tem interesse na causa, e em aplicar a sua legislação ou em se declarar competente para julgá-la. Se apenas um Estado tem interesse não existe conflito. Assim, o juiz ou tribunal estavam autorizados a aplicar a lei estrangeira se não existisse interesse por parte do Estado do foro em aplicar a sua própria lei ou em exercer a sua jurisdição.

Nos casos onde não houvesse interesse por parte de nenhum Estado, deveria ser aplicada a lei do foro (*lex fori),* assim como nos "verdadeiros conflitos", a única solução que poderia ser aplicada era, igualmente, a lei do foro porque nenhuma corte poderia impor seu interesse na jurisdição face ao

---

73 CURRIE, Brainerd. *Selected Essays on the conflict of laws.* Duke University Press, 1963.

74 CAVERS, David F. *The Choice of Law Process*, 1965. David F. Cavers. *A Critique of the Choice-of-Law Problem,* 47 Harv. L. Rev 173, 1933. Disponível em: <https://scholarship.law.duke.edu/faculty_scholarship/2786/>. Acesso em: 8 de agosto de 2020.

75 COOK, Walter W. *The Logical and Legal Bases of the Conflict of Laws*, 33 Yale, LJ, 1924. Disponível em: <https://digitalcommons.law.yale.edu/ylj/vol33/iss5/1/>. Acesso em: 8 de agosto de 2020.

76 ROBERT, Leflar A. *Choice-Influencing Considerations in Conflicts Law.* 41 N.Y.U.L.Rev. 267, 1996. Disponível em: <https://heinonline.org/HOL/Page?handle=hein.journals/nylr41&div=26&id=&page=&collection=journals>. Acesso em: 8 de agosto de 2020.

de outro Estado. Dito de outra forma, se a parte invocasse a lei ou a jurisdição estrangeira na causa, o juiz ou tribunal deveria antes indagar se existia interesse por parte do Estado do foro.

Cavers abraçou a forma com que Currie categorizou os conflitos, bem como a sua teoria do *governamental interest*, todavia, elaborou sua própria teoria, a que chamou de *result* ou *rule-selecting approach*. Ponderou, quanto aos "verdadeiros conflitos", que nem sempre a *lex fori* deveria ser aplicada, pois caberia ao juiz, *ciente de seu dever de formular uma regra aplicável igualmente a situações em que os padrões de leis são diferentes, conceber ou adotar uma regra que, em seu julgamento, se acomode com mais êxito a esses vários padrões*, sopesando entre as leis aplicáveis – a lei estrangeira ou a *lex fori* – qual a mais justa para o caso concreto[77].

Da mesma forma, Walter Cook também contesta a determinação *a priori* da regra da territorialidade, especialmente os critérios *lex loci contractus* e *lex loci delicti*, dizendo que os princípios e as regras do conflito de leis e jurisdição deveriam ser observados como ferramentas e não pervertidos em um uso aparentemente mecânico sem efetividade[78].

Robert A. Leflar também trouxe ensinamentos relevantes ao estudo da escolha da lei e da jurisdição. É de sua autoria a denominada teoria do *better law approach*.

Assim como Currie, Cavers e Cook, Leflar entendia que o método tradicional, desenvolvido desde o começo do século XIX, obrigava os juízes a decidirem o conflito de jurisdição ou de lei "cegamente", sem se indagarem qual era a solução *materialmente* mais justa e, não raras às vezes, encobrindo as estratégias que usavam para explicar o porquê escolheram a lei do foro em detrimento da lei estrangeira.

Tal como seus antecessores, Leflar propôs que o juiz ou tribunal, ao fazer sua escolha entre a lei do foro ou a lei estrangeira a regular o caso em concreto, analisasse o *conteúdo* da lei e aplicasse aquela que lhe parecesse mais justa, por exemplo, aquela que permitisse indenizar a vítima de um acidente ou a que resolvesse o litígio contratual de maneira justa entre as partes. Ao contrário de Currie que, abertamente, preferiu a *lex fori* na solução dos conflitos, Leflar tentou criar um critério que olhasse, em tese, de forma igual para a lei do foro e para a lei estrangeira.

---

[77] *A Critique of the Choice-of-Law Problem*, 47 Harv. L. Rev. 173, 1933. Disponível em: <https://scholarship.law.duke.edu/faculty_scholarship/2786/>, p. 5. Acesso em: 8 de agosto de 2020.

[78] *The Logical and Legal Bases of the Conflict of Laws*, 33 Yale, LJ, 1924. Disponível em: <https://digitalcommons.law.yale.edu/ylj/vol33/iss5/1/>, p. 487. Acesso em: 8 de agosto de 2020.

A revolução americana foi importante para que os intérpretes das leis saíssem do universo frio e racional do Direito Internacional Privado da época, trazendo-os à realidade de que não existem critérios neutros de escolha de lei e de jurisdição, e que aos Estados não interessam apenas resolver os conflitos privados porque possuem o monopólio das leis e da jurisdição, mas porque se guiam por seus próprios interesses.

É de se pensar, então, se as disputas privadas podem implicar interesses não apenas de partes privadas, mas também dos respectivos Estados, muitas mais as disputas envolvendo *public laws* ou que "flertam" com interesses públicos e sociais, como algumas que dizem respeito, atualmente, às relações jurídicas virtuais com direitos humanos envolvidos.

No tempo da revolução americana, seus expoentes criticaram Savigny por ter negligenciado os objetivos substanciais das normas jurídicas e por ter dado importância a um sistema abstrato de escolha de lei e de jurisdição que não fazia justiça.

Já os críticos do movimento americano dizem, ao revés, que suas teorias, em outro extremo, sempre levavam à aplicação da *lex fori* ou davam margem a muitos critérios de escolha que acabaram gerando o *forum shopping*, com demasiado subjetivismo e discricionariedade judicial, chegando a causar uma confusão no método do Direito Internacional Privado.

2.6. Outras formas de se desenvolver o método indireto baseado no conteúdo da lei

Desde meados do século 20, até mesmo em face da influência do movimento norte-americano, a "seletividade judicial", proposta pelos expoentes da revolução americana, acabou impulsionando uma outra espécie de seletividade, "a seletividade legislativa", também como forma de defesa do conteúdo da lei e da busca de um resultado mais justo.

Pela seletividade legislativa, o Estado legislador estabelece regras de conexão ou uma lista de jurisdições que podem ser escolhidas pelo julgador na sua análise do conteúdo da regra que regulará a causa ou que definirá a jurisdição competente. Pode fazer isso de forma *alternativa, subsidiária, favorecendo uma parte, ou através do princípio da proximidade.*

Como exemplo de opção do legislador por critérios *alternativos* de jurisdição, cita-se o artigo 3º da Convenção da Haia sobre a Jurisdição, Lei Aplicável e Reconhecimento de Decisões em Matéria de Adoção, concluída em 15 de novembro de 1965, que estabelece como competentes para conceder a adoção: a) as autoridades do Estado de *residência habitual* do adotante ou, quando se tratar de adoção por cônjuges, as autoridades do Estado no qual os dois cônjuges tenha a sua residência habitual; b) as autoridades do Estado de que tenha o adotante a *nacionalidade* ou, quando se tratar de uma adoção por cônjuges, as autoridades do Estado de sua nacionalidade comum.

Os Estados legisladores podem, inclusive, estabelecer regras de conexão *subsidiárias*, como na Convenção da Haia sobre a Lei Aplicável para Regimes de Bens Matrimoniais, celebrada em 14 de março de 1978, a qual, no seu artigo 4º, consigna que, se os cônjuges, antes do casamento, não designaram a lei aplicável, o regime dos bens matrimoniais é regido pelo direito interno do Estado nos quais ambos os cônjuges estabelecem sua primeira *residência habitual após o casamento*. Um outro exemplo é o Protocolo da Haia sobre a Lei Aplicável às Obrigações de Alimentos, de 23 de novembro de 2007, que, no seu artigo 3º, dispõe *as obrigações de prestar alimentos regular-se-ão pela lei do Estado de residência habitual do credor, salvo quando o presente Protocolo dispuser de outra forma.*

Uma outra forma de aplicar a seletividade legislativa é *favorecendo uma parte*, notadamente a parte mais vulnerável da relação jurídica, como o consumidor ou o empregado em relações trabalhistas, seja determinando a jurisdição competente ou a lei que lhe será aplicável, seja excluindo-os do campo de regência da lei aplicável em certos temas.

No âmbito da União Europeia, o Regulamento (CE) n. 593/2008 do Parlamento Europeu e do Conselho, de 17 de junho de 2008, sobre a lei aplicável às obrigações contratuais (Roma I) prevê, no seu artigo 6º, que os contratos celebrados por consumidores são regulados pela lei do país em que o *consumidor tem a sua residência habitual desde que o profissional*: (a) exerça as suas atividades comerciais ou profissionais no país em que o consumidor tem a sua residência habitual ou (b) por qualquer meio, dirija esta atividade para este ou para vários países, incluindo aquele país.

Tendo em conta a proteção que deve ser conferida ao consumidor no quadro da jurisdição, vale de exemplo, ainda, o artigo do 22, inciso II, Código de Processo Civil brasileiro que define a jurisdição brasileira nas causas decorrentes de relações de consumo, quando o consumidor for domiciliado ou tiver residência no Brasil.

Na esfera da Haia, servem de exemplo mais duas convenções:

A Convenção relativa à Proteção Internacional de Adultos, concluída em 13 de janeiro de 2000, destinada à proteção em situações internacionais de adultos que, por motivos de perturbação ou insuficiência das suas faculdades pessoais, não estão em condições de proteger os seus interesses, a qual prevê regras uniformes que determinam quais as autoridades nacionais competentes para tomar as medidas de proteção necessárias.

A Convenção atribui competência, em primeiro lugar, às autoridades do Estado da *residência habitual* do adulto, mas reconhece, igualmente, a competência concorrente, embora subsidiária, *das autoridades do Estado da nacionalidade do adulto*[79]. E, como regra geral, no exercício da competência atribuída pela Convenção, as autoridades dos Estados Contratantes aplicam a sua própria lei.

E a Convenção relativa à Competência, à Lei Aplicável, ao Reconhecimento, à Execução e à Cooperação em Matéria de Responsabilidade Parental e de Medidas de Proteção das Crianças em Situações de Caráter Internacional, concluída em 19 de outubro de 1996, a qual, no seu artigo 5º estabelece a competência das autoridades jurídicas ou administrativas do Estado Contratante no qual a *criança tem a sua residência habitual* para as medidas necessárias à proteção da pessoa ou bens da criança.

Pelo *princípio da proximidade* é possível, também, aplicar a seletividade legislativa. Referido princípio será mais bem desenvolvido no capítulo da *Jurisdição Internacional,* todavia, consiste na determinação da norma material mais adequada para a regência do fato transnacional ou ainda da jurisdição para solucionar litígios, a partir da detecção de vínculos mais próximos ou estreitos com a situação analisada[80].

A título de amostragem, a Convenção da Haia sobre a Lei Aplicável às Obrigações Alimentares, já mencionada, no seu artigo 16, disciplina que se deve tomar em consideração a lei de um Estado que, em matéria de obrigações alimentares, tenha dois ou mais sistemas de direito de aplicação territorial ou pessoal - como no caso de referência à lei de residência habitual do credor ou do devedor ou à lei nacional comum, haverá lugar à aplicação do sistema designado pelas regras em vigor nesse Estado, ou, na falta delas, do sistema com o qual os *interessados tiverem laços mais estreitos.*

---

79 Conforme linhas gerais sobre a convenção, disponível em: <s://assets.hcch.net/docs/29feb6f1-8e22-4b4c-a8be-c2b6ac0fbc34.pdf>. Acesso em: 11 de setembro de 2020.

80 CARVALHO RAMOS, André de. *Curso de Direito Internacional Privado.* São Paulo: Saraiva, 2018, p. 161.

2.7. O método direto

Ao contrário do método indireto, o método direto não é remissivo, não indica a lei que irá regular o conflito, seja ela estrangeira ou local.

O método direto é baseado em leis materiais ou *substantive rules*, regras especiais que solucionam os fatos transnacionais diretamente.

A ideia principal é não precisar encontrar, entre os ordenamentos jurídicos envolvidos, qual a lei mais aplicável ou a jurisdição a se escolher, trata-se de passar ao largo do conflito de leis, disciplinando o próprio fato.

O método chamou o especial interesse dos estudiosos a partir da segunda metade do século XX, demonstrando ser mais uma reação ao método clássico de indicação das normas desatrelado do alcance de um resultado material (método de Savigny) e parte da procura de um novo método, influenciada pela revolução americana. É também fruto de reflexões sobre as vantagens e desvantagens de se analisar o conteúdo das leis em conflito, só que não de forma indireta.

As normas materiais do Direito Internacional Privado, pelo método direto, podem estar previstas em fontes internacionais ou nacionais.

2.7.1. O método direto de regulação internacional

O objetivo internacional do método sugere que a fonte normativa a regular o fato transnacional seja de natureza internacional, promovendo-se a uniformidade na aplicação das leis e na definição das jurisdições competentes.

O método direto de regulação internacional difere-se de todos os outros métodos contidos em instrumentos internacionais já citados, porque propõe, justamente, a regulação direta do fato transnacional.

As normas materiais internacionais estão principalmente desenvolvidas dentro dos temas relativos ao comércio internacional, como nos princípios para os contratos internacionais, do UNIDROIT, e na Convenção das Nações Unidas sobre Contratos de Compra e Venda Internacional de Mercadorias, concluída em Viena em 11 de abril de 1980, no bojo da qual existem várias disposições de conteúdo material que regulam a oferta, a aceitação, a entrega das mercadorias, as obrigações do comprador e do vendedor, perdas e danos entre outras.

O transporte internacional também é objeto de regulações internacionais, formando um tecido de regras materiais uniformes[81], como ocorrem com o

---

[81] LOQUIN, Éric. "Les règles matérielles internationales", in: *Collected Courses of the Hague Academy of International Law*, vol. 322, 2007, p. 18.

transporte rodoviário internacional e a Convenção de Genebra de 19 de maio de 1956, o transporte ferroviário e a Convenção de Berna de 9 de maio de 1980, o transporte aéreo e as Convenções de Varsóvia, de 12 de outubro de 1929 e Montreal, de 28 de maio de 1999, o transporte marítimo e a Convenção sobre o transporte de produtos no mar (regras de Hamburgo), de 31 de março de 1978.

É o Direito Internacional regulando diretamente o fato transnacional de natureza cível, evitando a sobreposição de ordenamentos jurídicos.

A segurança do sistema bancário mundial é igualmente regulada por regras materiais internacionais, como nos Acordos de Basileia[82].

Em matéria de família, da mesma forma, existem normas materiais internacionais. A Convenção da Haia, de 29 de maio de 1993, sobre a Proteção das Crianças e a Cooperação em Matéria de Adoção Internacional prevê que a adoção deve atender ao *interesse superior da criança*, além de possuir requisitos para a adoção internacional, regras sobre a forma de consentimento à adoção e a adaptação da criança. A Convenção da Haia, de 23 de novembro de 2007, sobre a Cobrança Internacional de Alimentos em Benefício dos Filhos e de outros Membros da Família, dispõe, também, que em todas as decisões relativas a crianças, o interesse superior da criança deve constituir a principal consideração.

Essa visão mostra um pouco de uma dicotomia existente no Direito Internacional Privado.

Trata-se da dicotomia entre o universalismo e o particularismo no Direito Internacional Privado e a tensão entre atribuir ao Direito Internacional Privado o seu verdadeiro caráter *internacional,* com regras que devem ser comuns ao conjunto dos Estados, ou ao contrário, admitir que o Direito Internacional Privado deve ser visto sob a ótica do direito interno, definido por suas leis.

Por universalismo[83], entende-se a tendência de se buscar, além dos ordenamentos nacionais, o fundamento para se regular os conflitos de lei, através do reconhecimento de uma única regulação aos fatos transnacionais. É

---

[82] Ver mais sobre a normatividade das relações financeiras e monetárias internacionais em SOREL, Jean-Marc. "Quelle normativité pour le droit des relations monétaires et financières internationales?", in: *Collected Courses of the Hague Academy of International Law,* vol. 404, 2020.

[83] A expressão foi criada pelo internacionalista holandês Jitta. JITTA, Daniel Josephus. *La méthode du droit international privé,* La Haye: Belinfante, 1890.

uma visão que vai e vem ao longo do tempo, dependendo das contingências do momento internacional e que se conflui com o Direito Internacional Público.

É de se ver que os estatutários, por meio do uso das leis de Justiniano, Savigny, em torno da expressão *comunidade jurídica de nações*, e Mancini, apregoando a igualdade entre os Estados através da nacionalidade, já defendiam o universalismo.

Para se pensar de forma ainda mais longínqua, sob a óptica do Direito Internacional Público, citemos o universalismo medieval da Escola de Salamanca com Francisco de Vitória (1480-1546)[84], posteriormente, com Francisco Suarez (1548-1617), em Kant (1724-1804) com a Paz Perpétua, e em Kelsen (1881-1973) com sua concepção monista do Direito e a primazia do direito internacional sobre o direito interno.

Após séculos de visão universalista entre os precursores medievais do Direito Internacional Público, o particularismo se inicia no continente europeu a partir de suas fragmentações: de ordem política, desde a queda de Bizâncio no ano de 1453, religiosa, com a reforma protestante de 1517, e econômica, com as grandes navegações pelas Américas. É de se ver que a criação do termo "Estado", por Nicolau Maquiavel (1469-1527) e "soberania" por Jean Bodin (1529 ou 1530-1596) remontam à época. O particularismo se exacerba com o fim do reinado de Carlos V em 1554, e com ele a ideia de posteridade de um Império Romano, bem como com a paz religiosa de Augsburg em 1555, que marca o reconhecimento do fim das tentativas de restauração da unidade religiosa da Europa ocidental[85].

---

[84] A grande inovação de Vitoria consistiu em laicizar o direito das gentes: em lugar da submissão direta à primazia do Papa, depois da ruptura causada pela reforma protestante, este propõe instaurar uma "comunidade internacional", que seria universal, e abrangeria todos os povos, de todos os continentes. Para Vitória, o que a razão natural estipulou entre todas as nações é chamado direito das gentes". CASELLA, Paulo Borba. *Direito Internacional no tempo medieval e moderno até Vitória*. São Paulo: Atlas, 2012, p. 608.

[85] "Foi este marco de 1555 também o fim de uma era, e de uma concepção de mundo, que pautara a Europa durante séculos, na esteira da herança romana antiga. Aposentar-se-ia a ideia de 'universalismo'. E passam a predominar, como agentes centrais do sistema da época, estados 'soberanos' e 'independentes', que lutam ferozmente uns contra os outros, repetidamente, para tentar instaurar, pela força e pela habilidade diplomática, espaços de predominância desta ou daquela dinastia, e deste ou daquele estado 'nacional' CASELLA, Paulo Borba. *Direito Internacional no tempo moderno de Suarez a Grócio*. São Paulo: Atlas, 2014, p. xvi.

A partir da segunda metade do século XVI, o mundo ocidental é marcado pela evolução progressiva do nacionalismo dos Estados soberanos com a separação entre o poder religioso e o político em 1648, até a exacerbação nacionalista dos séculos XIX e XX, culminando com as duas grandes guerras mundiais e com o retorno do universalismo como alicerce da paz e da proteção dos direitos humanos[86].

Apesar de ter vivido numa época de franca expansão da codificação nos ordenamentos jurídicos estatais, Savigny era contrário à codificação das normas do Direito Internacional Privado, pois seu pensamento era o de que a época ainda estava imatura para uma codificação. A sua teoria foi a de que o direito nasce como direito costumeiro por meio de crenças do povo, e depois se desenvolve mediante a ciência jurídica, e não por meio do legislador. Até mesmo por isso se dedicou ao estudo das relações jurídicas, pois sabia que estas estimulariam o costume internacional[87].

Em todo caso, o universalismo que apareceu no século XIX perdeu seu público depois da primeira guerra mundial[88] e arrefeceu muito com as codificações. As decepções políticas da época sobre a organização da paz, depois os eventos totalitários, provocaram os pensamentos particularistas no âmbito do Direito Internacional Privado. Somente após a Segunda Guerra Mundial, as construções doutrinárias dentro da Europa Ocidental se mostraram como uma renovação da tendência internacionalista[89], muito por conta da proteção internacional dos direitos humanos.

---

86 "O paradoxo se põe no sentido de que a evolução posterior do direito internacional clássico, nos séculos XIX e XX se fez ao preço da "nacionalização" do direito internacional. O que se põe, no presente século XXI, é o resgate da sua condição e vocação verdadeiramente universais. Dimensão essa vista pelos primeiros autores do que se pode chamar direito internacional propriamente dito, sobretudo em VITÓRIA e, em menor grau, também em SUAREZ." CASELLA, Paulo Borba. *Direito Internacional no tempo antigo.* São Paulo: Atlas, 2012, p. 100.

87 SAVIGNY, Friedrich Karl von. *Sistema do Direito Romano Atual*, vol. VIII. Tradução de Ciro Mioranza. Ijuí: Ed. Unijuí, 20, publicado em 1849, p. 62.

88 ANTONIO CARRILO SALCEDO, Juan. "Le renouveau du particularisme en droit international privé", in: *Collected Courses of the Hague Academy of International Law,* vol. 160, 1978, p. 4.

89 ANTONIO CARRILO SALCEDO, Juan. "Le renouveau du particularisme en droit international privé", in: *Collected Courses of the Hague Academy of International Law,* vol. 160, 1978, p. 4-6.

No século XIX, comumente pensava-se que os conflitos de leis, na medida em que diziam respeito às relações internacionais, dependiam do Direito Internacional Público, porque se referiam a conflitos entre soberanias, a dizer, conflitos entre Estados[90].

Em face da carência de um regramento conferido pelo Direito Internacional Público e de todas as circunstâncias que marcavam a época, com sentimentos fortemente nacionalistas, emergiram as ideias particularistas do Direito Internacional Privado que guardam relação com o método do Direito Internacional Privado, como as teorias pela aplicação da *lex fori e das leis imperativas.*

2.7.2. O método direto particularista da lei local

Étienne Bartin (1860-1948) foi um dos líderes do particularismo.

Nos seus primeiros estudos em Direito Internacional Privado, em 1930, sem dizer qual seria a solução a ser dada aos conflitos de leis, Bartin explica o quão tormentosa pode ser para os juízes a qualificação no conflito de leis, que é a questão de saber, dentro de um litígio, a natureza da instituição jurídica que se vincula a este litígio e o lugar que esta instituição ocupa dentro da classificação das instituições jurídicas cíveis.

Como as categorias jurídicas não são definidas da mesma maneira nos Estados, o conflito que, para um Estado, pode se restringir à capacidade de agir, para outro, pode dizer respeito à forma do ato jurídico e assim a regência muda completamente: da lei pessoal, que regula o estado e a capacidade das pessoas, que, para alguns pode ser a lei da nacionalidade (*lex patriae*) e, para outros, a lei do domicílio, para a lei do local em que o ato foi praticado, a *lex loci regit actum*[91].

Portanto, para Bartin a visão universalista da constituição do Direito Internacional Privado não teria como prosperar com a questão da qualificação sendo-lhe um grande obstáculo.

Batiffol exemplica a seguinte situação para demonstrar a dificuldade apontada por Bartin nas qualificações das instituições jurídicas: a sucessão por

---

[90] BATIFFOL, H. "Les tendances doctrinales actuelles en droit International privé", in: *Collected Courses of the Hague Academy of International Law*, vol. 72, p. 9.

[91] BARTIN, E. "La doctrine des qualifications et ses rapports avec le caractère national du conflit des lois", in: *Collected Courses of the Hague Academy of International Law*, vol. 31, 1930.

causa *mortis* pode ser concebida pelo direito interno como uma prerrogativa última da propriedade, e, dentro dessas condições, parece normal aplicar, em Direito Internacional Privado, a lei do local dos bens hereditários. Se, ao contrário, o direito interno entender que a sucessão faz parte do direito de família, a solução mudará e se essa concepção se adotar, o conflito em Direito Internacional Privado será evidentemente resolvido com a lei pessoal do *de cujus*, pois geralmente a lei pessoal é aquela que rege os interesses familiares[92].

Em um segundo momento, analisando a jurisprudência francesa, Bartin concluiu que era muito difícil aos juízes não aplicar a sua lei local, porque o conteúdo da lei estrangeira, elaborada com outras concepções sociais, era muito diferente do conteúdo da lei local.

Batiffol, citando Bartin, diz que a diversidade das regras de conflitos é inevitável em razão da diversidade das leis internas; para suprimir a divergência entre as regras de conflito é necessário suprimir a divergência entre as leis internas, o que significa suprimir o próprio conflito de leis[93]. E como suprimir a divergência entre as leis internas e o próprio conflito? Aplicando-se a lei do foro.

---

92 No original: "Pour prendre un exemple, la succession à cause de mort peut être conçue en droit interne comme la prérogative ultime de la propriété, et il faut reconnaître que, sociologiquement et psychologiquement, cette vue se défend par de bons arguments: admettre la propriété privée sans lui annexer la transmission à cause de mort paraît devoir conduire inévitablement à la transmission occulte et détournée du défunt aux héritiers, surtout quand ceux-ci sont unis par le lien d'ascendant à descendant, dont la force résiste à toutes les tentatives légales de destruction. Mais, dans ces conditions, si cette analyse prévaut, il paraîtra normal d'appliquer, en droit international privé, aux successions à cause de mort, la loi de la situation des biens héréditaires. Si, au contraire, on voit dans les successions une annexe du droit de la famille, la solution changera. Une pareille vue peut également se défendre. Il n'est pas douteux que le droit des successions est sans doute un de ceux où apparaît le mieux la conception que le législateur se forme de la famille, de son extension, de sa hiérarchie, de l'ordre des affections présumées, des devoirs qui conduisent à imposer une réserve ou à en dispenser. Mais si cette conception est adoptée, le conflit en droit international privé sera évidemment résolu par la loi personnelle du défunt, du moment qu'on admet, comme c'est généralement lè cas, que la loi personnelle est celle qui règle les intérêts familiaux." "Les tendances doctrinales actuelles en droit International privé", in: *Collected Courses of the Hague Academy of International Law*, vol. 72, 1948, p. 7.

93 "Par conséquent, il semble bien que le champ d'application des lois de droit privé dans l'espace soit lié à la conception que le législateur interne s'est forgée de la loi de droit privé interne ; et puisque le conflit de lois naît précisément de la divergence des lois privées internes, la raison de la divergence des règles de conflit se trouve dans le fait même qui engendre le conflit : cette divergence des règles de conflit, est donc inévitable. Pour la supprimer, il faudrait supprimer la divergence des lois internes, c'est-à-dire supprimer précisément les conflits de lois". "Les tendances doctrinales actuelles en droit International privé", in: *Collected Courses of the Hague Academy of International Law*, vol. 72, p. 8.

Assim, Bartin defendeu o império da *lex loci* para se evitar o conflito entre leis territoriais (do lugar dos bens, por exemplo) e leis pessoais (da nacionalidade ou domicílio). A lei local deveria ser a única aplicada[94], *diretamente*, para resolver materialmente o litígio, evitando-se a análise das regras do conflito. Isso tudo resumido numa fórmula muito simples: se o Estado tem competência é a sua lei que deve ser aplicada.

Como diria Bartin: o Direito Internacional Privado é a projeção do direito interno sobre o plano internacional[95].

2.7.3. O método direto das normas imperativas

No Direito Internacional Privado, as normas imperativas são normas de *direito interno* de *aplicação imediata, que afastam a incidência da norma de conflito* e, por isso, evitam o método indireto conflitual, regulando o fato transnacional *diretamente,* porquanto seu conteúdo diz respeito a valores essenciais para o Estado.

Trata-se de norma que, segundo Batiffol é necessária à salvaguarda da organização política, social e econômica do país[96].

---

[94] Bartin defendeu a aplicação da lei local principalmente em três situações: em matéria de delitos civis, quanto à forma dos atos e nas regras profissionais de direito privado. No artigo, Bartin seleciona um caso interessante de uma estrangeira, acometida de uma doença na França, sob cuidados médicos de um estrangeiro que exercia sua medicina na França, que, na hora da sua morte, dispôs de seu imóvel na França para o médico. Qual a lei que deveria ser aplicada? A lei pessoal da nacionalidade da estrangeira? A lei local francesa do local do testamento? Ou a lei territorial francesa em face do imóvel? Aplicou-se a lei francesa pois para todos os imóveis na França é aplicada a lei francesa e, assim, anulou-se a disposição testamentária, uma vez que a lei francesa dispunha que pessoas acometidas por doenças eram incapazes de agir em testamento e os médicos, por sua vez, incapazes de receber bens. O autor conclui: por que não se aplicou a lei pessoal se a pessoa estava acometida de uma doença que poderia deixá-la incapaz de agir, já que a incapacidade civil é regrada pela lei pessoal e o império da lei pessoal é dominado pela ideia geral de proteção da pessoa e de suas manifestações de vontade? BARTIN, Etienne. "Une conception nouvelle de L'Empire de la loi locale par opposition a la loi personnelle et à la loi territorial", in: *Collected Courses of the Hague Academy of International Law*, v. 52, 1935, p. 589.

[95] Frase relembrada por Batiffol: "Cette vue est restée célebre sous la forme imagée que lui a donnée son auteur: "le droit international privé est la projection du droit privé interne sur le plan international". "Les tendances doctrinales actuelles en droit International privé", in: *Collected Courses of the Hague Academy of International Law,* vol. 72, p. 9.

[96] "Le pluralisme des méthodes em droit international privé", in: *Collected Courses of the Hague Academy of International Law*, vol. 139, 1973, p. 138.

A norma imperativa pode ser compreendida como um limite à aplicação da lei estrangeira, tal como a ordem pública, ou um outro método de constituição do Direito Internacional Privado.

Para o principal promotor do instituto, Phocion Francescakis (1910-1992), as normas imperativas - *lois d'application immédiate ou lois de police*- como se referia, conferem ao Direito Internacional Privado um método diferente do conflitual.

As normas imperativas não são exatamente leis de ordem pública[97], que possuem uma função negativa, isto é, quando a lei estrangeira é a lei escolhida para a solução do conflito, mas esta deixa de ser aplicada porque ofende a ordem pública do Estado do foro; as normas imperativas, ao contrário, exercem uma função positiva, elas não somente impedem a aplicação de outra norma, elas a substituem, passando a incidir em qualquer caso envolvendo o seu conteúdo de incidência. Ademais, as normas imperativas se distinguem das leis de ordem pública porque nem sempre excluem *a lei estrangeira*, ao passo que a ordem pública *só exclui a lei estrangeira*, já que a lei estrangeira pode vir a ser a norma imperativa aplicada no Estado do foro, embora mais raramente.

Francescakis observou, na prática das cortes francesas, que algumas leis do foro adquirem, em virtude de seu conteúdo substantivo, um lugar especial na maioria dos sistemas bilaterais de conflito[98].

Assim, na solução do conflito entre os ordenamentos jurídicos dos Estados, Francescakis distinguia duas categorias de normas materiais dentro da mesma ordem jurídica interna: de caráter "normal", que eram mais regras de direito privado, cuja aplicação resulta do conflito de lei e da regra de conexão,

---

[97] É comum dizer-se que a ordem pública tem origem nas teorias dos estatutários, Bartolo e seus seguidores. Para eles, algumas regras do foro eram caracterizadas como estatutos odiosos. Apesar do fato da escolha da lei conter um comando para não aplicar a *lex fori*, este comando não deveria ser obedecido pelas cortes quando a aplicação da lei estrangeira era considerada odiosa. HILDING, Eek. "Peremptory Norms and Private International Law", in: *Collected Courses of the Hague Academy of International Law*, vol. 139, 1973, p. 11. Ver, também, FRIEDRICH, Tatiana Scheila. *Norma imperativa: a conexão dos direitos humanos com o Direito Internacional Privado.* Tese apresentada ao Programa de Pós-Graduação em Direito, setor de Ciências Jurídicas, Universidade Federal do Paraná, como requisito parcial à obtenção do título de Doutor em Direito.

[98] VISCHER, Frank. "General course on private international law", in: *Collected Courses of the Hague Academy of International Law*, vol. 232, 1992, p. 153.

e "regras especiais" cujo alcance espacial é determinado pelo seu conteúdo substantivo e se aplicam positivamente[99].

E qual seria o conteúdo especial da norma imperativa?

O conteúdo especial da norma imperativa costuma estar atrelado à proteção de certos direitos, como em matéria de direito do consumidor[100], proteção de bens culturais[101], direito trabalhista e meio ambiente. Há também novos fatos que podem fazer os legisladores considerarem o uso de normas imperativas em relações econômicas, como no uso de energia em diferentes formas, exploração de áreas fora do território nacional, como na plataforma continental, nas zonas econômicas e no espaço aéreo[102].

Em matéria de proteção de bens culturais, por exemplo, muitos países entendem que os bens materiais de valor arqueológico fazem parte do patrimônio cultural nacional, assim, os achados arqueológicos transferidos ilicitamente a outro país podem ser reivindicados com base nas normas imperativas do país de origem.

A Convenção da Unidroit sobre bens culturais furtados ou ilicitamente exportados, concluída em Roma em 1995, prevê o retorno do bem cultural furtado *se isso for contrário à legislação interna do Estado contratante* (artigo 1º), prevendo, ainda, que suas disposições não impedem os Estados contratantes a aplicarem quaisquer regras mais favoráveis do que as previstas na convenção relativamente à restituição e ao retorno de bens culturais furtados ou ilicitamente exportados (artigo 9º).

Em tese, em matéria de bens culturais furtados ou ilicitamente exportados, existe um concurso de ordenamentos jurídicos entre a lei de onde se encontra o bem (*lex rei sitae*) e a lei do título da propriedade (*lex*

99 VISCHER, Frank. "General course on private international law", in: *Collected Courses of the Hague Academy of International Law*, vol. 232, 1992, p. 156.

100 MARQUES, Claudia Lima; JACQUES, Daniela Corrêa. "Normas de aplicação imediata como um método para o Direito Internacional Privado de proteção do consumidor no Brasil", in: *Cadernos do Programa de Pós-Graduação em Direito da UFRGS*, n. 01, 2004, p.65-96.

101 FRIGO, Manlio. "Circulation des biens culturels, détermination de la loi applicable et méthodes de règlement des litiges", in: *Collected Courses of the Hague Academy of International Law*, vol. 375, 2015.

102 HILDING, Eek. "Peremptory Norms and Private International Law", in: *Collected Courses of the Hague Academy of International Law*, vol. 139, 1973, p. 43.

originis), podendo até mesmo existir uma terceira lei em concurso, caso o bem tenha sido transferido a terceiro com base na lei contratual (*lex loci contractus*). Todavia, o Estado de origem pode reclamar a aplicação de sua norma imperativa (que registra violação ao patrimônio nacional) perante o juiz do foro onde se encontra o bem furtado e, se este a reconhecer, a norma imperativa afastará as normas de conflito (*lex rei sitae, lex originis* e a *lex loci contractus*) e será a única aplicada.

No plano inverso e mais corriqueiro, a norma imperativa é aplicada pelo Estado do foro de onde ela advém, como em matéria de direito do consumidor, a exemplo do Código Brasileiro de Defesa do Consumidor.

Foi o que ocorreu no julgamento do *Caso Panasonic* (REsp. n. 63.981-SP, Rel. Min. Sávio de Figueiredo), no qual o consumidor de uma câmera de vídeo Panasonic, comprada nos Estados Unidos da América, reclamava dos defeitos apresentados no aparelho e pleiteava indenização no Brasil, dizendo que a empresa Panasonic no Brasil fazia parte do mesmo grupo econômico da empresa vendedora em Miami e deveria se responsabilizar pelos defeitos apresentados. Alegou ofensa aos artigos 3º, 6, IV, 28, §5º, do Código de Defesa do Consumidor. A principal alegação da empresa ré é que a ação deveria ter sido promovida nos Estados Unidos da América, local onde a filmadora foi comprada. O Superior Tribunal Justiça, por maioria, decidiu pela aplicação direta do Código de Defesa do Consumidor, resolvendo de forma imediata o que teria sido uma causa de conflito entre ordenamentos jurídicos diversos[103].

2.7.4. O método direto do reconhecimento dos direitos adquiridos

O método do reconhecimento dos direitos adquiridos é aquele que vai permitir o reconhecimento de uma situação jurídica consolidada em um Estado, notadamente através de um julgamento, sem a verificação pelo Estado do foro da lei aplicável segundo as suas regras de conflito[104].

---

103 MARQUES, Claudia Lima; JACQUES, Daniela Corrêa. "Normas de aplicação imediata como um método para o Direito Internacional Privado de proteção do consumidor no Brasil", in: *Cadernos do Programa de Pós-Graduação em Direito da UFRGS*, n. 01, 2004, p. 65-96.

104 LAGARDE, Paul. "La méthode de la reconnaissance est-elle l'avenir du droit international privé? Conférence inaugurale, session de droit international privé", in: *Collected Courses of the Hague Academy of International Law*, vol. 371, 2015, p. 6.

O método pode ser muito utilizado em situações envolvendo casamentos celebrados em outro país que não o da residência habitual dos cônjuges, ou em casamentos homoafetivos[105], em filiação, maternidade por substituição, e adoção.

É considerado método direto, porque através dele se busca aceitar a regulação material já dada ao fato transnacional por um outro ordenamento jurídico[106]. Foi defendido por pensadores particularistas e universalistas do Direito Internacional Privado.

Nos dois últimos séculos advogaram pelo método Antoine Pillet (1857-1926) e Niboyet (1886-1952) na França, Albert Venn Dicey (1835-1922) na Inglaterra e Joseph Beale (1861-1943) nos Estados Unidos.

Para os anglo-saxões, a razão maior da aplicação de uma lei estrangeira dentro do país onde ela é invocada encontra-se na teoria do *vested rights,* já que o conceito de cortesia de Hüber era a exceção largamente aceita à absoluta territorialidade, mas não tinha muito efeito prático. *As Cortes da Inglaterra nunca aplicam a lei estrangeira; quando elas fazem isso, elas não aplicam a lei estrangeira, mas direitos adquiridos por leis estrangeiras* (1896, Dicey)[107].

O reconhecimento dos efeitos dos julgamentos estrangeiros talvez seja a razão pela qual se anexou à matéria do conflito de leis os conflitos de jurisdições nos Estados Unidos da América[108].

Para Joseph Beale, que foi o Relator do *Restatement on the Conflitct of Laws (First and Second),* o reconhecimento e a execução de direitos adquiridos em outro Estado faziam parte do chamado Conflito de Leis, e quando um direito foi criado pela lei, este direito torna-se um fato, e a existência deste fato deve ser reconhecida em qualquer lugar[109].

---

105 Sobre família entre pessoas do mesmo sexo e o Direito Internacional Privado veja FARIAS, Inez Lopes Matos Carneiro de. "A família entre pessoas do mesmo sexto e o Direito Internacional Privado", p. 198- 218, in: CARVALHO RAMOS, André de. *Direito Internacional Privado.* Questões controvertidas. Belo Horizonte: Arraes Editores, 2016.

106 CARVALHO RAMOS, André de. *Curso de Direito Internacional Privado.* São Paulo: Saraiva, 2018, p. 171.

107 Apud Jürgen Basedow, em Encyclopedia of Private International Law. UK: Edward Elgar Publishing Limited, 2017, p. 1814.

108 BATIFFOL, H. "Les tendances doctrinales actuelles en droit International privé", in: *Collected Courses of the Hague Academy of International Law,* vol. 72, 1948, p. 25.

109 "(...) *When a right has been created by law, this right itself becomes a fact; and its existence may be a factor in an event which the same or some other law makes the condition of a new right. In other words, a right may be changed by the law that created it, or by any other*

Assim, para os anglo-saxões, os direitos adquiridos e as decisões judiciais estrangeiras são tratados como fatos e não são executados diretamente, as partes que pretendem ter reconhecido o direito devem prová-lo, segundo as regras de procedimento aplicáveis à prova dos fatos[110].

Na Europa, a teoria surgiu para contrabalancear o absolutismo do século XVIII, Savigny (1779-1861) e Karl Georg von Wächter (1797-1880), na Alemanha, reconheciam os direitos adquiridos. Na França, mais de 80 anos depois, Antoine Pillet (1857-1926) questionou que não era possível uma pessoa perder todas as suas qualidades adquiridas perante o direito de família de um Estado simplesmente por viajar para outro Estado[111]; todavia, Pillet já considerava a ordem pública como exceção ao reconhecimento dos direitos adquiridos, dando o exemplo da validade do casamento poligâmico perante os países que não o reconhecem.

Atualmente, o tema é de grande relevo nas situações de adoção ou reprodução assistida por casais homossexuais e da maternidade por substituição.

Na maternidade por substituição, por exemplo, existem muitas controvérsias. Muitos países não aceitam a maternidade por substituição oferecida mediante compensação financeira, e só a aceitam se a gestante tem vínculos de parentesco com os futuros pais, como no caso do Brasil, outros até aceitam a compensação financeira, mas exigem que o material biológico seja de um dos pais, como na Itália.

Esse tema repercute sobremaneira no reconhecimento do direito à vida familiar quando a reprodução é feita em país mais flexível às regras e o casal retorna ao seu país de origem, com regras mais rígidas, que não aceitam como válida a certidão de nascimento da criança expedida nestas circunstâncias. Foi o que ocorreu com um casal de italianos que viajou a Moscou para providenciar a reprodução assistida, numa maternidade por substituição, mediante compensação financeira, e retornou à Itália com a criança, e, após exame de DNA, constatou-se que a criança não possuía vínculo biológico

---

law having power over it. If no law having power to do so has changed a right, the existing right should everywhere be recognized; since to do so is merely to recognize the existence of a fact."Apud Jürgen Basedow, em Encyclopedia of Private International Law. UK: Edward Elgar Publishing Limited, 2017, p. 1814.

110 ARMINJON, P. *Précis de Droit International Privé. I. Les notions fondamentales du droit international privé.* Troisième édition. Paris: Librairie Dalloz, 1947, p. 129-135.

111 PILLET, Antoine. *Principes de droit international privé.* Paris: Pedone/Allier Frères, 1903, p. 516.

com os pais; a Itália não reconheceu a certidão de nascimento e retirou a criança do poder familiar do casal (*Caso Paradiso e Campanelli v Itália*, Corte Europeia de Direitos Humanos, 24 de janeiro de 2017).

A forma mais expressiva e atual do funcionamento do método direto de reconhecimento e execução de decisões judiciais se dá no âmbito da União Europeia através do reconhecimento mútuo, previstos nos tratados constitutivos, regulamentos e diretivas do bloco.

Conforme se disse, não existe um método melhor ou pior no Direito Internacional Privado, depende muito da situação jurídica, de todos os problemas jurídicos e interesses envolvidos, e ainda, das circunstâncias políticas nos países, que influenciam nas escolhas jurídicas no cenário interno e internacional.

O método *é de constituição* do Direito Internacional Privado, portanto, serve tanto para a elaboração das normas sobre aplicabilidade das leis quanto à construção das normas (nacionais ou internacionais) sobre jurisdição internacional.

Seja qual for o método escolhido para regular o conjunto de determinadas relações jurídicas, o mais importante é ter presente a finalidade do Direito Internacional e não se distanciar de sua essência, que consiste na gestão da diversidade.

3. A finalidade do Direito Internacional Privado: de um direito conflitual à gestão da diversidade

Como vimos, ao longo de sua história, o Direito Internacional Privado passou por várias transformações[112].

O Direito Internacional Privado começou a firmar as suas regras e a assegurar sua posição como disciplina jurídica logo que surgiu a necessidade de resolver os concursos entre as leis vigentes no território submetido a uma soberania e as do estrangeiro, que ali se encontrasse.[113]

---

[112] E ainda não há consenso sobre os princípios, métodos e objetivos do conflito de leis. Dentre os ramos do direito, o Direito Internacional Privado ainda remanesce como um dos mais debatidos. VICHER, Frank. "General course on private international law", in: *Collected Courses of the Hague Academy of International Law*, v. 232, 1992, p. 21.

[113] ESPÍNOLA, Eduardo. *Elementos de Direito Internacional Privado*. Rio de Janeiro: Jacintho Ribeiro dos Santos, 1925, p. 96.

Por força do desenvolvimento do comércio e da expansão da vida humana, aos poucos foi se aceitando exceções à territorialidade das leis, com a chamada aplicação extraterritorial da lei pessoal.

A lei pessoal, com efeitos *extraterritoriais*, por sua vez, faz parte de um sistema que preconiza que se dê importância a uma coletividade de pessoas (os estrangeiros)[114], ou a certas categorias jurídicas, como o começo e o fim da personalidade, o nome, a capacidade ou o estado das pessoas, para que a situação jurídica que lhes diga respeito permaneça a mesma ainda que a pessoa deixe seu país, por exemplo, ninguém muda de nome ou estado civil pelo simples fato de cruzar a fronteira.

A lei pessoal é baseada em dois critérios: o do domicílio (*lex domicilii*) e o da nacionalidade (*lex patriae*) que, por sua vez, pode se basear na filiação ou no local do nascimento.

No Brasil, o critério atualmente adotado pela Lei de Introdução às Normas do Direito Brasileiro é o do domicílio (artigo 7º), todavia, nem sempre foi esse, já que a LICC adotava a nacionalidade, em face da influência internacional e porque o Brasil era, à época da LICC, um país conhecido pela entrada de migrantes, que mereciam proteção jurídica.

Como mencionamos anteriormente, para muitos doutrinadores só é possível falar em Direito Internacional Privado a partir do pressuposto de que cada Estado deve reconhecer a aplicabilidade das leis estrangeiras no seu território.

Muitas podem ser as razões para se aplicar a lei estrangeira, que pode ser reconhecida por um ato de cortesia internacional, pelo reconhecimento mútuo entre os Estados membros de uma comunidade supranacional, pela existência de uma comunidade de Direito entre os Estados[115], por igualdade entre nacionais e estrangeiros ou por direitos adquiridos sob o império de outra soberania.

---

114 Para Arminjon, se o sistema corresponde a uma coletividade de pessoas para a sua jurisdição ele é pessoal. "*Si ce ressort a pour assiette un territoire, le système juridique qui y correspond est territorial. Si ce ressort ne correspond pas à un territoire propre, mais à une collectivité de personnes, il est personnel.*" ARMINJON, P. *Précis de Droit International Privé. I. Les notions fondamentales du droit international privé.* Troisième édition. Paris: Librairie Dalloz, 1947, p. 159.

115 Os universalistas do Direito Internacional Privado, como Savigny, Pillet, Clovis Bevilaqua, Eduardo Espínola e Rodrigo Octavio, para citar alguns, apregoavam uma sociedade internacional. Para Pillet, os indivíduos de nacionalidades diferentes se põem em contato em suas atividades fora de se país criando relações de ordem privada e formam uma verdadeira sociedade internacional.

Ao longo dos séculos, vimos, também, que se formaram dois gêneros de métodos do Direito Internacional Privado: *o método indireto e o método direto*.

Ambos se subdividem em unilateral e bilateral ou multilateral.

O método indireto unilateral foi aplicado em larga escala pelos estatutários, que se referiam à lei territorial ou à lei pessoal extraterritorial, dependendo da análise do caso em concreto.

O método indireto multilateral tornou-se o método clássico do Direito Internacional Privado porque é o mais utilizado, sendo o mais consagrado o de Savigny.

Trata-se de método indireto bilateral ou multilateral porque é baseado em diferentes elementos de conexão (e não apenas numa determinada norma), estabelecidos *a priori,* de acordo com a classificação da sede da relação jurídica[116], ou a *posteriori,* dependendo da análise do julgador no caso em concreto, como na escolha da lei pelo *better law approach.* O método indireto bilateral pode ainda ser representado pelo uso de critérios de conexão alternativos, subsidiários ou pelo princípio da proximidade.

O método é direto quando regula diretamente o fato transnacional, como já visto. Ele será unilateral porque se propõe a resolver o conflito via escopo espacial das normas materiais numa visão unilateralista (de defesa dos interesses do foro) sem que seja analisada a aplicação da lei estrangeira, primando pela supremacia da *lex fori.*

O método direto bilateral pode se constituir através de regulação internacional, ou por leis imperativas e pelo reconhecimento de direitos adquiridos quando previstos em tratados.

Como podemos ver, existem vários métodos nos quais o Direito Internacional Privado pode ser constituído, o qual remanesce como um dos ramos do direito mais debatidos[117].

---

[116] Podendo redundar na aplicação da lei do foro ou da lei estrangeira, como no caso de uma sucessão mobiliária submetida à lei do domicílio do *de cujus,* que pode ser dentro do país da *lex fori* ou em outro país.

[117] VICHER, Frank. "General course on private international law", in: Collected Courses of the Hague Academy of International Law, v. 232, 1992, p. 21. Veja também MUIR WATT, Horatia. *Discours sur les méthodes du droit international privé (des formes juridiques de l'inter-altérité).* Les Livres de Poche de l'Academie de Droit International de la Haye. Nijhoff, 2019.

Importa partir, para a escolha do melhor método para uma determinada situação jurídica, da finalidade das normas do Direito Internacional Privado, pois toda ciência jurídica possui uma finalidade, que deve, sem dúvida, estar atualizada em seu tempo.

Referiu Eduardo Espínola, citando Giuseppe Carle[118]:

> se encontram no direito internacional privado, e mais geralmente em todo o direito internacional, duas ideias, uma em face da outra – a autonomia de cada Estado e a sociedade das nações. Em vez de se destruírem reciprocamente, estas duas ideais devem atuar uma sobre a outra; há um princípio supremo que as concilia, e que vem a ser que a sociedade civil deve ser organizada de modo a fornecer ao indivíduo o melhor meio possível para o seu aperfeiçoamento.

A finalidade do Direito Internacional Privado é regular os conflitos de leis e de jurisdição, decorrentes da sobreposição dos ordenamentos jurídicos vinculados aos fatos plurilocalizados.

Nos dias de hoje, sua finalidade abrange a cooperação jurídica internacional e pode se somar à regulação da condição jurídica do estrangeiro e das nacionalidades em conjunto com os atuais movimentos migratórios.

Em poucas palavras, a finalidade do Direito Internacional Privado é gerir a diversidade: a diversidade de ordenamentos jurídicos, a diversidade de relações jurídicas, a diversidade de agentes internacionais, ou, simplesmente, *a diversidade de indivíduos.*

Tal qual um direito ao seu tempo, o Direito Internacional Privado deve estar adequado às exigências sociais e culturais de sua época, assim como sempre acompanhou as condições do passado, por isso é preciso entender que na *diversidade de indivíduos* estão compreendidos todos *os direitos humanos hoje concebidos, as obrigações e os atores internacionais, mesmo os agentes não estatais.*

Ensina Paulo Borba Casella[119]:

> é o direito internacional produto da vida social, e expressão desta, em sua mais extensa dimensão e no seu plano mais vasto: o direito internacional rege as relações entre sociedade, agrega-se como superestrutura às concomitantes estruturas políticas internas, e se põe como o coroamento

---

[118] ESPÍNOLA, Eduardo. *Elementos de Direito Internacional Privado.* Rio de Janeiro: Jacintho Ribeiro dos Santos Editor, 1925, p. 252.

[119] CASELLA, Paulo Borba. *Direito Internacional no tempo ant*igo. São Paulo: Atlas, 2012, p. 3.

do sistema humano de regulação da convivência entre sociedades, normalmente expressa por meio das relações entre estados, mas não somente entre estes, porquanto mais e mais abrange, diretamente criando direitos e obrigações, para os indivíduos, como para outros agentes não estatais – nesta que se configura a grande mutação em curso, no direito internacional pós-moderno –, onde este passa de sistema interestatal para conjunto normativo e institucional mais amplo, com tutela legal do ser humano, tanto para a este garantir direitos (proteção internacional dos direitos fundamentais), como para a este impor obrigações e deste cobrar responsabilidade (direito internacional penal e a responsabilidade criminal do indivíduo, regida por normas internacionais). Essas dimensões simplesmente não existiam – ou eram muito incipientes – antes da primeira guerra mundial ou mesmo até o momento imediatamente posterior à segunda guerra mundial.

Em 1995, Erik James já alertava para uma nova perspectiva do Direito Internacional Privado em razão das diferentes visões culturais da sociedade e do livre comércio no mundo, da necessidade de se respeitar os novos direitos humanos do *homo economicus,* da proteção necessária à parte mais vulnerável, especialmente consumidores em contratos de massa[120].

Em conferência pronunciada em 24 de julho de 2000[121], o autor volta a afirmar que o Direito Internacional Privado, em face da globalização, está destinado a ser uma das matérias-chave na proteção da pessoa humana, e que as soluções para os conflitos de leis devem pressupor um diálogo intercultural que respeite a diversidade dos indivíduos.

---

[120] "that the different cultural views of society and of free Market in the world, the increasing need for respect of the new humans' rights of the *homo economicus*, the need for protection of the weaker parties, especially consumers, in mass contracts and torts, and the different governmental interests and police could create a new divide of values in International Law." JAYME, Erik. "Identité culturelle et intégration: le droit internationale privé postmoderne", in: *Collected Courses of the Hague Academy of International Law*, vol. 251, 1995.

[121] "Abordons, maintenant, le droit international privé, destiné à devenir l'une des matières clés pour la protection de la personne humaine, ce but étant la raison d'être même du droit privé, d'autant plus que les solutions des conflits de lois présupposent un dialogue interculturel qui respecte la diversité des individus. Nous devons nous demander quelle est et quelle devrait être la réaction du droit international "privé face à la globalisation, surtout en ce qui concerne la protection de l'individu." JAYME, Erik. "Le droit international privé du nouveau millénaire: la protection de la personne humaine face à la globalisation /conférence prononcée le 24 juillet 2000", in: *Collected Courses of the Hague Academy of International Law*, vol. 282, p. 21.

Na mesma linha, em uma interessante abordagem sobre os valores do Direito Internacional Privado em face da figura humana, Claudia Lima Marques[122] esclarece que a disciplina foi sistematizada por Savigny (1849), Story (1834) e Mancini (1865) numa época em que o homem estava diretamente vinculado ao Estado-nação. O *homo politicus* era o foco da disciplina, os fatores de conexão eram aqueles vinculados a seu *status* de cidadão: relacionados a seu domicílio. Seus direitos eram os de primeira geração, direitos civis e liberdades contra o Estado. O que o *homo politicus* precisava, dentro da ideia de Kant de *jus civitatis*, era a lei nacional ou local.

Prossegue a autora descrevendo que a imagem da figura humana do século XX já foi diferente: era o *homo faber*. O arquétipo do homem sociológico do século passado foi o *animal laborans*, um homem ativo, um empreendedor, um trabalhador agente de mudanças econômicas no plano nacional e internacional, que nos dividiu entre capitalistas e empregados. Foi contemplado com direitos humanos da segunda geração, direitos trabalhistas. Nesse cenário, o desafio era ser igual e ter liberdade para os negócios.

Na opinião de Claudia Lima Marques, a imagem do homem do século XXI é o *homo economicus* et *culturalis*, um ativo consumidor, consciente de sua cultura e identidade local e também de seus limites e liberdades. Na nossa visão, precisamos agregar a figura do *homo digitalis* neste século, aquele que se comunica através das redes, realiza negócios virtuais e compra e vende criptoativos, que precisa, igualmente, de proteção e limites de atuação.

A visão com foco na ampla diversidade do indivíduo é recente e despontou, principalmente, na segunda metade do século XX com a internacionalização dos direitos humanos.

Tal visão acaba por conferir ao Direito Internacional Privado uma natureza mais voltada ao Direito Público, o que faz com que sua base dogmática, de direito dedicado às relações de cunho privado, seja afetada.

Dito de outra forma, a perspectiva de proteção aos direitos humanos abala a estrutura clássica do Direito Internacional Privado.

---

122 MARQUES, Claudia Lima. "Human Rights as a Bridge between Private International Law and Public International Law: the protection of Individuals (as Consumers) in the Global Market", *in* FERNÁNDEZ ARROYO, Diego P.; MARQUES, C. Lima (orgs.). *Derecho internacional privado y derecho internacional público: un encuentro necesario*. Asunción : CEDEP, 2011, p. 363-389.

Primeiro, porque faz com que a disciplina deixe de ser eminentemente privada, passando a ter o foco no interesse social e de proteção ao indivíduo.

Segundo, porque projeta a disciplina para mais perto da sua dimensão internacional, quando se sabe que a fase clássica do Direito Internacional Privado o consagrou como um direito nacional baseado em fontes preponderantemente nacionais.

Terceiro, porque sob a perspectiva de proteção aos direitos humanos fica mais difícil conceber um Direito Internacional Privado que não se preocupa com o resultado material do litígio, distanciando-o ainda mais da sua concepção de direito conflitual e do seu método indireto, afinal, uma das características dos direitos humanos no direito internacional é a *exigibilidade*, isto é, é preciso garantir os direitos humanos e efetivá-los, não somente declará-los ou fundamentá-los[123].

Em resumo, o Direito Internacional Privado está vivenciando uma nova era, que acaba por ser contemporânea à nova era digital, a qual, com o seu funcionamento estrutural diferenciado e a sua própria diversidade, fruto das relações jurídicas que motiva, amplifica esse novo cenário do Direito Internacional Privado.

É preciso, a partir deste momento, conhecer um pouco do ambiente online para compreendermos a confluência entre os sistemas, entendendo o funcionamento estrutural da internet e sua governança, no limite em que as questões técnicas auxiliam neste trabalho, conectando-o ao tema que é fundamentalmente de Direito Internacional Privado. Passamos, então, a descrevê-los.

4. O funcionamento estrutural da internet: a diversidade das relações jurídicas na rede

Foi também na segunda metade do século passado, na década de 1960, que surgiu a internet. A internet, no entanto, só veio a desenvolver-se, com ímpeto, com o surgimento da *Web*.

---

[123] "Não se trata de saber quais e quantos são esses direitos, qual é a sua natureza e seu fundamento, se são direitos naturais ou históricos, absolutos ou relativos, mas sim qual é o modo mais seguro para garanti-los, para impedir que, apesar das solenes declarações, eles sejam continuamente violados." BOBBIO, Norberto. A era dos direitos. Rio de Janeiro: Ed. Campus, 1992, p. 95. Ver mais em CARVALHO RAMOS, André de. *Teoria Geral dos Direitos Humanos na Ordem Internacional*. São Paulo: Renovar, 2005.

A *Web*, criada em 1989 por Tim Berners-Lee como *World Wide Web* (ou www), foi originalmente planejada como uma forma de compartilhar informações, conectar pessoas, entre si, e com máquinas[124].

A *Web* evoluiu em padrões, começou como *Web* de documentos, com o *http* e a linguagem *html* em sua primeira versão para *hiperlinks* no ano de 1990, permitindo a comunicação entre os IPs; evoluiu para o compartilhamento de fotos em 1992, depois veio a criação do primeiro navegador, *Mosaic*, em 1993; podendo-se recordar, ainda, do *Netscape* e do surgimento da especificação URL em 1994; em 1995, o lançamento do *Internet Explorer, JavaScript* e criação do eBay*; Uol, Hotmail e Flash* em 1996; em 1997 o domínio *Google.com é registrado*: lançamento do *Napster* em 1999; *Wikipedia* em 2001; *Firefox* em 2002 e *Safari* em 2003; *Orkut* e *Facebook* em 2004; *YouTube* em 2005; *Twitter* em 2006; lançamento do *Google Chrome* e do *Dropbox* em 2008; *Instagram* em 2010; *Google+* em 2011; em 2015 o Web Payments WG, e chegamos, atualmente, à internet das coisas e do *Braincomputer Experience*, e, certamente, em menos de uma década, teremos outras inovações em massa[125].

Todas essas ferramentas facilitaram a comunicação, o comércio, os relacionamentos familiares, profissionais e a sociabilidade, o aprendizado escolar, as pesquisas científicas, o ensinamento, o intercâmbio cultural, geraram influências, opiniões e crenças (ou descrenças), e muito mais, permitiram que pessoas, objetos e informações se conectassem num mundo virtual onde cruzar as fronteiras de um ponto a outro, ou de vários pontos territoriais independe de visto, passaporte ou autorização de ingresso.

A Declaração Universal dos Direitos Humanos, de 1948, preconiza, dentre outros direitos e liberdades, a igualdade entre os seres humanos, o direito à proteção da lei sem discriminação, à segurança social e as liberdades fundamentais de pensamento, de opinião e expressão, o que implica o direito de não ser inquietado pelas suas opiniões e o de procurar, receber e difundir, sem consideração de fronteiras, informações e ideias por qualquer meio de expressão[126].

---

124 Disponível em: <https://www.w3.org/People/Berners-Lee/1996/ppf.htm.htm>. Acesso em: 10 de março de 2020.

125 A linha do tempo da Web e da Internet podem ser conferidas em <http://ceweb.br/linhadotempo/>. Acesso em: 10 de março de 2020.

126 Disponível em: <https://www.ohchr.org/EN/UDHR/Pages/Language.aspx?LangID=por>. Acesso em: 9 de janeiro de 2021.

Em 21 de dezembro de 2001, através da Resolução n. 56/183, a Assembleia Geral da ONU aprovou a realização da Cúpula Mundial sobre a Sociedade da Informação (CMSI ou, em inglês, *World Summit on Information Society*)[127].

Na primeira fase da CSMI, no período de 10 a 12 de dezembro de 2003, em Genebra, foi lançada a Declaração de Princípios de Genebra, na qual os representantes da Cúpula reafirmaram a universalidade, a indivisibilidade, a interdependência e a interrelação de todos os direitos humanos e as liberdades fundamentais, incluindo o direito ao desenvolvimento, como consagrado na Declaração de Viena.

Reconheceram, ademais, que a construção de uma sociedade da informação inclusiva requer novas formas de solidariedade, parceria e cooperação entre os governos e outras partes interessadas, ou seja, o setor privado, a sociedade civil e organizações internacionais, já sinalizando o propósito por uma governança da internet[128].

A ideia de traduzir os direitos humanos internacionalmente protegidos em direitos e princípios para a internet surgiu na segunda fase da Cúpula Mundial sobre a Sociedade da Informação realizada em Túnis, de 16 a 18 de novembro de 2005.

O trabalho foi desenvolvido pela Coalização Dinâmica para Direitos e Princípios da Internet (*Internet Rights and Principles Dynamic Coalition – IRPC*) que, no ano de 2011, lançou os *Dez Direitos e Princípios para a Internet*, tendo por base as declarações promovidas nas duas fases da Cúpula Mundial sobre a Sociedade da Informação.

A Coalizão Dinâmica para Direitos e Princípios da Internet é uma rede internacional de pessoas e organizações que trabalham para defender os direitos humanos no ambiente online e em todo o âmbito da elaboração de políticas para a internet, e está situada no Fórum de Governança da Internet das Nações Unidas (*Internet Governance Forum - IGF*)[129].

---

[127] Disponível em: <https://undocs.org/pdf?symbol=en/A/RES/56/183>. Acesso em: 9 de janeiro de 2021.

[128] Os documentos da Cúpula Mundial sobre a Sociedade da Informação, de Genebra 2003 e Túnis 2005, estão disponíveis em: <https://cgi.br/media/docs/publicacoes/1/CadernosCGIbr_DocumentosCMSI.pdf>. Acesso em: 9 de janeiro de 2021. Falaremos mais sobre governança da internet no item 3 do capítulo 2.

[129] Disponível em: <https://itsrio.org/wp-content/uploads/2017/01/IRPC_booklet_brazilian-portuguese_final_v2.pdf>. Acesso em: 9 de janeiro de 2021. Falaremos mais sobre o IGF no item 3 do capítulo 2.

Os Dez Direitos e Princípios para a internet, lançados pela *Internet Rights and Principles Dynamic Coalition (IRPC)*, são: universalidade e igualdade; direitos e justiça social; acessibilidade; expressão e associação; privacidade e proteção de dados; vida, liberdade e segurança; diversidade; igualdade; padrões e regulamento; e governança[130].

De acordo com a IRPC, o conteúdo desses direitos confere com as seguintes descrições.

Por universalidade e igualdade entende-se que todos os seres humanos nascem livres e iguais em dignidade e direitos, que devem ser respeitados, protegidos e cumpridos no ambiente online. E que todos os indivíduos devem ter acesso universal e aberto ao conteúdo da internet, livre de priorização discriminatória, de filtragem ou controle de tráfego por motivos comerciais, políticos ou outros.

Na seara dos direitos e justiça social, a internet é um espaço para a promoção, proteção e cumprimento dos direitos humanos e para o avanço da justiça social. Segundo a IRPC, cada indivíduo tem o dever de respeitar os direitos humanos de todos os outros no ambiente online.

Pela acessibilidade todos os indivíduos têm igual direito de acessar e utilizar uma internet segura e aberta.

Pelo princípio da expressão e associação todos os indivíduos têm o direito de livremente procurar, receber e difundir informação na internet sem censura ou outras interferências. Todos os indivíduos têm também o direito de se associar livremente na e pela internet, seja para fins sociais, políticos, culturais ou outros.

Por privacidade e proteção de dados, todos os indivíduos têm o direito à privacidade online, incluindo o direito de não ser vigiado, o direito de usar criptografia e o direito ao anonimato online. Todos os indivíduos têm também o direito à proteção de dados, incluindo o controle sobre coleta, retenção, tratamento, eliminação e divulgação de dados pessoais.

O direito à vida, liberdade e à segurança devem ser respeitados, protegidos e cumpridos na internet. No ambiente online estes direitos não devem ser desrespeitados ou utilizados para violar outros direitos.

130 Os Des Princípios estão disponíveis em: <https://internetrightsandprinciples.org/wp-content/uploads/2020/03/10Principles_brazilian-portuguese.pdf>. Acesso em: 9 de janeiro de 2021.

A diversidade cultural e linguística na internet deve ser igualmente promovida, a inovação técnica e política deve ser incentivada para facilitar a pluralidade de expressão.

Por padrões e regulamento, a IRPC entende que a arquitetura da internet, os sistemas de comunicação e o formato de documentos e dados devem ser baseados em padrões abertos que garantem a completa interoperabilidade, a inclusão e a igualdade de oportunidade para todos.

E por governança, os direitos humanos e a justiça social devem formar as bases legais e normativas sobre as quais a internet funciona e é governada. Isso deve acontecer de forma transparente e multilateral, com uma internet baseada nos princípios de abertura, participação inclusiva e de responsabilização.

A garantia dos direitos humanos para a internet é um dos princípios basilares da governança da internet.

Como se pode ver, o mundo digital afeta uma gama de direitos fundamentais, como o direito à liberdade de expressão, o direito à privacidade, o direito à proteção de dados pessoais, à segurança dos usuários, o direito à segurança pública e nacional, os direitos de autor, de propriedade intelectual e industrial, o direito ao comércio eletrônico seguro, à inclusão digital, o direito à imagem e ao esquecimento, à competitividade leal (direito antitruste), e não raras às vezes em posição de colisão numa mesma relação jurídica, como o direito à liberdade de expressão e os direitos de personalidade, como nome, honra e imagem.

No caminho desses direitos todas as ofensas e danos podem ser cometidos, como o *online bullyng* e outras práticas difamatórias, o *hate speech*, a difusão não consensual de conteúdo sexual, *fake news*, crimes cibernéticos, incitação a práticas terroristas, danos nas relações de comércio eletrônico, à propriedade intelectual e industrial, e aos direitos do autor.

Cada uma dessas relações possui a sua própria natureza. Existem aquelas que são eminentemente de interesse público, como os crimes cometidos na internet de ação penal pública, outras são regidas mais por normas de caráter privado, como as relações de comércio eletrônico entre comerciantes, isto é, sem a figura do consumidor, e, por fim, na internet, como no ambiente real, surgem situações de múltiplos interesses, públicos e privados.

Por isso, a internet é um ambiente que requer um tratamento multidisciplinar. É nesse sentido que ela contribui para a confluência do Direito Internacional Público com o Direito Internacional Privado e nesse mesmo sentido também se fala em governança da internet.

CAPÍTULO 2

O OBJETO DO DIREITO INTERNACIONAL PRIVADO: A CONFLUÊNCIA ENTRE O DIREITO INTERNACIONAL PRIVADO E O DIREITO INTERNACIONAL PÚBLICO

1. O impacto da internet no Direito Internacional Privado

O choque de realidade entre o mundo virtual e as fronteiras reais entre os Estados é tema recorrente nas discussões jurídicas dos fóruns internacionais e entre os acadêmicos do Direito Virtual, Comercial e Internacional Privado há pelo menos três décadas.

Nos anos 60, quando os pesquisadores Joseph Carl Licklider e Leonard Kleinrock, do *Massachusetts Institute Technology – MIT*, começaram a colocar em prática os primeiros estudos do que viria a ser a internet, não se fazia ideia do quão transversal ela se tornaria nas décadas seguintes[131].

A transversalidade da internet, que é uma característica do que atravessa ou cruza determinados pontos de referência, gera diversas relações e fatos jurídicos com a mesma velocidade em que opera.

De acordo com *o Internet Traffic Report,* publicado diariamente e a cada 5 minutos pelo *website* da *Internet Society*[132], o tempo de resposta na internet, para que um dado percorra de um ponto A a B e retorne, é de 200 milissegundos (1/5 de um segundo).

O fluxo de dados é tão rápido que o site *Internet Live Stats*[133] registra o número de usuários, *websites,* e *e-mails* enviados segundo a segundo. Neste exato momento, 40% da população do mundo está conectada na internet, com

---

131 Sobre as origens da Internet, sugere-se a leitura das publicações no site <https://www.internetsociety.org.

132 Disponível em: <http://internettrafficreport.com>. Acesso em: 18 janeiro de 2018.

133 Disponível em: <http://www.internetlivestats.com>. Acesso em: 18 de abril de 2020.

4,536 bilhões de usuários de internet, 1,764 bilhões de *websites*, e não é possível contar o número de *e-mails* que estão sendo enviados, registrados pelo *Internet Live Stats*, tão rápido é o fluxo de dados.

A internet consegue movimentar todos os tipos de fluxos, de bens, pessoas, capital, serviços e dados num só clique. E, como regra, os contatos e transações via internet produzem efeitos em mais de um país.

A soma desses fatores origina a sobreposição dos ordenamentos jurídicos nacionais que possuem pontos de contato.

Assim, o advento da sociedade da informação está na origem de uma multiplicidade de novos problemas jurídicos que refletem no Direito Internacional Privado[134].

Em primeiro lugar, ressalta dentre as discussões jurídicas o seguinte questionamento: quem deve regular a internet? Ela não deve ser regulada pois foi assim concebida na sua origem, como um ambiente livre e de todos? A internet deve ser autorregulada? Ou regulada por cada Estado? Ou mesmo por uma "comunidade internacional"?

A questão da regulação da internet (como e por quem deve ser regulada) interfere no método do Direito Internacional Privado e nas suas fontes normativas sobre jurisdição. Se a internet for de interesse apenas dos Estados, as normas nacionais ganharão maior peso dentre aquelas que devem regular as jurisdições, e imporão, via de regra, a jurisdição territorial ou extraterritorial de acordo, unicamente, com os interesses dos Estados. Se ao contrário, a internet for regulada apenas por normas privadas, os direitos humanos em jogo podem ficar desprotegidos.

Em segundo lugar, não se pode esquecer que o fator econômico é muito importante no ambiente da rede, tanto para as pessoas que dele se utilizam como modo e meio de produção, como para seus usuários consumidores e Estados arrecadadores. A internet gera negócios, circula bens, e não por acaso o comércio eletrônico é estimulado na União Europeia, uma vez que a circulação de bens e serviços naquele espaço de integração econômica é tão importante quanto a proteção dos direitos humanos.

Tal questão também interfere no Direito Internacional Privado, na medida em que o método adotado para a regulação da jurisdição nas relações decorrentes do ambiente online não pode estrangular o mercado e deve ser compatível com a fluidez dos seus negócios.

---

[134] VICENTE, Dário Moura. *Direito Internacional Privado. Problemática Internacional da Sociedade da Informação*. Coimbra: Almedina, 2005, p. 14.

Em terceiro lugar, em toda cadeia econômica existem responsabilidades. O principal bem de valor econômico para os provedores de conteúdo são os dados contidos na internet. Dados estes que devem ser coletados, armazenados e controlados com responsabilidade. Surge, então, a questão da responsabilidade civil dos prestadores de serviços da sociedade de informação[135].

A responsabilidade civil dos prestadores de serviços da sociedade de informação também influi na escolha do método para a regulação da jurisdição nas relações decorrentes do ambiente online, a qual pode ser regulada diretamente, seja por meio de norma nacional imperativa ou internacional.

Por fim e talvez o maior impacto da internet no Direito Internacional Privado diga respeito à forma como se concebe a jurisdição internacional desde quando os territórios se transformaram em Estados.

As fronteiras virtuais abalam a principal regra de jurisdição: a territorialidade.

O conceito de territorialidade e por assim dizer o binômio territorialidade/ extraterritorialidade é afetado sobremaneira pelo fenômeno da internet, a ponto de há décadas, desde o começo do desenvolvimento digital, não existir solução ainda para certos problemas decorrentes da sobreposição dos ordenamentos jurídicos, assunto que será desenvolvido com mais detalhes no tópico seguinte.

2. O dilema da territorialidade: o fato transnacional eletrônico

Os fatos transnacionais ou transfronteiriços são aqueles que possuem pontos de contato com mais de um ordenamento jurídico. Esses pontos de contatos ou vínculos são *elementos de estraneidade* que justificam a jurisdição estatal. A plurilocalização desses elementos de estraneidade leva a uma plurilocalização de jurisdições, que poderão ser acionadas para solucionar eventual litígio sobre tais fatos[136].

---

[135] Ver mais em VICENTE, Dário Moura. *Direito Internacional Privado. Problemática Internacional da Sociedade da Informação.* Coimbra: Almedina, 2005, p. 15. TELLINI, Denise Estrella. *Regime de Direito Internacional Privado na Responsabilidade dos Provedores de Internet. Content Service Providers e Intermediary Service Providers pela qualidade dos serviços executados online.* Porto Alegre: Sergio Antonio Fabris Editor, 2006.

[136] CARVALHO RAMOS, André de. Jurisdição Internacional sobre Relações de Consumo no Novo Código de Processo Civil: Avanços e Desafios. RT Online, p. 3.

Podemos denominar por *fato transnacional eletrônico* aquele que possui ponto de contato com mais de um ordenamento jurídico e que surge no ambiente online, de redes, chats, email, mensagens instantâneas e outros espaços virtuais.

O *fato transnacional eletrônico* possui os mesmos elementos de estraneidade de qualquer outro fato transnacional não virtual.

Na classificação dada por Irineu Strenger, os elementos de estraneidade podem ser pessoais, reais, volitivos, formais ou condizentes ao lugar da prática dos atos jurídicos, delituais e até religiosos[137].

Aplicando-se a classificação do autor aos *fatos transnacionais eletrônicos* e os diferentes elementos de estraneidade referentes à jurisdição, pode-se exemplificar: a nacionalidade ou domicílio dos usuários ou das companhias de internet servem como elementos de estraneidade *pessoais*; o lugar onde se encontra o servidor, o local onde os dados foram coletados ou estão armazenados podem ser os elementos *reais*; a autonomia da vontade na escolha do foro, expressada na celebração de uma compra e venda online representa o elemento *volitivo;* o local da publicação original da obra em matéria de direito do autor pode ser exemplo de elemento *formal ou condizente ao lugar da prática dos atos jurídicos,* e os *delituais,* relativo ao lugar onde ocorreu o evento delituoso via internet.

O *fato transnacional eletrônico* não difere de qualquer outro fato transnacional, exceto pela circunstância de que toca mais de um ordenamento jurídico sem precisar cruzar as fronteiras territoriais do globo terrestre, ocorrendo numa velocidade e quantidade de vezes ímpar, incomparável com a dimensão e velocidade em que ocorrem os fatos transnacionais offline.

Assim, a ausência de fronteiras virtuais é o grande desafio hoje para o Direito Internacional Privado[138], acostumado, como se viu, a pensar a partir da regra da territorialidade.

---

[137] STRENGER, Irineu. *Direito Internacional Privado.* 3. ed. aum. São Paulo: LTr, 1996.

[138] SVANTESSON, Dan Jerker B. *Solving the Internet Jurisdiction Puzzle.* United Kingdom: Oxford, 2017. KOHL, Uta. *The Net and the Nation State: Multidisciplinary perspectives on Internet Governance.* UK: Cambridge University Press, 2017. WANG, Faye Fangfei. *Internet Jurisdiction and Choice of Law. Legal Practices on EU, US and China.* UK: Cambridge University Press, 2010. KOHL, Uta. *Jurisdiction and Internet. Regulatory Competence over Online Activity.* Uk: UK: Cambridge University Press, 2007. DE LUCCA, Newton; SIMÃO FILHO, Adalberto; PEREIRA DE LIMA, Cíntia Rosa. Coordenadores. *Direito & Internet III: Marco Civil da Internet. Lei n. 12.965/2014.* Tomo I. São Paulo:

De acordo com o *Global Status Report 2019*, lançado pela *Internet&Jurisdiction Police Network*, organização formada por *mutistakeholders*, como representantes dos Estados, sociedade civil, academia, organizações internacionais, companhias de internet e operadores técnico, com sede em Paris, 95% dos entrevistados dentre seus múltiplos parceiros, entendem que os desafios legais sobre os cruzamentos de fronteiras na internet cresceram muito nos últimos três anos; 42,2% deles responderam que não se está aplicando corretamente os conceitos legais no enfrentamento desse desafio e 79% consideram que não há suficiente coordenação internacional.

O relatório também documenta a diversidade na escolha dos elementos de estraneidade referentes à determinação da jurisdição e das técnicas legais adotadas pelos Estados e pelos atores privados, principalmente no tocante aos seguintes pontos: afirmação de jurisdição extraterritorial, termos privados de serviços e guias das companhias; ordens legais locais sobre dados e geobloqueio.

Sistematizando, pode-se dizer que a internet desafia o poder da lei territorial em quatro aspectos fundamentais à jurisdição.

O primeiro deles diz respeito às diferentes leis nacionais afirmando jurisdição extraterritorial e territorial por parte dos Estados, gerando tensão entre as jurisdições nacionais.

A título ilustrativo, vejamos alguns casos.

Em junho de 2017, a Corte Suprema do Canadá, no caso *Douez v Facebook Inc*, movido perante a Justiça de British Columbia contra o Facebook Inc. pelo uso indevido de nome e imagem da autora, considerou, com base no *British Columbia Privacy Act* e no *Common Law test* sobre a seleção do foro para consumidores, inválida a cláusula de seleção do foro da Califórnia, cidade onde o Facebook possui sua sede de controle, e entendeu que o Canadá possuía jurisdição sobre o caso[139]. Ressaltou, ainda, que não fazia sentido que o Facebook,

---

Quartier Latin, 2015. DE LUCCA, Newton. SIMÃO FILHO, Adalberto, PEREIRA DE LIMA, Cíntia Rosa. Direito *& Internet III:* Marco Civil da Internet. Lei n. 12.965/2014. Tomo II. São Paulo: Quartier Latin, 2015. MOURA VICENTE, Dario. A comunitarização do direito internacional privado e o comércio electrónico. In: *Seminário Internacional sobre a Comunitarização do Direito Internacional Privado.* Lisboa: Almedina, p.63-77, 2005. Direito Internacional Privado. Problemática Internacional da Sociedade da Informação. Coimbra: Almedina, 2005.

[139] "Private international law – Courts – Jurisdiction – Choice of forum – Forum selection clauses – Consumer contract of adhesion – Company with head office in California operating online social network – Company's terms of use containing forum selection clause in favour of California courts – Resident of British Columbia and member of company's online social network bringing action against company in British Columbia

pelos seus termos de uso de serviço, exigisse o deslocamento da autora até a Califórnia para mover a ação se a companhia poderia disponibilizar os dados para inspeção da Corte de British Columbia ali mesmo no Canadá[140].

O caso demonstra a tensão em torno do mesmo objeto da regra de conflito sobre jurisdição: *as pessoas*, de um lado a parte autora, domiciliada no Canadá e, de outro, a parte ré, com sua sede de controle nos Estados Unidos. O elemento de estraneidade que determinou a jurisdição *pelo domicílio da autora* serviu para firmar a jurisdição do Canadá e aplicar a sua lei local protetiva ao consumidor, ao passo que o elemento de estraneidade *do local da sede de controle da companhia*, serviu ao Facebook Inc. para tentar descolocar o caso para os Estados Unidos da América. Observa-se que os dois elementos têm como base a *pessoa*, isto é, a pessoa física da autora e a pessoa jurídica ré.

Em dois diferentes casos, um perante a Corte Federal do Canadá, *Homeaway, Inc. v. Martin Hrdlicka*, julgado em 2012, e, o outro, perante a Corte de Apelação dos Estados Unidos *for the Second Circuit*, em *MacDermid, Inc. v. Deiter*, já se decidiu com base em outros elementos de estraneidade.

A demanda foi movida no Canadá pela companhia americana Homeaway.com Inc, contra o uso indevido de sua marca online, criada através de plataforma baseada nos Estados Unidos da América, por residente em Toronto que havia se registrado como proprietário da marca no Canadá. A Corte canadense decidiu que o mero fato de o *website* estar acessível a computadores no território canadense seria suficiente para estabelecer a jurisdição do Canadá, pouco importando a localização do servidor. Nesse caso, a Corte canadense utilizou-se do critério de jurisdição baseado *no lugar onde ocorreu o fato danoso*, entendido como aquele que ficou acessível (e não de onde a informação foi inserida pelo servidor dos Estados Unidos) somado ao critério *do domicílio do réu*.

---

relying on statutory tort pursuant to British Columbia's Privacy Act - Whether action should be stayed on basis of forum selection clause contained in terms of use — Common law test for forum selection clauses applied in consumer context - Whether analysis of forum selection clauses should be subsumed under forum non conveniens test adopted in s. 11 of the Court Jurisdiction and Proceedings Transfer Act - Privacy Act, R.S.B.C. 1996, c. 373, s. 4 - Court Jurisdiction and Proceedings Transfer Act, S.B.C. 2003, c. 28, s. 11." Disponível em: <https://scc-csc.lexum.com/scc-csc/scc-csc/en/item/16700/index.do>. Acesso em: 9 de janeiro de 2021.

140 Desde 2012, o Observatório *do Internet & Jurisdiction* documenta casos de alto nível de discussão ao redor do mundo e muitos deles demonstram a tensão entre as jurisdições nacionais *Internet & Jurisdiction Observatory Retrospect Archive*, disponível em: <www.internetjurisdiction.net>.

Em sentido oposto, também em 2012, a Corte de Apelação dos Estados Unidos, no caso *for the Second Circuit*, em *MacDermid, Inc. v. Deiter* reconheceu a jurisdição norte-americana sobre residente canadense pelo fato de o servidor estar localizado no seu território. Tratou-se de demanda movida por uma empresa farmacêutica contra ex-empregado de sua subsidiária canadense, que teria se apropriado, enquanto empregado, de dados confidenciais da empresa. A ação foi movida em Connecticut, principal *centro de negócios da empresa* e *local onde se encontrava o servidor* que armazenava seus dados confidenciais e não no local do domicílio do réu.

O segundo aspecto em que a internet desafia o poder da lei territorial é o relativo às ordens judiciais de retirada de conteúdo ou entrega de conteúdo *às empresas que possuem estabelecimento, filial, sucursal ou subsidiária no território nacional.*

Vejamos os exemplos.

No conhecido *leading case Mario Costeja González v Google Spain SL* (2014) sobre o direito ao esquecimento no âmbito da União Europeia, o Tribunal de Justiça da União Europeia, decidindo com base na Diretiva de Proteção de Dados à época, Diretiva 95/46/EC, entendeu que a empresa que se utiliza do mecanismo de busca de dados na internet é responsável pelo processamento de dados pessoais que aparecem nas páginas de terceiros, no caso o Google trazia *links* de notícias antigas do autor da ação, que na sua visão eram danosas a sua imagem. Além disso, o TJUE decidiu que a Google Spain era parte legítima na ação e deveria se sujeitar à Diretiva, pois se enquadrava no conceito de "estabelecimento", e porque Google Spain SL e Google Inc. faziam parte de um mesmo grupo econômico, pouco importando se o dado era processado no local da sede do Google Inc.

No Brasil, a ADC 51 proposta pela Assespro Nacional serve de exemplo de tensão entre a jurisdição brasileira e a jurisdição dos Estados Unidos da América.

Em novembro de 2017, a Federação das Associações das Empresas de Tecnologia da Informação, nelas compreendidas as grandes companhias de conteúdo de internet, entrou com Ação Declaratória de Constitucionalidade perante o Supremo Tribunal Federal, com o objetivo de se afirmar a aplicação do Decreto n. 3810/2001, que internalizou o Acordo de Assistência Jurídica em Matéria Penal, *Mutual Legal Assistance Treaty - MLAT,* assinado entre a República Federativa do Brasil e os Estados Unidos da América, e assentar a cooperação jurídica internacional como o único mecanismo para se buscar a entrega de dados eletrônicos que se encontram sob o controle de provedores de aplicação de internet localizados nos Estados Unidos da América (*data controller*)[141].

A referida ação é interessante ao presente estudo, na medida em que elenca uma série de decisões que ora afirmam a jurisdição brasileira e aplicam a lei brasileira, determinando a entrega direta dos dados pelos representantes das empresas no Brasil, ora negam a jurisdição brasileira para executar uma ordem desta natureza, reconhecendo a jurisdição norte-americana em face da companhia estrangeira, e, por conseguinte, a necessidade de cooperação jurídica internacional para o acesso aos dados eletrônicos. Todos os casos citados são marcados por ordens de bloqueio, prisão de diretores das companhias e pesadas multas aplicadas pelos juízes brasileiros.

O terceiro aspecto em que a internet desafia o poder da lei territorial refere-se às ordens judiciais de retirada de conteúdo ou entrega de conteúdo às empresas que *apenas prestam serviço no país e não possuem presença física no território nacional.*

Em junho de 2013, a Corte parisiense determinou diretamente ao Twitter revelar a identificação de alguns *posts* antissemitas, que violavam as normas de proibição de discurso de ódio na França. O Twitter negou-se a cumprir a ordem sob o argumento que somente cumpria ordens advindas da Justiça dos Estados Unidos. As organizações francesas, autoras no litígio, queriam evitar um pedido de cooperação jurídica internacional com base no *Mutual Legal Assistance Treaty* entre a França e os Estados Unidos, por isso, requereram a ordem diretamente. Após perder na Corte de Apelação, o Twitter decidiu cumprir a decisão e informou que estava abrindo um escritório em Paris[142].

Em novembro de 2017, a Corte de Apelação da Bélgica confirmou a multa de 30 mil euros aplicada ao Skype por não ter fornecido o conteúdo das comunicações numa investigação criminal sob a alegação de que a Microsoft, proprietária da companhia, não possuía estrutura física na Bélgica tampouco empregados do Skype, e que seria necessário um pedido de cooperação

---

141 A ação tem como relator o Ministro Gilmar Mendes que, no início do ano de 2020, promoveu uma audiência pública com o objetivo de ouvir todos os interessados, entidades públicas, privadas, sociedade civil e acadêmicos na matéria.

142 Disponível em: <https://www.legalis.net/jurisprudences/tribunal-de-grande-instance-de-paris-ordonnance-de-refere-24-janvier-2013/>. Acesso em: 10 de maio de 2020.

internacional para Luxemburgo, lugar de constituição da empresa Skype e onde está sediada, para se conseguir o acesso aos dados[143].

Em janeiro de 2018, a Corte de Apelação de British Columbia determinou que as companhias não canadenses deveriam atender às ordens das cortes e entregar os dados que importavam ao processo pela simples "presença" virtual da companhia no país, mesmo que ela não estivesse nele incorporada[144].

As decisões nesses casos se basearam na jurisdição meramente dos serviços que eram prestados pelas companhias no território da localidade, os quais voltavam-se aos residentes na localidade onde foram movidas as ações.

O quarto aspecto em que a internet desafia o poder da lei territorial diz respeito *à extensão dos efeitos das decisões judiciais de retirada de conteúdo que ofende os direitos de autor e direitos de personalidade.*

No caso *Equustek vs Google Ca.*, a Corte Suprema do Canadá, em junho de 2017, em demanda envolvendo propriedade intelectual, determinou a desindexacão de resultados globais que levavam às violações da propriedade intelectual do autor, entendendo como única forma de garantir que tais resultados não fossem acessados além dos domínios do Google.ca. Google alegou, por sua vez, que a ordem de desindexação com efeitos globais ofendia a jurisdição dos Estados Unidos da América e o *free speech protection under US First Amendment and Section 239 of the Communications Decency Act*[145].

No mesmo sentido, em julho de 2017, a mais alta Corte Administrativa da França, o Conselho de Estado, envolveu-se numa disputa entre a autoridade de proteção de dados na França CNIL e o Google, onde se fez referência ao Caso Gonzales junto ao Tribunal de Justiça da União Europeia e o direito de ser desindexado globalmente, independentimente do local de registro do site ou de onde se faz a pesquisa[146].

Serve como exemplo, também, um outro caso relativo a *hate speech* em que a Suprema Corte da Áustria levou ao Tribunal de Justiça da União Europeia

---

143 Disponível em: <https://www.theregister.com/2016/10/27/belgian_court_fines_skype_intercept_criminals_calls/>. Acesso em: 10 de maio de 2020.

144 Disponível em: <https://www.canlii.org/en/bc/bcca/doc/2018/2018bcca5/2018bcca5.html?resultIndex=1>. Acesso em: 10 de maio de 2020.

145 Disponível em: <https://scc-csc.lexum.com/scc-csc/scc-csc/en/item/16701/index.do>. Acesso em: 10 de maio de 2020.

146 Disponível em: <https://www.reuters.com/article/us-google-litigation-idUSKBN1A41AS?feedType=RSS&feedName=technologyNews>. Acesso em: 10 de maio de 2020.

o questionamento sobre a responsabilidade do Facebook Inc. de remover o conteúdo ofensivo globalmente[147].

Em sentido contrário, a Corte Administrativa de Estocolmo, na Suécia, em maio de 2018, decidiu que a autoridade de proteção de dados sueca não pode obrigar o Google a desindexar os resultados globalmente, em relação a outros países que não apenas a Suécia[148].

Todos esses casos ilustram bem as tensões entre as jurisdições nacionais e demonstram uma tendência de se escolher dentre os diferentes critérios de determinação da jurisdição aqueles que mais suportam a defesa da tese da jurisdição nacional.

Além disso, os casos demonstram que o mesmo elemento de estraneidade pode apoiar qualquer posição e servir de base para a decisão, por exemplo, o elemento pessoal pelo domicílio das partes, como no caso por primeiro citado entre o Canadá e os Estados Unidos da América.

Da mesma forma, o elemento real, relativo ao lugar da situação da coisa, pode ser utilizado de diferentes maneiras, por exemplo, o lugar onde o dado está controlado, como no caso da ADC 51, o lugar onde o dado propaga seus efeitos, como no caso de Estocolmo, e até toda e qualquer jurisdição onde o dado produz efeitos globalmente, como nos casos citados sobre violações a direitos de personalidade e direitos do autor.

Observa-se, também, que existe uma tensão em torno do entendimento acerca da jurisdição sobre a qual respondem as companhias de internet. De um lado, apregoa-se que as companhias estrangeiras se regulam pelas leis onde estão constituídas, devendo responder à jurisdição onde estão constituídas, de outro, não se atenta ao fato de que, se uma companhia quer funcionar em determinado país, como no Brasil, através de uma filial, uma agência ou um estabelecimento, fica sujeita à lei brasileira no que tange ao seu funcionamento, tal como determina o artigo 11 da LINDB. E para aquelas jurisdições onde não existem estabelecimentos físicos defende-se a jurisdição em razão do local onde prestam o serviço, tal como se viu no caso da França com o Twitter, da Bélgica e da Corte de British Columbia.

---

147 Disponível em: <https://techcrunch.com/2018/01/11/ecj-to-rule-on-whether-facebook-needs-to-hunt-for-hate-speech/?ncid=rss>. Acesso em: 10 de maio de 2020.

148 Confira em: <https://ipkitten.blogspot.com/2018/05/swedish-court-holds-that-google-can-be.html>. Acesso em: 10 de janeiro de 2021.

Pelo lado das companhias de internet, por sua vez, para "escaparem" às diferentes jurisdições de onde prestam os seus serviços, essas optam por defender a escolha do elemento real relativo ao lugar onde se encontra o dado ou o lugar onde o mesmo é controlado, só que este elemento também pode ser contestado pelo lugar onde o dado é coletado ou por todas as jurisdições onde o dado está acessível.

Além disso, percebemos que, atualmente, não existe padrão de cooperação por parte dos grandes provedores de serviços. E se o dado não está em fonte aberta, será preciso a colaboração do provedor de serviço.

Assim, a título de exemplo, alguns provedores estrangeiros de serviço não fornecem nenhum tipo de dado às autoridades brasileiras, exceto mediante MLA, através de uma solicitação de cooperação jurídica internacional[149]. Outros fornecem dados cadastrais e dados de acesso (logs de acesso, contendo IP, data, hora e fuso horário GMT)[150], mas não fornecem dados de conteúdo. Podem ainda fornecer os chamados metadados (como telefone, nome, *status* de conexão, endereço de email, informações de grupo de mensagens instantâneas), mas reservam-se ao direito de não fornecerem dados de conteúdo, por questões técnicas de criptografia. E mesmo aqueles que fornecem algum tipo de dado, apenas o fazem de acordo com suas políticas internas, em casos de crimes mais graves e em situações de emergência (de combate à pedofilia e terrorismo, por exemplo)[151]. Para a maior parte deles, dados de conteúdo somente são obtidos mediante MLA, isso porque afirmam que devem obediência à jurisdição do Estado onde estão constituídos, via de regra os provedores de serviços norte-americanos, e somente podem fornecer conteúdo às autoridades do país onde estão constituídos, segundo suas próprias leis.

---

[149] Como exemplos atuais o dropbox, que possui escritórios nos Estados Unidos, Ásia e Europa. Para retirar conteúdo do ar precisa estar de acordo com os seus termos de serviços. Disponível em: <http://www.dropbox.com/pt_Br/privacy>. Da mesma forma, o bocking.com, com endereço em Amsterdã/Holanda, o qual possui escritório no Brasil, mas apenas para vendas no Brasil.

[150] Como Google/Gmail/Youtube e Microsoft/Hotmail/Skype. A Microsoft possui um portal online para receber as requisições de *law enforcement* e as ordens judiciais. O Google possui o Google Driver. Eventualmente fornecem emails armazenados na conta email e o que está na nuvem, mediante ordem judicial no Brasil, que deve ser direcionada ao escritório no Brasil e ao escritório nos Estados Unidos.

[151] O Facebook/Instagram adotou a política de aceitar requisições para a preservação de dados (qualquer tipo de dado), mas tem se oposto ao fornecimento dos dados, mesmo com ordem judicial, exceto em casos de emergência ou através de MLA.

Além de não existir um padrão de cooperação dos provedores estrangeiros internamente no Brasil, a colaboração é muito variada de um país para outro, ou seja, os provedores de serviços cooperam diretamente com alguns países e não com outros.

Em resumo, a resolução das situações jurídicas depende da voluntariedade dos provedores e da política interna de cada um.

Nesse contexto jurídico, de múltiplas formas como as grandes companhias lidam com essas questões jurídicas, os Estados, para assegurar a executoriedade de suas leis e ordens, costumam impor ordens de retirada de conteúdo (*takedown, delist*), de desindexacão (*deindex, de-reference, or block*), de bloqueio de serviços ou de internet, de evitar que o conteúdo reapareça (*stay-down*), obrigam a companhia a nomear um representante local (*rep localization*), obrigam que o dado seja armazenado no território nacional (*mandatory data localization*), e aplicam multas pesadas.

Isso tudo tem incentivado a uma outra tendência que se tem percebido: a de se fixar a geolocalização dos dados, isto é, se os conceitos de Direito Internacional Privado não conseguem se adequar à internet, então os padrões da internet vão se adequar aos padrões da territorialidade e da localização física dos elementos de estraneidade.

Assim, e até mesmo como base na experiência do *Great Firewall of China*, isto é, a forma como a China trabalha com a internet, fala-se em geolocalização de dados ou *geoblocking* de conteúdo.

Levando em contas as tecnologias de geolocalização, que podem ser várias, desde o conhecido GPS, à localização geográfica dos IPs (*Internet Protocols)*, mapeamento dos Wi-fi *hotspots* e outras, parte-se da ideia de que se os provedores de conteúdo de internet são aptos a identificar a localização geográfica de seus usuários, eles podem, potencialmente, cumprir com as regulações locais dos Estados de onde estão os seus usuários e adequar-se territorialmente às ordens nacionais[152].

O aspecto positivo da geolocalizacão parte do pressuposto de que muitos conteúdos de internet não possuem restrições geográficas, mas podem ser

---

[152] SVANTESSON, Dan Jerker B. *Solving the Internet Jurisdiction Puzzle*. United Kingdom: Oxford, 2017. p. 203. Dan Svantesson defende que a geolocalização pode ser uma das formas de resolver os conflitos de jurisdição com base na responsabilidade das companhias da Internet.

restringidos em favor da resolução dos conflitos de jurisdição. Por exemplo, nas publicações de obras eletrônicas, a editora, tal como no ambiente offline em que escolhe os locais de publicação da obra, pode predeterminar para quais países a obra estará disponível, evitando localidades indesejadas através do uso da tecnologia de geolocalização[153].

Todavia, quem defende a geolocalização através do geobloqueio dos dados também alerta para o seu aspecto negativo: o risco de se acabar incentivando o bloqueio estatal demasiado do conteúdo da internet[154] por razões políticas, morais ou religiosas.

Na Índia, considerou-se por um tempo imoral (por encorajar a pornografia infantil) o aplicativo TikTok, determinando-se ao Google e a Apple que o removesse de suas lojas[155]. Por outra razão (de suposta ameaça à segurança dos Estados Unidos), o Presidente Trump anunciou o bloqueio do aplicativo chinês. No Chade, a Corte de Apelação determinou o *blackout* das mídias sociais de março de 2018 até julho de 2019, e a medida foi descrita como uma forma de prevenir mobilização política contra a mudança constitucional em curso que permitiria que o atual presidente permanecesse no poder até 2033[156].

Existem múltiplas motivações para se restringir a liberdade de expressão e o conteúdo na internet, incluindo repressão política de dissidentes, ações defensivas de direitos humanos, críticas aos governantes e controles religiosos, ao lado de restrições para inibir o download ilegal de filmes, músicas e livros[157] ou inibir o conteúdo ofensivo e discriminatório contra minorias.

---

[153] SVANTESSON, Dan Jerker B. *Solving the Internet Jurisdiction Puzzle.* United Kingdom: Oxford, 2017, p. 207.

[154] SVANTESSON, Dan Jerker B. *Solving the Internet Jurisdiction Puzzle.* United Kingdom: Oxford, 2017, p. 211.

[155] Em decisão de 16 de abril de 2019 do Ministro da Tecnologia de Informação, baseado em julgamento da Madras High Court, que depois foi revisto. Disponível em: <https://www.theverge.com/2019/4/24/18515035/tiktok-is-no-longer-banned-in-india>. Acesso em: 15 de maio de 2020.

[156] Confira no relatório produzido pelo I&F disponível em: <https://www.internetjurisdiction.net/publications/retrospect#eyJxIjoiY2hhZCIsImZyb20iOiIyMDE3LTEwIiwidG8iOiIyMDIwLTAxIn0=>. Acesso em: 15 de maio de 2020.

[157] WARF, Barney. Alternative Geographies of Cyberspace, in The Net and the Nation State. Multidisciplinary perspectives on Internet Governance. UK: Cambridge University Press, 2017, p. 188.

Além disso, através do uso da tecnologia do geobloqueio, os Estados podem mudar a infraestrutura da internet, obrigando as companhias a transformarem suas redes em redes domésticas de conteúdo. Veja-se o caso da Rússia.

Em setembro de 2015, a Rússia determinou por lei que as companhias de internet que operam dentro de sua jurisdição, devem armazenar os dados dos usuários russos localmente; com base nessa lei, o Linkedin foi bloqueado em outubro de 2016, por não se adequar à lei de localização dos dados[158]. Em abril de 2019, o Facebook e o Twitter foram multados por não cumprirem a lei de dados que determina que as companhias informem onde armazenam os dados dos usuários russos, e tiveram nove meses para se adequarem à lei que determina que os dados de todos os usuários russos sejam armazenados em servidores na Rússia[159].

Ademais, uma vez que a infraestrutura da internet seja controlada pelos países, qualquer país pode reduzir o acesso à informação, limitar a participação em fóruns online, restringir a privacidade e a liberdade de expressão, e talvez até estabelecer capacidades de vigilância e censura[160].

É como se chegasse à seguinte conclusão: a fragmentação do Direito Internacional Privado em decorrência de sua fragmentação em leis nacionais está motivando, em alguns casos, a fragmentação da internet.

Transformar a internet em algo local mudará o modo de negócios das companhias, trazendo-lhes mais custos, pode reduzir a eficiência dos serviços, restringir o exercício da liberdade de expressão fora dos padrões de proteção aos direitos humanos e reduzir o exercício da democracia, além de gerar efeitos na economia global.

A "domesticalização" da internet desnatura, ainda, a forma como é concebida a governança da internet.

---

158 Disponível em: <https://www.themoscowtimes.com/2016/10/26/linkedin-may-be-blocked-in-russia-a55872>. Acesso em: 15 de maio de 2020.

159 Disponível em: <https://www.reuters.com/article/us-russia-dataprotection-facebook-twitte/russia-twitter-facebook-have-nine-months-to-comply-with-data-law-ifax-idUSKCN1RS0UH>, veja-se também p. 40 <Internet-Jurisdiction-Global-Status-Report-2019_web>, que reporta que a Rússia criou por lei uma rede doméstica isolada. Acesso em: 15 de maio de 2020.

160 Veja mais em <Internet-Jurisdiction-Global-Status-Report-2019_web>. Acesso em: 15 de maio de 2020.

3. A governança da internet e seus múltiplos stakeholders

A internet iniciou como um projeto de governo.

Na década de 1960, em meio a Guerra Fria, o governo dos Estados Unidos financiou o projeto de desenvolvimento *Advanced Research Project Agency Network* (ARPANet) da *Defense Advanced Research Project Agency Network* (DARPANet). O objetivo era desenvolver protocolos de comunicação que permitissem que computadores em rede se comunicassem de forma transparente com múltiplos outros pacotes de rede, descentralizando o armazenamento de informações militares, a fim de protegê-las de ataques soviéticos[161].

No meio da década de 1970, esse sistema de protocolos ficou conhecido como TCP/IP (*Transmission Control Protocol/Internet Protocol*), e a rede evoluiu para o que hoje conhecemos como internet[162].

Ao longo da década de 1980, a NASA e o Departamento de Energia dos Estados Unidos contribuíram para a estrutura do serviço de comunicação da internet, com *backbones* no subterrâneo, inclusive em alto-mar, através da *US National Science Foundation* (NSF).

Em 1983, foi criada a *Internet Activities Board* (IAB), para auxiliar na evolução do TCP/IP e fornecer orientações para a comunidade da internet, em face da natureza da internet como pacote de dados que podem ser distribuídos, em princípio, sem barreiras de controle.

Hoje, a IAB, renomeada como *Internet Architecture Board,* tem dois componentes principais: *a Internet Engineering Task Force* (IETF) *e a Internet Research Task Force* (IRTF).

---

161 POLIDO, Fabrício Bertini Pasquot; ANJOS, Lucas Costa dos; BRANDÃO, Luíza Couto Chaves (org). *Governança Global da Internet, Conflitos de leis e Jurisdição.* Belo Horizonte: IRIS, 2018, p. 55. O artigo encontra-se disponível no seguinte endereço eletrônico: <https://irisbh.com.br/wp-content/uploads/2018/06/Governanca_global_da_internet_IRIS.pdf>. Acesso em: 5 de junho de 2020.

162 "O TCI/IP é o principal padrão técnico da internet, tem como base três princípios: comutação de pacotes, rede fim-a-fim e robustez. A governança relacionada ao TCP/IP preocupa-se com a introdução de novos padrões e a distribuição de números IP", e "os números IP são endereços numéricos únicos que todos os computadores conectados à internet devem ter, conforme Jovan Kurbalija, em "Uma Introdução à Governança da Internet", in: *Cadernos CGI 3.* São Paulo: Comitê Gestor da Internet no Brasil, 2016, p.20. E <https://www.internetsociety.org/internet/history-internet/brief-history-internet-related-networks>. Acesso em: 7 de julho de 2020.

A *Internet Engineering Task Force* (IETF), criada em 1986, é, atualmente, uma larga e aberta comunidade internacional de *designers*, operadores, vendedores, e pesquisadores preocupados com a evolução da arquitetura da internet e com sua operacionalidade, os quais contribuem com o desenvolvimento de novas tecnologias, como a internet das coisas, o transporte dessas novas tecnologias, aplicações de internet e suas transferências de forma global[163]. Os padrões TCP/IP são definidos pela IETF[164].

O sistema para a distribuição dos números IP é organizado hierarquicamente, no topo, está a IANA (*Internet Assigned Number Authority*) que distribui blocos de números IP a cinco registros regionais da internet (RIRs). Os atuais registros regionais da internet são: ARIN (American Registry for Internet Numbers), APNIC (Asia Pacific Network Information Centre), LACNIC (Latin American and Caribbean IP Address Regional Registry), RIPE NCC (Réseaux IP Européens Network Coordination Centre – Europa e Oriente Médio) e o AFRINIC (African Network Information Centre)[165].

Em 1992, um grupo de pessoas da IETF fundou a *Internet Society* (ISOC), estabelecida em Genebra e com escritório nos Estados Unidos da América, a qual participa da IETF e igualmente contribui para o avanço das tecnologias acreditando que a sua contínua evolução fornece o necessário para a potencialização de equipamentos e máquinas que possam ser utilizados para o crescimento educacional das pessoas e a facilitação de suas vidas ao redor do mundo[166].

Assim, apesar de ter sido desenvolvida como um projeto de governo e por muitos anos ter sido financiada por departamentos e agências norte-americanos (ARPA, NSF, NASA, DOE)[167], a internet só existe pelo envolvimento explícito do setor empresarial, da sociedade civil e da comunidade técnica, pois são eles que movimentam os recursos econômicos que giram em torno de bilhões de usuários e fornecem as informações tecnológicas para a compreensão desse fenômeno.

---

163 Conforme: <https://www.ietf.org>. Acesso em: 7 de julho de 2020.

164 KURBALIJA, Jovan. "Uma Introdução à Governança da Internet", in: *Cadernos CGI 3*. São Paulo: Comitê Gestor da Internet no Brasil, 2016, p.55.

165 KURBALIJA, Jovan. "Uma Introdução à Governança da Internet", in: *Cadernos CGI 3*. São Paulo: Comitê Gestor da Internet no Brasil, 2016, p. 55.

166 Conforme: <https://www.internetsociety.org/about-the-ietf/>. Acesso em: 7 de julho de 2020.

167 Ainda hoje os inúmeros workshops organizados pelas organizações privadas da internet são, em parte, patrocinados, por organismos internacionais.

No setor empresarial, os expoentes são as empresas de nomes de domínio, cujos atos gerenciais estão diretamente ligados às políticas da ICANN, os provedores de serviços, conhecidos como ISPs (*Internet Service Providers*) e as empresas de telecomunicações[168].

A *Internet Corporation for Assigned Names and Numbers* (ICANN) foi criada em 1998, dentro do escopo do governo norte-americano de transferir a gestão dos nomes de domínio para a iniciativa privada, quando os sistemas de domínio se tornaram mais e mais comerciáveis e havia o risco de litigâncias em torno das disputas de domínio.

A ICANN é uma associação de natureza privada, organizada internacionalmente, planejada para ser *multistakeholder,* que gerencia a alocação espacial dos endereços IP, sua identificação, os nomes de domínios genéricos (gTLD como *.com .net .org .gov .int*), os nomes de domínio de países (ccTLD como *.br .es. us*) e os servidores-raiz.

Originalmente, a IANA prestava esses serviços mediante contrato com o Departamento do Comércio do Governo dos Estados Unidos, hoje, a ICANN ajuda a coordenar as funções da IANA[169]. É uma parceria público-privada, onde a ICANN, por ser estabelecida nos Estados Unidos da América, está sujeita à legislação norte-americana[170]. A ICANN coordena, assim, a distribuição dos números IPs e, consequentemente, a internet globalmente.

Entre os provedores de serviços estão os provedores de *backbone*, de grande infraestrutura e custo, o qual normalmente é prestado por grandes empresas, que, efetivamente, detêm a conexão com o sistema de cabeamento de transporte de dados[171]. Além desses, existem os provedores de acesso ou conexão à internet que, ao conectarem-se aos provedores de *backbone*, provem

---

168 KURBALIJA, Jovan. "Uma Introdução à Governança da Internet", in: *Cadernos CGI 3*. São Paulo: Comitê Gestor da Internet no Brasil, 2016, p. 211.

169 Conforme informações no sítio eletrônico da ICANN, disponíveis em: <https://www.icann.org/resources/pages/welcome-2012-02-25-en>. Acesso em: 10 de janeiro de 2021.

170 Conta com a participação da GAC (*Governamment Advisory Committee*) em seu *board* de diretores a qual, atualmente, tem 176 membros de governos e 36 observadores. Fazem parte da GAC, como membros, a Interpol, a UIT (*International Telecommunication Union*), a OCDE, a OEA, a Liga dos Estados Árabes, o Conselho da Europa, a Agência Espacial Europeia, a Comissão Econômica para a África. Disponível em: <https://gac.icann.org/about/members>. Acesso em: 8 de julho de 2020.

171 Segundo a *Revista Panorama Setorial da Internet*, dezembro de 2016, publicada pelo nic.br, disponível em: <https://www.nic.br/media/docs/publicacoes/6/Panorama_Setorial_11_2.pdf>. Acesso em: 8 de julho de 2020.

conexão à internet para pessoas, empresas, governos, ou instituições, por meio do acesso sem fio via frequência livre ou via frequência licenciada, como o rádio, através de linhas telefônicas (*modem*), cabos coaxiais e fibra ótica[172].

Os provedores de acesso, normalmente locais, e muitos deles, hoje, provedores de serviços de telecomunicações, são os responsáveis por conectar os computadores dos usuários à internet, de forma autônoma ou através de pontos de troca de tráfego (PTT), infraestrutura física disponível que permite que uma empresa participante se interligue à rede de serviços do sistema autônomo da internet.

Como provedores de serviços de internet, existem, ainda, os provedores de *email,* de conteúdo ou aplicação (*Google, Facebook, Twitter,* e pessoas que mantem blogs pessoais ou *websites*) e de hospedagem.

Na medida em que a internet passou a invadir vários outros países, os demais governos, à exceção dos Estados Unidos que sempre estiveram de alguma forma ligados à estrutura da internet, tiveram que entrar nesse sistema de abordagem descentralizada, e, assim, os atores não governamentais tiveram que ceder espaço para governos e organismos internacionais.

Ao final da década de 1990, quando os governos perceberam a dimensão da internet e o poder da tecnologia da informação e comunicação, os organismos internacionais e os Estados nacionais entraram com mais força no cenário mundial pela governança da internet[173].

Conforme já mencionado, duas fases da Cúpula Mundial sobre a Sociedade da Informação foram realizadas, uma em Genebra, em 2003 e, a outra, em Túnis, em 2005.

Com base na primeira Cúpula Mundial sobre a Sociedade da Informação, o Secretário-Geral das Nações Unidas constituiu o "Grupo de Trabalho sobre a Governança da Internet"[174], o qual, então, apresentou a seguinte definição sobre governança da internet:

---

172 Segundo a *Revista Panorama Setorial da Internet*, dezembro de 2016, publicada pelo nic.br, disponível em: <https://www.nic.br/media/docs/publicacoes/6/Panorama_Setorial_11_2.pdf>. Acesso em: 8 de julho de 2020.

173 KURBALIJA, Jovan Uma Introdução à Governança da Internet". Cadernos CGI 3. São Paulo: Comitê Gestor da Internet no Brasil, 2016, p. 21.

174 Composto por 40 membros compostos por representantes de Governos, sociedade civil e setor privado.

> Governança de Internet é o desenvolvimento e a aplicação pelos Governos, pelo setor privado e pela sociedade civil, em seus respectivos papéis, de princípios, normas, regras, procedimentos de tomadas de decisão e programas em comum que definem a evolução e o uso da Internet.[175]

Já a Cúpula Mundial sobre a Sociedade da Informação realizada em Túnis solicitou a criação de um novo fórum para um diálogo multissetorial sobre políticas da internet, o Fórum de Governança da Internet (em inglês, IGF).

O Fórum de Governança da Internet (IGF) é, assim, um fórum ligado às Nações Unidas, multissetorial, aberto para governos, empresas e grupos da sociedade civil, que se reúnem para discutir questões de interesse comum relacionadas à internet. O objetivo do IGF é aproximar os diferentes grupos em discussões sobre políticas públicas relacionadas à internet[176]. O IGF teve sua primeira conferência em 2006, em Atenas, e em 2020 realizou sua 15ª versão[177].

Assim, a problemática da gestão da internet, quando vista pela óptica da doutrina jurídica, confunde-se com a própria história do que se conhece por internet hoje[178]. O planejamento de sua regulamentação requer, no mínimo, a gestão dos serviços de telecomunicações, responsáveis pelas conexões à rede, a disciplina dos serviços intermediários, como os provedores de aplicações, a conjugação dos interesses econômicos, dos usuários, dos Estados e das relações internacionais[179].

---

175 Conforme Documento WSIS-II/PC-3/DOC/5-S 4 de agosto de 2005, do Grupo de Trabalho, disponível em: <https://www.itu.int/net/wsis/docs2/pc3/off5-es.pdf>. Acesso em: 9 de janeiro de 2021.

176 Confira em: <https://www.intgovforum.org/multilingual/tags/about>. Acesso em: 10 de janeiro de 2021.

177 O Ministério Público Federal brasileiro, através de sua Secretaria de Cooperação Internacional, participou do IGF 2020, que ocorreu no mês de novembro de forma virtual, em face da pandemia Covid-19.

178 BEÇAK, Rubens; LONGHI, João Victor Rozatti. "Abertura e Colaboração como Fundamentos do Marco Civil da Internet: A atuação do Poder Público na Construção do Governo Eletrônico Brasileiro e a Governança da Internet", p. 141, in: *Direito e Internet III. Marco Civil da Internet. Tomo I.* Organizadores Newton de Lucca, Adalberto Simão Filho e Cíntia Rosa Pereira de Lima. São Paulo: Quartier Latin, 2015.

179 "A consolidação dos regimes democráticos, a partir do século XX, principalmente nos países da América Latina, trouxe consequência às redes de comunicação. Se nos governos autoritários, interessava ao Estado manter o monopólio das telecomunicações, nos governos democráticos preconiza-se exatamente o contrário. É essencial para as democracias que os diversos atores sociais sejam representados, ouvidos e respeitados." GONÇALVES, Thiago Moreira; ESTRELLITA, Luz Marienne; DOLABELLA, Alessandra Pereira. "La Experiencia de Brasil y Argentina en la democratización de los medios comunicación, in: *Marco Civil*

No início dos anos 2000, a tecnologia de informação e comunicação estava no centro da chamada terceira Revolução Industrial[180]. Para Bradfort Smith, era uma revolução fundada, principalmente, em três avanços tecnológicos: o poder do computador baseado em circuito integrado (microprocessador chip); *softwares* que tornaram os computadores mais potentes, ágeis, mais baratos e fáceis de usar; e uma rede de telecomunicações de alta tecnologia que está conectando toda essa tecnologia[181]. Mais de duas décadas depois, a tecnologia está no centro do que podemos chamar de uma quarta Revolução Industrial, onde quase tudo na vida das pessoas se move em função das inovações digitais, as quais causam um grande impacto de ordem social, política e econômica[182].

Os setores privado e público não apenas são afetados por esta nova revolução industrial, *they have critical roles to play in enabling societies around the world to respond to it;* por conta da tecnologia que se movimenta de forma tão rápida, há a necessidade de diálogo constante entre o público e o privado, entre aqueles que criam a tecnologia e os que são responsáveis pela elaboração e aplicação das leis[183].

Não existe consenso sobre a forma mais adequada para regular as relações público-privadas que se desenvolvem em torno da tecnologia de informação e comunicação.

---

e Governança da Internet: Diálogos entre o Doméstico e o Global. POLIDO, Fabrício Bertini Pasquot; ANJOS, Lucas Costa dos. Belo Horizonte: Instituto de Referência em Internet e Sociedade, 2016, p.149-163. Disponível em: <https://irisbh.com.br/wp-content/uploads/2016/09/Marco-Civil-e-Governança-da-Internet-diálogos-entre-o-doméstico-e-o-global.pdf>. Acesso em: 10 de janeiro de 2021.

180 Enquanto na sociedade industrial do final do século XIX e começo do XX o modelo de negócio buscava a estabilidade, a padronização, a mecanização para funções repetitivas e de corte de gastos, com decisões concentradas, de acordo com o modelo Taylorista-Fordista de trabalho, a sociedade contemporânea exigiu novos valores, onde a adaptação e não mais a estabilidade da gestão deve seguir o ritmo intenso das mudanças que ocorrem nos produtos e nas tecnologias, ao passo que decisões complexas, muitas delas participativas, primam por mais flexibilidade, criatividade e dinamismo. Esse novo modelo de gestão empresarial influenciou, inclusive, a gestão das políticas públicas a partir dos anos 90, onde se passou a exigir *accountability,* gestão participativa orçamentária, voltada para resultados e transparência, com menos burocracia.

181 SMITH, Bradford L. "The Third industrial revolution: law and policy fot the internet", in: *Collected Courses of the Hague Academy of International Law,* vol. 282, 2000, p. 242.

182 Veja mais em TAVARES, André Ramos (coord.). *Vestígios do Futuro: 100 anos de Isaac Asimov.* São Paulo: Etheria Editora, 2020.

183 SMITH, Bradford L. The Third industrial revolution: law and policy fot the internet, *Collected Courses of the Hague Academy of International Law,* v. 282, 2000, p. 246.

Na década de 1990, surgiu uma corrente libertária da internet, capitaneada por John Perry Barlow, co-fundador da *Electronic Frontier Fundation*, preconizando que nenhum Estado possui soberania no espaço virtual, onde não há governo eleito e nem deverá tê-lo.

Com essas palavras, John Perry lançou a Declaração de Independência do Espaço Virtual:

> Governos do Mundo Industrial, gigantes cansados de aço e carne, eu venho do Espaço Virtual, a nova Casa da Mente. Em nome do futuro, eu peço a vocês do passado que nos deixem a sós. Vocês não são bem-vindos entre nós. Vocês não têm soberania onde nós nos reunimos[184].

A Declaração foi escrita um pouco depois de ter entrado em vigor a lei norte-americana sobre postagens indecentes na internet - *Communications Decency Act -CDA*[185].

Na esteira dos ideais de John Perry Barlow, David R. Johnson, outro co-fundador da *Electronic Frontier Fundation*, atualmente sênior integrante do *Center of Democracy and Technology*[186], e David G. Post, professor associado na *Georgetown University Law Center*, também na década de 1990, sistematizaram quatro modelos de gestão da internet: o modelo descentralizado, modelo tradicional, modelo dos tratados internacionais e o modelo supranacional[187].

Os autores defenderam o modelo descentralizado ou autorregulamentado como aquele onde os próprios atores do mundo virtual são capazes de ditar as regras básicas da internet, afinal, a internet só prosperou em face de sua arquitetura descentralizada e pela ausência de uma autoridade estatal que

---

184 "Governments of the Industrial World, you weary giants of flesh and steel, I come from Cyberspace, the new home of Mind. On behalf of the future, I ask you of the past to leave us alone. You are not welcome among us. You have no sovereignty where we gather." John Perry. "A Declaration of the Independence of Cyberspace", 1996. Disponível em: <*https://www.eff. org /cyberspace-independence*>. Acesso em: 10 de junho de 2020.

185 Ver mais em ROHRMANN, Carlos Alberto. *Curso de Direito Virtual*. Belo Horizonte: Del Rey, 2005.

186 Organização não governamental sediada em Washington, DC, cuja missão é promover uma internet aberta, inovadora e livre. Tal organização participa dos principais fóruns mundiais sobre internet. Confira em <https://cdt.org>. Acesso em: 10 de junho de 2020.

187 JOHNSON, David R.; POST, David G. *And How Shall the Net Be Governed? A meditation on de relative virtues of decentralized, Emergent Law, in Coordinating the Internet*. Editado por James H. Keller e Brian Kahin. Cambridge: *Harvard Information Infrastructure Project, MIT Press,* 1997. O Brasil adotou a forma de participação de múltiplos setores e a regulamentação legal, como adiante será explicado no Capítulo sobre o Marco Civil da Internet.

centralizasse suas regras[188]. Na defesa do modelo descentralizado, os autores contestaram os demais modelos de gestão.

Para eles, o modelo tradicional, descrito como aquele que centraliza o poder de regulação na autoridade estatal, não se compatibiliza com a arquitetura da internet. Na visão deles, seria muito difícil aplicar regras territoriais para atividades online, pois as soberanias locais podem controlar as pessoas dentro de sua jurisdição geográfica, mas não conseguem controlar as ações online quando a localização física é irrelevante ou não pode sequer ser estabelecida[189]. Ademais, diziam que se se reconhecer a um país o direito de regular a internet terá que se conceder esse direito a todos os outros, o que gerará conflitos que tornarão o sistema impraticável[190].

Em outro giro, o modelo dos tratados internacionais poderia amenizar os problemas que surgem com os conflitos de leis nacionais, na busca de um tratamento uniforme para a internet. Entretanto, David R. Johnson e David G. Post contestaram o que os próprios denominaram por modelo internacional, dizendo que nem sempre haverá consenso entre os Estados e o processo de aprovação de um tratado pode ser lento em comparação com a velocidade das novas tecnologias[191]. A mesma resistência ocorreria no denominado modelo

---

188 JOHNSON, David R.; POST, David G. *And How Shall the Net Be Governed? A meditation on de relative virtues of decentralized, Emergent Law, in Coordinating the Internet.* Editado por James H. Keller e Brian Kahin. Cambridge: *Harvard Information Infrastructure Project, MIT Press,* 1997, p. 65.

189 O que já se viu que não é mais desta forma. No original: "*Local sovereigns may have a monopoly on the lawful use of physical force, but they cannot control online action for which physical location is irrelevant or cannot even be established*". "*Local sovereign can seek to control the persons within its geographic jurisdiction.*" *And How Shall the Net Be Governed? A meditation on de relative virtues of decentralized, Emergent Law, in Coordinating the Internet.* Editado por James H. Keller e Brian Kahin. Cambridge: *Harvard Information Infrastructure Project, MIT Press,* 1997, p. 68-70.

190 "*And any legal doctrine that would give the right of regulation of the Internet to one country (or state, county, or city) would have to give that right to all sovereigns which would result in conflicts that would render the system internally contradictory and totally unworkable.*" JOHNSON, David R.; POST, David G. *And How Shall the Net Be Governed? A meditation on de relative virtues of decentralized, Emergent Law, in Coordinating the Internet.* Editado por James H. Keller e Brian Kahin. Cambridge: *Harvard Information Infrastructure Project, MIT Press,* 1997, p. 69.

191 JOHNSON, David R., POST, David G. *And How Shall the Net Be Governed? A meditation on de relative virtues of decentralized, Emergent Law, in Coordinating the Internet.* Editado por James H. Keller e Brian Kahin. Cambridge: *Harvard Information Infrastructure Project, MIT Press,* 1997, p. 69.

supranacional, na opinião deles impraticável numa sociedade mundial tão diversa e multicultural[192].

Assim, uma autorregulação global foi apresentada no começo da expansão comercial da internet como uma alternativa às jurisdições territoriais, dentro da perspectiva que o *cyberspace* deveria ser um espaço naturalmente independente, capaz de desenvolver suas próprias leis e governar as relações e transações na internet[193].

Todavia, a autorregulamentação absoluta da internet é hoje um fato ultrapassado, pois rapidamente se percebeu que os Estados são os que possuem o poder jurisdicional e o poder para regular as atividades e o conteúdo na internet[194].

Nenhum provedor de serviços na internet, por exemplo, pode estabelecer regras sobre qual a jurisdição ou a lei aplicável, exceto nas relações jurídicas que podem ser reguladas pela autonomia de vontade.

A autorregulacão permanece nas áreas necessárias ao desenvolvimento dos negócios corporativos, como no tocante às especificações técnicas, protocolos e infraestrutura, desenvolvidos pela ISOC (*Internet Society*), IETF (*Internet Engineering Task Force*), IRTF (*Internet Research Task Force*), W3C (*World Wide Web Consortium*) e o ICANN (*Internet Corporation for Assigned Names and Numbers,*) que coordena as funções relativas aos IPs e suas fontes numéricas, e o sistema de domínios, as quais são importantes para manter a neutralidade da rede e sua acessibilidade, mas não produzem leis sobre relações ou transações na internet[195].

Paralelamente, os provedores de serviços na internet desenvolvem seus códigos de conduta e termos de uso que regulam a identificação dos seus usuários, o conteúdo de *downloads* e *uploads* que são permitidos de acordo com a proteção intelectual, e, em alguns casos, o bloqueio de conteúdo

---

192 JOHNSON, David R., POST, David G. *And How Shall the Net Be Governed? A meditation on de relative virtues of decentralized, Emergent Law, in Coordinating the Internet.* Editado por James H. Keller e Brian Kahin. Cambridge: *Harvard Information Infrastructure Project, MIT Press*, 1997, p. 72.

193 ASENSIO, Pedro. *Conflict of Laws and the Internet.* UK: Edward Elgar Publishing Limited, 2020, p. 2.

194 ASENSIO, Pedro. *Conflict of Laws and the Internet.* UK: Edward Elgar Publishing Limited, 2020, p. 2.

195 ASENSIO, Pedro. *Conflict of Laws and the Internet.* UK: Edward Elgar Publishing Limited, 2020, p. 3.

discriminatório ou atentatório à proteção da criança, como o estabelecido no código de conduta do Facebook[196].

Esse trabalho corporativo, sem dúvida, torna a aplicação da lei menos onerosa e deve ser levado em consideração[197].

A *lex mercatoria* talvez seja o melhor exemplo de ordem construída com base no costume e padrões de autorregulação do setor privado, conjugada à aplicação do princípio da autonomia da vontade e com componentes de Direito Internacional Público, já que conta com a força dos tratados, convenções e acordos internacionais em comércio internacional para sua operacionalidade.

No artigo "*The Merchant Who Would Not be King: Unreasoned Fears about Private Lawmaking*", Gilles Cuniberti lembra que as associações do comércio são provavelmente as que mais produzem normas privadas. A Associação *The Grain and Feed Trade Association* (GAFTA) produziu normas privadas na forma de contratos, que foram adotados pela indústria, e esses contratos preveem cláusula de arbitragem.

O autor relembra outro exemplo de indústria que tem gerado muitas regras sobre transações entre seus membros, *a International Swaps and Derivatives Association* (ISDA), criada em 1985, que abrange mais de 800 membros em mais de 50 países. A ISDA desenvolveu padrões internacionais de contrato na negociação de derivativos, na forma de *Master Agreement,* que nada mais é que um código de autorregulação, um contrato "guarda-chuva" que ajuda nas transações. Nesse sentido, tais normas podem ser apresentadas como lex mercatoria.

A Corte Internacional de Arbitragem da Câmara de Comércio Internacional (*International Chamber of Commerce*) publica a cada ano estatísticas sobre a escolha da lei e o foro de discussão pelas partes relativamente aos casos da CCI[198].

Entretanto, o autor enfatiza, que tais indústrias nunca pediram completa autonomia estatal: *a indústria está ciente que as leis nacionais sobre insolvência*

---

[196] Disponível em: <https://about.fb.com/news/2017/06/hard-questions-hate-speech/>. Acesso em: 14 de junho de 2020.

[197] KOHL, Uta. *The Net and the Nation State. Multidisciplinary perspectives on Internet Governance.* Reino Unido: Cambridge University Press, 2017, p. 7.

[198] Disponível em: < http://www.iccbrasil.org/publicacoes/1/>. Acesso em: 14 de junho de 2020.

reclamam competência e podem, assim, invalidar algumas cláusulas do Master Agreement[199].

A verdade é que, atualmente, o poder privado raramente reclama completa autonomia dos Estados[200], o que as indústrias podem fazer e fazem com frequência é um "lobby" governamental para emendar ou criar as leis que reforcem os seus contratos com normas padrão ou provocar discussões jurídicas de alta relevância que lhes sejam favoráveis.

Os casos já citados no tópico anterior ilustram bem que as companhias não estão completamente blindadas pela lei pessoal do local onde estão constituídas, seja por razões políticas, seja por razões econômicas ou jurídicas de proteção aos direitos humanos.

O caso *Google France SARL e Google Inc. contra a marca Louis Vuitton* (2008)[201] é mais um em que se reconheceu a responsabilidade dos provedores de internet. O Tribunal de Justiça da União Europeia entendeu que o Google era responsável pela exibição de *links* para sites de concorrentes dos titulares da marca ou para sites de venda de produtos de imitação a partir do seu mecanismo de busca com o nome da marca Louis Vuitton, o mesmo tendo ocorrido no caso *L'oreal S/A e outros contra eBay International AG e outros* (2011). São litígios que não tratam apenas de uma questão de propriedade da marca, mas de valor econômico dos dados, que tem causado disputas entre o mercado local e global e entre atividade online e offline[202].

Existe, ainda, um peso moral e econômico às companhias de internet se, por exemplo, deixarem publicar e mantiverem em suas plataformas conteúdo de pornografia infantil, ou conteúdo político disseminando a desinformação em eleições, ou se não combaterem à pirataria.

---

199 CUNIBERTI, Gilles. "The Merchant Who Would Not be King: Unreasoned Fears about Private Lawmaking", in: MUIR WATT, Horatia; FERNÁNDEZ ARROYO, Diego P. *Private International Law and Global Governance*. Oxford, 2014, p. 177.

200 CUNIBERTI, Gilles. "The Merchant Who Would Not be King: Unreasoned Fears about Private Lawmaking", in: MUIR WATT, Horatia; FERNÁNDEZ ARROYO, Diego P. *Private International Law and Global Governance*. Oxford, 2014, p. 177.

201 Disponível em: <http://curia.europa.eu/juris/liste.jsf?num=C-236/08&language=pt>. Acesso em: 15 de junho de 2020.

202 KOHL, Uta e Carrie Fox. "Introduction: Internet Governance and the Resilience of the Nation State", in: *The Net and the Nation State. Multidisciplinary perspectives on Internet Governance*. Reino Unido: Cambridge University Press, 2017, p. 9.

Nenhuma dessas questões consegue ser autorregulada pelas companhias, porque afetam interesses jurídicos, econômicos e políticos nos Estados, não se circunscrevendo apenas ao domínio privado.

Já que a exclusiva autorregulamentação da internet parece impossível atualmente, importa saber como coordenar todos os interesses envolvidos, isto é, como a internet deve ser regulada e por quem ela deve ser regulada[203].

De pronto se vê que uma visão só privatista não se adequa mais à realidade de hoje, e, em outro extremo, uma visão publicista e nacionalizada engessa as companhias, não dá legitimidade à lei, e às vezes a lei nacional serve apenas para blindar as companhias dentro do espectro da lei pessoal.

Além disso, se cada Estado impor suas próprias leis sobre a internet sem limites, o *cyberspace* pode correr o risco de se tornar um ambiente mais restritivo que o mundo offline, prejudicial à transferência de dados e incentivador do geobloqueio da atividade online[204].

Muitas das soluções dependem do setor privado. As companhias detêm a inteligência tecnológica para prevenir, escrutinar o conteúdo online e deletar as práticas que ocorrem na internet[205], sem falar que seus serviços são essenciais ao desenvolvimento das pessoas e dos Estados.

Assim, a internet acaba sendo uma força sobre o Estado tanto quanto o Estado é a força ou o poder sobre a internet[206].

---

[203] Em 2012, na Conferência Mundial de Telecomunicações Internacionais (WCIT), ocorrida em Dubai, realizada pela União Internacional das Telecomunicações, discutiu-se quem deveria controlar a internet. Os representantes da Rússia, China e os países árabes lideraram o discurso por uma resolução da UIT, não consentida pelos Estados Unidos e pelos países europeus, que transformasse o modelo multissetorial em intergovernamental. Em face da polarização gerada entre os dois blocos de países, a conferência encerrou em desacordo sobre o tema.

[204] SMITH, Graham. "Cyberborders and the Right to travel in Cyberspace", in: *The Net and the Nation State. Multidisciplinary perspectives on Internet Governance.* Reino Unido: Cambridge University Press, 2017, p.148.

[205] Segundo Bradford, quando descreve a pirataria na internet: "*co-operation among intellectual-property owners and service providers has been the primary method of removing pirated sites from the Internet. This co-operation, with the support of Governments worldwide, must continue to expand if we are to combat effectively this growing threat.*" "The Third industrial revolution: law and policy for the internet", in: *Collected Courses of the Hague Academy of International Law,* vol. 282, 2000, p. 311.

[206] KOHL, Uta e Carrie Fox. "Introduction: Internet Governance and the Resilience of the Nation State", in: *The Net and the Nation State. Multidisciplinary perspectives on Internet Governance.* Reino Unido: Cambridge University Press, 2017, p. 2.

Portanto, é preciso que as normas aplicadas às atividades transnacionais na internet originem-se de leis e instrumentos de autorregulacão, coexistindo entre si, sendo fundamental a coexistência de normas internacionais, pois um *framework* global sobre internet que se utiliza de conceitos de Direito Internacional Privado não pode se furtar às fontes internacionais.

É importante entender-se, ainda, que a divisão público/privada não contribui à discussão, seja porque dá a entender que o Direito Internacional Privado, por ser reconhecido por muitos como um direito nacional privado, não é o ramo adequado para regular os fatos transnacionais eletrônicos com conteúdo público, seja porque dá a entender que as corporações não são prima facie portadoras de responsabilidades no tocante aos direitos humanos.

É preciso reconhecer que muitos dos problemas jurídicos no tema de jurisdição dos fatos transnacionais eletrônicos são causados pela aplicação – talvez excessiva – de conceitos de Direito Internacional Público, como território, nacionalidade, soberania, que se confundem com elementos básicos do Direito Internacional Privado, como lei pessoal, lei territorial, jurisdição, para citar alguns.

Ademais, quando os direitos humanos, como a liberdade de expressão e a privacidade de dados, invadiram a moldura dos fatos transnacionais eletrônicos, mais evidente ainda ficou a dificuldade de se gerenciar as relações jurídicas na internet com os conceitos do Direito Internacional Privado dentro da concepção de que só se aplicam às relações eminentemente privadas.

Ficou um espaço de dúvida, se não existe uma "parte pública" no Direito Internacional Privado a disciplina não conseguirá solucionar os conflitos entre os ordenamentos jurídicos como aqueles que envolvem crimes cibernéticos e outros crimes cometidos via internet, ou fatos transnacionais relativos à proteção de dados pessoais ou discursos racistas e discriminatórios ofensivos nas redes.

Ao mesmo tempo, se a disciplina for vista apenas como mais um ramo do direito interno nacional, ficará difícil gerenciar o excesso de leis nacionais e os conflitos entre os ordenamentos jurídicos - que não podem ser solucionados através da autorregulação pelo setor privado, tendo em vista que as normas nacionais estão causando mais tensão entre as jurisdições nacionais sobre os fatos transnacionais eletrônicos.

Por primeiro, parece oportuno amenizar a precisa divisão entre Direito Internacional Público e Direito Internacional Privado e compreender que existe uma confluência entre as disciplinas a depender do tema, como no caso.

Depois, reconhecer que a governança da internet é a gestão compartilhada das principais decisões sobre tecnologia de informação e comunicação entre seus múltiplos atores, estatais e não estatais, mas que, sobretudo, deve primar pela proteção dos direitos humanos.

4. O fato transnacional eletrônico: a confluência entre o Direito Internacional Público e o Direito Internacional Privado

No estudo do direito internacional uma precisa distinção é costumeiramente traçada entre o Direito Internacional Público, concernente aos direitos e obrigações dos Estados em relação aos outros Estados e indivíduos, e o Direito Internacional Privado, que diz respeito às questões de jurisdição internacional, lei aplicável, reconhecimento e execução de decisões estrangeiras em disputas perante as cortes nacionais[207].

O século XIX foi o século que marcou essa divisão, época das grandes codificações. Quanto mais codificações e leis internas surgiam, mais difícil ficava conciliá-las com ideias universalistas de aplicação do Direito Internacional Privado.

Em outras palavras, a medida em que o Direito Internacional Privado se tornava nacional ao longo dos anos, mais ele se distanciava do Direito Internacional Público. As codificações trazendo regras de Direito Internacional Privado para o direito interno tornou precisa a separação entre os dois ramos.

Em interessante abordagem ao tema, Alex Mills explica que a divisão entre os ramos na teoria internacional não reflete a real característica de seus objetos na prática. Para o autor, o Direito Internacional Público e o Direito Internacional Privado estão cada vez mais enfrentando os mesmos problemas: reconciliar o papel tradicional do Estado na legalização do sistema internacional e equilibrar direitos individuais universais com o reconhecimento de diversas culturas, tudo isso sobre a sombra da globalização. *A distinção entre os ramos obscurece o importante papel "público" do Direito Internacional Privado*[208].

---

[207] MILLS, Alex. *The Confluence of Public and Private International Law. Justice, Pluralism and Subsidiarity in the International Constitutional Ordering of Private Law.* Uk: Cambridge, 2009, p. 1.

[208] MILLS, Alex. The Confluence of Public and Private International Law. Justice, Pluralism and Subsidiarity in the International Constitutional Ordering of Private Law. Uk: Cambridge, 2009, p. 2. Para Mills, "this reconceptualization opens the possibility for private international law to achieve both greater internal coherence and consistency with broader international norms (...) not based on the application of national conceptions of

A verdade é que muitas questões no Direito Internacional Privado estão conectadas com o Direito Internacional Público.

Os Estados são responsáveis pela elaboração dos tratados e convenções que no limite reconhecerão as sentenças estrangeiras e a cooperação jurídica internacional, os quais se formam dentro do Direito Internacional Público.

Os conceitos de jurisdição, territorialidade, soberania estão conectados, o poder do Estado de definir a sua jurisdição é uma consequência de sua soberania, assim como colocar limites a sua jurisdição internacional e proibir-se de executar a jurisdição em outro território é uma consequência do exercício da soberania de outro Estado. Um conflito entre legislações nacionais e jurisdições é, a rigor, um conflito entre soberanias.

A lei pessoal baseada na nacionalidade e, portanto, na forma como a nacionalidade é qualificada pelos Estados, e mesmo a ordem pública, que é utilizada em larga escala na recusa ao reconhecimento e execução das decisões estrangeiras, bem como na cooperação jurídica internacional, abrangem princípios de Direito Internacional Público[209].

Horatia Muir Watt e Diego Fernández Arroyo associam-se à discussão, contribuindo para desvendar o mito que o Direito Internacional Privado é uma disciplina apolítica e que não existe interesse público e político na escolha do seu método[210].

Lembremos que na concepção indireta clássica do Direito Internacional Privado suas normas foram feitas para serem aplicadas em direitos de ordem privada.

---

private justice or fairness in individual cases, but on the justness of the public principles of global ordering it embodies, p. 3.

209 "I certainly do not deny that many questions of private international law are connected with or depend on public international law. When States are bound by international conventions the application of foreign law is a command imposed by public international law. Furthermore, the international *ordre public* embraces principles of international public law. But private international law is not primarily a question concerning the relations between States law will, in the first line, not be applied in consideration of other States' interests." VICHER, Frank. "General course on private international law", in: *Collected Course of the Hague Academy of International Law*, v. 232, 1992, p. 27.

210 MUIR WATT, Horatia. "The relevance on Private International Law to the Global Governance Debate", in: MUIR WATT, Horatia e FERNÁNDEZ ARROYO, Diego P. *Private International Law and Global Governance*. Oxford, 2014, p. 5.

Para Savigny, o Direito Internacional Privado era apolítico e deveria ser resolvido por razões científicas, já que sua base é de direito privado e a maior parte do direito privado, por envolver direitos entre particulares, é apolítica. A revolução americana contestou esse pensamento com a ideia de justiça na aplicação das leis e com a teoria de Currie dos interesses governamentais na escolha da lei, todavia, foi também criticada por outro extremo, o de sempre redundar na aplicação dos interesses locais do Estado através da *lex fori*.

A grande crítica contra o tradicional método indireto do conflito de leis foi, sem dúvida, a ausência de um sentido político.

Ensina a realidade atual que o método do Direito Internacional Privado não pode ser concebido como um método apolítico, conforme a própria história demonstrou, todavia, também não pode apenas servir a razões políticas, como seria numa concentração exagerada da doutrina da cortesia, que só aplica a lei estrangeira com concessão ao Estado estrangeiro e dentro da concepção de reciprocidade, ou na aplicação da doutrina da *vested rights* americana, onde o juiz nunca aplica a lei estrangeira, o que ele faz é dar executoriedade ao direito protegido por uma lei estrangeira, não como lei, mas como um fato que deve ser provado[211].

Horatia Muir Watt chega a dizer que existe uma tendência em isolar o Direito Internacional Privado do Direito Internacional Público para que aquele se mantenha como uma disciplina apolítica: *as preocupações públicas estão confinadas nas relações entre os Estados soberanos, enquanto o mercado, equacionado com a autorregulacão dos interesses econômicos privados são supostamente independentes da política internacional*[212].

E uma forma de isolar ainda mais a disciplina, conectada com a economia global, da esfera de interesse público, foi deixá-la dentro do conceito liberal de contrato, o que em termos de Direito Internacional Privado significa atribuir a autonomia de vontade às partes contratuais e em termos de autoridade

---

[211] MICHAELS, Ralf. "Post-critical Private International Law. From Politiques to Tecnique", in: MUIR WATT, Horatia e FERNÁNDEZ ARROYO, Diego P. *Private International Law and Global Governance*. Oxford, 2014, p. 57.

[212] "Public concerns were confined to the relationships between sovereign states, while markets, equated with self-ordering of private economic interests, were supposedly independent from international politics." MUIR WATT, Horatia. "The relevance on Private International Law to the Global Governance Debate", in: MUIR WATT, Horatia; FERNÁNDEZ ARROYO, Diego P. *Private International Law and Global Governance*. Oxford, 2014, p. 5.

competente transformar a arbitragem no método mais comum para resolver as disputas no comércio global.

É o mesmo que dizer que a disciplina se desenvolveu muito bem nos últimos séculos enquanto considerada apolítica e exclusiva do campo privado, crescendo durante a era liberal nas áreas em que era possível aplicar os conceitos de autonomia de vontade e arbitragem, mas isso não quer dizer que alguns debates importantes não estejam de lado, pelo seu conteúdo público e por não pertencerem à esfera tradicional do domínio privado.

Essa é uma discussão que, a bem da verdade, não é recente no Direito Internacional Privado.

Há muito tempo, os doutrinadores dividem-se entre maximalistas e minimalistas, entre incluir e excluir ramos do Direito Público no escopo da disciplina do Direito Internacional Privado[213].

Para os maximalistas, o Direito Internacional Privado abarca os fatos transnacionais de natureza privada e pública, como o direito criminal e o administrativo. Dentre eles, podem ser citados, na doutrina brasileira, Pimenta Bueno, Eduardo Espínola, Eduardo Espínola Filho, Haroldo Valladão e Irineu Strenger, e na doutrina internacional, Bustamante, Laurent, Despagnet e Niboyet.

O primeiro conceito no Brasil de Direito Internacional Privado é de Pimenta Bueno, de 1863, que já dizia fazer parte da disciplina o direito criminal e o administrativo[214]:

> Direito internacional privado é o complexo de leis positivas, actos, precedentes, máximas e princípios recebidos ou racionaes, segundo os quaes as nações civilizadas applicam as suas leis particulares ou consentem na applicação de leis privadas estrangeiras dentro de seu território, nas questões de caracter particular, que affectam súbditos estrangeiros em matéria de direito civil, commercial, criminal e mesmo administrativo.

---

213 André de Carvalho Ramos explica que a *disputa entre os maximalistas (objeto amplo do DIPr, abarcando todo tipo de fato transnacional) e minimalistas (objeto restrito do DIPr, incluindo somente os fatos transnacionais jusprivatistas) percorreu o século XX, tanto na doutrina quanto nas codificações nacionais e internacionais.* Evolução Histórica do Direito Internacional Privado e a Consagração do Contratualismo. *Rev. sec. Trib. Perm. Revis.* Año 3, nº 5, Marzo 2015, p. 423-444.

214 PIMENTA BUENO, José Antônio. *Direito Internacional Privado e applicação de seus princípios com referência às leis particulares do Brazil.* Rio de Janeiro: Typographia Imp. e Const. De J. Villeneuve EC., 1863, p. 12.

Para os minimalistas, ao contrário, a disciplina é exclusivamente privada, como entendiam Savigny, Pillet, Clovis Bevilaqua e Machado Villela. Clovis Bevilaqua defendia[215]:

> A mesma distinção que há entre o direito público e o privado internos, deve existir entre o público e o privado externos; e, assim como o direito privado nacional não é um ramo do público, também não o deve ser o internacional. O sujeito de direito não é o mesmo nos dois domínios. No direito das gentes é a nação tomada em sua unidade e soberania (capacidade); no direito internacional privado o objeto das prescrições é o indivíduo (o homem, ou a pessoa jurídica, agindo no círculo das relações privadas).

É um tema tormentoso, porque o Direito Internacional Privado tem na sua essência a aplicação da lei estrangeira, ao passo que, raramente, no domínio público, vemos a aplicação de leis estrangeiras, veja-se, a propósito, a execução de decisões estrangeiras penais no âmbito da cooperação jurídica internacional[216].

Por isso Batiffol entendia – o que era mais uma crítica – que enquanto as relações jurídicas privadas ficam sujeitas aos conflitos de jurisdição e de leis, nas relações jurídicas de natureza pública não existem conflitos pela sobreposição de ordenamentos jurídicos, o que existe, a rigor, é a aplicação das leis no espaço, a qual se resolve sempre com a aplicação da lei territorial[217].

---

[215] BEVILAQUA, Clovis. *Princípios Elementares de Direito Internacional Privado.* 4. ed. São Paulo: Livraria Editora Freitas Bastos, 1944, p. 115.

[216] Nada obstante, com a nova Lei de Migração (artigo 100), o Brasil passou a executar sentenças penais estrangeiras com base na reciprocidade e cumpridas outras condições estabelecidas pela lei.

[217] «Le droit positif distingue ces différents ordres de problèmes en cantonnant ceux du droit pénal ou du droit public à la simple détermination du champ d'application des lois dans l'espace, tandis que le conflit des lois du droit privé édifie un véritable système de conflits des lois qui assigne aux lois estrangères leur champ d'application au regard du juge saisi. (...) les revues consacrées au droit international privé envisagent fréquemment les questions de droit fiscal ou pénal international. Il faut cependant observer qu'il n'existe pas encore à notre connaissance de traité englobant cet ensemble de matières. Ces contacts partiels montrent à la fois les liens concrets de ces différents ordres d'idées et en même temps leur hétérogénéité. Les auteurs américains étudient souvent les problèmes du droit fiscal interétatique en même temps que les conflits de lois. Les auteurs allemands affirment fréquemment l'assimilation du droit administratif international et du droit fiscal international au droit international privé. En France, M. *Niboyet* s'est également déclaré partisan de la conception large des conflits de lois. En effet, les règles sur les conflits de lois d'ordre privé ne se bornent pas à déterminer quelles matières sont soumises à l'empire de la loi considérée : les règles françaises de conflits de lois ne décident pas seulement quelles

Nada obstante, ver o Direito Internacional Privado de uma perspectiva sistêmica não significa negar que ele possui reais efeitos nos casos individuais, mas significa rejeitar a ideia de que o Direito Internacional Privado deve se basear somente nestes efeitos[218].

Ademais, na divisão precisa público/privada fica difícil endereçar uma questão jurídica que, por exemplo, interessa ao indivíduo, ao Estado e à sociedade ao mesmo tempo, como no caso da liberdade de expressão na internet, cujo exercício não manejado da forma correta pode ofender a honra ou a imagem de alguém, ou mesmo propagar desinformações que causam pânico e prejudicam o Estado Democrático de Direito, na hipótese das *fake news.*

Balmaceda explica que não é possível estabelecer, em tese, quais as leis elaboradas exclusivamente ou não no interesse das pessoas titulares dos direitos[219]:

Todas as leis, quer de direito privado, quer de direito público, consagram, geralmente, instituições, que atendem a necessidades de ordem pública e privada, seja de um modo direto e imediato, ou mediato e indireto. Como separar-se, por linhas divisórias e nítidas, o que pretende meramente ao interesse público e ao interesse privado? Pois que, tais interesses se acham, comumente, entrelaçados e confundidos. Não raro, disposições que, aparentemente, objetivam amparar e proteger, apenas, um interesse de ordem

---

personnes, quels biens, quels actes, régit la loi française; *elles décident aussi quelle loi estrangère régit les matières que la loi française ne revendique pas.* Les tribunaux français décident que le statut personnel d'un Espagnol, qui n'est pas soumis à la loi française, est soumis à la loi espagnole. Au contraire, le droit pénal, le droit administratif, le droit fiscal, déterminent seulement quels faits sont reprîmes, règlementés ou taxés par la loi française. Ils ne déterminent pas la loi applicable aux faits qui échappent à la loi française. C'est pourquoi il semble plus conforme au droit positif d'employer une expression différente de celle de conflit de lois, et de parler simplement du problème du champ d'application dans l'espace des lois pénales et de droit public. Le conflit de lois va plus loin que la simple détermination du champ d'application dans l'espace de la loi; il détermine aussi, au regard du juge saisi, le domaine des lois étrangères ». BATIFFOL, Henri. « Les tendances doctrinales actuelles en droit International privé », in: *Collected Courses of the Hague Academy of International Law*, v. 72, 1948, p. 35.

218 MILLS, Alex. *The Confluence of Public and Private International Law. Justice, Pluralism and Subsidiarity in the International Constitutional Ordering of Private Law.* Uk: Cambridge, 2009, p. 18.

219 CARDOSO, P. BALMACEDA. *Ensaio de uma Sistematização Científica do Direito Internacional Privado.* Rio de Janeiro: Livraria Editora Freitas Bastos, 1942, p. 177.

privada, na realidade afetam as próprias condições de vida e desenvolvimento da coletividade.

Geoffrey Samuel também afirma que o sistema institucional dita uma clara estrutura: a lei é dividida em um primeiro nível em pública e privada, e então, a lei privada é subdividida em lei sobre as pessoas, sobre a propriedade e sobre as obrigações. Cada uma dessas categorias é subdivida. A lei sobre as pessoas é subdividida em personalidade e estado, a lei sobre a propriedade em titularidade e posse, e direitos sobre uma propriedade alheia, o direito das obrigações em contrato, quase contrato e delito[220]. O autor, no entanto, questiona: *o ser humano pode ser representado no direito por mais de uma pessoa, como a pessoa constitucional, a pessoa econômica, a pessoa social*, logo, poder-se-ia criar um *framework* multidimensional onde os direitos sejam interpostos.

É de se notar, assim, que em certas áreas relevantes do Direito Internacional, a jurisdição sobre os fatos transnacionais eletrônicos de domínio privado e público está intimamente entrelaçada, e essas áreas são justamente aquelas que convergem com um sentido de proteção internacional dos direitos humanos.

[220] SAMUEL, Geoffrey. "Comparative law as Resistence", in MUIR WATT, Horatia; FERNÁNDEZ ARROYO, Diego P. *Private International Law and Global Governance*. Oxford, 2014, p. 25.

CAPÍTULO 3

A FINALIDADE DO DIREITO INTERNACIONAL PRIVADO NA ATUALIDADE: A CONFLUÊNCIA ENTRE O DIREITO INTERNACIONAL PRIVADO E OS DIREITOS HUMANOS NA SOCIEDADE DIGITAL

1. A expansão da matéria na Era da Informação e os direitos humanos envolvidos

Logo que a internet despontou como fenômeno transversal, os primeiros registros de conflitos entre ordenamentos jurídicos ocorriam mais na seara da transferência da tecnologia e da propriedade industrial, áreas que despertavam ou que estavam em pleno desenvolvimento.

Na década de 1980, Stanislaw Soltysinski, autor de diversos livros sobre propriedade industrial e direito internacional econômico, em artigo para a Coleção de Cursos da Academia de Direito Internacional da Haia, escreveu que, ao contrário das formas tangíveis de mercadorias, a transferência de tecnologia pode ter mais de um lugar, assim a comunicação de tal informação além das fronteiras nacionais é um dos muitos indícios que sugerem que a transferência de tecnologia tem alguma dimensão estrangeira e pode implicar a aplicação do direito internacional[221].

---

[221] *Technology, unlike tangible forms of goods, can have more than one "situs", so that communication of such information across national frontiers is only one of many indicia suggesting that a transfer of technology transaction has some foreign dimension and thus may entail the application of private or public international law.* SOLTYSINSKI, Stanislaw. "Choice of law and choice of forum in transnational transfer of technology transactions", in: *Collected Courses of the Hague Academy of International Law*, vol. 196, 1986, p. 251. Veja-se, também, GOTLIEB, A.E. "The impact of technology on the development of contemporary international law", in: *Collected Courses of the Hague Academy of International Law*, vol. 170, 1981.

Nos anos 90 e começo dos anos 2000, os textos produzidos na disciplina do Direito Internacional Privado demonstravam preocupação com o impacto da internet no comércio (comércio eletrônico) e na propriedade intelectual (direitos do autor) e destes, por sua vez, no Direito Internacional[222]. Em 2004, Cláudia Lima Marques ressaltou a importância do consumidor no comércio eletrônico, afirmando que a maior tendência da internet é para a globalização e que esta teria *quebrado o paradigma estatal da territorialidade*[223].

Com a profusão da criminalidade transnacional nos anos 2000 até os dias de hoje, surgiu como tema o combate aos crimes praticados na internet, especialmente a prática da pedofilia, e junto com estes, as dificuldades relacionadas à circulação de decisões judiciais determinando a retirada de conteúdos com pornografia infantil, com todas as suas implicações na executoriedade dessas decisões e na cooperação jurídica internacional.

Além dos crimes cibernéticos, nos últimos anos, proliferaram os abusos na internet, como o *online bullyng*, o *hate speech*, as violações aos direitos de imagem e honra, as ameaças e o uso de *fake news* para fins políticos e eleitorais.

Como se pode ver não é de hoje que se discute o impacto da internet no Direito Internacional Privado e todas as dificuldades em torno da dimensão virtual em face da jurisdição internacional dos Estados, baseada em critérios essencialmente territoriais.

Essa tendência de ofensas e danos praticados através da internet ao longo dos anos pode ser classificada numa ordem assim abrangente, não necessariamente seguindo uma cronologia, já que as ofensas e danos coexistem: aqueles relativos à *economia*, os relativos à *segurança*, e os relacionados à forma de *expressão*[224].

Cada uma dessas temáticas possui direitos humanos envolvidos nas relações jurídicas, como o direito à propriedade industrial, intelectual e de

---

[222] SMITH, Bradford L. "The third industrial revolution: law and policy for the internet", in: *Collected Courses of the Hague Academy of International Law*, vol. 282, 2000. DRAETTA, Ugo. "Internet et commerce électronique en droit international des affaires", in: *Collected Courses of the Hague Academy of International Law*, vol. 314, 2005. GINSBURG, Jane C. "A lex mercatoria for the copyright in cyberspace", in: *Collected Courses of the Hague Academy of International Law*, vol. 273, 1998.

[223] MARQUES, Cláudia Lima. *Confiança no mercado eletrônico e a proteção do consumidor*. Revista dos Tribunais, 2004, p. 88.

[224] Essa ordem é proposta nos últimos relatórios do I&F.

dados pessoais eletrônicos, o direito ao livre exercício da atividade econômica, o direito à vida privada, o direito à liberdade, à liberdade religiosa, e à liberdade de expressão e informação.

Quando dois ou mais direitos humanos estão em conflito, bem sabemos que o juízo de proporcionalidade e ponderação é o que equilibra o pleno exercício desses direitos.

Enquanto a internet motivou relações mais afetas à tendência *econômica* acima mencionada, as questões jurídicas que surgiam no campo da aplicação das leis, mais de ordem privada, chegaram a alcançar respostas na ordem internacional, a se ver dos vários instrumentos internacionais que tratam do comércio internacional - abrangendo o comércio eletrônico B2B, desenvolvidos com o auxílio da *lex mercatoria* –, da propriedade industrial e intelectual, existindo organizações internacionais voltadas a essas temas, que fomentam a harmonização dos interesses e leis nacionais.

Assim, existem áreas influenciadas pela sociedade digital que possuem um corpo normativo mais robusto, um grau de proteção mais fortemente definido, talvez porque os primeiros litígios transnacionais eletrônicos ali surgiram, mas, notadamente, porque são áreas que convivem melhor com as ideias de autonomia de vontade e escolha do foro pelas partes, na linha do defendido por Muir e Fernández Arroyo quando dizem que o Direito Internacional Privado evolui perfeitamente na temática de mercado. É uma constatação que se aproxima do que se mencionou sobre o desenvolvimento do Direito Internacional Privado em esferas mais marcadas pelo domínio privado.

No entanto, quando a internet passou a motivar mais e mais interações humanas carregadas de um fortíssimo conteúdo que requeria proteção a direitos humanos, os desafios aumentaram.

As tendências relativas à *segurança e* à *expressão* estão impregnadas de conteúdo essencialmente público e de interdependência dos direitos humanos[225]. Não por acaso, ainda existem nesses temas muitas lacunas jurídicas, nacionais e internacionais, e conflitos entre os ordenamentos, muito mais quando se lhes agrega o tema da jurisdição, um tema, por si só, de interesse público e de difícil conciliação entre os Estados soberanos.

---

[225] Sobre as características dos direitos humanos na ordem internacional, ver mais em CARVALHO RAMOS, André de. *Teoria Geral dos Direitos Humanos na Ordem Internacional*. São Paulo, Saraiva, 2012.

Por exemplo, atualmente, existem lacunas legais, nacionais e internacionais, sobre *fake news* (ou desinformação), apesar de ser um problema que tem atingido a maioria dos Estados democráticos[226]. Existem dúvidas também sobre a forma como as jurisdições nacionais devem lidar com a liberdade de expressão e a responsabilidade dos provedores de internet na prevenção de ilícitos no âmbito da autorregulação ou mesmo na proteção da privacidade dos usuários, mediante o uso da tecnologia da criptografia, e o dever do Estado de assegurar o direito de segurança a todos.

Na seara dos chamados crimes cibernéticos não é muito diferente. Muito embora o forte grau de proteção material devido à influência do direito público, de natureza penal, e até mesmo do Direito Internacional Público, a se ver das convenções internacionais sobre o tema, nos foros internacionais multissetoriais as discussões demonstram que os *cross border legal challenges on the internet* ainda existem e estão aumentando, suscitando questionamentos sobre se os problemas devem ser resolvidos sob a ótica do Direito Internacional Público, do Direito Internacional Privado e o quanto a autorregulação pode avançar, embora haja um certo consenso em afirmar-se que falta coordenação de ordem internacional para superá-los[227].

A proteção aos direitos humanos é parte fundamental do direito público, ínsita na disciplina dos ordenamentos jurídicos nacionais e no arcabouço jurídico que forma a Proteção Internacional dos Direitos Humanos.

O rol dos direitos humanos passou a confluir com o Direito Internacional Privado em diferentes áreas, como na proteção ao consumidor, na responsabilidade internacional das pessoas jurídicas, nos desastres ambientais causados pela exploração de atividade econômica, na atividade anticoncorrencial, assim, uma disciplina que, para alguns, foi concebida para solucionar, eminentemente, conflitos em direito privado, passou a se conectar com o interesse público.

---

[226] Ao tempo em que se escreve esta tese, o mundo é acometido pela pandemia do Covid-19, e a preocupação com *fake news* é um dos temas principais na rede da Associação Iberoamericana dos Ministérios Públicos, do qual esta autora participa pela Secretaria de Cooperação Internacional da Procuradoria-Geral da República, como Secretária de Cooperação Adjunta.

[227] Conforme o documento *Global Status Report de 2019*, produzido pela *I&J*. Disponível em <https://www.internetjurisdiction.net>. "*However, it remains an inescapable fact that cross-border legal challenges on the internet can only be addressed through international collaborative efforts and the pursuit of common goals; no state, company or organization can do this alone, and the ecosystem simply cannot afford not to collaborate.*" Acesso em: 10 de agosto de 2020.

Erik Jayme, em 2000, afirmou que a globalização do mundo e, sobretudo, do comércio internacional, colide com os direitos dos indivíduos, desde a um meio ambiente equilibrado, com a salvaguarda da água que bebemos, à proteção contra práticas anticoncorrenciais, à segurança pelas falsificações ou outros crimes praticados pela internet, à proteção enquanto consumidor, a sua identidade cultural e aos seus interesses na circulação de sentenças[228].

Assim, não tardou para se observar a influência dos direitos humanos no Direito Internacional Privado tal como se está observando nas últimas tendências das relações que surgem através da internet.

Como disse Peggy Hicks, Diretora do Escritório de Direitos Humanos das Nações Unidas, no IGF de 2017, se olharmos para a forma como essas responsabilidades se encaixam, podemos perceber que as questões de direitos humanos podem ser o ponto central desse enlace e fornecer as respostas para onde as obrigações privadas começam e terminam, quais são as responsabilidades do governo e como podem operar mais efetivamente em um espaço do setor privado[229].

Não há como não reconhecer que existe uma "ponte" entre o Direito Internacional Privado e o Direito Internacional Público e que esta ponte é representada pelos direitos humanos reconhecidos na esfera internacional, como defende Cláudia Lima Marques[230].

Há que se ter em mente que a realidade atual atribui ao Direito Internacional Privado uma finalidade importante nos dias de hoje: *a gestão*

---

[228] JAYME, Erik. "Le droit international privé du nouveau millénaire: la protection de la personne humaine face à la globalisation /conférence prononcée le 24 juillet 2000", in: *Collected Courses of the Hague Academy of International Law*, vol. 282, p. 21 : "*Abordons, maintenant, le droit international privé, destiné à devenir l'une des matières clés pour la protection de la personne humaine, ce but étant la raison d'être même du droit privé, d'autant plus que les solutions des conflits de lois présupposent un dialogue interculturel qui respecte la diversités des individus. Nous devons nous demander quelle est et quelle devrait être la réaction du droit international privé face à la globalisation, surtout en ce qui concerne la protection de l'individu*".

[229] Disponível em: <http://www.intgovforum.org/multilingual/content/igf-2017-day-0-salle-4-human-rights-based-cybersecurity-strategy>. Acesso em: 14 de agosto de 2020.

[230] Como defende a professora Cláudia Lima Marques no artigo "Human Rights as a Bridge between Private International Law and Public International Law: the protection of Individuals (as Consumers) in the Global Market", *in:* FERNÁNDEZ ARROYO, Diego P.; MARQUES, C. Lima (orgs.). *Derecho internacional privado y derecho internacional público: un encuentro necesario.* Asunción: CEDEP, 2011, p. 363-389.

do pluralismo jurídico de origem estatal ou privada, em relação às atividades transnacionais dos indivíduos[231].

A doutrina contemporânea do Direito Internacional Privado já se ocupa por esclarecer que o Direito Internacional Privado deve regular os fatos transnacionais levando em consideração os impactos nos direitos dos envolvidos, bem como a proteção dos direitos humanos previstos em normas internacionais e nacionais[232].

Em conformidade com essa visão do Direito Internacional Privado, objetiva-se nas próximas linhas deste livro, abordar as principais práticas ofensivas na internet, sob a ótica da proteção aos direitos humanos envolvidos, dentro da classificação que se utilizou de delitos penais e delitos cíveis. Embora os dados pessoais sejam considerados como parte dos direitos de personalidade dos usuários da internet, preferiu-se abordá-los em separado para dar-se ênfase aos interesses econômicos que muitas vezes não são percebidos e são subestimados em comparação com os interesses jurídicos que suscitam.

Tais direitos – e violações – serão considerados a todo momento ao longo desta obra na perspectiva da jurisdição internacional e do fluxo de dados eletrônicos, e o quanto este fluxo impacta nas tensões sobre jurisdição, procurando-se, ao final, estabelecer uma teoria geral sobre o assunto, com critérios na definição de jurisdição que sejam adequados à pauta internacional de proteção dos direitos humanos.

Assim, não se abordará as questões de aplicação da lei material ou as lacunas de direito material, exceto naquilo que for pertinente à temática da jurisdição internacional.

---

[231] CARVALHO RAMOS, André de. *Curso de Direito Internacional Privado*. São Paulo: Saraiva, 2018, p. 24.

[232] CARVALHO RAMOS, André de. *Curso de Direito Internacional Privado*. São Paulo: Saraiva, 2018, p. 60. JAYME, Erik. "Le droit international privé du nouveau millénaire: la protection de la personne humaine face à la globalisation /conférence prononcée le 24 juillet 2000. », in: *Collected Courses of the Hague Academy of International Law*, vol. 282. MARQUES, Claudia Lima. *Diálogo das Fontes*. São Paulo: Editora Revista dos Tribunais, 2012. ARAUJO, Nádia de. *Direito internacional privado: teoria e prática brasileira*, 5ª.ed. Rio de Janeiro: Renovar, 2011. MARRELLA, Fabrizio. "Protection iinternationale des droits de l'homme et activités des sociétés transnationales", in: *Collected Courses of the Hague Academy of International Law*, v. 385, 2017. VAN LOON, J.H.A. "The Global Horizon of Private International Law", in: *Collected Courses of the Hague Academy of International Law*, vol. 380, 2016.

2. A proteção de dados pessoais: o uso dos dados pessoais como fator econômico

As revelações de Edward Snowden, em 2013, sobre os programas de vigilância da Agência de Segurança Nacional dos Estados Unidos (*NSA*) e, posteriormente, o conhecimento público da política de uso de dados pelo Facebook[233], fomentaram o debate sobre quem controla a internet no tocante à política de privacidade de dados, tendo a União Europeia assumido um papel importantíssimo nas iniciativas pela proteção mais adequada dos dados pessoais[234].

A Assembleia-Geral da ONU também expediu a Resolução n. 68/167, em 21 de janeiro de 2014, sobre *The Right to Privace in the Digital Age,* após as revelações da vigilância da NSA, reafirmando que os Estados devem proteger a privacidade das pessoas nas comunicações digitais, em conformidade ao direito estabelecido no artigo 12 da Declaração Universal de Direitos Humanos e no artigo 17 do Pacto Internacional dos Direitos Civis e Políticos[235].

Desde então, vários países regulamentaram internamente a coleta, o uso e o tratamento de dados pessoais eletrônicos, adequando-se à tendência internacional, especialmente para que as relações negociais e de comércio com os países da União Europeia não fossem dificultadas pela ausência de uma política de proteção de dados.

Numa economia hiperconectada, nenhum setor econômico ficará intocável pela tecnologia, dos pequenos aos grandes segmentos, sejam eles estatais ou privados[236].

---

[233] Nos últimos dois anos, o *Facebook* teve que esclarecer sua política de dados ao Congresso dos Estados Unidos da América e ao Parlamento europeu, em face da revelação pela companhia de que os dados de 87 milhões de pessoas teriam sido transmitidos de forma inadequada à empresa britânica de consultoria *Cambridge Analytica* e sua relação com um suposto mau uso dos dados para fins políticos.

[234] A proteção de dados no espaço europeu será abordada em capítulo próprio.

[235] O inteiro teor da Resolução n. 68/167 encontra-se disponível em: <http://www.un.org/ga/search/view_doc.asp?symbol=A/RES/68/167&referer=http://www.ohchr.org/EN/Issues/DigitalAge/Pages/DigitalAgeIndex.aspx&Lang=E>. Acesso em: 17 de agosto de 2020.

[236] No começo dos anos 2000 afirmava-se "Like all parts of the Internet economy, the infrastructure sector has grown quickly. In the United States, it grew 68 per cent between 1998 and 1999, and the number of employees in this sector grew 48 per cent over the same period". Barua and A. Whinston, "Measuring the Internet Economy", in: *Internet Indicators*, University of Texas, Austin, TX, June 2000, p. 1-2, Disponível em: <http://www.internetindicators.com>. Acesso em: 10 de setembro de 2020.

O avanço da coleta de dados digitais em larga escala, também conhecido como *big data*, tem revolucionado a capacidade do cruzamento de algoritmos, para a busca de um resultado, que, sem dúvida, incrementa o desempenho de qualquer atividade comercial.

A redes sociais contam com uma quantidade valiosa de dados pessoais. A partir deles pode-se descobrir os dados pessoais dos amigos do amigo, em uma sequência sem limites, os lugares que as pessoas frequentam, seus gostos, viagens, opiniões políticas, capacidade financeira e diversos outros. Os *websites* de buscas também são fontes riquíssimas de informação, uma vez que, em geral, deixam registrados no histórico de buscas as preferências pesquisadas. Os aplicativos de localização ou direção igualmente, na medida em que provém seus usuários com comunicados que se somam nas telas de seus dispositivos eletrônicos surpreendentemente trazendo utilidades como onde abastecer o carro, os restaurantes mais próximos, etc.

É difícil recusar as vantagens das facilidades promovidas pelo mundo das redes. Afinal, para não se ter que memorizar as centenas de senhas de acesso, basta um clique, permitindo-se que o *website* ou rede social possa utilizar os dados e melhorar o desempenho da própria rede, facilitando a visualização mais rápida do que interessa ao usuário e acelerando o fluxo de dados entre os aplicativos ou os *websites* e redes através do mesmo *login*.

Tampouco o usuário deseja recusar informar seus dados pessoais para abrir uma conta de *email*, pagar uma compra online, encontrar pessoas conhecidas ou educar-se à distância nas plataformas de ensino. O uso de sua identidade é importante para a vida cotidiana no mundo das redes tanto quanto para a sua vida real.

É evidente que o anonimato favorece a prática de infrações na internet e obstaculiza a segurança das relações comerciais[237]. Assim, a permissão para o uso dos dados pessoais é também para que os provedores de serviços apliquem os filtros de segurança necessários às atividades dos seus usuários, como, por exemplo, nas compras através da internet.

---

[237] "Il est évident, cependant, que l'anonymat favorise la commission de délits à travers Internet et qu'il fait obstacle à la sécurité des relations commerciales. D'où, d'une part, toute une série d'obligations que le droit international des personnes privées met à la charge des *providers* afin qu'ils exercent une surveillance adéquate des activités des usagers, surveillance qui implique une certaine intrusion dans leur sphère de confidentialité. DRAETTA, Ugo. "Internet et commerce électronique en droit international des affaires", in: *Collected Courses of the Hague Academy of International Law*, v. 314, 2005, p. 164.

Como diz Draetta, é fato público e notório que os provedores de conteúdo dispõem de sistemas para constatar as preferências comerciais do usuário, e deduzir os seus gostos, para fins estatísticos e de análise de mercado[238]. Em outras palavras, os dados pessoais dos usuários possuem um valor agregado, e podem ser negociados como qualquer outro produto pela empresa que detém a sua guarda[239].

Uma estimativa desse valor agregado pode ser buscada no consumo de internet e nos números do *e-commerce* no Brasil, no que poderíamos evidenciar como a *função econômica da Internet.*

2.1. A função econômica da internet: o usuário como consumidor de mercadorias e serviços

Segundo o ranking de estatísticas sobre o uso da internet no mundo, publicado pelo <www.internetworldstats.com>, o Brasil possui mais de 149 milhões de usuários de internet, alcançando um pouco mais de 70% de sua população, dos quais, 139 milhões estão conectados no Facebook[240].

---

238 "A cet égard, il est de notoriété publique que les *providers* et les exploitants de sites Internet disposent de systèmes, appelés *cookies*, en mesure de constater si l'usager visite des sites spécifiques à caractère commercial, pour ensuite en déduire les goûts à des fins statistiques et d'analyse de marché. L'utilisation impropre de ces *cookies*, en violation des normes sur la *privacy*, constitue certainement un acte illégal." DRAETTA, Ugo. "Internet et commerce électronique en droit international des affaires", in: *Collected Courses of the Hague Academy of International Law*, v. 314, 2005, p. 164.

239 O acesso ao *Facebook*, por exemplo, é gratuito, todavia, a plataforma ganha com os seus usuários, através da publicidade dirigida pelos anunciantes, da mídia interativa pelos usuários e dos anúncios contextuais, nos quais o *Facebook* mostra ao usuário as preferências de seus amigos. Segundo Sara Cardenas e Luciana Scotti "y sería de toda ingenuidad pensar que *Facebook* como proveedora de servicios, como empresa que ha llegado a erigirse en la más grande de las redes sociales del mundo tenga por objeto social fines filantrópicos promoviendo, instando el anudamiento de lazos amistosos entre los internautas. Ciertamente no, ella no agota su finalidad con ello, sino que como la de cualquier empresa comercial y *Facebook* lo es, se esfuerza por obtener ganancias por publicidad, bases de datos." *La jurisdicción internacional en los contratos de consumo celebrados a través de internet a propósito de un caso de la jurisprudencia francesa: Sebastien Robert c. société Facebook Inc. International jurisdiction in consumer contracts concluded through internet. Apropos of French judgment: Sébastien Robert c. Société Facebook inc.*" CARDENAS, Sara L. Feldstein; SCOTTI, Luciana B. Universidade de Buenos Aires. Disponível em: <https://dialnet.unirioja.es/servlet/articulo?codigo=4339405>. Acesso em: 8 de agosto de 2018.

240 Disponível em: <https://www.internetworldstats.com/south.htm#br>, segundo dados de 31 de março de 2020.

No *ranking* das Américas, o Brasil aparece apenas atrás dos Estados Unidos da América, que apresenta mais de 312 milhões de usuários, os quais perdem para a China, com mais de 800 milhões, e para a Índia, com 500 milhões. O Brasil também fica atrás da Indonésia com mais de 171 milhões de usuários. Na Europa, em número de usuários de internet, a Rússia lidera com pouco mais de 116 milhões de usuários.

Assim, o Brasil é o 5º país que mais consome internet no mundo.

Na perspectiva de mercado das grandes companhias de internet, o Brasil é um atraente consumidor, ainda mais por se constituir em Estado Democrático de Direito, que tem por um dos seus fundamentos os valores sociais da livre iniciativa (artigo 1º, inciso IV, da Constituição Federal) e como um dos seus objetivos garantir o desenvolvimento nacional (artigo 3º, inciso II, da Constituição Federal).

Sem dúvida, o fato de o país estar entre os primeiros no mercado consumidor de internet é um dado que deve ser levado em conta quando se discute, interna ou internacionalmente, a posição do Brasil no enfrentamento das questões jurídicas que dizem respeito às atividades das gigantes empresas transnacionais da internet. Em outras palavras, o Brasil tem capital econômico para fazer valer os seus interesses públicos.

O comércio eletrônico brasileiro não fica atrás e espelha bem os dados de consumo da internet no Brasil. De acordo com a *Ebit*, o *e-commerce* brasileiro faturou R$61,9 bilhões de reais em 2019, com crescimento de 16%, faturando 4 vezes mais do que em 2010. As compras de brasileiros em sites internacionais cresceram 67% no ano de 2019, representando um faturamento total de 74,8 bilhões de reais em *cross border trade B2C,* considerando a média do dólar no ano para a conversão em reais. No ano de 2019, o *e-commerce* brasileiro ganhou 10,7 novos milhões de consumidores e todas as regiões do país apresentaram crescimento de vendas[241].

---

[241] A Ebit acompanha a evolução do varejo digital no país, da decisão da compra, em que certifica as melhores lojas por classificação, até a satisfação final, perguntando diretamente ao consumidor como foi sua experiência com cada loja. A Ebit analisa o comportamento do consumidor e as tendências no setor. Seus relatórios auxiliam a inteligência competitiva no Brasil, o marketing digital, e o desenvolvimento do *ecommerce no* Brasil, para quem quer investir ou empreender. Disponível em: <https://www.ebit.com.br/webshoppers/webshoppersfree>. Acesso em: 19 de junho de 2020.

Ou seja, o *e-commerce* é um mercado que atinge 66 milhões de clientes no Brasil, e que cresce todo ano, independente da estimativa de recuo do PIB[242].

Dario Moura Vicente conceitua comércio eletrônico da seguinte forma[243]:

> Em sentido restrito, tem sido definido como a contratação realizada através da Internet. Numa acepção mais ampla, dir-se-á que é a actividade comercial levada a cabo por meios eletrónicos (*doing business electronically*) através de qualquer rede de telecomunicações, aberta ou fechada (...) Em razão do objeto, distingue-se o comércio electrónico *directo,* no qual se inclui a encomenda, pagamento e entrega directa (em linha) de bens incorpóreos e serviços, como *software,* conteúdo recreativo ou serviços de informação à escala mundial, do comércio electrónico *indirecto*, que consiste na encomenda electrónica de bens corpóreos, que continuam a ter de ser entregues fisicamente utilizando os canais tradicionais, como os serviços postais ou os serviços privados de correio expresso.

O comércio eletrônico pode ser dividido em dois grandes grupos conhecidos como: *business-to-consumer* (B2C) e *business-to-business* (B2B)[244]. Há quem acrescente nessa classificação as transações financeiras realizadas via Internet *Banking*[245], e as transações *consumer-to-consumer* (C2C), neste último caso, considerado o significativo aumento de vendas online de produtos usados e as transações de *sharing.*

2.1.1. *Business-to-consumer e-commerce* (B2C)

É o grupo de transações econômicas mais cobiçado pelo *marketing* digital, porque tem crescido exponencialmente no mundo.

A expectativa de crescimento das transações globais B2C para 2019 era de 2 trilhões, de acordo com o *Ecommerce Europe Global B2C Ecommerce Country Report 2019*[246].

---

[242] Os números cresceram mais ainda durante o ano de 2020 em virtude da pandemia Covid-19. Disponível em: <https://www.e-commerce.org.br/o-comercio-eletronico-no-brasil/>. Acesso em: 19 de junho de 2020.

[243] MOURA VICENTE, Dario. *Direito Internacional Privado. Problemática Internacional da Sociedade da Informação.* Coimbra: Almedina, 2005, p. 202.

[244] DRAETTA, Ugo. "Internet et commerce électronique en droit international des affaires", in: *Collected Courses of the Hague Academy of International Law,* vol. 314, 2005, p. 44.

[245] ROHRMANN, Carlos Alberto. *Curso de Direito Virtual.* Belo Horizonte: Del Rey, 2005, p. 56.

[246] ROHRMANN, Carlos Alberto. *Curso de Direito Virtual.* Belo Horizonte: Del Rey, 2005, p. 56. merce-report-global-2019" https://www.ecommercewiki.org/reports/807/ecommerce-report-global-2019. Acesso em: 19 de junho de 2020.

As transações B2C podem ser subdivididas em dois tipos: indiretas, através do comércio eletrônico de bens e serviços tangíveis que demandam entrega tradicional, e diretas, pelo comércio eletrônico de serviços e bens intangíveis[247].

As transações B2C de produtos intangíveis são aquelas em que o produto ou o serviço é entregue junto com a compra digital. Nessa categoria incluem-se os filmes, livros e músicas baixados através do uso do *download ou do streaming,* como os produtos oferecidos pelas marcas *Netflix, Telecine, HBO, Now, Google Plaw, Apple, iTunes, Spotify, Deezer, Amazon e Kindle.*

As transações de produtos e serviços que são entregues fora da rede são mais comuns e podem variar muito, desde a compra de produtos de beleza, alimentos e bebida, decoração, roupas, sapatos, etc.

A distinção B2C e B2B é importante pelo conjunto de normas que devem ser aplicadas à regência dessas transações e pelo grau de proteção jurídica que se confere ao consumidor[248].

2.1.2. *Business-to-business ecommerce* (B2B)

As transações B2B, como o próprio nome sugere, são aquelas realizadas sem a figura do consumidor, dentro do ambiente de *business* das pessoas jurídicas ou físicas, através do meio eletrônico.

Neste tópico, vale a pena ressaltar o volume das aquisições entre as grandes companhias[249]: o *Facebook* adquiriu o *WhatsApp* por 19 bilhões de dólares e o *Instagram* por 1,0 bilhões; *Google* adquiriu a *Motorola* por 12,5 bilhões de dólares, comprou o *YouTube* por 1,6 bilhões e a *Nest* por 3,2 bilhões;

---

[247] "En outre, on distingue entre commerce électronique direct, où les commandes, les paiements et l'exécution de la prestation par le fournisseur (par exemple la livraison de *software* ou de morceaux musicaux) se font *on line*, et commerce électronique indirect, où les commandes ont pour objet des biens matériels qui sont livrés de façon traditionnelle." DRAETTA, Ugo. Internet et commerce électronique en droit international des affaires, in: *Collected Courses of the Hague Academy of International Law,* v. 314, 2005, p. 44.

[248] "La distinction, comme nous le verrons, revêt une importance juridique considérable, car un bon nombre de normes concernant le commerce électronique visent à garantir aux consommateurs au moins le même niveau de protection dont ils jouissent s'agissant d'opérations commerciales qui ne s'exercent pas *on line*, pour ne pas dire à un plus haut niveau." DRAETTA, Ugo. "Internet et commerce électronique en droit international des affaires", in: *Collected Courses of the Hague Academy of International Law,* vol. 314, 2005, p. 44.

[249] Disponível em: <https://www.techrepublic.com/article/the-top-7-acquisitions-of-all-time-in-social-media-and-why-they-matter>. Acesso em: 20 de maio de 2018.

a *Microsoft* adquiriu o *Skype* por 8,5 bilhões e a Nokia por 7,2 bilhões. E o CeO da *Amazon*, Jeff Bezos, anunciou que comprou o Jornal *Washington Post* por 250 milhões de dólares.

O faturamento das grandes empresas de internet é gigantesco se comparado com o faturamento das indústrias tradicionais. Um ano depois de comprar o *WhatsApp*, em 2015, o *Facebook* faturou 252,54 bilhões de dólares, no mesmo ano a *Apple Inc.* faturou 724,13 bilhões de dólares, a *Google Inc.* 372,77 bilhões, o e a *Amazon* 212,15 bilhões[250]. É maior que o PIB de muitos países da América Latina, como o Peru, Bolívia, Chile, Colômbia e Venezuela.

2.1.3. Transações financeiras pelo *Internet Banking* e *Mobile Banking*

De acordo com a Febraban[251], as transações em canais digitais, via *Internet Banking* renderam 16,2 bilhões de reais no Brasil e, via *Mobile Banking,* 31,3, bilhões de reais, em 2018.

As vendas via dispositivos móveis (M-Commerce) cresceram expressivos 55% de 2018 a 2019, e já alcançam *share* de 41,8% de todas as vendas do mercado de e-commerce[252].

É como disse Brett Kink, autor do livro Breaking Banks "*em 10 anos, o Brasil vai ter nas ruas metade das agências bancárias que tem hoje. E a tendência é que elas sejam cada vez mais raras*"[253].

Além disso, já existem novos meios de pagamento como *Mobile Wallets, Biometria e moedas digitais.*

2.1.4. *Consumer-to-consumer ecommerce* (C2C), *Direct-to-consumer* (D2C), *Consumer-to-business* (C2B) e a publicidade digital

A internet também trouxe novos modelos de negócios, fomentando as transações eletrônicas entre consumidores, entre a indústria e o consumidor diretamente, entre consumidores e empresas, além das relações entre empresas e governo (B2G), ou entre consumidores e governo (C2G).

---

[250] Disponível em: <https://finance.yahoo.com>. Acesso em: 20 de maio de 2020. Ao passo que as indústrias tradicionais do setor automobilístico lucraram, em 2015: *Toyota* 209,95 bilhões de dólares, *General Motors* 50,37 bilhões e *Ford* 58,2 bilhões de dólares.

[251] Conforme relatório anual da Febraban de 2018 disponível em: <https://relatorioanual2018.febraban.org.br/pt/o-setor-bancario-em-numeros.html>. Acesso em: 19 de junho de 2020.

[252] Veja em Webshoppers 41ª edição 2020, disponível em: <https://www.ebit.com.br/webshoppers>. Acesso em: 19 de junho de 2020.

[253] *Breaking Banks: The Innovators, Rogues and Strategists Rebooting Banking.* Singapura: Wiley, 2014.

Os aplicativos online, as redes sociais e os mecanismos de buscas (como o *Airbnb*[254]) estão incentivando a *sharing economy*[255].

Vale a pena mensurar, ainda, o papel da mídia interativa no fomento das transações digitais.

O Brasil conta com a Associação de Mídia Interativa (hoje com a denominação de IAB Brasil), criada em 1998 e que faz parte, desde 2006, da rede de associações de mídia interativa do mundo, a *Interactive Advertising Bureau*, com representações em mais de 45 países, entre eles EUA, Austrália, Cingapura, Espanha, França, Inglaterra, Itália, Chile e México[256].

Em pesquisa feita pela IAB Brasil com a colaboração das principais empresas que compõem o mercado online brasileiro, constatou-se que a publicidade digital movimentou quase 15 bilhões no ano de 2017, 25,4% a mais que no ano de 2016[257].

---

254 A *startup* de São Francisco, *Airbnb*, movimentou 2 bilhões no Brasil, no ano de 2016. Disponível em: <https://exame.abril.com.br/negocios/airbnb-movimentou-r-2-bilhoes-no-brasil-em-2016/>. E 3,7 milhões de pessoas usaram o seu serviço em 2018, conforme <https://exame.com/negocios/airbnb-vai-abrir-capital-em-2020-a-empresa-ira-melhor-que-uber-e-wework/>. Acesso em: 19 de maio de 2019 e 10 de junho de 2020. De acordo com a revista americana Forbes, a *Airbnb* estava estimada no valor de mercado de 30 bilhões de dólares e o Uber em 68 bilhões de dólares, segundo pesquisa lançada em 2018 pela revista, conforme <https://www.forbes.com/sites/shelliekarabell/2017/01/29/sharing-economy-nice-but-does-it-create-real-jobs/#2b397b538fca>. Acesso em: 19 de maio de 2019.

255 Do inglês *Sharing Economy*, por vezes também referida como malha, consumo colaborativo e comércio colaborativo, a economia colaborativa é um sistema socioeconômico construído em torno da partilha de recursos humanos e físicos (*Crowdsourcing*). Ela inclui a criação, produção, distribuição, comércio compartilhado e consumo de bens e serviços por pessoas e organizações diferentes, de diferentes lugares e culturas. A economia colaborativa tem uma variedade de formas, muitas vezes aproveitando a tecnologia da informação (TI) para capacitar os indivíduos, corporações, organizações sem fins lucrativos e governo com informações; e permite distribuição, compartilhamento e reutilização de produtos e serviços. A premissa comum é que quando a informação sobre bens é compartilhada, o valor desses produtos pode aumentar, para o negócio, para os indivíduos e para a sociedade. Disponível em: <http://crowdtask.me/e-commerce/sharing-economy-o-que-e-economia-colaborativa-e-como-ela-esta-moldando-os-negocios>. Acesso em: 20 de maio de 2018.

256 São 250 filiados, entre sites, portais, empresas de tecnologia, agências, desenvolvedoras Web, e anunciantes, líderes em seu segmento no país. Veja em: <https://iabbrasil.com.br/>. Acesso em: 20 de maio de 2018.

257 Quando se movimentou, em vídeos, 2,2 bilhões de reais, em *display* e social mídia 3,8 bilhões de reais, e em *search*, classificados e comparadores de preços 5,7 bilhões de reais, com crescimento de 48,5% em relação ao ano anterior. Disponível em: <https://iabbrasil.com.br>. Acesso em: 20 de maio de 2018.

Bem se observa que a vida das pessoas, imersa nas redes, tem dependido muito do seu funcionamento[258], que, por sua vez, depende dos consumidores de serviços de acesso e conteúdo da internet.

Assim, todas as interações digitais na forma de comércio eletrônico, inclusive a exploração das mídias sociais como forma de aumentar as transações eletrônicas (e gerar a fidelização através do conteúdo gerado pelos próprios consumidores, o chamado *S-Commerce ou Social Commerce*), consomem dados pessoais dos usuários da internet, que requerem proteção enquanto direito fundamental.

Além do mais, os usuários da internet ao fim e ao cabo são consumidores dos serviços prestados pelos provedores de serviços da internet (provedores de acesso e de aplicação, segundo a classificação estabelecida pelo Marco Civil da Internet no Brasil, Lei n. 12.965, de 23 de abril de 2014), de tal forma que também requerem um olhar atento sob a perspectiva do Direito Internacional Privado em face do princípio da proteção à parte vulnerável, consagrado no direito brasileiro.

3. A proteção às vítimas de delitos de direito público: os crimes cibernéticos e os crimes praticados através da internet

É comum o uso das expressões *crimes cibernéticos, crimes virtuais, delitos informáticos, delitos eletrônicos, crimes digitais,* não existindo exatamente uma nomenclatura uniforme, para se referir ao gênero das modalidades delitivas praticadas na internet e através do uso da internet.

Na Convenção sobre o *Cibercrime*, conhecida como Convenção de Budapeste, de 23 de novembro de 2001, os Estados Membros do Conselho da Europa e seus signatários utilizaram a expressão *crimes cibernéticos* para relacionar as seguintes práticas: i) infrações contra a confidencialidade, integridade, e disponibilidade de sistemas informáticos e dados informáticos; ii) infrações relacionadas com computadores, como a falsidade informática e o estelionato informático, que dizem respeito a condutas como alterar, suprimir,

---

[258] "Bien se ha observado que la vida de la persona humana, inmersa en la era de las redes, ha pasado de depender menos del gobierno municipal, provincial o nacional y más de un recurso como es la *net*, que le permite interactuar con el mundo, le proporciona información, entrenamiento, comunicación, le permite contratar, comprar y vender, adquirir servicios, educarse, trabajar, entre muchas otras posibilidades". La Lex informática: la insoportable levedad del no ser. CARDENAS, Sara L. *Feldstein*. Universidade de Buenos Aires, p. 55.

eliminar dados informáticos com o fim de produzir dados não autênticos ou obter vantagem indevida; iii) infrações relacionadas com o conteúdo, como a pornografia infantil; e iv) infrações relacionadas com a violação do direito do autor e direitos conexos[259].

No Brasil, logo que surgiram as primeiras modalidades criminosas no espaço cibernético, convencionou-se chamar por *crimes cibernéticos* os crimes previstos em tratados e convenções internacionais, cometidos através do uso da internet, com características transnacionais.

O crime transnacional nada mais é do que um *fato transnacional* de natureza penal, que ultrapassa as fronteiras nacionais e envolve mais de um país, conectando-se aos seus ordenamentos jurídicos por meio das fases de seu *iter criminis* (ou caminho do crime), através da participação dos seus agentes criminosos[260], da localização de suas vítimas, ou, de forma geral, pelo deslocamento de pessoas, intercâmbio internacional de mercadorias, *serviços e dados na sociedade global*[261].

Os crimes transnacionais inserem-se no processo de globalização[262] e, como possuem efeitos expansivos que afetam os Estados, os indivíduos e a sociedade internacional como um todo, são objeto de atenção e preocupação na ordem internacional.

---

[259] Em dezembro de 2019, o Comitê de Ministros do Conselho da Europa convidou o Brasil a aderir à Convenção sobre Crimes Cibernéticos, também conhecida como Convenção de Budapeste. Anteriormente, o Brasil já era país observador na Convenção.

[260] A UNODC (*United Nations Office on Drugs and Crime*) conceitua como crime organizado transnacional todas as ações criminais motivadas pelo lucro e cometidas por grupos organizados, envolvendo mais de um país. Confira em: <https://www.unodc.org/lpo-brazil/pt/frontpage/2013/10/16-un-convention-against-organized-crime-celebrates-10-years.html>. Acesso em: 15 de julho de 2020.

[261] SILVEIRA, Renato de Mello Jorge, *Compliance*, Direito Penal e lei anticorrupção. Renato de Mello Jorge Silveira, Eduardo Saad-Diniz. São Paulo: Saraiva, 2015, p. 30.

[262] E também da expansão do Direito Penal, a que alude Jesús María Silva-Sánchez, em *La expansión del derecho penal. Aspectos de la política criminal em las sociedades postindustriales*. Madrid: Civitas, 2001. E de sociedade de risco. Existe uma vasta bibliografia de direito penal, nacional e estrangeira, sobre sociedade de risco e direito penal econômico, a exemplo dos autores, no Brasil, Renato de Mello Jorge Silveira, Alamiro Velludo Salvador Netto, Pierpaolo Cruz Bottini, Gustavo Henrique Righi Ivahy Badaró, e, na doutrina estrangeira, Miguel Bajo Fernández, Blanca Mendonza Buergo, Enrique Bacigalupo, Luis Arroyo Zapatero, Perez Bernabeu, Garcia Rivas, Hans Herbert, Klaus Tiedemann e muitos outros.

Assim, chamaram a atenção das autoridades de persecução brasileiras, em face da potencialidade lesiva pela difusão na internet, aquelas práticas criminosas que, por seu conteúdo, tal como mencionado na Convenção de Budapeste, consistiam em violações de direitos humanos consagrados internacionalmente.

Evidenciaram-se, com essas características, as práticas de pornografia infantil[263] e o racismo[264] na internet.

---

263 A Convenção das Nações Unidas sobre os Direitos da Criança, de 20 de novembro de1989, promulgada pelo Decreto n. 99.710, de 21 de novembro de 1990, exorta os Estados Partes a adotarem todas as medidas legislativas, administrativas, sociais e educacionais necessárias para proteger a criança contra todas as formas de violência física ou mental, maus tratos ou exploração, inclusive abuso sexual (artigo 19). O Brasil também aprovou o Protocolo Facultativo à Convenção referente à venda de crianças, à prostituição infantil e a pornografia infantil, adotado em Nova York em 25 de maio de 2000, promulgando-o através do Decreto n. 5007, de 8 de março de 2004. O Estatuto da Criança e do Adolescente (Lei n. 8.069, de 13 de julho de 1990) na redação original do seu artigo 241, previa apenas como crime fotografar ou publicar cena de sexo explícito ou pornográfica envolvendo criança ou adolescente. A Lei n. 10.764, de 12 de novembro de 2003, ampliou o tipo penal prevendo, dentre outras, as condutas de apresentar, produzir, vender, fornecer, divulgar ou publicar, por qualquer meio de comunicação, inclusive rede mundial de computadores ou Internet, fotografias ou imagens com pornografia ou cenas de sexo explícito envolvendo criança ou adolescente. A Lei n.11.829, de 25 de novembro de 2008, alterando os artigos 240 e 241 da Lei n. 8069, de 13 de julho de 1990, ampliou ainda mais as condutas criminosas, relacionadas à pornografia infantil na Internet, prevendo como conduta criminosa, dentre outras, o oferecimento, a troca, a transmissão, a aquisição, a posse e o armazenamento de fotografias, vídeos ou outros registros, incluindo os sistemas telemáticos. No Código Penal brasileiro, também está previsto como crime (artigo 218-C) a divulgação de cena de estupro de vulnerável ou que faça apologia ou induza a sua prática, por meio de comunicação de massa ou sistema de informática ou telemática. No âmbito do Conselho da Europa, os Estados Partes da Convenção de Budapeste, de 23 de novembro de 2001, acordaram tomar medidas a nível nacional que se revelem necessárias para estabelecer como infração penal aquelas relacionadas com a pornografia infantil. Em dezembro de 2019, o Comitê de Ministros do Conselho da Europa convidou o Brasil a aderir à Convenção sobre Crimes Cibernéticos, também conhecida como Convenção de Budapeste.

264 A Convenção Internacional sobre a Eliminação de todas as Formas de Discriminação Racial, promulgada pelo Decreto n. 65.810, de 8 de dezembro de 1969, condena a discriminação racial, significando, nos termos da convenção, qualquer distinção, exclusão, restrição ou preferência, baseadas em raça, cor, descendência ou origem nacional ou étnica que tem por objetivo ou efeito anular ou restringir o reconhecimento, gozo ou exercício num mesmo plano (em igualdade de condição), de direitos humanos e liberdades fundamentais no domínio político econômico, social, cultural ou em qualquer outro domínio de vida pública. A Lei n. 7.716, de 5 de janeiro de 1989, define os crimes de racismo, como aqueles resultantes de discriminação ou preconceito de raça, cor, etnia, religião ou procedência nacional, prevendo penas de até 5 anos de reclusão, além destes crimes serem inafiançáveis e imprescritíveis à luz do artigo 5º, inciso XLII, da Constituição Federal brasileira.

Além da pornografia infantil e do racismo na internet, são também *crimes cibernéticos* os crimes que visam atacar os sistemas informáticos ou telemáticos e os crimes cometidos através da internet, onde esta é meio indispensável à configuração do crime.

Na primeira categoria, o cibercriminoso tem como alvo os sistemas informáticos ou telemáticos, que são o objeto do crime, e por isso são também conhecidos como crimes puros e próprios. Assim ocorre com a invasão de dispositivo informático ou o *hacking*, com a prática do *ransomware* (sequestro de dados mediante a utilização de software malicioso – vírus que impossibilita o acesso à máquina infectada – onde o criminoso cobra para liberar o acesso[265]), do *business email compromise* (que consistem em e-mails eletrônicos provenientes de contas que pretendem ser de um alto oficial da organização afetada, com o objetivo de obter dados e praticar fraudes ou espionagem empresarial[266]), e com a falsidade informática (inserção, alteração, supressão e eliminação de dados eletrônicos falsos).

Na segunda categoria estão os chamados crimes cibernéticos mistos, que são crimes cometidos através da internet, onde a internet é meio indispensável à configuração do crime, podendo ser citadas as práticas do *cyberbullyng*[267], da *sextortion* (extorsão sexual em rede)[268], do *phishising* (fraude informática), do *grooming* (persuasão em rede)[269] e as *fakes news.*

Hoje em dia, no entanto, são vários os tipos de crimes que podem ser praticados pela internet, não necessariamente com características transnacionais, e onde a internet é só mais um instrumento para a prática do crime, o qual permanece o mesmo ou é apenado de forma mais rigorosa pelo uso da difusão em massa através dos sistemas informáticos ou telemáticos. Essa categoria correspondente a dos crimes cibernéticos comuns, servindo de

---

[265] Conforme coletânea de artigos sobre crimes cibernéticos do Ministério Público Federal. Disponível em: <http://www.mpf.mp.br/atuacao-tematica/ccr2/publicacoes/coletaneas-de-artigos/coletanea_de_artigos_crimes_cibernetico>. Acesso em: 10 de setembro de 2020.

[266] Disponível em: <https://www.unodc.org/documents/Advocacy-Section/ES_-_Ciberdelito_y_COVID-19_spanish.pdf>. Acesso em: 10 de setembro de 2020.

[267] Disponível em: <https://www.esafety.gov.au/parents/big-issues/cyberbullying>. Acesso em: 10 de setembro de 2020.

[268] Veja mais em: <https://www.unodc.org/documents/Advocacy-Section/ES_-_Ciberdelito_y_COVID-19_spanish.pdf>. Acesso em: 10 de setembro de 2020.

[269] Confira em: <https://www.esafety.gov.au/parents/big-issues/unwanted-contact>. Acesso em: 10 de setembro de 2020.

exemplo os delitos cometidos via internet que afetam a segurança nacional, a honra, o patrimônio, a saúde pública, os delitos eleitorais, a pornografia infantil, o racismo, a lavagem de dinheiro, os crimes contra o sistema financeiro, além da apologia e incitação a qualquer outro crime.

Da mesma forma, o crime organizado transnacional pode ser praticado mediante o uso da internet, de sistemas informáticos ou telemáticos, como o tráfico de pessoas[270], o contrabando de migrantes[271], o tráfico ilícito de armas de fogo[272], de animais silvestres e de bens culturais e o terrorismo[273].

Os exemplos acima não esgotam as possíveis práticas criminosas, pois basta que o crime, em qualquer figura típica, seja cometido através do uso da internet, para gerar o que se chama de prova eletrônica ou evidência eletrônica e, neste ponto, assemelham-se aos crimes cibernéticos próprios.

Os crimes cibernéticos e os demais crimes praticados através do uso da internet interessam a este estudo devido à prova eletrônica e a jurisdição internacional de *enforcement,* diante das dificuldades e dos impedimentos legais que são alegados pelos provedores de conteúdo da internet para o acesso à prova.

As dificuldades enfrentadas pelas justiças nacionais no tocante às provas eletrônicas criminais, e no que diz respeito às objeções dos provedores de conteúdo de internet, são as mesmas enfrentadas pelas justiças cíveis relativamente às provas eletrônicas nas infrações cíveis.

---

270 Protocolo Adicional à Convenção das Nações Unidas contra o Crime Organizado Transnacional Relativo à Prevenção, Repressão e Punição de Tráfico de Pessoas, em Especial Mulheres e Crianças, promulgado pelo Decreto n. 5.017, de 12 de março de 2004.

271 Protocolo Adicional à Convenção das Nações Unidas contra o Crime Organizado Transnacional Relativo ao Combate ao Tráfico de Migrantes por via Terrestre, Marítima e Aérea, promulgado pelo Decreto n. 5.016, de 12 de março de 2004.

272 Protocolo contra a Fabricação e o Tráfico Ilícito de Armas de Fogo, suas Peças, Componentes e Munições, complementando a Convenção das Nações Unidas contra o Crime Organizado Transnacional, promulgado pelo Decreto n. 5.941, de 26 de outubro de 2006.

273 São várias as convenções antiterrorismo assinadas pelo Brasil, no que se referem a atos ilícitos cometidos a bordo de aeronaves ou contra a segurança da navegação marítima, atos ilícitos relativos à tomada de reféns, de violência nos aeroportos, proteção de material nuclear, atentados terroristas com bombas, além das conhecidas Convenção Internacional para a Supressão do Financiamento do Terrorismo, concluída em Nova York em 1999, promulgada pelo Decreto n. 5640, de 26 de dezembro de 2005, e a Convenção Interamericana contra o Terrorismo (Convenção de Barbados), concluída em Barbados em 2002, promulgada pelo Decreto n. 5.639, de 26 de dezembro de 2005. Disponíveis em: <http://www.mpf.mp.br/atuacao-tematica/sci/normas-e-legislacao/tratados/convencoes-anti-terrorismo>.

Infrações criminais e cíveis, praticadas na internet, através da internet, ou contra sistemas informáticos e telemáticos produzem evidências eletrônicas, às quais pode ser dispensado tratamento similar, que venha a ser influenciado pelas regras nacionais sobre jurisdição internacional e pelas regras e princípios do Direito Internacional Privado, se não à luz do alcance maximalista do Direito Internacional Privado, que seja, então, à luz do que dispõe o artigo 3º, do Código de Processo Penal brasileiro[274].

4. A proteção às vítimas de delitos de direito privado: as violações aos direitos da personalidade, aos direitos de autor e outras ofensas praticadas na internet

Os direitos da personalidade, como a honra, a imagem, o nome e a privacidade são diariamente violados na rede[275]. Vídeos, fotos, e dados em geral são por vezes disponibilizados e disseminados no mundo virtual sem o consentimento ou autorização legal do indivíduo em questão[276].

Especialmente nas redes de relacionamento os direitos da personalidade estão suscetíveis a violações de terceiros e também das empresas provedoras de serviços de conteúdo[277] (como são as empresas que oferecem as redes de relacionamentos). Tais violações podem ser de toda ordem, as mais comuns são a apropriação de dados, uso indevido de imagem e mensagens difamatórias.

A internet passou a ser a extensão da vida privada de muitas pessoas, sendo muito difícil ficar sob a forma do anonimato nas redes. O fornecimento e o uso dos dados são fundamentais para quem quer se relacionar e fazer

---

274 Segundo o artigo 3º do Código de Processo Penal brasileiro: "Art. 3º A lei processual penal admitirá interpretação extensiva e aplicação analógica, bem como o suplemento dos princípios gerais de direito."

275 Sobre os direitos da personalidade consulte os artigos 11 a 21, do Código Civil brasileiro e as disposições do artigo 5º, da Constituição Federal.

276 CASTRO, Emília Lana de Freitas Castro; WINTER, Patrícia Pereira. *O Conflito de Jurisdições em Caso de Violação de Direitos da Personalidade por Publicação na Internet*. Disponível em: <Dialnet-OConflitoDeJurisdicoesEmCasoDeViolacaoDeDireitosDa-5191698.pdf>. Acesso em: 25 de agosto de 2020.

277 BASSO, Maristela; POLIDO, Fabrício Bertini Pasquot. "Jurisdição e Lei Aplicável na Internet: Adjudicando litígios de violação de direitos da personalidade e as redes de relacionamento social", in: DE LUCCA, Newton; SIMAO FILHO, Adalberto (Org.). *Direito & Internet Aspectos Jurídicos Relevantes*. São Paulo, Quartier Latin, 2008, p. 461.

negócios[278]. Por mais que existam filtros à privacidade e estruturas de seguranças, quem faz uso das redes sabe que está suscetível às vulnerabilidades do ambiente virtual.

Além disso, no ambiente virtual as pessoas estão mais expostas a mensagens ofensivas e difamatórias. Existem pesquisas no campo de *marketing* e da psicologia, voltadas ao estudo do comportamento nas redes, que demonstram o que hoje em dia já é visível em face do grande número de ofensas propagadas: as pessoas sentem-se mais livres no ambiente virtual para expressar suas opiniões e como não existem as barreiras físicas que impõe um certo limite ao comportamento humano, não raras às vezes extrapolam, ofendendo e violando a intimidade, o nome, a imagem e a honra de outrem[279].

Em outro sentido, o acesso facilitado a um infinito número de livros, obras, produções musicais e artísticas, proporcionado pela internet, acaba por facilitar, igualmente, a divulgação de material protegido pelo direito do autor sem sua autorização, dando origem a fatos ilícitos.

---

278 Segundo Javier Carrascosa Gonzáles: "From de point of view of rights relation to personality, the society of the twenty-first century is a strongly internationalized society. On the one hand, nowadays many people are famous worldwide and really have an international reputation: musicians, sportsmen, politicians, businessmen, models, designer, journalists, intellectuals, etc. These people are known in multiple countries. On the other hand, ordinary people, 'non-famous citizens' can also be known and have an interest in maintaining a good reputation in other countries. For example, a university professor can be perfectly well known in other countries, since thanks to the Internet his or her work can be easily be accessed from any corner of the planet. Therefore, this professor has a reputation also in other countries. The same thing can be said of a scientist, a writer, a journalist, the humble person responsible for a music's blog, a television preacher, etc. In the twenty-first century, anyone may be known in different countries and have an international reputation." CARRASCOSA GONZÁLES, Javier. "The Internet – Privacy and Rights Relating to Personality", in: *Collected Courses of the Hague Academy of International Law*, 2016, vol. 378, p. 17. O autor também pontua que liberdade de expressão, de informação e opinião é um fenômeno internacional por várias razões, uma delas, porque, a distribuição escrita, oral, de dados pessoais, de vídeos ou imagens na internet podem afetar a honra, a imagem e a privacidade de pessoas; completa que no contexto digital, o "hate speech" e o "hearsay" (ouvir falar) cresceram muito.

279 Segundo pesquisa lançada pela *Association for Psychological Science* em 2014, o tempo para alguém tirar conclusões a partir de uma imagem na internet não chega a 40 milímetros de segundo. Disponível em: <https://journals.sagepub.com/doi/abs/10.1177/0956797614532474>. Isso significa que a foto de alguém na internet, postada sem permissão, pode gerar um dano em menos de um segundo, ao passo que a vítima arcará com os custos de um processo sem prazo para ser concluído.

Fato ilícito ou delito é todo ato voluntário positivo ou negativo que ofende a norma de direto[280], gerando uma obrigação extracontratual, pelo descumprimento do dever genérico de não prejudicar a outrem (*alterum non laedere ou neminem laedere*), causando o agente transgressor um dano injustamente a (*damnun injuria datum*) a pessoas e coisas alheias.

Se tal ato ofende direito subjetivo de outrem causando-lhe algum prejuízo ou dano, é princípio de justiça que o autor deve reparar o dano, reintegrando o lesado ao estado anterior ao evento ou indenizando-o pelo prejuízo ou dano que lhe infligiu[281].

Na realidade, a internet nada mais é do que um espelho do dia a dia das pessoas, dos atos que praticam, que acabam potencializando danos, quando na forma de ilícitos, devido a sua estrutura e sua capacidade de difusão[282].

Nos próximos capítulos serão analisadas as normas internas e internacionais sobre jurisdição internacional. Ao longo do texto, serão abordados os aspectos relativos aos litígios de internet que guardam relação com o escopo de tais normas, inclusive com alusão a decisões judiciais já conhecidas, com o objetivo de buscar-se uma tendência ou uma prática na jurisprudência na aplicação das fontes do Direito Internacional e, principalmente, saber se a visão atual se aproxima da nova visão do Direito Internacional Privado, considerando-se os impactos da globalização.

---

[280] STRENGER, Irineu. *Reparação do dano em Direito Internacional Privado*. São Paulo: Editora Revista dos Tribunais, 1973, p. 31.

[281] STRENGER, Irineu. *Reparação do dano em Direito Internacional Privado*. São Paulo: Editora Revista dos Tribunais, 1973, p. 31.

[282] Jacob Dolinger explica que o princípio da proteção da parte mais fraca, como as crianças e os trabalhadores, tem sido colocado em prática pelo direito internacional privado há um considerável tempo, mas que a proteção da vítima (*favor laesi*) é um princípio bastante novo. "Evolution of Principles for resolving conflicts in the field of contracts and torts", in: *Collected Courses of Hague Academy of International Law*, vol. 283, 2000, p. 458.

PARTE II

JURISDIÇÃO INTERNACIONAL NO DIREITO INTERNACIONAL E NO DIREITO BRASILEIRO

CAPÍTULO 1

A JURISDIÇÃO INTERNACIONAL

1. Aspectos gerais: conflito de leis e conflitos de jurisdições

Na doutrina clássica do Direito Internacional Privado no Brasil é mais comum a abordagem ao estudo dos conflitos de leis e de suas regras de conexão do que do tema da jurisdição internacional. Mesmo as obras que tratam sobre os métodos de constituição do Direito Internacional Privado, que, a rigor, aplicam-se indistintamente, referem-se mais aos conflitos de leis do que à jurisdição.

O tema da "competência internacional" acabou ocupando mais espaço na doutrina do processo civil brasileiro e já foi desenvolvido com brilhantismo pelos grandes processualistas, como Athos de Gusmão Carneiro[283], Cândido Rangel Dinamarco[284], José Carlos Barbosa Moreira[285], Serpa Lopes[286], Arruda Alvim[287], entre outros.

Nas obras dos grandes internacionalistas que se dedicaram à jurisdição, como Clovis Bevilaqua, Irineu Strenger, Amílcar de Castro, Haroldo Valladão e Jacob Dolinger, o estudo da "competência internacional" é destacado em campo próprio, do "Direito Processual Internacional" ou do "Processo Internacional", com maior relevo ao reconhecimento e execução de sentenças estrangeiras do que, propriamente, aos conflitos de jurisdição.

---

283 CARNEIRO, Athos de Gusmão. *Jurisdição e Competência*. 17. ed. São Paulo: Saraiva, 2010.

284 DINAMARCO, Cândido Rangel. *Instituições de Direito Processual Civil*, vol. I. 6. ed. São Paulo: Malheiros, 2009.

285 MOREIRA, José Carlos Barbosa. O processo civil brasileiro entre dois mundos, in: *Temas de direito processual*, 8ª série, p. 41-52. Problemas relativos a litígios internacionais.in: *Temas de direito processual*. 5ª série. São Paulo: Saraiva, 1994.

286 LOPES, S. M. M. *Comentários à lei de introdução ao código civil*. Rio de Janeiro: Freitas Bastos, 1959.

287 ALVIM, José Manuel Arruda. Competência Internacional. *Revista de Processo*, Rio de Janeiro, n. 7/8, jul./dez. 1977.

Amílcar de Castro inclusive nega a existência de conflitos entre jurisdições soberanas, dizendo que *o mal denominado conflito de jurisdição só se pode dar dentro dos limites de uma mesma jurisdição,* e completa[288]:

> o direito processual internacional de um Estado pode dispor de um modo, enquanto o de outro disponha em sentido contrário, mas nem essas divergências importam conflito de jurisdição, nem é função do direito internacional privado remediar os inconvenientes delas resultantes.

Compreender o tema numa perspectiva semelhante ao pensamento de Amílcar de Castro tem uma razão: o direito processual é um ramo do Direito Público e, portanto, essencialmente nacional, de sorte que suas normas sobre competência são determinadas, num primeiro plano, pelo legislador nacional. Basta o juiz nacional analisar as regras internas sobre jurisdição internacional para saber se pode conhecer do litígio transnacional, considerando, ainda, que também serão as regras do foro que determinarão o *procedimento* a ser seguido internamente.

Como diz Miaja de la Muela, o direito interno de cada Estado é o que rege o procedimento que os tribunais devem seguir para cada tipo de litígio submetido a sua jurisdição, cuja delimitação fica a cargo das regras internas sobre competência dos Estados[289].

Além disso, enquanto no campo da aplicação das leis admite-se a aplicação da lei estrangeira pelo juiz nacional para reger a matéria de fundo do litígio internacional, no campo da jurisdição internacional, o juiz nacional não pode dizer quando o juiz de outro Estado soberano será competente.

Existe um consenso dentre os doutrinadores do Direito Internacional Privado, a exemplo de André de Carvalho Ramos, Carmen Tibúrcio e Nádia de Araújo, citando alguns dos expoentes da doutrina atual brasileira, de que as normas sobre jurisdição são *unilaterais*, o que significa dizer que cada Estado

---

[288] CASTRO, Amílcar. Direito Internacional Privado, 6ª ed. Rio de Janeiro: Forense, 2008, p. 46.

[289] MIAJA DE LA MUELA, Adolfo. "Les principes directeurs des règles de compétence territoriale des tribunaux internes en matière de litiges comportant un élément international", in *Collected Courses of the Hague Academy of International Law,* vol. 135, 1972, p. 11. Dans la doctrine italienne du moyen âge, une des premières distinctions formulées par les glossateurs était celle de réserver l'application de la loi du for pour les questions de la procédure *(ad ordinandam litem),* admettant l'application d'une autre loi pour les questions de fond *(ad decidendam litem),* c'est-à-dire autant à la question principale du litige qu'à certains de ses aspects particuliers (capacité des parties ou forme de la relation juridique matérielle)", p. 24.

pode determinar a sua própria jurisdição, definir as hipóteses em que a possui ou não a possui, mas *não pode impor*, unilateralmente, as causas que motivam o exercício da jurisdição de outro Estado.

Assim, o Estado legislador não pode determinar por lei interna a jurisdição de outro Estado, é diferente então quando, no plano das leis, estabelece a possibilidade de aplicação de lei estrangeira para algumas categorias jurídicas, como a lei da nacionalidade ou do domicílio para o estatuto pessoal (estado, capacidade, filiação, nome, poder familiar e outros) ou quando interpreta o direito estrangeiro[290].

Em outras palavras, nem sempre o juiz brasileiro *com jurisdição* sobre a causa aplicará a *lex fori* como lei material tal como aplica a *lex fori* para reger o procedimento; o juiz brasileiro pode ter que aplicar o direito estrangeiro como lei material para resolver a causa, tendo em vista a disposição desta lei (artigo 16, da LINDB), de acordo com as suas regras temáticas de conexão, que, no caso do Brasil, estão previstas na LINDB[291],

No campo da jurisdição, quando o juiz brasileiro não se julga com jurisdição para o litígio transnacional, ele reconhece a falta de jurisdição, mas não pode, logicamente, suscitar conflito de jurisdição e submeter a causa a um tribunal superior supranacional (que inexiste), nem mesmo declinar expressamente da jurisdição e remeter os autos à jurisdição adequada.

Seria fácil, se fosse possível, equacionar a ambos os conflitos numa espécie simples de fórmula onde *definida a jurisdição aplicar-se-á sempre a lex fori para reger o fundo do litígio*. Se isso fosse possível, o problema da aplicação da lei estrangeira desapareceria e não teria por que existirem as regras de Direito Internacional Privado desde as suas origens entre os estatutários, **não** existiriam problemas com conflitos de leis e com a possibilidade de aplicar-se a lei estrangeira.

---

290 TAMAGNO, Maristela Basso. *Da aplicação do direito estrangeiro pelo juiz nacional: o direito internacional privado à luz da jurisprudência*. São Paulo: Saraiva, 1988, p. 62.

291 Como a lei do domicílio para a regência do estatuto pessoal, a lei do local da celebração do casamento para as formalidades da celebração e os impedimentos matrimoniais; a lei do domicílio dos nubentes para o regime de bens ou a do primeiro domicílio conjugal; também a lei do domicílio dos cônjuges para o caso de divórcio, como regra; a lei do local da situação do bem imóvel ou móvel permanente e etc. Num exemplo, na sucessão hereditária relativa a bens situados no Brasil, quando o autor da herança seja estrangeiro ou tenha domicílio no exterior (artigo 23, inciso II, do Código de Processo Civil) o juiz brasileiro pode aplicar a lei pessoal (a lei nacional ou a lei do domicílio do *de cujus*) se esta for mais favorável aos herdeiros e cônjuge brasileiros (artigo 10, §1º da LINDB).

Apesar de ser assim no direito brasileiro e na maioria dos países do direito continental, é muito comum a aplicação da *lex fori* nos países de origem anglo-saxã, como nos Estados Unidos, uma vez estabelecida a jurisdição norte-americana[292]. Por isso mesmo o tema da definição da jurisdição passa a ser tão importante quando analisado sob a perspectiva do direito comparado norte-americano, afinal, se a jurisdição for dos Estados Unidos da América a sua legislação será a aplicada, o que faz com que se compreenda o porquê de utilizarem a mesma expressão *"Conflict of Laws"* para tratar dos dois assuntos.

Nessa linha, Batiffol explica que do fato dos juízes ingleses e americanos aplicarem frequentemente sua própria lei resulta que a determinação da lei aplicável será frequentemente efetuada uma vez que a jurisdição[293] seja fixada e que não é possível ter um conflito de leis sem que se trate ao mesmo tempo de jurisdição e de efeitos de julgamentos estrangeiros. Disso resulta que as regras de jurisdição possuem uma importância internacional muito mais direta do que dentro do direito continental[294].

E não adiantará muito tentar resolver o problema dos conflitos no sentido inverso da equação, isto é, *estabelecida a lei aplicável concebe-se a jurisdição competente como sua consequência*, pois os problemas a respeito da jurisdição costumam surgir em primeiro lugar, e grande parte da doutrina de Direito

---

292 No tópico desenvolvido sobre a revolução americana, viu-se que o movimento, a despeito de seu prestígio pela crítica ao método indireto conflitual, acabou por incentivar a aplicação da *lex fori*.

293 O autor usa o termo competência judiciária, como se pode ver da transcrição no original abaixo.

294 "Dès que la compétence du juge serait acquise, la loi de son pays se trouverait compétente. Cette addition des conflits de juridictions aux conflits de lois est la position générale des auteurs anglo-saxons. Ceux-ci considèrent qu'il n'est pas possible de donner une vue d'ensemble des conflits de lois sans traiter en même temps de la compétence judiciaire, de la procédure et de l'effet des jugements. Et, immédiatement, apparaissent des problèmes de fond. Cette position trahit, en effet, la tendance des Anglo-Saxons à appliquer la loi du domicile ou la loi du lieu d'accomplissement d'un acte, même pour le mariage aux États-Unis. Du fait que le juge anglais ou américain applique plus fréquemment sa propre loi que les juges continentaux, il résulte que la détermination de la loi applicable sera fréquemment effectuée dès que la compétence du juge sera fixée. Il s'ensuit que les règles de compétence judiciaire prennent une importance internationale beaucoup plus directe que dans les droits continentaux. BATIFFOL, Henri. « Les tendances doctrinales actuelles en droit International privé", in: *Collected Courses of the Hague Academy of International Law*, vol. 72, p. 24.

Internacional Privado concebe que primeiro deve-se definir a jurisdição para, depois, ver-se a lei aplicável ao litígio, num raciocínio muito similar ao dos litígios internos sem elemento de estraneidade.

Portanto, conflitos de leis e conflitos de jurisdições respondem a ordens distintas de regulação, embora façam parte das mesmas preocupações, dentro da disciplina do Direito Internacional Privado, sobre a omissão e sobreposição de ordenamentos jurídicos, e tenham princípios e métodos de constituição em comum.

No tocante aos elementos de estraneidade, convém reprisar que os *fatos transnacionais - que possuem elementos de estraneidade* - geram tanto sobreposição de leis como de jurisdições.

Tudo o que se disse sobre os elementos de estraneidade para os conflitos de lei vale para a temática da jurisdição, de tal modo que só se falará em jurisdição internacional se existirem *pelo menos dois elementos de estraneidade em países diferentes.* Se a causa, por exemplo, for movida por uma parte que tem residência no mesmo Estado que outra parte, sobre objeto que se encontra no mesmo território, e não há nada a vincular outro Estado, não se pode falar em jurisdição no plano internacional.

Os conflitos envolvendo dados eletrônicos circulados através da internet demonstram bem a sobreposição de jurisdições e acabam por enfatizar que conflitos de lei e conflitos de jurisdição respondem a preocupações distintas.

A ADC 51, proposta pela Assespro no Brasil perante o Supremo Tribunal Federal serve de exemplo para esclarecer-se que, no fundo, o problema nela proposto é antes de jurisdição competente do que de lei aplicável.

No caso, a lei brasileira, representada pelo Marco Civil da Internet e a LINDB, **não** foi contestada, o que se contestou foi a não aplicação do Decreto nº 3810/2001, que promulgou o Acordo de Assistência Judiciária em Matéria Penal entre o Brasil e os Estados Unidos.

Vejamos melhor.

O Acordo de Assistência Judiciária em Matéria Penal entre o Brasil e os Estados Unidos estabeleceu o mecanismo de cooperação jurídica internacional pelo auxílio direto entre os países signatários, o chamado *MLA*, prevendo que diligências a pedido do país requerente sejam executadas pelo país requerido através de solicitação formal, expedida pela autoridade judiciária competente e encaminhada via autoridade central.

De acordo com os autores da ação, a competência para determinar a entrega de dados eletrônicos *é da autoridade competente no território em que o provedor da aplicação, com legítima autorização para controlar os dados, estiver localizado* ao passo que, se os dados estiverem sob *o controle de entidade sob jurisdição de outro Estado soberano, e este veda o fornecimento direto às autoridades estrangeiras (por entender que o mecanismo da cooperação internacional é o único processo legal cabível),* não restaria outra alternativa à autoridade interessada nos dados senão recorrer à solicitação formal do *MLA*.

Conforme destacam os próprios argumentos dos peticionários, a matéria posta em discussão diz respeito a um conflito de jurisdição, onde a jurisdição brasileira é contestada no seu caráter de *enforcement* (implementação), em contraposição à jurisdição norte-americana.

A ADC 51 e os demais casos já citados ao longo do texto mostram que as tensões entre os Estados, em matéria de dados eletrônicos, giram em torno muito mais da sobreposição de jurisdições, seja entre regras de fixação *direta* da jurisdição, seja entre regras de jurisdição *indireta*, do que da sobreposição de leis diferentes.

Não está equivocado concluir então que o processo internacional, na atualidade do Direito Internacional Privado, especialmente frente às novas tecnologias, possui tanto relevo quanto o tema da sobreposição das leis[295], muito embora o Direito Internacional Privado esteja fortemente vinculado à resolução de leis em suas origens, tendo surgido para solucionar esse tipo de conflito, e por muito tempo pouco se falar, no direito brasileiro, na sobreposição de jurisdições.

Em verdade, na última década, a temática da jurisdição esteve presente nas discussões sobre os grandes temas de cooperação jurídica internacional.

A proliferação dos fatos transnacionais e de jurisdições concorrentes, o deslocamento facilitado das pessoas e a possibilidade de se mover ações em mais de um lugar, a expansão dos grupos econômicos transnacionais, com escritórios em diversas jurisdições, contribuiu à percepção da importância da jurisdição internacional, no entanto, é provável que a cooperação jurídica internacional tenha sido o principal fator a demonstrar a sua relevância para os Estados.

---

[295] Como dizia Irineu Strenger: "a diversidade de critérios com que os distintos países determinam a jurisdição provoca questões de direito internacional privado, que são tanto mais importantes, quanto muitas vezes a determinação do juiz que entender em um litígio estabelecer a validade da lei reguladora da relação em jogo." STRENGER, Irineu. Direito Processual Internacional São Paulo: LTr, 2003, p. 19.

A cooperação jurídica internacional para o Direito Internacional Privado engloba, principalmente, o reconhecimento e execução das sentenças estrangeiras, as cartas rogatórias e o auxílio direto.

O reconhecimento da natureza executória das cartas rogatórias no Brasil, a partir dos anos 2000,[296] e a crescente necessidade de se realizar dentro de uma jurisdição atos processuais de interesse de outra jurisdição, reascenderam o debate da jurisdição no Direito Internacional Privado, dentro do escopo da cooperação jurídica internacional.

O fato é que o fortalecimento da cooperação jurídica internacional interessa a uma grande parte dos Estados, cujas economias reagem à circulação de suas sentenças e ao fomento dos negócios transnacionais, como no âmbito da União Europeia, existindo ainda e, principalmente, os interesses convergentes dos Estados no tocante à prevenção e repressão aos crimes transnacionais.

A delimitação da jurisdição internacional, por sua vez, já não é um tema tão fácil de ser gerenciado pelos Estados e não gera tantos interesses convergentes, pois, como já mencionado, quem via de regra estabelece os limites de sua jurisdição, é o próprio Estado.

Sem dúvida, é muito mais tranquilo falar de cooperação jurídica internacional e resolver o problema dos fatos transnacionais por esta perspectiva do que trazer à baila a delimitação da jurisdição internacional, reconhecer que existem interesses econômicos na fixação da jurisdição e que há limites ao poder jurisdicional dos Estados.

Em outras palavras, não é porque a via da cooperação jurídica internacional se consolidou ao longo das últimas décadas e se apresenta, atualmente, como a mais facilmente transitável que devemos adotá-la de imediato como regra para todos os casos de delitos cibernéticos e ofensas cometidas por meio da internet.

---

[296] O Supremo Tribunal Federal reconheceu a natureza executória, em um primeiro momento, somente das cartas rogatórias expedidas no âmbito do Mercosul, porque previstas em tratados, como o Protocolos de Las Leñas (Decreto 2.067/1996) e Ouro Preto (Decreto 2.626/1998). CR 10.162/2002, CR 10.484, de 2003, e Reclamação 717. O entendimento consolidou-se após a EC 45/2004, quando o assunto aportou na competência do Superior Tribunal Justiça, com a Resolução 9/2005, e com a decisões judiciais que se seguiram, a exemplo da CR 438/2007. Atualmente, o tema do auxílio direto está consolidado no Código de Processo Civil brasileiro. Ver mais sobre auxílio direito em LOULA, Maria Rosa Guimarães. Auxílio Direito. *Novo instrumento de cooperação jurídica internacional civil.* Editora Fórum, 2015. ABADE, Denise Neves. "Carta Rogatória e o auxílio direto na Cooperação Jurídica Internacional", in: CARVALHO RAMOS, André de; MENEZES, Wagner (org.). *Direito Internacional Privado e a Nova Cooperação Jurídica Internacional.* Belo Horizonte: Arraes Editores, 2015.

No entanto, para bem compreendermos os limites da jurisdição estatal é preciso antes revisitar o conceito de jurisdição, ainda que amplamente de modo a comportar o objetivo deste texto.

2. O conceito de jurisdição

A jurisdição é um dos institutos fundamentais da Teoria Geral do Processo[297].

A noção de jurisdição encontra sua justificativa histórica na necessidade de o Estado pacificar os conflitos e as relações sociais, substituindo a autotutela pela garantia de seus cidadãos, e com imparcialidade, através de seus agentes e de forma provocada pelos interessados, exercer o poder-dever de declarar o direito.

---

[297] SICA, Heitor Vitor Mendonça. Velhos e Novos Institutos Fundamentais do Direito Processual Civil, In: *40 anos da teoria geral do processo no Brasil: passado, presente e futuro* [S.l: s.n.], 2013. Para Heitor Sica: "embora o termo *jurisdição* tenha origem do vocábulo latino *iurisdictio*, eles não se confundem. O primeiro argumento a sustentar essa afirmação está no fato de que o conceito de *iurisdictio* variou consideravelmente ao longo dos muitos séculos de evolução do processo romano. Na linha da lição de FRANCESCO DE MARTINO (*La giurisdizione nel diritto romano*, Padova: CEDAM, 1937, p. 29-32), o conceito de *iurisdictio* era de todo estranho no período arcaico, em que os sacerdotes desempenhavam importante papel na solução de conflitos (com contornos mais religiosos que jurídicos), assim a gênese da ideia de *iurisdictio* é contemporânea à criação do pretor urbano (387, a.C.), época em que se delineou clara a distinção entre a atividade de *dizer* o direito a ser considerado para solução do caso concreto (tarefa cabível ao pretor, na primeira fase do procedimento, denominada *in iure*) e efetivamente *aplicá-lo* segundo os fatos e circunstâncias provadas pelas partes (o que competia ao *iudex privatus*, na segunda fase do procedimento, designada *apud iudicem*). Essa primeira tarefa, atribuída ao pretor, congregava alguns elementos que hoje reconhecemos próprios da função legislativa (tanto que as *actiones* concedidas vinham compiladas nos editos pretorianos e publicadas para uso de outros cidadãos, sendo que o *ius edicendi* considerava-se compreendido no exercício da *iurisdictio*, conforme sinalizam as Institutas de Gaio, 1.6), bem como alguns elementos que consideramos próprios da atividade jurisdicional (o pretor revela-se, ao menos, o "juiz de direito", ao passo que o *iudex* era o "juiz dos fatos"). Já na época da *extraordinaria cognitio*, o conceito de *iurisdicito* volta a se alterar face à unificação da instância, reunindo-se nas mãos do magistrado não só as atividades de instrução da causa (*cognitio*), como também todas as demais atividades de condução e julgamento do processo (*iudicatio*). Apenas nessa última fase de evolução é que o conjunto de atividades confiadas ao magistrado passou a desfrutar de alguma aproximação em relação ao que, hoje, entendemos por jurisdição (como entende, por exemplo, MOREIRA ALVES. *Direito Romano.* 3. ed. rev. e ampl. Rio de Janeiro: Forense, 1971, v.1, p.207)." Nota de rodapé 11, p. 03.

Ovídio Baptista da Silva conceitua jurisdição como uma atividade praticada pela autoridade estatal, realizada pelo juiz na forma de *dever* e na condição de terceiro *imparcial* em relação ao interesse das partes[298].

Para Athos Gusmão Carneiro, a função jurisdicional serve para *declarar e aplicar a lei*, de forma *coativa* e *contenciosa*, nos casos concretos. É uma atividade *pública*, *provocada* pelas partes (não há jurisdição sem ação, princípio da inércia judicial), *substitutiva* e *indeclinável, a ser exercida pelo juiz natural*[299].

Arruda Alvim afirma que a função jurisdicional é definida como aquela de dizer o direito no processo de conhecimento e, quando necessário, realizá-lo coativamente (processo de execução)[300].

Para José Frederico Marques é a função de julgar a lide ou a pretensão, dando a cada um o que é seu[301].

Três outros grandes nomes do processo civil nacional, Cândido Dinamarco, Ada Pellegrini e Cintra, entendem que a jurisdição é ao mesmo tempo *poder*, *função* e *atividade*. Como poder, é a manifestação do poder estatal, com a capacidade de impor ordens e determinar medidas coercitivas; como função, destina-se a pacificar conflitos e realizar a justiça, através do processo; e, como atividade, é o complexo de atos do juiz, no processo, exercendo poder e cumprindo a legislação.[302]

---

298 SILVA, Ovídio Araújo Baptista da. *Teoria geral do processo civil*. 3. ed. São Paulo: RT, 2002, p.77-78.

299 CARNEIRO, Athos Gusmão. *Jurisdição e competência*. 17. ed. São Paulo: Saraiva, 2009, p. 3.

300 ALVIM, José Manuel Arruda. *Manual de Direito Processual Civil. Teoria Geral do Processo, Processo do Conhecimento, Recursos e Precedentes*. 19. ed., rev. Tereza Arruda Alvim. São Paulo: Revista dos Tribunais, p. 174.

301 MARQUES, José Frederico. *Instituições de Direito Processual Civil*, vol. 1. 4. ed. Rio de Janeiro: Forense, 1971, p. 221.

302 CINTRA, Antônio Carlos; DINAMARCO, Cândido Rangel; GRINOVER, Ada Pellegrini. *Teoria geral do processo*. 28. ed. São Paulo: Malheiros, 2012, p. 155-157. Obra clássica que foi atualizada e relançada por Cândido Rangel Dinamarco, Gustavo Henrique Righi Ivahy Badaró e Bruno Vasconcelos Carrilho Lopes pela Editora JusPodivm em coedição com a Malheiros, 32. ed., 2020. Existe uma ampla doutrina sobre jurisdição no mesmo sentido, entendendo jurisdição como função, atividade ou poder, em conjunto ou de forma destacada, como em DANTAS, Francisco Wildo Lacerda. *Teoria Geral do Processo (Jurisdição, Ação, Defesa e Processo)*. 2. ed. São Paulo: Método, 2007, p. 91-92; LIMA, Fernando Antônio Negreiros. *Teoria Geral do Processo Judicial*. São Paulo: Atlas, 2013, p. 235; PADUANI, Célio César. *Natureza jurídica da jurisdição*. Revista dos Tribunais, vol. 813, jul./2003, versão eletrônica, p. 2; PANCOTTI, José Antônio. *Institutos Fundamentais de Direito Processual: jurisdição, ação, exceção e processo*. São Paulo: LTr,

Segundo Chiovenda, jurisdição é a função do Estado que tem por escopo a *atuação da vontade concreta da lei* por meio da *substituição*, pela atividade de órgãos públicos, da atividade de particulares ou de outros órgãos públicos, já no afirmar a existência da vontade da lei, já no torná-la, praticamente, efetiva.[303]

Nas lições de Liebman, jurisdição é a atividade do Estado através da qual aplica-se a regra jurídica concretamente para disciplinar uma determinada situação jurídica.[304]

Para Carnelutti, a atividade jurisdicional é uma função do Estado (como a atividade legislativa), apta a produzir normas jurídicas aos casos em concreto.[305]

A bem da verdade, a abrangência do conceito de jurisdição é muito discutida na doutrina brasileira e estrangeira em razão de alguns de seus aspectos.

Assim, por exemplo, é discutível a exigência de uma lide para a sua caracterização, considerando que existem jurisdições onde em tese não haveria uma lide, como as jurisdições voluntária e constitucional.

A exclusividade da jurisdição como atividade estatal é outra característica da jurisdição que encontra argumentações contrárias em face da arbitragem, e mesmo a sua aptidão para a formação da coisa julgada, uma vez que existem diversas medidas cautelares que não são definitivas.

2002, p. 76. TALAMINI, Eduardo; WAMBIER, Luiz Rodrigues. *Curso Avançado de Processo Civil*, vol. 1. 17. ed. São Paulo: RT, 2018, p. 112. GRECO, Leonardo. *Instituições de Processo Civil*, vol. 1. 5. ed. Rio de Janeiro: Forense, 2015, p. 69; DIDIER JR., Fredie. *Curso de Direito Processual Civil*, vol. 1. 17. ed. Salvador: JusPodivm, 2015, p. 153; WAMBIER, Teresa Arruda Alvim; et al. *Primeiros comentários ao novo Código de Processo Civil*. São Paulo: RT, 2015, p. 79; THEODORO JR., Humberto. *Curso de Direito Processual Civil*, vol. 1. 59. ed. Rio de Janeiro: Forense, 2017, p. 106; BUENO, Cássio Scarpinella. *Curso Sistematizado de Direito Processual Civil*, vol. 1. 9. ed. São Paulo: Saraiva, 2018, p. 25.

303 CHIOVENDA. *Instituições de Direito Processual Civil*. São Paulo: Saraiva, 1943, vol. II, n. 137.

304 LIEBMAN, Enrico Tullio. *Manuale di diritto processuale civile*. Milão: Giufré, 1984, v. I, p. 6: "Possiamo considerar la giurisdizione come l'attività degli organi dello Stato diretta a formulare e ad attuare praticamente la regola giuridica concreta che, a norma del diritto vigente, disciplina una determinata situazione giuridica."

305 CARNELUTTI, Francesco. *Sistema de direito processual civil*. Traduzido por Hiltomar Martins Oliveira. São Paulo: Classic Book, 2000, vol. I, p. 237.

Nada obstante, são discussões extremamente válidas que se circunscrevem à teoria geral do processo[306].

Para o estudo do Direito Internacional Privado e particularmente a este, colhe-se do universo da sabedoria do direito processual e do bom debate a seguinte essência para o desenvolvimento da presente narrativa: a jurisdição é uma forma de *poder, função ou atividade estatal,* como também o são o Poder Legislativo (funções e atividades legislativas) e o Poder Executivo (funções e atividades executivas), que *se substituiu à autotutela das partes*, sendo *um reflexo da soberania do Estado.*

3. A jurisdição internacional do Estado

A jurisdição internacional do Estado é o *reflexo da soberania do Estado para dentro e para além dos seus limites territoriais.*

Só podemos falar em jurisdição internacional se existirem pelo menos dois elementos de estraneidade em países diferentes, como, por exemplo, a presença da pessoa (física ou jurídica) no território estrangeiro, o armazenamento do dado eletrônico em provedor fora do território nacional, o serviço prestado no território, o dano causado via internet e os seus efeitos propagados em mais de uma jurisdição.

A jurisdição internacional é determinada com base em *elementos que vinculam o litígio ao Estado competente*, tal como ocorre com os elementos de conexão que vinculam a causa ao ordenamento jurídico em matéria de lei aplicável.

Os elementos de conexão em matéria de jurisdição são de natureza variável, mas para facilitar, podem ser estruturados em duas espécies de vínculos: os *pessoais* que ligam as partes ao Estado competente, como a nacionalidade, o domicílio ou a residência, e os *materiais* que ligam a questão de fundo do litígio ao território do Estado competente, como o lugar da conclusão do contrato ou do cumprimento da obrigação, o lugar do delito, o lugar da situação dos

---

[306] É vasta a doutrina, no Brasil e no exterior, sobre jurisdição, ação e processo, cível e criminal. Não se consegue abordar de forma minimamente fidedigna os valorosos estudos dos especialistas no tema dentro do escopo da presente tese, razão pela qual se optou por citações, dentro da clássica doutrina processual, que aproximam o conceito de jurisdição das linhas do direito internacional, notadamente, no que diz respeito ao exercício de uma função, atividade ou poder do Estado (soberano).

bens[307], o lugar do fato ocorrido ou do ato praticado. Machado Villela segue uma classificação similar, só que denomina os elementos materiais de reais[308].

Compreender jurisdição internacional significa compreender como os Estados se utilizam desses vínculos para estabelecerem jurisdição, e sobretudo, se existem limites a esse poder de jurisdição estatal e, em caso, positivo, quais seriam eles.

Trata-se do mesmo poder estatal de definir jurisdição, só que voltado para *fatos plurilocalizados*. Como são *fatos plurilocalizados*, que se vinculam a mais de um ordenamento jurídico, importa saber a extensão do poder jurisdicional frente aos demais Estados.

Em princípio poderíamos imaginar que, se a jurisdição é uma das formas do poder estatal, dentro da separação de poderes, em tese não existiriam limites a este poder estatal.

Ademais, se somente ao Estado cabe regular a própria jurisdição e a nenhum outro cabe dizer, unilateralmente, quando possui ou não jurisdição, parece fácil concluir que existiria uma *plenitudo jurisdictionis*.

Liebman já dizia[309]:

> o poder jurisdicional independe do espaço tempo (...) não há qualquer obstáculo lógico a que um juiz decida qualquer lide, sejam nacionais ou estrangeiros os litigantes, estejam ou não no território nacional os bens que constituem objeto da ação, e seja qual for o lugar em que hajam ocorrido os fatos determinantes do litígio.

A frase de Liebman adequa-se bem quando se vê a série de decisões judiciais emanadas pelos países na tentativa de solucionar as lides pessoais envolvendo os dados eletrônicos. É o exercício do poder estatal de forma plena, onde percebemos que existe uma sequência de atos nacionais, de forma globalizada, para o qual caminha o assunto, não coordenados no nível internacional.

De um lado, são diversas as imposições de multas em valores expressivos às companhias que não cumprem com as determinações das justiças, ordens de prisão contra os diretores das empresas que se negam a entregar os dados,

---

307 FRAGISTAS, N. "La compétence internationale en droit privé", in: *Collected Courses of the Hague Academy of International Law*, vol. 104, 1961, p. 186.

308 MACHADO VILLELA, Álvaro da Costa. *Tratado elementar (teórico e prático) de direito internacional privado*. Coimbra: Coimbra Editora, 1921, p. 598.

309 LIEBMAN, Enrico Tulio. *Os Limites da Jurisdição Brasileira*. Rio de Janeiro: Forense, dez. 1942, p. 25.

ordens de bloqueio do serviço, com a derrubada do uso de aplicativos, essenciais para o dia a dia das pessoas, sem contar na interferência de uma decisão dessa natureza nos serviços prestados em outros países, como é o caso dos bloqueios de aplicativos no Brasil afetando os serviços prestados no Chile e na Argentina, por conta de questões técnicas no desempenho da atividades das empresas.

Nesse último aspecto, da interferência nos serviços prestados em outro país pela forma como estão, tecnicamente, estruturados, não estaria incorreto pensarmos que se trata de uma interferência nos assuntos internos dos outros Estados, ao passo que a não ingerência nos assuntos internos dos Estados é um princípio consagrado no Direito Internacional Público, previsto na Carta da ONU. Sucede que é bem provável que os países que sofrem os efeitos da decisão, como o Chile e Argentina, com relação ao Brasil, também sofram dos mesmos males de não ter suas decisões cumpridas diretamente pelas companhias de internet, o que acaba gerando uma sensação de interesse comum, apesar de não coordenado no plano internacional.

A outro tanto, as decisões judiciais que estão sendo proferidas nos diversos países, já mencionadas ao longo deste texto, demonstram as resistências e insistências na tomada de argumentos jurídicos para se firmar uma jurisdição.

Assim se vê, em contraposição ao argumento de as empresas estarem constituídas em outro território, via de regra nos Estados Unidos da América, alguns países exigem que as mesmas se constituam no seu próprio território para que possam operar e submeter-se a sua própria jurisdição.

Para combater o argumento de que os dados se encontram em território estrangeiro, certos países estão exigindo que as companhias comprovem o armazenamento dos dados no próprio território, o que acaba desvirtuando a natureza da internet, tal como concebida originariamente, como sendo um espaço global.

Para fazer vingar o argumento de que é necessário utilizar a cooperação jurídica internacional para o acesso aos dados, algumas companhias recorrem à ordem de injunção[310], prevista no ordenamento norte-americano, mas o

[310] Explica Peter Hay: "Anti-suit injunctions seek to preserve the local court's jurisdiction as against parallel litigation elsewhere. If the local action were first, a foreign court's *lis alibi pendens* procedures would protect the local court, but it the foreign proceeding was first, an anti-injunction tries to override the foreign court's advantage. Such injunctions are the limited value, however. They can affect (bind) only the parties before the issuing court; the foreign court – indeed, no court – will allow another court to interfere with the exercise

Estado do foro não a aceita, não reconhecendo tal ordem, e em contrapartida, pode voltar-se à exigência mencionada acima, ordenando que a companhia se adeque no armazenamento dos dados, "territorializando" a internet.

A escalada dos atos judiciais, do posicionamento dos Estados e da conduta das próprias empresas, de forma descoordenada no plano internacional, está levando a uma escalada de conflitos, e em meio a tudo estão os interesses pessoais das vítimas do dano eletrônico e das vítimas dos crimes cometidos via internet, que sem dúvida, interessam também aos Estados e às companhias, sem contar o risco de se descaracterizar a internet e seus princípios estruturais.

Se a conclusão for a de que os Estados não possuem limites para o exercício de sua jurisdição, não será outro o cenário senão o de tensões e conflitos, ou talvez a resolução particularizada para alguns Estados, para aqueles que se ajustarem bilateralmente e aceitarem as condições impostas por uma jurisdição apenas, em prejuízo da efetividade da sua própria jurisdição.

Sendo assim, perguntamos, será mesmo que o exercício da jurisdição internacional é ilimitado tal como o exercício da jurisdição interna?

Em primeiro lugar, é preciso termos em mente que a existência de elementos de estraneidade no litígio singularizam-no, os fatos deixam de ser internos, passando a ser transnacionais e a jurisdição se modifica, não se tratando mais de jurisdição interna, mas, sim, do exercício da jurisdição internacional.

Partir do pressuposto de que a atividade jurisdicional não se altera mesmo diante de litígios com elementos de estraneidade seria admitir sempre uma jurisdição universal[311], que só pode ser exercida nos limites estabelecidos pelo próprio Direito Internacional.

Como diz Sérgio Marques *a universalidade da jurisdição ou sua extensão desmedida representaria a antítese de um cenário em que precisam conviver, harmonicamente, diversos Estados igualmente soberanos e ciosos de exercer sua própria atividade jurisdicional*[312].

---

of its lawful jurisdiction by recognizing and considering itself bound by such injunctions." HAY, Peter. *Advanced Introduction to Private International Law and Procedure*. Uk/USA: Edward Elgar Publishing 2018, p. 41-42.

[311] MARQUES, Sérgio André Laclau Sarmento. A jurisdição internacional dos tribunais brasileiros. Rio de Janeiro: Renovar, 2007, p. 28.

[312] MARQUES, Sérgio André Laclau Sarmento. *A jurisdição internacional dos tribunais brasileiros*. Rio de Janeiro: Renovar, 2007, p. 24.

A jurisdição internacional é uma jurisdição diferenciada, com elementos de estraneidade que a singularizam e tornam mais complexo o seu exercício do que o da jurisdição interna, voltado apenas para o próprio território.

Em segundo lugar, como a jurisdição é internacional é no plano do Direito Internacional que ela se coloca, o qual, sem dúvida, reconhece a soberania de cada Estado como decorrência de um reconhecimento mútuo, lembrando que a existência do Estado em si, enquanto Estado, depende de um reconhecimento internacional.

Há de se lembrar, então, que o reconhecimento da referida soberania não se dá para além da extensão física do território próprio de cada Estado. Portanto, se a soberania de um Estado para além de seu território não é ilimitada, igualmente não o pode ser um de seus reflexos imediatos que é o exercício da atividade jurisdicional[313].

Gaetano Morelli explica[314]:

> es concebible en abstracto que el Estado ejerza ilimitadamente su propia jurisdicción; es decir, que la ejerza respecto de la composición de todas las litis posibles, aun de las que no están en modo alguno vinculadas con él (...) Pero en la realidad, las cosas no son así, pues el Estado, bien en consideración a la existencia de Estados extranjeros que ejercen también ellos la jurisdicción, bien en ejecución de obligaciones internacionales, bien en consideración a su propio interés, que lo induce a abstenerse de ejercer una actividad concreta en orden a la composición de conflictos extraños a la vida social del Estado, limita su jurisdicción, determinando, en virtud de ciertos criterios, las litis respecto de las cuales se la puede ejercitar.

Portanto, fica também caracterizado que a jurisdição internacional é uma *jurisdição em face de outros Estados soberanos*, e, como tal é uma *jurisdição limitada*, ao contrário da jurisdição interna.

Quais seriam e onde estariam, então, os limites da jurisdição internacional? E quais seriam as razões para os Estados imporem limites a sua jurisdição?

Cândido Rangel Dinamarco explica que existiriam três ordens de razão que imporiam limites à jurisdição do Estado: a) a impossibilidade ou grande dificuldade para cumprir em território estrangeiro certas decisões dos juízes nacionais; b) a irrelevância de muitos conflitos em face dos interesses que

---

313 MARQUES, Sérgio André Laclau Sarmento. *A jurisdição internacional dos tribunais brasileiros*. Rio de Janeiro: Renovar, 2007, p. 35.

314 MORELLI, Gaetano. *Derecho procesal civil internacional*. Tradução: Santiago Sentis Melendo. Buenos Aires: E.J.E.A., 1953, p. 86.

ao Estado compete preservar; e c) a conveniência política de manter certos padrões de recíproco respeito em relação a outros Estados[315].

Sem dúvida, a conveniência política é uma das razões pelas quais os Estados limitam o exercício de suas jurisdições, pois reconhecem um no outro as mesmas características soberanas, assim o fazendo, por exemplo, quando reconhecem as hipóteses de imunidade de jurisdição, ou quando, antes de se tornarem obstáculos recíprocos, cooperam uns com os outros pela efetividade de suas funções jurisdicionais.

Ademais, de nada adianta ampliar a jurisdição internacional para além de um limite reconhecido pelo Direito Internacional porque a decisão judicial proferida em decorrência dessa ampla função jurisdicional pode não ser reconhecida se tiver que surtir efeitos em outro território, inviabilizando a sua própria execução. É o que diz Dinamarco quando se refere à impossibilidade ou grande dificuldade para cumprir em território estrangeiro certas decisões dos juízes nacionais.

A irrelevância do conflito em face dos interesses do Estado é outra grande razão que pode se expressar previamente, nas disposições das leis internas sobre jurisdição, a partir da escolha dos elementos que vinculam a jurisdição, ou posteriormente, na análise do litígio, muito comum nos Estados Unidos da América.

Nesse passo, os Estados em princípio restringem a sua jurisdição aos casos em que possuem vínculo ou pontos de conexão[316].

Como se disse, de nada adianta ampliar em demasia os limites legais da jurisdição estatal, pois, na prática, as sentenças proferidas em litígios sem vínculos de conexão ou com vínculos duvidosos, se tiverem que circular, podem não ser reconhecidas ou executadas pelos outros Estados.

Quando os vínculos de conexão são insuficientes ou inexistentes com a jurisdição posta não existe grande dificuldade, a jurisdição muito provavelmente será questionada dentro e fora do país. Os Estados tendem, então, a não disporem em suas legislações sobre vínculos que possam ser questionados futuramente e que inviabilizariam a circulação de suas próprias decisões judiciais.

---

[315] DINAMARCO, Cândido Rangel. *Instituições de direito processual civil*. São Paulo: Malheiros, 2001, p. 334.

[316] FRAGISTAS, N. "La compétence internationale en droit privé", in: *Collected Courses of the Hague Academy of International Law*, vol. 104, 1961, p. 186.

A dificuldade está quando existem elementos de conexão que se vinculam minimamente a mais de uma jurisdição. A vinculação entre soberania e jurisdição se acentua no Direito Internacional Privado em razão de se pretender exercer a jurisdição quando existem elementos de estraneidade em mais de um Estado[317] e não há um órgão supranacional que possa dirimir o conflito como no âmbito da jurisdição interna.

No âmbito interno, quando existe um conflito entre competências há um órgão judicial ou tribunal que julgará o conflito; no plano internacional, na ausência de tribunais para julgarem a matéria, o conflito prospera, a jurisdição do Estado onde a ação foi movida é firmada pelo juiz ou encerrada mediante a suscitação da ausência de jurisdição, lembrando que cada país determina as questões nas quais irá atuar.

Quando se diz que a jurisdição é uma das funções da soberania estatal e que, por isso, suas normas são eminentemente unilaterais[318], não se quer dizer que os Estados não possam estabelecer, na forma de tratados, outras definições a respeito da jurisdição internacional, ou que o conjunto de normas internas não possa ser influenciado pelos princípios e regras do Direito Internacional Privado.

Quando o Estado autolimita a sua jurisdição internacional ao estabelecer os elementos de conexão de seu interesse, não prevendo jurisdição sobre vínculos duvidosos que possam ser questionados como de jurisdição exorbitante[319], ou ao reconhecer a incidência de hipóteses de imunidades de

---

[317] TIBURCIO, Carmen. *Extensão e Limites da Jurisdição Brasileira. Competência Internacional e Imunidade de Jurisdição.* Rio de Janeiro: Editora Juspodivm, 2016, p. 20.

[318] TIBURCIO, Carmen. *Extensão e Limites da Jurisdição Brasileira. Competência Internacional e Imunidade de Jurisdição.* Rio de Janeiro: Editora Juspodivm, 2016, p. 25.

[319] O termo é utilizado em referência às *exorbitant rules,* isto é, às práticas jurisdicionais que não estão fundamentadas em vínculos suficientes com os Estados, e que, em contrapartida, exorbitam do exercício da jurisdição internacional. Exemplos dessas práticas são os vínculos exclusivos de nacionalidade, quando não atendem às fontes internacionais, a jurisdição baseada na mera citação do réu no território norte-americano (quando não há nenhum outro vínculo com o território), e a jurisdição baseada na mera existência de bens do demandado no foro, como prevê, o Código de Processo Civil alemão, ao definir a competência dos tribunais alemães sobre qualquer réu que, mesmo sem possuir residência no país, possua ativos na Alemanha. Nas palavras de Peter Hay: "in common law jurisdictions the United States, general jurisdiction may also be based on the mere fact that the papers instituting suit were served on the defendant while he or she was only casually present, perhaps only passing through the forum state ('transient jurisdiction'). 'Transient jurisdiction' favors the local plaintiff; he or she can draw in the defendant (sue

jurisdição, muito embora possam existir regras internas disciplinando tais situações, existem princípios e normas de Direito Internacional Público e Privado que complementam tais regras internas[320].

Assim, existem princípios no Direito Internacional Público e Privado que norteiam o exercício da jurisdição, havendo aqueles que impedem o exercício da jurisdição nas hipóteses previstas e aqueles que legitimam o exercício da jurisdição nas hipóteses em que a rigor não se fixaria a jurisdição.

É como ensina José Carlos de Magalhães quando afirma que embora o Estado possua jurisdição para declarar o direito, os princípios acolhidos pelas demais comunidades que integram a ordem internacional a ele se sobrepõe, limitando-lhe o poder de legislar[321].

Além disso, não apenas os princípios do Direito Internacional influenciam a jurisdição internacional, as regras internacionais ocupam o fundamental papel de dirimir as questões mais conflituosas que não conseguem ser resolvidas satisfatoriamente no âmbito interno dos Estados.

Acentua Morelli[322]:

> una norma internacional pode imponer al Estado que tenga en su ordenamiento determinadas normas sobre los limites de la jurisdicción, o puede simplemente imponer al Estado o autorizar lo a que ejercite la jurisdicción en determinados casos. En una y otra hipótesis las normas internas de adaptación al derecho internacional son normas sobre los limites de la jurisdicción.

---

at home) rather than sue at the latter's domicile. Probably all legal systems have some plaintiff-favoring rule. The Germans used to permit the exercise of general jurisdiction (now narrowed by judicial construction) when the defendant had some/any property in Germany; a relation of the property to the claim was not required. French law permits a plaintiff to sue a foreigner on the basis of the plaintiff's French citizenship. These claim-unrelated assertions of jurisdiction have also been termed 'exorbitant' because they seem to overreach when neither the defendant nor the claim has a forum state connection." HAY, Peter. *Advanced Introduction to Private International Law and Procedure*. Uk/USA: Edward Elgar Publishing 2018, p. 24.

320 Conforme Fragistas "la législation et la jurisprudence de chaque pays complètent les principes du droit international et déterminent les détails", p. 170. "La compétence internationale en droit privé", in: *Collected Courses of the Hague Academy of International Law*, vol. 104, 1961.

321 MAGALHAES, José Carlos de. Fatores de Limitação da Jurisdição do Estado, in: *Revista dos Tribunais*, ano 88, vol. 765, setembro de 1999, p. 46-58.

322 MORELLI, Gaetano. *Derecho procesal civil internacional*. Tradução: Santiago Sentis Melendo. Buenos Aires: E.J.E.A., 1953, p. 146.

Portanto, muito embora os Estados não possam unilateralmente definir a atividade jurisdicional de outro Estado, de forma bilateral ou multilateral, podem coordenar a jurisdição mais adequada, valendo-se das fontes do Direito Internacional, como os tratados e convenções, os princípios, os costumes, as decisões dos tribunais internacionais e a doutrina consagrada pelo Direito Internacional[323].

Irineu Strenger já ensinava[324]:

> seria desejável que houvesse uma conciliação entre os Estados, pois cada qual decidindo, sem consideração com os demais, que Tribunais são competentes para conhecer um litígio entre as pessoas domiciliadas em seu território, sobre contratos ou atos jurídicos a cumprir no exterior, pode suscitar represália ou, pelo menos, impedir que se executem extraterritorialidade entre sentenças de seus juízes.

Em síntese, a jurisdição internacional aqui estudada é a jurisdição exercida sobre *fatos transnacionais,* que se caracteriza pela presença de elementos de estraneidade em face de outros Estados, encontrando-se limitada por regras e princípios do Direito Internacional Público e Privado[325].

Apesar de existir um predomínio de fontes internas no direito processual internacional, *donde se evidencia a sua natureza particularista*, as fontes estatais podem coexistir com fontes internacionais, de tal forma que *a cooperação e coordenação que, entre outros meios, se levam a cabo por meio da conclusão de tratados, tendem a harmonizar as diferentes soluções internas e particularistas*[326].

As fontes normativas aplicam-se às diferentes tipologias de jurisdição internacional, descritas a seguir.

---

323 O Estatuto da Corte Internacional de Justiça elenca as fontes do Direito Internacional no seu artigo 38.

324 STRENGER, Irineu. *Direito Processual Internacional.* São Paulo: LTr, 2003, p. 19.

325 TIBURCIO, Carmen. *Extensão e Limites da Jurisdição Brasileira. Competência Internacional e Imunidade de Jurisdição.* Rio de Janeiro: Editora Juspodivm, 2016, p. 15.

326 STRENGER, Irineu. *Direito Processual Internacional.* São Paulo: LTr, 2003, p. 32.

4. Tipologias

4.1. A jurisdição geral e a especial

Alguns autores definem por "competência geral" a jurisdição internacional, isto é, aquela que indicaria que tribunais de um país são competentes para conhecer de fatos transnacionais, ao passo que a competência especial indicaria qual desses tribunais deve fazê-lo, referindo-se à competência dos órgãos internos, que deve ser resolvida dentro do país do próprio litígio, sem ter contato com o direito estrangeiro[327].

Verdadeiramente, o atributo da competência decorre da organização interna dos órgãos judiciais e pressupõe o exercício da jurisdição, como a atividade estatal exercida pelo Poder Judiciário, através de seus órgãos, juízes e tribunais[328].

Portanto, quando se fala em *jurisdição internacional* seu sentido não se confunde com o das competências internas em razão da matéria, pessoais ou territoriais, que são atribuídas aos órgãos do Poder Judiciário em face de suas divisões organizacionais[329], embora muitos autores utilizem os vocábulos

---

327 STRENGER, Irineu. *Direito Processual Internacional*. São Paulo: LTr, 2003, p. 21. No mesmo sentido, Guterridge: "Mais il y a une autre division qui est très importante quand on entre dans le domaine du droit international privé, à savoir la distinction entre *compétence générale* et *compétence spéciale*. La compétence générale indique que les tribunaux d'un pays déterminé sont compétents pour juger un procès. La compétence spéciale détermine celui des tribunaux locaux du pays qui devra être saisi de ce procès. GUTTERIDGE, H.C. « Le Conflit des lois de compétence judiciaire dans les actions personnelles", in *Collected Courses of The Hague Academy of International Law*, vol. 44, 1933, p. 7. Miaja de la Muela também explica: « depuis les études de Bartin, devenues classiques en la matière, la première question a été appelée *compétence générale* des tribunaux français ou de ceux de n'importe quel autre État, réservant la dénomination de *compétence spéciale* pour désigner celle qui est attribuée à une certaine cour de justice avec préférence sur d'autres du même État et de degré égal de hiérarchie. Cette terminologie a été introduite dans la doctrine espagnole par le prof. Trias de Bes, et elle est maintenant employée par d'autres auteurs. Dans la doctrine allemande, une distinction analogue entre *abstrakte* et *konkrete Kompetenz* proposée par Speri n'a pas été suivie, mais les juristes les plus récents parlent d'internationale *Zuständigkeit*, dans la signification que le prof. Bartin donna à la *compétence générale*, p. 17.

328 Essa é a leitura do artigo 16, do Código de Processo Civil, *in verbis*: Art. 16. A jurisdição civil é exercida pelos juízes e pelos tribunais em todo o território nacional, conforme as disposições deste Código.

329 TIBURCIO, Carmen. *Extensão e limites da jurisdição brasileira. Competência Internacional e Imunidade de Jurisdição*. Salvador: JusPODIVM, 2016, p. 21. Apesar da diferenciação que estabelece entre competência e jurisdição, a autora utiliza os termos jurisdição

indistintamente, sempre lembrando, no entanto, que a competência que se identifica com o conceito de jurisdição internacional é aquela atribuída aos tribunais de um país, que não se confunde com a divisão interna de competências.

Nesse aspecto, o legislador brasileiro no Código de Processo Civil de 2015 andou na linha do Direito Internacional atribuindo o vocábulo "jurisdição" ao tratamento da jurisdição internacional, preferindo-o à expressão "competência internacional", tal como estava previsto no antigo código de 1973[330].

Uma outra forma de se referir à jurisdição especial ou geral, diz respeito à jurisdição internacional determinada por critérios gerais, tal como o domicílio do réu e a eleição de foro pelas partes, ou por critérios especiais, *in personam*, para a proteção do alimentando e do consumidor, ou de acordo com a natureza da causa.

4.2. A jurisdição prescritiva, a de adjudicação e a de implementação

Tal como a jurisdição interna, a jurisdição internacional pode ser prescritiva, de adjudicação e executiva ou de implementação.

Quando se faz referência à jurisdição *para prescrever, para adjudicar* e *para implementar*[331] é como se o exercício da jurisdição internacional seguisse as funções tripartidas do Estado, representadas pelos Poderes Legislativo, Judiciário e Executivo.

A jurisdição para prescrever é a jurisdição normativa, que é o poder dever do Estado de elaborar as normas internas sobre jurisdição internacional, assinar, aprovar, promulgar tratados na matéria e firmar acordos internacionais. É o poder de regência sobre os fatos transnacionais e as pessoas, condutas, bens e serviços com eles relacionados.

---

internacional e competência internacional indistintamente ao longo da obra, sustentando, em síntese, que a imprecisão terminológica ao longo dos anos popularizou-se no Brasil, em face da ICC de 1916, da LICC de 1942 e do CPC de 1973, que trataram de "competência da autoridade" e "competência internacional".

330 A se ver dos artigos 21 a 25 do Código atual e artigos 88 e seguintes do Código revogado.

331 LOWE, Vaughan. Jurisdiction. In: EVANS, Malcolm D. (Ed.). *International law*. 1. ed. Oxford Press, 2003, p. 329-355. Lowe divide o exercício da jurisdição em uma jurisdicao prescritiva, a qual estabelece o dever-ser para as condutas sociais, a jurisdicao do *enforcement*, isto é, a da implementacao, como o poder de coercitivamente realizar a jurisdição prescritiva e a jurisdição em sentido estrito, jurisdição de adjucação, de apreciação e julgamento.

A jurisdição *para adjudicar* é a jurisdição propriamente dita, aquela que julga o fato transnacional, é a que vai conhecer do litígio transnacional e julgá-lo de acordo com as normas internas e internacionais na matéria.

A jurisdição *para executar* ou de implementação, a conhecida jurisdição de *enforcement* para o direito norte-americano, é a que representa o poder de aplicar as regras de regência estabelecidas para os fatos transnacionais, e de executar os atos administrativos e judiciais.

Essa tipologia interessa na compreensão do alcance extraterritorial da jurisdição internacional.

É do entendimento da doutrina internacionalista em geral que a jurisdição *para executar* não tem alcance extraterritorial, ou seja, a mera jurisdição normativa (dizer que o Estado possui jurisdição sobre o fato transnacional) não é suficiente para este exercer a jurisdição de implementação em outro território.

O ato administrativo e a decisão judicial só poderão ser executados, em território estrangeiro, mediante o consentimento do país onde forem executados, por exemplo, só mediante ordem de prisão em extradição concedida pelo tribunal competente do lugar onde o extraditando se encontra é que este poderá ser preso, não sendo lícita a captura do agente criminoso por autoridades estrangeiras ou a chamada *abdução internacional*[332].

Pela mesma razão, as sentenças estrangeiras necessitam passar pelo procedimento de homologação de sentenças estrangeiras e as solicitações de auxílio em cooperação internacional precisam ser executadas pelas autoridades do país solicitado, porque lhes faltam a jurisdição de *enforcement*.

E pouco importa se são diligências determinadas por autoridades administrativas ou por autoridades judiciárias competentes para o fato transnacional, não podendo ser cumpridas ativamente por estas em solo estrangeiro, apenas quando em companhia das autoridades nacionais do país requerido e quando devidamente autorizadas.

Enfim, nenhuma autoridade de investigação ou judiciária pode arvorar-se no direito de obter documentos, apreender e confiscar bens ou ouvir pessoas que se encontram em outro território, nem mesmo em suas embaixadas, senão

---

332 Sobre abdução internacional ver em WEISSBRODT, David e BERGQUIST, Amy *Extraordinary Rendition: A Human Rights Analysis*. Disponível em: <https://scholarship.law.umn.edu/cgi/viewcontent.cgi?article=1249&context=faculty_articles>. Acesso em: 10 de agosto de 2020.

mediante a cooperação ou o consentimento das autoridades locais e mesmo assim desde que baseadas em tratados ou promessa de reciprocidade.

Ao contrário da jurisdição *para executar,* que não tem alcance extraterritorial sem o consentimento do outro Estado, admite-se a extraterritorialidade das jurisdições *para prescrever e para adjudicar*, desde que limitada às normas e princípios de Direito Internacional Público e Privado.

É de se ver que todas as hipóteses legais do exercício da jurisdição internacional e os julgamentos proferidos sobre os fatos transnacionais baseados nessas hipóteses legais fazem parte da mesma equação, de tal forma que, em realidade, a jurisdição *para adjudicar* é mais uma emanação da jurisdição internacional normativa[333], bastando o Estado prescrever a jurisdição internacional que existirá, em tese, a jurisdição *para adjudicar*.

A discussão sobre os limites da jurisdição internacional se apresenta, então, nesta tipologia conferindo, em geral, limites à jurisdição para *prescrever* e, consequentemente, à jurisdição *para adjudicar*, porque possuem alcance extraterritorial.

A jurisdição *para implementar ou para executar*, por sua vez, não tem alcance extraterritorial como se viu, encontrando seus limites nas fronteiras físicas do próprio território. Não demandaria, em tese, tanta preocupação acerca de seus limites territoriais, afinal é facilmente compreensível que nenhum ato administrativo ou judicial possa ser executado em território estrangeiro sem o consentimento das autoridades locais.

Nada obstante, a jurisdição de implementação também é muito importante na discussão da circulação dos dados eletrônicos.

Como já dissemos, os dados eletrônicos podem ultrapassar as fronteiras físicas de um território, dada a sua natureza, estarem fragmentados, em nuvem ou em até em alto mar. Se existir um convencimento de que o local onde o dado se encontra armazenado importa ao exercício da jurisdição para implementar resultará claro que a jurisdição não poderá ser exercida *extraterritorialmente* sem o consentimento do Estado onde o dado se encontra, é dizer, sem as formalidades da cooperação jurídica internacional.

---

[333] A. MANN, F. The Doctrine of International Jurisdiction Revisited after Twenty Years, in *Collected Courses of the Hague Academy of International Law,* vol. 186, 1984, p. 40. "The international jurisdiction to adjudicate is, as has been pointed out, not a separate type of jurisdiction, but merely an emanation of the international jurisdiction to legislate: a State's right of regulation is exercised by legislative jurisdiction which includes adjudication. It follows that both aspects of jurisdiction are co-extensive."

A outro tanto, se for outro o convencimento, o de que não é o local onde se encontra armazenado o dado que importa na fixação da jurisdição internacional, é possível entender-se, então, que a jurisdição de *enforcement* pode ser exercida territorialmente em face do representante da pessoa jurídica que se localiza no país ou pelo fato de que nele prestam serviços.

Portanto, a questão dos limites da jurisdição de implementação é altamente relevante na abordagem da jurisdição internacional sobre os fatos transnacionais eletrônicos. Por essa razão, os três tipos de jurisdições aqui previstos serão considerados na narrativa deste texto.

4.3. A jurisdição concorrente e a exclusiva

O Direito Internacional Privado admite a aplicação do direito estrangeiro da mesma forma que aceita jurisdições concorrentes sobre fatos transnacionais.

A jurisdição internacional concorrente deve ser a regra no Direito Internacional Privado e apenas em raras ocasiões o Estado deve exercer com exclusividade a jurisdição do fato transnacional.

O princípio da igualdade entre os Estados nas suas relações internacionais manifesta-se aqui no sentido de reconhecer que o outro Estado possa ter *igualmente* interesse na causa impregnada de elementos de estraneidade, que eventualmente se vinculam também a sua jurisdição.

A jurisdição é concorrente quando as normas de Direito Internacional Privado enumeram as situações onde a *jurisdição pode ser exercida em concorrência com a jurisdição de outros Estados.*

A jurisdição será exclusiva quando as normas de Direito Internacional Privado determinam quando a jurisdição local deve ser exercida *excluindo a possibilidade de qualquer outra jurisdição.*

A jurisdição exclusiva, por ser exceção, deve se limitar aos casos mais relevantes ao Estado.

A presente tipologia suscita uma questão interessante no que diz respeito à nacionalidade como elemento de determinação da jurisdição internacional.

O Código de Processo Civil brasileiro, nos seus artigos 21 a 25, não elenca a nacionalidade como fator de conexão, ao contrário, de pronto já estabelece (artigo 21, inciso I) que *qualquer que seja a nacionalidade,* a autoridade judiciária brasileira será competente se o réu for domiciliado no Brasil.

A opção do legislador brasileiro foi, claramente, a do domicílio da parte como vínculo pessoal de fixação de jurisdição, e já era assim no Código de

Processo Civil de 1973 (artigos 88 e 89) e no Decreto-lei 1.608/1939 (artigos 133 e seguintes), preterindo-se o vínculo da nacionalidade, essencialmente político para servir como critério jurídico de fixação de jurisdição.

O ordenamento jurídico francês é costumeiramente lembrado pela doutrina como um exemplo oposto, onde a literalidade dos famosos artigos 14 e 15 do Código Civil napoleônico protege os nacionais[334] de tal maneira que a jurisdição será sempre a francesa se o nacional for autor ou ré na ação, seja em obrigações assumidas no estrangeiro por um francês, seja nas obrigações assumidas na França por um estrangeiro, mesmo não residente na França, desde que em face de um francês.

Eduardo Espínola explica que o Código napoleônico de 1804 consolidou as inúmeras leis em uma só para toda a França, consagrando a nacionalidade como princípio fundamental e que, na sequência, os códigos modernos da época pronunciaram-se no mesmo sentido da aplicação do princípio da lei nacional, assim, na Alemanha, Bélgica, Brasil, Chile, Colômbia, Espanha, Grécia, Itália, Holanda, Japão, Luxemburgo, Marrocos, México, Mônaco, Montenegro, Peru, Portugal, Romênia, Rússia, preferindo o princípio do domicílio a Argentina, Cuba, Dinamarca, Estados Unidos, Inglaterra, Noruega, Paraguai e Uruguai[335]. Mancini foi um forte influenciador internacional desse pensamento à época.

No campo da aplicação da lei estrangeira, o Brasil se manteve adepto ao vínculo da nacionalidade, como estatuto pessoal na regência da lei aplicável, até a LICC de 1942 (artigo 7º)[336], e muito porque, nas décadas anteriores, se tornou um país com forte presença de imigrantes que não queriam perder os laços com a lei pessoal nacional.

---

[334] Article 14. L'étranger, même non résidant en France, pourra être cité devant les tribunaux français, pour l'exécution des obligations par lui contractées en France avec un Français ; il pourra être traduit devant les tribunaux de France, pour les obligations par lui contractées en pays étranger envers des Français.
Article 15 Un Français pourra être traduit devant un tribunal de France, pour des obligations par lui contractées en pays étranger, même avec un étranger.

[335] ESPÍNOLA, Eduardo. *Elementos de Direito Internacional Privado.* Rio de Janeiro: Jacintho Ribeiro dos Santos Editor, 1925, p. 383.

[336] No Congresso de Montevidéu, de 25 de agosto de 1888 a 18 de fevereiro de 1889, elaborou-se ao longo das 35 sessões, o tratado de direito civil internacional, o qual se referia à capacidade civil da pessoa, que deveria se reger pela lei do domicílio. O Brasil não assinou o tratado de Direito Civil Internacional porque não aceitava abrir mão do princípio da nacionalidade à época. Ver mais em CARVALHO RAMOS, André de. *Curso de Direito Internacional Privado.* São Paulo: Saraiva, 2018.

André de Carvalho Ramos relembra as razões, na época, para se substituir a regra da lei da nacionalidade pela lei do domicílio:

> A substituição da regra da lei da nacionalidade da antiga introdução ao Código Civil de 1916 pela da lei do domicílio teve a motivação emergencial de assegurar a não aplicação do Direito estrangeiro aos nacionais do Eixo (Japão, Alemanha e Itália - agora súditos inimigos). A motivação básica, contudo, foi o repúdio à aplicação, por décadas, do direito estrangeiro em diversas regiões de imigrantes no Brasil, o que contrariava as ambições nacionalistas do governo Vargas.

Gutteridge, citando Niboyet, lembra que o privilégio da nacionalidade é uma medida de desconfiança contra a justiça dos países estrangeiros, e que se caracteriza como exorbitante e intolerável a regra que vincula o foro à nacionalidade[337].

De fato, a nacionalidade, enquanto elemento de determinação de jurisdição, ao proteger com exclusividade o nacional acaba por repudiar o estrangeiro, podendo impedir-lhe o acesso à justiça, gerando-lhe prejuízo por tal denegação.

É de se lembrar que mesmo na seara da proteção diplomática no campo do Direito Internacional Público, apesar de o Estado ter o direito de proteger seus nacionais, ele não é compelido a fazê-lo, a proteção diplomática se justifica quando no Estado de residência, em face das leis locais, o não nacional sofre algum tipo de discriminação[338].

---

[337] GUTTERIDGE, H.C. "Le Conflit des lois de compétence judiciaire dans les actions personnelles", in: *Collected Courses of The Hague Academy of International Law*, vol. 44, 1933, p. 24.

[338] "Even today, moreover, the absolute authority of the state in respect of aliens within its borders is tempered by the right of the state to which the alien belongs to intervene diplomatically or in more forcible fashion if the state where the alien is resident exercises discrimination against him. The extent of this right is not entirely clear. In the first place, although a state has a right to protect its nationals abroad, it is not compelled to do so. Further, the right implies that the state where the alien is resident must grant the alien at least equality before the law with its own citizens, so far as safety of person and property is concerned". G.W. KEETON. "Extraterritoriality in international and comparative law", in: *Collected Courses of the Hague Academy of International Law*, vol. 72, 1948, p. 288. Keeton chega a dizer que a diferença de *status*, que geraria a proteção da lei nacional - se deve a razões de ordem religiosa: "In the ancient world, there existed a very wide difference in status between the citizen and the alien, due, not to economic nationalism, but to religion, and different social usages derived from religious differences."

A proteção aos nacionais, ao fim e ao cabo, só se justifica se existir uma situação de discriminação, no solo estrangeiro, ao não nacional, quer no caso de uma expulsão arbitrária e injustificada, quer no de violação de direitos outros, podendo se tornar necessária uma interferência do Estado em favor de seus nacionais que se encontrem em território estrangeiro, como explica Eduardo Espínola[339].

Ademais, se todos os Estados adotassem a exclusividade de jurisdição aos seus nacionais, para todos os fatos transnacionais, ficaria inviável o exercício da jurisdição internacional.

Apesar de a França já ter conferido exclusividade à jurisdição prevista nos artigos 14 e 15 do seu Código Civil, a jurisprudência francesa hoje mitigou o entendimento, passando a adotar o sentido de jurisdição concorrente, mesmo porque a União Europeia progressivamente tem abolido a nacionalidade como vínculo de conexão em seu conjunto de normas sobre jurisdição, a se ver dos Regulamentos 1.215/2012 e 679/2016 (*General Data Protection Regulation*– GDPR), o que faz com que os países da União Europeia tenham aberto mão do princípio da nacionalidade como fator de determinação da jurisdição.

É de se ver que mesmo a jurisdição internacional na seara penal, estabelecida pelo princípio da nacionalidade da vítima ou do réu, firmou-se entre os Estados por um costume internacional que, após, verteu-se em leis internas e tratados de extradição, no nível da jurisdição concorrente[340] e ainda assim vem sendo abrandada com a aceitação da extradição de nacionais por alguns países, como no âmbito da União Europeia, e a exemplo da Argentina, Uruguai e Paraguai na América do Sul.

---

[339] ESPÍNOLA, Eduardo; ESPÍNOLA FILHO, Eduardo. *Tratado de direito civil brasileiro. Do direito internacional privado brasileiro: parte especial*. Rio de Janeiro: Freitas Bastos, 1942. t. 1, vol. 8, p. 116.

[340] Em 1935, a Faculdade de Direito de Harvard concluiu uma pesquisa para identificar os princípios que eram mais aplicados pelos Estados para justificar a extraterritorialidade. Embora voltada a identificar os princípios para aplicação na seara penal, a pesquisa englobou as normas de Direito Internacional Privado. Os princípios elencados no *Draft Convention on Jurisdiction with Respect to Crime* são justamente aqueles previstos no artigo 7º, do Código Penal brasileiro: nacionalidade, proteção e universalidade. Disponível em: <https://www.cambridge.org/core/journals/american-journal-of-international-law/article/draft-convention-on-jurisdiction-with-respect-to-crime/30D6EC4FC2D1E0377E93B7623992A189>. Acesso em: 25 de agosto de 2020.

Assim, a determinação de jurisdição exclusiva aos nacionais, quando a contraparte é um estrangeiro, é a expressão de um profundo soberanismo que não se coaduna mais com a atual sociedade internacional e com os princípios de Direito Internacional, como o da igualdade entre os Estados, o da não discriminação aos estrangeiros, e o das relações amistosas e cooperação entre os povos.

4.4. A jurisdição direta e a indireta

A análise da jurisdição *direta* é feita pelo tribunal do país do foro, através da aplicação direta de suas regras de jurisdição internacional para saber se possui jurisdição sobre a causa.

A jurisdição internacional é analisada *indiretamente* quando se examina uma sentença ou decisão estrangeira, em procedimentos de homologação de sentença estrangeira ou carta rogatória. Nesses casos, o tribunal do foro deve verificar se a autoridade estrangeira possuía competência, de acordo com suas próprias regras, para ter proferido o julgamento ou a decisão. É a aplicação indireta das regras de competência do país de importação do julgamento.

A divisão entre competência concorrente e exclusiva é importante ao tema da aferição da competência direta e indireta.

No Brasil, no escrutínio feito pelo Superior Tribunal de Justiça nas homologações de sentenças estrangeiras, não se admite a homologação em causas que são da *competência exclusiva* do Brasil[341].

Se o litígio for fundamentado em uma das hipóteses de jurisdição concorrente para o Brasil, ao revés, já é possível a homologação da sentença estrangeira a se ver do que dispõe o parágrafo único do artigo 24 do Código de Processo Civil, que admite a coisa julgada no exterior, *ipis litteris: pendência da causa perante a jurisdição brasileira não impede a homologação da sentença judicial estrangeira quando exigida para produzir efeitos no Brasil.*

Da mesma forma, o Código de Processo Civil brasileiro (artigo 25) não admite a derrogação de jurisdição pela cláusula de eleição de foro pelas partes se a demanda disser respeito à competência internacional exclusiva.

[341] Veja-se o teor da art. 964, do Código de Processo Civil brasileiro: "Art. 964. Não será homologada a decisão estrangeira na hipótese de competência exclusiva da autoridade judiciária brasileira. Parágrafo único. O dispositivo também se aplica à concessão do exequatur à carta rogatória."

É de se notar que não existiam dispositivos similares no Código de 1973, não de forma tão clara a respeito da coisa julgada e da cláusula de eleição de foro em face da jurisdição concorrente, servindo ambos de exemplo para demonstrar que o legislador brasileiro colocou limites à jurisdição internacional, aceitando a jurisdição estrangeira mesmo nas hipóteses em que o Brasil é competente.

5. As fontes normativas da jurisdição internacional

A teoria da jurisdição internacional, como é uma teoria de limites entre as jurisdições dos diferentes Estados, é regulada ou pelo Direito Internacional, ou pelo direito interno[342].

Logo, as fontes do direito processual internacional se inscrevem tanto no plano interno como no internacional, e no tocante a estas últimas as normas de Direito Internacional sobre jurisdição internacional têm por fontes o costume, os princípios e os tratados normativos, como quaisquer outras normas de direito internacional positivo.

Os princípios do Direito Internacional complementam as regras, servem de balizas na sua elaboração e na interpretação do Direito Internacional Privado.

5.1. Fontes normativas (regras) nacionais para a determinação da jurisdição internacional cível de acordo com a LINDB e o CPC brasileiro

As regras nacionais sobre jurisdição internacional estão previstas na LINDB e no Código de Processo Civil brasileiro. Fixam a jurisdição dos tribunais do Brasil em relação aos tribunais dos outros países.

Carmen Tiburcio e André de Carvalho Ramos explicam que, no passado, o Código Civil de 1916 previa no seu artigo 15 a "competência" da autoridade brasileira *sempre* que o réu fosse domiciliado ou residente no Brasil, por obrigações assumidas ou responsabilidades assumidas neste ou noutro pais. Na época, tanto o Supremo Tribunal Federal quanto a doutrina entendiam que existia uma competência exclusiva do Judiciário brasileiro, eliminando a possibilidade de concorrência de foros.

---

[342] STRENGER, Irineu. *Direito Processual Internacional.* São Paulo: LTr, 2003, p.67.

A LICC alterou o entendimento estabelecendo no seu artigo 12 e parágrafo primeiro que apenas com relação às ações relativas a imóveis a competência brasileira seria exclusiva. No caso de réu domiciliado no Brasil, ou obrigação que tivesse que ser cumprida no Brasil, a autoridade judiciária era competente, mas não expressou a exclusividade.

O Código de Processo Civil de 1973 cuidou de separar a competência exclusiva e concorrente nos artigos 88 e 89. No primeiro, além das hipóteses de réu domiciliado no Brasil (*actor sequitur forum rei*) e obrigação que aqui deveria ser cumprida, o dispositivo incluiu *quando a ação se originar de fato ocorrido ou de ato praticado no Brasil.* Já o artigo 89, disciplinando a competência exclusiva, além das ações relativas a imóvel situado no Brasil (*forum rei sitae*), previu a hipótese de *inventário ou partilha de bens situados no Brasil, ainda que o autor da herança seja estrangeiro e tenha residido fora do território nacional.*

O Código de Processo Civil de 2015, em vigor desde março de 2016, manteve a separação entre as jurisdições exclusiva (artigo 23) e concorrente (artigos 21 e 22), prevista na versão na 1973, mas introduziu novas hipóteses de incidência de jurisdição concorrente, a se ver.

5.1.1. Jurisdição internacional concorrente geral: o domicílio do réu

O domicílio do réu (*actor sequitur forum rei*), *qualquer que seja a sua nacionalidade,* é o critério geral de jurisdição concorrente previsto no inciso I do artigo 21 do Código de Processo Civil, aplicado também para a jurisdição interna. Já se encontrava previsto no antigo Código de 1973 e no artigo 12 da LINDB.

No plano internacional, o critério do domicílio do réu favorece com mais evidência a ambas as partes, autor e réu.

Ao autor, porque não terá dificuldades na citação do réu, além de ter mais certeza na execução de uma sentença que lhe seja favorável diante da probabilidade de o réu possuir bens no Brasil; ao réu, porque lhe facilita responder ao processo sem ter que se deslocar para tanto[343].

---

[343] Segundo Fragistas: "Tout d'abord le choix du domicile du défendeur comme élément fondateur de la compétence internationale paraît être une extension pure et simple des conceptions, qui, dans le droit interne, déterminent la distribution des litiges entre les différents tribunaux homogènes. En effet, dans la compétence territoriale prévaut le principe *actor sequitur forum rei.* En principe, dans le droit interne, les litiges sont soumis à la compétence du tribunal du domicile du défendeur. Cette réglementation manifeste un esprit de faveur envers celui qui se défend; il est évident qu'il est plus confortable pour

Se o réu tiver mais de um domicílio ou forem vários réus com diferentes domicílios (alguns no exterior), o judiciário brasileiro pode ser acionado se existir pelo menos um domicílio no Brasil[344].

Por razões de efetividade e de acesso à justiça, princípios do Direito Internacional Privado sobre jurisdição internacional, o critério do domicílio é largamente utilizado por muitos países, sendo o adotado, como regra geral, também na União Europeia, conforme informa o artigo 4º do Regulamento 1.215/2012[345].

---

les parties de poursuivre leur procès à leur domicile. Cette faveur envers le défendeur est une expression de l'esprit conservateur du droit, qui, de prime abord, se montre favorable à celui qui défend le *status quo* et non à celui qui cherche à le modifier. Ces idées, qui militent pour l'adage *actor sequitur forum rei* dans le droit interne, gardent aussi leur valeur sur le plan international et justifient en principe la soumission des litiges internationaux à la compétence du tribunal du domicile du défendeur. En faveur de la compétence des tribunaux du domicile du défendeur, il existe sur le plan international une raison supplémentaire et spéciale, qui cette fois est favorable aux intérêts du demandeur. En effet, pour que celui-ci soit satisfait, il doit souvent recourir à l'exécution forcée du jugement rendu en sa faveur: mais l'exécution forcée ne peut en règle générale porter de fruits, que si elle est faite au domicile du défendeur, car c'est là que, dans la plupart de cas, celui-ci possède ses biens. Ce ne sont donc pas seulement les intérêts du défendeur, mais aussi les intérêts du demandeur qui militent sur le plan international en faveur de la compétence des tribunaux du domicile du premier." FRAGISTAS, N. "La compétence internationale en droit privé", in: *Collected Courses of the Hague Academy of International Law*, vol. 104, 1961, p. 199.

344 A regra do domicílio das pessoas jurídicas será analisada em tópico próprio, dentro do capítulo do modelo brasileiro, devido a forte influência que exerce no gerenciamento do fato transnacional eletrônico.

345 Artigo 4.1. "Sem prejuízo do disposto no presente regulamento, as pessoas domiciliadas num Estado-Membro devem ser demandadas, independentemente da sua nacionalidade, nos tribunais desse Estado-Membro. Artigo 4.2. As pessoas que não possuam a nacionalidade do Estado-Membro em que estão domiciliadas ficam sujeitas, nesse Estado-Membro, às regras de competência aplicáveis aos nacionais." O Regulamento 1.215/2012 ainda esclarece nos seus *considerandos* (15): As regras de competência devem apresentar um elevado grau de certeza jurídica e fundar-se no princípio de que em geral a competência tem por base o domicílio do requerido. Os tribunais deverão estar sempre disponíveis nesta base, exceto nalgumas situações bem definidas em que a matéria em litígio ou a autonomia das partes justificam um critério de conexão diferente. No respeitante às pessoas coletivas, o domicílio deve ser definido de forma autônoma, de modo a aumentar a transparência das regras comuns e evitar os conflitos de jurisdição; e (16) O foro do domicílio do requerido deve ser completado pelos foros alternativos permitidos em razão do vínculo estreito entre a jurisdição e o litígio ou com vista a facilitar uma boa administração da justiça. A existência de vínculo estreito deverá assegurar a certeza jurídica e evitar a possibilidade de o requerido ser demandado no tribunal de um Estado-Membro que não seria razoavelmente previsível para ele. Este elemento é especialmente importante nos

5.1.2. Jurisdição internacional concorrente especial: o cumprimento da obrigação no Brasil

Previsto no inciso II do artigo 21, do Código de Processo Civil, o lugar do cumprimento da obrigação é aplicável em matéria obrigacional relativamente aos litígios de natureza contratual ou extracontratual, uma vez que a lei brasileira não faz distinção[346]. No artigo 12 da LINDB encontra-se a mesma previsão.

Não importa onde a obrigação foi assumida ou onde se celebrou o contrato, é o lugar do seu cumprimento o escolhido pelo legislador nacional (*actur sequitur forum executiones)*, porque é o mais próximo da relação jurídica, tal como defendido por Savigny, mais do que o lugar de sua celebração, que pode ser incerto.

Vale para as ações de inexecução do contrato ou para se discutir as cláusulas e validade do contrato[347].

Trata-se de critério especial de determinação da jurisdição internacional frente ao critério geral do domicílio do réu.

O lugar do cumprimento da obrigação foi também o critério de competência especial escolhido no plano da União Europeia, a se ver do artigo 7º do Regulamento 1.215/2012, o qual estabeleceu como lugar de cumprimento da obrigação, salvo convenção em contrário, no caso da venda de bens, o lugar num Estado-Membro onde, nos termos do contrato, os bens foram ou devam ser entregues, e, no caso da prestação de serviços, o lugar num Estado-Membro onde, nos termos do contrato, os serviços foram ou devam ser prestados, esclarecendo eventuais dificuldades de interpretação sobre qual exatamente seria o local do cumprimento da obrigação.

A determinação da jurisdição pelo lugar do cumprimento da obrigação é importante para o comércio eletrônico.

Na falta de escolha do foro pelas partes, deve ser aplicada a regra do lugar da execução do contrato ou a regra subsidiária do domicílio do réu.

---

litígios relativos a obrigações extracontratuais decorrentes de violações da privacidade e de direitos de personalidade, incluindo a difamação."

346 CARVALHO RAMOS, André de. *Curso de Direito Internacional Privado*. São Paulo: Saraiva, 2018, p. 212.

347 TIBURCIO, Carmen. *Extensão e limites da jurisdição brasileira. Competência Internacional e Imunidade de Jurisdição*. Salvador: JusPODIVM, 2016, p. 48.

A jurisdição sobre os contratos de consumo possui um tratamento diferenciado tanto no Brasil quanto na União Europeia, de tal forma que a jurisdição do local do cumprimento da obrigação, na falta de escolha pelas partes, será a aplicável notadamente nos contratos eletrônicos *business-to-business ecommerce* (B2B), os quais, como o próprio nome sugere, são aqueles realizados sem a figura do consumidor, dentro do ambiente de *business* das pessoas jurídicas ou físicas.

Ademais, como a hipótese do inciso II do artigo 21 do Código de Processo Civil é de jurisdição concorrente, as situações nela previstas podem ser derrogadas por outras mais especiais, como a eleição de foro pelas partes ou o domicílio do consumidor, quando a demanda envolver uma relação de consumo.

5.1.3. Jurisdição internacional concorrente especial: ação com fundamento em fato ocorrido ou ato praticado no Brasil

No Brasil, segundo a regra prevista no inciso III do artigo 21 do Código de Processo Civil, a jurisdição será brasileira quando a ação tiver por fundamento ato praticado ou fato ocorrido no Brasil (*actor sequitur forum facti causans*).

Trata-se de elemento de conexão relativo fundamentalmente às relações obrigacionais extracontratuais, aos ilícitos a serem reparados mediante ações indenizatórias, embora possam ser aplicados, também, aos litígios decorrentes de negócios jurídicos realizados no exterior, quando o dano venha a se produzir no Brasil, de acordo com a regra de que o fato aqui ocorreu[348].

Num paralelo sobre a aplicação da lei, que também serve ao caso para justificar o porquê da escolha do foro do local do ato ilícito, Jacob Dolinger explica que a aplicação da lei do lugar onde o ato injurioso foi cometido tem sido justificado por força de um princípio moral de que a vítima tem o direito de transferir as consequências do dano ao seu autor e, portanto, o ambiente social do lugar onde o autor agiu é relevante; ademais, o réu deve ser julgado de acordo com as regras que ele conhecia (*lex loci delicti commissi),* no caso com a jurisdição de que tinha conhecimento (*forum delicti commissi)* quando ele praticou o ato[349].

---

[348] CARVALHO RAMOS, André de. *Curso de Direito Internacional Privado*. São Paulo: Saraiva, 2018, p. 213.

[349] DOLINGER, Jacob. "Evolution of Principles for resolving conflicts in the field of contracts and torts", in: *Collected Courses of Hague Academy of International Law*, vol. 283, 2000, p. 453, "The theory that a tort should be governed by the law of the place where it was

Conforme já mencionado, as ações indenizatórias fundadas em ilícitos praticados via internet podem ter causa em diferentes tipos de ofensas, desde ofensas contra a honra ou reputação de uma pessoa, a danos cometidos contra os sistemas computacionais ou eletrônicos, através de um *malware* ou na forma de *hacking*, o dano causado pelo uso de domínio alheio ou de marca alheia, a divulgação de obras literárias e artísticas de forma não autorizada, e a divulgação e propagação de desinformações, as chamadas *fakes news*.

Os litígios com base no local do evento danoso requerem preocupações na ordem do Direito Internacional Privado.

Primeiro, porque raramente não são litígios transnacionais, já que possuem elementos de estraneidade em mais de um país. Assim, o sítio eletrônico pode estar localizado num país, ser do domínio de empresa estabelecida em outro, a postagem ter sido realizada em um Estado, o conteúdo armazenado em outro, mas a jurisdição ser de outro Estado pelos efeitos do ato danoso.

Segundo, porque, suscita dúvida quanto aos limites da jurisdição internacional, é dizer, a jurisdição para adjudicar está fundamentada no evento danoso ocorrido na localidade, alcança as pessoas que possuem vínculo com o Estado do foro, mas nem por isso a jurisdição de *enforcement* pode ser exercida além dos limites admitidos pelo Direito Internacional.

E, terceiro, via de regra, porque são demandas indenizatórias onde o demandante, também requer que (1) o conteúdo deixe de estar disponível na plataforma, isto é, não continue mais aparecendo através de sites de pesquisa mesmo após a sua retirada, quando requer, então, uma desindexação ou o bloqueio do conteúdo (*delist, deindex, de-reference* ou *block*); (2) que cesse a ofensa, cessando a publicação do conteúdo ofensivo, como em caso de comentários racistas, discriminatórios ou com conteúdos de ódio, quando então, vai requerer a cessação da ofensa e a retirada do conteúdo (*delete, remove* ou *takedown*); (3) o ofensor seja notificado a não mais produzir o conteúdo ofensivo, para que o demandante possa se prevenir contra o reaparecimento do conteúdo (*stay-down*).

---

committed is as old as private international law, stemming from the times of the Italian statutist schools, even before Bartolus of Saxoferato, but for a long time this subject was a neglected topic in the study of conflicts, as Story did not refer to it at all and even the early twentieth century English authorities dedicated very little attention to it."

Em resumo, as questões que tocam ao Direito Internacional Privado neste tópico são, notadamente, de três espécies: (1) saber qual o critério que determinará a jurisdição *direta* sobre a causa; (2) saber quando a jurisdição internacional (*de enforcement*) pode ser exercida territorialmente, uma vez se confirmando a jurisdição para adjudicar do Estado do foro; e (3) qual a extensão dos efeitos de eventual decisão sobre a retirada do conteúdo ofensivo propagado via rede eletrônica, tendo em vista que, a rigor, se dissemina globalmente.

Tomamos neste trabalho a primeira e segunda questões, pois a terceira tem relação com o reconhecimento de decisões estrangeiras e com os efeitos da coisa julgada, que escapam à abordagem pretendida.

Quanto às duas outras, a análise da primeira questão é a que se faz pertinente por ora, pois estamos tratando das hipóteses do exercício da jurisdição (para julgar) dos tribunais brasileiros, em face do disposto no inciso III do artigo 21 do Código de Processo Civil brasileiro.

Assim, sobre o critério que determinará a jurisdição *direta* sobre a causa, dois podem ser os elementos de determinação da jurisdição dos fatos transnacionais eletrônicos em face dos ilícitos cíveis: o local onde o ato ilícito foi praticado, assim se entendendo o local onde o conteúdo foi postado (*país de origem*) ou o local onde se produziram os efeitos do fato danoso (*país do destino*).

Esmiuçando um pouco mais sobre o que seria o local onde ocorreu o evento danoso em matéria de internet, dois podem ser, por sua vez, os critérios de solução: o critério do *targeting* do Estado do foro ou a teoria dos efeitos.

De acordo com o critério do *targeting* do Estado do foro, a mera circunstância de a informação ofensiva se encontrar acessível no Estado do foro não basta para fundar a jurisdição dos tribunais locais: é necessário que essa informação seja *deliberadamente tornada acessível no Estado do foro*, dito de outra forma, que aquele que publique a informação tenha *visado intencionalmente aquele Estado*[350].

Foi o fator de determinação de jurisdição utilizado pelo Tribunal de Paris no julgamento do caso *Yahoo!*, em litígio envolvendo de um lado, entidades contra racismo e o antissemitismo e, de outro, a companhia norte-americana *Yahoo*, que estava promovendo leilões de objetos nazistas em site acessível através de sua plataforma. A companhia norte-americana alegou que

[350] MOURA VICENTE, Dario. *Direito Internacional Privado. Problemática Internacional da Sociedade da Informação*. Coimbra: Almedina, 2005, p. 314.

se submetia à jurisdição e à legislação norte-americana. O tribunal, por sua vez, entendeu existir uma conexão da causa com a jurisdição francesa, não só porque o site estava acessível na França, mas porque *deliberadamente* estava acessível uma vez que se encontrava na língua francesa.

Foi o critério também utilizado pela Corte Distrital *for the Western District of Pennsylvania* no caso *Zippo Manufacturing Co v. Zippo Dot Com, Inc.*, em 1997, sobre violação de propriedade intelectual na internet[351].

Trata-se de critério que combina o local onde se produziram *os efeitos do ato danoso* com o *princípio da proximidade*, partindo do pressuposto de que o autor da ofensa poderia prever a produção de um dano naquele lugar, a partir de seu ato ofensivo voltado àquela jurisdição.

A teoria dos efeitos, por sua vez, é mais abrangente, pois terá jurisdição o tribunal do país onde a conduta ilícita produziu os seus efeitos danosos, independentemente de o agente ter visado especificamente aquele país[352].

Em interpretação do que seria o local do dano virtual, à luz do previsto no inciso III do artigo 21 (artigo 88 do Código de Processo Civil à época do julgamento), o Superior Tribunal de Justiça aplicou a teoria dos efeitos no julgamento do Recurso Especial 1.168.547, Rel. Ministro Luís Felipe Salomão.

A Quarta Turma do Superior Tribunal de Justiça firmou a jurisdição brasileira entendendo que o *local de acesso ao sítio eletrônico*, no caso o Brasil, poderia ser considerado como o *local do dano* (do fato danoso) decorrente da publicação de imagens indevidas na internet, ainda que o lugar da postagem e do sítio eletrônico, bem como a sede da empresa responsável pelo conteúdo fosse na Espanha.

Na situação levada ao conhecimento do Superior Tribunal de Justiça, tratava-se de empresa com sede na Espanha que formalizou com a autora um contrato temporário e sem vínculo empregatício, de prestação de

---

351 O qual será melhor analisado nos apontamentos sobre a jurisdição dos Estados Unidos da América, na terceira parte deste texto.

352 MOURA VICENTE, Dario. *Direito Internacional Privado. Problemática Internacional da Sociedade da Informação*. Coimbra: Almedina, 2005, p. 315. A teoria dos efeitos serviu de base no caso australiano Dow Jones &Co. Inc., comumente citado pela doutrina de direito virtual, no qual a empresa "Dow Jones, sedeada nos Estados Unidos da América, onde edita o *Wall Street Journal* e a revista *Barron's* foi responsabilizada pela Suprema Corte de Victória pelos danos causados à reputação do autor, Joseph Gutnick, residente em Victoria, na Austrália, através de um artigo divulgado no sítio internet com o endereço <www.wsj.com>, de que a primeira era titular."

serviços de dançarina e assistente de direção em shows brasileiros a serem realizados nos continentes europeu e africano. Após o término do contrato, a autora visitou, por meio da internet, o website da empresa contratante (<www.brasilcarnaval.2000.com>), também na Espanha, e constatou que a página continha montagens de imagens suas (recortadas de vários shows nos quais havia trabalhado), bem como fotografias utilizadas indevidamente para propaganda.

A Quarta Turma do Superior Tribunal de Justiça entendeu que a alegação da ré de que era uma empresa espanhola e que não possuía sede ou filial no Brasil não impedia que fosse aqui processada (art. 100, inciso IV, alíneas "b" e "c" c/c art. 12, incisos VII e VIII, ambos do CPC), acrescentando:

> quando a alegada atividade ilícita tiver sido praticada pela internet, independentemente de foro previsto no contrato de prestação de serviço, ainda que no exterior, é competente a autoridade judiciária brasileira caso acionada para dirimir o conflito, pois aqui também houve acesso ao sítio eletrônico onde a informação foi veiculada, interpretando-se como ato praticado no Brasil, aplicando-se à hipótese o disposto no artigo 88, III, do CPC.

O Tribunal de Justiça da União Europeia enfrentou a questão em dois casos de violação a direitos de personalidade, *E-Date Advertising* e *Martinez* (C-509/09 e C-161/10, respectivamente), julgados conjuntamente em 25 de outubro de 2011, o primeiro deles movido perante a justiça alemã, pela publicação indevida de uma informação de caráter penal a respeito da vida do demandante, domiciliado na Alemanha, contra site de empresa estabelecida na Áustria; e o segundo deles, em ação movida perante a justiça de Paris, a respeito de uma informação relativa à vida pessoal de um ator francês, publicada em sítio eletrônico com domínio no Reino Unido.

Ambas as ações foram propostas com base no então artigo 5 (3) do Regulamento 44/2001 (Bruxelas I)[353], que preconiza que uma pessoa com domicílio no território de um Estado-Membro pode ser demandada noutro Estado-Membro, quando se tratar de matéria extracontratual, perante o tribunal do lugar onde ocorreu ou poderá ocorrer o fato danoso[354].

---

353 Atualmente com redação prevista no artigo 7(2) do Regulamento 1.215/2012.

354 Confira em: <http://curia.europa.eu/juris/liste.jsf?&num=C-509/09>. Acesso em: maio de 2020.

As ações foram levadas ao conhecimento do Tribunal de Justiça da União Europeia com o objetivo de esclarecer o conflito de jurisdições, fixando o tribunal, no julgamento, três possibilidades de jurisdição internacional em ações de reparação de danos em face de violação de direitos de personalidade via internet: 1) o *forum originalis*, isto é, o juízo do estabelecimento da empresa que publicou o conteúdo virtual, podendo o autor intentar a ação pela totalidade dos danos causados; 2) o juízo do "centro de interesses" da vítima, ou seja, onde é a sua residência habitual, ou onde a mesma é conhecida; e 3) os juízos de cada Estado-Membro em cujo território esteja ou tenha estado acessível o conteúdo, mas nesta última hipótese o autor só poderá pleitear os prejuízos que sofreu em cada lugar.

O entendimento da extensão do dano e de sua reparação ao limite da territorialidade do local de acesso já fazia parte da jurisprudência do Tribunal de Justiça da União Europeia em casos de notícias difamatórias pela publicação offline. No caso Fiona Shevill (C-68/93), o TJUE entendeu que a ação poderia ser proposta no local onde o jornal foi editado ou onde o jornal circulou, sendo que, na primeira hipótese, o juiz teria cognição sobre a integralidade do dano, e, na segunda, apenas para reparar os danos ocorridos naquele Estado.

5.1.4. Jurisdição internacional concorrente especial pela vulnerabilidade da parte: o alimentando

A nova hipótese prevista no artigo 22, inciso I, introduzida pelo Código de Processo Civil de 2015, visa beneficiar o credor de alimentos, pois estipula a jurisdição brasileira seja em face do credor, pelo seu domicílio ou residência no Brasil, seja em face da figura do réu, quando este mantiver vínculos no Brasil, tais como posse ou propriedade de bens, recebimento de renda ou obtenção de benefícios econômicos.

O devedor não precisa estar domiciliado no Brasil, basta ter vínculos patrimoniais ou financeiros com o país, ficando evidente que o Código visou proteger a parte mais fraca da relação jurídica, o credor de alimentos.

Na verdade, a hipótese já estava prevista em convenção assinada pelo Brasil, a Convenção Interamericana sobre Obrigação Alimentar, concluída em Montevideo em 1989[355], cujo artigo 8º é muito semelhante ao artigo 22, inciso I, do CPC[356].

---

[355] Decreto 2.428, de 17 de dezembro de 1997.

[356] De seguinte teor: "Têm competência, na esfera internacional, para conhecer das reclamações de alimentos, a critério do credor: a) O juiz ou autoridade do Estado de

A Convenção da ONU sobre Prestação de Alimentos, firmada em Nova Iorque, em 1956[357], da mesma forma, visou facilitar a obtenção dos alimentos por parte do credor.

De acordo com a Convenção da ONU sobre Prestação de Alimentos no Estrangeiro, também conhecida por Convenção de Nova Iorque, o detentor do direito aos alimentos, residente no Brasil, poderá mover, no exterior, ação de alimentos, executar acordo ou sentença brasileira condenatória em alimentos, no local de residência ou onde o devedor possuir bens, em pedido ativo de cooperação jurídica internacional através do Ministério Público Federal/ Procuradoria-Geral da República. Da mesma maneira, o alimentando no exterior, poderá mover ação judicial, executar sentença ou acordo estrangeiro no Brasil, através do Ministério Público Federal brasileiro que agirá como substituto processual.

A Convenção da Haia sobre a Cobrança Internacional de Alimentos para Crianças e outros Membros da Família, celebrada em 23 de novembro de 2007[358], não é muito diferente, uma vez que seu artigo 20, § 1º, prevê que a decisão (ou acordo homologado pela autoridade judiciária) proferida em um Estado Contratante ("o Estado de origem") será reconhecida e executada em outros Estados Contratantes se: a) o demandado tinha sua residência habitual no Estado de origem ao tempo em que se iniciaram os procedimentos; b) o demandado tiver se submetido à competência expressamente ou opondo-se quanto ao mérito sem impugnar essa competência na primeira oportunidade disponível; c) o credor tinha sua residência habitual no Estado de origem ao tempo em que se iniciaram os procedimentos; d) a criança para a qual se concedeu alimentos tinha sua residência habitual no Estado de origem ao tempo em que se iniciaram os procedimentos, desde que o demandado tenha vivido com a criança nesse Estado ou tenha residido nesse Estado e nele prestado alimentos para a criança; e) as partes tiverem acordado por escrito a competência, salvo em litígios sobre obrigações de prestar alimentos para crianças; ou f) a decisão tiver sido proferida por autoridade no exercício de

---

domicílio ou residência habitual do credor; b) O juiz ou autoridade do Estado de domicílio ou residência habitual do devedor; c) O juiz ou autoridade do Estado com o qual o devedor mantiver vínculos pessoais, tais como posse de bens, recebimento de renda ou obtenção de benefícios econômicos."

357 Promulgada pelo Decreto 56.826, de 2 de setembro de 1965.

358 Promulgada pelo Decreto 9.176, de 19 de outubro de 2017.

sua competência sobre estado civil ou responsabilidade parental, salvo se dita competência tiver se baseada unicamente na nacionalidade de uma das partes.

Observa-se que a Convenção da Haia excluiu das hipóteses de jurisdição internacional aquela baseada unicamente na nacionalidade de uma das partes, afastando-se, assim, da nacionalidade como critério de fixação de competência internacional.

5.1.5. Jurisdição internacional concorrente especial pela vulnerabilidade da parte: o consumidor

Levando em consideração a vulnerabilidade do consumidor, o artigo 22, do Código de Processo Civil, também prevê (inciso II) a jurisdição brasileira para as ações decorrentes das relações de consumo, quando o consumidor tiver domicílio ou residência no Brasil. Como a jurisdição é concorrente, o consumidor pode sempre optar pela regra geral do domicílio do réu.

A Constituição Federal incluiu no rol de direitos e garantias fundamentais a proteção ao consumidor (artigo 5º, inciso XXXII) e o Código de Defesa do Consumidor, no seu artigo 6º, elenca os direitos básicos do consumidor, dentre eles o acesso à justiça (incisos VII e VIII), prevendo como princípio da Política Nacional das Relações de Consumo a proteção ao consumidor como parte mais fraca da relação através do reconhecimento da sua vulnerabilidade no mercado de consumo.

Como diz Carmen Tibúrcio, nos litígios internacionais relativos ao consumo, obrigar o consumidor a processar o fornecedor no seu domicílio no estrangeiro significa, via de regra, negar àquele o acesso à Justiça[359].

A inclusão do domicílio ou residência do consumidor como nova hipótese de jurisdição concorrente é um avanço no direito brasileiro e o reconhecimento, no plano nacional, de uma proteção consoante a tendência internacional.

Conforme relembra Nádia de Araújo, a necessidade de proteger o consumidor no âmbito internacional através de normas específicas de Direito Internacional Privado foi apontada pela doutrina estrangeira desde a década de 1970. A ideia foi criar uma regra de conexão especial para retirar esses contratos da discussão da lei aplicável e a incidência da ordem pública[360].

---

[359] TIBURCIO, Carmen. *Extensão e limites da jurisdição brasileira. Competência Internacional e Imunidade de Jurisdição.* Salvador: JusPODIVM, 2016, p. 75.

[360] ARAUJO, Nádia. "Contratos internacionais de consume nas Américas e no Mercosul: Regulamentação atual e a proposta brasileira para uma Convenção Interamericana na

A Convenção da Compra e Venda Internacional, da Uncitral e os Princípios sobre os Contratos Comerciais Internacionais, da Unidroit excluíram a figura do consumidor do seu âmbito de aplicação, em sinal de que não se lhe aplicavam as regras comuns ao comércio em geral.

O Protocolo de Santa Maria sobre jurisdição internacional em matéria de relações de consumo, aprovado pelo Conselho do Mercado Comum através da Decisão 10/96, embora ainda não em vigor, no seu artigo 4, prevê que terão jurisdição internacional nas demandas ajuizadas pelo consumidor os juízes ou tribunais do Estado em cujo território esteja domiciliado o consumidor, assim como também no seu domicílio poderá ser demandado (artigo 4.2). O artigo 5º elenca soluções alternativas de foro, *por vontade exclusiva do consumidor*, como o lugar da celebração do contrato, do cumprimento da prestação de serviço ou da entrega dos bens e o domicílio do demandado.

No plano da União Europeia, a Carta dos Direitos Fundamentais da União Europeia prevê que as políticas da União devem assegurar um elevado nível de defesa dos consumidores (artigo 38). O artigo 14 da Convenção de Bruxelas, artigo 16 do Regulamento 44/2001 e o atual artigo 18 do Regulamento 1.215/2012 preveem que o consumidor pode propor a ação no seu domicílio ou no do réu, a sua escolha. Todavia, o artigo 17.1, alínea "c" do Regulamento 1.215/2012 (antigo artigo 15.1, alínea "c" do Regulamento 44/2001), prevê que a atividade comercial ou professional deve ser *dirigida* ao Estado-Membro onde o consumidor possui domicílio, quando o contrato não tenha sido celebrado por pessoa com atividade comercial ou profissional no domicílio do consumidor.

O presente regulamento aplica-se aos contratos eletrônicos celebrados pelos consumidores.

Para Dario Moura Vicente, debatem-se fundamentalmente três ordens de interesses na determinação do tribunal competente aos litígios emergentes de contratos eletrônicos.

De um lado, os interesses dos fornecedores de produtos e serviços em linha, que preferem demandas perante os tribunais do país onde se encontram estabelecidos (*país de origem)*, em ordem a minimizarem os riscos e custos dos seus negócios transfronteiriços. Este tipo de critério, que leva em conta

CIDIP VII", in: *O Direito Internacional Contemporâneo. Estudos em Homenagem ao Professor Jacob Dolinger.* Carmen Tibúrcio e Luís Roberto Barroso (orgs.). Rio de Janeiro: Renovar, 2006, p. 709.

os interesses dos fornecedores de produtos e serviços, pode ensejar o que se conhece por *race to the bottom*, isto é, uma "corrida para o fundo", quando os provedores se estabelecem sistematicamente nos países cuja legislação seja mais permissiva, na perspectiva de que os tribunais locais a apliquem sistematicamente quando julguem ações onde forem demandados[361].

De outro, os interesses dos adquirentes dos produtos e serviços, em especial os consumidores, os quais preferem litigiar nos tribunais do país do respectivo domicílio (*país de destino* dos produtos e serviços). Aqui, as empresas que oferecem bens e serviços na internet, muitas das quais podem ser pequenas ou médias empresas, carregarão o ônus da multiplicidade de ações contra elas nos diferentes foros onde os seus sítios eletrônicos forem acessíveis, o que pode gerar um efeito de arrefecimento (*chilling efect*) do comércio eletrônico[362].

A esses dois, acrescentam-se os interesses dos Estados, uma vez que o comércio eletrônico é fonte de estímulo de crescimento econômico, *importará, por isso, evitar que os regimes legais impeçam o seu crescimento*[363].

A União Europeia aplica o critério do domicílio em combinação com o critério do *targeting* do Estado do foro, justamente para evitar o efeito de arrefecimento do comércio eletrônico e não impor o ônus da multiplicidade de ações às pequenas e médias empresas.

Os casos *Peter Pammer vs. Reederei Karl Schlüter GmbH & Co. KG (C-585-08) e Hotel Alpenhof Gesmbh vs. Oliver Heller (C-144/09),* julgados em conjunto pelo Tribunal de Justiça da União Europeia, em 7 de dezembro de 2010, tornaram-se casos conhecidos onde o tribunal, em interpretação ao artigo 15.1 "c", do Regulamento 44/2001, aplicou o *targeting approach* nas demandas que envolviam consumidores a respeito de danos que teriam sofrido em viagem e reserva contratadas pela internet[364].

---

361 MOURA VICENTE, Dario. *Direito Internacional Privado. Problemática Internacional da Sociedade da Informação.* Coimbra: Almedina, 2005, p. 262.

362 MOURA VICENTE, Dario. *Direito Internacional Privado. Problemática Internacional da Sociedade da Informação.* Coimbra: Almedina, 2005, p. 262.

363 MOURA VICENTE, Dario. *Direito Internacional Privado. Problemática Internacional da Sociedade da Informação.* Coimbra: Almedina, 2005, p. 242.

364 Confira em: <http://curia.europa.eu/juris/document/document.jsf;jsessionid=17CC53DDA2B87DDFED5B54434C204CFB?text=&docid=83437&pageIndex=0&doclang=PT&mode=lst&dir=&occ=first&part=1&cid=3235400>. Acesso em: 20 de maio de 2020.

Vale citar o entendimento do Tribunal de Luxemburgo:

> Para determinar se um comerciante que apresenta a sua atividade no seu sítio na Internet ou no sítio de um intermediário 'dirige' a sua atividade ao Estado-Membro do domicílio do consumidor, na acepção do artigo 15°, n° 1, alínea 'c'), do Regulamento 44/2001, é necessário apurar se, antes da eventual celebração de um contrato com o consumidor, resulta desses sítios na Internet e da atividade global do comerciante que este pretendia estabelecer relações comerciais com consumidores domiciliados num ou vários Estados-Membros, incluindo o do domicílio do consumidor, no sentido de que estava disposto a com eles contratar.
>
> Os elementos seguintes, cuja enumeração não é exaustiva, podem constituir indícios que permitem considerar que o comerciante dirige a sua atividade ao Estado-Membro do domicílio do consumidor: a natureza internacional da atividade, a menção de itinerários a partir de outros Estados-Membros para chegar ao local onde o comerciante está estabelecido, a utilização de uma língua ou moeda diferentes das habitualmente utilizadas no Estado-Membro em que o comerciante está estabelecido, com a possibilidade de reservar e confirmar a reserva nessa língua, a menção de números de telefone com a indicação de um indicativo internacional, a realização de despesas num serviço de referenciação na Internet para facilitar aos consumidores domiciliados noutros Estados-Membros o acesso ao sítio do comerciante ou a um sítio do seu intermediário, a utilização de um nome de domínio de primeiro nível diferente do Estado-Membro em que o comerciante está estabelecido e a menção de uma clientela internacional constituída por clientes domiciliados em diferentes Estados-Membros. Cabe ao juiz nacional apurar se existem esses indícios. Pelo contrário, é insuficiente a simples acessibilidade do sítio na Internet do comerciante ou do intermediário no Estado-Membro do domicílio do consumidor. O mesmo se aplica à menção de um endereço electrónico e de outros elementos ou à utilização de uma língua ou moeda que sejam habitualmente utilizadas no Estado-Membro em que o comerciante está estabelecido.

No Brasil, o fato de se tratar de litígios de consumo em contratos eletrônicos não deve alterar a regra prevista no artigo 22, inciso II, do Código de Processo Civil, ao contrário, fortalece a pessoa do consumidor em face da grande massa de contratos que hoje são celebrados eletronicamente.

É de se ver que, ao contrário do Parlamento europeu, o legislador brasileiro não restringiu as demandas às atividades direcionadas ao consumidor, de modo que a justiça brasileira pode ser acionada pelo consumidor domiciliado no Brasil ainda que em face de contrato celebrado no exterior.

Vale também recordar que, em conhecido precedente, já mencionado, o Superior Tribunal de Justiça, aplicando o princípio da proteção ao consumidor como parte vulnerável (Caso Panasonic, REsp. n. 63.981/SP, Quarta Turma), firmou a jurisdição brasileira e aplicou o Código de Defesa do Consumidor em litígio onde o consumidor, domiciliado no Brasil, requeria a assistência técnica ou indenização de danos contra a Panasonic no Brasil, em relação a defeitos apresentados numa máquina filmadora, da marca Panasonic, adquirida em Miami.

5.1.6. Jurisdição internacional concorrente geral: a eleição do foro pelas partes

Por fim, o artigo 22, inciso III, do Código de Processo Civil brasileiro estabelece a jurisdição concorrente nas ações em que as partes, expressa ou tacitamente, se submeterem à jurisdição nacional.

Trata-se do reconhecimento da teoria da autonomia da vontade nas normas internas sobre jurisdição internacional.

Em sua obra sobre a autonomia da vontade nos contratos internacionais, Nadia de Araújo rememora as origens da teoria, surgida nas primeiras concepções de direitos subjetivos como direitos individuais a partir do século XVI, mesma época em que Dumoulin desenvolve sua teoria na França sobre a autonomia da vontade; a *noção decorre da liberdade contratual, do livre-arbítrio e da capacidade de escolha do indivíduo*[365].

Explica ainda que a autonomia da vontade no Direito Internacional Privado transita pelo mesmo terreno no qual se encontra no direito privado, ou seja, na esfera contratual, podendo as partes, na ordem internacional, escolher o ordenamento jurídico para regular o contrato (no campo da aplicação da lei) ou o foro do contrato, da mesma forma que podem fixar o conteúdo dos contratos[366].

A teoria da autonomia da vontade guarda relação com o *princípio da submissão*, pelo qual, explica André de Carvalho Ramos, *um Estado possui*

---

[365] ARAUJO. Nadia de. *Contratos Internacionais. Autonomia da Vontade, Mercosul e Convenções Internacionais.* Rio de Janeiro: Renovar, 1997, p. 31.

[366] ARAUJO. Nadia de. *Contratos Internacionais. Autonomia da Vontade, Mercosul e Convenções Internacionais.* Rio de Janeiro: Renovar, 1997, p. 39.

jurisdição sobre os fatos transnacionais que as partes - voluntariamente - submeterem ao Poder Judiciário nacional, em linha com o direito de acesso à justiça[367].

As partes submetem-se expressamente à jurisdição do Estado através da cláusula contratual de eleição de foro, e tacitamente, segundo o disposto no inciso III do artigo 22 do Código de Processo Civil, quando, após a propositura da ação, o réu deixa de suscitar a ausência de jurisdição internacional, aceitando o foro onde a causa foi proposta[368].

O critério da autonomia da vontade, no entanto, deve ser visto com limitação frente à relação consumidor e fornecedor e a proteção ao consumidor prevista no inciso II do artigo 22 do Código de Processo Civil.

É o que ocorre nos contratos eletrônicos, onde a vulnerabilidade do consumidor é tangível na forma como o foro é escolhido nos contratos eletrônicos, via de regra em cláusulas padrão de eleição de foro e em contratos igualmente padronizados, onde a anuência do consumidor se expressa num simples clique quando muitas vezes sequer tem ideia de que está se submetendo à outra legislação ou jurisdição, o que faz com que o desejo do fornecedor acabe sendo o único a direcionar a escolha que competiria às partes.

Assim explica André de Carvalho Ramos[369]:

> a derrogação da jurisdição internacional brasileira por cláusula contratual (as chamadas 'forum-selection clauses' - cláusulas contratuais de escolha de foro) na matéria consumerista deve ser afastada nos contratos de adesão, pela interpretação sistemática do novo CPC. Seria incoerente interpretar o novo CPC de forma a admitir tal derrogação, justamente no momento em que se ampliou a jurisdição internacional brasileira para melhor proteger o consumidor nas suas relações de consumo transnacionais. Para conciliar, então, esses dois institutos (ampliação da jurisdição - art. 22, II, e derrogação por cláusula contratual - art. 25), entendo que a derrogação da jurisdição em matéria de relações de consumo não pode ocorrer em contratos de adesão.

367 CARVALHO RAMOS, André de. *Curso de Direito Internacional Privado*. São Paulo: Saraiva, 2018, p. 219.

368 CARVALHO RAMOS, André de. *Curso de Direito Internacional Privado*. São Paulo: Saraiva, 2018, p. 219.

369 CARVALHO RAMOS, André de. "Jurisdição internacional sobre relações de consumo no novo Código de Processo Civil: avanços e desafios", in: *Revista de Direito do Consumidor*, vol. 100, 2015, p. 497.

5.1.7. Jurisdição exclusiva

Segundo o artigo 23, inciso I, do Código de Processo Civil, compete à autoridade judiciaria brasileira, *com exclusão* de qualquer outra conhecer de ações relativas a imóveis situados no Brasil.

A mesma regra está prevista no artigo 12, §1º, da LINDB *só à autoridade judiciaria brasileira compete conhecer das ações relativas a imóveis situados no Brasil.*

Trata-se de regra antiga (*forum rei sitae*), que tem larga aplicação na maioria dos países. Ela cumpre com a ideia de que o juiz do local onde o imóvel se encontra é o que mais próximo está da relação jurídica, bem como com a concepção de que em eventual ação de execução a decisão será exequível.

Além disso, funda-se no princípio da soberania de que cada Estado exerce seu poder jurisdicional sobre todas os bens que se encontram em seu território[370].

É preciso que a demanda esteja fundada em direito real e que se refira diretamente a um bem imóvel[371].

Na mesma linha e pelas mesmas razões, dispõem os demais incisos do artigo 23, do Código de Processo Civil, competir à autoridade judiciária brasileira: II – em matéria de sucessão hereditária, proceder à confirmação de testamento particular e ao inventario e à partilha de bens situados no Brasil, ainda que o autor da herança seja de nacionalidade estrangeira ou tenha domicílio fora do território nacional; e III – em divórcio, separação judicial ou dissolução de união estável, proceder à partilha de bens situados no Brasil, ainda que o titular seja de nacionalidade estrangeira ou tenha domicilio fora do território nacional.

A jurisdição será exclusiva tanto para o inventário e partilha *mortis causa* como *inter vivos.*

Em princípio, a partilha de bens consensual escapa à regra do inciso III quando não houver filhos menores ou incapazes, à luz do que dispõe o artigo 18 da LINDB que permite que sejam realizados no exterior, perante autoridades consulares, a separação consensual e o divórcio consensual de brasileiros, não

---

370 DOLINGER, Jacob. "Evolution of Principles for resolving conflicts in the field of contracts and torts", in: *Collected Courses of Hague Academy of International Law,* vol. 283, 2000, p. 258.

371 TIBURCIO, Carmen. *Extensão e limites da jurisdição brasileira. Competência Internacional e Imunidade de Jurisdição.* Salvador: JusPODIVM, 2016, p. 85.

havendo filhos menores ou incapazes, devendo constar da escritura pública a partilha sobre os bens comuns.

Como se vê, o legislador foi claro ao estabelecer nos artigos 21 a 23, do Código de Processo Civil, os elementos mínimos de conexão com a jurisdição brasileira, de tal forma que a justiça brasileira só não terá jurisdição internacional se não ocorrer nenhuma das hipóteses descritas na legislação processual, a qual, em último caso, prevê o domicílio do réu como critério de determinação da jurisdição.

Na hipótese de não se configurar, no caso em concreto, nenhum dos critérios descritos no Código, o Superior Tribunal de Justiça firmou entendimento no sentido de que o rol previsto no artigo 88, do Código de Processo Civil de 1973, correspondente ao rol dos artigos 21 e 22, do Código de Processo Civil de 2015, não é taxativo, pois algumas demandas são passíveis de julgamento pela autoridade judiciária brasileira, ainda que a situação jurídica não se enquadre em nenhuma das hipóteses ali previstas (RO 64/SP, Rel. Ministra Nancy Andrighi, Terceira Turma, DJe de 23/6/2008; e REsp. n. 1.366.642/SP, Ministro Luís Felipe Salomão, Quarta Turma, DJe de 07/11/2016).

Nesse sentido já se posicionava José Carlos Barbosa Moreira afirmando que, além dos casos arrolados nos artigos, cumpria admitir outros para os quais seria absurdo negar a competência da justiça brasileira[372], citando os casos de jurisdição voluntária e do *forum necessitatis*.

Na mesma linha, a doutrina de Carmen Tibúrcio, para quem inclusive as hipóteses de jurisdição exclusivas não são taxativas, como no caso das imunidades de jurisdição[373]. Abordaremos mais sobre a ampliação e a derrogação da jurisdição internacional na seção sobre os princípios do Direito Internacional Privado.

---

372 MOREIRA, José Carlos Barbosa. "Problemas relativos à litígios internacionais", *in Temas de Direito Processual*, Quinta Série. São Paulo: Saraiva, 1994, p.145.

373 "Da mesma forma que o Judiciário deve afastar uma norma de competência concorrente da autoridade brasileira com base nos princípios da efetividade e da imunidade de jurisdição, também é possível se admitir outras hipóteses de exercício da jurisdição nacional com base também em princípios, como o da soberania, autonomia da vontade e ate o da denegação da justiça, valendo tanto para a jurisdição concorrente quanto para a exclusiva. A autora cita como exemplo de competência exclusiva ampliativa a CR 9697-1 STF, referente à ação movida pelos Estados Unidos da América contra o Brasil, nos Estados Unidos, pela cobrança de títulos da dívida pública lançados no século passado. A PGR argumentou - o que foi acolhido pelo tribunal - que se tratava de competência exclusiva da autoridade judiciaria brasileira em razão da imunidade de jurisdição do estado brasileiro." TIBURCIO, Carmen. *Extensão e limites da jurisdição brasileira. Competência Internacional e Imunidade de Jurisdição. Salvador*: JusPODIVM, 2016, p. 104.

5.1.8. Conexão e litispendência

A conexão e a litispendência foram admitidas pelo direito processual brasileiro, em face do artigo 24 do Código de Processo Civil, assim disposto:

> A ação proposta perante tribunal estrangeiro não induz litispendência e não obsta que a autoridade brasileira conheça da mesma causa e das que lhe são conexas, ressalvadas as disposições em contrário de tratados internacionais e acordos bilaterais em vigor no Brasil.

Diferentemente do plano interno, onde um juiz declina para o outro a causa que lhe é conexa, no plano internacional, o juiz brasileiro pode apreciar a causa cível ainda que outra conexa tramite no exterior. Por exemplo, pode ser dado ao juiz estrangeiro conhecer da nulidade de um contrato celebrado no exterior, e ao juiz brasileiro conhecer do descumprimento da obrigação que ocorreu no Brasil. Não existe de acordo com a lei processual brasileira o chamado efeito negativo da conexão, que é justamente o efeito de declinar a demanda para outro juízo.

A regra faz sentido sob o prisma da soberania estatal, pois é muito difícil ao juízo nacional reconhecer que, embora competente, outro julgará em seu lugar.

Quanto ao efeito positivo da conexão, aplica-se a regra geral relativa à competência para demandas incidentes: o juiz competente para a demanda principal, também o será para as ações conexas[374].

No tocante à litispendência, o Código de Processo Civil brasileiro (artigo 24) não reconhece o seu principal efeito que é o de impedir a propositura ou continuidade da causa intentada posteriormente. Logo, um processo já iniciado no exterior não impede a propositura ou o desenvolvimento de outro idêntico no Brasil.

Não interessará à parte opor exceção de litispendência, por força da disposição processual, entretanto, se a ação no exterior for julgada antes, a pendência da causa perante a jurisdição brasileira não impedirá a homologação de sentença estrangeira quando exigida para produzir efeitos no Brasil (parágrafo único do artigo 24).

Admite-se, então, a coisa julgada após a devida homologação da sentença estrangeira perante o Superior Tribunal de Justiça, e uma vez se revestindo a sentença dos efeitos da coisa julgada, ela produzirá, no Brasil, o efeito de impedir o desenrolar do processo idêntico brasileiro.

---

[374] TIBURCIO, Carmen. *Extensão e limites da jurisdição brasileira. Competência Internacional e Imunidade de Jurisdição.* Salvador: JusPODIVM, 2016, p. 228.

Significa que o efeito da litispendência se resolve com o eventual reconhecimento da coisa julgada no Brasil.

É preciso compreender, no entanto, que se a causa idêntica for de jurisdição exclusiva brasileira, a sentença estrangeira não será homologada, tampouco se o Superior Tribunal de Justiça não reconhecer, por qualquer outra razão, a jurisdição do tribunal estrangeiro, ainda que se esteja falando de jurisdição concorrente, embora neste ponto não seja regra obrigatória.

Diferentemente ocorre no âmbito do Mercosul, de acordo com o artigo 22 do Protocolo de Cooperação e Assistência Jurisdicional em Matéria Civil, Comercial, Trabalhista e Administrativa (Las Leñas, 1992), onde se estabelece que não se homologará a decisão de processo posteriormente iniciado.

5.2. Fontes normativas internacionais para a determinação da jurisdição internacional cível

As fontes normativas internacionais são normas bilaterais ou multilaterais, baseadas na pluralidade e voluntariedade dos Estados Partes.

Quando se pactua por tratados a uniformidade processual, estabelece-se sempre no interesse tanto do tribunal como das partes que tocam ao Estado regular em condições tais que nenhuma delas possa ter preeminência, vantagens ou prejuízos por causa de um título derivado do ordenamento legal estrangeiro[375].

No Brasil, podem ser citadas as seguintes convenções internacionais sobre jurisdição internacional:

Em direito de família, a Convenção da ONU sobre Prestação de Alimentos no Estrangeiro, de 1956[376], a Convenção Interamericana sobre Obrigação Alimentar, de 1989[377], e a Convenção da Haia sobre a Cobrança Internacional de Alimentos para Crianças e outros Membros da Família, que institui como regra geral a jurisdição da residência habitual do credor[378].

A Convenção da Haia sobre Sequestro Internacional de Crianças, de 1980, que determina a jurisdição do Judiciário do país da residência habitual da criança para decidir sobre as questões relativas à sua guarda.

---

375 STRENGER, Irineu. *Direito Processual Internacional* São Paulo: LTr, 2003, p. 26.

376 A chamada Convenção de Nova Iorque, promulgada pelo Decreto 56.826, de 2 de setembro de 1965.

377 Promulgada pelo Decreto 2.428, de 17 de dezembro de 1997.

378 Promulgada pelo Decreto 9.176, de 19 de outubro de 2017.

A Convenção Interamericana sobre Conflito de Leis em Matéria de Adoção de Menores, de 1984, cujo artigos 15 a 17 estabelecem a jurisdição do juízo da residência habitual da criança para outorgar a adoção, anulação ou a revogação da adoção, e a jurisdição do domicílio do adotante para as questões referentes às relações entre o adotado e o adotante e a família deste último, enquanto o adotado não constituir domicílio próprio.

A Convenção da Haia relativa à Proteção das Crianças e à Cooperação em Matéria de Adoção Internacional, de 1993, que no seu artigo 2.1., reconhece a competência para a adoção tanto do juízo da residência habitual do adotante quanto a do adotado.

No tema da reparação de danos no transporte aéreo, a Convenção de Montreal para a Unificação de Certas Regras Relativas ao Transporte Aéreo Internacional, de 1999[379], substituta da Convenção de Varsóvia, que estabelece no seu artigo 33 método alternativo, à escolha do autor: a ação pode ser intentada seja ante o tribunal do domicílio do transportador, da sede da matriz da empresa, ou onde possua o estabelecimento por cujo intermédio se tenha realizado o contrato, seja perante o tribunal do lugar de destino; e com relação ao dano resultante na morte ou lesões do passageiro, a ação pode ser intentada perante um dos tribunais mencionados anteriormente ou no território de um Estado Parte em que o passageiro tenha sua residência principal e permanente no momento do acidente e para e desde o qual o transportador explore serviços de transporte aéreo de passageiros sem suas próprias aeronaves ou nas de outro transportador, sob um acordo comercial, e em que o transportador realiza suas atividades de transporte aéreo de passageiros, desde locais arrendados ou que são de sua propriedade ou de outro transportador com o qual tenha um acordo comercial.

A Convenção Internacional sobre Responsabilidade Civil em danos Causados por poluição por Óleo, de 1969[380], que prevê hipótese de jurisdição exclusiva do Estado onde o dano ocorreu para as ações indenizatórias (artigo IX. 1) e Decreto n. 83.540, de 4 de junho de 1979, o qual prevê que a ação será intentada pelo Ministério Público da União (artigo 9º).

[379] Promulgada pelo Decreto 5.910, de 27 de setembro de 2006.

[380] Promulgada pelo Decreto 79.437, de 28 de março de 1977.

O Protocolo de São Luiz sobre Matéria de Responsabilidade Civil Emergente de Acidentes de Trânsito entre os Estados Partes do Mercosul, de 1996, traz como hipóteses de jurisdição concorrente, à escolha do autor: o lugar onde ocorreu o acidente, o domicílio do demandado e o domicílio do demandante.

O Protocolo de Buenos Aires sobre Jurisdição Internacional em Matéria Contratual (1994)[381], não abrangente às relações de consumo, elege a autonomia da vontade para a escolha do foro, assim como para a eleição de tribunais arbitrais, estabelecendo na ausência de acordo, a jurisdição à escolha do autor: a) do juízo do lugar do cumprimento do contrato; b) o juízo do domicílio do demandado; c) o juízo do seu domicílio ou sede social quando demonstrar que cumpriu a obrigação.

As Convenções e protocolos citados foram assinados em ambiente de pluralidade de partes, não se tratando, portanto, de normas *unilaterais* produzidas pelo legislador nacional, o qual, por um lado, impõe normas internas de Direito Internacional Privado no âmbito nacional e, por outro, não pode determinar a jurisdição internacional de outro Estado em âmbito nacional.

Através das convenções e tratados pode ser estabelecido o critério de jurisdição mais adequado, determinando-se a jurisdição a qualquer Estado signatário.

Os princípios do Direito Internacional são importantes balizas na elaboração das fontes internacionais, como veremos a seguir.

---

[381] Promulgado pelo Decreto 2.095/96.

CAPÍTULO 2

OS PRINCÍPIOS DA JURISDIÇÃO INTERNACIONAL NO DIREITO INTERNACIONAL

1. Aspectos gerais: as razões políticas, econômicas e jurídicas envolvidas na escolha da jurisdição e o papel dos princípios do Direito Internacional

A escolha da jurisdição é uma escolha sobretudo de valores.

Quando o legislador nacional traça os limites da jurisdição internacional do Estado, seja na elaboração das leis internas, seja na negociação de tratados, e quando a partes definem ou contestam a jurisdição da demanda, são valores que guiam suas escolhas. Esses valores são os interesses em jogo.

Os interesses envolvidos na escolha da jurisdição podem ser *políticos, econômicos e jurídicos.*

As meras escolhas políticas e econômicas não devem constituir vínculos suficientes para o legislador quando desprovidas de razões jurídicas, mas os interesses jurídicos também não estão sozinhos nessa definição.

Vejamos, por exemplo, que as razões jurídicas dos pensadores da Escola Estatutária Italiana, pela aceitação da extraterritorialidade da lei estrangeira, foram motivadas, especialmente, pelos interesses econômicos das cidades italianas na expansão do comércio local e transfronteiriço.

Durante o século XIII, tratados foram concluídos entre as cidades italianas e os povos árabes do Norte da África, concedendo, reciprocamente, privilégios e jurisdição aos mercadores[382]. Havia cônsules com residência em cidades estrangeiras, com poder administrativo e judicial sobre os mercadores de seu

---

[382] KEETON, G.W. "Extraterritoriality in international and comparative law", in: *Collected Courses of the Hague Academy of International Law,* vol. 72, p. 292.

país que se encontravam nas cidades estrangeiras, concedido por tratados ou por concessão da soberania local[383].

Ao longo da Renascença na Europa Ocidental o sistema mercantil medieval de extensão da jurisdição para proteção dos mercadores sofreu um enfraquecimento por razões preponderantemente políticas, devido à exaltação do poder soberano das regras territoriais, cada vez mais relutante em conceder imunidade de jurisdição aos mercadores estrangeiros[384].

Quando a Inglaterra expandiu sua colonização e suas atividades comerciais além dos oceanos, inevitavelmente os ingleses enfrentaram dificuldades para aplicar seu direito nacional nas transações externas. O remédio foi estender a jurisdição das cortes inglesas para as causas estrangeiras no decorrer do século XIV[385]. Era uma visão embasada nas razões políticas e econômicas da colonização dos povos que também foi aplicada na colonização hispânica e portuguesa, tanto para a extensão da jurisdição quanto na aplicação das leis *do Estado colonizador às sociedades colonizadas*[386].

Posteriormente, já no século XIX, Mancini desenvolveu sua teoria sobre a nacionalidade num momento histórico de anseios políticos por uma Itália unificada[387].

---

383 "(...) there were permanent consulates resident in foreign cities, with administrative and judicial powers over their own merchants, derived from treaty or grant from the local sovereign, KEETON, G.W., p. 292-293."

384 "From the Renaissance onwards, the mediaeval mercantile system, and with it the great merchant guilds, gradually declined in Western Europe. This change was due to many causes. The new political system exalted the power of the territorial ruler, who became increasingly reluctant to grant immunities from jurisdiction to foreign merchants. Moreover, the growth of commercial intercourse, and of international law, were responsible for a clearer conception of the status of the foreigner abroad". KEETON, G.W. Extraterritoriality in international and comparative law, in: *Collected Courses of the Hague Academy of International Law*, vol. 72, p. 292.

385 FAWCETT & CHESHIRE, NORTH. *Private International Law*, Fifteenth Edition. Oxford, 2017.

386 "Out of this development, at the close of the Middle Ages, arose the national laws of the chief nations of Western Europe – of the Scots, the English, the Portuguese, the Spanish and the French." KEETON, G.W. Extraterritoriality in international and comparative law, in: *Collected Courses of the Hague Academy of International Law*, vol. 72, 1948, p. 291.

387 Sobre o interesse político na escolha da lei e a condição do estrangeiro no país, Batiffol comentou em 1948: "Même le problème des conflits de loi se ressent de considérations politiques. D'une manière générale, l'autorité du législateur sur son territoire est une question politique. Plus précisément, le choix entre la nationalité et le domicile, par exemple, pour la détermination du statut personnel, dépend, entre autres éléments,

Savigny, ao contrário, quis estabelecer um sistema essencialmente técnico e jurídico na escolha das leis, a partir de classificações jurídicas, acreditando que quanto mais técnico fosse o método do Direito Internacional Privado mais fácil seria a sua aceitação na comunidade das nações, todavia, foi criticado justamente por isso pelo movimento norte-americano.

O método clássico de Savigny, como já mencionado, conduziu a disciplina do Direito Internacional Privado por um longo percurso como uma disciplina apolítica, concentrada, essencialmente, na resolução dos interesses privados, quando hoje se sabe que existem outros interesses na escolha da jurisdição.

Assim, qualquer análise sobre jurisdição internacional deve começar pela identificação dos interesses envolvidos na resolução dos litígios, tal como ensina Frank Vischer[388].

Para Fernández Arroyo existem quatro categorias de argumentos que justificam quatro tipos de interesses na fixação dos critérios para a definição da jurisdição internacional: *argumentos políticos, econômicos, pragmáticos e jurídicos*, que justificam, por sua vez, *os interesses dos Estados, dos particulares, das relações internacionais e das ordens jurídicas*[389].

---

de l'opportunité d'une assimilation plus ou moins rapide des étrangers immigrés. Si la politique du pays d'immigration le conduit à chercher une assimilation aussi rapide que possible, il travaillera à éviter leur individualité. Or, il paraît peu douteux que le maintien de ces colonies sous l'empire de leur loi nationale est de nature à entretenir leur cohésion. Il est d'ailleurs possible que des fluctuations momentanées aient leur rôle (...) Les républiques sud-américaines doivent, de toute évidence, attribuer leur nationalité essentiellement à raison de la naissance, sous peine de rester une marqueterie d'immigrés et de reculer indéfiniment l'unification du pays. On sait même que certains pays sud-américains, comme le Venezuela, ont voulu attacher, à un certain moment, l'attribution de leur nationalité à la simple résidence. Mais, inversement, les pays d'émigration, tels que l'Italie, chercheront à maintenir leur influence sur leurs nationaux émigres en attachant l'attribution de leur nationalité à la filiation. Le conflit est inévitable parce qu'il tient aux intérêts politiques opposés des États. BATIFFOL, Henri. "Les tendances doctrinales actuelles en droit International privé», in: *Collected Courses of the Hague Academy of International Law*, vol. 72, 1948, p. 10.

388 "Any analysis of adjudicatory jurisdiction has to start with the identification of the interests at issue. The interests of the community of States, of the single State, of the claimant and of the defendant are all involved. They have to be evaluated and weighed against each other." VISCHER, Frank. "General Course on Private International Law", in: *Collected Courses of the Hague Academy of International Law*, v. 232, 1992, p. 203.

389 FERNÁNDEZ ARROYO, Diego P. "Compétence exclusive et compétence exorbitante dans les relations privées internationales", in: *Collected Courses of the Hague Academy of International Law*, vol. 323, 2006, p. 53.

Os *interesses dos Estados* estão vinculados aos seguintes argumentos políticos e econômicos: *(i) a independência e a soberania, (ii) a manifestação por um interesse especial, e (iii) a boa administração da justiça.*

A jurisdição é uma emanação do próprio poder soberano estatal, e conforme veremos neste capítulo, a soberania é utilizada como critério para a ampliação e para a derrogação da jurisdição. Por outro lado, por mais que os Estados sejam independentes para determinar a extensão e mesmo o conteúdo de sua jurisdição, a jurisdição internacional possui limitações, uma prática nacionalista extremamente enraizada na concepção territorialista do direito[390] e na extravagância de um Estado com jurisdição para tudo, não consegue conviver minimamente com outros Estados democráticos.

É evidente que um Estado que queira monopolizar a jurisdição em detrimento de outros Estados, vai acabar sofrendo o mesmo tratamento, e, por razões contraditórias, pode acabar prejudicando as relações internacionais[391]. A autolimitação da jurisdição pelos próprios Estados mantém, portanto, as relações internacionais saudáveis.

Os países podem, também, fixar jurisdição internacional sobre um interesse especial, a que Fernández Arroyo aponta como um interesse tipicamente público, por certas matérias, bens ou pessoas em litígios[392]. É o que ocorre na definição da extraterritorialidade penal para crimes cometidos contra o patrimônio ou a fé pública do país ou contra a pessoa do Presidente da República, ou como no caso da jurisdição universal penal e cível.

A boa administração da justiça serve mais como um argumento negativo, no sentido de auxiliar a recusa de jurisdição internacional quando o Estado não possui vínculo suficiente com a causa.

---

[390] FERNÁNDEZ ARROYO, Diego P. "Compétence exclusive et compétence exorbitante dans les relations privées internationales", in: *Collected Courses of the Hague Academy of International Law,* vol. 323, 2006, p. 53-54.

[391] "il est évident qu'un État qui prétendrait accaparer la totalité des affaires internationales, en méconnaissant, d'ailleurs, les effets des décisions adoptées dans d'autres États sur des bases légitimes et non contradictoires avec les valeurs essentielles de l'ordre juridique du premier État, tôt ou tard, finira par recevoir un traitement similaire de la part des autres États". FERNÁNDEZ ARROYO, Diego P. "Compétence exclusive et compétence exorbitante dans les relations privées internationales", in: *Collected Courses of the Hague Academy of International Law,* vol. 323, 2006, p. 56.

[392] FERNÁNDEZ ARROYO, Diego P. "Compétence exclusive et compétence exorbitante dans les relations privées internationales", in: *Collected Courses of the Hague Academy of International Law,* vol. 323, 2006, p. 58.

Em defesa dos *interesses dos particulares,* prossegue Fernández Arroyo dizendo que são utilizados os seguintes argumentos jurídicos de fundo[393]: da *liberdade das partes e o caráter privado das relações, a comodidade das partes e a tendência ao forum shopping* e *os interesses particulares especialmente protegidos.*

Normalmente, as partes desejam litigar perante um foro que lhe seja familiar ou que, por razões materiais, seja-lhes mais conveniente[394]. Geralmente o autor da demanda tem interesse em escolher a jurisdição, para que possa optar por aquela que lhe pareça mais favorável, e o réu, por sua vez, tem interesse em não ser demandado longe do país de sua residência, pelos custos que o litígio a distância pode lhe causar e pela aplicação de um ordenamento jurídico por uma justiça que não é a sua ou a que está acostumado em seu país.

Nas relações privadas onde não existem interesses particulares especialmente protegidos, as partes, por um acordo de vontades, podem escolher o foro de resolução dos litígios.

Os interesses particulares especialmente protegidos são os foros de proteção, estabelecidos para equilibrar a relação jurídica onde há uma parte vulnerável, como os trabalhadores, consumidores, as crianças e os credores de alimentos, existindo a proteção legal, que pode se dar por norma internacional ou interna, para prever a jurisdição que lhes garanta melhores condições para um litígio acessível e justo.

Os *interesses das relações internacionais,* por sua vez, de acordo com Fernández Arroyo, são atendidos pelos seguintes argumentos pragmáticos: da *efetividade da justiça e da necessidade de evitar-se a multiplicidade de litígios.*

A efetividade é um princípio do Direito Internacional Privado, que consiste no interesse do Estado em estabelecer jurisdição internacional em relação a litígios que, se levados à justiça local, a decisão judicial, sob a perspectiva de sua execução, será efetiva e atende o direito material a ser por ela reconhecido.

---

393 FERNÁNDEZ ARROYO, Diego P. "Compétence exclusive et compétence exorbitante dans les relations privées internationales", in: *Collected Courses of the Hague Academy of International Law,* vol. 323, 2006, p. 60.

394 FERNÁNDEZ ARROYO, Diego P. "Compétence exclusive et compétence exorbitante dans les relations privées internationales", in: *Collected Courses of the Hague Academy of International Law,* vol. 323, 2006, p. 62.

A multiplicidade de litígio é evento que pode ocorrer quando mais de um Estado afirma possuir jurisdição concorrente sobre os fatos. É o chamado conflito positivo de jurisdições. Não interessa aos Estados e às relações internacionais a multiplicidade de litígios sobre os mesmos fatos transnacionais, por uma questão de economia processual e para evitar decisões contraditórias. Para isso, existem mecanismos, como a litispendência, coisa julgada e o *forum non conveniens* que servem para limitar os foros concorrentes.

Por fim, em face *dos interesses das ordens jurídicas*, há a necessidade de se buscar a certeza e a segurança jurídica. Para Fernández Arroyo, *toda ordem jurídica deve permitir aos particulares conhecer a situação de certeza no exercício de seus direitos*, saber de antemão quais as sanções possíveis de serem aplicadas e quais os direitos que são reconhecidos. Além disso, evitar a adoção de foros que *limitem e restrinjam o campo de aplicação do que já existe e, por outro lado, que assegure regras de competência razoáveis de interpretação aos juízes*, para restringir interpretações injustificáveis e arbitrárias.

Para cada um desses argumentos, os quais Fernández Arroyo classifica como *pragmáticos, econômicos, políticos e jurídicos*, existem, em verdade, princípios correspondentes no Direito Internacional que acabam dando um sentido jurídico à escolha da jurisdição, ajudando na interpretação dos valores que expressam, inclusive os de ordem econômica e política, trazendo a disciplina para um ambiente mais consentâneo com a realidade atual de confluência entre o direito privado e o público.

No conjunto dos princípios relativos à jurisdição internacional há princípios originariamente do Direito Internacional Público e outros do Direito Internacional Privado demonstrando mais ainda a confluência entre os ramos, por isso, serão chamados numa só denominação de "princípios do Direito Internacional".

Os princípios do Direito Internacional ajudam a compreender as regras de Direito Internacional Privado sobre jurisdição como um verdadeiro sistema, com coerência e que possa ser colocado em prática. Um princípio basicamente adverte de que não se pode agir de forma contrária ao valor que ele expressa[395].

---

[395] DOLINGER, Jacob. "Evolution of Principles for Resolving Conflitcts in the Field of Contracts and Torts", in: *Collected Courses of the Hague Academy of International Law*, vol. 283, 2000, p. 211.

Os princípios possuem um caráter axiológico, resultado da conquista histórica da sociedade internacional que, ao amadurecer a partir dos acertos e erros, consolidou valores que devem guiá-la nas suas relações normativas e éticas[396].

Dentre esses princípios, há aqueles que ajudam a traçar os limites do exercício da jurisdição para as hipóteses previstas e aqueles que legitimam o exercício da jurisdição nas hipóteses em que a rigor não se fixaria a jurisdição.

Uma vez que a jurisdição internacional é uma jurisdição sobretudo de limites frente aos demais Estados, preferimos classificar os princípios em duas ordens: princípios que *delimitam* e princípios que *ampliam* a jurisdição internacional.

2. Os princípios que delimitam a incidência da jurisdição internacional

Como todos os Estados podem definir livremente a sua jurisdição, o Direito Internacional estabelece alguns princípios necessários que vão ajudar a delimitar a distribuição da jurisdição, servindo de próprio *limite* ao exercício da atividade jurisdicional.

Os princípios delimitadores da jurisdição são aqueles que colocam limites ao exercício da jurisdição internacional e servem para guiar, previamente, o legislador na definição das hipóteses de jurisdição, ou, *a posteriori,* o julgador e as partes no processo.

2.1. O princípio da territorialidade

É um clássico princípio do Direito Internacional Público que está atrelado à noção de estado territorial e vigência espacial das normas[397].

De acordo com este princípio, o Estado tem o poder para regular, aplicar e executar suas normas dentro de seu território. E exerce esse poder em face das pessoas que nele se encontram, independente de nacionalidade, dos fatos, bens e serviços que estiverem ao alcance de seu poder estatal soberano[398].

---

396 MENEZES, Wagner. "Os princípios no Direito Internacional", in: CASELLA, Paulo Borba. CARVALHO RAMOS, André de (org.). *Direito Internacional: Homenagem a Adherbal Meira Mattos,* São Paulo: Quartier Latin, 2009, p. 683-701.

397 CASELLA, Paulo Borba. *Direito Internacional dos Espaços.* São Paulo: Atlas, 2009, p. 684.

398 Ensina Casella: "A soberania do estado, em relação ao seu território, compreenderia, na formulação clássica, o *imperium* e o *dominium:* o primeiro, *imperium,* é constituído por espécie de soberania abstrata, sobre as pessoas que nele se encontram; o segundo,

Por força do princípio da territorialidade, o exercício do poder jurisdicional, como uma manifestação da soberania estatal, encontra-se limitado pela extensão territorial do Estado, já que o *Estado se define, fisicamente pela sua territorialidade* e sob ela exerce dominação exclusiva[399].

Tanto é assim que a expansão, a secessão do território ou descoberta de novos domínios afetam inclusive o alcance da jurisdição, conforme explica Paulo Borba Casellla:

> *se até o fim do século XIX, o território era composto de elementos horizontais, isto é, o domínio terrestre e o domínio marítimo*, a descoberta da aviação, no século XX, trouxe uma nova perspectiva ao Direito Internacional Público, em sua dimensão vertical, pois precisou regular o domínio aéreo[400].

Para Casella até o conceito de territorialidade neste século XXI está em mutação, em face da percepção crescente da interdependência da humanidade e da necessidade de gestão concertada dos recursos naturais, da internacionalidade inerente às questões de poluição do solo, do subsolo e das reservas subterrâneas de água[401].

Qualquer que seja, então, a extensão do território, a territorialidade serve como limite ao poder soberano do Estado na exata dimensão do limite do próprio território.

A extraterritorialidade é a exceção à territorialidade.

O conceito de extraterritorialidade é complexo e tem mais de um sentido.

Leo Strisower, por exemplo, apontou no começo do século passado que a extraterritorialidade é uma exceção à ação normativa do Estado, em

---

dominium é constituído pelo direito, exclusivo, de reger o território, e nele dispor, segundo a sua própria vontade, para as necessidades legítimas, da coletividade nacional". CASELLA, Paulo Borba. *Direito Internacional dos Espaços*. São Paulo: Atlas, 2009, p. 30.

399 CASELLA, Paulo Borba. *Direito Internacional dos Espaços*. São Paulo: Atlas, 2009, p. 19-20.

400 Citando Maurice Ballet, Casella aponta ter sido o direito aeronáutico um direito internacional antes mesmo de ser direito interno. CASELLA, Paulo Borba. *Direito Internacional dos Espaços*. São Paulo: Atlas, 2009, p. 29 e 496.

401 "Da ênfase na territorialidade estatalmente delimitada e exercitada, se passa mais e mais à cognição da interdependência do gênero humano, sobre este geograficamente limitado planeta, e da necessidade premente de conservação dos recursos deste, passíveis de esgotamento, em razão de utilização predatória e inconsciente. Mas a regulação da matéria, pela grande maioria dos estados se ressente, todavia, dessa territorialidade que já ficou superada, pela história e pelo caráter funcional do território, em decorrência da crescente interdependência da humanidade no planeta". CASELLA, Paulo Borba. *Direito Internacional dos Espaços*. São Paulo: Atlas, 2009, p. 19, 20 e 29.

relação a certas pessoas e coisas, em razão das posições que ocupam, para garantir a independência de suas ações[402]. O autor se referia a hipóteses de imunidades de jurisdição, dizendo que a extraterritorialidade se aplica aos agentes diplomáticos, aos chefes de Estado, e às Forças Armadas, como às tropas estrangeiras.

Para George Keeton a extraterritorialidade é a expressão da soberania de um Estado em prejuízo da limitação da soberania por parte de outro Estado, que se submete e aceita tal limitação, via de regra por tratado[403]. O autor relembrou os antigos casos de concessões extraterritoriais na China em favor de nacionais da Inglaterra e dos Estados Unidos que podiam ser julgados por jurisdições consulares mediante cláusula de extraterritorialidade previstas em tratados.

Da mesma forma, Paulo Borba Casella exemplifica a extraterritorialidade referindo-se à competência dos Estados em territórios estrangeiros em virtude de tratados especiais, como nos antigos casos de cessão ou de arrendamento de território nas concessões extraterritoriais na China (Hong Kong até 1997 e Macau até 1999) e o canal do Panamá, entre os Estados Unidos e o Panamá[404].

Para uma ampla doutrina de Direito Internacional Privado, a jurisdição extraterritorial manifesta-se no alcance da jurisdição aos nacionais de um Estado, através da aplicação do princípio da nacionalidade como vínculo atributivo de jurisdição.

O conceito de extraterritorialidade também está associado aos princípios da segurança nacional e da universalidade.

Em 1935, a Faculdade de Direito de Harvard concluiu uma pesquisa para identificar os princípios que eram mais aplicados pelos Estados para justificar a extraterritorialidade da jurisdição internacional criminal. Os princípios

---

[402] "Extraterritorialité est un phénomène juridique spécial, caractérisé, par son opposition directe à l'idée de la *dépendance* des personnes et des choses vis-à-vis de la réglementation de l'État du territoire". "C'est l'exemption de certaines personnes et des certaines choses de l'action régulière de cet État, telle qu'elle résulterait en principe de sa position, dans l'intérêt de cette indépendance elle-même et de tout ce qui s'y rattache». STRISOWER, Léo. «L'extraterritorialité et ses principales applications», in: *Collected Courses of the Hague Academy of International Law*, vol. 01, 1923, p. 233.

[403] "So long as this principle dominates international relations, extraterritoriality will be regarded as a limitation of the sovereignty of the state, which is subject to it, and as such will be resented", Keeton, G.W, "Extraterritoriality in international and comparative law", in: *Collected Courses of the Hague Academy of International Law*, vol. 72, p. 287.

[404] CASELLA, Paulo Borba. Direito Internacional dos Espaços. São Paulo: Atlas, 2009, p. 693.

elencados no *Draft Convention on Jurisdiction with Respect to Crime*[405] são justamente aqueles previstos no artigo 7º, do Código Penal brasileiro: nacionalidade, segurança e universalidade.

De acordo com o princípio da segurança nacional, é lícito ao Estado agir em defesa de sua independência política, integridade territorial, segurança interna ou externa, estendendo a sua jurisdição sobre os atos praticados no exterior, como no caso de delitos que atentem contra os símbolos nacionais, como a moeda e a bandeira nacional[406].

A consagração do princípio da universalidade ou da justiça universal se deu através do reconhecimento da necessidade de se prevenir e reprimir os crimes internacionais, sendo vasta a doutrina que trata dos crimes internacionais e do alcance da justiça universal.

Para Mann, a extraterritorialidade ocorre quando, por razões diversas, principalmente baseadas na soberania estatal, o Estado resolve regular condutas que não dizem respeito *exclusivamente* ao seu ambiente doméstico[407].

A extraterritorialidade foi abordada em dois precedentes conhecidos do Direito Internacional, um deles julgado pela Corte Permanente de Justiça Internacional, o conhecido *Caso Lotus* (1928) e, o outro, pela Corte Internacional de Justiça, *Caso Congo vs Bélgica* (2002).

No *caso Lotus*, a França processou a Turquia perante a Corte Permanente de Justiça Internacional, alegando que a Turquia não poderia exercer jurisdição extraterritorial sobre colisão ocorrida em alto-mar entre dois navios de bandeira desses países. A Corte concluiu que os Estados são soberanos e podem definir a jurisdição de modo livre enquanto não existir uma norma internacional impeditiva, acabando por reconhecer a jurisdição internacional da Turquia.

---

405 Disponível em: <https://www.cambridge.org/core/journals/american-journal-of-international-law/article/draft-convention-on-jurisdiction-with-respect-to-crime/30D6EC4FC2D1E0377E93B7623992A189>. Acesso em: 8 de junho de 2020.

406 MAGALHAES, José Carlos de. "A aplicação extraterritorial e leis nacionais", in: *Revista da Faculdade de Direito da Universidade de São Paulo*, n. 80, 1985, p. 165. Disponível em: <https://www2.senado.leg.br/bdsf/item/id/181450>. Acesso em: 11 de junho de 2020.

407 MANN, F.A.P. "The doctrine of jurisdiction in international law", in: *Collected Courses of the Hague Academy of International Law*, vol. 111, 1964, p. 9.

Em outras palavras, até o começo do século passado, de acordo com o precedente internacional, os Estados poderiam praticar a extraterritorialidade ilimitadamente sempre que não houvesse norma proibindo o seu exercício no Direito Internacional, como ocorreria nos casos de imunidades de jurisdição, nas jurisdições para nacionais, conforme a prática dos Estados não proibida pelo Direito Internacional.

No entanto, o entendimento da Corte foi superado no *Caso Congo vs Bélgica* no começo deste século.

O Congo processou a Bélgica perante a Corte Internacional de Justiça, porque, com base em lei nacional, a Bélgica estendeu sua jurisdição para abarcar qualquer fato, em qualquer lugar, envolvendo crimes de *jus cogens*. No caso, a promotoria da Bélgica processava o Ministro das Relações Exteriores do Congo pelo crime de genocídio, com mandado de prisão expedido, embora este não se encontrasse no território da Bélgica. No julgamento, a Corte Internacional de Justiça inverteu o entendimento da Corte Permanente de Justiça Internacional, passando a entender que a jurisdição internacional *em geral é territorial* e só vai existir jurisdição extraterritorial se houver norma internacional *autorizando* a prática no caso em concreto. Assim, embora tenha reconhecido a validade da jurisdição internacional extraterritorial universal para os crimes de *jus cogens*, a Corte entendeu que ela não se aplicava aos casos em que o acusado não se encontrava presente no território da jurisdição, isto é, aos casos *in absentia*.

A Corte Internacional de Justiça estabeleceu, assim, um limite à extraterritorialidade da justiça universal, só podendo ser aplicada em caráter de exceção e quando existir um vínculo com o Estado do foro, no caso, a presença do acusado nos domínios do território.

No tocante às graves violações e reparações cíveis, por muitos anos os Estados Unidos da América consideraram-se o foro universal de reparação de danos por violações a direitos humanos ocorridas em outros países.

Aplicando uma lei de 1789, o *Alien Tort Claims Act* (ATCA - 28 U.S.C. §1350), os tribunais norte-americanos julgaram por anos ações movidas - principalmente por não americanos - contra abusos aos direitos humanos cometidos fora dos Estados Unidos, em *violação da lei das nações ou de tratados ratificados pelo país.*

Em um desses casos, por exemplo, em Filartiga v Pena-Pena Irala (1980)[408], a Corte de Apelação do Segundo Circuito entendeu que a tortura deliberadamente perpetrada *under the color of official authority violates universally accepted norms of international human rights law, and that such a violation of international law constitutes a violation of the domestic law of the United States.*

Nas ações fundamentadas com base no ATCA, as vítimas alegavam normalmente tortura ou aprisionamentos ilegais[409], e via de regra não tinham condições de recorrer à justiça no seu próprio país, dadas as circunstâncias dos fatos (normalmente cometidos ou com a participação de autoridades), buscando nos Estados Unidos uma espécie de foro de proteção, os quais afirmavam a jurisdição pelo fato de a tortura se tratar de "*our business*", em referência às normas de Direito Internacional e ao ordenamento doméstico do país.

A justiça estadunidense aplicou o ACTA exercendo a jurisdição extraterritorial por décadas, principalmente durante os anos 80 e 90, admitindo a reparação do dano por violação a direitos humanos praticados fora do território americano, mesmo que as partes não fossem residentes nos Estados Unidos, e afastando a defesa pelo *forum non conveniens.*

No entanto, no célebre caso *Kiobel vs Shell*, a Suprema Corte dos Estados Unidos reviu sua jurisprudência e decidiu, em 2012, que não caberia aos Estados Unidos exercer jurisdição universal cível. O caso Kiobel foi apresentado por 12 nigerianos que alegavam que a Shell – *Royal Dutch Petroleum* – havia sido cúmplice na violação de direitos humanos cometidos pela ditadura de Abacho, na região de Ogoni, entre 1992 a 1995, incluindo atos de tortura, execuções e crimes contra a humanidade[410].

---

[408] Segundo os autores da ação, Joelito Filártiga, um jovem de 17 anos, filho de Joel Filartiga, um antigo opositor do governo de Alfredo Strossner, foi sequestrado e torturado até a morte por Américo Alberto Peña Irala, Chefe de Polícia de Assunção/Paraguai. Conteúdo disponível em: <https://hrp.law.harvard.edu/wp-content/uploads/2011/04/filartiga-v-pena-irala.pdf>. Acesso em: 20 de maio de 2020.

[409] Confira em: <https://cyber.harvard.edu/torts3y/readings/update-a-02.html>. Acesso em: 20 de maio de 2020.

[410] O caso *Kiobell* e a mudança de entendimento da jurisprudência norte-americana são importantes na discussão da responsabilidade internacional das empresas por violações aos direitos humanos.

No artigo "Direito internacional privado e a extraterritorialidade da jurisdição em casos de violações de direitos humanos: a jurisdição de proteção[411]", André de Carvalho Ramos defende a extraterritorialidade da justiça universal cível com fundamento na proteção internacional dos direitos humanos, em casos de *denegação de justiça* (quando não há outra jurisdição para apreciar o caso ou a jurisdição estrangeira não oferece o devido processo legal, de acordo com os parâmetros de proteção internacional de direitos humanos), ainda que não haja vínculos com o Estado do foro, desde que configurado o *forum necessitatis*[412]. Assim, e apesar de reconhecer como um tema controvertido, para o autor a prática da extraterritorialidade pode ser defendida mesmo diante da inexistência de vínculos da causa com o Estado do foro desde que seja no contexto de denegação da justiça (da jurisdição de necessidade) e no escopo da proteção internacional aos direitos humanos.

Qualquer tentativa de impor a jurisdição extraterritorial deve ser analisada à luz das fontes do Direito Internacional Privado, nelas incluídas suas regras, princípios, doutrina e precedentes das cortes internacionais, sob pena de ser considerada como o exercício de uma jurisdição exorbitante ou um ato abusivo de força, que poria em risco a estabilidade da sociedade internacional.

Lembremos, ainda, que a diversidade de entes estatais impõe que a validade extraterritorial das decisões judiciais emanadas de cada um deles depende do seu reconhecimento pelo outro poder soberano no local onde, eventualmente, produzirá efeitos. Como diz Sérgio Marques, esse reconhecimento certamente não ocorrerá, caso a lei do foro onde se pretenda a eficácia desta decisão entenda que a jurisdição estrangeira que a tenha proferido, no exercício irrestrito de seu poder jurisdicional, tenha invadido sua própria esfera de jurisdição[413].

Em conclusão, a extraterritorialidade pode ser conceituada como a *jurisdição internacional* que alcança pessoas, condutas e fatos jurídicos transnacionais no exterior, de natureza cível ou criminal, tendo por base vínculos pessoais (de nacionalidade ou domicílio da parte, ou mesmo vínculo estabelecido pela presença da pessoa no território) e vínculos reais, como o lugar da situação da coisa, lugar dos efeitos do ato, lugar do foro escolhido pelas partes.

---

411 Direito Internacional Privado e a extraterritorialidade da jurisdição em casos de violações de direitos humanos: a jurisdição de proteção, in *Direitos Humanos e Empresas. Responsabilidade e Jurisdição.* Belo Horizonte, São Paulo: D'Plácido, 2020, p. 11-27.

412 O tema será revistado mais adiante quando tratarmos do foro de necessidade.

413 MARQUES, Sérgio André Laclau Sarmento. *A jurisdição internacional dos tribunais brasileiros*. Rio de Janeiro: Renovar, 2007, p. 44-45.

É bom esclarecer que o domicílio da parte embora tenha um caráter territorial no sentido de ser um bem material dentro de um território, é considerado um vínculo pessoal porque é a parte que se vincula ao foro através do seu domicílio, isto é, a norma visa vincular a parte e não a causa relativa ao bem materializado no domicílio.

2.2. O princípio da proximidade

Deve ser considerado o princípio fundante das normas de fixação de jurisdição. Significa que as regras sobre jurisdição devem partir do pressuposto de existência de vínculos relevantes entre a jurisdição e o litígio.

Para Paul Lagarde[414]:

> A justiça no Direito Internacional Privado requer que a situação seja submetida a um tribunal que não seja desprovido de um vínculo com tal situação e que a decisão proferida pelo tribunal apresente com esta situação um vínculo sério a fim de ser considerada como advinda de uma autoridade competente em face dos demais Estados.

É atribuída ao estatutário italiano Aldricus, em seu *dissensiones dominorum*, escrito entre 1170 e 1200, a primeira acepção sobre proximidade, no sentido de que deve ser escolhida *a melhor e mais útil lei* para dirimir o conflito transnacional.

A ideia foi esquecida só sendo recuperada com ênfase no século XX, quando, nos Estados Unidos, nos idos da revolução americana, foi advogada na expressão *the better rule approach*[415], e na Europa ocidental ganhou os contornos do princípio da proximidade.

Ao lado do *governament interest analysis*, o critério *the better rule* foi utilizado pela justiça norte-americana para reavaliar particular *torts* onde se aplicava, como regra, a *lex loci delicti*.

---

[414] LAGARDE, Paul. «Le principe de proximité dans le droit international privé contemporain; cours général de droit international privé», in: *Collected Courses of the Hague Academy of International Law*, vol. 196, 1986, p. 127: "cette même justice de droit international privé demande que la situation soit soumise à un tribunal ou à une autorité qui ne soit pas dépourvue de lien avec elle et que la décision rendue par le tribunal ou l'autorité du pays présentant avec cette situation un lien sérieux soit considérée dans les autres pays comme rendue par une autorité compétente".

[415] DOLINGER, Jacob. "Evolution of Principles for Resolving Conflitcts in the Field of Contracts and Torts", in *Collected Courses of the Hague Academy of International Law*, v. 283, 2000, p. 449.

O conhecido caso *Babcock* v. *Jackson*, julgado em 1963, tornou-se um marco no tema de conflitos de leis nos Estados Unidos. Tratou-se de um acidente de carro ocorrido em Ontário, que causou danos ao passageiro, por negligência do motorista. Ambos eram domiciliados no Estado de Nova Iorque e o automóvel licenciado e segurado também no Estado de Nova Iorque. A situação envolveu, assim, um conflito de leis entre os dois Estados. A decisão do Juiz Fuld reconheceu que o Estado de Nova Iorque tinha *the strongest relationship ("most significant relationship)* em relação ao caso e que a lei de Ontário não tinha praticamente interesse no caso, ao passo que Nova Iorque tinha o manifesto interesse (*government interest analysis*) de resolver a causa[416].

Ao contrário da experiência da *common law*, onde o juiz do foro pode decidir concretamente sobre a proximidade do litígio com o foro, garantindo justiça ao caso (como propagado pelo movimento da revolução americana), o sentido positivo do princípio para os países da *civil law* deu-se por meio da prévia inserção de elementos na lei que garantissem a conexão do litígio com o foro, cabendo ao juiz apenas verificar se existem as hipóteses de conexão da jurisdição internacional.

Lagarde explica que o princípio tem um papel decisivo na determinação das regras sobre jurisdição internacional[417], mas também exerce uma função

---

416 Explica o professor Jacob Dolinger sobre o caso: "In this manner *Babcock* is innovative and creative, and became influential in Europe as well, both in its conventional law as well as in domestic case-law of various countries, not necessarily regarding the second reason, but certainly as far as the first argument is concerned. This one - the intimate relationship of practically all aspects of the occurrence with New York — amounts unquestionably to a clear manifestation of the principle of proximity in torts conflict of laws. I would, however, like to suggest that the decision of *Babcock* could have been built on *lex loci delicti*, in its version of the law of the place where the injury was suffered: considering that Miss Babcock, as a New York citizen and domiciliary, was hospitalized in New York and suffered all the consequences of the accident in her place of residence, the injury was actually suffered in New York. It only takes one more step beyond the regular notion of "place of injury" interpretation of *lex loci delicti* to include in it a case such as this where all the consequences of the accident occurred in the State of New York. This way the multi-secular *lex loci delicti* rule would." DOLINGER, Jacob. "Evolution of Principles for Resolving Conflicts in the Field of Contracts and Torts", in: *Collected Courses of the Hague Academy of International Law*, v. 283, 2000, p. 462.

417 "Mais, le plus souvent, les différents ordres juridiques nationaux prennent le soin de définir avec précision l'étendue et les limites de leur pouvoir de juridiction sur les situations plurilocalisées. C'est que la souveraineté des États est ici beaucoup plus engagée que dans le domaine du conflit de lois. Sans doute le facteur de proximité joue-t-il souvent un rôle décisif dans la détermination de ces règles de rattachement juridictionnel. Ainsi en est-il

de correção no sentido de não se aceitar uma competência genérica do foro sem que se tenha um vínculo mínimo do litígio com aquele[418].

O Unidroit, em conjunto com o *American Law Institute*, lançou, em 2004, a publicação *Principles of Transnational Civil Procedure*, normas de *soft law* para a adjudicação de disputas transnacionais comerciais e civis, que preveem que a jurisdição pode ser exercida quando há uma conexão substancial entre o Estado do foro e a parte ou o fato em disputa; e que a conexão substancial existe quando *a significant part of the transaction or occurrence occurred in the forum state, when an individual defendant is a habitual resident of the forum state or a jural entity has received its charter of organization or has its principal place of business therein, or when property to which the dispute relates is located in the forum state*[419].

O princípio da proximidade também está presente na Convenção Interamericana sobre Contratos Internacionais, na Convenção da Haia sobre Vendas Internacionais, na Convenção da Haia sobre *Trust* e Agência, e na Convenção das Nações Unidas sobre Contratos de Compra e Venda Internacional de Mercadorias.

---

du for du domicile du défendeur pour les matières personnelles et mobilières, du for du lieu de situation de l'immeuble en matière réelle, du for du lieu du fait dommageable (avec ses variantes en cas de dissociation entre le lieu du fait générateur et celui de la réalisation du dommage) en matière délictuelle, du for du lieu de conclusion ou d'exécution du contrat (ou de l'obligation) en matière contractuelle, du for du lieu d'ouverture de la succession en matière successorale, etc." LAGARDE, Paul, Le principe de proximité dans le droit international privé contemporain; cours général de droit international privé, in: *Collected Courses of the Hague Academy of International Law*, v. 196, 1986, p. 129.

[418] Tal princípio foi indiretamente registrado no Caso Nottebohm, de 1955, pela Corte Internacional de Justiça. Determinou a Corte que, para a nacionalidade produzir efeitos no Direito Internacional (pelo menos no que diz respeito à legitimidade da proteção diplomática dos Estados perante outros, no caso Liechtenstein perante a Guatemala), é necessário haver um vínculo efetivo entre aquele ato do Estado de outorgar sua nacionalidade e a pessoa que tem o direito de ostentá-la e de pedir a proteção diplomática; tais vínculos podem ser uma residência ou domicilio, ou ainda negócios habituais no país (fatores que, no caso de Nottebohm, eram totalmente ausentes no que se referiam a Liechtenstein).

[419] Confira em: <https://www.unidroit.org/instruments/transnational-civil-procedure>. O artigo 1(10) traz a definição de "place of business": "Where a party has more than one place of business the relevant 'place of business' is that which has the closest relationship to the contract and its performance, having regard to the circumstances known to or contemplated by the parties at any time before or at the conclusion of the contract."

Consideremos, ademais, como manifestação do princípio da proximidade no tocante aos fatos transnacionais eletrônicos, os precedentes judiciais nos quais já se decidiu que o mero acesso de uma *web page* de algum lugar do mundo não garante a jurisdição do país de acesso (*Caso Zippo Mfg Co v Zippo Dot Coin, Inc/USA*[420]; *Caso Peter Pammer vs Reederei Karl Schlüter GmbH & Co. KG e Hotel Alpenhof*[421]), e, portanto, seria necessário um mínimo de conectividade do caso (a interatividade do site ou do fornecedor) com o território onde a demanda é proposta para garantir a sua jurisdição.

2.3. O princípio da efetividade

O princípio da efetividade é um limitador da jurisdição internacional na medida em que, pressupondo que toda decisão judicial deva produzir efeitos, evita que decisões judiciais que não venham a ter efeitos não sejam proferidas.

O princípio da efetividade leva em conta a executoriedade da decisão. Assim, tendo em vista o lugar da execução da decisão, o juízo deve se abster de julgar, caso constate que a sua decisão, no país de execução, não irá produzir efeitos[422].

A jurisdição é a expressão do poder estatal que impede a autotutela, e já que não pode ser exercida pelas partes, deve redundar em um processo justo.

Ao mesmo tempo, a jurisdição está voltada a gerar a pacificação social, o dizer o direito, o *ius dicere*, é uma forma de eliminar o conflito de direito material, e só se consegue eliminar o conflito de direito material se a decisão for efetiva. Não contribui para a sua resolução uma decisão não efetiva[423].

O princípio da inafastabilidade do controle jurisdicional manda que as pretensões sejam aceitas em juízo, sejam processadas e julgadas, que a tutela seja oferecida por ato do juiz àquele que tiver direito a ela – e, sobretudo, que ela seja efetiva como resultado prático do processo[424].

---

420 Confira em: <https://law.justia.com/cases/federal/district-courts/FSupp/952/1119/1432344/>. Acesso em: 20 de setembro de 2020.

421 Conteúdo disponível em: <https://eur-lex.europa.eu/legal-content/PT/TXT/PDF/?uri=CELEX:62008CJ0585&from=EN>. Acesso em: 20 de setembro de 2020.

422 TIBURCIO, Carmen. *Extensão e Limites da Jurisdição Brasileira. Competência Internacional e Imunidade de Jurisdição.* Rio de Janeiro: Editora Juspodivm, 2016, p. 206.

423 Conforme Sérgio André Laclau Sarmento Marques, em *A Jurisdição Internacional dos Tribunais Brasileiros.* Rio de Janeiro: Renovar, 2007.

424 DINAMARCO, Cândido Rangel. *Instituições de direito processual civil.* São Paulo: Malheiros, 2001, pp. 198-199: "o inciso XXXV do artigo 5º da Constituição, antes

O princípio tem um resultado prático, fazer com que o juízo do foro, a despeito de ser internacionalmente competente por qualquer uma das hipóteses legais, abstenha-se de julgar a causa se constatar que sua decisão não será efetiva, quando, por exemplo, averiguar que no Estado de execução de sua sentença o juiz estrangeiro possui jurisdição exclusiva, ou quando não existam bens a serem executados no foro da reparação do dano.

2.4. O princípio da submissão voluntária

Pelo princípio da submissão voluntária entende-se que a pessoa, em suas relações jurídicas, está ciente de que se submete a um ordenamento jurídico.

Na construção de sua teoria sobre a sede da relação jurídica, Savigny expõe que é preciso compreender que existe uma submissão – voluntária - das pessoas às leis e à jurisdição de um Estado.

Assim, por exemplo, quando o indivíduo escolhe um lugar para instalar seu domicílio ou para ter sua residência habitual, ou quando a pessoa jurídica escolhe um lugar para se estabelecer ou exercer suas atividades, acaba se submetendo à jurisdição e ao ordenamento jurídico daquele local. Por isso, segundo Savigny, o estado e a capacidade das pessoas têm por sede da relação o domicílio.

Da mesma forma se passa no campo do direito das coisas, aquele que quer adquirir ou exercer um direito sobre uma coisa transfere-se com essa intenção para o local que ela ocupa e por essa relação jurídica especial se submete voluntariamente ao direito da localidade.

Portanto, o mesmo princípio que leva ao entendimento de que o estado da pessoa é regulado pela *lex domicilii*[425], aplica-se aos direitos reais, que são julgados de acordo com o direito do local em que a coisa se encontra (*lex rei sitae*), e a jurisdição é a do local do imóvel. Esse princípio é o que Savigny

---

interpretado como portador somente da garantia da ação, tem o significado político de por sob controle dos órgãos de jurisdição todas as crises capazes de gerar estados de insatisfação às pessoas e, portanto, o sentimento de infelicidade por pretenderem não ter outro meio de obter determinado bem da vida. Esse dispositivo não se traduz em garantia de mero ingresso em juízo ou somente do julgamento das pretensões trazidas, mas da própria tutela jurisdicional a quem tiver razão."

[425] SAVIGNY, Friedrich Karl von. *Sistema do Direito Romano Atual*, vol. VIII. Ijuí: Ed. Unijuí, 20, publicado em 1849, p. 151.

chama de princípio da submissão voluntária. E a jurisdição decorre dessa submissão voluntária, tácita ou expressa.

No direito das obrigações não é muito diferente, o local do cumprimento é sempre determinado pela vontade direta das partes. Essa vontade pode ser expressa ou tácita. Nos dois casos ela determina a jurisdição especial da obrigação, jurisdição que, por conseguinte, decorre sempre da submissão livre[426].

Assim, ao celebrar um contrato em um determinado lugar a parte sabe que está vinculando as formalidades daquele contrato àquela jurisdição; ao estabelecer o vínculo de domicílio em um determinado território, também sabe que está se submetendo àquela jurisdição e àquele ordenamento jurídico. Ao firmar uma obrigação e se comprometer por ela, sabe que deverá cumpri-la na hora e local determinado, do contrário terá que se submeter à jurisdição do local do descumprimento. A todo critério de fixação de jurisdição corresponde a vontade, tácita ou expressa, da parte de se vincular à jurisdição.

Citemos, por exemplo, a pessoa que se desloca até outro país e lá abre uma conta bancária, fornece seus dados, documentos, e se vincula a um banco e agência bancária no exterior, ela sabe que está se submetendo àquela jurisdição na eventualidade de algo ocorrer fora de seus planos e precisar acionar a justiça estrangeira. Da mesma forma, sabe que se cometer algum ilícito também estará vinculada àquela jurisdição, que poderá até ter jurisdição concorrente com a do o foro de seu país, para o caso de estar vinculada por suas obrigações tributárias. O que ocorre, nessa situação, é que existe vontade em se submeter à jurisdição estrangeira e em se vincular àquele ordenamento jurídico.

A situação descrita acima parece ser bem diferente daquela do usuário que pluga seu computador, do seu domicílio ou do seu trabalho, no seu país, e cria uma conta de *email*, ou uma conta de *Instagram, linkedin*, ou de qualquer outro serviço disponível em seu país, ele não quer se submeter à jurisdição estrangeira, só quer usufruir as facilidades da internet.

O limite da jurisdição está, assim, na submissão voluntária da parte. Se da natureza da relação jurídica ressai inconteste ou se o comportamento da parte demonstra que se submeteu voluntariamente, a jurisdição internacional encontra uma barreira.

A submissão voluntária está intimamente ligada a um outro princípio do Direito Internacional Privado, o da autonomia de vontade.

---

426 SAVIGNY, Friedrich Karl von. *Sistema do Direito Romano Atual*, vol. VIII. Ijuí: Ed. Unijuí, 20, publicado em 1849, p. 181.

É um dos princípios mais antigos do Direito Internacional Privado, que foi elaborado no século XVI por Dumoulin, através de sua teoria da autonomia da parte, *this theory has become a principle in civil law as well in the sense that parties' wills are to be regarded as the law between them*[427].

Existia toda uma discussão na doutrina e na jurisprudência do Superior Tribunal de Justiça sobre os limites da autonomia das partes, se estas poderiam escolher um foro estrangeiro mesmo o brasileiro possuindo jurisdição concorrente, limitando, assim, o exercício da jurisdição brasileira, ou se poderiam escolher o foro brasileiro com o qual, eventualmente, não possuem nenhum vínculo[428].

O Código de Processo Civil de 2015 suplantou a discussão sobre a possibilidade de as partes limitarem o exercício da jurisdição internacional brasileira no seu artigo 25. De acordo com o dispositivo, as partes podem escolher um foro diverso do brasileiro, ainda que este seja competente, mediante algumas condições: desde que não diga respeito à hipótese de jurisdição exclusiva, conste de um documento escrito, seja relativa a um negócio jurídico e não seja abusiva (alusão que o artigo 25 faz ao artigo 63, §§ 3º e 4º).

A advertência à abusividade da cláusula do foro evita que o autor escolha um foro que onere excessivamente o réu, dificulte o desenrolar do processo ou que venha acarretar a não efetividade da decisão; essa escolha do autor não deverá prevalecer por conta de outros princípios, como o do acesso à justiça e à efetividade[429].

Com a advertência, o legislador também deixa claro que a cláusula do foro não se aplica aos contratos internacionais de consumo em que o consumidor não tem liberdade de escolha, como nos contratos por adesão.

Além de permitir a escolha de foro estrangeiro, afastando a hipótese da jurisdição concorrente brasileira, o Código de Processo Civil acabou por ampliar a jurisdição internacional, pois estabeleceu hipótese de jurisdição concorrente antes não prevista no Código de 1973 (artigo 22).

---

[427] DOLINGER, Jacob. "Evolution of Principles for resolving conflicts in the field of contracts and torts", in: *Collected Courses of Hague Academy of International Law,* vol. 283, 2000, p. 251.

[428] O Código de Direito Internacional Privado dos Estados Americanos (Código Bustamante), ratificado pelo Brasil, admite a eleição de foro desde que a escolha das partes recaia sobre um foro de que uma delas seja nacional ou em que tenha domicílio (artigo 318).

[429] TIBURCIO, Carmen. *Extensão e limites da jurisdição brasileira. Competência Internacional e Imunidade de Jurisdição.* Salvador: JusPODIVM, 2016, p. 145.

Assim, a vontade das partes pode atuar seja inserindo hipótese não prevista na norma interna brasileira sobre o exercício da função jurisdicional, seja afastando a jurisdição, em hipótese prevista na legislação local, com escolha do foro estrangeiro. Essas questões tratam, respectivamente, dos efeitos positivos e negativos da eleição de foro aludidos por Carmen Tiburcio[430].

A eleição de foro no seu aspecto positivo atua para firmar a jurisdição do Estado brasileiro em hipótese em que a legislação não prevê a jurisdição brasileira, e em seu aspecto negativo, na escolha do foro estrangeiro em situação prevista na legislação processual, afastando a jurisdição brasileira, desde que não seja exclusiva.

A eleição de foro diminui os custos das partes com relação aos riscos jurisdicionais, além de evitar a corrida pelo foro mais favorável ao demandante, o chamado *forum shopping.*

Expressão retirada da *common law,* o *forum shopping* representa a escolha mais favorável dentre os foros competentes.

Essa escolha, às vezes, assume um caráter pejorativo dentro da doutrina de Direito Internacional Privado quando associada ao abuso do direito processual pelo demandante na escolha de uma jurisdição exorbitante, que é aquela não justificada por nenhuma das hipóteses legais de jurisdição internacional, tampouco pelos princípios do Direito Internacional como o da efetividade, proximidade e acesso à justiça. Pode representar uma escolha que traga prejuízo ao demandado, dificultando-lhe o desenrolar do processo, um uso abusivo da autonomia das partes.

Quando, no entanto, o *forum shopping* é *predeterminado*[431], como cláusula de eleição de foro, não precisa ser uma prática mal vista ou coibida, ao contrário, é a exata expressão da autonomia de vontade das partes, sendo até melhor que as partes combinem de antemão o foro adequado, desde que respeitadas as exigências legais.

O Regulamento 1.215/2012 da União Europeia, por exemplo, limita a autonomia da parte aos contratos que não sejam de consumo, seguro e de trabalho, e, da mesma forma prevista no Brasil, não pode recair sobre competências exclusivas definidas no próprio regulamento.

---

430 TIBURCIO, Carmen. *Extensão e limites da jurisdição brasileira. Competência Internacional e Imunidade de Jurisdição.* Salvador: JusPODIVM, 2016, p. 161.

431 CARVALHO RAMOS, André de. *Curso de Direito Internacional Privado.* São Paulo: Saraiva, 2018, p. 235.

A Convenção da Haia sobre Acordos de Eleição de Foro também exclui de seu âmbito de aplicação os contratos de trabalho e os de consumo, além das demais matérias previstas no artigo 2.2, e obriga, como regra, que o tribunal do Estado Parte, que não seja o tribunal eleito, suspenda o processo ou declare-se incompetente para apreciar um processo a que seja aplicado um acordo exclusivo de eleição de foro (artigo 6º).

O Protocolo de Buenos Aires sobre Jurisdição Internacional em Matéria Contratual[432], aplicável aos contratos internacionais de natureza cível e comercial, exige a forma escrita e admite o ajuste entre as partes desde que não tenha sido obtido de forma abusiva.

A não aceitação da eleição de foro prejudica a circulação de sentenças proferidas por jurisdições que tenham sido escolhidas pelas partes. Por isso, apenas em casos excepcionais o foro escolhido deve ser preterido[433].

2.5. O princípio da imunidade de jurisdição

Princípio oriundo do Direito Internacional Público, é limitador do exercício da jurisdição estatal porque afasta, em razão da qualidade da parte, o foro que, em tese, possuiria jurisdição sobre o fato transnacional[434].

Oriundo do antigo adágio medieval *par in parem non habet imperium* (entre iguais não há império) que se transformou na era moderna em *par in parem non habet iurisdictionem* (entre iguais não há jurisdição), decorre da igualdade entre os Estados soberanos, os quais não podem julgar, reciprocamente, certas autoridades de Estado, sob pena de abalarem as respectivas soberanias.

É um princípio praticado *ratione personae* e *ratione materiae.*

É de se ver que as imunidades consulares e diplomáticas previstas nas Convenções de Viena são estabelecidas para que quem delas gozam possam exercer livremente as suas funções.

No final do século XIX começou-se a estabelecer uma distinção entre os atos decorrentes do *ius imperii* e os atos de *ius gestionis*. A imunidade passou a

---

[432] Promulgado pelo Decreto n. 2095, de 17 de dezembro de 1996.

[433] TIBURCIO, Carmen. *Extensão e limites da jurisdição brasileira. Competência Internacional e Imunidade de Jurisdição.* Salvador: JusPODIVM, 2016, p. 141.

[434] O princípio é digno de várias notas e enseja, por si, uma obra à parte. No entanto, como não influencia diretamente a matéria tratada neste livro, dispensaremos comentários detalhados sobre a sua abrangência.

ser vista por conta da natureza dos atos praticados (*ratione materiae*). O Código de Bustamante, em 1928, previu que se o Estado estrangeiro contratante ou o seu chefe tiverem atuado como particulares, ou como pessoas privadas, serão competentes os juízes ou tribunais para conhecer dos assuntos em que se exercitem ações reais ou mistas, se essa competência lhes corresponder em relação a indivíduos estrangeiros (artigo 335).

O princípio da imunidade de jurisdição possui limites, e está sendo aos poucos relativizado. Atualmente, a imunidade de jurisdição não tem sido aplicada no Brasil aos contratos de trabalho celebrados pelo Estado estrangeiro com os nacionais do Estado acreditado (STF, Apelação Cível n. 9.696, Rel. Min. Sydney Sanches), aos litígios de natureza comercial (STJ, Agravo de Instrumento n.757, Rel. Min. Sálvio de Figueiredo), e em atos ilícitos (STF, Agravo de Instrumento n. 36.493, Rel. Min. Hermes Lima e STJ, Apelação Cível n. 14, Rel. Min. Pádua Ribeiro) e, no plano internacional, fala-se na relativização da imunidade de jurisdição cível em casos de violações de direitos humanos (CIJ, caso Alemanha v. Itália, voto dissidente do juiz Antônio Augusto Cançado Trindade).

2.6. A doutrina do *forum non conveniens*

A doutrina do *forum non conveniens* foi por primeiro desenvolvida na Escócia, sob o termo *forum non competens,* tendo tomado grande repercussão nos Estados Unidos da América e na Inglaterra[435].

É uma espécie de derrogação da jurisdição por parte do tribunal que, apesar de competente, considera que o tribunal estrangeiro é o mais apropriado.

A doutrina foi criada pelos escoceses[436] para equilibrar a jurisdição de arresto (*forum arresti*), que existia quando a Escócia arrestava ativos estrangeiros como forma de submeter os estrangeiros às cortes escocesas.

---

[435] REUS, Alexander. *Judicial discretion: a comparative view of the doctrine of forum non conveniens in the United States, the United Kingdom and Germany. Loyola of Los Angeles International and Comparative Law Review*, vol. 16, 1994, p. 459. Disponível em: <https://pdfs.semanticscholar.org/2cac/cc64f7784ba0b035ea9e9f854b450950464c.pdf>. Acesso em: 12 de junho de 2020.

[436] "Il est bien connu que la doctrine du *forum non conveniens* a trouvé son origine en Ecosse, sous le nom d'ailleurs *de forum non competens,* et qu'elle a servi de remède contre les abus du *forum arresti* et du *forum contractus* lorsque ces fors étaient utilisés pour attraire de façon abusive et vexatoire devant les tribunaux écossais un défendeur domicilié hors d'Ecosse dans un pays où existait un tribunal compétent. On connaît aussi la fortune considérable que cette doctrine a trouvée aux Etats-Units." LAGARDE, Paul. "Le principe de proximité

Os primeiros casos identificados como origem da doutrina datam de 1800.

Em *Brown's Trs v. Palmer* (1830), foram arrestados na Escócia os ativos de uma pessoa que estava na Índia, submetida à jurisdição da Índia e às leis inglesas. A Corte escocesa, sem fazer nominalmente referência à doutrina decidiu que o arresto na Escócia não era motivo suficiente para fazer a corte julgar o caso[437].

Em *Tuloch v. William* (1846), foi a primeira vez que a expressão *forum non competens* foi utilizada, e, em *Longworth v. Hope* (1865), na *Scotland's Court of Session* (Suprema Corte Civil da Escócia), Lord Deas disse que apesar do caso envolver o *forum non competens*, na verdade, a Escócia não era incompetente, mas sim o fórum de outro Estado era o mais apropriado (no caso a Inglaterra), ao passo que caberia ao réu provar que o demandante estava tirando proveito da situação ao mover o processo na Escócia. A decisão no caso Longworth fez com que, futuramente, os tribunais escoceses passassem a utilizar a expressão *forum non conveniens.*

Em 1892, no caso *Sim v. Robinow*, a *Scotland's Court Session* entendeu que a alegação do *forum non conveniens* não se sustentava a menos que a Corte fosse convencida de que existiria outro tribunal com jurisdição onde o caso poderia ser mais apropriadamente conduzido, em favor dos interesses das partes e no interesse da justiça. Da mesma forma que em Longworth, caberia ao réu provar que o demandante estava se valendo de uma "vantagem injusta", caso a corte escocesa decidisse julgar o caso[438].

A doutrina foi confirmada posteriormente, em 1926, pela *House of Lords* no caso *Société du Gaz de Paris v. Societé Anonyme de Navigation "Les Armateurs Français"*, o qual não tinha conexão com a Escócia, pois a ré era uma empresa francesa, o dano tinha ocorrido no mar, o demandante não era escocês, e as provas documentais estavam escritas em francês, e por essas razões Lord Summer considerou que a França era o foro com mais segurança para se obter justiça (*the ends of justice*)[439].

---

dans le droit international privé contemporain; cours général de droit international privé", in: *Collected Courses of the Hague Academy of International Law*, vol. 196, 1986, p. 143.

[437] ABOU-NIGM, Verónica Ruiz. *The arrest of ships in Private International Law.* Oxford: University Press, 2011, p. 195.

[438] CAMARGO, Solano de. *Forum Shopping: a escolha da jurisdição mais favorável.* São Paulo: Editora Intelecto, 2017, p. 84.

[439] ABOU-NIGM, Verónica Ruiz. *The arrest of ships in Private International Law.* Oxford: University Press, 2011, p. 195.

A doutrina na Inglaterra, até o início do século XX, era considerada no formato pelo qual se tornou mais conhecida, o de limitar a jurisdição abusiva por parte do demandante (o *forum shopping abusivo*), somente mais tarde que o *forum conveniens* passou a significar *the most suitable forum*, quando se passou a analisar a existência da conexão das partes com as jurisdições, as possibilidades para o desenrolar do processo, os custos envolvidos e o alcance da justiça material ao réu.

Nos Estados Unidos do século XVIII as cortes chegaram a declinar casos de "não residentes" que não tinham ligação com o foro exercendo a *jurisdictional discretion*. Os declínios envolviam casos de embarcações que tinham aportado nos Estados Unidos (*admiralty cases*).

Em 1929, o jurista Paxton Blair notou as semelhanças com a doutrina escocesa e batizou o princípio utilizando a mesma expressão escocesa do *forum non conveniens*.

Em 1932, a doutrina se expandiu para casos comuns, não apenas de direito marítimo, mas foi somente em 1947 quando o caso *Gulf Oil Corp v. Gilbert* chegou à Suprema Corte dos Estados Unidos é que a doutrina ganhou um significado maior nos Estados Unidos.

No caso *Gulf Oil Corp*, um residente na Virgínia processou na corte federal de Nova Iorque uma empresa da Pensilvânia pelos danos causados pelo incêndio de seu depósito, na Virgínia, supostamente por negligência da ré, alegando que a empresa tinha seus negócios (*doing business*) em Nova Iorque. A Corte distrital de Nova Iorque entendeu que os fatos tinham ocorrido na Virgínia; o autor reverteu o julgamento na Corte de Apelação e, posteriormente, a Suprema Corte confirmou que a corte distrital poderia afastar o caso aplicando a doutrina do *forum non conveniens*.

A despeito de o caso ter sido exclusivamente doméstico, ele se tornou um *leading case* também para os litígios internacionais.

Os critérios estabelecidos na decisão do *Guilf Oil Corp Case*, para julgar-se pelo *the most suitable forum* incluem: o acesso fácil às provas, a existência de procedimentos que obriguem as testemunhas a depor, mesmo contra a sua vontade, os custos das oitivas, executoriedade de decisão no estrangeiro (princípio da efetividade), existência de qualquer problema prático que impeça a realização de um julgamento simples, breve e com um custo razoável; e elementos de direito público, como eventuais dificuldades administrativas que possam atrapalhar o regular trâmite da demanda, a existência de interesse público no julgamento daquelas demandas no local em que ocorreram os fatos ou por uma corte que esteja mais familiarizada com a lei aplicável, possível dificuldade na aplicação da lei estrangeira, quando aplicável, coibição do fórum shopping ostensivo; e as injustiças que possam surgir na comunidade do foro, em se obrigar a participação dos cidadãos como jurados[440].

O caso *Piper Aircraft Co v. Reyno* costuma ser também citado na consolidação da doutrina do *forum non conveniens* nos Estados Unidos. Nesse caso, os herdeiros e familiares das vítimas de um acidente aéreo ocorrido na Escócia, em 1976, propuseram a ação de indenização na justiça da Califórnia, a despeito da empresa que construiu a aeronave ser da Pensilvânia e o construtor das hélices de Ohio. Os autores alegaram que as leis da Califórnia eram mais favoráveis e os júris costumavam condenar em altas somas de indenizações. A Suprema Corte americana reconheceu que a Escócia era o foro mais apropriado, aplicando a doutrina do *forum non conveniens.*

O mais próximo que o direito continental chega da doutrina do *forum non conveniens* dos países que possuem a experiência da *common law* é através dos princípios da proximidade[441] e da efetividade[442].

---

440 REUS, Alexander. *Judicial discretion: a comparative view of the doctrine of forum non conveniens in the United States, the United Kingdom and Germany. Loyola of Los Angeles International and Comparative Law Review*, vol. 16, 1994, p. 463. Disponível em: <https://pdfs.semanticscholar.org/2cac/cc64f7784ba0b035ea9e9f854b450950464c.pdf>. Acesso em: 12 de junho de 2020.

441 «Bien plus instructives sont les considérations d'intérêt privé, qui tiennent à la sauvegarde des intérêts du défendeur et aux commodités de l'instruction. Tout d'abord, le demandeur ne doit pas harceler ou opprimer le défendeur en l'obligeant à se défendre devant un tribunal accessible pour lui au prix de dépenses ou de troubles considérables qui auraient pu être évités par la saisine d'un autre tribunal offrant les mêmes garanties au demandeur. En second lieu, le tribunal saisi n'est pas *convenient* s'il n'a pas un accès facile aux preuves, s'il ne dispose pas de moyens de contrainte pour imposer la comparution aux témoins récalcitrants, s'il ne peut organiser une descente sur les lieux, etc. Ces considérations d'intérêt privé correspondent tout à fait à notre principe de proximité. Cette proximité est ici appréciée non plus seulement par rapport à la situation du rapport de droit, comme dans les conflits de lois, mais principalement du point de vue de la procédure, ce qui est compréhensible puisqu'il s'agit d'apprécier la compétence du tribunal.» LAGARDE, Paul. «Le principe de proximité dans le droit international privé contemporain; cours général de droit international privé», in: *Collected Courses of the Hague Academy of International Law*, vol. 196, 1986, p. 144.

442 O professor Jacob Dolinger, no entanto, ressalta: "It could be argued that *forum non conveniens* is not really the answer to the effectivity problem, because one should distinguish

3. Os princípios que ampliam a incidência da jurisdição internacional

3.1. O princípio da preservação da soberania

O significado de soberania é largamente conhecido no Direito Internacional Público.

Numa perspectiva ampla, o princípio da soberania é a base para vários outros princípios do Direito Internacional Privado, como o princípio da nacionalidade, o princípio da ordem pública, o princípio do respeito às leis de polícia ou as normas imperativas e também a aplicação da *lex rei sitae*[443].

No contexto das normas sobre jurisdição internacional, o princípio serve para limitar a jurisdição em hipóteses previstas nas normas internas e internacionais, através da imunidade de jurisdição, e através da perspectiva da igualdade entre os Estados.

A jurisdição é exercida tanto para dentro do território do Estado e nos seus limites territoriais, quanto para fora de suas fronteiras.

A soberania externa nas relações entre os Estados leva em consideração a igualdade entre os Estados: nenhum Estado está sujeito a um poder da mesma natureza[444], de forma que a nenhum Estado é dado unilateralmente determinar quando o outro possui jurisdição.

Todos os Estados têm o mesmo grau de soberania, isso implica dizer que possuem poder para delimitar sua jurisdição, mas não podem impor jurisdição aos demais. Possuem poder para exercê-la dentro do seu território, mas não podem exercê-la fora sem autorização, envolve tanto o direito de exercer a jurisdição dentro do seu território como o de reconhecer o mesmo

---

between procedural aspects and judgment enforceability. *Forum non conveniens* allows a court to decline jurisdiction when another forum would be more appropriate because the chosen forum is inconvenient for the defendant, witnesses and/or the court, due to procedural considerations, whereas the effectivity doctrine concerns the need for certainty that the final judgment will be enforceable in another jurisdiction and so is in the exclusive interest of the plaintiff." DOLINGER, Jacob. "Evolution of Principles for resolving conflicts in the field of contracts and torts", in: *Collected Courses of Hague Academy of International Law*, vol. 283, 2000, p. 268.

443 DOLINGER, Jacob. "Evolution of Principles for resolving conflicts in the field of contracts and torts", in: *Collected Courses of Hague Academy of International Law*, vol. 283, 2000, p. 259.

444 RIVAS, Enrique Madrazo. *La Soberanía. La evolución del concepto hacia uma perspectiva internacional*. Madrid: Dykinson S.L., p. 181.

direito aos demais Estados. Deve respeitar todos os atos e direitos alcançados no território alheio[445].

Em respeito à igualdade, decorrente da soberania, os Estados não devem exercer jurisdição em caráter universal em desacordo com as normas do Direito Internacional, da mesma forma que se entende, atualmente, que a jurisdição internacional concorrente deve ser a regra, e a exclusiva a exceção.

É no interesse da soberania estatal que, igualmente, se fixa o *forum rei sitae*.

Além de servir como limite ao exercício da jurisdição internacional, o princípio pode ser utilizado como fundamento para ampliar a jurisdição internacional[446], fixando-se a jurisdição internacional em hipóteses não previstas na lei.

Carmen Tibúrcio defende que qualquer hipótese não prevista na lei, mas que seja essencial para a preservação da soberania brasileira, como em litígios envolvendo material nuclear e a validade de registros públicos, entre outros, pode servir para ampliar a jurisdição brasileira, inclusive a jurisdição exclusiva[447]. No mesmo sentido André de Carvalho Ramos[448].

3.2. O princípio do acesso à justiça: o *forum necessitatis*

O acesso à justiça está previsto em vários instrumentos internacionais de Direitos Humanos, como a Declaração Universal de Direitos Humanos (artigo 8º), o Pacto Internacional de Direitos Civis e Políticos (artigo 14), a Convenção Americana de Direitos Humanos (artigo 6º), a Convenção Europeia de Direitos Humanos (artigo 6º), além da Constituição brasileira (artigo 5º, inciso XXXV).

Significa o direito a um processo justo, efetivo, dentro de um prazo razoável e de acordo com o devido processo legal.

Para Mauro Cappelletti e Bryant Gart, a expressão "acesso à justiça" serve para delimitar duas finalidades básicas do sistema jurídico: um sistema pelo qual as pessoas possam reivindicar seus direitos e resolver seus litígios sob os

---

[445] A. Mann, F. "The Doctrine of International Jurisdiction Revisited after Twenty Years", in: *Collected Courses of the Hague Academy of International Law*, vol. 186, p. 6.

[446] TIBURCIO, Carmen. *Extensão e limites da jurisdição brasileira. Competência Internacional e Imunidade de Jurisdição.* Salvador: JusPODIVM, 2016, p. 137.

[447] TIBURCIO, Carmen. *Extensão e limites da jurisdição brasileira. Competência Internacional e Imunidade de Jurisdição.* Salvador: JusPODIVM, 2016, p. 26 e 137.

[448] Curso de Direito Internacional Privado. São Paulo: Saraiva, 2018, p. 243.

auspícios do Estado, e um sistema que deva ser acessível a todos e servir para produzir resultados individual e socialmente justos[449].

O acesso à justiça pode ser encarado como o mais básico dos direitos humanos de um sistema jurídico moderno e igualitário que pretenda garantir e não apenas proclamar os direitos de todos[450].

O Estado impede a autotutela e impõe sua jurisdição àqueles que se encontram em seu território, em contrapartida, precisa garantir o acesso à justiça.

O princípio do acesso à justiça está presente em muitas das regras que delimitam a jurisdição internacional. A regra geral do domicílio do réu, por exemplo, responde ao princípio do acesso à justiça porque facilita o exercício do direito do autor, pela citação facilitada do réu e pela execução da sentença onde provavelmente o réu terá bens a serem executados; para o réu, por outro lado, corresponde ao exercício da defesa em condições melhores[451].

A regra do domicílio do consumidor também atende ao princípio do acesso à justiça, porque visa reequilibrar a relação jurídica de consumo onde existe vulnerabilidade do consumidor. A proteção da parte mais fraca é sem dúvida a melhor expressão do princípio. As normas de fixação da jurisdição em favor do consumidor, do alimentando, da criança, do trabalhador, inserem-se neste contexto.

O princípio pode ainda colocar limites à jurisdição internacional na forma, por exemplo, da doutrina do *forum non conveniens,* para não se prejudicar o réu.

O acesso à justiça igualmente influencia a aplicação dos demais princípios que delimitam a jurisdição internacional fortalecendo a ideia de se evitar jurisdições exorbitantes, baseadas em vínculo tênues e facilmente contestáveis

---

449 CAPPELLETTI, Mauro. *Acesso à Justiça*. Tradução de Ellen Gracie Northfleet. Porto Alegre: Fabris, 1998, p. 8.

450 CAPPELLETTI, Mauro. *Acesso à Justiça*. Tradução de Ellen Gracie Northfleet. Porto Alegre: Fabris, 1998, p. 12.

451 "Il va de soi que quand un défendeur réside, ou est domicilié dans le pays d'origine d'un jugement, il n'a pas de motif pour se plaindre du fait qu'on a rendu un jugement contre lui. Mais quand un défendeur non-résident est cité à comparaître devant les tribunaux d'un pays étranger, on doit tenir compte d'une foule de considérations. Il y a les questions de distance, de différence entre lois, d'une magistrature inconnue, de la difficulté du choix d'avocat, etc. Toutes ces considérations semblent indiquer que le principe cardinal des règles de la compétence générale indirecte devrait être la protection des intérêts d'un défendeur étranger». GUTTERIDGE, H. C. «Le Conflit des lois de compétence judiciaire dans les actions personnelles», in: *Collected Courses of the Hague Academy of International Law*, 1933, vol. 02, p. 160.

como jurisdições baseadas na nacionalidade do autor ou do réu. Em outras palavras, a jurisdição internacional cível fundamentada na nacionalidade das partes pode consistir em denegação de justiça ao estrangeiro.

É de se recordar que a denegação de justiça sempre teve relação com o Direito Internacional em face da condição do estrangeiro frente aos tribunais, uma vez que não era dado aos estrangeiros as mesmas condições de acesso à justiça que aos nacionais.

No Direito Internacional, a igualdade formal entre nacionais e estrangeiros no tocante à garantia de acesso aos tribunais só foi alcançada a partir do século XVIII[452]. Conforme previsto no artigo 317 do código de Bustamante, *a competência ratione materiae e ratione personae, na ordem das relações internacionais, não se deve basear, por parte dos Estados contratantes, na condição de nacionais ou estrangeiros das pessoas interessadas, em prejuízo destas.*

Hoje em dia o sentido de acesso à justiça tem uma configuração mais ampla, no aspecto processual, de acesso aos tribunais de um país, e no aspecto substancial, de alcance de justiça material.

Além disso, o princípio do acesso à justiça fortalece a aplicação de outros princípios, como o da proximidade, evitando, em geral, a prática de jurisdição exorbitante, ou jurisdições onde o grau de proximidade é mínimo.

Para a jurisdição internacional, a garantia do acesso à justiça possui uma dupla função: serve tanto para impor limites à determinação da jurisdição quanto para ampliá-la.

Na função de impor limites à jurisdição internacional, a garantia do acesso à justiça tem um duplo sentido, o de evitar jurisdições extravagantes (como já expusemos, servindo para esclarecer o limite até onde o poder jurisdicional pode atuar, além do qual a parte ré pode sair prejudicada) e o de definir um mínimo de jurisdição (nos casos de foros de proteção) para se estabelecer justiça e evitar a denegação da justiça.

---

452 "A obrigação de se evitar denegação de jurisdição, agindo como um limite externo de Direito Internacional à fixação das regras de competência judiciaria, deve ser entendida como uma proibição aos Estados de excluir o acesso a determinados indivíduos ou grupo de indivíduos aos seus órgãos jurisdicionais. Exige que o Estado faculte, em termos gerais, sua prestação jurisdicional aos estrangeiros nos mesmos termos em que oferece a seus nacionais." MARQUES, Sérgio André Laclau Sarmento. *A jurisdição internacional dos tribunais brasileiros*. Rio de Janeiro: Renovar, 2007, p. 53.

Na função de ampliar a jurisdição, o princípio do acesso à justiça cumpre o papel de fundamentar o *foro de necessidade.*

Fala-se em foro de necessidade (*forum necessitatis*) quando, em caso de conflito negativo de jurisdição, nenhum tribunal se julga competente para julgar o litígio transnacional, e as partes resultam sem acesso à justiça, ou quando o tribunal que se julga com jurisdição, não lhes oferece o devido processo legal.

Para a caracterização da jurisdição de necessidade, como motivo para a ampliação da jurisdição internacional, é preciso que inexista outro foro ou esteja ausente o devido processo legal no foro estrangeiro.

A existência de vínculos suficientes com o Estado do foro é tema controvertido, uma vez que o foro de necessidade se funda no dever dos Estados de assegurar o acesso à justiça e ao devido processo legal *a todos* os seres humanos e não somente àqueles que tenham algum tipo de vínculo com o foro[453].

No passado, quando era mais corriqueira a incidência de normas nacionais sobre jurisdição estabelecida pela nacionalidade da parte e a restrição no acesso ao estrangeiro aos tribunais do país, o Estado de proteção destes últimos ampliava sua jurisdição visando-se evitar os efeitos da discriminação.

Da mesma forma, os tribunais franceses, diante das previsões dos artigos 14 e 15, do Código Civil francês a respeito da nacionalidade, costumavam conceder jurisdição de proteção ao estrangeiro que possuía apenas domicílio na França e em mais nenhum outro país. Aplicava-se a concepção do *forum necessitatis* para se evitar a denegação da justiça[454].

Atualmente, fala-se em *forum necessitatis,* para evitar-se a denegação de justiça, como fundamento da jurisdição internacional cível universal, como no tema da responsabilidade das empresas por violações de direitos humanos[455].

---

453 CARVALHO RAMOS, André de. "Direito Internacional Privado e a extraterritorialidade da jurisdição em casos de violações de direitos humanos: a jurisdição de proteção", *in: Direitos Humanos e Empresas: responsabilidade e jurisdição.* Manoela Carneiro Roland, Pedro Gomes Andrade (org.). São Paulo: D'Plácido, 2020, p. 11-27.

454 LAGARDE, Paul. «Le principe de proximité dans le droit international privé contemporain; cours général de droit international privé», in: *Collected Courses of the Hague Academy of International Law,* vol. 196, 1986, p. 137.

455 CARVALHO RAMOS, André de. Direito Internacional Privado e a extraterritorialidade da jurisdição em casos de violações de direitos humanos: a jurisdição de proteção, *in: Direitos Humanos e Empresas: responsabilidade e jurisdição* Manoela Carneiro Roland,

Pedro Gomes Andrade (org.). São Paulo: D'Plácido, 2020, p. 11-27. Sobre o acesso à justiça, no nível internacional (do papel dos tribunais internacionais), Cançado Trindade expõe: "The advances of the international legal order correspond to the awareness of human conscience of the need of realisation of justice in pursuance of the common good. (...) for those who dedicate themselves to the law of nations, it has become evident that one can only correct approach its foundations and validity as from *universal juridical conscience* (...) whenever contemporary international tribunals have duly pursued their common mission of realisation of justice, there have been reassuring advances pertaining to the right of direct access to justice at international level from the perspective of the *justiciables*, faithful to human conscience as the ultimate *material* source of all law. Protection has thus been extended to victims even in the most adverse conditions, including in relation to mass crimes, in the gradual realization of international justice and renovation of hope in the construction of a better world." CANÇADO TRINDADE, Antônio Augusto. "Reflections on the Realisation of Justice in the Era of Contemporary International Tribunals", in: *Collected Courses of the Hague Academy of International Law,* 2020, vol. 408, p. 51-58.

PARTE III

A JURISDIÇÃO INTERNACIONAL EM MATÉRIA DE INTERNET NO DIREITO COMPARADO, DE ACORDO COM AS FONTES INTERNACIONAIS E NO DIREITO BRASILEIRO

O Direito Internacional Privado não é formado por fontes exclusivamente de natureza internacional. Ao contrário, o direito nacional de cada país é também fonte - e para muitos, a principal fonte - na solução dos casos internacionais. Além disso, o tema da jurisdição internacional possui forte carga de soberania estatal, o que dificulta o consenso entre os países na construção de normas internacionais.

Num contexto onde o direito nacional dos países é tão importante quanto as fontes internacionais, o uso do método comparativo torna-se uma via desejável para a solução de medidas coordenadas ou para a busca pela padronização de certas práticas e conceitos.

Através do método comparativo conhecemos as particularidades dos ordenamentos jurídicos, compartilhamos os desafios e dificuldades. O método também serve de síntese ou base para a negociação e elaboração dos tratados, isto é, auxilia na construção das fontes internacionais.

Os sistemas nacionais, no entanto, são vastos e amplos, cada qual com suas origens e peculiaridades, e pode ser penoso escolher um ou alguns dentre eles para estudar de forma comparada. Todos têm muito a contribuir já que os desafios são os mesmos, principalmente em matéria de inovações tecnológicas.

Nada obstante, sabemos que existem dois grandes sistemas conhecidos do Direito, pelo menos do direito ocidental, o sistema da *common law*, que se espalhou pelos Estados Unidos, pelos países da comunidade britânica e pelo Canadá, e o sistema da *civil law*.

Os Estados Unidos da América, como representante da *common law*, destacam-se no estudo dos dados eletrônicos porque a maioria dos grandes provedores se encontram em seu território.

De outro lado, as normas da União Europeia representam em larga medida, dada a quantidade de países que fazem parte do bloco, o sistema da *civil law*, e em face das discussões sobre a proteção dos dados originada no seu espaço comunitário, passou a ser um dos grandes *players* na visão comparada da matéria.

Optamos, então, pela análise desses dois sistemas, além das principais normas brasileiras sobre internet e jurisdição, começando pelo estudo da jurisdição dos Estados Unidos da América no que é pertinente ao tema.

CAPÍTULO 1

NOS ESTADOS UNIDOS DA AMÉRICA

1. A jurisdição para prescrever, para adjudicar e para executar

Nas suas relações com outros países, os Estados Unidos distinguem os três tipos de jurisdição: a jurisdição para prescrever, para adjudicar e executar[456].

A jurisdição prescritiva (*jurisdiction to prescribe, prescriptive or legislative jurisdiction*) consiste no poder estatal de fazer leis aplicáveis a pessoas, propriedades ou condutas; a jurisdição para adjudicar (*jurisdiction to adjudicate*) é o poder estatal de aplicar a lei a pessoas ou coisas em particular, através de processos em suas cortes ou tribunais administrativos; e a jurisdição para executar (*jurisdiction to enforce*) é o poder estatal de compelir à observância às leis[457].

O exercício da jurisdição prescritiva pelos Estados Unidos, através do governo federal e dos Estados, está sujeito, primeiramente, aos limites da Constituição. Se o escopo geográfico das leis federais não estiver claro, as cortes federais podem interpretá-las; as leis federais também podem restringir o escopo geográfico das leis estaduais[458].

---

[456] Veja em *Restatement of the Law Fourth. Restatement of the Law. The Foreign Relations Law of the United States. Selected Topics in Treaties, Jurisdiction and Sovereign Immunity. The American Law Institute.* St Paul, MN: American Law Institute Publishers, 2018.

[457] "Jurisdiction to prescribe, also called prescriptive or legislative jurisdiction, concerns the authority of a state to make law applicable to persons, property, or conduct. The foreign relations law of the United States distinguishes it from jurisdiction to adjudicate, which concerns the authority of a state to apply law to persons or things, in particular through the processes of its courts or administrative tribunals, and from jurisdiction to enforce, which concerns the authority of a state to exercise its power to compel compliance with law." *Restatement of the Law Fourth. Restatement of the Law. The Foreign Relations Law of the United States. Selected Topics in Treaties, Jurisdiction and Sovereign Immunity. The American Law Institute.* St Paul, MN: American Law Institute Publishers, 2018, § 402, p. 149.

[458] Confira no § 402 do *Restatement of the Law Fourth. Restatement of the Law. The Foreign Relations Law of the United States. Selected Topics in Treaties, Jurisdiction and Sovereign Immunity. The American Law Institute.* St Paul, MN: American Law Institute Publishers, 2018, p. 149.

Além disso, a prática costumeira internacional pelos Estados (aqui Estados soberanos) ajuda a moldar a prática norte-americana relativamente ao exercício da jurisdição prescritiva[459].

O inteiro teor do §407 do *Restatement of the Law Fourth. Restatement of the Law. The Foreign Relations Law of the United States* reafirma os princípios da territorialidade, da personalidade (ativa e passiva), da proteção e da jurisdição universal, especificando, que o Direito Internacional costumeiro permite o exercício da jurisdição prescritiva quando existe uma genuína conexão entre o objeto de regulação e o Estado a regulá-lo. Tal genuína conexão geralmente resulta de uma específica conexão entre o objeto de regulação e o Estado, representada no *território, nos efeitos, na personalidade ativa e passiva, e na proteção* a certos interesses dos Estados. No caso da *jurisdição universal*, a genuína conexão resulta do interesse universal dos Estados em reprimir certas ofensas[460].

No entanto, os Estados Unidos não necessariamente exercem a jurisdição prescritiva em toda a extensão permitida pelo Direito Internacional, pois levam em conta os interesses dos outros Estados. O Congresso, o Executivo e as Cortes norte-americanas restringem o exercício da jurisdição prescritiva ao que chamam de *international comity*[461].

---

[459] Veja em §407 *Restatement of the Law Fourth. Restatement of the Law. The Foreign Relations Law of the United States. Selected Topics in Treaties, Jurisdiction and Sovereign Immunity. The American Law Institute.* St Paul, MN: American Law Institute Publishers, 2018, p. 187.

[460] *§407 Restatement of the Law Fourth. Restatement of the Law. The Foreign Relations Law of the United States.* Eis o inteiro teor no original: "Customary International Law Governing Jurisdiction to Prescribe. Customary international law permits exercises of prescriptive jurisdiction if there is a genuine connection between the subject of the regulation and the state seeking to regulate. The genuine connection usually rests on a specific connection between the state and the subject being regulated, such as territory, effects, active personality, passive personality, or protection. In the case of universal jurisdiction, the genuine connection rests on the universal concern of states in suppressing certain offenses." 407 *Restatement of the Law Fourth. Restatement of the Law. The Foreign Relations Law of the United States. Selected Topics in Treaties, Jurisdiction and Sovereign Immunity. The American Law Institute.* St Paul, MN: American Law Institute Publishers, 2018, p. 187.

[461] A Suprema Corte dos Estados Unidos referiu-se a esta prática como "prescriptive comity". F. Hoffmann-La Roche Ltd. V. Empagran S.A., 542 US., 155, 165 (2004).

Horatia Muir Watt e Tim W. Dornis explicam que a presunção contra a extraterritorialidade é um exemplo de como a *international comity* pode restringir o exercício da jurisdição nos Estados Unidos, notadamente, *in international regulatory law and international human rights litigation*[462]. Escrevem os autores que uma outra importante expressão da *international comity* está na área do reconhecimento de decisões estrangeiras, no sentido de que as Cortes não podem invalidar os atos de outro Estado.

Assim, a jurisdição para prescrever pode ser exercida de duas formas, *territorialmente,* em relação a pessoas e propriedades dentro do território norte-americano, bem como a condutas que ocorrem no todo ou em parte dentro do seu território, e *extraterritorialmente.*

A jurisdição *territorial* dos Estados Unidos inclui a extensão de suas terras, águas internas, mar territorial, espaço aéreo correspondente e todos os demais lugares onde os Estados Unidos possuem soberania ou em alguma medida possuem um controle legislativo[463].

No que diz mais de perto aos fatos transnacionais, a jurisdição *extraterritorial* para prescrever pode ser exercida com base (1) nos *efeitos* de uma conduta praticada fora do território dos Estados Unidos, mas que tem ou intencionava ter substancial efeitos dentro dele; (2) na *personalidade ativa* de seus nacionais e residentes, com relação a suas condutas, interesses e relações fora do território norte-americano[464].

---

[462] MUIR WATT, Horatia e DORNIS, Tim W. "Comity", in *Encyclopedia of Private International Law.* BASEDOW, Jürgen; RUHL, Giesel; FERRARI, Franco; ASENSIO, Pedro de Miguel. USA: Edward Elgar Publishing, 2017, vol. 1, p. 385.

[463] *Restatement of the Law Fourth. Restatement of the Law. The Foreign Relations Law of the United States,* p. 171.

[464] E ainda, com base (3) na *personalidade passiva,* os Estados Unidos exercem a jurisdição prescritiva com relação a condutas cometidas no exterior contra seus nacionais, incluindo cidadãos norte-americanos; (4) no *princípio da proteção,* para certas condutas praticadas diretamente contra a segurança dos Estados Unidos ou contra uma classe limitada de outros interesses, como nos casos de espionagem, falsificação de documentos públicos ou moeda; (5) no *princípio da jurisdição universal,* em relação a certas ofensas como pirataria, trabalhos forçados, tráfico de pessoas, escravidão, recrutamento de crianças soldados, tortura, genocídio, e certos atos de terrorismo, mesmo se não existir uma específica conexão entre os Estados Unidos e as pessoas ou condutas que são reguladas, conforme *§402 Restatement of the Law Fourth. Restatement of the Law. The Foreign Relations Law of the United States.*

As leis americanas ou *US statutes*[465] também ditam a jurisdição sobre cidadãos e residentes nos Estados Unidos. Quanto às pessoas jurídicas, a jurisdição prescritiva com base na personalidade ativa alcança aquelas companhias *incorporadas* pelo direito americano e aquelas que possuem *a principal praça de negócios* dentro dos Estados Unidos *ou ambas*. Alguns *U.S. statutes* prescrevem jurisdição sobre corporações estrangeiras, ou seja, aquelas não incorporadas ou que não tenham a principal praça de negócios nos Estados Unidos, quando são de propriedade ou controladas por nacionais norte-americanos[466].

Como podemos ver, os critérios que justificam a jurisdição para prescrever são similares àqueles previstos no artigo 7º, do Código Penal brasileiro. A prática dos Estados Unidos, no entanto, não faz distinção, para a aplicação desses critérios, entre o Direito Público e o Direito Privado ou entre *civil* ou *criminal enforcement*[467], a menos que o contrário fique demonstrado através da intenção do Congresso norte-americano na aprovação dos estatutos federais.

Assim, em alguns estatutos norte-americanos está previsto o escopo extraterritorial genericamente (civil e criminal), como, por exemplo, no *Sherman Antitrust Act, 15 U.S.C, §§ 1-7*[468], no *Securities Exchange Act, 15 U.S.C*

---

465 Como o US Code (U.S.C.), que é uma compilação das leis federais (*federal statutes*) dos Estados Unidos.

466 Veja-se o 42 U.S.C. §2000e-1(c)(1), em relação aos atos discriminatórios no emprego em razão de raça, cor, religião, sexo ou nacionalidade, praticados no exterior, por empresas controladas ou de propriedade de nacionais, 42 U.S.C. §2000e-1(c)(1): "(c) CONTROL OF CORPORATION INCORPORATED IN FOREIGN COUNTRY (1) If an employer controls a corporation whose place of incorporation is a foreign country, any practice prohibited by section 2000e-2 or 2000e-3 of this title engaged in by such corporation shall be presumed to be engaged in by such employer."

467 *Restatement of the Law Fourth. Restatement of the Law. The Foreign Relations Law of the United States*, p. 153 e 174.

468 "Sections 1 to 7 of this title shall not apply to conduct involving trade or commerce (other than import trade or import commerce) with foreign nations unless – (1) such conduct has a direct, substantial, and reasonably foreseeable effect – (A) on trade or commerce which is not trade or commerce with foreign nations, or on import trade or import commerce with foreign nations; or (B) on export trade or export commerce with foreign nations, of a person engaged in such trade or commerce in the United States and (2) such effect gives rise to a claim under the provisions of sections 1 to 7 of this title, other than this section. If sections 1 to 7 of this title apply to such conduct only because of the operation of paragraph (1)(B), then sections 1 to 7 of this title shall apply to such conduct only for injury to export business in the United States. Disponível em: <https://www.law.cornell.edu/uscode/text/15/6a>. Acesso em: 18 de agosto de 2020. Veja-se os casos *Empagran, 542 US at 165 e Hatford, 509 US at 796.*

§78aa(b)(2)[469]. Ambos estatutos preveem jurisdição baseada nos substanciais efeitos das ofensas, propagados dentro dos Estados Unidos[470].

Da mesma forma, a jurisdição extraterritorial universal não se limita a casos criminais. Para esses, em regra, exige-se que o réu esteja presente no momento do *criminal trial*[471].

No exercício da jurisdição universal cível, de acordo com os Títulos 18 (§1595)[472] e 28 (§1350) do U.S.C[473], os Estados Unidos criaram a possibilidade

---

[469] (b)EXTRATERRITORIAL JURISDICTION – The district courts of the United States and the United States courts of any Territory shall have jurisdiction of an action or proceeding brought or instituted by the Commission or the United States alleging a violation of the antifraud provisions of this chapter involving -(1) conduct within the United States that constitutes significant steps in furtherance of the violation, even if the securities transaction occurs outside the United States and involves only foreign investors; or (2) conduct occurring outside the United States that has a foreseeable substantial effect within the United States Disponível em: <https://www.law.cornell.edu/uscode/text/15/78aa>. Acesso em: 18 de agosto de 2020. No caso *Morrison, 561US at 265* (2010) a Suprema Corte concluiu que o *Securities Exchange Act* se aplicava apenas a transações nos Estados Unidos, o que redundou em alteração legislativa no Security Exchange Act para incluir jurisdição baseada em condutas cometidas no exterior, mas com efeitos dentro do território norte-americano, desde que evidenciadas em ações da SEC (Security Exchange Commission).

[470] Veja-se, também, as disposições do RICO (*Racketeer Influenced and Corrupt Organizations Act*) que não alcançam ações cíveis baseadas exclusivamente em ofensas no exterior, é preciso que o autor da ação comprove uma *domestic injury to business or property*. Caso RJR Nabisco, Inc. v European Community, 136 S., Ct2090 (2016).

[471] "Jurisdiction to adjudicate in criminal cases. §427 Restatement of the Law Fourth. Restatement of the Law. The Foreign Relations Law of the United States. Presence of the Defendant. A court in the United States may not try a person on criminal charges unless that person is present before the court at the time the trial begins." A regra tem base na VI Emenda da Constituição dos Estados Unidos, e no direito do acusado de confrontar as testemunhas: "In all criminal prosecutions, the accused shall enjoy the right to a speedy and public trial, by an impartial jury of the State and district wherein the crime shall have been committed, which district shall have been previously ascertained by law, and to be informed of the nature and cause of the accusation; to be confronted with the witnesses against him; to have compulsory process for obtaining witnesses in his favor, and to have the Assistance of Counsel for his defence." Regra similar (sobre a presença do réu) está prevista no Federal Rule of Criminal Procedure 43. Disponível em: <https://www.law.cornell.edu/rules/frcrmp/rule_43/>. Acesso em: 18 de agosto de 2020.

[472] Disponível em: <https://www.law.cornell.edu/uscode/text/18/1595>. Acesso em: 18 de agosto de 2020.

[473] "Alien's Action for Tort. The district courts shall have original jurisdiction of any civil action by an alien for a tort only, committed in violation of the law of nations or a treaty of the United States." Disponível em: <https://www.law.cornell.edu/uscode/text/28/1350>. Acesso em: 18 de agosto de 2020.

de as vítimas de tortura, do tráfico de pessoas, de escravidão ou trabalhos forçados moverem uma ação cível (*civil remedy*) contra os perpetradores de tais violações, visando à reparação de seus danos, embora nestas situações, a partir do julgamento do caso *Kiobel*, tenha-se passado a exigir alguma conexão do caso com os Estados Unidos.

Conforme já mencionado, a extraterritorialidade não deve ser presumida para o Direito Internacional, portanto, também na perspectiva dos Estados Unidos existe uma presunção contra a extraterritorialidade, desenvolvida no sentido de que suas cortes interpretam os estatutos federais partindo do pressuposto que serão aplicados dentro do território, a menos que exista uma indicação clara do legislador para o exercício da jurisdição extraterritorial[474]. Esse ponto é importante para se entender, posteriormente, a extensão da aplicação do *Cloud Act*.

Na comparação entre os tipos de jurisdição aplica-se, igualmente, o entendimento decorrente da prática do Direito Internacional, onde um Estado *may not enforce its own law* se não tiver jurisdição para prescrever aquela lei, e *may not enforce its own judgement* se não tiver jurisdição para adjudicar aquela disputa. No entanto, um Estado pode exercer jurisdição *to enforce with respect to laws prescribed or judgements adjudicated by another state*[475], isto é, pode exercer jurisdição para executar ordens e julgamentos estrangeiros, como ocorre na cooperação para a execução de sentenças estrangeiras, na ordem de prisão para extraditar e na futura extradição, na cooperação jurídica internacional em geral.

Dito de outra forma, a jurisdição de *enforcement* só pode ser exercida se houver jurisdição para prescrever ou para adjudicar, e, em regra, é exercida territorialmente, seja na aplicação do próprio direito e execução do próprio julgamento, seja na aplicação do direito e execução de uma sentença estrangeira. A jurisdição de *enforcement* só será exercida em território estrangeiro mediante o consentimento do país afetado.

---

[474] "§404. Presumption Against Extraterritoriality. Courts in the United States interpret federal statutory provisions to apply only within the territorial jurisdiction of the United States unless there is a clear indication of congressional intent to the contrary." *Restatement of the Law Fourth. Restatement of the Law. The Foreign Relations Law of the United States*, p. 170.

[475] *Restatement of the Law Fourth. Restatement of the Law. The Foreign Relations Law of the United States*, p. 301.

No tocante à jurisdição para adjudicar, os Estados Unidos distinguem-na para os casos criminais e cíveis[476].

Em casos criminais, as cortes exercem jurisdição para adjudicar somente quando o réu estiver presente no *trial*, em decorrência das emendas V (*due process of law*)[477] e VI (o réu tem o direito *to be confronted with the witnesses against him*) da Constituição dos Estados Unidos da América. A regra também está presente no sistema federal, através do *Federal Rule of Criminal Procedure*, com algumas exceções, como em casos de contravenções e quando, após o julgamento começar com sua presença, o réu voluntariamente se ausentar[478].

---

476 "United States law on jurisdiction to adjudicate distinguishes in certain ways between civil and criminal cases. For example, in a civil case, a court in the United States must have personal jurisdiction over the defendant, see §422, while in a criminal case, the defendant must be physically present, see §427." *Restatement of the Law Fourth. Restatement of the Law. The Foreign Relations Law of the United States. Selected Topics in Treaties, Jurisdiction and Sovereign Immunity. The American Law Institute*. St Paul, MN: American Law Institute Publishers, 2018, p. 219.

477 "Amendment V. Rights of persons. No person shall be held to answer for a capital, or otherwise infamous crime, unless on a presentment or indictment of a Grand Jury, except in cases arising in the land or naval forces, or in the Militia, when in actual service in time of War or public danger; nor shall any person be subject for the same offence to be twice put in jeopardy of life or limb; nor shall be compelled in any criminal case to be a witness against himself, nor be deprived of life, liberty, or property, without due process of law; nor shall private property be taken for public use, without just compensation."

478 "Rule 43. Defendant's Presence. (a) When Required. Unless this rule, *Rule 5*, or *Rule 10* provides otherwise, the defendant must be present at: (1) the initial appearance, the initial arraignment, and the plea; (2) every trial stage, including jury empanelment and the return of the verdict; and (3) sentencing. (b) When Not Required. A defendant need not be present under any of the following circumstances: (1) *Organizational Defendant*. The defendant is an organization represented by counsel who is present. (2) *Misdemeanor Offense*. The offense is punishable by fine or by imprisonment for not more than one year, or both, and with the defendant›s written consent, the court permits arraignment, plea, trial, and sentencing to occur by video teleconferencing or in the defendant›s absence. (3) *Conference or Hearing on a Legal Question*. The proceeding involves only a conference or hearing on a question of law. (4) *Sentence Correction*. The proceeding involves the correction or reduction of sentence under *Rule 35* or 18 U.S.C. §3582 (c). (c) WAIVING CONTINUED PRESENCE. (1) *In General*. A defendant who was initially present at trial, or who had pleaded guilty or nolo contendere, waives the right to be present under the following circumstances: (A) when the defendant is voluntarily absent after the trial has begun, regardless of whether the court informed the defendant of an obligation to remain during trial; (B) in a noncapital case, when the defendant is voluntarily absent during sentencing; or (C) when the court warns the defendant that it will remove the defendant from the courtroom for disruptive behavior, but the defendant persists in conduct that justifies removal from the courtroom. (2) *Waiver's Effect*. If the defendant waives the right to be present, the trial may proceed to completion, including the verdict›s return and sentencing, during the defendant›s absence." Observa-se que a regra não é exigida para o indictment. <https://www.law.cornell.edu/rules/frcrmp/rule_43>. Acesso em: 18 de agosto de 2020.

Em casos cíveis não se exige a presença do réu que é uma decorrência do *right to presence at criminal trial*. Exige-se que as cortes possuam competência para julgar a causa (no sentido de competência como entendemos, relacionada à organização interna), conhecida por *subject-matter jurisdiction*[479]. As regras de *subject-matter jurisdiction* alocam competências entre as cortes federais e estaduais.

Fundamentalmente, no entanto, para o exercício da jurisdição cível para adjudicar é necessário que as cortes norte-americanas (federais ou estaduais) possuam *personal jurisdiction* sobre as partes, a qual, devido a sua importância para o tema da jurisdição no *cyberspace*, é abordada em detalhes no próximo tópico.

2. As bases tradicionais da jurisdição para adjudicar

A jurisdição para adjudicar é exercida à luz do mandamento constitucional do *due process of law* e das leis federais e estaduais dos Estados norte-americanos (*statutes states*).

A jurisdição para adjudicar é exercida sobre pessoas (*over persons, individuals and corporations*), sobre coisas (*over things*) e sobre o estado das pessoas (notadamente, divórcio, separação e adoção)[480].

---

[479] "In civil cases, a court in the United States may exercise jurisdiction to adjudicate only if it has subject-matter jurisdiction over the claims". *Restatement of the Law Fourth. Restatement of the Law. The Foreign Relations Law of the United States. Selected Topics in Treaties, Jurisdiction and Sovereign Immunity. The American Law Institute*. St Paul, MN: American Law Institute Publishers, 2018, p. 219. Veja também o teor do §421: "Subject-Matter Jurisdiction. In the United States, rules of subject-matter jurisdiction allocate jurisdiction to adjudicate among State and federal courts. State courts of general jurisdiction ordinarily have subject-matter jurisdiction over all categories of actions. The subject-matter jurisdiction of federal courts cannot extend beyond the limits of the judicial power defined by the Constitution, and – except for the original jurisdiction of Supreme Court – must also be conferred by Congress." *Restatement of the Law Fourth. Restatement of the Law. The Foreign Relations Law of the United States. Selected Topics in Treaties, Jurisdiction and Sovereign Immunity. The American Law Institute*. St Paul, MN: American Law Institute Publishers, 2018, p. 220.

[480] Importa ao presente estudo, essencialmente, a jurisdição sobre as pessoas.

Tanto as relações entre os Estados no *American Federal System* (as relações horizontais entre os Estados norte-americanos), quanto a variedade de conflitos que envolvem as relações entre os Estados Unidos e as demais nações soberanas, fazem parte do estudo do conflito das leis no direito norte-americano.

Os precedentes estabelecidos pelas cortes superiores costumam vincular as demais cortes em futuros casos envolvendo os mesmos assuntos[481].

Em 1878, a Suprema Corte norte-americana, julgando o caso *Pennoyer v Neff*, assentou as bases da teoria do poder jurisdicional territorial (jurisdição para adjudicar), afirmando que os princípios de Direito Público aplicam-se aos Estados independentes (aqui a alusão é aos Estados norte-americanos, mas pode ser aplicada nas relações com as nações soberanas) e um desses princípios é o de que cada Estado possui jurisdição e soberania sobre as pessoas e propriedades dentro do seu território e, o outro princípio, é o de que nenhum Estado pode exercer direta jurisdição e autoridade sobre pessoas ou propriedades que não estão dentro do seu território[482].

O resultado desses dois princípios de Direito Público, de acordo com o entendimento da Corte, é o de que o poder *físico* sobre o réu ou sua propriedade é necessário para o exercício constitucional da jurisdição. Em outras palavras, o *physical power* justifica o exercício da jurisdição norte-americana, não importando a ligação do réu com o Estado do foro[483].

---

481 Nos Estados Unidos, o ALI (American Law Institute), uma organização privada de professores, juízes e estudantes do direito, publica os *Restatements of the Law* relativos a muitas áreas do Direito, incluindo o conflito de leis. Tais *Restatements* sintetizam e interpretam um caso legal, apresentando uma perspectiva nacional. Eles são muito usados pelas cortes e pelos advogados. Para o Conflito de Leis, é utilizado, atualmente, o *Restatement of The Law Second, Conflict of Laws*). HAY, Peter. Advanced Introduction to Private International Law and Procedure. UK, USA: Edward Elgar Publishing, 2018, p. 3. Existe, também o *Restatement of The Law Fourth the Foreign Relations Law of The United States*, citado acima, que também auxilia no estudo da jurisdição dos Estados Unidos, em face dos demais países.

482 Confira em: <https://www.law.cornell.edu/supremecourt/text/95/714>. Acesso em: 18 de agosto de 2020.

483 RICHMAN, William M. REYNOLDS, William L., WHYTOCK, Christopher A. *Understanding conflict of laws*. Fourth Edition. North Carolina: Carolina Academic Press, LLC, 2018, p. 31.

Por isso, na prática, o estudo da jurisdição nos Estados Unidos da América é dividido *in personam* e *in rem*. As cortes exercem alguma forma de jurisdição *in rem* se podem apreender um pedaço de propriedade do réu dentro das fronteiras estatais, e podem exercer a jurisdição *in personam* se o réu puder ser notificado ou citado (*had been served with process*) enquanto presente fisicamente no Estado[484].

A presença física do réu no Estado é uma base tradicional do exercício da jurisdição na *common law*, ainda que o indivíduo esteja nele temporariamente (por exemplo, entrou no Estado do foro em razão de uma viagem), e ainda que ele o deixe imediatamente após a sua notificação ou citação, desde que tenha tido uma oportunidade razoável para ser ouvido[485].

A regra da presença física pode resultar, algumas vezes, em situações onde o réu é compelido a responder a uma ação mesmo que ele não tenha qualquer relação com o Estado além do fato de nele ter entrado e sido citado.

Todavia, a regra pode ser afastada por certas limitações ao exercício do poder jurisdicional (*Restatement (Second) of Conflict of Laws* §§82-84), tais como, entender-se proibida a jurisdição por princípios do direito internacional baseados nos costumes, por disposições constitucionais (*due process of law*, por exemplo), por tratados ou qualquer outro acordo de que o Estado seja parte (§83). O Estado também pode recusar o exercício da jurisdição porque outro foro é mais apropriado (*forum non conveniens* §84), ou porque considera ser do interesse da justiça ou da administração judicial, quando, por exemplo, um não-residente é trazido ilegalmente a força para dentro de um Estado ou nele entra para participar de um outro procedimento judicial (§§82-83).

---

484 Nas palavras dos autores: "this second basis for jurisdiction followed not literally, but only metaphorically from the territorial power theory. Personal services traced its ancestry to the English writ of *capias ad respondendum*, according to which the sheriff arrested the defendant and held him to await the sovereign's pleasure. Service of process, where the sheriff is physically situated to seized the defendant, is simply the modern and civilized analogue of the arrest." RICHMAN, William M. REYNOLDS, William L., WHYTOCK, Christopher A. *Understanding conflict of laws*. Fourth Edition. North Carolina: Carolina Academic Press, LLC, 2018, p. 31.

485 §28 *Restatement (Second) of Conflict of Laws. §§ 1 to 221.* St Paul, MN: American Law Institute Publishers, 1971: *"Presence. A state has power to exercise judicial jurisdiction over an individual who is present whitin its territory, whether permanently or temporarily"*, p. 121-122.

No julgamento do caso *Pennoyer* foram reconhecidas três outras bases da jurisdição para adjudicar, além da presença física do réu, adicionais à jurisdição *in personam,* que derivam da teoria do poder territorial: (1) a jurisdição baseada na aparência ou no consentimento dado de alguma maneira; (2) o domicílio, significando um vínculo territorial do indivíduo com o Estado e, consequentemente, a sua sujeição, regularmente, às leis daquele Estado; (3) a jurisdição sobre uma corporação baseada na incorporação dentro do Estado, que também é uma forma consistente de aplicação da teoria do poder territorial[486].

A primeira das bases mencionadas, para o exercício da jurisdição *in personam,* parte do mesmo princípio de que a presença do réu é condição suficiente para ser citado e submeter-se à jurisdição, portanto, se o réu ausente *consentir ou aparecer,* a condição estará satisfeita, significando que *poderá ser citado.* Ocorre, assim, quando o réu pratica algum ato aparentando aceitar a jurisdição da Corte, como quando aparece diante da Corte para a causa ou para o julgamento; e se ele consente, respondendo à ação, pode-se dizer que ele aceitou se submeter ao poder jurisdicional.

A segunda das bases é reconhecida mundialmente no Direito Internacional Privado, consistindo no estabelecimento de domicílio dentro das fronteiras de um Estado.

Para fixar o domicílio, na visão do direito norte-americano, basta a presença física da pessoa na jurisdição e o intento "*to make that place his home for the time at least*" *(Restatement (Second) of Conflict of Laws §§15, 18).*

O réu poderá responder ao processo qualquer que seja a causa em jogo. Pressupõe-se que o réu se beneficia das leis do Estado onde possui domicílio devendo responder à administração da justiça local.

Mesmo a presença momentânea no novo domicílio é suficiente para caracterizar o requisito da presença no domicílio, como decidiu a *Supreme Court of Appeals of West Virginia* no caso *White v Tennant* (31 W.Va. 790, 8 S.E

486 RICHMAN, William M. REYNOLDS; William L., WHYTOCK, Christopher A. *Understanding conflict of laws.* Fourth Edition. North Carolina: Carolina Academic Press, LLC, 2018, p. 31.

596 (1888))[487]. Por outro lado, o requisito da presença, quando se está tratando da jurisdição *in personam* baseada no domicílio, não pode ser dispensado[488].

Na relação entre um Estado e a pessoa jurídica também pode ser utilizada a referência conceitual do domicílio, comum para as pessoas físicas.

Conforme decidiu a Suprema Corte dos Estados Unidos no caso *Goodyear Dunlop Tires v Brown* (2011), "para o indivíduo, o paradigma para o exercício da jurisdição é o domicílio individual; para uma corporação é um lugar equivalente, "*one in which the corporation is fairly regarded as at home*"[489].

De acordo com o Título 28 do US Code, Parte IV (28 U.S.C, § 1332 (c) (1) uma corporação é considerada *citizen* do Estado onde se encontra incorporada e do Estado onde possui a sua principal praça de negócios[490]. A principal praça de negócios, por sua vez, é o lugar do escritório da corporação onde

---

487 Michael e Lucinda White venderam sua casa e fazenda na Virgínia Ocidental, onde moravam por anos, e resolveram mudar para uma nova fazenda na Pensilvânia. O casal chegou na nova morada, mas Lucinda ficou doente, o que fez com que Michael a levasse de volta para a Virgínia Ocidental para que recebesse os cuidados da família. Michael também ficou doente e morreu duas semanas depois. Ele foi considerado como domiciliado na Pensilvânia para fins de sucessão. A Corte decidiu que Michael abandonou a sua residência na Virgínia Ocidental não só com a intenção de não voltar mais, mas também com o propósito de fixar o Estado da Pensilvânia como seu novo domicílio por um período indefinido, portanto, ele adquiriu o domicílio na Pensilvânia assim que entrou no Estado com este propósito, sendo irrelevante que tenha voltado ao seu Estado de origem e nunca tenha retornado ao seu novo domicílio, porque ele nunca teve a intenção de reestabelecer seu domicílio na Virgínia Ocidental. Disponível em: <https://h2o.law.harvard.edu/cases/3983>. Acesso em: 18 de agosto de 2020.

488 *In re Jone's Estate. Adams v. Smith et al. Supreme Court of Iowa.* 192 iowa 78, 182 N. W. 227 (1921). Disponível em: <https://h2o.law.harvard.edu/collages/10954>. Acesso em: 18 de agosto de 2020.

489 Disponível em: <https://www.supremecourt.gov/opinions/10pdf/10-76.pdf>. Acesso em: 18 de agosto de 2020.

490 (c) For the purposes of this section and section 1441 of this title – (1) a corporation shall be deemed to be a citizen of every State and foreign state by which it has been incorporated and of the State or foreign state where it has its principal place of business, except that in any direct action against the insurer of a policy or contract of liability insurance, whether incorporated or unincorporated, to which action the insured is not joined as a party-defendant, such insurer shall be deemed a citizen of – (A) every State and foreign state of which the insured is a citizen; (B) every State and foreign state by which the insurer has been incorporated; and (C) the State or foreign state where the insurer has its principal place of business. Disponível em: <https://www.law.cornell.edu/uscode/text/28/1441>. Acesso em: 18 de agosto de 2020.

são dirigidas, controladas e coordenadas as suas atividades[491]. No caso *Hertz Corp. v. Friend et al* (2010), a Suprema Corte dos Estados Unidos, para dirimir conflito entre as jurisdições dos Estados da Califórnia e de New Jersey, aplicou o entendimento de que o local da principal praça de negócios (New Jersey) era o apropriado porque a situação demonstrava que a empresa se registrou num Estado, mas exercia suas principais atividades em outro, especialmente por questões de taxas e tributos.

No começo do século XX, as bases do poder jurisdicional territorial, formuladas no julgamento *Pennoyer v Neff*, começaram a se mostrar insuficientes em virtude dos novos negócios que surgiam e da mobilidade das pessoas. O precedente, consolidado no século XIX, não cobria todas as situações jurídicas que ocorriam, como, por exemplo, simples acidentes automobilísticos nas rodovias dos Estados norte-americanos que obrigavam o autor da ação a movê-la no Estado onde domiciliado o réu, a despeito de ter sofrido o dano em outro, bem como as atividades, no território norte-americano, de empresas estrangeiras, incorporadas em outro Estado, que redundavam em negócios interestaduais ou internacionais.

Sem se distanciar da teoria do poder territorial, a Suprema Corte dos Estados Unidos passou a aplicar uma teoria "ampliada" do consentimento, baseada no consentimento implícito do réu: o Estado pode proibir o não residente a utilizar a rodovia, ou permiti-lo mediante seu consentimento de se submeter a sua jurisdição, o qual pode ser inferido; logo, se um motorista não-residente dirigir seu carro em direção a outro Estado, de forma não proibida pelo Estado, nele ingressando, é como se ele "consentisse" com a jurisdição das cortes daquele Estado na hipótese de causar alguma colisão e dano a terceiro[492].

Quanto aos negócios das corporações estrangeiras, a julgar pelo precedente estabelecido no caso *Bank of Augusta v. Earle*, de 1839, o entendimento da Suprema Corte era o de que *a corporação não tem existência legal fora das fronteiras da soberania onde foi criada (...) e não pode migrar para outra soberania*[493].

---

[491] Disponível em: <https://www.supremecourt.gov/opinions/09pdf/08-1107.pdf>. Acesso em: 18 de agosto de 2020.

[492] Hess v. Pawloski, 274 U.S. 352 (1927). Disponível em: <https://h2o.law.harvard.edu/cases/3258>. Acesso em: 18 de agosto de 2020.

[493] 38 U.S, 519 (1839), Bank of Augusta v. Earle, "It is very true that a corporation can have no legal existence out of the boundaries of the sovereignty by which it is created. It exists only in contemplation of law, and by force of the law; and where that law ceases to operate, and

Portanto, as bases do poder territorial serviam muito bem às companhias domésticas (*Restatement (Second) of Conflict of Laws §41*), mas não contemplavam as pessoas jurídicas estrangeiras, incorporadas em outro Estado.

A Corte começou a aplicar, então, também para as pessoas jurídicas, a teoria do consentimento implícito, entendendo que se o Estado pode proibir uma corporação de exercer atividades dentro de seu território[494], pode condicionar o direito da corporação de entrar no Estado ao consentimento expresso da companhia de se submeter a sua jurisdição (*Restatement (Second) of Conflict of Laws §43)*, e, se, por sua vez, o Estado não pode "compelir" a companhia a dar esse consentimento real, pode, por outro lado, inferi-lo da decisão da corporação de exercer negócios no Estado.

Como o consentimento pode ser expresso ou inferido, é muito comum que o consentimento da companhia tome a forma da indicação estatutária de um agente (um representante) para receber notificações de acordo com as exigências do Estado onde a companhia deseja realizar negócios (*Restatement (Second) of Conflict of Laws §44)*[495].

---

is no longer obligatory, the corporation can have no existence. It must dwell in the place of its creation and cannot migrate to another sovereignty. But although it must live and have its being in that state only, yet it does not by any means follow that its existence there will not be recognised in other places; and its residence in one state creates no insuperable objection to its power of contracting in another. It is indeed a mere artificial being, invisible and intangible; yet it is a person, for certain purposes in contemplation of law, and has been recognised as such by the decisions of this Court. It was so held in the case of The United States vs. Amedy, 11 Wheat. 412, and in Beaston vs. The Farmer's Bank of Delaware, 12 Peters, 135." Disponível em: <https://caselaw.findlaw.com/us-supreme-court/38/519.html>. Acesso em: 18 de agosto de 2020.

494 Paul v. Virginia, 75 U.S. 168 (1869). <https://www.law.cornell.edu/supremecourt/text/75/168> e Lafayette Ins. Co. v. French, 59 U.S. (18 How.) 404 (1856). <https://www.law.cornell.edu/supremecourt/text/59/404->. Acesso em: 19 de agosto de 2020.

495 "§44. Foreign Corporations – Appointment of Agent. A state has power to exercise judicial jurisdiction over a foreign corporation which has authorized an agent or a public official to accept service of process in actions brought against the corporation in the state as to all causes of action to which the authority of the agent or official to accept service extends." *Restatement (Second) of Conflict of Laws. §§ 1 to 221.* St Paul, MN: American Law Institute Publishers, 1971, p. 173. Veja, também, o caso Lafayette Insurance Co. v. French, 18 How. 404, 407, 15 L.Ed. 451, nas palavras do Mr. Justice Curtis: "(...) The precise facts upon which this objection depends are, that this corporation was created by a law of the State of Indiana, and had its principal office for business within that State. It had also an agent authorized to contract for insurance who resided in the State of Ohio. The contract on which the judgment in question was recovered was made in Ohio and was to be there performed; because it was a contract with the citizens of Ohio to insure property within that State. A statute of Ohio makes special provision for suits against foreign corporations, founded on contracts of insurance there made by them with citizens of that State; and one of its provisions is, that service of process on such resident agent of the foreign corporation shall be "as effectual

Normalmente, para obter a licença para realizar negócios dentro de um Estado, a corporação necessita indicar um representante com autoridade para aceitar notificações ou citações e responder às causas que surgirem. Uma corporação não pode estar presente num Estado no mesmo sentido que um indivíduo, o indivíduo está presente onde quer que seu corpo esteja, a corporação somente pode estar presente na pessoa de seus agentes e somente pode agir através deles[496].

A teoria do consentimento implícito quando conjugada com a da "presença" de um agente da corporação no Estado torna mais forte o exercício da jurisdição sobre companhias estrangeiras, dentro da ideia de que *se a corporação conduz atividades no Estado é porque está "presente" neste Estado*, na concepção da conhecida expressão *doing business in state*[497].

Portanto, a companhia pode indicar expressamente um agente para realizar negócios no Estado, no momento de obter a licença de funcionamento, autorizando-o a receber notificações, ou pode demonstrar que tomou a decisão de realizar negócios no Estado de forma contínua e consistente, sugerindo que a corporação "implicitamente consentiu" com o exercício da jurisdição daquele Estado.

---

as though the same were served on the principal." (...) "This corporation, existing only by virtue of a law of Indiana, cannot be deemed to pass personally beyond the limits of that State. Bank of Augusta v. Earle, 13 Pet. 519. But it does not necessarily follow that a valid judgment could be recovered against it only in that State. A corporation may sue in a foreign state, by its attorney there; and if it fails in the suit, be subject to a judgment for costs. And so if a corporation, though in Indiana, should appoint an attorney to appear, in an action brought in Ohio, and the attorney should appear, the court would have jurisdiction to render a judgment, in all respects as obligatory as if the defendant were within the State. The inquiry is, not whether the defendant was personally within the State, but whether he, or some one authorized to act for him in reference to the suit, had notice and appeared; or, if he did not appear, whether he was bound to appear or suffer a judgment by default." Disponível em: <https://www.courtlistener.com/opinion/87022/the-lafayette-ins-co-v-french/>. Acesso em: 19 de agosto de 2020.

496 Veja-se American Law Institute, Restatement (Second) of Conflict of Laws, p. 175.

497 No caso Philadelphia & Reading Ry. Co. v. McKibbin, 243 U.S. 264 (1917), a Suprema Corte dos Estados Unidos rechaçou a jurisdição do Estado de New York em ação de danos movida por autor residente em New York, entendendo que a companhia, incorporada de acordo com as leis da Pensilvânia, e que operava uma ferrovia naquele Estado e no Estado de New Jersey, não tinha nenhum escritório, agente ou propriedade dentro do Estado de New York, não se caracterizando o *doing business*. Nas palavras de Mr. Justice Brandeis: "A foreign corporation is amenable to process to enforce a personal liability, in the absence of consent, only if it is doing business within the state in such manner and to such extent as to warrant the inference that it is present there. And even if it is doing business within the state, the process will be valid only if served upon some authorized agent." Disponível em: <https://www.law.cornell.edu/supremecourt/text/243/264>. Acesso em: 19 de agosto de 2020.

Assim, um Estado norte-americano tem o poder para exercer a jurisdição sobre empresa estrangeira baseado no *doing business in the state* de duas maneiras: (1) com respeito a causas que surgirem em virtude dos negócios realizados no Estado (forma especial de jurisdição baseada na causa); e (2) em relação a causas que não digam respeito aos negócios da companhia (jurisdição geral) se este negócio é contínuo e substancial que torne razoável o Estado exercer tal jurisdição[498].

O sentido de "presença" no Estado é inegável quando não somente as atividades da corporação são contínuas e sistemáticas naquele Estado, como também quando a empresa dá causa a ações em decorrência dessas suas atividades, ainda que a corporação não tenha dado nenhum consentimento expresso sobre a jurisdição do Estado ou autorizado um agente a receber notificações[499].

Todavia, para servir como base para o exercício da jurisdição em geral é preciso que o "*doing business*" seja uma atividade de *natureza sistemática e contínua*, o que acaba demandando, dependendo do caso, para a comprovação dessas atividades, a existência de um escritório, um showroom, ou a presença de um representante, como julgado no caso *Philadelphia & Reading Ry. Co. v. McKibbin, 243 U.S. 264* (1917).

Mínimos contatos e atividades intermitentes, como viagens a negócios, ou cadeias de distribuição de produtos sem a presença de um agente, e sem

---

498 No caso Philadelphia & Reading Ry. Co. v. McKibbin, 243 U.S. 264 (1917), a Suprema Corte dos Estados Unidos rechaçou a jurisdição do Estado de New York em ação de danos movida por autor residente em New York, entendendo que a companhia, incorporada de acordo com as leis da Pensilvânia, e que operava uma ferrovia naquele Estado e no Estado de New Jersey, não tinha nenhum escritório, agente ou propriedade dentro do Estado de New York, não se caracterizando o *doing business*. Nas palavras de Mr. Justice Brandeis: "A foreign corporation is amenable to process to enforce a personal liability, in the absence of consent, only if it is doing business within the state in such manner and to such extent as to warrant the inference that it is present there. And even if it is doing business within the state, the process will be valid only if served upon some authorized agent." Disponível em: <https://www.law.cornell.edu/supremecourt/text/243/264> Acesso em: 19 de agosto de 2020.

499 r v. Cox, *106 U.S. 350, 355*, 1 S.Ct. 354, 359, 27 L.Ed. 222; Connecticut Mutual Life Ins. Co. v. Spratley, *172 U.S. 602, 610*, 611, 19 S.Ct. 308, 311, 312, 43 L.Ed. 569; Pennsylvania Lumbermen's Mut. Fire Ins. Co. v. Meyer, *197 U.S. 407, 414*, 415, 25 S.Ct. 483, 484, 485, 49 L.Ed. 810; Commercial Mutual Accident Co. v. Davis, *213 U.S. 245, 255*, 256, 29 S.Ct. 445, 448, 53 L.Ed. 782; International Harvester Co. v. Kentucky, supra; cf. St. Louis S.W.R. Co. v. Alexander, *227 U.S. 218, 33* S.Ct. 245, 57 L.Ed. 486, Ann.Cas.1915B, 77, conforme julgamento do caso *International Shoe Co. v. Washington* (1945), disponível em: <https://www.law.cornell.edu/supremecourt/text/326/310>. Acesso em: 19 de agosto de 2020.

realizar de "forma sistemática e contínua negócios no Estado", não caracterizam o *doing business.*

Por essa razão, a teoria do *doing business* passou a ser também insuficiente para justificar a jurisdição sobre empresas estrangeiras tendo em vista os novos tipos de economia e produção de negócios, que não requeriam a existência de um estabelecimento ou a presença física de um representante.

Em face dessa realidade, nos idos de 1940, a Suprema Corte dos Estados Unidos introduz novos critérios na interpretação da jurisdição *in personam* dos Estados norte-americanos, à parte dos critérios de "presença", "*doing business*" e "consentimento". O caso *International Shoe Co. v. Washington* (1945) é considerado o marco da mudança de paradigma da Corte, julgado quase 70 anos após a Corte decidir o caso *Pennoyer v Neff.*

O caso era aparentemente de simples resolução, de acordo com os critérios já fixados pela Corte sobre o poder territorial, tratando-se de ação movida em Washington, contra empresa de Delaware, do ramo de sapatos, cuja principal praça de negócios ficava em Missouri; a empresa possuía vendedores em Washington que encomendavam os sapatos do Missouri, o que tornava a ação de fácil resolução de acordo com a doutrina tradicional, pois a empresa praticava, de forma sistemática e contínua atividades em Washington.

Todavia, a Corte confere uma nova roupagem à jurisdição *in personam* anunciando dois novos critérios baseados: em *mínimos contatos do réu com o Estado do foro e no fair play e substantial justice.*

De acordo com a decisão da Corte, a cláusula do devido processo legal não permite que um Estado leve a julgamento uma empresa ou um indivíduo *in personam* com os quais não possui qualquer contato ou vínculo. Por outro lado, permite a cláusula do *due process of law* a submissão do réu à jurisdição *in personam,* se este não se encontra presente dentro do Estado do foro, quando ele tiver *mínimos contatos* com o Estado e que o exercício da jurisdição não ofenda as noções de *fair play* e de justiça material[500].

---

[500] "Historically the jurisdiction of courts to render judgment *in personam* is grounded on their de facto power over the defendant's person. Hence his presence within the territorial jurisdiction of court was prerequisite to its rendition of a judgment personally binding him. Pennoyer v. Neff, *95 U.S. 714, 733*, 24 L.Ed. 565. But now that the capias *ad respondendum* has given way to personal service of summons or other form of notice, due process requires only that in order to subject a defendant to a judgment *in personam*, if he be not present within the territory of the forum, he has certain minimum contacts with it such that the maintenance of the suit does not offend 'traditional notions of fair play and substantial justice". Disponível em: <https://www.law.cornell.edu/supremecourt/text/326/310>. Acesso em: 25 de agosto de 2020.

Ademais, a corporação exerce o privilégio de conduzir atividades dentro do Estado, aproveitando-se dos benefícios e proteção das leis daquele Estado (*Hanson v. Denckla*, 1958). O exercício desse privilégio lhe traz obrigações, e, uma vez que essas obrigações surjam ou estejam conectadas com suas atividades dentro do Estado, um procedimento pode ser iniciado contra a corporação[501].

O teste dos *mínimos contatos e do julgamento justo e justiça material* foi novamente mencionado, em 1957, pela Suprema Corte dos Estados Unidos no caso *McGee v. International Life Insurance Co.*

Tratava-se de ação movida no Estado da Califórnia contra a empresa de seguro *International Life*, incorporada de acordo com as leis do Arizona, que não possuía qualquer escritório ou agente no Estado da Califórnia, mas que vendeu um seguro de vida ao filho da autora da ação, beneficiária do seguro de vida contratado pelo filho que veio a falecer, residente na Califórnia. O contrato foi enviado pelo correio, tendo o contratante pago o prêmio e recebido a apólice em sua casa. A companhia de seguro se recusava a realizar o pagamento do seguro e rechaçava a jurisdição do Estado da Califórnia que tinha mais condições de averiguar se a causa do falecimento tinha sido mesmo o suicídio, como a empresa alegava.

A Corte confirmou a jurisdição da Califórnia entendendo que estava baseada em um contrato que tinha substancial conexão com o Estado do foro (teoria dos mínimos contatos satisfeita).

Quanto ao requisito do *fair play and substantial justice,* a Corte pontuou os seguintes fatores para considerá-lo, igualmente, satisfeito: (1) o interesse do Estado da Califórnia na solução do litígio e no provimento de justiça material: afirmou a Corte que a "*Justiça da Califórnia tinha um manifesto interesse em fornecer meios eficazes de reparação aos seus residentes em casos de recusa de pagamento de seguro*"; (2) a inconveniência da parte autora de mover uma ação

---

[501] "But to the extent that a corporation exercises the privilege of conducting activities within a state, it enjoys the benefits and protection of the laws of that state. The exercise of that privilege may give rise to obligations; and, so far as those obligations arise out of or are connected with the activities within the state, a procedure which requires the corporation to respond to a suit brought to enforce them can, in most instances, hardly be said to be undue. Compare International Harvester Co. v. Kentucky, supra, with Green v. Chicago, Burlington & Quincy R. Co., supra, and People's Tobacco Co. v. American Tobacco Co., supra. Compare Connecticut Mutual Life Ins. Co. v. Spratley, supra, *172 U.S. 619, 620,* 19 S.Ct. 314, 315, 43 L.Ed. 569, and Commercial Mutual Accident Co. v. Davis, supra, with Old Wayne Mut. Life Ass'n v. McDonough, supra. See 29 Columbia Law Review, 187-195." Disponível em: <https://www.law.cornell.edu/supremecourt/text/326/310>. Acesso em: 19 de agosto de 2020.

em outro lugar e o relativo peso entre as partes: "*Tais residentes estariam em grande desvantagem se fossem forçados a seguir a seguradora até um Estado distante a fim de responsabilizá-la legalmente*"; (3) a conveniência na localização das testemunhas e evidências: "*Frequentemente as testemunhas cruciais - como aqui na defesa de suicídio da empresa - serão encontradas na localidade do segurado*"; (4) a ausência do sentido de denegação de justiça na perspectiva da parte seguradora: "*Claro que pode haver inconveniência para a seguradora se ela for considerada passível de ação na Califórnia, onde tinha este contrato, mas certamente nada que equivalha a uma denegação de justiça*"[502].

Antes do entendimento consagrado no caso *International Shoe Co. v. Washington*, os Estados exerciam jurisdição sobre empresas não residentes baseados na teoria do *doing business*.

Com a nova interpretação sobre a teoria dos mínimos contatos, que requer muito menos contato da empresa ré com o Estado do foro do que na teoria do *doing business* (realizar negócios de forma sistemática e contínua), alguns Estados norte-americanos passaram a editar estatutos estendendo sua jurisdição além das bases tradicionais, estabelecendo casos de jurisdição especial.

Esses estatutos são conhecidos como *long-arm statutes*, que podem çonfigurar uma previsão genérica de que a jurisdição será exercida desde que não ofenda a Constituição dos Estados Unidos (como a cláusula do devido processo legal)[503], ou a enumeração de atos, restringindo a jurisdição aos casos que envolvem estes atos: como *transacionar qualquer negócio no estado, contratar serviços ou coisas no Estado; tenha um interesse em usar ou possuir uma propriedade no Estado, causar injurias mediante ação ou omissão cometida*

[502] "It cannot be denied that California has a manifest interest in providing effective means of redress for its residents when their insurers refuse to pay claims. These residents would be at a severe disadvantage if they were forced to follow the insurance company to a distant State in order to hold it legally accountable. When claims were small or moderate individual claimants frequently could not afford the cost of bringing an action in a foreign forum - thus in effect making the company judgment proof. Often the crucial witnesses - as here on the company's defense of suicide - will be found in the insured's locality. [355 U.S. 220, 224]. Of course there may be inconvenience to the insurer if it is held amenable to suit in California where it had this contract but certainly nothing which amounts to a denial of due process. Cf. Travelers Health Assn. v. Virginia ex rel. State Corporation Comm'n, 339 U.S. 643. There is no contention that respondent did not have adequate notice of the suit or sufficient time to prepare its defenses and appear. "Disponível em: <https://caselaw.findlaw.com/us-supreme-court/355/220.html>. Acesso em: 25 de agosto de 2020.

[503] A exemplo do Estado da Califórnia, RICHMAN, William M.; REYNOLDS, William L.; WHYTOCK, Christopher A. *Understanding conflict of laws*. Fourth Edition. North Carolina: Carolina Academic Press, LLC, 2018, p. 94.

no Estado; ter o interesse em ou usar e possuir propriedades no Estado, causar injurias mediante ação ou omissão cometidas fora do Estado mas que causam efeitos dentro do Estado[504].

Um outro caso se tornou conhecido pela aplicação da nova interpretação desenvolvida pela Suprema Corte dos Estados Unidos e, desta feita, pela incidência do *long-arm statutes* de New Hampshire. Em *Keeton v. Hunter Magazine*[505], julgado em 1984, uma ação de reparação de danos por difamação (*libel action*) foi movida por uma residente em New York contra comentários e fotografias publicadas numa revista incorporada segundo as leis de Ohio. Inicialmente, a ação foi movida em Ohio, mas não foi admitida. A autora moveu a ação, então, em New Hampshire, porque a revista tinha grande circulação naquele Estado.

A Corte Distrital de New Hampshire não admitiu a jurisdição *in personam* e a Corte de Apelação confirmou a decisão não aceitando que uma simples ação em New Hampshire tivesse seus efeitos propagados aos vários Estados (*multistate libel action)* onde a revista circulou (enfatizou a Corte de Apelação "*the New Hampshire tail is too small to wag so large an out-of-state dog*").

A Suprema Corte reverteu a decisão, admitindo a jurisdição *in personam* do Estado de New Hampshire em face da ré não residente, de acordo com o seu *long-arm statute,* afirmando que a ação satisfazia a cláusula do *due process* tendo em vista os *mínimos contatos* da revista com o Estado, que explorava de forma contínua e deliberadamente o mercado de New Hampshire.

Além disso, a Corte entendeu que havia um especial interesse do Estado em solucionar o litígio, porque o delito foi cometido dentro do seu território[506]

---

504 A exemplo dos Estados de Wisconsin, Illinois e New York, conforme RICHMAN, William M. REYNOLDS, William L., WHYTOCK, Christopher A. *Understanding conflict of laws.* Fourth Edition. North Carolina: Carolina Academic Press, LLC, 2018, p. 96.

505 Disponível em: <https://caselaw.findlaw.com/us-supreme-court/465/770.html>. Acesso em: 19 de agosto de 2020.

506 "§36 "Restatement (Second) of Conflict of Laws. Doing in Act in State. (1) A state has power to exercise judicial jurisdictional over an individual who has done, or has caused to be done, an act in the state with respect to any cause of action in tort arising from the act (2) A state has power to exercise judicial jurisdictional over an individual who has done, or has caused to be done, an act in the state with respect to any cause of action in tort arising from the act unless the nature of the act and of the individual's relationship to the state and to other states make to exercise of such jurisdiction unreasonable." *Restatement (Second) of Conflict of Laws. §§ 1 to 221.* St Paul, MN: American Law Institute Publishers, 1971, p. 147. A jurisdição baseada no delito cometido dentro do Estado pode ser uma jurisdição especial também, quando, a despeito do réu ter pouco contato com o Estado do foro, a ação surge

– *"This is because torts involve wrongful conduct which a state seeks to deter, and against which it attempts to afford protection"* –, tanto no interesse da vítima quanto dos demais leitores da revista, residentes no Estado, protegendo-os contra *false statements*[507].

Por fim, em relação aos efeitos da decisão em múltiplos Estados, salientou que New Hampshire também tinha um interesse substancial em cooperar com os outros Estados, através da regra de uma única publicação, fornecendo um foro onde se pode litigar de maneira eficiente todas as reinvindicações de danos decorrentes da difamação em um só procedimento. Isso reduz o potencial risco de várias ações e também serve para proteger o réu do constrangimento de responder a múltiplos processos[508].

No mesmo ano de 1984, a Corte julgou o caso *Calder v. Jones*[509], uma ação de difamação similar à *Keeton v. Hunter Magazine*, movida contra uma revista que era vendida amplamente no Estado da Califórnia, e pelos mesmos argumentos a Corte entendeu satisfeito o requisito dos mínimos contatos do distribuidor local da revista na Califórnia. A ação foi também movida contra os autores do artigo difamatório e o editor da revista, ambos residentes na Flórida, os quais alegaram que não tinham qualquer participação nas vendas da revista na Califórnia, e tampouco tinham controle sobre as atividades de seus empregadores na revista. A Suprema Corte rechaçou os argumentos entendendo que a Califórnia tinha jurisdição sobre os réus residentes na Flórida, porque suas ações causaram *efeitos* na Califórnia, onde residiam os autores e era o centro de atividades (onde eram conhecidos), e, por isso, suas ações intencionalmente visavam à Califórnia.

---

em razão do delito cometido e não em face do contato do réu com o foro (ver *Helicopteros Nacionales de Colombia v. Hall)*.

507 "False statements of fact harm both the subject of the falsehood and the readers of the statement. New Hampshire may rightly employ its libel laws to discourage the deception of its citizens. There is "no constitutional value in false statements of fact". Disponível em: <https://caselaw.findlaw.com/us-supreme-court/465/770.html>. Acesso em: 19 de agosto de 2020.

508 "New Hampshire also has a substantial interest in cooperating with other States, through the "single publication rule," to provide a forum for efficiently litigating all issues and damages claims arising out of a libel in a unitary proceeding. This rule reduces the potential serious drain of libel cases on judicial resources. It also serves to protect defendants from harassment resulting from multiple suits".

509 Disponível em: <https://caselaw.findlaw.com/us-supreme-court/465/783.html>. Acesso em: 19 de agosto de 2020.

Em outros conhecidos casos a Suprema Corte analisou a teoria dos mínimos contatos, do *fair play* e da justiça substancial enumerando os fatores para considerar os dois últimos: do ônus da prova do réu, os interesses do Estado do foro, o interesse do autor num foro conveniente, o interesse judicial na aplicação da justiça e na resolução do litígio, e o acesso à prova (*World-Wide Volkswagen Corp. v. Woodson*, 1980, *Burger King Corp. v. Rudzewicz*, 1985, e *Goodyear Dunlop Tires Operations, S/A v. Brown*, 2011).

No julgamento do caso *Burger King Corp. v. Rudzewicz* ficou mais claro o alcance do requisito do *fairplay* (*fair warning*), significando que as ações do réu devem torná-lo hábil a responder à jurisdição *in personam*. Assim, se o réu estabeleceu mínimos contatos – intencionalmente – com o Estado do foro, este requisito está satisfeito. Ficou claro no julgamento que a presença física do réu (estar fisicamente no Estado do foro ou nele entrar) não é necessária frente ao requisito dos *mínimos contatos*, é suficiente que o réu tenha propositadamente dirigido suas atividades em direção aos residentes daquele Estado (*purposeful availment test*).

O caso *Goodyear Dunlop Tires Operations, S/A v. Brown* é muito interessante, porque a Suprema Corte aplicou o teste dos mínimos contatos com empresas subsidiárias estrangeiras.

O caso envolvia um acidente de ônibus em Paris, que resultou na morte de dois garotos adolescentes, atletas de um time da Carolina do Norte. Alegando que o acidente foi causado por um defeito dos pneus do ônibus, fabricados na subsidiária da Turquia, os pais das vítimas entraram com uma ação na corte estadual da Carolina do Norte contra a *Goodyear USA* (corporação do Estado de Ohio) e três outras subsidiárias estrangeiras, localizadas na Turquia, França e em Luxemburgo.

A *Goodyear USA* não contestou a jurisdição, mas as subsidiárias sim, alegando que não estavam autorizadas a realizar negócios (*doing business*) na Carolina do Norte, não possuíam agentes, escritório ou contas bancárias no Estado, e sequer distribuíam pneus no local. A Corte estadual recusou jurisdição porque tanto o acidente quanto a fabricação dos pneus ocorreram fora do Estado da Carolina do Norte.

A Suprema Corte, na opinião conduzida pela Juíza Ruth Ginsburg, concordou que não se tratava de jurisdição especial (baseada no local no acidente), pois a questão se resumia à jurisdição geral. Nesse sentido, a Suprema Corte reverteu a decisão, afirmando que a *Goodyear USA* (*parent*) e as subsidiárias estrangeiras *constituíam uma só empresa* e que os contatos da empresa controladora com o Estado do foro poderiam ser atribuídos às subsidiárias[510].

Como se pode ver, a Constituição dos Estados Unidos da América é fonte normativa na análise do exercício da jurisdição nas cortes estaduais. Uma vez que o tipo de conexão entre o réu e a corte tem ligação com o devido processo legal (*Due Process Clauses of the Fifth and Fourteenth Amendents*), a cláusula suporta a ideia do exercício da jurisdição como uma questão federal onde a Suprema Corte pode decidir por último. Todavia, além do *due process of law*, a Corte analisa também os estatutos estaduais (*long-arm statutes*), que acabam sendo uma derivação das teorias do *doing business*, da teoria dos efeitos ou dos delitos cometidos dentro do Estado.

Assim, resumidamente, podemos dizer que as bases para o exercício da jurisdição *in personam* são duas: (1) o modelo baseado na presença do réu (*presence model*); e (2) o modelo baseado nos *mínimos contatos*[511].

O modelo baseado na presença do réu é fruto da tradição na *common law*. Nestes casos, a jurisdição *in personam* é geral porque o vínculo da pessoa com o Estado do foro é mais forte, de modo que a Corte pode adjudicar qualquer tipo de controvérsia, fazendo-se necessário[512]: (1) o réu ser citado enquanto se encontra presente dentro do Estado do foro; (2) o réu estar domiciliado no Estado do foro; (3) o réu aparecer ou consentir com o exercício da jurisdição, com todas as considerações acima a respeito das pessoas jurídicas, que lhes são igualmente aplicáveis: (1) ser incorporada no Estado do foro; (2) ter a principal praça de negócios no Estado do foro; e (3) ter consentido com a jurisdição, lembrando que a empresa consente com a jurisdição do Estado se indica um agente para representá-lo.

Submete-se, igualmente, à jurisdição o réu não residente que (4) realiza negócios no Estado (*doing business*) de forma sistemática e contínua, ainda que sem designar um agente responsável (jurisdição que não depende do consentimento); (5) realiza um ato dirigido intencionalmente ao Estado do

---

510 Disponível em: <https://casetext.com/case/goodyear-dunlop-tires-operations-v-brown>. Acesso em: 20 de agosto de 2020.

511 IYER, Vidhya. Personal Jurisdictional over Orb-Web Corporations: *Re-Routed Approach for "Change in the Navigation of Time"*, 7 The Global Business Law Review, 1 (2018). Disponível em: <https://engagedscholarship.csuohio.edu/gblr/vol7/iss1/5>. Acesso em: 10 de janeiro de 2021.

512 Ver §§ 27 a 52 do *Restatement (Second) of Conflict of Laws.*

foro, como quando envia um contrato a um cliente[513] ou realiza negócios esporádicos (6) causa efeito num Estado mediante um ato cometido em outro, como quando divulga um artigo difamatório numa revista[514].

Na hipótese de *realizar negócios no Estado, de forma sistemática e contínua*, a jurisdição pode ser geral ou específica[515], dependendo da força do vínculo do réu com o Estado do foro, podendo ocorrer de o litígio ser suportado apenas pelo vínculo da natureza da causa com o foro.

Nas duas outras (5) e (6) a jurisdição será especial (ou específica, consoante a linguagem adotada pelo direito norte-americano), significando que a causa surgiu diretamente do contato do réu com o Estado, em função do ato dirigido intencionalmente ao Estado do foro ou do efeito de um ato cometido em outro Estado.

Existe, ainda, um outro critério de jurisdição *in personam,* baseado em coisas móveis e imóveis, não se tratando de jurisdição *in rem.*

Segundo explicam os §§ 38 e 51 do *Restatement (Second) of Conflict of Laws*[516], a jurisdição sobre indivíduos e corporações não residentes pode ser justificada também (7) pela propriedade, uso ou posse de coisas tangíveis (móveis ou imóveis) no Estado do foro.

---

[513] *McGee v. International Life Insurance Co.*

[514] *Keeton v. Hunter Magazine.*

[515] A diferença entre os dois tipos de jurisdição ficou consagrada no caso Helicópteros Nacionales de Colômbia v. Hall. 466 U.S. 408 (1984).

[516] §38. Ownership, Use or Possession of Tangible Thing in State. (1) A state has power do exercise judicial jurisdiction over an individual who has owned, used or possessed an immovable thing in the state with respect to any cause of action arising from the thing while it was owned, used or possessed by the individual. (2) A state has power do exercise judicial jurisdiction over an individual who has owned, used or possessed a chattel in the state with respect to any cause of action arising from chattel while it was in the state and was so owned, used or possessed unless the nature of the chattel and of the individual's relationship to the state make the exercise of such jurisdiction unreasonable. §51. Foreign Corporations - Ownership, Use or Possession of Tangible Thing in State. (1) A state has power do exercise judicial jurisdiction over a foreign corporation which has owned, used or possessed an immovable thing in the state with respect to any cause of action arising from the thing while it was owned, used or possessed by the individual. (2) A state has power do exercise judicial jurisdiction over a foreign corporation which has owned, used or possessed a chattel in the state with respect to any cause of action arising from chattel while it was in the state and was so owned, used or possessed unless the nature of the chattel and of the corporation's relationship to the state make the exercise of such jurisdiction unreasonable.

A regra limita-se aos litígios específicos (jurisdição especial), que surgem em função do bem, ou seja, a mera propriedade, uso ou posse de um bem no Estado não cria vínculo suficiente para o Estado exercer jurisdição *in personam* em geral, para qualquer tipo de controvérsia.

A regra pode ser aplicada em contratos, mas é mais apropriada para as ações de reparação de danos, como, por exemplo, quando alguém empresta um apartamento a um amigo e este amigo se machuca na escada do apartamento, a qual se mostrava defeituosa[517]. É imperiosa a previsão de tal regra no *long-arm statute* do Estado do foro, principalmente porque se trata do exercício de jurisdição especial ou específica.

Sempre que a jurisdição não esteja justificada no modelo tradicional da *common law* (modelo da presença) ela deve estar de acordo com *o long-arm statute* do Estado do foro, o qual não poderá contrariar os preceitos da Constituição dos Estados Unidos da América.

A jurisdição baseada no *long-arm statute* do Estado do foro será analisada, ainda, de acordo com a justiça (*fairness*) perquirida nos dois estágios do teste: o primeiro, dos *mínimos contatos* do réu com o foro, e o segundo, do *fair-play* e da justiça substancial.

Por sua vez, relembrando para sintetizá-los, os fatores comumente utilizados para se perquirir a *fairness* nos dois estágios mencionados de análise do exercício da jurisdição são: (1) o ônus da prova da parte ré (como quando não tem condições de litigar num Estado distante)); (2) o interesse do Estado do foro na adjudicação do litígio (em face da presença da vítima ou para efeitos de prevenção de atos ofensivos, por exemplo); (3) o interesse da parte autora em obter um julgamento efetivo (como quando o Estado do foro é o único disponível); (4) o interesse do sistema de justiça em resolver a controvérsia de maneira eficiente (levando em conta, por exemplo, a localização das testemunhas e das evidências); (5) o interesse em comum de vários Estados.

É preciso esclarecer, ainda, que o consentimento da parte pode estar baseado numa cláusula de eleição de foro ou na escolha da arbitragem.

No caso *The Bremen v. Zapata Offshore Co.* (1972), a Suprema Corte entendeu que a cláusula de seleção do foro é válida e deve ser observada a menos que seja injusta, como que obtida por fraude, ou ofenda à ordem pública do foro, ou ainda se apresente o foro como inconveniente.

---

[517] Exemplo fornecido pelo *Restatement (Second) of Conflict of Laws*, p. 164.

O caso *Bremen* é outro que é produto de seu tempo, sugerindo que o Direito pode constantemente ajustar-se ao seu objeto[518], tornando-se o precedente no qual a Suprema Corte dos Estados Unidos aceitou a cláusula da escolha do foro pelas partes, porque viu que o momento histórico exigia que se fomentasse o comércio internacional. E aplicou o entendimento ao caso embora uma das partes fosse empresa norte-americana e ainda que as tradicionais teorias sobre jurisdição indicassem a jurisdição norte-americana, prevalecendo a escolha do foro pelas partes pela jurisdição de Londres[519].

A cláusula de eleição de foro passou a ser aceita largamente, sendo válida inclusive nos contratos de consumo por adesão, conforme entendimento da Suprema Corte nos casos *National Equipment Rental, Ltd. V. Szukhent* (1964)[520] *e Carnival Cruise Lines v. Shute* (1991)[521], afastando o argumento de que a cláusula não é fruto de uma real negociação, isto é, a mera alegação de que as partes não possuam igual poder de negociação na escolha do foro não é suficiente para afastar a jurisdição do foro escolhido, segundo os precedentes norte-americanos.

Tal entendimento pode ser aplicado, inclusive, para as cláusulas de eleição de foro nos contratos eletrônicos no contexto de transações via internet[522].

---

518 MUIR WATT, Horatia; BÍZIKOVÁ, Luiza; BRANDÃO DE OLIVEIRA, Agatha; FERNÁNDEZ ARROYO, Diego P. *Global Private International Law*. UK e USA: Edward Elgar Publishing, 2019. Destacam-se os seguintes trechos: "The decision participates in the construction of one among many possible 'world versions' – in this case, one revolving around a fear of 'parochialism' and concern for 'the future development of international commercial dealings by Americans', p. 18. "[w] e cannot have trade and commerce in world markets and international waters exclusively on our terms, governed by our laws, and resolved in our courts ', p. 29. "The Bremen is a product of its time as it suggests that law must constantly adjust to its object – here the ever-changing field of international trade. More indirectly, it points to the fact that cross-border activity may induce a disembedded, or deterritorialised, understanding of law itself", p. 33.

519 Disponível em: <https://caselaw.findlaw.com/us-supreme-court/407/1.html>. Acesso em: 23 de agosto de 2020.

520 Disponível em: <https://caselaw.findlaw.com/us-supreme-court/375/311.html>. Acesso em: 23 de agosto de 2020.

521 Disponível em: <https://caselaw.findlaw.com/us-supreme-court/499/585.html>. Acesso em: 23 de agosto de 2020.

522 Caso CompuServe v. Paterson (1996), disponível em: <https://caselaw.findlaw.com/us-6th-circuit/1206141.html>. Acesso em: 23 de agosto de 2020.

Por fim, a jurisdição *in rem* é aquela exercida sobre coisas (ou sobre o interesse de pessoas em determinados bens). A jurisdição pode ser exercida sobre uma terra, um bem móvel, um documento, uma coisa intangível incorporada num documento ou ações de uma companhia.

Importa distinguir que a jurisdição *in rem* é exercida sobre a coisa e não sobre a pessoa, física ou jurídica, proprietária ou detentora de um determinado bem (caso em que a jurisdição será *in personam*), e aplica-se, via de regra, numa ação de reinvindicação de propriedade, na execução de uma hipoteca, ações sobre registros de propriedade, litígios sobre a definição da propriedade de um bem, num sequestro ou confisco de bens, quando o objeto da ação é o bem móvel ou imóvel[523].

A jurisdição *in rem* não serve tanto como paradigma para o presente tema, ao contrário das teorias da jurisdição *in personam*, que se lhe aplicam perfeitamente.

É de se ver que os conflitos sobre fatos transnacionais eletrônicos, no contexto atribuído neste trabalho, envolvem mais delitos (cíveis e criminais) cometidos contra pessoas, na forma de expressões injuriosas, difamatórias à honra e à imagem, ofensas aos direitos de personalidade e aos direitos do autor. Ainda que se tenham, por exemplo, os dados eletrônicos como coisas *intangíveis* eles são pessoais, de interesses dos seus titulares e das pessoas que os detém, controlam, coletam, tratam e o utilizam. A jurisdição, nestes casos, é exercida sobre a pessoa, numa ação pessoal de reparação de danos ou numa ação penal. Nesse sentido, os precedentes mais conhecidos sobre jurisdição e *cyberspace* são os casos *Zippo e Microsoft v. United States.*

3. A jurisdição sobre as pessoas e o *cyberspace*

Estabelecidas as bases da jurisdição *in personam* é possível verificar que muitos dos critérios (ou testes) utilizados para confirmar ou recusar a jurisdição podem ser aplicados aos fatos transnacionais eletrônicos.

Assim, em casos de *websites* com publicações injuriosas e difamatórias por exemplo, parece perfeitamente aplicável o teste dos efeitos (*effects test*) ou o da conduta dirigida, afirmando-se que o agente da conduta utilizou a internet para dirigir intencionalmente seu ato ofensivo a alguém do Estado do foro, como em *Calder v. Jones* (*targeting test e effects test*).

---

523 *Restatement of the Law (Second). Conflict of Laws. American Law Institute.*

Foi o que ocorreu no caso *Tamburo v. Dworkin* (2010)[524], onde a Corte de Apelação do Sétimo Circuito aplicou o precedente *Calder* para reconhecer a jurisdição do Estado de Illinois, local onde o autor, residente em Illinois, moveu uma ação (*tort claim*), alegando que concorrentes seus (três americanos, um canadense e um australiano) no ramo de pedigree canino fizeram postagens injuriosas nos seus *websites* instando os consumidores no mercado a boicotarem os seus produtos. A Corte entendeu que os réus americanos e canadense, por terem propositadamente dirigido suas ações ao Estado de Illinois, mercado em que atuava o autor, postando, de fato, em seus *websites* mensagens injuriosas contra o autor, deveriam se submeter à jurisdição do Estado do foro; já em relação ao réu australiano, por ter apenas replicado mensagens dos outros réus, de forma privada, e não amplamente através de seu *website*, tampouco tendo ficado demonstrado que sabia que o autor dedicava-se ao mercado de Illinois, ao contrário dos demais, não reconheceu a jurisdição sobre este réu.

Podemos ver que a Corte de Apelação, em caso de ofensas aos direitos de personalidade, aplicou o teste dos efeitos e o da conduta dirigida (*express aiming ou targeted test*) para entender que os réus possuíam *mínimos contatos* com o Estado do foro.

No tocante ao reconhecimento do direito ao uso do nome da marca como nome de domínio (*domain name*), a Corte de Apelação do Nono Circuito possui o precedente *Panavision International, LP v. Toeppen* (1998)[525], no qual reconheceu esse direito, mas, ainda assim, analisou a jurisdição com base na teoria dos *mínimos contatos.*

Da mesma forma, em *Millenium Enterprises In. V. Millennium Music LP* (1999), a Corte Distrital de Oregon não reconheceu ofensa ao nome comercial e às leis protetivas do *trademark*[526], no caso de réu que, a despeito de se utilizar da mesma marca *Millennium Music* (em seu *website*) que a do autor, que possuía uma loja do mesmo segmento no Estado de Oregon, não dirigia seus negócios àquele Estado (*purposeful availament test*), praticando suas atividades em outro Estado, no caso, na Carolina do Norte.

---

524 Disponível em: <https://www.casemine.com/judgement/us/5914b0a4add7b04934754167>. Acesso em: 23 de agosto de 2020.

525 Disponível em: <https://caselaw.findlaw.com/us-9th-circuit/1286135.html>. Acesso em: 23 de agosto de 2020.

526 Trademark infringement under the Lanham Act, 15 U.S.C. §§ 1051-1127.

A Corte salientou que é muito difícil estabelecer a jurisdição *in personam* em geral (baseada na presença ou no *doing business no Estado*) através da mera existência do *website* e do seu mero acesso em outra jurisdição, é preciso analisar os *mínimos contatos* (*purposeful availament test*) do réu com o Estado do foro[527].

A avaliação dos *mínimos contatos* do réu em *websites* ficou mais conhecida no caso Zippo.

Em *Zippo Manufacturing Company v. Zippo Dot Com Inc.* (1997)[528], a Corte Distrital da Pensilvânia aplicou os critérios de determinação da *personal jurisdiction* para concluir que o site estava utilizando indevidamente o nome da fabricante de isqueiros Zippo, através dos domínios zippo.com, zippo.net e zipponews.

Incorporada na Pensilvânia e com a principal praça de negócios no mesmo Estado, em defesa da jurisdição do Estado do foro, a parte autora argumentou que a empresa *Dot Com*, embora não residente (estabelecida na Califórnia e com os domínios registrados naquele Estado), foi contratada para fornecer serviços de notícias na internet para 3 mil residentes da Pensilvânia, além de ter contratado provedores locais de acesso à internet, o que estaria de acordo com o *long-arm jurisdiction statute* da Pensilvânia, o qual previa jurisdição sobre não residentes que *contracting to supply services or things in this Commonwealth*[529].

O caso se tornou um *leading case* no assunto de internet e jurisdição porque a Corte, sem se afastar das bases de jurisdição pessoal, adequou-as aos *websites,* criando o que ficou conhecido como *Zippo Sliding Scale*, teste consistente na avaliação da interatividade do *website* para verificar os *mínimos contatos* do réu com o Estado do foro.

A Corte salientou que se o réu entrou em contrato com residentes da jurisdição da Pensilvânia (o *website* fornecia um serviço de *membership* mediante o pagamento de uma taxa, previa pagamento por cartão de crédito, dentre outros serviços), envolvendo o conhecimento e a transmissão de repetidos arquivos de internet, a jurisdição pessoal era apropriada.

---

527 Disponível em: <https://law.justia.com/cases/federal/district-courts/FSupp2/33/907/2518997/>. Acesso em: 23 de agosto de 2020.

528 Disponível em: <https://law.justia.com/cases/federal/district-courts/FSupp/952/1119/1432344/>. Acesso em: 25 de agosto de 2020.

529 Veja, também, US Federal Courts. The Zippo Sliding Scale: Internet-Based Personal Jurisdiction (LandMark Case Law). LandMark Publications. Edição do Kindle, p. 135.

A Corte estabeleceu a distinção entre três níveis de atividade na internet para mensurar o vínculo do *website* com o Estado do foro. Na visão da Corte, existem os *websites passivos*, que simplesmente postam informações na internet, as quais se encontram acessíveis a usuários de diferentes jurisdições. Segundo a decisão, esse nível de atividade não seria suficiente para estabelecer a jurisdição de acordo com o teste dos *mínimos contatos*. No outro extremo da *scale* estariam os *websites* que claramente realizam negócios no Estado do foro (*doing business*), através da internet. No meio, estariam aqueles, como o Zippo, que interagiam com o usuário e onde este poderia trocar informações com o *host computer.*

A Corte afirmou que o caso não se assemelhava ao Maritz, Inc. v. Cybergold, Inc. (1996)[530], julgado pela Corte Distrital do Missouri, sobre um *website "passivo"* que só circulava publicidade de interesse dos usuários (os quais indicavam mailbox para receber a publicidade), e tampouco ao caso Inset Systems, Inc. v. Instruction Set[531] (1996), o qual representava o outro limite do exercício da jurisdição pessoal baseada na internet, em que a Corte Distrital de Connecticut entendeu que o website realizava negócios no Estado de forma sistemática e contínua (doing business), inclusive através de um número de telefone gratuito. Concluiu que o caso Zippo adequava-se ao exercício da jurisdição pessoal específica, baseado no *long-arm statute* da Pensilvânia e não ofendia a cláusula do *due process of law.*

A Corte da Pensilvânia ainda ressaltou *[a]s technological progress has increased the flow of commerce between States, the need for jurisdiction has undergone a similar increase* (Hanson v. Denckla, 1958[532]) e relembrou o caso Burger King, citado acima, consignando que a jurisdição não pode ser impedida meramente porque o réu não entrou fisicamente no Estado do foro, sendo um fato inescapável da vida moderna que um número substancial de transações são realizadas por *email* ou por comunicações eletrônicas *across states lines*[533].

---

[530] Disponível em: <https://law.justia.com/cases/federal/district-courts/FSupp/947/1328/1453704/>. Acesso em: 22 de agosto de 2020.

[531] Disponível em: <https://law.justia.com/cases/federal/district-courts/FSupp/937/161/2250607/>. Acesso em: 22 de agosto de 2020.

[532] Disponível em: <https://supreme.justia.com/cases/federal/us/357/235/>. Acesso em: 22 de agosto de 2020.

[533] "[I]t is an inescapable fact of modern commercial life that a substantial amount of commercial business is transacted solely by mail and wire communications across state lines, thus obviating the need for physical presence within a State in which business is conducted." Veja-se, também, C. DOUGLAS FLOYD AND SHIMA BARADARAN-ROBISON Toward a Unified Test of Personal Jurisdiction in an Era of Widely Diffused Wrongs: The Relevance of Purpose and Effects. Electronic copy available at: <http://ssrn.com/abstract=1516163>. Acesso em: 24 de agosto de 2020.

Muitas cortes aplicaram o Zippo teste em casos de difamação através de *websites*[534]. Todavia, o Zippo *sliding scale* teste mostrou-se difícil de ser praticado em todos os casos[535], pois o fato de um *site* ser ativo não quer dizer que queira fazer negócios em todos os foros em que pode ser conectado. Além disso, em algumas situações, fica difícil constatar a interatividade do *website*, tal como ficou demonstrado no caso *ALS Scan, Inc. v. Digital Service Consultants, Inc. (2001)*[536].

A demanda envolvia alegada ofensa aos direitos do autor estabelecidos no *Federal Copyright Act de 1976*, pois o réu, através de seu *website*, estabelecido no Estado da Geórgia, publicou uma série de fotografias de autoria da ALS, empresa estabelecida em Maryland, local onde a ação foi movida.

A Corte Distrital de Maryland afastou a jurisdição afirmando que não ficaram comprovados os *mínimos contatos* da empresa ré com o Estado do foro e que o único contato era o domicílio da parte autora, que não é critério para estabelecer a jurisdição sobre pessoas, de acordo com o direito norte-americano. A Corte Distrital de Maryland enfocou no critério de analisar se a conduta do réu tinha sido propositadamente dirigida aos residentes do Estado do foro *(purposeful availment test)*, concluindo que não era o caso[537].

Assim, o Zippo teste mostrou-se não ser capaz de constituir sozinho um separado *framework* na análise das bases da jurisdição na internet, conforme ficou também evidenciado no caso *Best Vans Lines v. Tim Walker* (2007)[538], tendo em vista que as Cortes analisam a jurisdição em face de todos os critérios previstos sobre a jurisdição pessoal.

---

534 US Federal Courts. The Zippo Sliding Scale: Internet-Based Personal Jurisdiction (LandMark Case Law). LandMark Publications. Edição do Kindle, p. 954.

535 A exemplo do caso CYBERSELL, INC., an Arizona corporation, Plaintiff-Appellant v. CYBERSELL, INC (1997). Disponível em: <https://law.justia.com/cases/federal/appellate-courts/F3/130/414/634906/>. Acesso em: 24 de agosto de 2020.

536 Disponível em: <https://law.justia.com/cases/federal/district-courts/FSupp2/142/703/2346919/>. Acesso em: 24 de agosto de 2020.

537 A Corte enfatizou: "a State may, consistent with due process, exercise judicial power over a person outside of the State when that person (1) directs electronic activity into the State, (2) with the manifested intent of engaging in business or other interactions within the State, and (3) that activity creates, in a person within the State, a potential cause of action cognizable in the State's courts."

538 Disponível em: <https://law.justia.com/cases/federal/appellate-courts/F3/490/239/561833/>. Acesso em: 24 de agosto de 2020.

Nada obstante, o Zippo teste consagrou-se como uma das formas de tratar a jurisdição na internet de maneira diferenciada, servindo, até certa medida, aos seus propósitos.

Um outro caso envolvendo fatos transnacionais eletrônicos (dados eletrônicos armazenados em outra jurisdição) já se mostrou mais difícil de ser resolvido, tendo ensejado, inclusive, a aprovação de uma nova legislação pelo Congresso dos Estados Unidos da América, o *Cloud Act*.

4. A jurisdição de *enforcement* e o caso *Microsoft v. United States*

No exercício da jurisdição para adjudicar cível, as cortes norte-americanas podem determinar a uma pessoa, física ou jurídica, desde que sujeita à jurisdição *in personam*, que apresente evidências, ainda que esta pessoa ou as evidências estejam localizadas fora dos Estados Unidos[539].

As evidências podem tomar a forma de documentos (incluindo itens armazenados eletronicamente), objetos físicos, afirmações por escrito ou orais, que possam ser utilizadas em interrogatórios ou oitivas[540].

---

[539] *Restatement of the Law Fourth. Restatement of the Law. The Foreign Relations Law of the United States. Selected Topics in Treaties, Jurisdiction and Sovereign Immunity. The American Law Institute.* St Paul, MN: American Law Institute Publishers, 2018, p. 220.

[540] *Restatement of the Law Fourth. Restatement of the Law. The Foreign Relations Law of the United States. Selected Topics in Treaties, Jurisdiction and Sovereign Immunity. The American Law Institute.* St Paul, MN: American Law Institute Publishers, 2018, p. 262-264. "§426.Obtaining Evidence in Civil Proceedings. (1) A Court in the United States, when authorized by law, may order a person subject to its jurisdiction to produce documents or other forms of evidence and to submit to depositions and other forms of compulsory interviews relevant to an action or investigative whether administrative, legislative, or judicial, even if the evidence, the person who controls access to the evidence, or the person subject to the compulsory interview is outside the United States; (2) when authorized to do by law, a court in the United States may order persons subject to its jurisdiction to produce documents or other forms of evidence and to submit to depositions and other forms of compulsory interview for use in a foreign or international tribunal; (3) a court in the United States may impose sanctions on a person who fails to comply with an order to produce evidence or to submit to a compulsory interview, even if complying with the order would violate foreign law. In deciding what sanctions to apply to enforce its order, a court, if the applicable statute or rule permits, takes into account the likelihood of severe sanctions for failing to comply with foreign law and the good-faith efforts of the person to comply with the order in light of obstacles imposed by foreign law. (4) A court in the United States may use procedures established by treaties to obtain evidences: (a) from person not subject to its jurisdiction; or (2) from person subject to its jurisdiction as an alternative to ordering production of the evidence under other law."

O entendimento decorre do exercício da jurisdição sobre o indivíduo ou a corporação, o que equivale a dizer que, se a Corte possui jurisdição para chamar a pessoa em juízo e julgá-la, pode notificá-la a apresentar evidências que estejam em seu *controle*.

O teste aplicável não é o da localização da evidência, mas o do *controle* sobre o documento[541], esteja ele dentro ou fora do território norte-americano (*Marc Rich & Co v. United States*, 1983)[542].

A autoridade para determinar a produção de evidências estende-se às investigações pelas agências administrativas (por exemplo, o IRS – *Internal Renenue Service*[543] e a *Federal Trade Commission*[544]) e pelas comissões do

[541] Conforme Rule 45 do *Federal Rule of Civil Procedure*. Subpoena. (a) In General. (1) *Form and Contents*. (A) *Requirements – In General*. Every subpoena must: (i) state the court from which it issued; (ii) state the title of the action and its civil-action number; (iii) command each person to whom it is directed to do the following at a specified time and place: attend and testify; produce designated documents, electronically stored information, or tangible things in that person's possession, custody, or control; or permit the inspection of premises."

[542] Disponível em: <http://www.uniset.ca/other/cs5/707F2d663.html>. Acesso em: 23 de agosto de 2020.

[543] Conforme 26 U.S.C. § 7402. "Jurisdiction of District Courts: (a) To issue orders, processes, and judgments. The district courts of the United States at the instance of the United States shall have such jurisdiction to make and issue in civil actions, writs and orders of injunction, and of ne exeat republica, orders appointing receivers, and such other orders and processes, and to render such judgments and decrees as may be necessary or appropriate for the enforcement of the internal revenue laws. The remedies hereby provided are in addition to and not exclusive of any and all other remedies of the United States in such courts or otherwise to enforce such laws. (b) To enforce summons. If any person is summoned under the internal revenue laws to appear, to testify, or to produce books, papers, or other data, the district court of the United States for the district in which such person resides or may be found shall have jurisdiction by appropriate process to compel such attendance, testimony, or production of books, papers, or other data. (c)For damages to United States officers or employees. Any officer or employee of the United States acting under authority of this title, or any person acting under or by authority of any such officer or employee, receiving any injury to his person or property in the discharge of his duty shall be entitled to maintain an action for damages therefor, in the district court of the United States, in the district wherein the party doing the injury may reside or shall be found.[(d)Repealed. *Pub. L. 92–310, title II, § 230(d)*, June 6, 1972, *86 Stat. 209]* (e)To quiet title. The United States district courts shall have jurisdiction of any action brought by the United States to quiet title to property if the title claimed by the United States to such property was derived from enforcement of a lien under this title. (f)General jurisdiction. For general jurisdiction of the district courts of the United States in civil actions involving internal revenue, see *section 1340 of title 28* of the United States Code."

[544] Conforme 15 U.S.C., §49. "For the purposes of this subchapter the Commission, or its duly authorized agent or agents, shall at all reasonable times have access to, for the purpose of examination, and the right to copy any documentary evidence of any person,

Senado (28 U.S.C. §1365), dentro de suas jurisdições *de enforcement*, de acordo com as previsões dos respectivos estatutos federais.

Do poder de adjudicar e determinar a produção de documentos conferido às cortes decorre o poder de compelir o *compliance* à ordem judicial, assim, se a ordem não for cumprida, podem ser impostas multas e outras sanções (*civil e criminal contempt*), o que também se estende às autoridades administrativas no tocante à imposição de multas.

As cortes podem adotar, alternativamente, o procedimento da cooperação jurídica internacional baseado em tratados para obterem a produção da evidência e devem adotá-lo como único procedimento quando a pessoa não está submetida à jurisdição *in personam*. Os Estados Unidos da América são signatários da Convenção da Haia sobre o Serviço no Exterior de Documentos Judiciais e Extrajudiciais em Matéria Civil ou Comercial e poderão adotar

---

partnership, or corporation being investigated or proceeded against; and the Commission shall have power to require by subpoena the attendance and testimony of witnesses and the production of all such documentary evidence relating to any matter under investigation. Any member of the Commission may sign subpoenas, and members and examiners of the Commission may administer oaths and affirmations, examine witnesses, and receive evidence. Such attendance of witnesses, and the production of such documentary evidence, may be required from any place in the United States, at any designated place of hearing. And in case of disobedience to a subpoena the Commission may invoke the aid of any court of the United States in requiring the attendance and testimony of witnesses and the production of documentary evidence. Any of the district courts of the United States within the jurisdiction of which such inquiry is carried on may, in case of contumacy or refusal to obey a subpoena issued to any person, partnership, or corporation issue an order requiring such person, partnership, or corporation to appear before the Commission, or to produce documentary evidence if so ordered, or to give evidence touching the matter in question; and any failure to obey such order of the court may be punished by such court as a contempt thereof. Upon the application of the Attorney General of the United States, at the request of the Commission, the district courts of the United States shall have jurisdiction to issue writs of mandamus commanding any person, partnership, or corporation to comply with the provisions of this subchapter or any order of the Commission made in pursuance thereof. The Commission may order testimony to be taken by deposition in any proceeding or investigation pending under this subchapter at any stage of such proceeding or investigation. Such depositions may be taken before any person designated by the commission and having power to administer oaths. Such testimony shall be reduced to writing by the person taking the deposition, or under his direction, and shall then be subscribed by the deponent. Any person may be compelled to appear and depose and to produce documentary evidence in the same manner as witnesses may be compelled to appear and testify and produce documentary evidence before the Commission as hereinbefore provided. Witnesses summoned before the Commission shall be paid the same fees and mileage that are paid witnesses in the courts of the United States and witnesses whose depositions are taken and the persons taking the same shall severally be entitled to the same fees as are paid for like services in the courts of the United States."

este ou outros instrumentos internacionais necessários para a efetivação da notificação. Se a matéria for criminal, os Estados Unidos adotarão os vários *Mutual Legal Assistance Treaties* (MLATs) de que são signatários.

As decisões sobre o escopo e a escala da ordem de produção de documentos, isto é, se serão obtidos diretamente da pessoa submetida à jurisdição *in personam* ou através da cooperação jurídica internacional, como alternativa, fazem parte da discricionariedade judicial, que deverá ser exercida com proporcionalidade e conforme a *international comity,* levando em conta, dentre outros fatores: a importância das evidências para as investigações ou litígios, se a evidência foi originada nos Estados Unidos e só depois foi para o exterior, se o *noncompliance* pode afetar importantes interesses dos Estados Unidos ou se o *compliance* pode afetar importantes interesses do Estado onde a evidência se localiza[545].

Conforme mencionamos anteriormente, a jurisdição de *enforcement* só pode ser exercida em outro território mediante o consentimento do Estado estrangeiro. De outro lado, a jurisdição de *enforcement* no próprio território será exercida bastando a jurisdição para prescrever ou adjudicar, inclusive a pedido de outros países.

Assim, enquanto a ordem judicial de produção de evidências *puder ser executada dentro do próprio Estado*, o *enforcement* será *territorial,* não exercido em outro Estado a ponto de demandar o consentimento deste através da cooperação jurídica internacional.

As cortes e as autoridades de *law-enforcement* frequentemente exercem esse tipo de jurisdição, no seu próprio território, quando prendem uma pessoa, executam um mandado de busca e apreensão, um mandado de citação ou notificação, apreendem um bem, sequestram um imóvel, executam um julgamento ou *executam uma ordem de produção de documentos,* com base no próprio direito ou atendendo a pedido estrangeiro.

A execução de tais ordens é efetivada uma vez que a jurisdição *de enforcement* recai sobre a pessoa *que controla a evidência* e, portanto, não é exercida no exterior, ou seja, no país onde eventualmente se localiza a evidência. As autoridades de *law enforcement* podem executar ordens no mesmo sentido se estiverem autorizadas por lei.

---

545 *Restatement of the Law Fourth. Restatement of the Law. The Foreign Relations Law of the United States. Selected Topics in Treaties, Jurisdiction and Sovereign Immunity. The American Law Institute.* St Paul, MN: American Law Institute Publishers, 2018, p. 263.

Uma vez que a jurisdição *de enforcement* é exercida, ao fim e ao cabo, sobre a pessoa *que controla a evidência*, passa a ser importante saber onde está localizada esta pessoa, para que possa receber a ordem (*subpoena*), seja ela física ou jurídica.

Nas cortes federais, o serviço de citação (*summons)* é regulado pela Regra 4 do *Federal Rule of Civil Procedure*[546] e, nas cortes estaduais, pelas leis estaduais. As cortes dos Estados Unidos podem exercer a jurisdição *in personam* sobre o réu, com base nos critérios já mencionados, somente se este for devidamente citado ou tenha renunciado expressamente ao serviço de citação para evitar as suas despesas[547].

O serviço de citação de indivíduos em outro país é regulado pela Regra 4 (f) do *Federal Rule of Civil Procedure*[548], que, basicamente prevê a existência de tratados ou acordos para o cumprimento de citações, cartas rogatórias ou qualquer outro meio não proibido pela lei estrangeira, como o uso da correspondência dirigida e endereçada ao indivíduo mediante a assinatura de um aviso de recebimento.

O serviço de citação de pessoas jurídicas, domésticas ou estrangeiras, é regulado pela Regra 4 (h) do *Federal Rule of Civil Procedure*[549] que basicamente

---

[546] Disponível em: <https://www.law.cornell.edu/rules/frcp/rule_4#rule_4_f_2>. Acesso em: 23 de agosto de 2020.

[547] Na regra 4 do *Federal Rule of Civil Procedure* está previsto o procedimento (através do preenchimento de um formulário), no qual o réu *waive service of the summons,*

[548] Rule 4 (f) Serving an Individual in a Foreign Country. Unless federal law provides otherwise, an individual – other than a minor, an incompetent person, or a person whose waiver has been filed – may be served at a place not within any judicial district of the United States: (1) by any internationally agreed means of service that is reasonably calculated to give notice, such as those authorized by the Hague Convention on the Service Abroad of Judicial and Extrajudicial Documents; (2) if there is no internationally agreed means, or if an international agreement allows but does not specify other means, by a method that is reasonably calculated to give notice: (A) as prescribed by the foreign country's law for service in that country in an action in its courts of general jurisdiction; (B) as the foreign authority directs in response to a letter rogatory or letter of request; or (C) unless prohibited by the foreign country's law, by: (i) delivering a copy of the summons and of the complaint to the individual personally; or (ii) using any form of mail that the clerk addresses and sends to the individual and that requires a signed receipt; or (3) by other means not prohibited by international agreement, as the court orders.

[549] Rule 4 (h) Serving a Corporation, Partnership, or Association. Unless federal law provides otherwise or the defendant's waiver has been filed, a domestic or foreign corporation, or a partnership or other unincorporated association that is subject to suit under a common name, must be served: (1) in a judicial district of the United States: (A) in the manner

prevê as mesmas regras relativas às pessoas físicas, acrescentando que, dentro dos Estados Unidos, a cópia da citação pode ser dirigida a um agente, um gerente ou qualquer outra pessoa autorizada, e inclusive ser enviada pelo correio à empresa ré. O serviço de citação de pessoas jurídicas em outro país segue a mesma disposição relativa às pessoas físicas (Regra 4 (f) do *Federal Rule of Civil Procedure*).

Os outros serviços, como as notificações (*subpoena*) para apresentar-se para testemunhar ou para *produzir evidências*, inclusive informações eletronicamente armazenadas, seguem a Regra 45 do *Federal Rule of Civil Procedure*, a qual prevê que o serviço de notificação pode ser executado em qualquer lugar dentro dos Estados Unidos da América, ao passo que o serviço em outro país segue a regra prevista no Título 28 do U.S.C § 1783.

Teoricamente, de acordo com o Título 28 do U.S.C § 1783[550], a notificação (*subpoena*) de uma pessoa em um outro país, para que se apresente como testemunha ou apresente específicos documentos ou outras evidências que estejam em seu poder, só podem ser efetivadas diretamente em relação aos nacionais e residentes dos Estados Unidos da América que eventualmente estejam em território estrangeiro. É preciso que a pessoa esteja em território estrangeiro.

---

prescribed by Rule *4(e)(1)* for serving an individual; or (B) by delivering a copy of the summons and of the complaint to an officer, a managing or general agent, or any other agent authorized by appointment or by law to receive service of process and – if the agent is one authorized by statute and the statute so requires – by also mailing a copy of each to the defendant; or (2) at a place not within any judicial district of the United States, in any manner prescribed by *Rule 4(f)* for serving an individual, except personal delivery under *(f)(2)(C)(i)*.

550 "(a) A court of the United States may order the issuance of a subpoena requiring the appearance as a witness before it, or before a person or body designated by it, of a national or resident of the United States who is in a foreign country, or requiring the production of a specified document or other thing by him, if the court finds that particular testimony or the production of the document or other thing by him is necessary in the interest of justice, and, in other than a criminal action or proceeding, if the court finds, in addition, that it is not possible to obtain his testimony in admissible form without his personal appearance or to obtain the production of the document or other thing in any other manner. (b)The subpoena shall designate the time and place for the appearance or for the production of the document or other thing. Service of the subpoena and any order to show cause, rule, judgment, or decree authorized by this section or by section 1784 of this title shall be effected in accordance with the provisions of the Federal Rules of Civil Procedure relating to service of process on a person in a foreign country. The person serving the subpoena shall tender to the person to whom the subpoena is addressed his estimated necessary travel and attendance expenses, the amount of which shall be determined by the court and stated in the order directing the issuance of the subpoena."

Para os não nacionais ou pessoas não residentes, que se encontram fora dos Estados Unidos, e que não possuem nenhum escritório ou agente de representação que possa receber diretamente notificações de autoridades norte-americanas, faz-se necessária a adoção do procedimento da cooperação jurídica internacional para a jurisdição de *enforcement.*

É muito simples de compreender a situação das pessoas físicas não residentes, que se *encontram fisicamente fora do território norte-americano* e que precisam ser notificadas no interesse dos Estados Unidos da América, pois para estes será, provavelmente, utilizado o procedimento de cooperação internacional.

É mais complexo, por outro lado, o exercício da jurisdição de *enforcement* sobre as pessoas jurídicas estrangeiras (incorporadas sobre as leis de outro país) que possuem subsidiárias ou controladora nos Estados Unidos da América.

Relembrando, a prática das cortes para ordenar a produção de evidências que, embora localizadas no exterior, estão sob o controle de alguém dentro dos Estados Unidos ou realiza negócios os Estados Unidos, baseia-se na jurisdição para adjudicar *in personam;* assim, se a corte está autorizada pela Constituição dos Estados Unidos da América e por seus estatutos a exercer a jurisdição *pessoal,* pode ordenar que a pessoa apresente as evidências. A ordem é dada inclusive para os não residentes e corporações estrangeiras, desde que sujeitos à jurisdição *in personam*. Enquanto a ordem puder ser executada dentro do território norte-americano a jurisdição de *enforcement* será territorial. Essas situações estão livres de controvérsias, em princípio.

As controvérsias surgem quando a jurisdição de *enforcement* é exercida dentro do Estado para *indiretamente* alcançar pessoas fora do Estado que estão na posse e controle de evidências fora dos Estados Unidos.

No caso *United States v. First National City Bank* (1965)[551], a Suprema Corte dos Estados Unidos confirmou a jurisdição da Corte Distrital de New York em ação relativa a débitos apurados pela Receita Federal americana (*Internal Revenue*) contra uma empresa uruguaia. Para garantir o pagamento dos débitos, a Receita Federal intentava "congelar" somas de dinheiro que a empresa possuía em um banco em Montevidéu; para tanto, a Corte distrital emitiu uma *injunction* (ordem) dirigida ao *First National City Bank* de New York para que transferisse todos os ativos da empresa, incluindo aqueles que

---

[551] Disponível em: <https://www.law.cornell.edu/supremecourt/text/379/378#fn3>. Acesso em: 27 de agosto de 2020.

se localizavam na filial do banco no Uruguai, garantindo o *enforcement* das leis do *Internal Revenue Service*[552]. A Suprema Corte entendeu que a Corte de New York possuía jurisdição *in personam* e que as instituições bancárias constituíam *uma só unidade*[553].

Tal como este caso, considerado um *leading case* no tema, existem outros, como o caso *Krupp e Deutsche Bank, Marc Rich AG e Chase Manhattan Bank's London*[554], *Zurich Capital Markets Inc. Coglianese,* envolvendo fraudes no mercado de capitais[555], *Compagnie De Saint-Gobain-Point-A-Mousson* e na legislação antitruste também o caso *Federal Trade Commission v. Boehringer Ingelheim Pharmaceuticals Inc.*[556]

Como é de conhecimento geral, as grandes companhias possuem, via de regra, mais de um local de incorporação, mais de uma praça de negócios, mais de um *headquarter* e podem ter várias subsidiárias.

Em regra, na relação entre empresa controladora-subsidiária, as corporações são consideradas separadas e independentes, ainda que a controladora detenha 100% do capital da subsidiária (Hargrave v. Fibreboard Corp., 1983)[557].

A existência legal em separado foi reconhecida pela Corte Internacional de Justiça no caso Barcelona Traction (1970).

---

552 26 U.S.C §7402 (a).

553 "It is not a separate entity in the sense that it is insulated from respondent's managerial prerogatives. Respondent has actual, practical control over its branches; it is organized under a federal statute, *12 U.S.C. § 24*, which authorizes it 'To sue and be sued, complain and defend, in any court of law and equity, as fully as natural persons' – as one entity, not branch by branch. The branch bank's affairs are, therefore, as much within the reach of the in personam order entered by the District Court as are those of the home office. Once personal jurisdiction of a party is obtained, the District Court has authority to order it to 'freeze' property under its control, whether the property be within or without the United States. See New Jersey v. New York City, *283 U.S. 473, 482*, 51 S.Ct. 519, 521, 75 L.Ed. 1176."

554 Veja-se mais em A. MANN, F. The Doctrine of International Jurisdiction Revisited after Twenty Years, in Collected Courses of the Hague Academy of International Law, vol. 186, 1984.

555 Disponível em: <https://casetext.com/case/zurich-capital-markets-2>. Acesso em: 27 de agosto de 2020.

556 Disponível em: <https://www.cadc.uscourts.gov/internet/opinions.nsf/A81BAEEA3D-756416852582B100518ADF/$file/16-5356.pdf>. Acesso em: 27 de agosto de 2020.

557 Disponível em: <https://www.casemine.com/judgement/us/59148fc4add7b0493456b0a3>. Acesso em: 27 de agosto de 2020.

Assim, a jurisdição para adjudicar sobre uma subsidiária não garante, por si só, a jurisdição sobre a companhia controladora. Dito de outra forma, não é porque o Estado exerce a jurisdição *in personam* sobre a companhia subsidiária, seja porque incorporada no Estado ou porque realiza negócios no Estado de forma sistemática e contínua ou porque possui mínimos contatos com o território, de acordo com os critérios de adjudicação da jurisdição sobre as pessoas, que o Estado terá jurisdição sobre a empresa controladora[558]. Similarmente, a jurisdição *in personam* sobre a empresa controladora não garante o exercício da jurisdição sobre a subsidiária.

Todavia, se a subsidiária (ou o agente de representação) pratica um ato ou causa efeitos no Estado como se estivesse agindo seguindo as diretrizes da controladora, ou segundo seus interesses, o Estado norte-americano em regra tem jurisdição para julgar a controladora na mesma extensão como se tivesse sido a controladora a realizar o ato ou causar seus efeitos dentro do Estado (*D'Jamoos v. Pilatus Aircraft Ltd*, 2009)[559]. Da mesma forma se a controladora domina a subsidiária (ou o agente de representação) como se não existisse uma companhia independente.

Em quaisquer desses sentidos, se a subsidiária é vista como *realizando negócios* no Estado do foro, isto é, incidindo nos critérios de determinação da jurisdição *in personam,* a controladora, embora estabelecida em outro Estado, pode ser obrigada a submeter-se à jurisdição das cortes norte-americanas. E vice-versa, para o caso da subsidiária ser estrangeira e a controladora norte-americana.

As cortes podem, assim, "perfurar o véu corporativo" para os propósitos da jurisdição[560], tal como ocorreu no caso *Goodyear,* quando a Suprema Corte dos Estados Unidos entendeu que na relação entre controladora e subsidiárias existia uma só entidade.

Se a corte possui jurisdição para adjudicar sobre a corporação estrangeira, em tese possui jurisdição para compelir o cumprimento de sua ordem de apresentar documentos ou evidências. E se a jurisdição de *enforcement* pode ser executada dentro do território norte-americano, não há que se falar em *enforcement* fora dos Estados Unidos.

---

558 Restatement (Second) of Conflitct of Laws, §52.

559 Disponível em: <https://www.casemine.com/judgement/us/59146ad9add7b049342f207e>. Acesso em: 27 de agosto de 2020.

560 RICHMAN, William M.; REYNOLDS, William L.; WHYTOCK, Christopher A. *Understanding conflict of laws.* Fourth Edition. North Carolina: Carolina Academic Press, LLC, 2018, p. 93.

Isso significa dizer que uma corporação estrangeira (subsidiária, filial ou agente de representação) que realize negócios dentro dos Estados Unidos da América ou que seja controlada por uma empresa norte-americana, pode ser compelida (através da controladora ou de quem a representa no país), em tese, a apresentar documentos que estejam em seu controle, ainda que localizados no exterior. De igual maneira, uma corporação subsidiária ou controladora estrangeira pode ser compelida a apresentar evidências através de suas outras subsidiárias que realizam negócios dentro dos Estados Unidos da América.

Esse entendimento foi aplicado em um caso criminal de tráfico de drogas que acabou se tornando emblemático e teve grande repercussão nos Estados Unidos da América, onde as autoridades de *enforcement* do governo norte-americano queriam obter evidências eletrônicas localizadas no exterior, mas sob o controle de empresa norte-americana, em face do disposto no SCA – *Stored Communications Act.*

No caso *Microsoft v. United States (ou Microsoft-Ireland Case, 2014)*[561], o *US District Court for the Southern District of New York* determinou a busca e apreensão do conteúdo de *email*, com menos de 180 dias, de conta mantida e controlada pela Microsoft. A base da decisão foi o 18 U.S.C § 2703 e o SCA – *Stored Communications Act*[562], hoje, substituído pelo *Cloud Act.*

No caso, a conta de *email* estava armazenada em um servidor da Microsoft na Irlanda e o mandado expedido pelo juiz tinha sido endereçado à sede da Microsoft em Redmont, no Estado de Washington. A Microsoft de Washington atendeu à ordem e forneceu informações que não representavam conteúdo do usuário da conta (como nome, endereço de IP e número de telefone associado à conta), negando-se a fornecer o conteúdo do *email,* afirmando que este se encontrava no datacenter da Irlanda; a Microsoft moveu uma moção para anular o mandado (*motion to quash*), que foi negada pelo juiz da Corte Distrital, o qual ainda considerou a Microsoft em *civil contempt.*

---

561 Disponível em: <https://law.justia.com/cases/federal/appellate-courts/ca2/14-2985/14-2985-2016-07-14.html>. Acesso em: 27 de agosto de 2020.

562 18 U.S.C. § 2703(a) CONTENTS – OF WIRE OR ELECTRONIC COMMUNICATIONS IN ELECTRONIC STORAGE. – A governmental entity may require the disclosure by a provider of electronic communication service of the contents of a wire of electronic communication, that is in electronic storage in an electronic communications system for one hundred and eighty days or less, only pursuant to a warrant issued using the procedures described in the Federal Rules of Criminal Procedure (or, in the case of a State court, issued using State warrant procedures) by a court of competent jurisdiction".

A Microsoft norte-americana não alegou que era incapaz de acessar ao conteúdo do *email* de dentro dos Estados Unidos da América, entretanto, opôs-se à ordem com base nos seguintes argumentos: 1) a ordem estava representada num *warrant,* que nada mais era que uma ordem de busca e apreensão de dados no território da Irlanda; 2) a jurisdição prescritiva para ser exercida de forma extraterritorial precisa estar prevista em lei, advir da intenção do Congresso norte-americano em uma norma clara[563], ao passo que nem a Regra 41 do Federal Rule of Criminal Procedure nem o SCA permitiam a conclusão de que a ordem poderia ser executada fora do território dos Estados Unidos; 3) ainda que a aplicação extraterritorial da ordem fosse possível, por razões de cortesia internacional a ordem não poderia ser cumprida, porque o Direito Internacional não reconhece tal ação.

O Governo dos Estados Unidos, por outro lado, contestou dizendo que a ordem na verdade nada mais era que um "subpoena", com base no 18 U.S.C § 2703 e no SCA, compelindo o *disclosure,* e representava o exercício de uma jurisdição de *enforcement* sobre alguém (Microsoft) submetido à jurisdição *in personam* dos Estados Unidos; como se tratava de uma notificação, abrangeria quem tem o controle sobre dados, e não o lugar onde eles estão fisicamente localizados.

A Microsoft apelou e a Corte de Apelação do Segundo Circuito deu provimento ao recurso, confirmando a presunção estabelecida nos precedentes da Suprema Corte dos Estados Unidos de que as leis norte-americanas não possuem efeito fora do território dos Estados Unidos a menos que estas leis especificamente disponham o contrário. Assim, para a Corte de Apelação do Segundo Circuito, o SCA – Stored Communications Act "*does not authorize courts to issue and enforce against US-based service providers warrants for the seizure of customer email content that is stored exclusively on foreign servers*". E concluiu que o "*Congress did not intend the SCA's warrant provisions to apply extraterritorially*".

O litígio chegou à Suprema Corte dos Estados Unidos, mas foi encerrado por força do advento do *Cloud Act.*

---

[563] In *Morrison v. National Australia Bank Ltd.* (130 S.CT. 2869), the Supreme Court held that "*it is a longstanding principle of American Law that legislation of Congress, unless a contrary intent appears, is meant to apply only within the territorial jurisdiction of the United States*" (internal quotation marks omitted) and that the "*canon or presumption that federal law is not meant to have extraterritorial effect is applicable in all cases, whenever party seeks to give any federal legislation extraterritorial effect*".

5. O *Cloud Act.* e a cooperação jurídica internacional. A recusa pelo *free speech*

O *Electronic Communications Privacy Act* ou ECPA foi editado em 1986, sendo uma das primeiras leis federais americanas a regular a revelação (*disclosure*) de comunicações eletrônicas em poder de entidades privadas.

O *Stored Communications Act* ou SCA, utilizado como base legal na discussão do caso *Microsoft v. United States*, integra o ECPA, que é estruturado em duas principais partes, o Título I que diz respeito à interceptação de comunicações em tempo real (telefônicas ou eletrônicas), referido como *Wiretap Act*, e o Título II, que é justamente o *Stored Wire and Electronic Communication and Transactional Records Access* comumente referido como *Stored Communications Act* ou SCA[564].

O SCA aplica-se a todos os tipos de comunicações e dados eletrônicos, como *e-mails*, mensagens de texto, postagens em redes sociais e vídeos no YouTube.

O SCA proíbe as empresas de tecnologia de divulgarem conteúdos de comunicações eletrônicas a terceiros, todavia, para o *U.S. government* o conteúdo da comunicação eletrônica com menos de 180 dias pode ser divulgado mediante uma ordem judicial equivalente à busca e apreensão (*warrant*), de acordo com o *Federal Rule of Criminal Procedure* desde que comprovada causa provável, no sentido de que as comunicações contêm evidências de crime.

As autoridades de *law enforcement* dos Estados Unidos podem ter acesso às informações que não dizem respeito ao conteúdo, como os dados de tráfego e de IP, e aos dados cadastrais (nome, endereço, telefone associado à conta e meios de pagamento associados), podendo utilizar-se de uma notificação (*subpoena*) ou da ordem judicial prevista no 18 U.S.C §2703 (d). Com base também numa notificação (*subpoena*) ou da ordem judicial prevista no 18 U.S.C §2703 (d), podem requerer ao provedor de serviço o conteúdo das comunicações com mais de 180 dias, desde que deem prévia ciência ao usuário da conta, ou mediante um *warrant* (sem ciência prévia), de acordo com o *Federal Rule of Criminal Procedure*.

---

[564] Ambos estão inseridos nas disposições do 18 USC Chapter 119 e 121.

Enquanto o caso *Microsoft v. United States* pendia de decisão da Suprema Corte dos Estados Unidos, o Departamento de Justiça (DOJ) envidou esforços para a aprovação de uma nova legislação prevendo efeitos extraterritoriais ao SCA, propondo alterações legislativas ao ECPA e ao SCA que contemplassem a *disclosure* de dados na posse, custódia ou controle dos provedores, onde quer que estivessem localizados.

O *Clarifying Lawful Overseas Use of Data Act* ou Cloud Act[565] foi inserido nas discussões das leis orçamentárias no Congresso dos Estados Unidos, o que até fez com que tivesse uma aprovação mais célere, e incluído no *Consolidated Appropriations Act* de 2018, o qual passou pela aprovação das duas casas e foi assinado pelo Presidente em 23 de março de 2018.

O Cloud Act alterou o ECPA, incluindo, dentre outras disposições, a seguinte previsão:

> A provider of electronic communication or remote computing service shall comply with the obligations of this chapter to preserve, backup, or disclose the contents of a wire or electronic communication and any record or other information pertaining to a customer or subscriber within such provider's possession, custody, or control, regardless of whether such communication, record, or other information is located within or outside of the United States.[566]

A despeito de prever o alcance extraterritorial da jurisdição norte-americana, o *Cloud Act* incluiu nas disposições do 18 U.S.Code §2703 justificativas para a recusa de cumprimento por parte dos provedores, visando evitar conflito com o ordenamento jurídico estrangeiro que eventualmente proíba a *disclosure* de dado eletrônico armazenado em seu território.

Assim, fica o provedor autorizado a promover uma moção para anular ou modificar a demanda do *US government* sobre os dados mediante as seguintes circunstâncias: (1) se o provedor tiver razões para acreditar que a pessoa objeto

---

[565] Disponível em: https://www.congress.gov/bill/115th-congress/house-bill/4943/text>. Acesso em: 25 de agosto de 2020.

[566] 18 U.S.C §2713. Disponível em: <https://www.law.cornell.edu/uscode/text/18/2713>. Acesso em: 25 de agosto de 2020. Na tradução livre: "o provedor de comunicação eletrônica ou de serviço deve cumprir com as obrigações deste capítulo para preservar, fazer cópia de segurança, ou divulgar o conteúdo de interceptações ou comunicações eletrônicas ou qualquer registro ou outra informação pertencente ao consumidor ou ao usuário e que esteja sobre a posse, custódia ou controle do provedor, a despeito de tal comunicação, registro ou outra informação estar localizada dentro ou fora dos Estados Unidos."

da demanda não é uma *US person*[567] ou não reside nos Estados Unidos; (2) se o provedor tiver razões para acreditar que o cumprimento da *disclosure* pode criar um risco material de violação às leis nacionais estrangeiras[568]; (3) se a nação estrangeira que tenha tido a lei violada possua um acordo executivo com os Estados Unidos na forma do *Cloud Act*.

Na perspectiva dos demais países, o *Cloud Act* trouxe limitações à obtenção de dados que se encontram no controle dos provedores submetidos à jurisdição norte-americanos. Como a maioria das grandes companhias estão localizadas nos Estados Unidos, não é incomum que os dados estejam sob o controle destes provedores.

É interessante constatar que o princípio da nacionalidade ganha terreno nos Estados Unidos como critério para o exercício da jurisdição internacional, enquanto na Europa a tendência seja pelo seu declínio.

Assim, como regra geral, o *Cloud Act* expressamente anuncia a necessidade do envio de uma solicitação de assistência penal, via MLA, para a obtenção de evidências criminais a pedido de terceiros países, e de cartas rogatórias a pedido das defesas dos réus em processos criminais. As cartas rogatórias são igualmente requeridas para os países que não possuam *Mutual Legal Assistance Treaty* com os Estados Unidos. Os instrumentos da cooperação jurídica internacional são exigidos ainda que o dado diga respeito a residente

---

567 18 U.S. Code §2523 (a) (2) "The term "*United States person*" means a citizen or national of the United States, an alien *lawfully admitted for permanent residence*, an unincorporated association a substantial number of members of which are citizens of the United States or aliens *lawfully admitted for permanent residence*, or a corporation that is incorporated in the United *States*.

568 "(2)Motions to quash or modify. – (A) A provider of electronic communication service to the public or *remote computing service*, including a foreign electronic communication service or *remote computing service*, that is being required to disclose pursuant to legal process issued under this section the contents of a wire or electronic communication of a subscriber or customer, may file a motion to modify or quash the legal process where the provider reasonably believes – (i) that the customer or subscriber is not a *United States person* and does not reside in the United States; and (ii) that the required disclosure would create a material risk that the provider would violate the laws of a *qualifying foreign government*. Such a motion shall be filed not later than 14 days after the date on which the provider was served with the legal process, absent agreement with the government or permission from the court to extend the deadline based on an application made within the 14 days. The right to move to quash is without prejudice to any other grounds to move to quash or defenses thereto, but it shall be the sole basis for moving to quash on the grounds of a conflict of law related to a *qualifying foreign government*."

ou nacional do país requerente, ou que a conta tenha sido criada no território do país requerente.

Todavia, o *Cloud Act* inova e estabelece uma outra forma de cooperação internacional com terceiros países na obtenção de evidências criminais, mediante a assinatura de acordos executivos a que denominou de *Cloud Act Agreements.*

Os acordos executivos são aplicáveis a casos envolvendo "sérios crimes" e habilitam as nações estrangeiras a buscarem dados diretamente dos provedores norte-americanos, desde que os alvos não sejam pessoas dos Estados Unidos ou residentes nos Estados Unidos, e que as leis nacionais estrangeiras protejam adequadamente a privacidade e as liberdades civis dos titulares dos dados eletrônicos.

Os acordos executivos permitem ao país que negocia seus termos com os Estados Unidos o *disclosure* mediante ordem direta dos provedores, sem MLA, inclusive do conteúdo das comunicações eletrônicas, tanto para as comunicações em tempo real como para as armazenadas.

Algumas certificações, no entanto, estão previstas para que os Estados Unidos autorizem o acordo executivo beneficiando o terceiro país.

A legislação exige as participações do *Attorney General* e do Secretário de Estado no processo de elaboração dessas certificações, que serão fornecidas ao Congresso norte-americano para apoiar a assinatura do acordo.

Tais certificações são, basicamente: 1) de que as leis internas do país, em termos substantivos e procedimentais, sejam robustas na proteção da privacidade e das liberdades civis no tocante às atividades de coleta de dados eletrônicos, incluindo leis sobre crimes cibernéticos e evidências eletrônicas, o que pode ser demonstrado pelo fato do Estado ser parte na Convenção de Budapeste; 2) que o governo estrangeiro tenha adotado procedimentos apropriados para minimizar a aquisição, retenção e disseminação de informações relativas a pessoas norte-americanas; 3) que o acordo executivo não criará a obrigação dos provedores de "decryption" dos dados; 4) que qualquer ordem emitida nos termos do acordo executivo tome a forma dos requerimentos exigidos pelo *Cloud Act*[569].

---

[569] São várias as exigências previstas no 18 U.S.Code §2523, a se ver: "Executive Agreements on access to data by foreign governments. (b)Executive Agreement Requirements. - For purposes of this chapter, chapter 121, and chapter 206, an executive agreement governing access by a foreign government to data subject to this chapter, chapter 121, or chapter 206 shall be considered to satisfy the requirements of this section if the Attorney General, with the concurrence of the Secretary of State, determines, and submits a written certification

of such determination to Congress, including a written certification and explanation of each consideration in paragraphs (1), (2), (3), and (4), that – (1) the domestic law of the foreign government, including the implementation of that law, affords robust substantive and procedural protections for privacy and civil liberties in light of the data collection and activities of the foreign government that will be subject to the agreement, if – (A) such a determination under this section takes into account, as appropriate, credible information and expert input; and (B) the factors to be met in making such a determination include whether the foreign government – (i) has adequate substantive and procedural laws on cybercrime and electronic evidence, as demonstrated by being a party to the Convention on Cybercrime, done at Budapest November 23, 2001, and entered into force January 7, 2004, or through domestic laws that are consistent with definitions and the requirements set forth in chapters I and II of that Convention; (ii) demonstrates respect for the rule of law and principles of nondiscrimination; (iii) adheres to applicable international human rights obligations and commitments or demonstrates respect for international universal human rights, including – (I) protection from arbitrary and unlawful interference with privacy; (II) fair trial rights; (III) freedom of expression, association, and peaceful assembly; (IV) prohibitions on arbitrary arrest and detention; and (V) prohibitions against torture and cruel, inhuman, or degrading treatment or punishment; (iv) has clear legal mandates and procedures governing those entities of the foreign government that are authorized to seek data under the executive agreement, including procedures through which those authorities collect, retain, use, and share data, and effective oversight of these activities; (v) has sufficient mechanisms to provide accountability and appropriate transparency regarding the collection and use of electronic data by the foreign government; and (vi) demonstrates a commitment to promote and protect the global free flow of information and the open, distributed, and interconnected nature of the Internet; (2) the foreign government has adopted appropriate procedures to minimize the acquisition, retention, and dissemination of information concerning United States persons subject to the agreement; (3) the terms of the agreement shall not create any obligation that providers be capable of decrypting data or limitation that prevents providers from decrypting data; and (4) the agreement requires that, with respect to any order that is subject to the agreement – (A) the foreign government may not intentionally target a United States person or a person located in the United States, and shall adopt targeting procedures designed to meet this requirement; (B) the foreign government may not target a non-United States person located outside the United States if the purpose is to obtain information concerning a United States person or a person located in the United States; (C) the foreign government may not issue an order at the request of or to obtain information to provide to the United States Government or a third-party government, nor shall the foreign government be required to share any information produced with the United States Government or a third-party government; (D) an order issued by the foreign government – (i) shall be for the purpose of obtaining information relating to the prevention, detection, investigation, or prosecution of serious crime, including terrorism; (ii) shall identify a specific person, account, address, or personal device, or any other specific identifier as the object of the order; (iii) shall be in compliance with the domestic law of that country, and any obligation for a provider of an electronic communications service or a remote computing service to produce data shall derive solely from that law; (iv) shall be based on requirements for a reasonable justification based on articulable and credible facts, particularity, legality, and severity regarding the conduct under investigation; (v) shall be subject to review or oversight by

De acordo com essa última certificação, são muitas as exigências de forma e conteúdo da ordem a ser expedida pelo país, a qual deve conter os seguintes dados: identificação de uma pessoa específica, a conta ou outra identificação que seja objeto da ordem; tenha por fundamento uma razoável justificativa baseada em fatos de uma investigação; que não vise pessoas norte-americanas ou residentes nos Estados Unidos, pelo menos não de forma intencional, ou que, a despeito de visar pessoas não americanas não tenha a intenção de, através destas, obter informações sobre *US persons*; que a ordem tenha o propósito de obter informações para a prevenção, detecção, investigação ou processamento de sérios crimes, inclusive o terrorismo,

---

a court, judge, magistrate, or other independent authority prior to, or in proceedings regarding, enforcement of the order; and (vi) in the case of an order for the interception of wire or electronic communications, and any extensions thereof, shall require that the interception order – (I) be for a fixed, limited duration; and (II) may not last longer than is reasonably necessary to accomplish the approved purposes of the order; and (III) be issued only if the same information could not reasonably be obtained by another less intrusive method; (E) an order issued by the foreign government may not be used to infringe freedom of speech; (F) the foreign government shall promptly review material collected pursuant to the agreement and store any unreviewed communications on a secure system accessible only to those persons trained in applicable procedures; (G) the foreign government shall, using procedures that, to the maximum extent possible, meet the definition of minimization procedures in section 101 of the Foreign Intelligence Surveillance Act of 1978 (50 U.S.C. 1801), segregate, seal, or delete, and not disseminate material found not to be information that is, or is necessary to understand or assess the importance of information that is, relevant to the prevention, detection, investigation, or prosecution of serious crime, including terrorism, or necessary to protect against a threat of death or serious bodily harm to any person; (H) the foreign government may not disseminate the content of a communication of a United States person to United States authorities unless the communication may be disseminated pursuant to subparagraph (G) and relates to significant harm, or the threat thereof, to the United States or United States persons, including crimes involving national security such as terrorism, significant violent crime, child exploitation, transnational organized crime, or significant financial fraud; (I) the foreign government shall afford reciprocal rights of data access, to include, where applicable, removing restrictions on communications service providers, including providers subject to United States jurisdiction, and thereby allow them to respond to valid legal process sought by a governmental entity (as defined in section 2711) if foreign law would otherwise prohibit communications-service providers from disclosing the data; (J) the foreign government shall agree to periodic review of compliance by the foreign government with the terms of the agreement to be conducted by the United States Government; and (K) the United States Government shall reserve the right to render the agreement inapplicable as to any order for which the United States Government concludes the agreement may not properly be invoked.

embora o *Cloud Act* não defina o que seriam "sérios crimes"; o cumprimento das leis internas do país; que não seja usada para ofender a liberdade de expressão (*freedom of speech*) e que satisfaça adicionais requerimentos para a interceptação das comunicações em tempo real[570].

O *Cloud Act* prevê, ainda, que a proposta de acordo executivo e as certificações do *Attorney General* sejam encaminhadas aos Comitês de Assuntos Jurídicos e Relações Internacionais do Senado e da *House of Representatives*, que podem emitir uma "joint resolution" desaprovando o acordo executivo assinado pelos Estados Unidos.

Se o acordo executivo não for "desaprovado" pelo Congresso norte-americano ele passa a ter força vinculante de acordo internacional.

As certificações são renovadas a cada 5 anos, e a cada renovação o Congresso tem o poder de desaprovar a assinatura do acordo.

Portanto, ao mesmo tempo em que concede amplos poderes às autoridades norte-americanas para o *enforcement* das ordens de entrega dos dados eletrônicos, inclusive daqueles que se localizam fora dos Estados Unidos, o *Cloud Act* traz limitações consideráveis aos demais países, submetendo-os a um escrutínio de avaliação de suas leis internas e de determinação do conteúdo e forma da ordem a ser expedida, bem como de reavaliação periódica também sob o crivo do Congresso norte-americano. Tais restrições, evidentemente, podem inviabilizar a aceitação desses acordos executivos por parte dos terceiros países. Não é à toa que, após dois anos de *Cloud Act*, apenas se vê notícia de negociação do acordo entre os Estados Unidos e o Reino Unido.

Além disso, o *Cloud Act* expressamente afasta das hipóteses em que permite o acordo executivo e, portanto, a colaboração direta dos provedores norte-americanos com os países contemplados nos acordos, as situações jurídicas que requeiram o acesso a dados eletrônicos em razão de certos atos ofensivos, como no caso da prática de racismo pela internet, uma vez que exclui do acordo executivo os requerimentos que violem o entendimento norte-americano sobre a liberdade de expressão.

O *free speech* é protegido pela Primeira Emenda à Constituição dos Estados Unidos da América com o seguinte teor:

---

570 As exigências estão descritas nas alíneas "A" a "K" da quarta certificação citada na nota de rodapé anterior.

> Congress shall make no law respecting an establishment of religion or prohibiting the free exercise thereof; or abridging the freedom of speech, or of the press; or the right of the people peaceably to assemble, and to petition the Government for a redress of grievances[571].

A liberdade de expressão, no direito constitucional dos Estados Unidos, é uma espécie de superdireito, porque não possui, em princípio, nenhuma limitação[572].

No entanto, Ralf Michaels cita dois segmentos de liberdade de expressão para explicar que pode existir desde uma ampla proteção ou uma menor proteção ao exercício desse direito, como o discurso político, que goza dos benefícios da ampla proteção no direito norte-americano, e o discurso comercial, que é menos protegido[573].

O autor menciona o caso *Valentine v. Chrestensen*, quando, desde 1942, a Suprema Corte estabeleceu a distinção entre discurso político e discurso comercial e o caso *Bolger v. Youngs Drug Products Corp.* (1983), onde a Corte nomeou três critérios para identificar o discurso que é comercial e merece menos proteção: aquele na forma de uma publicidade, caracterizado na referência a um produto, e aquele que é utilizado para criar ou manter relações comerciais[574]. O autor reconhece, entretanto, a dificuldade em se "desenhar" os limites dessas fronteiras de proteção.

O *free speech* na visão do direito norte-americano serve de fundamento para a recusa de pedidos estrangeiros pelo reconhecimento e execução de julgamentos no território dos Estados Unidos.

---

[571] Na tradução livre: "O Congresso não editará nenhuma lei estabelecendo uma religião ou proibindo o seu livre exercício; ou restringindo a liberdade de expressão, ou o direito das pessoas de se reunirem pacificamente e de peticionarem ao governo por reparações de queixas" (por violações ao exercício desses direitos).

[572] MICHAELS, Ralf. "Informal codes: Nike v. Kasky. The dual Privatisation of Law in Globalisation", in: MUIR WATT, Horatia; BÍZIKOVÁ, Luiza; BRANDÃO DE OLIVEIRA, Agatha; FERNÁNDEZ ARROYO, Diego P. *Global Private International Law UK e USA*: Edward Elgar Publishing, 2019.

[573] MICHAELS, Ralf. "Informal codes: Nike v. Kasky The dual Privatisation of Law in Globalisation", in: MUIR WATT, Horatia; BÍZIKOVÁ, Luiza; BRANDÃO DE OLIVEIRA, Agatha; FERNÁNDEZ ARROYO, Diego. P. Fernández Arroyo. *Global Private International Law UK e USA*: Edward Elgar Publishing, 2019, p. 164.

[574] MICHAELS, Ralf. "Informal codes: Nike v. Kasky The dual Privatisation of Law in Globalisation", in MUIR WATT, BÍZIKOVÁ, Luiza; BRANDÃO DE OLIVEIRA, Agatha; FERNÁNDEZ ARROYO, Diego P. *Global Private International Law UK e USA*: Edward Elgar Publishing, 2019, p. 164.

O *Speech Act*, de 2010 (28. U.S.C §§4101-4105), proíbe o reconhecimento e execução de julgamentos estrangeiros sobre difamação, a menos que a parte que busca a medida judicial prove, no mínimo, que o direito de origem (*lex causae*) forneceu o mesmo grau de proteção à liberdade de expressão e imprensa que os estandartes constitucionais nos Estados Unidos ou que a pessoa condenada no julgamento tenha sido declarada responsável de acordo com os estandartes constitucionais aplicáveis aos processos nos Estados Unidos[575].

Devido aos limites constitucionais a que estão adstritas as cortes norte-americanas, as solicitações de cunho criminal baseadas em *Mutual Legal Assistance Treaties* (MLATs) não serão igualmente atendidas se não cumprirem os requisitos de proteção da liberdade de expressão e imprensa.

Não foi outra a conclusão no caso *Yahoo! Inc. v. La Ligue Contre Le Racisme et L'Antisemitsme* quando a maioria da Corte da Califórnia se recusou a executar, por violação à Primeira Emenda, uma ordem da mais alta Corte de Paris que determinara o bloqueio de material nazista disponível no site Yahoo (chats de discussão e vendas de artigos relacionados ao nazismo), cuja principal praça de negócios é em Santa Clara, no Estado da Califórnia[576].

Interessante constatar que uma das exigências, para a assinatura dos acordos executivos previstos no *Cloud Act*, é que a ordem estrangeira não infrinja a liberdade de expressão[577].

---

575 "28 U.S.C. §4102. (a)First Amendment Considerations. – (1)In general. – Notwithstanding any other provision of Federal or State law, a domestic court shall not recognize or enforce a foreign judgment for defamation unless the domestic court determines that – (A) the defamation law applied in the foreign court's adjudication provided at least as much protection for freedom of speech and press in that case as would be provided by the first amendment to the Constitution of the United States and by the constitution and law of the State in which the domestic court is located; or (B) even if the defamation law applied in the foreign court's adjudication did not provide as much protection for freedom of speech and press as the first amendment to the Constitution of the United States and the constitution and law of the State, the party opposing recognition or enforcement of that foreign judgment would have been found liable for defamation by a domestic court applying the first amendment to the Constitution of the United States and the constitution and law of the State in which the domestic court is located. (2) Burden of establishing application of defamation laws. – The party seeking recognition or enforcement of the foreign judgment shall bear the burden of making the showings required under subparagraph (A) or (B)."

576 Disponível em: <https://law.justia.com/cases/federal/district-courts/FSupp2/169/1181/2423974/>. Acesso em: 29 de agosto de 2020.

577 18 U.S.Code §2523 (4) (E).

Isso significa dizer que nem mesmo a existência de um acordo executivo com os Estados Unidos será efetivo para as autoridades de terceiros países com o objetivo de prevenir e reprimir práticas difamatórias na internet, como aquelas relativas aos crimes contra a honra no discurso político, que possui uma ampla proteção à liberdade de expressão nos Estados Unidos, crimes de racismo ou outras formas criminosas de discriminação.

CAPÍTULO 2

NA UNIÃO EUROPEIA

1. Noções gerais: uma breve evolução do Direito Internacional Privado da União Europeia baseado no reconhecimento mútuo

A União Europeia é fruto de um processo de integração[578] que a consagrou, até os dias de hoje, como um espaço de liberdade, segurança e justiça onde preponderam a busca pela harmonização legislativa e o reconhecimento mútuo entre os países membros.

Em 25 de março de 1957, foram firmados em Roma os Tratados constitutivos da Comunidade Econômica Europeia (CEE) e da Comunidade Europeia de Energia Atômica (CEEA ou EURATOM). Os dois tratados entraram em vigor em 1º de janeiro de 1958 para os seis Estados contratantes: França, Alemanha, Itália, Bélgica, Países Baixos e Luxemburgo, os mesmos Estados que fundaram a CECA (Comunidade Europeia do Carvão e do Aço)[579] em 1951.

O Tratado constitutivo da Comunidade Econômica Europeia, também conhecido como Tratado de Roma, firmou como política de integração a eliminação de obstáculos pelos Estados-Membros à livre circulação de mercadorias, pessoas, serviços e capitais[580].

---

578 Para Paulo Borba Casella, através da "assinatura dos Tratados constitutivos criou-se novo ordenamento jurídico, direta e necessariamente aplicável em todos os Estados-membros, por meio do qual estes limitaram, voluntariamente, suas respectivas soberanias, efetuando a transferência de determinadas competências jurídicas às autoridades comunitárias." CASELLA, Paulo Borba. *Comunidade europeia e seu ordenamento jurídico.* São Paulo: LTr, 1994, p. 307.

579 MANGAS MARTIN, Araceli; LINAN NOGUERAS, Diogo J. *Instituciones y derecho de la Union Européia.* Madrid: Tecnos, 2010, p. 35.

580 Firmado entre o Rei da Bélgica, o Presidente da República Federal da Alemanha, o Presidente da República Francesa, o Presidente da República Italiana, a Grã-Duquesa de Luxemburgo e a Rainha dos Países Baixos. Disponível em: <https://eur-lex.europa.eu/legal-content/PT/TXT/PDF/?uri=CELEX:11992E/TXT&from=PT>. Acesso em: 1º de setembro de 2020.

Os países signatários do tratado reconheceram que a eliminação desses obstáculos requer uma ação concertada para garantir a estabilidade na expansão econômica, o equilíbrio nas trocas comerciais, a lealdade na concorrência e a supressão progressiva das restrições ao comércio internacional[581].

Embora admitindo a livre circulação de pessoas de forma condicionada, o Tratado de Roma apontava no sentido de considerar as liberdades de circulação de pessoas, serviços, de mercadorias e de capitais, como as verdadeiras liberdades fundamentais[582].

Portanto, o mercado europeu, como um espaço sem fronteiras internas, reconhece, expressamente, que sua economia depende da liberdade dos fluxos dos negócios gerados pela política de circulação de mercadorias, pessoas, serviços e capitais; é dizer, quanto mais facilidades forem criadas e menos obstáculos impostos, maiores serão os ganhos econômicos no espaço comunitário. Por via inversa, estima-se que o fechamento das fronteiras internas custaria cerca de 470 bilhões de euros em dez anos à União Europeia[583].

No fluxo de mercadorias, pessoas, serviços e capitais para o desencadeamento do bom funcionamento do mercado interno, duas outras categorias foram acrescentadas ao longo dos anos no ambiente de integração: a da *circulação das decisões judiciais e arbitrais*, através do reconhecimento e execução recíprocos, e pode-se dizer que, nas últimas décadas, entrou na agenda do bloco a *circulação dos dados pessoais* das pessoas singulares.

---

581 Conforme preâmbulo do Tratado de Roma.

582 José Antônio Avelãs Nunes acrescenta a liberdade de estabelecimento. AVELÃS NUNES, António José. Da Europa social à Europa alemã. *Revista Internacional de Direito Público.* Belo Horizonte: editora Forum, ano 2, n. 2, jan./jun. 2017. Para Augusto Jaeger Junior "estas liberdades não são instaladas de forma imediata, senão mediante a superação de várias etapas, uma vez que o fato está afeto ao princípio da progressividade. O Direito Comunitário utiliza-se de três grandes estratégias para a conformação delas. A primeira é a integração negativa, que consiste na eliminação de obstáculos nacionais. A segunda é a integração positiva, que tenta unificar a legislação aplicável ou ao menos aproximar as legislações nacionais através de instrumentos legislativos comunitários. A terceira é a estratégia da equivalência. A técnica é importada do Direito Internacional Privado e consiste na aplicação do Direito do país de origem do bem protegido, o que evita o pluralismo legal e garante uma disciplina jurídica única para as atividades econômicas transfronteiriças". Augusto Jaeger Junior acrescenta no rol das liberdades fundamentais a liberdade da concorrência. JAEGER JUNIOR, Augusto. *Mercados comum e interno e liberdades econômicas fundamentais.* Curitiba: Juruá, 2010, p. 219/220.

583 Segundo estudo do Instituto Prognos para a Fundação alemã Bertelsmann. Disponível em: <https://www.bertelsmann-stiftung.de/en/topics/aktuelle-meldungen/2016/februar/end-to-schengen-could-mean-a-dramatic-decline-in-growth-for-europe/>. Acesso em: 19 de novembro de 2019.

O reconhecimento das sentenças estrangeiras é a parte da disciplina de Direito Internacional Privado que se ocupa dos efeitos transfronteiriços das decisões judiciais, isto é, onde e como serão cumpridas tais decisões[584].

A União Europeia ao longo das últimas cinco décadas desenvolveu-se muito no tema do reconhecimento de decisões judiciais, com a perspectiva de assegurar segurança jurídica dentro do bloco, mas, também, com atenção ao viés econômico, no sentido de não obstaculizar negócios jurídicos, contratos e relações jurídicas em geral, as quais, também geram riquezas.

O artigo 220 do Tratado de Roma de 1957 (CEE) já previa em seu texto o engajamento dos Estados-Membros para o fim de assegurar, em favor de seus nacionais, a simplificação das formalidades a que estão subordinados o *reconhecimento e a execução recíproca de decisões judiciais e de sentenças arbitrais*[585].

Posteriormente, o Conselho Europeu, reunido em Tampere nos dias 15 e 16 de outubro de 1999, exortou que o princípio do reconhecimento mútuo deveria se converter na pedra angular da cooperação jurídica entre os Estados-Membros, tanto em matéria civil como penal, como já era considerado nas políticas comuns de integração do bloco.

Por reconhecimento mútuo das decisões judiciais dos Estados entende-se que a decisão adotada por um juiz será automaticamente aceita pelos juízes dos demais Estados-Membros, e surtirá nos demais territórios os seus próprios ou semelhantes efeitos[586].

---

[584] MOURA RAMOS, Rui Manuel. "Introdução ao Direito Internacional Privado da União Europeia: da interacção originária do direito internacional privado e do direito comunitário à criação de um direito internacional privado da União Europeia", in: MOURA RAMOS, Rui Manuel; MONACO, Gustavo Ferraz de Campos (Coord.). *Aspectos da Unificação europeia do direito internacional privado.* São Paulo: Intelecto, 2016, p. 3-61.

[585] "Artigo 220. Os Estados-membros entabularão entre si, sempre que necessário, negociações destinadas a garantir, em beneficio dos seus nacionais: a protecção das pessoas, bem como o gozo e a protecção dos direitos, nas mesmas condições que as concedidas por cada Estado aos seus próprios nacionais; a eliminação da dupla tributação na Comunidade; o reconhecimento mútuo das sociedades, na acepção do segundo parágrafo do artigo 58º, a manutenção da personalidade jurídica em caso de transferência da sede de um pais para outro e a possibilidade de fusão de sociedades sujeitas a legislações nacionais diferentes; a simplificação das formalidades a que se encontram subordinados o reconhecimento e a execução recíprocos tanto das decisões judiciais como das decisões arbitrais." Disponível em: <http://eur-lex.europa.eu/legal-content/FR/TXT/PDF/?uri=CELEX:11957E/TXT&from=FR>.

[586] ARANGÜENA FANEGO, Coral *et al. Cooperación judicial penal en la Unión Europea*: la orden europea de detención y entrega. Valladolid: Lex Nova, 2005, p. 52.

O paradigma do reconhecimento mútuo assenta-se em um outro, que é o da confiança mútua entre os Estados-Membros, reconhecendo-se a União Europeia como um espaço de liberdade, segurança e justiça que zela pela proteção dos direitos humanos e pela eliminação das barreiras à circulação dos seus produtos, nos quais se incluem as decisões judiciais proferidas pelos Estados-Membros.

O progresso econômico dos países dentro do bloco depende sobretudo da confiança mútua entre eles, na base da qual se desenvolve o reconhecimento mútuo[587].

O reconhecimento mútuo das decisões judiciais relaciona-se, também, com o direito de acesso à justiça. Um dos propósitos da facilitação da circulação de decisões é o reforço a este direito[588].

Lembremos que o acesso à justiça deve ser efetivo para que não ocorram discriminações na escolha da jurisdição e da lei aplicável ao caso[589].

A eliminação das fronteiras internas fez, sem dúvida, crescer o número de fatos transnacionais no espaço europeu, com litígios em matéria de obrigações contratuais, extracontratuais, família e sucessões, corporativas e outros tantos

---

587 O padrão de "equivalência" foi pela primeira vez mencionado no Caso 120/78 da Corte de Justiça das Comunidades Europeias, o chamado caso *Cassis de Dijon*. No citado julgamento, ficou assentado que o agente econômico tem o direito de colocar livremente os seus produtos e serviços nos mercados de certo Estado-membro se aqueles produtos e serviços tiverem sido produzidos comercializados ou fornecidos legalmente em outro Estado membro. Parte-se da concepção que a fabricação e o controle se equivalem no território europeu e primam pela saúde dos consumidores.

588 Nesse sentido, os *considerandos* 3 e 4 do Regulamento (UE) 1.215/2012: (3) A União atribuiu-se como objetivo manter e desenvolver um espaço de liberdade, de segurança e de justiça, nomeadamente facilitando o acesso à justiça, em especial através do princípio do reconhecimento mútuo de decisões judiciais e extrajudiciais em matéria civil. A fim de criar gradualmente esse espaço, a União deve adotar medidas no domínio da cooperação judiciária em matéria civil que tenham incidência transfronteiriça, nomeada mente quando tal seja necessário para o bom funcionamento do mercado interno; (4) Certas disparidades das regras nacionais em matéria de competência judiciária e de reconhecimento de decisões judiciais dificultam o bom funcionamento do mercado interno. São indispensáveis disposições destinadas a unificar as regras de conflito de jurisdição em matéria civil e comercial e a fim de garantir o reconhecimento e a execução rápidos e simples das decisões proferidas num dado Estado-Membro.

589 Ver mais sobre a escolha da lei aplicável e a proibição à discriminação em KINSCH, Patrick. "Choice of Law Rules and the Prohibition of Discrimination under the ECHR". Disponível em <http://ssrn.com/abstract=1739810>. Acesso em: 10 de setembro de 2020.

conhecidos do mundo jurídico. Nesses litígios estão envolvidos os produtos (mercadorias, pessoas, serviços e capitais) a que a União Europeia se propôs a facilitar a circulação, pelo bom funcionamento do seu mercado interno. Por consequência, as decisões proferidas necessitam transitar com rapidez entre os países.

Para enfrentar as disparidades entre os ordenamentos jurídicos nacionais, que dificultariam o reconhecimento e a execução das decisões judiciais, a União Europeia foi evoluindo aos poucos, até chegar na comunitarização das regras do reconhecimento e da execução das decisões judiciais, começando pela matéria civil e comercial.

Em 7 de fevereiro de 1992, o Tratado de Maastricht (TUE) criou uma União Europeia em três pilares: (i) o pilar comunitário (das Comunidades Europeias)[590]; (ii) o pilar intergovernamental de cooperação em Política Externa e de Segurança Comum (PESC); e (iii) o pilar intergovernamental de cooperação no âmbito da Justiça e de Assuntos de Interior (JAI)[591].

No âmbito dos dois pilares intergovernamentais da União Europeia, foi celebrada a Convenção de Bruxelas relativa à competência judiciária e à execução de decisões em matéria civil e comercial[592]. Assinaram a Convenção de Bruxelas, em 1968, a Alemanha, Itália, França, Bélgica, Países Baixos e Luxemburgo.

---

590 Conforme contextualiza Paulo Borba Casella: *"A formação e evolução da CE, suplantando tentativas concomitantes, como o Conselho da Europa – representa uma das mais bem-sucedidas empreitadas de integração regional realizadas até hoje -, deve contudo, ser inserida, no contexto geográfico-histórico-político-econômico-social-cultural muitíssimo específico da Europa Ocidental, no imediato pós-guerra, no momento da formação dos blocos, por meio dos quais se manifestou e cristalizou a guerra fria, e onde intervém injeção maciça de recursos, sob a forma do Plano Marshall."* A respeito do contexto internacional e formação da CE ver mais em CASELLA, Paulo Borba. *União Europeia*: instituições e ordenamento jurídico. São Paulo: LTr, 2002.

591 A cooperação em matéria de justiça e assuntos de interior (JAI) está prevista no Título VI, do TUE, artigos K a K9.

592 No âmbito dos pilares intergovernamentais foi assinada, também, a Convenção de Roma, de 10 de abril de 1980, relativa à lei aplicável em obrigações extracontratuais, também conhecida por Roma I. *Foram os primeiros textos firmados pelos Estados membros que se destacam na matéria.* BERGE, Jean-Sylvestre *et al. Droit International privé et Droit d'Union Européenne.*

Preveem os artigos 26, 29, 31 e 46 do texto da convenção[593], para efeito de reconhecimento, que as decisões proferidas em um Estado contratante serão reconhecidas nos outros Estados contratantes, sem necessidade de recurso a qualquer processo. As decisões estrangeiras não podem, em caso algum, ser objeto de revisão de mérito e a parte que invocar o reconhecimento ou requerer a execução de uma decisão deve apresentar uma certidão da decisão que satisfaça os necessários requisitos de autenticidade. Para efeito de execução de decisões judiciais, as decisões proferidas num Estado contratante e que nesse Estado tenham força executiva podem ser executadas em outro Estado contratante *depois de nele terem sido declaradas executórias*, a requerimento de qualquer parte interessada.

Criou-se então, para fins de execução de decisões judiciais, um procedimento específico com competência exclusiva dos tribunais listados no texto da convenção, vinculados a cada um dos países signatários, a exemplo, da *corte d'appello* na Itália, que seria responsável pelo chamado juízo de delibação, sem análise do mérito da decisão, conforme previsto na própria convenção, para conferir-lhe executoriedade.

Em 16 de setembro de 1988, alguns Estados membros da CEE celebraram com Estados da EFTA (*European Free Trade Association)* a Convenção de Lugano, que passou a ser aplicável à República da Islândia, à Confederação Suíça e ao Reino da Noruega. A Convenção de Lugano de 1988 foi revista posteriormente pela Convenção sobre a competência judiciária, reconhecimento e a execução de decisões em matéria civil e comercial, assinada em Lugano, em 30 de outubro de 2007, entre a Comunidade, a Dinamarca, a Islândia, a Noruega e a Suíça, a chamada Convenção de Lugano de 2007.

Com a entrada em vigor do Tratado de Amsterdam, em 1º de maio de 1999, o terceiro pilar do Tratado de Maastricht (Justiça e Assuntos Internos)

[593] Na versão consolidada após a Convenção de 9 de outubro de 1978 relativa à adesão do Reino da Dinamarca, da Irlanda e do Reino Unido da Grã-Bretanha e da Irlanda do Norte – "Convenção de adesão de 1978" –, pela Convenção de 25 de outubro de 1982 relativa à da República Helénica – "Convenção de adesão de 1982" – pela Convenção de 26 de maio de 1989 relativa à adesão do Reino de Espanha e da República Portuguesa – "Convenção de adesão de 1989", e pela Convenção de 29 de novembro de 1996 relativa à adesão da República da Áustria, da República da Finlândia e do Reino da Suécia – designada "Convenção de Adesão de 1996".

foi reformulado, criando-se o chamado Espaço de Liberdade, Segurança e Justiça (ELSJ)[594].

O Espaço de Liberdade, Segurança e Justiça tornou-se um objetivo da União Europeia, descrito no artigo 2º do Tratado da União Europeia (com as alterações introduzidas pelo Tratado de Amsterdam), como *manter e desenvolver a União como um espaço de liberdade, segurança e justiça no qual esteja garantida a livre circulação de pessoas, conjuntamente com medidas adequadas de controle de fronteiras exteriores, o asilo, a imigração e a prevenção e luta contra a delinquência.*

As políticas de controle de fronteiras externas, asilo, imigração, e cooperação jurídica civil que antes pertenciam ao terceiro pilar (JAI) foram transferidas ao primeiro pilar, isto é, tornaram-se "comunitárias"[595], passando a integrar o Título IV do TUE, ao passo que a cooperação penal e policial permaneceram no bloco intergovernamental do Espaço de Liberdade, Segurança e Justiça.

Consequentemente, as matérias de competência até então do pilar intergovernamental, como as previstas na Convenção de Bruxelas de 1968, passaram a fazer parte da política comunitária, sob o regime dos regulamentos.

Em 22 de dezembro de 2000, o Conselho adotou, assim, o Regulamento (CE) 44/2001, que substituiu a Convenção de Bruxelas de 1968.

O Regulamento (CE) 44/2001, também conhecido como Regulamento de Bruxelas I instituiu a figura do *exequatur*, prevendo uma declaração de executoriedade a ser alcançada mediante requerimento da parte interessada e apresentação de uma cópia da decisão com os requisitos de autenticidade, na forma de seu artigo 53.

---

594 Amparado na noção de Espaço de Liberdade, Segurança e Justiça (ELSJ), o Tratado de Amsterdam incorporou, também, o acervo de Schengen de 1985 na União Europeia. O Sistema de Schengen foi criado por um Acordo de 14 de junho de 1985, pelo qual participaram Bélgica, Holanda, Luxemburgo, França e Alemanha, posteriormente, com a adesão de Itália (1990), Portugal e Espanha (1991), Grécia (1992), Áustria (1995), Dinamarca, Finlândia e Suécia (1996) e dois Estados não membros da União Europeia, Islândia e Noruega (1996). Suas normas, regulamentações e práticas no tocante ao controle de fronteiras exteriores e supressão de fronteiras interiores foram incorporadas ao ELSJ.

595 A "comunitarização" significa a submissão da matéria ao processo de co-decisão legislativa do Conselho e do Parlamento europeu, bem assim, à jurisprudência do TJUE.

Deu-se início, assim, à comunitarização do tema de competência, reconhecimento e execução das decisões judiciais, e, em outras palavras, a comunitarização do Direito Internacional Privado dos Estados, que passava a ser o Direito Internacional Privado da União Europeia, ao menos no âmbito da matéria civil e comercial.

Como explica Moura Ramos, instituiu-se um direito processual civil internacional da União Europeia que apenas deixou livre para a criação legislativa autônoma dos Estados o reconhecimento e a execução das decisões proferidas pelos tribunais dos Estados terceiros[596].

O mesmo autor afirma que o alcance real das liberdades de atuação econômica seria excessivamente limitado se os efeitos das decisões judiciais pudessem continuar a ser regulados de forma autônoma por cada Estado-Membro[597], pois *o reforço da cooperação judiciária em matéria civil representava uma etapa fundamental na criação de um espaço judiciário europeu.*

Para que os cidadãos europeus pudessem gozar de segurança jurídica e do direito de acesso à justiça, a União Europeia deveria passar *por uma identificação fácil do órgão jurisdicional competente, uma indicação clara do direito aplicável e a existência de procedimentos de execução eficazes*[598].

Em um Comunicado endereçado à agenda de justiça da União Europeia para os anos de 2015 a 2020, a Comissão Europeia declarou que a *codificação da legislação vigente e das práticas pode facilitar o conhecimento, a compreensão e o uso da legislação.* A União Europeia deveria, assim, codificar os instrumentos existentes em matéria de Direito Internacional Privado pela

---

596 MOURA RAMOS, Rui Manuel. "Introdução ao Direito Internacional Privado da União Europeia: da interacção originária do direito internacional privado e do direito comunitário à criação de um direito internacional privado da União Europeia", in: MOURA RAMOS, Rui Manuel; MONACO, Gustavo Ferraz de Campos (Coord.). *Aspectos da Unificação europeia do direito internacional privado.* São Paulo: Intelecto, p. 45.

597 MOURA RAMOS, Rui Manuel. "Introdução ao Direito Internacional Privado da União Europeia: da interacção originária do direito internacional privado e do direito comunitário à criação de um direito internacional privado da União Europeia", in: MOURA RAMOS, Rui Manuel; MONACO, Gustavo Ferraz de Campos (Coord.). *Aspectos da Unificação europeia do direito internacional privado.* São Paulo: Intelecto p. 9.

598 MOURA RAMOS, Rui Manuel. "Introdução ao Direito Internacional Privado da União Europeia: da interacção originária do direito internacional privado e do direito comunitário à criação de um direito internacional privado da União Europeia", in: MOURA RAMOS, Rui Manuel; MONACO, Gustavo Ferraz de Campos (Coord.). *Aspectos da Unificação europeia do direito internacional privado.* São Paulo: Intelectop. 30.

melhora da confiança mútua, bem como da coerência e da segurança jurídica e, ao mesmo tempo, contribuir para simplificar e reduzir o excesso de formalismos burocráticos[599].

Tal movimento levou, sem dúvida, à harmonização das legislações, o que para Bergé significou uma nova etapa (ou segunda geração como classifica), que se sobreporia à fase da adoção de regras de Direito Internacional Privado comuns aos Estados-Membros (como durante a Convenção de Bruxelas), na interação do direito europeu com o Direito Internacional Privado[600].

Posteriormente, o Regulamento (UE) 1.215/2012, também conhecido por Regulamento de Bruxelas Reformado ou Bruxelas I bis, que entrou em vigor a partir de 10 de janeiro de 2015, aboliu o *exequatur*, prevendo que a

---

[599] BASEDOW, Jürgen. "Coerência do Direito Internacional Privado na União Europeia", in: JAEGER JUNIOR, Augusto. *Europeização da Parte Geral do Direito Internacional Privado*. Porto Alegre: Gráfica e editora RJR, 2016, p. 51-77.

[600] BERGE classifica como direito europeu de segunda geração a etapa em que assistimos a uma comunitarização do direito internacional privado pela via dos regulamentos. *No final dos anos 90, começa o processo de comunitarização da matéria. Uma das primeiras iniciativas foi o Programa de Tampere (1999). Surgiram vários regulamentos em matéria de direito internacional privado, como o Regulamento (CE) n. 44/2001, do Conselho de 22 de dezembro de 2000, relativo à competência judiciária, o reconhecimento e a execução de decisões em matéria".* BERGE cita os demais regulamentos: règlement (CE) 2.201/2003 do Conselho de 27 de novembro de 2003, relativo à competência, ao reconhecimento e execução de decisões matéria matrimonial e em matéria de responsabilidade parental, revogando o Regulamento (CE) 1.347/2000 (Bruxelas II bis); o Regulamento (CE) 864/2007 do Parlamento europeu e do Conselho, de 11 de julho de 2007, sobre a lei aplicável às obrigações não contratuais (Roma II); o Regulamento (CE) 593/2008 do Parlamento europeu e do Conselho, de 17 de junho de 2008, sobre a lei aplicável às obrigações contratuais (Roma I), substituindo a Convenção de Roma; o Regulamento (CE) 4/2009 do Conselho, de 18 de dezembro de 2008, relativo à competência, à lei aplicável, o reconhecimento e a execução das decisões e a cooperação em matéria de obrigações alimentares. A lista que se complementa com os seguintes regulamentos em matéria de procedimentos processuais: o Regulamento (CE) 1.206/2001 do Conselho, de 28 de maio de 2001, relativo à cooperação entre as jurisdições dos Estados-membros dentro do domínio da obtenção de provas em matéria civil ou comercial; o Regulamento 805/2004 do Parlamento e do Conselho, de 21 de abril de 2004, criando um título executivo europeu para as dívidas incontestáveis; o Regulamento (CE) 896/2006 do Parlamento e do Conselho, de 12 de dezembro de 2006, instituindo um procedimento europeu de obrigação de pagar; o Regulamento (CE) 861/2007 do Parlamento europeu e do Conselho, instituindo um procedimento europeu para pequenos litígios ; o Regulamento (CE) 1.393/2007 do Parlamento europeu e do Conselho, de 13 de novembro de 2007, relativo à notificação dentro dos Estados-membros de atos judiciários e extrajudiciais em matéria civil e comercial, revogando o Regulamento (CE) 1.348/2000 do Conselho. BERGE, Jean-Sylvestre e outros. *Droit International Privé et Droit d'Union Européenne. Éditions* Dalloz, 2017.

decisão a ser executada passaria a ter, automaticamente, força executiva no outro Estado-Membro: o interessado pede ao tribunal de origem uma certidão com os detalhes da decisão; com a certidão e cópia tem o poder de promover a execução no Estado-Membro requerido.

Em outras palavras, a partir do Regulamento (UE) 1.215/2012, a decisão judicial de um Estado-Membro (Estado-Membro requerente) pode ser executada diretamente em outro Estado-Membro (Estado-Membro requerido), sem necessidade de um procedimento específico ou de uma declaração de executoriedade, bastando a certidão prevista no artigo 53 do Regulamento (UE) 1.215/2012, cujo modelo consta do Anexo I do regulamento.

A "decisão" a ser reconhecida é aquela proferida por um tribunal de um Estado-Membro, independentemente da designação que lhe for dada, tal como acórdão, sentença, despacho judicial ou mandado de execução, bem como as decisões de fixação do montante das custas do processo pela secretaria do tribunal, abrangendo as medidas provisórias e as cautelares[601].

O reconhecimento mútuo das decisões judiciais no espaço europeu ganhou um novo reforço com a adoção do Regulamento (UE) 1.215/2012, através da simplificação das regras procedimentais e da eliminação das barreiras burocráticas na cooperação entre os países. Ademais, a União Europeia tornou-se membro da Conferência da Haia em 2007, o que facilitou a implementação de mecanismos para a normatização do Direito Internacional Privado europeu.

É o que Bergé chama de terceira fase do direito internacional privado europeu, *a terceira geração se abre com as primeiras revisões dos regulamentos europeus e com a intensificação da sistematização do direito internacional privado europeu*, servindo de exemplo a adoção do Regulamento (UE) 1.215/2012, do Parlamento europeu e do Conselho, de 12 de dezembro, relativo à competência judiciária, o reconhecimento e execução das decisões em matéria civil e comercial (Bruxelas I bis)[602].

---

[601] Definição prevista no Regulamento 1.215/2012, artigo 2º, "a".

[602] O autor cita ainda os seguintes regulamentos dentro do mesmo contexto de codificação do direito internacional privado europeu: o Regulamento (UE) 2015/848 do Parlamento europeu e do Conselho, de 20 de maio de 2015, relativo aos procedimentos de insolvência; o Regulamento (CE) 2.201/2003 do Conselho, de 27 de novembro de 2003, relativo à competência, o reconhecimento e a execução de decisões em matéria matrimonial e em matéria de responsabilidade parental (Bruxelas II). E o trabalho das diretivas específicas nas questões de direito internacional privado, como: a Diretiva 2.006/123/CE do Parlamento europeu e do Conselho, de 12 de dezembro de 2006, relativa aos serviços

Observa-se, assim, o desaparecimento progressivo do Direito Internacional Privado de fontes nacionais no espaço comunitário europeu, trazendo impactos não apenas na forma indireta de exercer jurisdição, através do reconhecimento e execução de decisões judiciais dentro do bloco, como no exercício direto da jurisdição em matéria cível e comercial pelos Estados-Membros, através da previsão de critérios comuns de determinação de jurisdição, que é o que veremos no próximo tópico.

2. As bases normativas da jurisdição para adjudicar

A origem das bases normativas da jurisdição para adjudicar dos Estados-Membros é a mesma do reconhecimento e execução de decisões judiciais, a Convenção de Bruxelas, de 1968, e a Convenção de Lugano, de 1988, para a República da Islândia, a Confederação Suíça e o Reino da Noruega[603].

---

dentro do mercado interior ; a Diretiva 2.011/83/UE do Parlamento europeu e do Conselho de 25 de outubro de 2011, relativa aos direitos dos consumidores, modificando a Diretiva n 93/13/CEE do Conselho e a Diretiva 1.999/44/CE do Parlamento europeu e do Conselho, revogando a Diretiva 85/577/CEE do Conselho e a Diretiva 97/7/CE nas palavras de Bergé: "*Le droit international privé de troisième génération se caractérise, par ailleurs, par l'adoption de nouveaux instruments dans des domaines encore non investis*" citando ainda : o Regulamento (UE) 650/2012 do Parlamento europeu e do Conselho, de 4 de julho de 2012, relativo à competência, à lei aplicável, ao reconhecimento e execução de decisões e a aceitação da execução de atos autênticos em matéria de sucessões e a criação de um certificado "successoral européen"; o Regulamento (UE) 606/2013 do Parlamento europeu e do Conselho, de 12 de junho de 2013, relativo ao reconhecimento mútuo de medidas de proteção em matéria civil; o Regulamento (UE) 655/2014 do Parlamento europeu e do Conselho, de 15 de maio de 2014, sobre a criação de um procedimento de ordem europeia relativo ao congelamento de contas bancárias, destinado a facilitar a recuperação transfronteiriça de dívidas em matéria civil e comercial; o Regulamento (UE) 1.259/2010 do Conselho, de 20 de dezembro de 2010, por uma cooperação mais reforçada dentro do domínio da lei aplicável ao divórcio e à separação de corpos ; o Regulamento (UE) 2.016/1103 do Conselho, de 24 de junho de 2016, por uma cooperação mais reforçada no campo da competência, da lei aplicável, do reconhecimento e da execução de decisões em matéria de regimes ; o Regulamento (UE) 2016/1104 do Conselho, de 24 de junho de 2016, por uma cooperação mais reforçada no campo da competência, da lei aplicável, do reconhecimento e da execução de decisões em matéria de efeitos patrimoniais das parcerias registradas. Diz o autor: «*Enfin, des réflexions sont en cours sur le travail de codification de la matière, ainsi que sur le développement de nouveaux outils pratiques de nature à améliorer la conduite des procédures civiles en Europe et la connaissance des droits étrangers.*» BERGE, Jean-Sylvestre e outros. *Droit International Privé et Droit d'Union Européenne*. Éditions Dalloz, 2017.

603 As Cortes das Islândia, Suíça e Noruega aplicam de forma similar – mas não de forma idêntica, as regras da Convenção de Bruxelas. Vamos tratar dos critérios de determinação de jurisdição conforme estabelecidos, na origem, pela Convenção de Bruxelas, que é a aplicável a todo o restante do bloco.

A Convenção de Bruxelas foi substituída, como já mencionado, pelo Regulamento (CE) 44/2001 e, posteriormente, pelo Regulamento (UE) 1.215/2012.

O Regulamento (UE) 1.215/2012 é um genuíno e clássico regulamento duplo. Possui duas partes centrais, de um lado, normas sobre o exercício indireto de jurisdição, através das previsões sobre o reconhecimento e execução das decisões judiciais e, de outro, normas comuns estabelecendo critérios de determinação do exercício direto da jurisdição pelos Estados-membros. As duas partes estão interconectadas, o reconhecimento e a execução das decisões judiciais não subsistem na presente forma sem a jurisdição direta, *regras uniformes de jurisdição, e a presunção de que serão aplicadas uniformemente em todos os Estados-membros, é o ticket de entrada para os modos de reconhecimento e execução*[604].

O Regulamento (UE) 1.215/2012 é vinculante e diretamente aplicável em todos os Estados-Membros[605]. Ficam excluídas do âmbito de sua aplicação as matérias fiscais, aduaneiras ou administrativas, e aquelas relativas à responsabilidade do Estado por atos ou omissões no exercício da autoridade do Estado (*acta jure imperii*)[606]. O regulamento também não se aplica às questões cíveis relativas ao direito de família e sucessões, às falências, concordatas ou processos análogos, à segurança social e à arbitragem[607].

A regulação visa eliminar as disparidades entre as legislações nacionais e fortalecer o mercado interno, consequentemente, destina-se a proteger mais fortemente as *pessoas que estão estabelecidas no espaço de integração europeu.*

Por isso, o Regulamento (UE) 1.215/2012 acentua que deverá existir uma ligação entre os processos a que se aplica e o território dos Estados-Membros, em uma alusão ao princípio da proximidade, o que nas regras comuns em

---

[604] "The Brussels Ibis Regulation is a genuine and classical règlement double. Its two central parts, addressing jurisdiction on the one hand and recognition and enforcement on the other, are closely interlinked. The latter could not exist in its present form without the former. Uniform jurisdiction rules, and the presumption that they will be uniformly applied in all Member States, are the entry ticket to liberal modes of recognition and enforcement. Free circulation of judgments has sometimes even been elevated to the high rank of a fundamental freedom." MANKOWSKI, Peter. *Research Handbook on the Brussels Ibis Regulation*. UK, USA: Edward Elgar Publishing, 2020.

[605] É aplicável também na Dinamarca por força de um acordo entre a União Europeia e o Reino da Dinamarca.

[606] Conforme artigo 1.1 do regulamento.

[607] Conforme artigo 1.2 do regulamento. Matérias que não estão abrangidas no escopo deste texto.

matéria de competência[608], significa *sempre que o requerido esteja domiciliado num Estado-membro*[609].

Assim, como regra de jurisdição em geral, dispõe o artigo 6º do regulamento que as pessoas domiciliadas num Estado-Membro devem ser demandadas, independentemente da sua nacionalidade, nos tribunais desse Estado-Membro.

Os artigos 62 e 63, por sua vez, indicam as regras para saber quando a pessoa é domiciliada no Estado-Membro.

Para as pessoas físicas, aduz-se do artigo 62 que o juiz deve aplicar a sua lei interna para determinar se uma parte tem domicílio no Estado-Membro. Em outras palavras, caberá ao juiz do foro qualificar o domicílio da parte.

Para as pessoas jurídicas o regulamento é mais claro. Referindo-se às pessoas jurídicas como sociedade ou outra pessoa coletiva ou associação de pessoas singulares ou coletivas, o regulamento dispõe que são consideradas como domiciliadas no lugar onde possuírem (1) a sua sede social; (2) a sua administração central ou (3) o seu estabelecimento principal (artigo 63.1)[610].

Se ficar caracterizado qualquer um desses domicílios, o Estado-Membro do foro possui jurisdição sobre a pessoa jurídica. Por outro lado, se a pessoa jurídica não possuir nenhum desses lugares dentro de um Estado-membro, aplica-se a regra prevista no artigo 6.1, segundo a qual a jurisdição será regida de acordo com a legislação do Estado-Membro do foro. É dizer, não será aplicado o Direito Internacional Privado da União Europeia, mas, sim, as leis nacionais dos Estados-membros, que regerão a jurisdição apropriada (*Caso Hypotecní banka a.s.*, 2011, C-3271/10)[611].

---

[608] Na versão em português do regulamento, disponível no *website* da União Europeia, consta o termo "competência" e não jurisdição, muito embora na versão em inglês conste o termo "jurisdiction". Optamos por fazer o uso indistinto dos termos neste capítulo por terem o mesmo significado no texto legislativo.

[609] Considerando (13).

[610] No que respeita à Irlanda, a Chipre e ao Reino Unido, «sede social» significa *registered office* ou, se este não existir, *place of incorporation* (lugar de constituição) ou, se este não existir, o lugar sob cuja lei ocorreu a *formation* (formação) Artigo 63.2.

[611] Disponível em: <http://curia.europa.eu/juris/document/document.jsf?text=&docid=114583&pageIndex=0&doclang=PT&mode=lst&dir=&occ=first&part=1&cid=18339690>. Acesso em: 3 de setembro de 2020.

É preciso que resulte claro do litígio que o réu não possui domicílio no Estado do foro ou em nenhum outro Estado-Membro[612], e efetivamente, esteja domiciliado fora da União Europeia para serem aplicadas as regras nacionais do Estado-Membro do foro (*Caso G*, 2012, C-292/10)[613].

Entretanto, a fim de assegurar a proteção de consumidores e trabalhadores, salvaguardar a jurisdição dos tribunais dos Estados-Membros em situações em relação às quais possuem jurisdição exclusiva e respeitar a autonomia das partes, algumas normas de jurisdição constantes do regulamento *aplicam-se independentemente do domicílio do requerido*[614].

Portanto, as normas sobre jurisdição previstas no Regulamento (UE) 1.215/2012 também alcançam *os réus domiciliados fora da União Europeia*, nos casos de jurisdição em matéria de contratos de consumo (artigo 18.1), em matéria de contratos individuais de trabalho (artigo 21.2), de jurisdição exclusiva (artigo 24) e nos pactos atributivos de jurisdição ou de "extensão" de jurisdição, como denominado pelo artigo 25[615].

Assim, em paralelo à regra da jurisdição geral, o regulamento prevê hipóteses de jurisdição especial do Estado-Membro, *independentemente do domicílio do requerido*, nos casos onde é conveniente proteger a parte mais fraca por meio de regras de jurisdição mais favoráveis aos seus interesses do que a regra geral.

---

612 Depois que concluir que o réu não possui domicílio no Estado-membro do foro, de acordo com as suas próprias regras sobre domicílio, o juiz da causa deve verificar se o réu possui domicílio em outro Estado-membro. Para este efeito, aplicará as regras internas deste outro Estado-membro. Conforme itens 40 e 41 da decisão no caso *Hypotecní banka a.s.*, 2011, C-3271/10. Neste caso, o Tribunal de Justiça da União Europeia assentou o entendimento de que a regra prevista para o exercício da jurisdição com base no domicílio do consumidor compreendia o seu último domicílio conhecido dentro do espaço europeu.

613 Colhe-se da decisão do TJUE, que fazia referência ao Regulamento n. 44/2001, substituído pelo Regulamento n. 1250/2012: "Por outro lado, importa entender a expressão "não [ter] domicílio no território de um EstadoMembro", empregue no artigo 4°, n° 1, do Regulamento n° 44/2001, no sentido de que a aplicação das regras nacionais em vez das regras uniformes de competência só é possível se o órgão jurisdicional ao qual o processo foi submetido dispuser de indícios de prova que lhe permitam concluir que o demandado, cidadão da União não domiciliado no EstadoMembro do referido órgão jurisdicional, está, efetivamente, domiciliado fora do território da União (v., neste sentido, acórdão Hypotečni banka, já referido, n° 42).

614 Conforme considerando 14.

615 Conforme artigo 6.1.

Nesse sentido, o artigo 18.1 do regulamento reconhece a vulnerabilidade do consumidor nos contratos de consumo prevendo critérios alternativos de jurisdição, à escolha do autor consumidor, que pode intentar uma ação contra a outra parte no contrato quer nos tribunais do Estado-Membro onde estiver domiciliada essa parte, quer no tribunal do lugar onde o consumidor tiver domicílio, *independentemente do domicílio da parte ré*.

Se a situação for a do consumidor ser demandado, prevê o regulamento que a outra parte no contrato só pode intentar uma ação contra o consumidor nos tribunais do Estado-Membro em cujo território estiver domiciliado o consumidor[616].

Da mesma forma, visando proteger o trabalhador, como parte mais vulnerável nos contratos individuais de trabalho, o artigo 21.2 estabelece que uma entidade patronal *não domiciliada num Estado-Membro* pode ser demandada: nos tribunais de um Estado-Membro quando este for o lugar ou a partir do qual o trabalhador efetua habitualmente o seu trabalho, ou o tribunal do lugar onde efetuou mais recentemente o seu trabalho; ou se o trabalhador não efetua ou não efetuava habitualmente o seu trabalho num único país, no tribunal do lugar onde se situa ou se situava o estabelecimento que contratou o trabalhador; além, é claro, de poder ser demandada no Estado-Membro onde possua domicílio, à critério do trabalhador. De outra parte, uma entidade patronal só poderá demandar o trabalhador no Estado-Membro em que este tiver domicílio.

O artigo 25 reconhece a autonomia de vontade das partes através da cláusula de eleição de foro, que *será aplicada ainda que o réu não seja domiciliado num Estado-Membro*. O considerando 19 esclarece que a autonomia das partes num contrato que não seja de seguro, de consumo ou de trabalho quanto à escolha do tribunal competente, no caso de apenas ser permitida uma autonomia limitada de escolha do tribunal, deverá ser respeitada sem prejuízo das competências exclusivas definidas pelo regulamento.

O regulamento acentua, ainda, que os pactos atributivos de jurisdição, celebrados na forma prevista no artigo 25, *são também considerados de jurisdição exclusiva*, salvo acordo das partes em contrário.

Dentre as demais competências exclusivas, estão aquelas previstas no artigo 24, destacando-se a do foro do lugar do imóvel, em matéria de direitos reais sobre imóveis e de arrendamento (seguindo o padrão de outros países);

616 Conforme artigo 18.2.

a da sede da pessoa jurídica, em matéria de validade da constituição da pessoa jurídica, nulidade ou dissoluções; a do foro do Estado onde os registros públicos estão conservados, em matéria de validade de inscrições de registros públicos, e em matéria de registro ou validade de patentes, marcas, desenhos e modelos, os tribunais do Estado onde o registro tiver sido requerido.

Além das hipóteses de jurisdição especial, o Parlamento europeu estabeleceu outras regras especiais que derrogam a regra geral de ser demandado no Estado-Membro do domicílio: para as causas em matéria de seguros (Seção 3) e as causas fundadas em obrigação contratual e extracontratual (Seção 2, artigos 7º a 9º).

No artigo 11.1, o regulamento prevê a hipótese de o *segurador domiciliado no território de um Estado-Membro* ser demandado (a) nos tribunais do Estado-Membro em que tiver domicílio e (b) em outro Estado-Membro, em caso de ações intentadas pelo tomador de seguro, o segurado ou um beneficiário, no tribunal do lugar em que o requerente tiver o seu domicílio; ou tratando-se de um cossegurador, no tribunal de um Estado-Membro onde tiver sido intentada ação contra o segurador principal.

O artigo 11.2 estabelece, expressamente, a jurisdição sobre as sucursais, agências ou qualquer outro estabelecimento do segurador esclarecendo que o segurador que, *não tendo domicílio num Estado-Membro*, possua sucursal, agência ou qualquer outro estabelecimento num Estado-Membro será considerado, quanto aos litígios relativos à exploração de tal sucursal, agência ou estabelecimento, como tendo domicílio nesse Estado-Membro.

O segurador pode também ser demandado no tribunal do lugar onde o fato danoso ocorreu quando se trate de um seguro de responsabilidade civil ou de um seguro que tenha por objeto bens imóveis. Aplica-se a mesma regra caso se trate de um seguro que incida simultaneamente sobre bens móveis e imóveis cobertos pela mesma apólice e atingidos pelo mesmo sinistro (artigo 12).

O regulamento ainda estabelece hipóteses de jurisdição especial para litígios baseados em *obrigações contratuais* (à exceção das hipóteses de consumo, contratos de trabalho e seguro, que recebem o tratamento já mencionado), *e extracontratuais*, muito aplicadas nos litígios envolvendo fatos transnacionais eletrônicos.

As *pessoas domiciliadas num Estado-Membro* podem ser demandadas em outro Estado-Membro perante o tribunal do lugar onde foi ou deva ser cumprida a obrigação contratual, entendendo-se pelo lugar do cumprimento da obrigação: (1) o lugar onde os bens foram ou devam ser entregues, nos termos do contrato, para o caso de venda de bens; e (2) o lugar onde os serviços, nos termos do contrato, foram ou devam ser prestados, para o caso da prestação de serviços (artigo 7º, 1, "a" e "b").

As *pessoas domiciliadas num Estado-Membro podem ser demandadas em outro* em matéria extracontratual, perante o tribunal do lugar onde ocorreu (*forum delicti commissi*) ou poderá ocorrer o fato danoso (*forum damni*)[617].

Todavia, a jurisprudência do Tribunal de Justiça da União Europeia indica que a jurisdição do lugar onde ocorreu o dano é em princípio limitada aos danos causados no Estado do foro (*Shevill e outros v. Presse Alliance SA*, 1995, C-68/93)[618].

Como se observa, a União Europeia visa proteger mais fortemente as pessoas que estão estabelecidas no espaço europeu, *independentemente da nacionalidade*, já que são estas que de alguma forma contribuem para o bom desenvolvimento do mercado interno, gozam de seus benefícios, devendo, também por isso, se submeterem à jurisdição de um Estado-Membro, de acordo com as regras comuns de jurisdição estabelecidas pelo espaço europeu.

Essa proteção está traduzida na maneira que o regulamento estrutura as regras da *jurisdição para adjudicar* dos Estados-Membros da União Europeia, de *forma geral*, pelo domicílio do réu, e de *forma específica*, pelas regras previstas nas Seções 2 a 7 do regulamento, conforme o disposto no artigo 5.1.

No caso *Granarolo SpA*, 2016, C-196/15, o TJUE ressaltou que as regras de Direito Internacional Privado da União Europeia visam unificar as regras de conflito de jurisdição em matéria civil e comercial, com um elevado grau de certeza e objetivo de segurança jurídica, que consiste em reforçar a proteção jurídica das pessoas estabelecidas na União Europeia, *permitindo simultaneamente ao requerente identificar facilmente o órgão jurisdicional a que se pode dirigir e ao requerido prever razoavelmente aquele em que pode ser demandado*[619].

---

617 Segundo artigo 7.2 do regulamento.

618 Disponível em: <http://curia.europa.eu/juris/liste.jsf?language=en&num=C-68/93>. Acesso em: 3 de setembro de 2020.

619 Disponível em: <http://curia.europa.eu/juris/document/document.jsf?text=&docid=181683&pageIndex=0&doclang=PT&mode=lst&dir=&occ=first&part=1&cid=18145969>. Acesso em: 3 de setembro de 2020.

O regulamento também se ocupa de indicar o entendimento da União Europeia sobre a jurisdição em relação às sucursais, agências e outros estabelecimentos da pessoa jurídica não domiciliada no espaço europeu nas suas disposições comuns sobre jurisdição relativas aos contratos de consumo, contratos individuais de trabalho, seguro e demais obrigações contratuais e extracontratuais.

Assim, ainda que a pessoa jurídica não tenha domicílio num Estado-Membro (sede social, administração central ou principal estabelecimento), mas possua sucursal, agência ou outro estabelecimento, *considera-se, quanto aos litígios relativos à exploração das atividades da sucursal, agência ou outro estabelecimento*, de natureza civil ou comercial, como tendo domicílio no território desse Estado-Membro.

Além dessas regras comuns à determinação de critérios de jurisdição, a União Europeia aceita, tal como na *common law*, o consentimento como base para o exercício da jurisdição de um Estado-Membro, no caso de o réu comparecer à demanda. Esta regra não é aplicável se o comparecimento tiver como único objetivo arguir a falta de jurisdição ou se existir outro tribunal com jurisdição exclusiva[620].

O Regulamento (UE) 1.215/2012 reconhece, ainda, a litispendência entre ações com a mesma causa de pedir e as mesmas partes submetidas, eventualmente, a diferentes Estados-Membros (artigo 29), prevendo uma forma de sobrestamento da ação até que seja confirmada a "prevenção" do tribunal onde a causa foi por primeiro demandada, podendo assim, um tribunal declarar-se incompetente em favor de outro, e não apenas recusar a jurisdição como ocorre em geral nos demais países da *civil law.*

A possibilidade de um tribunal de um Estado-Membro declarar-se incompetente em favor de outro Estado-Membro também está prevista para o caso de existirem ações conexas em mais de um território (artigo 30). E se forem vários os requeridos, o tribunal do domicílio de qualquer um deles será o competente, desde que os pedidos estejam ligados entre si por um nexo tão estreito que haja interesse em que sejam instruídos e julgados simultaneamente para evitar cisões que poderiam ser inconciliáveis se as causas fossem julgadas separadamente (artigo 8º)[621].

---

620 Conforme artigo 26 do regulamento.

621 "Há que verificar se existe entre os diferentes pedidos, deduzidos pelo mesmo demandante contra vários demandados, uma conexão tão estreita que haja interesse em julgálos em conjunto, de modo a que se evitem soluções que poderiam ser incompatíveis se as causas fossem julgadas separadamente. Para que as decisões possam ser consideradas

Por fim, a União Europeia não adota a doutrina anglo-saxã do *forum non conveniens*, mesmo porque reconhece outras formas de se declarar a incompetência em favor dos seus próprios Estado-Membros em casos de litispendência e conexão.

3. A jurisdição internacional cível no *cyberspace*

Podemos ver que todas as matérias civis e comerciais relativas às atividades na internet podem entrar no escopo das regras do Regulamento (UE) 1.215/2012.

Nessas atividades estão abrangidos os contratos eletrônicos (B2B e B2C), outras obrigações contratuais (contratos eletrônicos de seguro), e todas as demais obrigações extracontratuais, como aquelas decorrentes dos delitos civis, tais como ofensas aos direitos de personalidade e aos direitos intelectuais (direitos do autor, direito à marca comercial, direito a patentes e direitos aos nomes de domínio).

Evidentemente, o regulamento não aprofunda a abrangência de todos os critérios, apesar de dispor de regras comuns muito claras sobre jurisdição. Ainda não faz parte da política da União Europeia, a se ver dos artigos 81 e 82 do Tratado de Funcionamento da União Europeia, uma completa unificação normativa, mas, sim, a adoção de *medidas de aproximação de disposições legislativas e regulamentares.*

Nesse ponto, a jurisprudência do Tribunal de Justiça da União Europeia contribui sobremaneira na aproximação dos conceitos, mediante a interpretação das normas comuns sobre jurisdição (direta e indireta) em procedimentos de suscitação de questões prejudiciais pelos Estados-Membros.

Dificuldades decorrentes da harmonização dos critérios ficam mais aparentes nos litígios sobre fatos ocorridos através da internet, em virtude da complexidade dos fatos transnacionais, daí a importância de se consultar a jurisprudência do TJUE.

Vejamos a seguir algumas questões suscitadas junto ao TJUE no que diz respeito à regra geral sobre o domicílio e a regra prevista para as obrigações extracontratuais (artigo 7.2 do regulamento).

---

inconciliáveis, não basta existir uma simples divergência na decisão dada aos litígios, sendo também necessário que essa divergência se inscreva no quadro de uma mesma situação de fato e de direito" (acórdão de 21 de maio de 2015, Hydrogen Peroxide, C352/13).

No julgamento do já mencionado caso *Shevill e outros v. Presse Alliance SA*, 1995, C-68/93, o Tribunal de Justiça firmou o entendimento de que, nas ações de indenização pelo prejuízo resultante da publicação de um artigo difamatório na imprensa (o caso era de publicação impressa), a expressão "*lugar onde ocorreu o fato danoso*", utilizada no então artigo 5º da Convenção de Bruxelas, deve ser interpretada no sentido de que a vítima pode intentar a ação contra o editor *ou no tribunal do lugar do estabelecimento do editor da publicação* difamatória, caso em que poderá pleitear a totalidade dos danos causados, *ou nos órgãos jurisdicionais de cada Estado em que a publicação foi divulgada*, que serão competentes para conhecer apenas dos danos causados no Estado do tribunal onde a ação foi proposta[622].

O Tribunal de Justiça reconheceu, assim, que o lugar da publicação (que pode ser o lugar da postagem para os tempos de internet) era o local da jurisdição apropriada, conforme as normas comuns à época no espaço europeu.

O lugar da publicação (ou da postagem) coincide, via de regra, com o local do domicílio (país) do autor do fato.

Sucede que, na determinação do domicílio do requerido, seja para a incidência da regra geral de jurisdição, seja no tocante ao critério do *forum delicti commissi,* pode se tornar complicado identificar o domicílio do autor do fato que fez a publicação ofensiva na internet ou divulgou conteúdo ofensivo aos direitos intelectuais, porque não raras às vezes o domicílio do requerido pode ser incerto ou desconhecido e até mesmo inacessível à vítima no mundo real.

No caso *G. v. Visser* (2012, C-292/10)[623], o Tribunal de Justiça da União Europeia fez interessantes aportes nesse sentido no contexto dos litígios transnacionais sobre violação de direitos de personalidade por meio de postagens na internet.

O caso tratava de publicações de fotografias da demandante em um sítio eletrônico de responsabilidade da pessoa C. Visser.

---

[622] Disponível e: <http://curia.europa.eu/juris/showPdf.jsf?text=&docid=98911&pageIndex=0&doclang=PT&mode=lst&dir=&occ=first&part=1&cid=1547586>. Acesso em: 5 de setembro de 2020.

[623] O conteúdo da decisão do TJUE encontra-se disponível em: <http://curia.europa.eu/juris/document/document.jsf?text=&docid=120445&pageIndex=0&doclang=PT&mode=lst&dir=&occ=first&part=1&cid=18343446>. Acesso em: 4 de setembro de 2020.

A situação teve origem quando, anos antes da publicação das fotos no *website*, G aceitou posar para Visser na Alemanha, para que as fotos fossem utilizadas num evento. Todavia, não consentiu que fossem postadas na internet.

O pedido de indenização chegou ao Tribunal Regional de Landgericht Regensburg, na Alemanha, que suscitou questões prejudiciais sobre a jurisdição ao TJUE, especialmente porque as pesquisas realizadas na identificação do domicílio do demandado (C.Visser) restaram infrutíferas. Os endereços, supostamente, na Alemanha e nos Países Baixos, que foram obtidos, quer através das informações indicadas no próprio sítio, quer pela base de dados do registro de *domínio.de*, eram desconhecidos na Alemanha e nos Países Baixos. O servidor que armazenava o sítio eletrônico e seu administrador estavam em local desconhecidos, a despeito das diligências que tinham sido realizadas para localizá-los, acrescentando-se que poderiam ou não estar localizados dentro do espaço europeu, o que era fundamental para se perquirir da incidência das regras comuns de jurisdição.

Para efeitos da aplicação da regra prevista para a jurisdição em termos de responsabilidade extracontratual (*uma pessoa com domicílio no território de um Estado-Membro pode ser demandada noutro Estado-Membro, perante o tribunal do lugar onde ocorreu ou poderá ocorrer o fato danoso*), o TJUE entendeu que na *falta de indícios de prova de que o demandado*, provavelmente um cidadão da União Europeia, esteja efetivamente domiciliado *fora da União Europeia,* devem ser aplicadas as normas comuns do regulamento.

Em outras palavras, a Corte entendeu, por primeiro, que a norma comum sobre jurisdição em caso de obrigação extracontratual aplica-se aos pedidos de indenização decorrentes de violações a direitos de personalidade por exploração de sítio na internet e, por segundo, que se aplicam ainda que o domicílio do requerido seja *em local desconhecido*. Pode-se concluir, a partir da decisão, que se fixou como adequada a jurisdição do tribunal alemão, uma vez que as fotos poderiam ser acessadas a partir da Alemanha (*forum damni*).

É bem verdade que o considerando 16 do Regulamento (UE) 1.215/2012 esclarece que a existência de vínculo estreito entre a jurisdição e o litígio deverá assegurar a certeza jurídica e evitar a possibilidade de o requerido ser demandado no tribunal de um Estado-Membro que não seja razoavelmente previsível para ele, concluindo que *este elemento é especialmente importante nos litígios relativos a obrigações extracontratuais decorrentes de violações da privacidade e de direitos de personalidade, incluindo a difamação.*

Todavia, é imperativo registrar que o Tribunal de Justiça da União Europeia construiu (e constrói) sua jurisprudência salvaguardando os direitos humanos protegidos no arcabouço jurídico do espaço europeu, observando as fontes internacionais de proteção aos direitos humanos, como a Convenção Europeia de Direitos Humanos, cuja adesão ficou expressa no Tratado de Lisboa, a jurisprudência da Corte Europeia de Direitos Humanos e a Carta dos Direitos Fundamentais da União Europeia.

Por isso a decisão do caso G é altamente relevante, uma vez que o Tribunal ressalta o direito de acesso à justiça, registrando que, se a localização do sítio eletrônico é desconhecida, após todos os esforços empreendidos para identificá-lo, não se pode exigir da vítima algo além de suas condições de apurar (como saber outros endereços para tentar localizar o servidor que hospeda o sítio), sob pena de se ofender o direito de acesso à justiça, salvaguardado na Convenção Europeia de Direitos Humanos (artigo 6º) e na Carta do Direitos Fundamentais da União Europeia (artigo 47)[624].

À luz da perspectiva trazida pelo próprio TJUE e do sentido das regras comuns do regulamento, agrega-se outra particularidade sobre as violações de direitos de personalidade na internet: o local onde está localizado o servidor que hospeda o sítio eletrônico *não pode ser qualificado* como o local onde ocorreu o evento que gerou o dano (*forum delicti commissi*), dentro do significado do artigo 7.2 do regulamento.

---

[624] Vale a citação ao trecho correspondente: "No que respeita às exigências a respeitar quando do processo, importa recordar que todas as disposições do Regulamento nº 44/2001 exprimem a intenção de zelar por que, no quadro dos objetivos deste, os processos conducentes à adoção de decisões judiciais se desenrolem no respeito dos direitos de defesa (v. acórdãos de 21 de maio de 1980, Denilauler, 125/79, Recueil, p. 1553, nº 13, e de 2 de abril de 2009, Gambazzi, C394/07, Colet., p. I2563, nº 23). Todavia, a exigência do respeito dos direitos de defesa, conforme também é enunciada no artigo 47 da Carta, deve ser aplicada no respeito do direito do demandante de recorrer a um órgão jurisdicional para que este se pronuncie sobre a justeza das suas pretensões. A este propósito, o Tribunal de Justiça declarou, no n 29 do acórdão Gambazzi, já referido, que os direitos fundamentais, como o respeito dos direitos de defesa, não surgem como prerrogativas absolutas, podendo comportar restrições. Contudo, estas restrições devem corresponder efetivamente a objetivos de interesse geral prosseguidos pela medida em causa e não constituir, à luz do fim prosseguido, uma violação desmesurada dos referidos direitos. A este respeito, importa recordar que o Tribunal de Justiça já declarou que a preocupação de evitar situações de denegação da justiça com as quais seria confrontado o demandante devido à impossibilidade de localizar o demandado constitui um objetivo de interesse geral (acórdão Hypoteční banka, já referido, n. 51)."

Embora a informação esteja armazenada nesta localização e somente disponível através deste servidor, não raramente a localização do servidor é desconhecida do autor da ofensa. Ora, a conexão com um lugar que é geralmente desconhecido do autor do fato conflita com o sentido do regulamento (considerando 16 e artigo 15), segundo o qual as regras de jurisdição devem ser altamente previsíveis às partes[625].

Ademais a localização do servidor usualmente não coincide com o domicílio do requerido ou com o local da postagem (*forum delicti commissi*) e muito menos com o local do dano (*forum damni*), o que é uma outra razão para não se qualificar o local do servidor como o local apropriado para o exercício da jurisdição das demandas decorrentes de obrigações extracontratuais.

A determinação do local do dano pode também se tornar complicada e gerar dúvidas nos litígios envolvendo fatos eletrônicos ofensivos aos direitos de personalidade. Muitos podem ser os locais do dano de acordo com a acessibilidade do conteúdo, que se propaga facilmente pela Internet.

Por isso os casos *eDate Advertising e Martinez* (2011, C509/09 e C161/10)[626], são importantes ao tema da violação de direitos de personalidade na internet, porquanto, na definição do que seria *o local do dano*, o TJUE reconheceu o lugar do "centro de interesse da vítima" como critério de jurisdição, indo além do local da publicação, inclusive quanto aos efeitos da decisão, como havia entendido no caso *Shevill*.

Interpretando a regra comum do regulamento sobre jurisdição internacional em matéria de obrigação extracontratual (*forum delicti commissi* ou *forum damni*), o Tribunal de Justiça considerou que o regulamento - à época o Regulamento n. 44/2001 –, deve ser interpretado no sentido de que, em caso de alegada violação dos direitos de personalidade através de conteúdos colocados num sítio na internet, a pessoa que se considerar lesada tem a faculdade de intentar uma ação fundada em responsabilidade *pela totalidade dos danos causados*, quer nos órgãos jurisdicionais do EstadoMembro *do lugar de estabelecimento da pessoa que emitiu esses conteúdos* quer nos órgãos jurisdicionais do EstadoMembro *onde se encontra o centro dos seus interesses.*

---

[625] GARBER, Tomas. "Injunctive relief under Brussels Ibis Regulation", in: Research Handbook on the Brussels Ibis Regulation. UK, USA: Edward Elgar Publishing, 2020, p. 131.

[626] O conteúdo da decisão do TJUE (decisão tomada em conjunto para os dois casos) encontra-se em: <http://curia.europa.eu/juris/document/document.jsf?text=&docid=111742&pageIndex=0&doclang=PT&mode=lst&dir=&occ=first&part=1&cid=46835>. Acesso em: 5 de setembro de 2020.

Esta pessoa pode igualmente, em vez de uma ação fundada em responsabilidade pela totalidade dos danos causados, *interpor a sua ação nos órgãos jurisdicionais de cada EstadoMembro em cujo território esteja ou tenha estado acessível um conteúdo em linha*. Todavia, estes são competentes para conhecer apenas do dano causado no território do EstadoMembro do órgão jurisdicional em que a ação foi intentada.

Vejamos agora alguns precedentes do TJUE relativamente aos direitos intelectuais e às violações, por meio da internet, aos direitos do autor e às marcas comerciais.

No caso *Wintersteiger* (2012, C523/10)[627], o TJUE foi chamado a dirimir questão prejudicial sobre jurisdição relativa a uma demanda oposta pela empresa *Wintersteiger AG*, com sede na Áustria, com o objetivo de proibir a empresa ré, com sede na Alemanha, a utilizar a marca austríaca *Wintersteiger* como palavrachave no sítio internet do prestador de um serviço de referenciamento a título oneroso (a palavra-chave estava referenciada no domínio alemão da Google).

O Tribunal distinguiu o caso, relativo à suposta violação de marca comercial, da situação de ofensas aos direitos de personalidade. Afirmou que, ao contrário da situação de uma pessoa que se considera lesada nos seus direitos de personalidade, os quais são protegidos em todos os EstadosMembros, a proteção conferida pelo registro de uma marca nacional está, em princípio, limitada ao território do EstadoMembro de registro, pelo que, como regra geral, o seu titular não pode invocar a referida proteção fora desse território.

Logo, o Tribunal não estendeu o critério do centro de interesses do lesado aos casos de violação de marca comercial.

Entendeu o TJUE que o critério do centro de interesses do lesado, estabelecido no acórdão *eDate Advertising*, está em conformidade com o objetivo de previsibilidade da competência jurisdicional na medida em que permite simultaneamente ao demandante identificar facilmente o órgão jurisdicional a que pode recorrer (porque é o local onde é conhecido) e ao requerido prever razoavelmente aquele no qual pode ser demandado (porque é o local onde sabia que a vítima de seu ato se fazia conhecida).

---

[627] A decisão do TJUE está disponível no endereço eletrônico do tribunal e: <http://curia.europa.eu/juris/document/document.jsf?text=&docid=121744&pageIndex=0&doclang=PT&mode=lst&dir=&occ=first&part=1&cid=1356930>. Acesso em: 8 de setembro de 2020.

Contrariamente, nos casos de violações às marcas comerciais, o TJUE avaliou que são os órgãos jurisdicionais do EstadoMembro de registro da marca em causa que estão em melhores condições para dizer se, numa situação como a que está posta no litígio, foi efetivamente violada a marca nacional protegida.

Reconheceu, ainda, que esses órgãos jurisdicionais estão habilitados a conhecer, por um lado, da totalidade do dano alegadamente causado ao titular do direito protegido pela violação cometida e, por outro, de um pedido de cessação do comportamento lesivo do referido direito.

Assim, concluiu o TJUE que o litígio nessas condições pode ser submetido quer aos órgãos jurisdicionais do Estado-Membro onde a marca está registrada (local onde se materializou o dano), quer aos órgãos jurisdicionais do Estado-Membro do lugar da sede do anunciante (local onde ocorreu o evento).

É de se ver que, posteriormente a esse fato levado a julgamento, o qual fazia referência ao Regulamento (CE) n. 44/2001, o Regulamento (UE) n. 1.215/2012 passou a prever, no seu artigo 24.4, jurisdição exclusiva, em matéria de registro ou validade de patentes, marcas, desenhos e modelos e outros direitos análogos sujeitos a depósito ou a registro, aos tribunais do Estado-Membro onde o depósito ou o registro tiver sido requerido, efetuado ou considerado efetuado[628].

No precedente *Pinckney* (2013, C-170/12), o Tribunal volta a distinguir os casos de violações aos direitos de personalidade dos litígios envolvendo direitos intelectuais, desta feita, uma suposta violação de direitos do autor, onde o Tribunal faz, inclusive, referência aos acórdãos *Winterteiger e eDateadvertising*.

Em *Pinckney*, o autor da demanda, residente em Toulouse, alegava ser autor, compositor e intérprete de doze canções que foram reproduzidas, em um CD, sem a sua autorização, por um grupo musical na Áustria. Além disso, as músicas teriam sido comercializadas por duas sociedades britânicas a partir de diferentes sítios eletrônicos, acessíveis em Toulouse, local do domicílio do autor da demanda. A demanda foi proposta em Toulouse contra a empresa austríaca que produziu o CD. A empresa ré alegou que a demanda tinha que ter sido proposta na Áustria, local de seu domicílio, ou no Reino Unido, já que produziu o CD a pedido das sociedades britânicas que o comercializaram em seus sítios eletrônicos, local onde o fato foi cometido. A Corte de Cassação na França decidiu suspender a instância e submeter ao TJUE as questões prejudiciais relativas à jurisdição.

---

628 Ademais, os precedentes citados não se referiam a marcas de proteção a nível de União Europeia, que seguem a codificação prevista no Regulamento (UE) n. 2017/1001.

O TJUE assentou que o lugar da materialização do dano, na acepção do regulamento[629], pode variar em função da natureza do direito alegadamente violado[630].

Ademais, afirmou que o risco de um dano se materializar num determinado EstadoMembro está subordinado a que o direito cuja violação é alegada esteja protegido nesse EstadoMembro, fazendo alusão ao acórdão *Wintersteiger*.

Por último, consignou que a identificação do lugar da materialização do dano para efeitos de atribuir a um órgão jurisdicional a competência para conhecer de uma alegação de violação em matéria extracontratual depende igualmente da questão de saber qual é o órgão jurisdicional melhor posicionado para apreciar a procedência da violação alegada. Assim, a alegação de uma violação de um direito patrimonial de autor, cuja proteção está limitada ao território do EstadoMembro de registro, deve ser apresentada nos órgãos jurisdicionais do referido EstadoMembro. E este Estado-Membro só é competente para conhecer do dano causado no território em que se encontra, não podendo conhecer do dano causado no território de outros Estados.

Aplicando estes princípios, o Tribunal de Justiça distinguiu, assim, *por razões de identificação do lugar da materialização de um dano presumivelmente causado através da Internet, entre as violações dos direitos de personalidade e do direito da propriedade intelectual e industrial*[631].

É de se ver que o entendimento do TJUE sobre o alcance do julgamento da ação de indenização por publicações ofensivas aos direitos de personalidade e aos direitos do autor e à propriedade industrial, seja pela totalidade do dano, seja pelos danos adstritos ao Estado do foro, pode gerar repercussão na jurisdição de *enforcement* de ordens de retirada de conteúdo da internet.

Assim, como decorrência lógica da linha do posicionamento do TJUE é possível entender-se que, se a demanda sobre direitos de personalidade for promovida (1) no domicílio do autor do fato; (2) no lugar onde ocorreu a postagem, ou (3) no lugar onde está o centro de interesses da vítima (local

---

[629] A referência no julgamento é ao artigo 5.3 do Regulamento (CE) n. 44/2001, com redação atual no artigo 7.2 do Regulamento (UE) n. 1215/2012.

[630] No mesmo sentido, o Tribunal cita o acórdão Wintersteiger, C523/10.

[631] Disponível em: <http://curia.europa.eu/juris/document/document.jsf?text=&docid=142613&pageIndex=0&doclang=PT&mode=lst&dir=&occ=first&part=1&cid=1338032. Acesso em: 5 de setembro de 2020.

onde a vítima é conhecida), o tribunal do foro pode conhecer da totalidade do dano e, consequentemente, tem jurisdição para ordenar a retirada do conteúdo ofensivo sobre todas as esferas de alcance do dano. No mesmo sentido se a demanda for relacionada aos direitos da marca comercial, uma vez que o TJUE reconheceu que o tribunal do local onde a marca foi registrada (e goza da proteção da *lex protectionis*) pode conhecer da totalidade do dano.

Isso quer dizer que não haveria necessidade de a vítima reconhecer os efeitos da decisão em outras jurisdições, onde, eventualmente, o dano se propagou. Nesse sentido, a jurisdição de *enforcement* para a retirada do conteúdo ofensivo ou danoso seria territorial, não necessitando da cooperação internacional dos demais Estados.

A contrário senso, se a demanda for proposta apenas no Estado onde o dano ocorreu (que não seja o do centro de interesses da vítima para os direitos de personalidade) e o tribunal estiver, assim, adstrito ao conhecimento apenas do dano causado no Estado do foro (*forum damni*), haverá a necessidade de se reconhecer os efeitos da decisão nas outras jurisdições onde o dano, eventualmente, se propagou. O mesmo ocorreria nos litígios sobre direitos de autor promovidos no local do dano.

Esse tema, no entanto, ainda está indefinido e é reconhecido pela doutrina mais recente como uma das áreas "cinzentas" no âmbito do Bruxelas Ibis[632], o que demandará, sem dúvida, um posicionamento mais claro por parte do TJUE.

Por fim, nas disputas envolvendo direitos do consumidor em transações comerciais eletrônicas, é importante lembrar o precedente *Peter Pammer e Hotel Alpenhof* (2010, C-585/08 e C-144/09) e o conceito de atividade dirigida ao Estado-Membro.

Já foi mencionado aqui que o precedente esclarece que a mera acessibilidade do sítio eletrônico do comerciante no Estado-Membro do domicílio do consumidor não é suficiente.

Para contemplar os termos do artigo 17.1, "c", do Regulamento (UE) n. 1.215/2012 (no acórdão a referência é ao artigo 15.1, "c", do Regulamento (CE) n. 44/2001), é necessário apurar se, antes da eventual celebração de um

---

[632] Disponível em: < HYPERLINK "http://curia.europa.eu/juris/document/document.jsf?-text=&docid=142613&pageIndex=0&doclang=PT&mode=lst&dir=&occ=first&part=1&-cid=1338032" http://curia.eu

contrato com o consumidor, resulta desses sítios na internet e da atividade global do comerciante que este pretendida estabelecer relações comerciais com consumidores domiciliados num ou vários Estados-Membros, incluindo o do domicílio do consumidor, no sentido de que estava disposto a com eles contratar[633]. O critério aplicado às demandas de comércio eletrônico e direito do consumidor é similar ao *purposeful availament test* aplicado pelos Estados Unidos da América.

É preciso lembrar, no entanto, que, em 28 de fevereiro de 2018, o Parlamento e o Conselho Europeu adotaram o Regulamento n. 302/2018 que visa prevenir o bloqueio geográfico injustificado e outras formas de discriminação baseadas na nacionalidade, no local de residência ou no local de estabelecimento dos clientes no mercado interno, que poderia fomentar o crescimento e alargar a escolha dos consumidores no mercado interno.

A fim de atingir o pleno potencial de um mercado interno sem fronteiras internas, a União Europeia quer evitar com o regulamento contra o bloqueio geográfico que os clientes sejam escolhidos pelos comerciantes com base na sua localização física, na nacionalidade, no local do seu estabelecimento, no endereço de entrega dos bens, na escolha do idioma ou no Estado-Membro onde foi emitido o instrumento de pagamento do cliente (considerando 6 do regulamento), o que poderia ocorrer mediante o bloqueio ou a restrição do acesso às interfaces em linha, como aos websites e aplicações móveis.

Em face da aparente contradição com o entendimento do TJUE, o regulamento deixa claro no seu considerando 13 que seus termos não deverão prejudicar o direito da União no que respeito à cooperação judiciária em matéria civil, nomeadamente as disposições relativas à lei aplicável, às obrigações contratuais e à competência jurisdicional constantes dos Regulamentos (CE) n. 593/2008 e (UE) n. 1.215/2012.

Em especial, esclarece que o simples fato de um comerciante cumprir o presente regulamento não deverá ser interpretado como implicando que dirige atividades para o Estado-Membro do consumidor na acepção do artigo 6.1, alínea b, do Regulamento (CE) n. 593/2008, e do artigo 17.1, alínea c, do Regulamento (UE) n. 1.215/2012.

---

633 ropa.eu/juris/document/document.jsf?text=&docid=142613&pageIndex=0&doclang=P-T&mode=lst&dir=&occ=first&part=1&cid=1338032>. Acesso em: 5 de setembro de 2020. EX:62008CJ0585&from=PT. Acesso em: 6 de setembro de 2020.

Por conseguinte, o simples fato de o comerciante não bloquear nem restringir o acesso a uma interface em linha aos consumidores de outro Estado-Membro, não aplicar condições gerais de acesso diferentes nos casos previstos no regulamento ou não aplicar condições diferentes às operações de pagamento dentro da gama dos meios de pagamento aceitos não deverá ser considerado, por si só, como significando que dirige atividades para o Estado-Membro do consumidor, para efeitos da determinação da lei aplicável e da competência jurisdicional. Também não se deverá considerar, apenas com base nesses elementos, que um comerciante dirige atividades para o Estado-Membro da residência habitual ou do domicílio do consumidor, caso preste informações e assistência ao consumidor na sequência da celebração do contrato resultante do cumprimento do presente regulamento pelo comerciante[634].

Esse tema, no entanto, também é reconhecido pela doutrina mais recente como uma das áreas "cinzentas" no âmbito do Bruxelas Ibis[635], o que demandará, sem dúvida, da mesma forma que o tema da extensão dos efeitos da decisão de retirada de conteúdo ofensivo, aludido acima, um posicionamento mais claro por parte do TJUE.

Apesar de não possuir regras específicas sobre jurisdição, convém mencionar a Diretiva (CE) n. 31/2000, relativa aos certos aspectos legais dos serviços da sociedade de informação, em especial do comércio eletrônico, no mercado interno, ou simplesmente "Diretiva sobre o comércio eletrônico".

É de se ver que a Diretiva (CE) n. 31/2000 possui normas materiais sobre os serviços de informação e, entre outras disposições, estabelece um "domínio coordenado" a ser seguido pelos Estados sobre a responsabilidade dos prestadores intermediários de serviços, e, de fato, em seu artigo 4.1, expressa que não estabelece normas adicionais de Direito Internacional Privado, nem abrange a jurisdição dos tribunais.

É interessante, no entanto, que a diretiva traz informações úteis para bem se compreender a visão da União Europeia sobre os benefícios que os serviços de informação prestam ao mercado interno.

Entre outros considerandos, a diretiva assinala que *o desenvolvimento dos serviços da sociedade da informação no espaço sem fronteiras internas é essencial para eliminar as barreiras que dividem os povos europeus.*

---

634 Conteúdo disponível em: <https://eur-lex.europa.eu/legal-content/PT/TXT/?uri=CELEX%3A32018R0302>. Acesso em: 29 de outubro de 2020.

635 Ver mais em GARBER, Tomas. "Injunctive relief under Brussels Ibis Regulation", *in* Research Handbook on the Brussels Ibis Regulation. UK, USA: Edward Elgar Publishing, 2020.

Acrescenta a importância das oportunidades de emprego geradas pelo setor, registrando que *o desenvolvimento do comércio eletrônico na sociedade da informação faculta oportunidades importantes de emprego na Comunidade, particularmente nas pequenas e médias empresas*, estimulando o *crescimento econômico e o investimento na inovação por parte das empresas europeias*, sendo frutífero inclusive à competitividade da indústria europeia, contanto que a Internet seja acessível a todos.

A diretiva reconhece, ainda, que o desenvolvimento dos serviços da sociedade da informação na Comunidade pode ser obstaculizado por barreiras legais nacionais *ao bom funcionamento do mercado interno, os quais, pela sua natureza, podem tornar menos atraente o exercício da liberdade de estabelecimento e a livre prestação de serviços.*

E que a legislação comunitária constitui *um meio essencial para que os cidadãos e os operadores europeus possam beneficiar-se, plenamente e sem consideração de fronteiras, das oportunidades proporcionadas pelo comércio eletrônico.*

Por fim, a diretiva tem por objetivo assegurar um elevado nível de integração da legislação comunitária, na busca da harmonização legislativa, para que se possa estabelecer um real espaço sem fronteiras internas para os serviços da sociedade da informação.

Tal como a Diretiva (CE) n. 31/2000 existem outras no domínio das relações jurídicas no mundo digital, que visam assegurar uma harmonização legislativa no espaço europeu.

No campo dos direitos intelectuais (direitos do autor, direito à propriedade industrial, direitos sobre nomes de domínio), a título de exemplo, existem vários normativos, como as Diretivas (CE) n. 9/96 e (CE) n. 29/2001 sobre direitos do autor, alteradas pela Diretiva (UE) 2019/790 do Parlamento Europeu e do Conselho, de 17 de abril de 2019, relativa aos direitos de autor e direitos conexos no mercado único digital[636]; o Regulamento (UE) n. 2017/1001, de 14 de junho de 2017, sobre a marca da União Europeia[637], o Regulamento (CE) n. 6/2002

---

[636] Disponível em: <https://eur-lex.europa.eu/eli/dir/2019/790/oj>. Acesso em: 30 de setembro de 2020.

[637] Veja em: <https://eur-lex.europa.eu/legal-content/PT/TXT/PDF/?uri=CELEX: 32017R1001&-from=PT>. Acesso em: 30 de setembro de 2020.

sobre os desenhos e modelos comunitários[638], a Diretiva (UE) n. 2015/1535 sobre os serviços da sociedade de informação[639] e o Regulamento (UE) n. 2019/517, de 19 de março de 2019, sobre a implementação e o funcionamento do nome de *domínio.eu*[640].

Tais normativos possuem, substancialmente, normas que contribuem à harmonização legislativa do direito material da União Europeia, embora alguns deles possuam normas processuais que complementam as regras do Regulamento n. 1.215/2012.

É o caso do Regulamento (CE) n. 6/2002 que contém regras de jurisdicional internacional restritas aos tribunais de desenhos e modelos comunitários, mas que estão em comunhão com as regras do Regulamento (UE) n. 1.215/2012, uma vez que prevê o critério do domicílio do demandado e o lugar da contrafação (lugar do dano) do desenho ou modelo industrial.

O Regulamento (EU) n. 2017/1001 também possui regras de jurisdição no que se refere às ações judiciais relativas às marcas da União Europeia.

Dentre outras disposições, o regulamento prevê a designação de tribunais de marcas da União Europeia pelos Estados (artigo 123), os quais terão jurisdição exclusiva (artigo 124): a) para todos os processos de infração e – se a lei nacional as admitir – de ameaça de infração de uma marca da UE; b) para as ações declarativas de não infração, se a lei nacional as admitir e para todas as ações intentadas na sequência dos fatos referidos no artigo 11.2[641] e para os pedidos reconvencionais de extinção ou de declaração de nulidade da marca da União Europeia[642].

---

638 Veja-se, a propósito o caso *Nintendo,* 2017, C-24/16 e C-25/16). Conteúdo disponível para acesso em: <http://curia.europa.eu/juris/document/document.jsf?text=&docid=195045&pageIndex=0&doclang=PT&mode=lst&dir=&occ=first&part=1&cid=54493>. Acesso em: 20 de setembro de 2020.

639 Disponível em: <https://eur-lex.europa.eu/legal-content/PT/TXT/?uri=CELEX%3A32015L1535>. Acesso em: 30 de setembro de 2020.

640 Veja em: <https://eur-lex.europa.eu/legal-content/PT/TXT/PDF/?uri=CELEX:32019R0517&from=PT>. Acesso em: 30 de setembro de 2020.

641 "Artigo 11. Data a partir da qual os direitos são oponíveis a terceiros. 2. Pode ser exigida uma indenização razoável por atos posteriores à data de publicação de um pedido de marca da UE que, após a publicação do registro da marca, sejam proibidos em virtude dessa publicação."

642 Veja-se: <https://eur-lex.europa.eu/legal-content/PT/TXT/PDF/?uri=CELEX:32017R1001&from=PT>. Acesso em: 30 de setembro de 2020.

Dispõe o regulamento ainda, sem prejuízo das disposições do Regulamento (UE) n.1.215/2012, que os processos resultantes das ações e pedidos referidos acima (artigo 124) serão intentados nos tribunais do Estado-Membro em cujo território o réu tenha o seu domicílio ou, se este não se encontrar domiciliado num dos Estados-Membros, do Estado-Membro em cujo território o réu tenha um estabelecimento (artigo 125.1); se o réu não tiver domicilio nem estabelecimento no território de um Estado-Membro, esses processos serão intentados nos tribunais do Estado-Membro em cujo território o autor tenha o seu domicílio ou, se este último não se encontrar domiciliado num dos Estados-Membros, nos tribunais do Estado-membro em cujo território o autor tenha um estabelecimento (artigo 125.2); se nem o réu nem o autor estiverem assim domiciliados ou tiverem um estabelecimento, esses processos serão intentados nos tribunais do Estado-Membro em cujo território o Instituto tem a sua sede (artigo 125.3), referindo-se ao Instituto da Propriedade Intelectual da União Europeia.

Sem prejuízo das disposições anteriores, o regulamento sobre a marca europeia prevê que as partes podem aplicar o artigo 25 do Regulamento (UE) n. 1.215/2012 escolhendo um outro tribunal de marcas da EU (artigo 125.4, "a"); e ser aplicado o artigo 26 do Regulamento (UE) n. 1.215/2012 no caso de o réu comparecer perante outro tribunal de marcas da UE (artigo 125.4, "b").

Nesses casos (artigo 125, 1 a 4), o Regulamento (UE) n. 2.017/1001, sobre os efeitos da decisão, prevê que um tribunal de marcas da União Europeia é competente para decidir sobre os atos de infração cometidos ou em vias de serem cometidos nos territórios de qualquer Estado-Membro (artigo 126.1, "a"), bem assim quando o pedido de indenização se referir a ato praticado posteriormente à data da publicação de um pedido de marca da União Europeia que seja proibido em virtude da publicação do registro da marca (artigo 126.1, "b" e artigo 11.2).

Os processos resultantes das ações e pedidos referidos no artigo 124 do Regulamento n. 2.017/1001, com exceção das ações declarativas de não infração de uma marca da União Europeia, podem ser igualmente intentados nos tribunais dos Estados-Membros em cujo território a infração tenha sido cometida, ou esteja em vias de ser cometida (artigo 125.5). Nesses casos, no entanto, um tribunal de marcas da União Europeia cuja competência se fundamenta no artigo 125, n. 5, apenas é competente para decidir sobre os atos cometidos ou em vias de serem cometidos no território do Estado-Membro em que esse tribunal estiver situado (artigo 126.2).

O Regulamento (UE) n. 517/2019, de 19 de março de 2019, sobre a implementação e o funcionamento do nome de *domínio.eu* também possui disposição processual, prevendo que, sem prejuízo do disposto no Regulamento (UE) n. 1.215/2012 do Parlamento Europeu e do Conselho ou dos direitos e obrigações reconhecidos pelos Estados-Membros ou pela União decorrentes de instrumentos internacionais, os contratos entre o Registro e os agentes de registro e os contratos celebrados entre os agentes de registro e os requerentes de registro de nomes de domínio não podem designar como direito aplicável um direito que não seja o direito de um dos Estados-Membros, nem designar como organismo competente para a resolução de litígios um tribunal, incluindo os arbitrais, ou outro organismo localizado fora da União[643].

Na medida em que regulam os aspectos relativos aos direitos que concebem, nos respectivos domínios, tais normativos contribuem à harmonização legislativa e auxiliam no campo da aplicabilidade das leis, como, por exemplo, na determinação da lei aplicável aos direitos do autor em face da difusão de suas obras pela internet[644].

São normativos que, dado o seu conteúdo de direito material, devem ser interpretados em conjunto com o Regulamento (CE) n. 593/2008 (Roma I) sobre à lei aplicável às obrigações contratuais e o Regulamento (CE) n. 864/2007[645] sobre à lei aplicável às obrigações extracontratuais (Roma II) que integram, por sua vez, o considerável arcabouço jurídico sobre a aplicabilidade das normas comuns da União Europeia.

No entanto, não se pode confundir a natureza e o alcance desses normativos, à exceção das normas processuais citadas, com as disposições

643 Veja em: <https://eur-lex.europa.eu/legal-content/PT/TXT/PDF/?uri=CELEX:32019R0517 &from=PT>. Acesso em: 30 de setembro de 2020.

644 A título de exemplo, a determinação da lei aplicável aos direitos do autor em face da divulgação – não autorizada – de suas obras pela Internet gira em torno da *lex originis,* que pode ser a lei do país de origem, onde a obra foi publicada, ou, no caso de a obra não ter sido publicada ainda, a lei da nacionalidade do autor, e da *lex loci protectionis,* isto é, a lei do país onde têm lugar os atos de utilização não autorizada da obra e onde, portanto, a violação do direito foi perpetrada. Conforme previsto no artigo 5º da Convenção de Berna sobre a proteção de obras literárias e artísticas, de 1971. Ver mais sobre lei aplicável em MOURA VICENTE, Dario. *Direito Internacional Privado. Problemática Internacional da Sociedade da Informação.* Coimbra: Almedina, 2005.

645 Nos termos do considerando n. 6 do Regulamento n. 864/2007, o bom funcionamento do mercado interno exige que as regras de conflitos de leis em vigor nos Estadosmembros designem a mesma lei nacional, independentemente do país em que se situe o tribunal no qual é proposta a ação.

comuns à jurisdição internacional no âmbito de aplicação do Regulamento (UE) n. 1.215/2015, que ainda é o principal instrumento de regulação comum da jurisdição no âmbito da União Europeia.

É certo, no entanto, que o Regulamento (UE) n. 1.215/2012 não prejudica outras regulações que influenciam o exercício da jurisdição internacional, à luz do que o próprio instrumento dispõe em seu artigo 67, e, por essa razão, convive em harmonia com os regulamentos sobre o Tribunal Unificado de Patentes[646], sobre a marca da União Europeia, sobre desenhos e modelos comunitários, e com o regulamento geral sobre proteção de dados pessoais, analisado a seguir.

4. A jurisdição internacional e a proteção dos dados pessoais

O direito à proteção de dados pessoais é considerado um direito fundamental no conjunto de normas da União Europeia.

A Carta dos Direitos Fundamentais da União Europeia (artigo 8º)[647] e o Tratado sobre o Funcionamento da União Europeia (artigo 16)[648] preconizam o direito à proteção dos dados pessoais, nele incluído o direito de acesso aos dados que lhes digam respeito, o direito à retificação desses dados e o direito ao tratamento lícito desses dados, alçando-o à categoria de direito fundamental.

---

646 Regulamento (UE) n. 542/2014, de 15 de maio de 2014, que altera o Regulamento (EU) n. 1.215/2012 em relação ao Tribunal Unificado de Patentes e ao Tribunal de Justiça de Benelux. Disponível em: <https://eur-lex.europa.eu/legal-content/PT/TXT/PDF/?uri=CELEX:32014R0542&from=FR>. Acesso em: 30 de setembro de 2020.

647 "Artigo 8º. 1 Todas as pessoas têm direito à proteção dos dados de caráter pessoal que lhes digam respeito. 2. Esses dados devem ser objeto de um tratamento leal, para fins específicos e com o consentimento da pessoa interessada ou com outro fundamento legítimo previsto por lei. Todas as pessoas têm o direito de acessar aos dados coligidos que lhes digam respeito e de obter a respectiva retificação.3. O cumprimento destas regras fica sujeito à fiscalização por parte de uma autoridade independente."

648 "Artigo 16. 1. Todas as pessoas têm direito à proteção dos dados de caráter pessoal que lhes digam respeito. 2. O Parlamento Europeu e o Conselho, deliberando de acordo com o processo legislativo ordinário, estabelecem as normas relativas à proteção das pessoas singulares no que diz respeito ao tratamento de dados pessoais pelas instituições, órgãos e organismos da União, bem como pelos Estados-Membros no exercício de atividades relativas à aplicação do direito da União, e à livre circulação desses dados. A observância dessas normas fica sujeita ao controlo de autoridades independentes. As normas adotadas com base no presente artigo não prejudicam as normas específicas previstas no artigo 39, do Tratado da União Europeia."

Já na década de 1990 o Parlamento e o Conselho da União Europeia demonstravam preocupação com o tratamento de dados pessoais nos diversos domínios das atividades econômicas e sociais que estavam crescendo junto com o crescimento da Comunidade Europeia.

Tanto assim, que, em 24 de outubro de 1995, o Parlamento Europeu e o Conselho editaram a Diretiva (CE) n. 46/1995, hoje revogada pelo *General Data Protection Regulation,* cónhecido pela sigla *GDPR* (doravante apenas *GDPR*), o Regulamento (UE) n. 679/2016, de 27 de abril de 2016, que entrou em vigor em 25 de maio de 2018.

Recordemos que a web foi criada em 1989 por Tim-Berners-Lee, a primeira versão do HTML foi desenvolvida em 1990, postou-se a primeira foto na web em 1992, e, em 1993, foi criado o primeiro navegador (*Mosaic*), que ajudou abrir a web para o público em geral (e, em 1994, o *Netscape*).[649] Ou seja, em 1995 a Comunidade Europeia estava realmente antevendo a ordem de acontecimentos do mundo virtual, uma vez que a diretiva abrangia os dados pessoais sob tratamento automatizados ou não[650].

No considerando 5 do seu texto, a diretiva deixou clara a necessidade de se permitir a circulação dos dados para a economia interna da Comunidade Europeia, sem se descurar, por outro lado, da proteção dos direitos fundamentais no espaço comunitário, antevendo *que a integração econômica e social resultante do estabelecimento e funcionamento do mercado interno irá necessariamente provocar um aumento sensível dos fluxos transfronteiriços de dados pessoais entre todos os intervenientes, privados ou públicos, na vida econômica e social dos Estados-Membros.*

A diretiva fixou as bases do tratamento de dados pessoais que viriam a ser reforçadas pelo *GDPR*, prevendo que tal tratamento, para ser lícito, deve ser efetuado, primordialmente, com o consentimento da pessoa em causa ou, então, com base num fundamento legítimo, como quando se fizer necessário para a celebração ou execução de um contrato que vincule a pessoa em causa; ou para o cumprimento de uma obrigação legal; for necessário aos interesses vitais da pessoa em causa; para a execução de uma missão de interesse

[649] Conforme linha do tempo da web, disponível em: <http://ceweb.br/linhadotempo>. Acesso em: 25 de setembro de 2020.

[650] A Diretiva n. 58/2002, do Parlamento Europeu e do Conselho, relativa ao tratamento de dados pessoais e à proteção da privacidade no setor das telecomunicações, complementa a Diretiva (CE) n. 46/1995, no que diz respeito ao tratamento de dados pessoais no setor das telecomunicações.

público ou para o exercício da autoridade pública, e, ainda, o tratamento for necessário para prosseguir interesses legítimos do responsável pelo tratamento ou do terceiro ou terceiros a quem os dados sejam comunicados, exceto se prevalecerem os interesses ou os direitos e liberdades fundamentais da pessoa em causa, protegidos ao abrigo do n.1 do artigo 1º da Diretiva.

O regulamento reforçou que o tratamento de dados pessoais deve ser lícito, leal e transparente, trazendo maiores garantias aos direitos dos titulares dos dados, que já eram previstos na diretiva, mas que se tornaram mais precisos e fortalecidos.

No arcabouço desses direitos estão previstos o direito à informação e acesso aos próprios dados, incluindo o direito de saber se os dados pessoais estão sendo tratados, para qual finalidade são tratados (direito à autodeterminação informativa) e o direito de ser informado das garantias adequadas se seus dados forem transferidos a um terceiro país ou a um organismo internacional (nos termos do artigo 46 do regulamento), direito à limitação ao tratamento, direito de retificação e apagamento dos dados ("direito a ser esquecido"), direito de portabilidade dos dados, de se opor ao tratamento dos dados que lhe digam respeito, o direito de não ficar sujeito a decisões individualizadas automatizadas e o direito de petição e reparação aos prejuízos causados.

Como *tratamento de dados pessoais*, o regulamento previu termos similares aos da diretiva, definindo-o com uma operação ou um conjunto de operações efetuadas sobre dados pessoais ou sobre conjuntos de dados pessoais, por meios automatizados ou não automatizados, tais como a recolha, o registro, a organização, a estruturação, a conservação, a adaptação ou alteração, a recuperação, a consulta, a utilização, a divulgação por transmissão, difusão ou qualquer outra forma de disponibilização, a comparação ou interconexão, a limitação, o apagamento ou a destruição.

A diretiva definiu por *dados pessoais* qualquer informação relativa a uma pessoa singular identificada ou identificável, considerando-se identificável todo aquele que possa ser identificado, direta ou indiretamente, nomeadamente por referência a um número de identificação ou a um ou mais elementos específicos da sua identidade física, fisiológica, psíquica, econômica, cultural ou social.

O *GDPR* foi mais adiante, definindo por "dados pessoais" a informação relativa a uma pessoa singular identificada ou identificável ("titular dos dados") e considerando, por sua vez, como pessoa identificável uma pessoa singular que possa ser identificada, direta ou indiretamente, em especial por referência a um identificador, como por exemplo um nome, um número de identificação, dados de localização, identificadores por via eletrônica ou a um ou mais elementos específicos da identidade física, fisiológica, genética, mental, econômica, cultural ou social dessa pessoa singular.

E especifica que as pessoas singulares podem ser associadas a identificadores por via eletrônica, fornecidos pelos respetivos aparelhos, aplicações, ferramentas e protocolos, tais como endereços IP (protocolo internet) ou testemunhos de conexão (cookie) ou outros identificadores, como as etiquetas de identificação por radiofrequência. Estes identificadores podem deixar vestígios que, em especial quando combinados com identificadores únicos e outras informações recebidas pelos servidores, podem ser utilizados para a definição de perfis e a identificação das pessoas singulares.

Nessa linha, o Tribunal de Justiça da União Europeia, no Caso *Breyer*, C-582/14, de 19 de outubro de 2016, confirmou como dado pessoal o endereço IP dinâmico que, combinado a outros dados, como a hora da conexão fornecida pelo provedor de acesso à internet, permite identificar a pessoa. Em outras palavras, o endereço IP é considerado dado pessoal se combinado com outros dados, como a informação sobre a hora da conexão, de forma a poder identificar uma pessoa e, assim, se tornar um dado pessoal na concepção do quadro normativo de proteção da União Europeia aos dados pessoais[651].

Por força da Diretiva (CE) n. 46/1995, cada Estado-Membro foi obrigado a estabelecer uma ou mais autoridades públicas responsáveis pela fiscalização da aplicação no seu território das disposições adotadas, a chamada *Autoridade de Controle*, que ganhou poderes reforçados pelo regulamento e devem ter as mesmas funções e poderes efetivos em cada Estado-Membro, incluindo poderes de investigação, poderes de correção e de sanção e poderes consultivos e de autorização, em caso de reclamação apresentada pelas pessoas singulares titulares dos dados[652].

---

651 O conteúdo integral da decisão pode ser visualizado em: <http://curia.europa.eu/juris/document/document.jsf?text=&docid=184668&pageIndex=0&doclang=pt&mode=lst&dir=&occ=first&part=1&cid=6582965>. Acesso em: 20 de setembro de 2020.

652 A autoridade de controle nacional é consultada quando da elaboração de medidas regulamentares ou administrativas relativas à proteção dos direitos e liberdades das pessoas no que diz respeito ao tratamento de dados pessoais. Ademais, qualquer pessoa pode apresentar-lhe um pedido de verificação da licitude de qualquer tratamento de dados, a qual tem poderes de investigar junto ao responsável pelo tratamento do dado

Em 18 de dezembro de 2000, reforçando a intenção de que deveria ser assegurada em toda a Comunidade a aplicação coerente e homogênea das regras de proteção das liberdades e dos direitos fundamentais das pessoas singulares no tocante ao tratamento de dados pessoais, o Parlamento Europeu e o Conselho editaram o Regulamento (CE) n. 45/2001, aplicável ao tratamento de dados pessoais pelas instituições, órgãos, organismos ou agências da União.

No mesmo ato normativo, o Parlamento e o Conselho criaram uma autoridade independente de controle, a *Autoridade Europeia de Proteção de Dados,* que passaria a atuar sem prejuízo da existência da autoridade de controle em cada Estado-Membro. *Suas funções são de consulta, supervisão e cooperação com as autoridades de controle nos Estados-Membros*[653]. Nesse último aspecto, a Autoridade Europeia de Proteção de Dados é chamada a cooperar com a transmissão de dados entre os Estados-Membros.

Todo esse quadro normativo de proteção dos dados visa harmonizar a defesa dos direitos e das liberdades fundamentais das pessoas singulares em relação às atividades de tratamento de dados e à livre circulação de dados pessoais entre os Estados-Membros.

Além de um tratamento de dados pessoais mais reforçado e do fortalecimento da livre circulação dos dados entre os Estados-Membros sob esse manto de proteção, o *GDPR* aumentou o zelo no fluxo transfronteiriços de dados pessoais.

O tema da transferência internacional de dados é complexo e faz parte de debates nos foros internacionais e congressos de Direito Internacional Privado sobre jurisdição e governança da internet[654].

É um tema que se vincula à jurisdição de *enforcement* e *compliance* às leis sobre proteção de dados, como é o caso do Regulamento (UE) n. 679/2016, e à cooperação jurídica internacional.

---

[653] Para a criação da DEI, a Autoridade Europeia para a Proteção de Dados deu parecer em 5 de outubro de 2010, nos termos do artigo 41.2, do Regulamento (CE) n. 45/2001 do Parlamento Europeu e do Conselho.

[654] Ver mais sobre transferência internacional de dados como tema de grupo de estudos de Direito Internacional Privado nas pesquisas e artigos desenvolvidos pelo Instituto de Referência em Internet e Sociedade - IRIS, da Universidade Federal de Minas Gerais, sob a coordenação do Professor Dr. Fabrício Bertini Pasquot Polido. Disponível em: <http://irisbh.com.br/wp-content/uploads/2018/06/Governanca_global_da_internet_IRIS.pdf>. Acesso em: 10 de setembro de 2020.

A Diretiva (CE) n. 46/95 já havia previsto que a transferência internacional de dados só poderia ser realizada se o país terceiro assegurasse *um nível de proteção adequado* (artigo 25)[655].

O atual regulamento manteve a exigência da adequação de um nível de proteção, aumentando a carga de rigor na avaliação dessa adequação por parte do país terceiro. Assim, para proferir uma decisão de adequação nos termos do artigo 45 do *GDPR*, a Comissão levará em conta, substancialmente, o respeito aos direitos humanos e às liberdades fundamentais, o quadro legislativo de proteção aos dados pessoais, a existência de uma autoridade de controle independente e a os compromissos internacionais assumidos em especial em relação à proteção de dados pessoais[656].

---

[655] Nos termos da diretiva, a adequação do nível de proteção oferecido por um país terceiro será apreciada em função de todas as circunstâncias que rodeiam a transferência (segurança, confidencialidade, exatidão da informação, finalidade do tratamento do dado) ou o conjunto de transferências de dados; em especial, serão tidas em consideração a natureza dos dados, a finalidade e a duração do tratamento ou tratamentos projetados, os países de origem e de destino final, as regras de direito, gerais ou setoriais, em vigor no país terceiro em causa, bem como as regras profissionais e as medidas de segurança que são respeitadas nesse país (artigo 25.2).

[656] "Artigo 45. Transferência com base numa decisão de adequação. 1. Pode ser realizada uma transferência de dados pessoais para um país terceiro ou uma organização internacional se a Comissão tiver decidido que o país terceiro, um território ou um ou mais setores específicos desse país terceiro, ou a organização internacional em causa, assegura um nível de proteção adequado. Esta transferência não exige autorização específica. 2. Ao avaliar a adequação do nível de proteção, a Comissão tem nomeadamente em conta os seguintes elementos: a) O primado do Estado de direito, o respeito pelos direitos humanos e liberdades fundamentais, a legislação pertinente em vigor, tanto a geral como a setorial, nomeadamente em matéria de segurança pública, defesa, segurança nacional e direito penal, e respeitante ao acesso das autoridades públicas a dados pessoais, bem como a aplicação dessa legislação e das regras de proteção de dados, das regras profissionais e das medidas de segurança, incluindo as regras para a transferência ulterior de dados pessoais para outro país terceiro ou organização internacional, que são cumpridas nesse país ou por essa organização internacional, e a jurisprudência, bem como os direitos dos titulares dos dados efetivos e oponíveis, e vias de recurso administrativo e judicial para os titulares de dados cujos dados pessoais sejam objeto de transferência; b) A existência e o efetivo funcionamento de uma ou mais autoridades de controlo independentes no país terceiro ou às quais esteja sujeita uma organização internacional, responsáveis por assegurar e impor o cumprimento das regras de proteção de dados, e dotadas de poderes coercitivos adequados para assistir e aconselhar os titulares dos dados no exercício dos seus direitos, e cooperar com as autoridades de controlo dos Estados-Membros; e c) Os compromissos internacionais assumidos pelo país terceiro ou pela organização internacional em causa, ou outras obrigações decorrentes de convenções ou instrumentos juridicamente vinculativos, bem como da sua participação em sistemas multilaterais ou regionais, em especial em relação à proteção de dados pessoais."

O quadro normativo de proteção dos dados aplica-se tanto às transferências de dados decorrentes do próprio funcionamento das companhias, em razão da estrutura de rede e de negócios das empresas[657], quanto à transferência de dados a título de cooperação jurídica internacional com terceiros países.

No tocante aos países terceiros, como se disse, a diretiva já não permitia a transferência internacional de dados aos países sem uma legislação com um nível de proteção adequado, dentro dos padrões garantidos pela União Europeia.

Os Estados Unidos, por exemplo, não possuem uma lei específica de proteção de dados, suas regulações estão esparsas por alguns setores, como no *Federal Trade Commission* com relação à privacidade dos consumidores[658] e no *U.S Department of Healthy and Human Services* no tocante à saúde, por exemplo.

Desde os anos 2000, sob o marco da Diretiva (CE) n. 46/1995, os Estados Unidos possuíam com o bloco europeu um compromisso conhecido por *Safe Harbour Decision*, por meio do qual garantiu-se o nível de proteção legal europeu quando o tratamento de dados de cidadãos europeus fosse feito nos Estados Unidos.

Os "princípios de porto seguro" foram emitidos pelo *Department of Commerce* dos EUA em 21 de julho de 2000, concebidos com base em consultas ao setor privado e público, de forma que as empresas podiam a eles aderir, comprometendo-se a uma transferência segura de dados entre os países da União Europeia e os Estados Unidos. Os princípios e demais documentos emitidos pelo *Department of Commerce* dos EUA foram adotados pela Comissão Europeia através da Decisão (CE) n. 2.000/520, de 26 de julho de 2000[659].

---

657 O regulamento prevê, ainda, hipóteses onde o nível de proteção possa ser inferido, quando uma decisão não for proferida pela Comissão, a partir de garantias adequadas (artigo 46), como códigos de conduta (artigo 40), um procedimento de certificação (artigo 42) e cláusulas contratuais-tipo (artigo 93). O regulamento abarca hipóteses de derrogação das exigências para as situações específicas mencionadas no artigo 49, dentre elas, quando a transferência for necessária à declaração, ao exercício, ou à defesa de um direito num processo judicial.

658 Disponível em: <https://www.fcc.gov/document/fcc-releases-rules-protect-broadband-consumer-privacy>. Acesso em: 10 de setembro de 2020.

659 Disponível em: <https://eur-lex.europa.eu/legal-content/PT/TXT/?uri=CELEX%3A32000D0520>. Acesso em: 10 de setembro de 2020.

O *Safe Harbour Decision* foi posto em xeque em 2015 com a decisão do Tribunal de Justiça da União Europeia no caso movido pelo cidadão austríaco Maximillian Schrems, conhecido como *Caso Schrems* I, contra a autoridade de controle da Irlanda, opondo-se à transferência de seus dados pessoais aos Estados Unidos pelo *Facebook Ireland.*

À época, o autor da demanda sustentou que todas as pessoas que residem no território da União e pretendem utilizar o *Facebook* são obrigadas, no momento da sua inscrição, a celebrar um contrato com a *Facebook Ireland*, filial da *Facebook Inc.*, com sede nos Estados Unidos. Os dados pessoais dos utilizadores do *Facebook* residentes no território da União são, no todo ou em parte, transferidos para servidores pertencentes à *Facebook Inc.*, situados em território dos Estados Unidos, onde são objeto de tratamento. Tais práticas, segundo o autor, não asseguravam uma proteção suficiente dos dados pessoais diante das revelações feitas por Edward Snowden sobre as atividades de vigilância da *NSA (National Security Agency)* nos Estados Unidos.

A Corte reconheceu a fragilidade das condições previstas no *Safe Harbour*, notadamente, a possibilidade de as autoridades públicas norte-americanas acessarem de modo generalizado ao conteúdo dos dados transferidos da União para os Estados Unidos, o que deveria ser considerado lesivo ao direito fundamental ao respeito da vida privada, tal como é garantido pelo artigo 7° da Carta[660].

O Tribunal de Justiça da União Europeia determinou, assim, a invalidez da Decisão (CE) n. 2.000/520 dentro de todo o contexto das revelações de Edward Snowden.

A partir dessas circunstâncias históricas, a proteção reforçada dos dados pessoais tornou-se um ponto de conhecido destaque na agenda da governança da internet na União Europeia[661].

---

660 Disponível em: <http://curia.europa.eu/juris/document/document.jsf?text=&docid=169195&pageIndex=0&doclang=PT&mode=lst&dir=&occ=first&part=1&cid=2092951>. Acesso em: 10 de setembro de 2020. Veja, também, *Digital Rights Ireland e o.*, C293/12 e C594/12)

661 Ver mais em *US NSA surveillance programme, surveillance bodies in various Member States and impact on EU citizens' fundamental rights.* Disponível em: <http://www.europarl.europa.eu/sides/getDoc.do?type=TA&language=EN&reference=P7-TA-2014-0230>. Acesso em: 10 de setembro de 2020.

É de se ver que as disposições do *Safe Harbour* permitiam que as empresas trafegassem os dados de acordo com as suas estruturas de negócios, possibilitando, em tese, que através de filiais ou controladoras presentes nos Estados Unidos da América, suas autoridades de *law enforcement* obtivessem o acesso aos dados, na forma prevista pela legislação norte-americana.

No entanto, como a invalidez do *Safe Harbour* colocava em risco as atividades das empresas transnacionais da internet, prejudicando o próprio mercado interno europeu com todas as facilidades e vantagens do mundo digital, reconhecidas pela União Europeia em seus atos normativos, um novo acordo com os Estados Unidos foi aprovado pela Comissão Europeia, que ficou conhecido como *Privacy Shield.*

O *Privacy Shield* reforçou o fluxo e a proteção aos dados pessoais, todavia, em decisão de 16 de julho de 2020, no caso C-311/18, que ficou conhecido como *Caso Schrems II*, o Tribunal de Justiça da União Europeia, à luz do *GRPD*, também considerou inválida a Decisão (UE) n. 2.016/1.250 da Comissão, de 12 de julho de 2016, através da qual a União Europeia havia aceito o nível de proteção assegurado pelo Escudo de Proteção da Privacidade UEEUA[662].

Em 29 de outubro de 2020, a Autoridade Independente de Proteção de Dados na União Europeia (*European Data Protection Supervisor* – EDPS) lançou o documento "*Strategy for Union institutions, offices, bodies and agencies to comply with the 'Schrems II' Ruling*", no qual, em consonância com o julgamento do TJUE no caso C-311/18[663], previu ações em curto e médio prazo.

[662] Confira a decisão do TJUE em: <http://curia.europa.eu/juris/document/document.jsf?text=&docid=228677&pageIndex=0&doclang=PT&mode=lst&dir=&occ=first&part=1&cid=2113691>. E a Decisão (UE) n. 2.016/1.250 em: <https://eur-lex.europa.eu/legal-content/PT/TXT/PDF/?uri=CELEX:32016D1250&from=EN>. Acesso em: 10 de setembro de 2020. O TJUE, em contrapartida, na mesma decisão, considerou válida a Decisão 2010/87 da Comissão, relativa a cláusulas contratuais-tipo aplicáveis à transferência de dados pessoais para subcontratantes estabelecidos em países terceiros. Veja em: <https://curia.europa.eu/jcms/upload/docs/application/pdf/2020-07/cp200091pt.pdf>. Acesso em: 10 de setembro de 2020.

[663] Colhe-se do documento lançado pela EDPS o seguinte: "In its Judgment, the Court clarified the roles and responsibilities of controllers, recipients of data outside of the European Economic Area (EEA) (data importers) and supervisory authorities. To this end, the Court ruled the following: The Court invalidated the Privacy Shield adequacy Decision and confirmed that the SCCs were valid providing that they include effective mechanisms to ensure compliance in practice with the *"essentially equivalent"* level of protection guaranteed within the EU by the General Data Protection Regulation(GDPR).Transfers of personal data pursuant to the SCCs are suspended or prohibited in the event of a breach of such clauses, or in case it is impossible to honour them. The SCCs for transfers may then

Em caráter prioritário, determinou às EUIs (*European Union Institutions*) que fizessem um inventário de todas as próximas operações e contratos envolvendo terceiros países[664]. No tocante aos Estados Unidos da América, a EDPS encorajou fortemente as instituições da União Europeia, para as novas operações e contratos com os provedores de serviços, a evitarem a transferência de dados pessoais aos Estados Unidos da América. E a médio termo, orientou as EUIs a fazerem uma avaliação de impacto (*Transfer Impact Assesments* – TIA) caso a caso, para identificar se o nível de proteção oferecido pela União Europeia é essencialmente equivalente ao fornecido pelo terceiro país destinatário dos dados.

As diretrizes aplicam-se às transferências privadas de dados, decorrentes do fluxo negocial das empresas (com nas SCC – *Standard Contractual Clauses*), às transferências diretas dos provedores de serviços às autoridades judiciais ou de *law enforcement* de terceiros países, e às solicitações estrangeiras com base em tratados ou acordos internacionais; alcançam, portanto, inclusive, as transferências de dados entre autoridades públicas.

---

require, depending on the prevailing position of a particular third country, the adoption of supplementary measures by the controller in order to ensure compliance with the level of protection guaranteed within the EU. In order to continue these data transfers, the Court stresses that before transferring personal data to a third country, it is the data exporters' and data importers' responsibility to assess whether the legislation of the third country of destination enables the data importer to comply with the guarantees provided through the transfer tools in place. If this is not the case, it is also the exporter and the importer's duty to assess whether they can implement supplementary measures to ensure an essentially equivalent level of protection as provide d by EU law. Should data exporters, after taking into account the circumstances of the transfer and possible supplementary measures, conclude that appropriate safeguards cannot be ensured, they are required to suspend or terminate the transfer of personal data. In case the exporter intends nevertheless to continue the transfer of personal data, they must notify their competent SA. The competent supervisory authority is required to suspend or prohibit a transfer of personal data to a third country pursuant to the SCCs if, when considering the circumstances of that transfer, those clauses are not or cannot be complied with in the third country of destination and the protection of the data transferred under EU law cannot be ensured by other means. <https://edps.europa.eu/sites/edp/files/publication/2020-10-29_edps_strategy_schremsii_en_0.pdf>. Acesso em: 30 de dezembro de 2020.

664 Institutions are requested to complete a mapping exercise by the end of October to identify data transfers for on-going contracts, procurement procedures and other types of cooperation. EUIs' inventory should describe the processing operations, destinations, recipients, transfer tools used, types of personal data transferred, categories of data subjects affected, as well as information on onward transfers, conforme: <https://edps.europa.eu/sites/edp/files/publication/2020-10-29_edps_strategy_schremsii_en_0.pdf>. Acesso em: 30 de outubro de 2020.

Assim, na relação com terceiros países, a União Europeia aumentou a vigilância sobre a proteção de dados dos cidadãos europeus[665], incrementando os mecanismos de controle de transferência de dados, não permitindo a empresa responsável pelo tratamento do dado, constituída fora do território comunitário europeu, transmitir a terceiros países os dados pessoais de pessoas singulares residentes na União Europeia em desacordo com o novo Regulamento (UE) n. 679/2016.

Dito de outra forma, o regulamento e as decisões do Tribunal de Justiça da União Europeia colocaram em xeque o alcance extraterritorial do *Cloud Act* no tocante aos dados pessoais *que se encontram na União Europeia,* não permitindo, em tese, que as companhias encaminhem os dados ao território dos Estados Unidos, em cumprimento ao *law enforcement* daquele país.

Como podemos ver o *GDPR* é um regulamento substancialmente dotado de normas materiais sobre o tratamento de dados e transferência internacional.

Em termos de normas processuais, o regulamento não traz disposições comuns explicitas *sobre a jurisdição para adjudicar* dos Estados-Membros, à exceção dos artigos que disciplinam a forma de recursos judiciais contra as decisões das autoridades de controle e contra os responsáveis pelo tratamento dos dados.

Nesse sentido, prevê o artigo 78.3 do regulamento que os recursos contra as autoridades de controle devem ser interpostos nos tribunais do Estado-Membro em cujo território se encontrem estabelecidas.

---

[665] Conforme considerando 101. A circulação de dados pessoais, com origem destino quer a países não pertencentes à União quer a organizações internacionais, é necessária ao desenvolvimento do comércio e da cooperação internacionais. O aumento dessa circulação criou novos desafios e novas preocupações em relação à proteção dos dados pessoais. Todavia, quando os dados pessoais são transferidos da União para responsáveis pelo tratamento, para subcontratantes ou para outros destinatários em países terceiros ou para organizações internacionais, o nível de proteção das pessoas singulares assegurado na União pelo presente regulamento deverá continuar a ser garantido, inclusive nos casos de posterior transferência de dados pessoais do país terceiro ou da organização internacional em causa para responsáveis pelo tratamento, subcontratantes desse país terceiro ou de outro, ou para uma organização internacional. Em todo o caso, as transferências para países terceiros e organizações internacionais só podem ser efetuadas no pleno respeito pelo presente regulamento. Só poderão ser realizadas transferências se, sob reserva das demais disposições do presente regulamento, as condições constantes das disposições do presente regulamento relativas a transferências de dados pessoais para países terceiros e organizações internacionais forem cumpridas pelo responsável pelo tratamento ou subcontratante.

Os recursos contra os responsáveis pelo tratamento ou os subcontratantes devem ser propostos nos tribunais do Estado-Membro em que tenham estabelecimento. Em alternativa, os recursos podem ser interpostos nos tribunais do Estado-Membro em que o titular dos dados tenha a sua residência habitual, salvo se o responsável pelo tratamento ou o subcontratante for uma autoridade de um Estado-Membro no exercício dos seus poderes públicos (artigo 79.2). Ao passo que os processos judiciais para exercer o direito de receber uma indenização devem ser apresentados perante os tribunais competentes nos termos do direito do Estado-Membro a que se refere o artigo 79.2 (artigo 82.6).

Portanto, o regulamento não revoga as disposições do Regulamento (UE) n. 1.215/2012, exceto no que diz respeito às regras de peticionamento e recursos à autoridade de proteção de dados, acima mencionadas[666].

O *framework* normativo do *GDPR* influencia a jurisdição de *enforcement* de terceiros países no que diz respeito ao fluxo e transferência internacional de dados, prevendo com mais rigor um fluxo salvaguardado por um nível de proteção adequada ou de garantias adequadas a países terceiros ou organizações internacionais, e reservando a obrigatoriedade da cooperação jurídica internacional para a transmissão de dados por força de decisões judiciais estrangeiras.

Vejamos com mais detalhes o escopo territorial de aplicabilidade do regulamento, o qual influencia o exercício da jurisdição internacional dos Estados-Membros no tocante à sua própria *jurisdição de enforcement* sobre os prestadores de serviços de internet.

A abrangência territorial do *GDPR* aplica-se em duas principais situações, elencadas no seu artigo 3 (3.1 e 3.2)[667].

---

[666] Confira-se, a propósito, o considerando 147 do GDPR: "Quando o presente regulamento previr regras específicas relativas à competência, nomeadamente no que respeita à interposição de recurso judicial, incluindo os pedidos de indenização, contra um responsável pelo tratamento ou um subcontratante, a aplicação das regras específicas não deverá ser prejudicada por regras de competência gerais como as previstas no Regulamento (UE) n. 1215/2012 do Parlamento Europeu e do Conselho."

[667] Existe uma terceira situação, prevista no artigo 3.3. que é mais específica e aplica-se ao tratamento de dados pessoais por um responsável pelo tratamento *estabelecido não na União, mas num lugar em que se aplique o direito de um Estado membro por força do direito internacional público.*

Por primeiro, segundo o Regulamento (UE) n. 679/2016, a nacionalidade dos titulares dos dados é irrelevante para a sua aplicação.

Assim, o *GDPR* se aplica ao tratamento de dados pessoais de pessoas naturais independente de sua nacionalidade, *que se encontrem no território da União*, efetuado por um responsável pelo tratamento ou subcontratante *não estabelecido na União*, quando as atividades de tratamento estejam relacionadas com: *a oferta de bens ou serviços a esses titulares de dados na União*, independentemente da exigência de os titulares dos dados procederem a um pagamento (artigo 3.2, "a").

A fim de determinar se o responsável pelo tratamento ou subcontratante oferece ou não bens ou serviços aos titulares dos dados que se encontrem na União, há que determinar em que medida é evidente a sua intenção de oferecer serviços a titulares de dados num ou mais Estados-Membros da União.

Já vimos que o mero fato de estar disponível na União um sítio web do responsável pelo tratamento ou subcontratante ou de um intermediário, um endereço eletrônico ou outro tipo de contatos, ou de ser utilizada uma língua de uso corrente no país terceiro em que o referido responsável está estabelecido, não é suficiente para determinar a intenção acima referida, mas há fatores, como a utilização de uma língua ou de uma moeda de uso corrente num ou mais Estados-membros, com a possibilidade de encomendar bens ou serviços nessa outra língua, ou a referência a clientes ou utilizadores que se encontrem na União, que podem ser reveladores de que o responsável pelo tratamento tem a intenção de oferecer bens ou serviços a titulares de dados na União[668].

O *GDPR* também se aplica ao tratamento de dados pessoais de pessoas naturais independente de sua nacionalidade, *que se encontrem no território da União*, efetuado por um responsável pelo tratamento ou subcontratante *não estabelecido na União*, quando as atividades de tratamento estejam relacionadas com *o controle do seu comportamento*, desde que esse comportamento tenha lugar na União (artigo 3.2, "b")

Para se definir se uma atividade de tratamento pode ser considerada "controle do comportamento" de titulares de dados, deverá determinar-se se essas pessoas são seguidas na internet e a potencial utilização subsequente de técnicas de tratamento de dados pessoais que consistem em definir o perfil

[668] Conforme considerando 23 do regulamento, em sintonia com a jurisprudência do TJUE.

de uma pessoa singular, especialmente para tomar decisões relativas a essa pessoa ou analisar ou prever as suas preferências, o seu comportamento e as suas atitudes[669].

O regulamento alcança, portanto, as *companhias localizadas fora da União Europeia,* que fornecem produtos ou serviços aos titulares dos dados, ou que os monitoram, isto é, fazem análise de comportamento das pessoas naturais que se encontram na União Europeia.

Por segundo, o *GDPR* aplica-se a todas as pessoas jurídicas que trabalham com o tratamento de dados pessoais efetuado no contexto das atividades de um *estabelecimento de um responsável pelo tratamento* ou de um subcontratante *situado no território da União, independentemente de o tratamento ocorrer dentro ou fora da União* (artigo 3.1). A forma jurídica de tal estabelecimento, quer se trate de uma sucursal quer de uma filial com personalidade jurídica, não é fator determinante nesse contexto (conforme considerando n. 22).

Isto é, pouco importa onde se encontra o dado ou onde este é tratado, basta que o estabelecimento do responsável pelo tratamento se situe dentro da União (sede social, administração central, principal estabelecimento, local onde são exercidas as principais atividades de tratamento de dados na União, filial ou subsidiária).

O *GDPR* foi mais claro com relação à exigência de um representante na União para se submeter à jurisdição dos Estados-Membros, quando o responsável pelo tratamento ou subcontratante *não está* estabelecido *na União*[670].

Assim dispondo, o regulamento resolveu, em princípio, o problema do domicílio incerto ou em outro país de prestadores de serviços que não possuem presença física na União Europeia, mas tratam dados de titulares que se encontram no território da União.

---

669 Conforme considerando 24 do regulamento.

670 "Artigo 27. (...) 3 O representante deve estar estabelecido num dos Estados-Membros onde se encontram os titulares dos dados cujos dados pessoais são objeto do tratamento no contexto da oferta que lhes é feita de bens ou serviços ou cujo comportamento é controlado. 4. Para efeitos do cumprimento do presente regulamento, o representante é mandatado pelo responsável pelo tratamento ou pelo subcontratante para ser contatado em complemento ou em substituição do responsável pelo tratamento ou do subcontratante, em especial por autoridades de controlo e por titulares, relativamente a todas as questões relacionadas com o tratamento. 5. A designação de um representante pelo responsável pelo tratamento ou pelo subcontratante não prejudica as ações judiciais que possam vir a ser intentadas contra o próprio responsável pelo tratamento ou o próprio subcontratante.

O regulamento também esclareceu a questão do alcance da responsabilidade deste representante quando abraçou o conceito de grupo econômico. De acordo com o regulamento, um grupo empresarial deverá abranger uma empresa que exerce o controle e as empresas que controla, as quais são consideradas em conjunto um grupo empresarial para efeitos de cumprimento de suas disposições[671].

Portanto, ficam obrigadas aos termos do Regulamento (UE) n. 679/2016 as companhias não europeias que controlam o comportamento ou oferecem serviços a titulares de dados pessoais que se encontram na União Europeia, similar ao que preveem o Marco Civil da Internet no Brasil (artigo 11, da Lei n. 12.965/2014) e a LINDB (artigo 11), conforme veremos adiante, no tocante à sujeição das empresas constituídas no Brasil ou com filiais no Brasil à legislação brasileira.

Por fim, a jurisdição em matéria criminal para os delitos transnacionais eletrônicos, dentro do espaço europeu, está muito relacionada às hipóteses de jurisdição previstas na Convenção de Budapeste, na Diretiva (UE) n. 41/2014, na Diretiva (UE) n. 680/2016 e na nova proposta sobre evidências eletrônicas da Comissão Europeia. A Convenção de Budapeste, no âmbito do Conselho da Europa, será tratada em capítulo próprio, ao passo que as normas comunitárias citadas serão analisadas nos tópicos seguintes.

No tocante ao tratamento de dados pessoais pelas autoridades competentes para fins de segurança pública, prevenção, investigação, repressão e execução de infrações penais, a União Europeia possui o mesmo quadro protetivo do *GDPR*, espelhado na Diretiva (UE) n. 680/2016, inclusive no que diz respeito às transferências internacionais de dados para terceiros países.

É o que se vê dos artigos 36 a 38 da Diretiva (UE) n. 680/2016[672], que entrou em vigor em 6 de maio de 2018, quando dispõem que podem ocorrer transferências internacionais de dados a autoridades competentes de países terceiros para fins de prevenção, investigação, detecção ou repressão de infrações penais ou execução de sanções penais, através de três hipóteses: 1) com base numa decisão de adequação da Comissão Europeia (artigo 36); 2) com base em garantias adequadas apresentadas pelo Estado terceiro

[671] Conforme considerando 37 do regulamento.

[672] Relativa à proteção das pessoas singulares no que diz respeito ao tratamento de dados pessoais pelas autoridades competentes para efeitos de prevenção, investigação, detecção ou repressão de infrações penais ou execução de sanções penais, e à livre circulação desses dados.

(artigo 37) e, 3) e de acordo com as situações específicas relacionadas no artigo 38 da diretiva, dentre elas para prevenir uma ameaça imediata e grave contra a segurança pública de um Estado-Membro ou de um país terceiro.

O artigo 61 do regulamento deixa claro, no entanto, que os tratados e acordos internacionais assinados pelos Estados-Membros antes de 6 de maio de 2016, que impliquem a transferência de dados pessoais para países terceiros ou para organizações internacionais, permanecem inalterados e continuam em vigor[673]. Assim, em tese, estão garantidas (e continuam efetivas) as cooperações internacionais solicitadas com base nas principais convenções globais (Viena, Palermo e Mérida), bem como nos acordos bilaterais de assistência recíproca já firmados entre Estados terceiros com os Estados-Membros.

Ademais, a diretiva não inviabiliza a transferência internacional urgente por parte das autoridades competentes dos Estados-Membros diretamente para os destinatários estabelecidos nos países terceiros, em casos em que esteja em risco a vida de uma pessoa ou para prevenir a prática iminente de um crime (conforme considerando 73 da diretiva).

No tocante ao espaço europeu, os Estados-Membros asseguraram no artigo 1.2. que o intercâmbio de dados pessoais entre autoridades competentes na União, caso seja previsto pelo direito da União e dos Estados-Membro, não seja limitado nem proibido por razões relacionadas com a proteção de pessoas singulares no que diz respeito ao tratamento de dados pessoais.

A diretiva não obsta a que os Estados-Membros prevejam garantias mais elevadas do que as nela estabelecidas para a proteção de direitos e liberdades do titular dos dados no que diz respeito ao tratamento de dados pessoais pelas autoridades competentes (artigo 1.3).

Observamos que a União Europeia, para os países membros, adota mecanismo mais célere de circulação de decisões judiciais, mesmo no âmbito penal, com base no reconhecimento mútuo entre os países, permitindo a

---

[673] É dizer, as principais Convenções da ONU sobre crimes transnacionais (como as Convenções de Viena, Palermo e Mérida), assinadas anteriormente à data do regulamento, viabilizam a transferência de dados entre os Estados-Membros da União Europeia e países terceiros. Fora desses casos, a cooperação jurídica internacional é analisada de acordo com o nível de proteção aos dados pessoais oferecido pelo terceiro país, através de uma decisão de adequação da União Europeia, da análise das garantias adequadas do país, ou caso a caso conforme o objeto do pedido de cooperação jurídica internacional. No caso do Brasil, o arcabouço normativo representado pela LGPD, pela LGPD penal e o processo de adesão à Convenção de Budapeste facilitam a cooperação jurídica internacional que implica transferência de dados com os países da União Europeia.

transferência de dados, porque possuem o padrão de proteção comunitário supranacional, lembrando que a proteção das pessoas singulares no que toca ao processamento de dados é um direito fundamental, em conformidade com o artigo 8º, n. 1, da Carta e o artigo 16, n. 1, do TFUE, segundo os quais todas as pessoas têm direito à proteção dos dados de caráter pessoal que lhes digam respeito[674].

De outro lado, para autoridades públicas de países terceiros, a forma de transmissão de dados se dá por via do reconhecimento de decisões judiciais ou de cooperação internacional baseada em tratados e acordos internacionais, levando-se em consideração, ainda, o nível de proteção oferecido pelo Estado destinatário dos dados[675].

5. A jurisdição indireta e a jurisdição de *enforcement* penal em matéria de dados eletrônicos: a decisão europeia de investigação em matéria penal e a proposta por uma ordem europeia de obtenção e conservação de dados *(e-evidence)*

No âmbito do reconhecimento mútuo em matéria penal, a União Europeia também avançou na comunitarização de alguns temas, principalmente, após a entrada em vigor do Tratado de Lisboa, que extinguiu os três pilares intergovernamentais, inclusive o da cooperação jurídica penal que ainda restava sob a ordem intergovernamental.

Os avanços legislativos se deram na ordem do exercício indireto da jurisdição (cooperação jurídica internacional e reconhecimento de decisões penais) ou da jurisdição de *enforcement* sobre os provedores de serviços, mesmo porque os critérios da jurisdição de adjudicação criminal, no tocante aos crimes cibernéticos ou dos crimes cometidos por meios eletrônicos, concentram-se na esfera legislativa dos Estados-Membros, segundo os princípios e regras dos respectivos direitos internos.

---

674 Conforme está descrito no próprio considerando 40 da Diretiva.

675 Vale ressaltar que até o presente momento apenas o Reino Unido cumpre as exigências da Comissão Europeia no tocante a uma decisão de adequação favorável à transferência de dados em matéria criminal, nos termos da Diretiva 680/2016. Os demais países terceiros sujeitam-se ou aos tratados e acordos internacionais firmados, na forma do artigo 61 da diretiva, ou às garantias adequadas ou na análise do caso concreto, essas duas últimas conforme artigos 37 e 38 da diretiva.

Dentre os avanços ocorridos com suporte no reconhecimento mútuo das decisões penais, no que diz respeito aos dados e evidências eletrônicas, podemos citar a Diretiva (UE) n. 41/2014, do Parlamento Europeu e do Conselho, de 3 de abril de 2014, relativa à decisão europeia de investigação em matéria penal.

A DEI (decisão europeia de investigação em matéria penal) é uma decisão judicial emitida ou validada por uma autoridade judiciária (juiz, tribunal, juiz de instrução ou membro do Ministério Público) de um Estado-Membro ("Estado de emissão") para que sejam executadas noutro Estado-Membro ("Estado de execução") uma ou várias medidas de investigação específicas, tendo em vista a obtenção de elementos de prova (artigo 1º).

O Parlamento Europeu e o Conselho replicam, na esfera penal, o mesmo esforço de facilitar a circulação de decisões entre os países na esfera cível, como se viu com a eliminação do *exequatur* e a criação da certidão prevista no artigo 53 do Regulamento (UE) n. 1.215/2012, cujo modelo consta do Anexo I do regulamento[676].

A DEI aplica-se a todas as medidas de investigação que visam recolher elementos de prova (artigo 3º)[677] e pode ser transmitida por quaisquer meios possíveis ou relevantes de transmissão dentro da União Europeia, como o

---

[676] Veja-se, a propósito, os primeiros *considerandos* da diretiva: "(1) A União Europeia estabeleceu como objetivo manter e desenvolver um espaço de liberdade, de segurança e de justiça. (2) Nos termos do artigo 82 n.1, do Tratado sobre o Funcionamento da União Europeia (TFUE), a cooperação judiciária em matéria penal na União assenta no princípio do reconhecimento mútuo das sentenças e decisões judiciais, princípio esse comumente referido, desde o Conselho Europeu de Tampere, de 15 e 16 de outubro de 1999, como a pedra angular da cooperação judiciária em matéria penal na União (3) A Decisão-Quadro 2003/577/JAI do Conselho respondeu à necessidade de reconhecimento mútuo imediato das decisões que visam impedir a destruição, transformação, movimentação, transferência ou alienação de elementos de prova. Todavia, dado que o instrumento se restringe à fase de congelamento, a decisão de congelamento tem de ser acompanhada de um pedido separado de transferência dos elementos de prova para o Estado que emite a decisão («Estado de emissão»), em conformidade com as regras aplicáveis ao auxílio judiciário mútuo em matéria penal. Isto resulta num procedimento em duas fases que prejudica a sua eficácia. Além disso, este regime coexiste com os instrumentos tradicionais de cooperação, pelo que raras vezes as autoridades competentes o utilizam na prática." Disponível em: <https://eur-lex.europa.eu/legal-content/PT/TXT/?uri=CELEX:02014L0041-20140501>. Acesso em: 2 de outubro de 2020.

[677] À exceção dos elementos de prova colhidos pelas equipes conjuntas de investigação, que possuem regramento próprio.

sistema de telecomunicações da Rede Judiciária Europeia ou outros canais utilizados pelas autoridades judiciárias (ressalta-se que o termo engloba autoridades do Ministério Público na acepção internacional) e policiais[678].

Nesse sentido a Diretiva (UE) n. 41/2014 substituiu os termos da Decisão-Quadro n. 978/2008/JA que tratava da emissão do mandado europeu de obtenção de provas com base no reconhecimento mútuo, mas que tinha um aspecto limitado e aplicava-se apenas aos elementos de prova já existentes[679].

Assim, a DEI abrange medidas de investigação que implicam a recolha de elementos de prova *em tempo real*, de forma ininterrupta e durante um determinado período[680], como a interceptação de telecomunicações. Todavia, a Diretiva não se limita ao conteúdo das telecomunicações, podendo abranger, também, a identificação de assinantes de um número de telefone ou endereços

---

[678] Segundo o considerando 43 da diretiva, a Autoridade Europeia para a Proteção de Dados deu parecer em 5 de outubro de 2010, nos termos do artigo 41.º, nº 2, do Regulamento (CE) nº 45/2001 do Parlamento Europeu e do Conselho.

[679] Segundo os considerandos n. 4 a 7 da diretiva: "(4) A Decisão-Quadro 2008/978/JAI do Conselho relativa ao mandado europeu de obtenção de provas foi adotada para aplicar o princípio do reconhecimento mútuo para efeitos da obtenção de objetos, documentos e dados para utilização no âmbito de processos penais. Todavia, o referido mandado europeu só é aplicável aos elementos de prova já existentes, pelo que abrange um espetro limitado da cooperação judiciária em matéria penal no que respeita à prova. Em virtude do seu âmbito de aplicação limitado, as autoridades competentes têm sido livres de utilizar o novo regime ou os procedimentos de auxílio judiciário mútuo, que, em todo o caso, continuam a ser aplicáveis aos elementos de prova não abrangidos pelo mandado europeu de obtenção de provas. (5) Desde que as Decisões-Quadro 2003/577/JAI e 2008/978/JAI foram adotadas, ficou claro que o enquadramento existente para a recolha de elementos de prova é excessivamente fragmentado e complexo. Por conseguinte, é necessária uma nova abordagem; (6) No Programa de Estocolmo, aprovado pelo Conselho Europeu de 10-11 de dezembro de 2009, o Conselho Europeu considerou que os trabalhos para a criação de um sistema global de obtenção de elementos de prova nos processos de dimensão transfronteiriça, com base no princípio do reconhecimento mútuo, deveriam ser prosseguidos. O Conselho Europeu indicou que os instrumentos existentes neste domínio constituíam um regime fragmentário e que era necessária uma nova abordagem baseada no princípio do reconhecimento mútuo, mas tendo em conta a flexibilidade do sistema tradicional de auxílio judiciário mútuo. Por conseguinte, o Conselho Europeu apelou à criação de um sistema global, destinado a substituir todos os instrumentos existentes neste domínio, incluindo a Decisão-Quadro 2008/978/JAI, que abranja tanto quanto possível todos os tipos de elementos de prova, que contenha prazos de execução e que limite, tanto quanto possível, os motivos de recusa; (7) Esta nova abordagem deve assentar num instrumento único, denominado decisão europeia de investigação (DEI). Deve ser emitida uma DEI para que uma ou várias medidas específicas de investigação sejam realizadas no Estado que executa a DEI ("Estado de execução") tendo em vista a recolha de elementos de prova."

[680] Conforme considerando 24 da Diretiva.

IPs específicos, e a recolha de dados de tráfego e localização a elas associados[681]. Ademais, a emissão da DEI pode ser requerida a pedido de um suspeito ou por um arguido, ou por um advogado em seu nome, no quadro dos direitos de defesa aplicáveis nos termos do processo penal nacional dos Estados-Membros.

A autoridade de execução deve reconhecer uma DEI transmitida em conformidade com a diretiva, sem impor outras formalidades, e garantir a sua execução nas condições que seriam aplicáveis se a medida de investigação em causa tivesse sido ordenada por uma autoridade do Estado de execução (conforme artigo 9.1)

A autoridade de execução deve tomar a decisão pelo reconhecimento ou a execução da DEI em até 30 dias, e, como regra, esta decisão deve ser cumprida em até 90 dias.

As autoridades do Estado de emissão podem se fazer presentes no Estado de execução, ficando vinculadas pela lei deste Estado durante a execução da DEI.

É interessante que a diretiva deixa claro que as autoridades do Estado de emissão não podem exercer a jurisdição de *enforcement* dentro do território do Estado de execução, a menos que este Estado autorize a atuação daquelas autoridades, de acordo com o seu direito interno[682]. Até aí nada muito diferente da base costumeira do Direito Internacional e do que se convencionou em termos de jurisdição extraterritorial de *enforcement* e consentimento dos Estados.

Sem dúvida, a Diretiva (UE) n. 41/2014 representa um importante avanço em termos de obtenção de provas (incluindo dados eletrônicos) dentro do espaço europeu, ao alcance dos Estados-Membros. Todavia, a evolução apresentada se concentra no *framework* da cooperação jurídica internacional, dentro do progresso realizado pela adoção do reconhecimento mútuo, não significando nenhuma inovação no tocante à forma de encarar o fenômeno dos serviços de comunicação eletrônica e de informação em face da jurisdição e a territorialidade dos Estados.

---

681 Conforme considerando 30 da Diretiva.

682 Os termos da diretiva são estes: "as autoridades do Estado de emissão não ficam dotadas de poderes de execução no território do Estado de execução, a menos que o exercício destes poderes no território do Estado de execução seja conforme com a lei do Estado de execução e tenha o alcance acordado entre as autoridades de emissão e de execução"

Justamente por não contemplar a obtenção direta da prova através dos prestadores de serviços que se encontram dentro do espaço europeu, mas fora do Estado do foro, a DEI passou a ser analisada junto com outras propostas por mecanismos mais céleres, como a ordem europeia de obtenção de prova e a ordem europeia de conservação de prova.

Em 2018, a Comissão Europeia propôs novas regras, na forma de regulamento e de diretiva, relativamente às ordens de entrega ou de conservação de provas eletrônicas em matéria penal e à designação de representantes legais pelos prestadores de serviços.

Na proposta de regulamento[683], também conhecido por *e-evidence Project*, a Comissão Europeia resumiu com muita propriedade todos os desafios que têm sido constatados pelos múltiplos *stakeholders* ao longo das últimas décadas. Muitos destes desafios estão sendo consolidados agora, somente com o passar dos anos, porque já fomentaram diversos debates. Nada obstante, a Comissão salientou a lacuna normativa e a importância de uma regulamentação a nível supranacional.

A Comissão ressaltou, basicamente, quatro justificativas para uma nova regulamentação para os países membros da União Europeia.

Primeiro, a natureza transnacional dos serviços da internet, os quais podem ser prestados de qualquer parte do mundo, não exigindo necessariamente uma estrutura física, uma presença empresarial ou um *staff* no país onde os serviços são ofertados. Tampouco precisam armazenar os dados em um local específico, o qual é frequentemente escolhido pelo prestador de serviços com base em considerações legítimas como a segurança dos dados, as economias de escala e a rapidez de acesso.

Ao mesmo tempo, a Comissão sublinhou que as autoridades dos Estados-Membros precisam ter acesso às evidências eletrônicas em um número cada vez maior, porque podem envolver todos os tipos de criminalidade, como aqui já se salientou, mas estes dados estão fora do seu país e/ou armazenados por prestadores de serviços estabelecidos em outros Estados-Membros ou em países terceiros.

---

683 Confira as justificativas apresentadas pela Comissão Europeia em: <https://eur-lex.europa.eu/legal-content/PT/TXT/HTML/?uri=CELEX:52018PC0225&from=EN#footnoteref20>. Acesso em: 2 de outubro de 2020.

Como segunda justificativa fundamental, a Comissão consignou que, frequentemente, não existe ligação entre o processo em investigação no Estado em causa e o Estado do local de armazenamento dos dados ou do estabelecimento principal do prestador de serviços. Devido a esta falta de ligação, os pedidos de cooperação judiciária são frequentemente endereçados a Estados que acolhem um grande número de prestadores de serviços, mas que não têm qualquer relação específica com o processo.

Por terceiro, a Comissão observou os números da cooperação jurídica internacional, afirmando que os pedidos se multiplicaram devido à utilização cada vez maior de serviços em rede, que são transnacionais por natureza. Consequentemente, a obtenção de provas eletrônicas através dos canais de cooperação judiciária é muitas vezes morosa, levando mais tempo do que aquele durante o qual os indícios poderão estar disponíveis.

Além disso, a Comissão salientou o que é uma realidade para a América Latina também, isto é, que não existe um quadro claro para a cooperação direta com os prestadores de serviços, embora alguns prestadores de países terceiros aceitem pedidos diretos quanto aos dados não relacionados com conteúdos, na medida do permitido pelo respectivo direito nacional.

Por fim, a Comissão pontuou, com propriedade, justamente a fragmentação do Direito Internacional pelas várias legislações nacionais que surgem para colmatar a necessidade de se ter acesso à prova. Registrou que a fragmentação daí resultante gera insegurança jurídica e obrigações contraditórias, suscitando questões quanto à proteção dos direitos fundamentais e das garantias processuais das pessoas afetadas por esses pedidos de dados e informações[684].

A proposta do regulamento está voltada aos prestadores de serviços de comunicações eletrônicas, de serviços de informação e de serviços de nomes de domínio da Internet e numeração IP, que operam na União Europeia e se encontram fora do Estado-Membro do foro, incluindo os que estão estabelecidos fora do espaço europeu.

---

[684] Colhe-se da proposta da Comissão Europeia: "Um inquérito específico efetuado junto das autoridades dos Estados-Membros revelou igualmente que não existe uma abordagem comum para obter acesso transnacional a provas eletrônicas, pois cada Estado-Membro tem a sua própria prática nacional. Os prestadores de serviços também reagem de forma diferente aos pedidos apresentados por autoridades policiais estrangeiras, variando os prazos de resposta consoante o Estado-Membro requerente. Esta situação cria insegurança jurídica para todas as partes interessadas." Disponível em: <https://eur-lex.europa.eu/legal-content/PT/TXT/HTML/?uri=CELEX:52018PC0225&from=EN#footnoteref20>. Acesso em: 2 de outubro de 2020.

Segundo o artigo 3.2 da proposta de regulamento, prestador de serviços é uma pessoa singular ou coletiva que presta uma ou mais das categorias de serviços mencionadas acima.

A definição de prestadores de serviços de comunicações eletrônicas é estabelecida na proposta de Diretiva que estabelece o Código Europeu das Comunicações Eletrônicas. Estes serviços incluem as comunicações interpessoais como, por exemplo, os serviços de comunicações de voz sobre IP, de mensagens instantâneas e de correio eletrônico.

Os serviços da sociedade da informação são os compreendidos na acepção do artigo 1.1, alínea "b", da Diretiva (UE) n. 1.535/2015 do Parlamento Europeu e do Conselho, isto é, aquelas categorias de serviços da sociedade da informação para as quais o armazenamento de dados é uma componente determinante do serviço prestado ao utilizador e referem-se, em particular, às redes sociais (na medida em que não sejam consideradas serviços de comunicações eletrônicas), aos mercados em linha que facilitam transações entre os seus utilizadores (consumidores ou empresas) e outros prestadores de serviços de alojamento, incluindo os casos em que o serviço é prestado através de computação em nuvem.

Nos serviços de nomes de domínio da internet e de numeração IP estão abrangidos os fornecedores de endereços IP, registros de nomes de domínio, agentes de registro de nomes de domínio e serviços de privacidade e de proxy.

O regulamento proposto incorpora a jurisprudência do TJUE de forma a verificar se os serviços são ou não prestados na União Europeia, esclarecendo que a mera acessibilidade do serviço (que também pode resultar da acessibilidade do sítio Web do prestador de serviços, de um intermediário, de um endereço de correio eletrônico e de outras informações de contato) não deve ser considerada condição suficiente para a aplicação do regulamento[685].

É necessária uma ligação significativa a esses Estados-Membros para confirmar que existe uma conexão suficientemente forte entre o prestador e o território onde presta os serviços. Essa ligação significativa existe sempre que um prestador de serviços tenha um estabelecimento num ou vários Estados-Membros.

---

685 Confira os esclarecimentos apresentados pela Comissão Europeia ao texto do artigo 3, que disciplina o âmbito de aplicação do regulamento em: <https://eur-lex.europa.eu/legal-content/PT/TXT/HTML/?uri=CELEX:52018PC0225&from=EN#footnoteref20>. Acesso em: 2 de outubro de 2020.

Caso o prestador de serviços não tenha qualquer estabelecimento na União, o vínculo significativo com a União deve ser avaliado em função da existência de um número significativo de utilizadores num ou vários Estados-Membros ou na orientação das suas atividades para um ou vários Estados-Membros. Essa orientação pode ser determinada com base em todas as circunstâncias relevantes, incluindo fatores como a utilização de uma língua ou de uma moeda geralmente utilizada num Estado-Membro.

O chamado targeting approach ou purposeful availment na visão norte-americana é aplicado aqui com as características próprias do espaço europeu, de forma que deve ser avaliado o propósito das atividades.

Nessa análise, a orientação das atividades para um determinado Estado-Membro também pode resultar da disponibilização de uma aplicação na loja de aplicações nacional pertinente, da divulgação de publicidade local ou na língua utilizada nesse Estado-Membro, da utilização de todas as informações provenientes de pessoas localizadas em Estados-Membros no decurso das suas atividades, ou da gestão das relações com os clientes, por exemplo, através da prestação de serviços aos clientes na língua geralmente utilizada no Estado-Membro.

A proposta de regulamento prossegue esclarecendo que deve se considerar igualmente que existe uma ligação significativa quando um prestador de serviços dirige as suas atividades para um ou vários Estados-Membros, conforme estabelecido no artigo 17.1, alínea "c"[686] (relativo à jurisdição de acordo com o domicílio do consumidor em contratos de consumo), do Regulamento 1.215/2012 relativo à competência judiciária, ao reconhecimento e à execução de decisões em matéria civil e comercial.

Para executar esses serviços, os prestadores de serviços não precisam estar estabelecidos ou ter servidores numa determinada jurisdição. Por conseguinte, a aplicação do regulamento não depende da localização efetiva do

---

686 Estabelecendo que "em matéria de contrato celebrado por uma pessoa, o consumidor, para finalidade que possa ser considerada estranha à sua atividade comercial ou profissional, a competência é determinada pela presente seção, sem prejuízo do disposto no artigo 6º e no artigo 7º, ponto 5, se se tratar de: (...) c) Em todos os outros casos, contrato celebrado com uma pessoa com atividade comercial ou profissional no Estado-Membro do domicílio do consumidor ou que dirija essa atividade, por quaisquer meios, a esse Estado-Membro ou a vários Estados incluindo esse Estado-Membro, desde que o contrato seja abrangido por essa atividade."

estabelecimento do prestador ou da instalação de tratamento ou armazenamento dos dados em causa[687].

A proposta de regulamento institui no âmbito da prova eletrônica o que se verifica em outros segmentos da cooperação jurídica internacional da União Europeia, como se vê na esfera da extradição com a sua substituição pela chamada ordem europeia de detenção.

Assim, visando melhorar a segurança jurídica no setor e instalar uma maior agilidade na conservação e obtenção da prova eletrônica, que acompanhe a velocidade com que são produzidas, fragmentadas, disseminadas e apagadas as evidências eletrônicas, o regulamento cria a ordem europeia de entrega de provas e a ordem europeia de conservação de provas, ambas vinculativas aos Estados-Membros e diretamente aplicáveis, isto é, não necessitam de transposição para os direitos internos.

A base jurídica da intervenção na forma de regulamento é o artigo 82.1, do Tratado sobre o Funcionamento da União Europeia, que estabelece que podem ser adotadas medidas de acordo com o processo legislativo ordinário, destinadas a definir regras e procedimentos para assegurar o reconhecimento mútuo em todas as formas de sentenças e decisões judiciais[688].

As referidas ordens podem ser emitidas com a finalidade de obter ou conservar dados armazenados por um prestador de serviços estabelecido noutra jurisdição, para serem utilizados como prova em investigações ou processos penais.

No tocante aos dados, o regulamento alcança todas as conhecidas categorias de dados eletrônicos, assim, os dados de assinantes, os dados de acesso, os dados transacionais e os de conteúdo.

---

[687] Confira o conteúdo da proposta da Comissão Europeia em: <https://eur-lex.europa.eu/legal-content/PT/TXT/HTML/?uri=CELEX:52018PC0225&from=EN#footnoteref20>. Acesso em: 2 de outubro de 2020.

[688] Colhe-se de um trecho da proposta do regulamento: "Uma vez que a proposta diz respeito a procedimentos transnacionais, que requerem normas uniformes, não é necessário deixar margem de manobra aos Estados-Membros para a transposição das mesmas. Um regulamento é diretamente aplicável, proporciona clareza e maior segurança jurídica, evitando interpretações divergentes nos Estados-Membros, bem como outros problemas de transposição que afetaram anteriormente as decisões-quadro sobre o reconhecimento mútuo de sentenças e decisões judiciais. Além disso, um regulamento permite que uma mesma obrigação seja imposta uniformemente em toda a União. Por estas razões, considera-se que o regulamento é a forma mais adequada para este instrumento de reconhecimento mútuo."

Ao lado da categoria de dados de assinantes (de subscrição) o regulamento prevê os dados de acesso como uma nova ordem de dados que deve ser compreendida dentro do mesmo nível de interferência aos direitos fundamentais que a categoria de dados de assinantes. Ambos se destinam a identificar o usuário.

O regulamento diferencia os dados de acesso (data e hora de início e fim da conexão - logs de acesso) dos dados que denomina por "transacionais", tais como as conexões com outros usuários, a identificação dos destinatários dos emails, dos participantes dos grupos de mensagens, dos destinatários de mensagens, da localização do dispositivo e dos interlocutores em geral das comunicações eletrônicas.

Essas três categorias - dados de assinantes, dados de acesso e dados transacionais são comumente designadas como "dados não relacionados com o conteúdo", em contraposição à categoria de dados de conteúdo.

Nada obstante, em termos de proteção aos direitos humanos, o regulamento trata os dados transacionais de forma similar aos dados de conteúdo, prevendo formas diferenciadas para fins de determinação da autoridade emissora e de crimes que serão objeto das ordens europeias de obtenção e conservação de prova, de acordo com um limite de pena.

A proposta de regulamento dialoga com o GDPR e com todo o quadro normativo europeu protetivo aos dados pessoais, prevendo que todas as categorias contêm dados pessoais, sendo, por conseguinte, abrangidas pelas salvaguardas previstas no acervo da UE em matéria de proteção de dados[689]. O impacto em termos de direitos fundamentais varia conforme as categorias de dados, em razão dos diferentes níveis de interferência nos direitos fundamentais.

Assim, o texto proposto ao artigo 4º sobre a autoridade emissora prevê que, quando é emitida uma ordem europeia de entrega ou de conservação de provas, deve ser sempre envolvida no processo uma autoridade judicial, na qualidade de autoridade emissora ou de validação.

---

689 Colhe-se da proposta: "Os dados pessoais abrangidos pela presente proposta estão protegidos e só podem ser tratados de acordo com o Regulamento geral sobre a proteção de dados e com a Diretiva relativa à proteção dos dados destinados às autoridades policiais e judiciais (Diretiva sobre a proteção de dados na aplicação da lei)." Confira o conteúdo da proposta da Comissão Europeia em: <https://eur-lex.europa.eu/legal-content/PT/TXT/HTML/?uri=CELEX:52018PC0225&from=EN#footnoteref20>. Acesso em: 2 de outubro de 2020.

No caso de ordens de entrega de dados transacionais e de conteúdo, é necessária a intervenção de um juiz, um tribunal ou um juiz de instrução que atue no processo em causa (artigo 4.2.)[690]. A entrega de dados de assinantes ou de acesso poderá ser levada a cabo igualmente por magistrados do Ministério Público (artigo 4.1).

A ordem europeia de conservação de provas, da mesma forma, pode ser emitida por um juiz, tribunal, um juiz de instrução ou um magistrado do Ministério Público que atue no processo em causa (artigo 4.3.), e somente será emitida se for necessária e proporcional a impedir a remoção, a eliminação ou a alteração dos dados, tendo em vista um pedido subsequente para a sua entrega através de auxílio judiciário mútuo, de uma decisão europeia de investigação ou de uma ordem europeia de entrega de provas (artigo 6.2.).

Observamos que os membros do Ministério Público, para a União Europeia, são considerados como magistrados para os fins do regulamento e, como tal, podem ser inseridos no processo de obtenção de dados de assinantes ou de acesso. Não há a mesma previsão no tocante aos agentes policiais, para estes, o artigo 4º exige que a ordem deve ser validada, *após a análise da sua conformidade* com as condições de emissão de uma ordem europeia de entrega de provas ao abrigo do regulamento, *por um juiz, um tribunal, um juiz de instrução ou um magistrado do Ministério Público do Estado de emissão.*

Relativamente à natureza dos crimes e às restrições normativas estabelecidas, o regulamento deixa claro que as ordens de entrega de dados de assinantes e de dados de acesso podem ser emitidas para qualquer infração penal (artigo 5.3.) Já os dados transacionais e de conteúdo, em face do nível de interferência maior aos direitos humanos, estão sujeitos a outras condições, por conseguinte, as ordens só podem ser emitidas no caso de infrações puníveis com uma pena privativa de liberdade de duração máxima não inferior a três anos ou se dizerem respeito a crimes de fraudes e falsificações de pagamento

---

[690] O Tribunal de Justiça da União Europeia considerou como dado sensível os dados de tráfego que dizem respeito às interações do usuário com outras pessoas, assim, aqueles que identificam a pessoa com quem o usuário se comunicou e para qual finalidade se comunicou, que identificam a hora da comunicação e o lugar em que tal comunicação ocorreu (o que seria diferente de log de acesso), ou aqueles através dos quais se consegue saber com que frequência o usuário se comunica com certas pessoas durante um determinado período. Tais dados, na visão do novo regulamento, se enquadrariam na concepção de dados transacionais. Confira em: <https://curia.europa.eu/jcms/upload/docs/application/pdf/2014-04/cp140054en.pdf>. Acesso em: 2 de outubro de 2020.

que não numerário[691], abuso sexual, pornografia infantil e terrorismo, praticados por meio de um sistema de informação (artigo 5.4).

O texto da proposta também esclarece que o novo instrumento não substituirá a decisão europeia de investigação (DEI) quanto à obtenção de provas eletrônicas, sendo mais um outro mecanismo para as autoridades. Assim, por exemplo, quando o procedimento penal demandar mais de uma medida de investigação no Estado-Membro de execução e não apenas a entrega e a conservação de evidências eletrônicas, a decisão europeia de investigação poderá ser o instrumento preferido das autoridades públicas[692].

Para a notificação e execução das ordens – e aí está a grande novidade do regulamento – não será necessário envolver diretamente a autoridade do país no qual o destinatário se encontre, salvo em caso de descumprimento, situação que implicaria a execução coercitiva e a intervenção da autoridade competente do país onde o representante está localizado.

Para tanto, as autoridades emissoras devem recorrer ao representante legal nomeado pelos prestadores de serviços, na forma da diretiva também proposta pela Comissão Europeia[693].

Em abril de 2018, a Comissão Europeia propôs ao Parlamento Europeu e ao Conselho normas harmonizadas aplicáveis à designação de representantes legais dos prestadores de serviços, para efeitos de recolha de provas em processos penais.

O funcionamento dos prestadores de serviços nos territórios dos Estados-Membros depende das respectivas normas administrativas, como em qualquer país, alguns exigem, por exemplo, a presença de um representante legal para que os serviços sejam ofertados aos seus consumidores, outros não possuem qualquer tipo de regulamentação, principalmente, no tocante aos serviços de informação das redes.

Atenta a essa fragmentação, também gerada pelos diferentes sistemas normativos, a Comissão, na forma de diretiva, propõe deveres aos

691 Conforme Decisão-Quadro n. 413/2001/JAI.

692 Segundo a Comissão: "*a criação de um novo instrumento para as provas eletrônicas é uma alternativa melhor do que a alteração da Diretiva relativa à DEI, uma vez que os desafios específicos inerentes à obtenção deste tipo de provas não afetam as outras medidas de investigação abrangidas por essa diretiva.*"

693 Disponível em: <https://eur-lex.europa.eu/legal-content/PT/TXT/?uri=CELEX%3A52018PC0226>. Acesso em: 2 de outubro de 2020.

Estados-Membros no intuito de assegurar que os prestadores de serviços designam representantes legais habilitados e juridicamente responsáveis para dar cumprimento a ordens e decisões judiciais, em nome desses prestadores de serviços, sem lhes impor, por outro lado, encargos indevidos. Este representante, que pode ser uma pessoa singular ou coletiva, pode cumular, por exemplo, as funções do representante previstas no *GDPR*.

O dever de designar um representante legal imposto aos prestadores de serviços não estabelecidos na União Europeia, mas que operam na União Europeia, já consta de determinados diplomas legais da UE aplicáveis em domínios específicos. Trata-se, por exemplo, do Regulamento Geral sobre a Proteção de Dados (UE) n. 679/2016 (artigo 27) e na Diretiva (UE) n. 1.148/2016, relativa às medidas destinadas a garantir um elevado nível comum de segurança das redes e da informação em toda a União (artigo 18)[694].

A base jurídica da proposta de diretiva encontra-se nos termos dos artigos 53 e 62 do Tratado sobre o Funcionamento da União Europeia, segundo os quais a Comissão pode propor diretivas visando coordenar as disposições normativas de natureza administrativa ou regulamentar dos Estados-Membros sobre a prestação de serviços.

As justificativas apresentadas para a nova diretiva são as mesmas para a adoção do novo regulamento em matéria de entrega e conservação de provas eletrônicas, como a insegurança jurídica, falta de uma abordagem comum entre os Estados-Membros, incluindo as diferentes formas com que os prestadores de serviços reagem aos pedidos das autoridades, como já mencionado aqui.

Da mesma forma, o âmbito de aplicação da diretiva abrange as mesmas categorias de prestadores de serviços previstas no texto do regulamento sobre a ordem e entrega e a ordem de conservação de provas eletrônicas. A diretiva não abrange os serviços para os quais o armazenamento de dados não é uma característica principal, sendo, portanto, de natureza apenas acessória, como os serviços jurídicos, de arquitetura, de engenharia e contabilidade prestados em linha remotamente[695].

---

694 Conforme texto da diretiva proposta que se encontra disponível em: <https://eur-lex.europa.eu/legal-content/EN/TXT/?toc=OJ:L:2016:194:TOC&uri=uriserv:OJ.L_.2016.194.01.0001.01.ENG>. Acesso em: 2 de outubro de 2020.

695 Conforme página 9. Disponível em: <https://eur-lex.europa.eu/legal-content/EN/TXT/?toc=OJ:L:2016:194:TOC&uri=uriserv:OJ.L_.2016.194.01.0001.01.ENG>. Acesso em: 2 de outubro de 2020.

A Comissão esclarece que os Estados-Membros não devem impor deveres adicionais aos previstos na diretiva aos prestadores de serviços por ela abrangidos, como impor-lhes a designação de um representante legal no seu próprio território e não em qualquer país da União em que operam[696].

Assim, os prestadores de serviços devem ter a possibilidade de designar um estabelecimento existente num Estado-Membro, incluindo a sua sede ou estabelecimento principal, e também de designar vários representantes legais, mas não podem, por exemplo, selecionar o Estado-Membro com base no nível de multas aplicadas a descumprimentos, porquanto, isso seria contrário ao sentido da diretiva.

O artigo 3.1 aplica-se a *prestadores de serviços estabelecidos na União*, os quais têm de designar, pelo menos, um representante legal na União, mais concretamente num Estado-Membro em que operam ou estão estabelecidos. Os Estados-Membros em que os prestadores de serviços estão estabelecidos são responsáveis por impor este dever.

O artigo 3.2 aplica-se a *prestadores de serviços que não estão estabelecidos na União*, os quais deverão designar um representante legal num dos Estados-Membros em que operam. Os Estados-Membros em que o prestador de serviços opera são responsáveis por impor este dever.

O representante legal não pode se eximir de responder à notificação alegando não estar habilitado a fornecer os dados, tampouco o prestador de serviço poderá invocar que não é responsável pela ordem.

Há quem diga que tanto o *GDPR* quanto o regulamento sobre ordens europeias de entrega e conservação de provas eletrônicas em matéria penal possuem alcance extraterritorial no tocante aos prestadores de serviços estabelecidos fora da União Europeia e aos dados armazenados em servidores igualmente fora dos territórios dos Estados-Membros e, nesse sentido, fariam as vezes de um *Cloud Act* europeu[697].

---

696 Conforme página 8 da proposta da Diretiva. Disponível em: <https://eur-lex.europa.eu/legal-content/EN/TXT/?toc=OJ:L:2016:194:TOC&uri=uriserv:OJ.L_.2016.194.01.0001.01.ENG>. Acesso em: 2 de outubro de 2020.

697 Jacob Patrick faz perceber que o *Cloud Act* foi adotado poucos meses depois da entrada em vigor do Regulamento europeu relativo à proteção de dados pessoais (GDPR) e que ele foi rapidamente seguido pela proposição do regulamento sobre provas eletrônicas. No momento em que se propõe organizar o acesso transfronteiriço às provas eletrônicas entre os Estados-Membros abordando a possibilidade de se alcançar os dados localizados fora da União Europeiao o regulamento se apresenta como um Cloud Act. Nas palavras do autor do

É preciso compreender, no entanto, que os mecanismos previstos, seja através do regulamento sobre as ordens europeias de entrega ou de conservação de provas eletrônicas em matéria penal, seja pela diretiva sobre a designação de representantes legais dos prestadores de serviços nos Estados-membros, só funcionam eficazmente porque estão assentados na base do reconhecimento mútuo dos países da União Europeia[698].

Somente num nível elevado de confiança mútua entre os Estados-Membros é possível estabelecer o correto funcionamento do sistema na forma desenhada pela União Europeia.

artigo *La compétence des États à l'égard des données numériques. Du nuage au brouillard... en attendant l'éclaircie* ? "En effet, il n'est pas anodin que le Cloud Act ait été adopté à peine deux mois avant l'entrée en vigueur du règlement européen relatif à la protection des données personnelles (RGPD) et qu'il ait été très rapidement suivi d'une proposition de règlement relatif aux preuves électroniques (également appelé projet e-évidence). Le premier traduit une conception tout européenne de la protection des données personnelles, entendues comme 'toute information se rapportant à une personne physique identifiée ou identifiable' Si son objectif principal est d'encadrer l'utilisation que font les opérateurs privés des informations relatives à leurs clients, il embrasse donc largement de sorte qu'il est régulièrement opposé aux initiatives américaines en matière d'accès aux données, quelles qu'elles soient. Il l'est d'autant plus que, conscient lui aussi de la volatilité de ces données, le législateur européen a entendu doter son règlement d'un champ d'application large qui, sous une formule quelque peu alambiquée, se veut "clairement extraterritorial". Quant au second, il vise avant tout à organiser l'accès transfrontière aux preuves numériques entre États membres de l'Union mais aborde également la possibilité d'atteindre des données localisées hors de son territoire, raison pour laquelle il a pu être présenté comme un Cloud Act à l'européenne », *Revue critique de droit international privé*, 2019/3 (nº 3), p. 665-680. Disponível em: <https://www.cairn.info/revue-critique-de-droit-international-prive-2019-3-page-665.htm>. Acesso em: 15 de outubro de 2020.

698 É de se ver que o nível de recusas pelo destinatário da ordem (o responsável legal do prestador de serviços) assenta-se, basicamente, em formalidades, como a ordem foi emitida por outra autoridade que não a prevista no regulamento e na diretiva, o serviço objeto da ordem não diz respeito a nenhum das categorias de serviços descritas nos normativos ou a infração penal objeto da ordem de entrega de dados não é nenhuma daquelas previstas nos parágrafos 3º (pena privativa de liberdade máxima não inferior a 3 anos) e 4º (crimes de fraudes e falsificações de pagamento que não numerário, abuso sexual, pornografia infantil e terrorismo, praticados por meio de um sistema de informação) do artigo 5. Não existe pré-estabelecido o requisito da dupla incriminação, por exemplo.

As fontes normativas supranacionais da União Europeia convivem com outros instrumentos supranacionais[699] e internacionais de cooperação jurídica assinados por seus Estados-Membros com países terceiros (tratados multilaterais ou acordos bilaterais), e que podem ser utilizados por suas autoridades competentes a depender do caso em concreto.

Assim, os regulamentos e diretivas aqui citados, em especial, o GDPR, a Diretiva (UE) n. 680/2016, a Diretiva (UE) n. 41/2014 (DEI) e quiçá o regulamento sobre as ordens europeias de entrega e conservação de provas e a diretiva sobre a designação dos representantes legais coexistem com fontes internacionais na matéria, que, eventualmente, tenham se tornado instrumentos internacionais igualmente vinculativos aos Estados-Membros da União Europeia, principalmente por conta do compromisso assumido junto aos países além do ambiente do bloco europeu, como é o caso da Convenção de Budapeste.

[699] Como a Convenção relativa ao auxílio judiciário mútuo em matéria penal entre os Estados-Membros da União Europeia, a Decisão 2002/187/JAI do Conselho, relativa à criação da Eurojust, o Regulamento (UE) 2016/794, relativo à Europol, a Decisão-Quadro 2002/465/JAI do Conselho, relativa às equipes de investigação conjuntas, bem como acordos bilaterais entre a União e países terceiros, como o Acordo sobre auxílio judiciário mútuo entre a UE e os EUA e o Acordo sobre auxílio judiciário mútuo entre a UE e o Japão.

direitos de propriedade mas que envolvem partes [illegible], como os consumidores, devem ser tratadas de forma especial, especialmente levando em consideração, inclusive, a possibilidade de esforços em conjunto da Conferência de Haia com outras organizações internacionais.

Em 2019, o Conselho da Conferência da Haia (CGAP) confirmou o mandato concedido pelo Escritório Permanente ao Grupo de Especialistas para a continuidade do plano de trabalho [illegible] sobre o Projeto de Julgamentos, em ordem [illegible] sobre o [illegible] jurisdição [illegible].

[illegible]

[illegible]

[illegible] desenvolvimento social. Assim, disponibiliza no presente momento diferentes debates de abrangência regional e global os mais variados assuntos que podem ser impactados pela internet, como a liberdade de expressão, a segurança na internet, privacidade, a vigilância pelo Estado, o comércio eletrônico, as redes comunitárias de Internet, infraestrutura e desenvolvimento da internet, criptografia, cibersegurança e eleições, crimes transnacionais e proteção à criança e ao adolescente.

Algumas dessas iniciativas possuem um escopo de trabalho relacionado ao tema da compreensão da internet sob a visão dos conflitos de jurisdição entre os Estados, da sobreposição dos ordenamentos jurídicos e interesses envolvidos.

A se ver das conclusões e recomendações adotadas pelo Conselho na reunião de 5 a 9 de março de 2019, conforme conteúdo em: <https://assets.hcch.net/docs/e4af61a8-d8bf-400e-9deb-afcd87ab4a56.pdf>. Acesso em: 4 de outubro de 2020.

CAPÍTULO 3

AS FONTES INTERNACIONAIS NA MATÉRIA: A *HARD LAW* E A *SOFT LAW* INTERNACIONAL

1. O Conselho da Europa: a Convenção de Budapeste para o cibercrime

A Convenção sobre o Cibercrime (ETS n. 185), também conhecida como Convenção de Budapeste, adotada no âmbito do Conselho da Europa, foi aberta para assinaturas em 2001.

Além dos 47 Estados que fazem parte do Conselho da Europa, 17 outros são signatários da Convenção, 8 países foram convidados a aderir ao instrumento nos últimos anos, e mais 28 Estados acreditam que possuem legislação de acordo com os termos da Convenção[700].

Na lista de Estados signatários não membros do Conselho da Europa, encontram-se o Japão, Estados Unidos, Austrália, Canadá, México, Israel e, na América do Sul, Chile, Paraguai, Argentina, Colômbia e Peru, os dois últimos tornaram-se parte da Convenção a partir de novembro de 2019[701].

Durante os anos de 2019 e 2020, o Brasil manifestou interesse em aderir ao instrumento, nos termos do artigo 37 da Convenção, entrou no processo de adesão e foi assim convidado pelo Comitê de Ministros do Conselho da Europa[702].

---

[700] Dos Estados-membros da União Europeia apenas Suécia e Irlanda não ratificaram a Convenção de Budapeste. Confira em: <https://www.coe.int/en/web/conventions/full-list/-/conventions/treaty/185/signatures?p_auth=sy5FKFnD>. Acesso em: 22 de setembro de 2020.

[701] Conforme: <https://rm.coe.int/summary-towards-a-protocol-to-the-budapest-convention/1680972d07>. Acesso em: 22 de setembro de 2020.

[702] Há mais de uma década o Ministério Público Federal busca a adesão do Brasil à Convenção de Budapeste, pelo fortalecimento da cooperação internacional, através de sua Câmara Criminal, do Grupo de Apoio sobre Criminalidade Cibernética da Câmara Criminal

A Convenção de Budapeste assenta-se em três pilares, o das condutas criminosas, o das ferramentas procedimentais e o da cooperação internacional.

Para tanto, o instrumento possui normas penais e normas processuais.

Dentre as normas de Direito Penal a Convenção exorta os países signatários a adotaram medidas legislativas e outras que se fizerem necessárias para estabelecer como infração penal, no seu direito interno, as condutas que elenca.

O texto da Convenção descreve condutas criminosas que surgiram com a era digital e condutas que, embora previstas na maioria das legislações dos Estados-partes, ainda que com nomenclaturas diversas, diferenciam-se das comumente existentes porque são cometidas por meio de sistemas informáticos.

O texto da Convenção divide em 4 Títulos (artigos 2º a 11º) as disposições de Direito Penal material.

No Título 1, a Convenção se ocupa das condutas típicas da era digital, relativas à confidencialidade, integridade e disponibilidade de sistemas informáticos e dados informáticos, como o acesso ilegítimo (artigo 2º), a interceptação ilegítima (artigo 3º), a interferência em dados (artigo 4º), a interferência em sistemas (artigo 5º) e o uso abusivo de dispositivos (artigo 6º).

No Título 2, a Convenção trata das infrações já conhecidas pela maior parte das legislações, mas que estão relacionadas com sistemas computacionais, como a falsidade informática (artigo 7º) e a burla informática (artigo 8º).

No Título 3, o instrumento dedica-se às infrações relacionadas com o conteúdo produzido e disseminado através dos sistemas informáticos, como o conteúdo de pornografia infantil (artigo 9º) e, no Título 4, às infrações relacionadas com a violação do direito do autor e direitos conexos (artigo 10º) e outras formas de responsabilidade, como a tentativa e a cumplicidade (artigo 11).

(GACC/2CCR) e da Secretaria de Cooperação Internacional da Procuradoria-Geral da República. Disponível em: <http://www.mpf.mp.br/pgr/noticias-pgr/conselho-da-europa-convida-o-brasil-para-compor-a-convencao-de-budapeste-sobre-o-cibercrime>. Confira-se, também: <http://www.mpf.mp.br/pgr/noticias-pgr/mpf-defende-adesao-do-brasil-a-convencao-de-budapeste-em-audiencia-publica-na-camara>. Ao longo do ano de 2021, o instrumento esteve em processo de análise pelo Congresso brasileiro, tendo sido aprovado em dezembro de 2021 pelo Senado Brasileiro. Disponível em: <http://www.mpf.mp.br/pgr/noticias-pgr/brasil-aprova-adesao-a-convencao-de-budapeste-que-facilita-cooperacao-internacional-para-combate-ao-cibercrime>.

Um protocolo adicional às normas de Direito Penal material da Convenção, denominado Primeiro Protocolo (ETS n. 189), foi aberto para as assinaturas das Partes em 28 de janeiro de 2003.

O Primeiro Protocolo, assim denominado, complementou a Convenção voltando-se à criminalização da prática de xenofobia e racismo através de sistemas informáticos[703].

Os Estados-Partes da Convenção previram a necessidade de coibir e repreender a xenofobia e o racismo praticado através das redes, preocupados com o risco da disseminação dessas práticas, e convencidos de que são atos que violam os direitos humanos, ameaçam o Estado de Direito e a estabilidade da democracia, bases estruturais do Conselho da Europa.

A Convenção e seu Primeiro Protocolo vieram para alcançar a proteção da vítima, pois indicam condutas criminosas que afetam uma determinada pessoa, como a criança na pornografia infantil, o autor nos crimes contra os direitos do autor, a vítima de estelionato ou burla informática, as vítimas de racismo e xenofobia e assim por diante.

Preponderantemente, tais vítimas não são Estados ou pessoas indeterminadas, como em outros crimes transnacionais, a exemplo dos delitos financeiros, lavagem de dinheiro e terrorismo, igualmente coibidos no cenário internacional.

Portanto, é fundamental analisar-se no texto da Convenção, principalmente em suas disposições processuais, o viés de acesso à justiça material da pessoa humana vítima desses crimes[704].

No âmbito das disposições processuais, a Convenção de Budapeste estabelece normas para a preservação expedita de evidências eletrônicas, obtenção de evidências eletrônicas e mecanismos de cooperação internacional para fins de investigação ou de procedimento criminal.

---

[703] Disponível em: <https://rm.coe.int/16802ed8cd>. Acesso em: 22 de setembro de 2020.

[704] Confira o relatório final do *T-CY Cloud Evidence Group*, disponível em: <https://rm.coe.int/CoERMPublicCommonSearchServices/DisplayDCTMContent?documentId=09000016806a495e>, em trecho em que se menciona: "The vast majority of victims of cybercrime cannot expect that justice will be served. This threatens the rule of law and the ability of governments to meet their obligations to protect society against crime and to protect the rights of victims." Sobre a obrigação dos Estados em proteger os indivíduos contra o crime, veja KU v. Finland, European Court of Human Rights. Disponível em: <https://www.coe.int/t/dghl/standardsetting/dataprotection/Judgments/K.U.%20v.%20FINLAND%20en.pdf>. Acesso em: 24 de setembro de 2020.

O escopo de aplicação de suas normas processuais abrange os crimes descritos nos artigos 2º a 11º, outras ofensas criminais cometidas por meio de um sistema informático, e a coleta de evidências eletrônicas de qualquer infração penal, nos termos do parágrafo 2º do artigo 14 da Convenção (alíneas "a", "b" e "c").

Com o intuito de fortalecer e simplificar a cooperação entre os Estados signatários, a Convenção criou uma rede, a chamada *24/7 Network*, através da qual os países se comunicam por meio de pontos de contato, disponíveis 24 horas em 7 dias por semana[705].

Os pontos de contato devem ficar disponíveis para assegurar a prestação de assistência imediata às investigações e procedimentos criminais relativos às infrações penais relacionadas com dados e sistemas informáticos, ou a fim de recolher provas, sob a forma eletrônica, de uma infração penal.

Como a prova eletrônica é extremamente volátil, a rede funciona para via de regra, de forma expedita, cumprir-se ordens pela preservação da prova até que sobrevenha um pedido de cooperação jurídica internacional.

As instituições que representarão os pontos de contatos são indicadas à Secretaria Geral do Conselho da Europa no momento do depósito do instrumento de ratificação da Convenção ou do instrumento de adesão.

A indicação dos pontos de contato da rede 24/7 não supre a indicação de uma autoridade central por meio da qual tramitarão os pedidos de cooperação jurídica internacional.

Os pontos de contato da rede podem coincidir com a figura da autoridade central, isto é, ambos concentrados no departamento de uma mesma instituição, mas não necessariamente.

---

[705] "Artigo 35 - Rede 24/7. 1. Cada Parte designará um ponto de contato disponível 24 horas sobre 24 horas, 7 dias por semana, a fim de assegurar a prestação de assistência imediata a investigações ou procedimentos respeitantes a infrações penais relacionadas com dados e sistemas informáticos, ou a fim de recolher provas, sob forma eletrônica, de uma infração penal. O auxílio incluirá⊠ a facilitação, ou se o direito e práticas internas o permitirem, a aplicação direta das seguintes medidas: a) A prestação de aconselhamento técnico; b) A conservação de dados em conformidade com os artigos 29º e 30º; e c) A recolha de provas, informações de caráter jurídico e localização de suspeitos. 2. a) O ponto de contato de uma Parte deve ter capacidade técnica para corresponder-se com o ponto de contato de outra Parte de uma forma rápida; b) Se o ponto de contato designado por uma Parte não depender da autoridade ou autoridades dessa Parte responsáveis pela cooperação internacional ou extradição dessa Parte, o ponto de contato assegurará que pode agir em coordenação com essa ou essas autoridades de forma rápida. 3. Cada Parte assegurará que pode dispor de pessoal formado e equipado a fim de facilitar o funcionamento da rede."

Por amostragem, a autoridade central no Chile é a Unidade de Cooperação Internacional do Ministério Público Federal, que também exerce o papel de ponto de contato da rede 24/7; no Peru e no Paraguai, da mesma forma, a autoridade central e o ponto de contato da rede 24/7 ficam a cargo da Unidade de Cooperação Judicial Internacional e Extradições do Ministério Público no Peru e a cargo da Unidade Especializada em Crimes Informáticos do Ministério Público no Paraguai; em Portugal, a Polícia e o Ministério Público dividem as funções, exercendo a Polícia especializada o papel de ponto de contato da rede 24/7 e o Ministério Público (a Procuradoria-Geral da República) a função de autoridade central, que aliás, é autoridade central para vários tratados.

Particularmente no tema da jurisdição, as disposições processuais do texto da Convenção fortalecem a jurisdição sobre os provedores *que prestam serviço no território dos Estados-Partes*, determinando-se a estes que *comuniquem os dados na sua posse ou sob o seu controle, relativos aos assinantes e respeitantes a esses serviços*[706].

Assim, a Convenção estabelece como critério para o exercício *territorial* da jurisdição o local do *serviço* prestado pelo provedor de serviço, e não o local onde o dado está armazenado.

Em outros termos, autoridades de *law enforcement* podem emitir uma requisição ou cumprir uma ordem judicial no sentido descrito pelo texto convencional, obtendo diretamente os dados junto aos provedores de serviço, pois existe jurisdição de *enforcement* dentro do território onde o serviço é prestado.

Todavia, a jurisdição territorial estabelecida pelo Convenção apenas alcança os *dados de subscrição* do usuário, também chamados de dados cadastrais, que se encontram na posse ou controle dos provedores de serviços, não vinculando os dados de tráfego e os dados de conteúdo das comunicações, conforme definido pelo parágrafo 3º do artigo 18 da Convenção[707].

---

[706] "Artigo 18º – *Injunção.* 1. Cada Parte adotará as medidas legislativas e outras que se revelem necessárias para habilitar as suas autoridades competentes para ordenar: a) A uma pessoa que se encontre no seu território que comunique os dados informáticos específicos, na sua posse ou sob o seu controle e armazenados num sistema informático ou num outro suporte de armazenamento de dados informáticos; e b) A um fornecedor de serviços que preste serviços no território da Parte, que comunique os dados na sua posse ou sob o seu controle, relativos aos assinantes e respeitantes a esses serviços."

[707] O § 3º do artigo 18 da Convenção esclarece o que se deve entender por "dados relativos aos assinantes", tratando-se de dados cadastrais (ou de subscrição), diferenciando-os dos dados de conteúdo e tráfego, assim: "Para os fins do presente artigo, a expressão "dados relativos aos assinantes" designa qualquer informação, contida sob a forma de dados informáticos

Na maior parte das investigações sobre cibercrimes, os dados de subscrição, como o nome, o endereço, o número de telefone do assinante, o número do telefone de acesso, o número de IP, os dados relativos à faturação ou pagamento, o tipo de aparelho, ou qualquer outra informação referente ao contrato ou ao acordo de serviços são importantes para o início das investigações, dados sem os quais não se consegue começar a se identificar a autoria, a localização do autor ou a localização da postagem criminosa, seja em investigações domésticas ou de natureza transnacional.

Dados de tráfego, por sua vez, de acordo com o texto da convenção, significam todos os dados informáticos relacionados com uma comunicação efetuada por meio de um sistema informático, gerados por este sistema como elemento de uma cadeia de comunicação, indicando a origem da comunicação, o destino, o trajeto, a hora, a data, o tamanho, a duração ou o tipo do serviço subjacente.

Podemos ver que a definição compreende os registros das atividades do usuário do sistema, como informações sobre a data e hora do início e o fim da conexão, mas também pode compreender a conexão com outros usuários, como informações sobre grupos de mensagens de que participa, com quem costuma se comunicar e os destinatários dos emails. Nesse sentido, a convenção engloba no conceito de dados de tráfego os dados transacionais referidos no projeto *e-evidence* da União Europeia.

Os dados de conteúdo já são aqueles que dizem respeito ao conteúdo de e-mails, imagens, documentos, arquivos, e comunicações de mensageria. Costuma-se fazer distinção entre o dado de conteúdo que é coletado em tempo real e o dado de conteúdo que está armazenado (na nuvem por exemplo).

Também no âmbito da Convenção de Budapeste os dados estão sujeitos a níveis de proteção diferenciado, a depender do tipo de dado (se dado de subscrição, de tráfego ou conteúdo). O texto da Convenção se ocupou dos dados de subscrição, os quais, por terem a natureza de dados cadastrais, estão

---

ou sob qualquer outra forma, detida por um fornecedor de serviços e que diga respeito aos assinantes dos seus serviços, diferentes dos dados relativos ao tráfego ou ao conteúdo e que permitam determinar: a) O tipo de serviço de comunicação utilizado, as medidas técnicas tomadas a esse respeito e o período de serviço; b) A identidade, a morada postal ou geográfica e o número de telefone do assinante, e qualquer outro número de acesso, os dados respeitantes à faturação e ao pagamento, disponíveis com base num contrato ou acordo de serviços; c) Qualquer outra informação sobre a localização do equipamento de comunicação, disponível com base num contrato ou acordo de serviços".

sujeitos a um nível de proteção diferenciado (menos restritivo) dos outros dois, tal como foi reconhecido no projeto *e-evidence* da União Europeia

Na prática, a natureza do dado vai determinar, de acordo com a legislação interna de cada país, quem pode ordenar a entrega do dado. E a natureza do dado também afetará a cooperação jurídica internacional.

Assim, a ordem de injunção prevista no artigo 18 da Convenção de Budapeste pode ser determinada por autoridades de investigação ou por juízes, dependendo do direito interno de cada país.

A diferença é que, por serem dados de subscrição, ainda que armazenados fora do Estado-Parte, mas desde que sob o controle ou posse de prestador de serviço que preste serviço no Estado, serão *obtidos diretamente* dos provedores sem necessidade de MLA, segundo o disposto no artigo 18 da Convenção.

Para o acesso aos dados de conteúdo, os Estados-Partes necessitam lançar mão da busca e apreensão de dados armazenados no seu território, prevista no artigo 19º da Convenção, ou à interceptação (em tempo real) do conteúdo de comunicações específicas no seu território (artigo 21º). Quanto aos dados de tráfego, o instrumento prevê a recolha ou registro em tempo real nas mesmas condições que no tocante aos dados de conteúdo das comunicações informáticas.

Por conseguinte, duas situações podem ocorrer.

De um lado, quando se identificar que o provedor de serviço através do qual o crime foi cometido (um website, um servidor de hospedagem, por exemplo) se encontra fora do território do foro do Estado-Parte, quando, então, não se caracterizará a jurisdição territorial com base no serviço prestado pela empresa, ainda que o dado buscado equivalha a um dado de subscrição, uma vez que o artigo 18 da Convenção refere-se, apenas, ao fornecedor de serviço que presta serviços no território da Parte.

E, de outro lado, quando os dados de tráfego e especialmente de conteúdo se encontram armazenados em sistemas informáticos fora do território de um Estado-Parte.

Nas duas situações, a cooperação internacional é a via apresentada pelo atual texto da Convenção, com as exceções previstas no seu artigo 32.

O artigo 32 da Convenção prevê duas exceções ao acesso transfronteiriço de dados armazenados (de conteúdo e de tráfego) em outro território sem assistência mútua: se os dados são acessíveis ao público, isto é, se de um sistema informático de dentro do território de um Estado-Parte é possível acessar dados que se encontram públicos, ainda que armazenados em outro território, ou se houver consentimento legal e voluntário da pessoa autorizada a divulgar os dados (o titular de uma conta de *gmail* sob o domínio do Estado autorizar o acesso a outra conta *gmail* de fora do Estado). Somente nessas duas circunstâncias, as autoridades de investigação do Estado-Parte podem acessar os dados informáticos que se encontram armazenados em outro Estado[708].

Portanto, quanto não existe o consentimento da pessoa autorizada a divulgar o dado (que não pode ser o provedor de serviço em relação a dado de terceiro) ou não se trata de dado público, os provedores de serviços, ainda que prestem serviços no território do Estado-Parte, podem se opor ao cumprimento da ordem expedida pelas autoridades competentes (que, inclusive, pode ser ordem proferida por um juiz), alegando que os dados de tráfego, mas principalmente os de conteúdo, se encontram fora do território do Estado-Parte, e que, ademais, não podem descumprir a legislação sob a qual estão constituídos no Estado de incorporação.

As dificuldades que surgem a partir daí podem ser, principalmente, de três ordens.

Alguns provedores (os norte-americanos, por exemplo) até fornecem os dados de tráfego mediante autorização judicial, mas, não estão obrigados, pela lei norte-americana, a fornecerem tais dados se estes dados não se encontram no território do Estado do foro. Ou seja, o cumprimento da ordem depende da colaboração dos provedores e, sendo voluntário, cada empresa pode agir à sua maneira.

A duas, porque no tocante aos dados de conteúdo das comunicações, os provedores de serviço estabelecidos nos Estados Unidos da América se negam ao *enforcement*, uma vez que a legislação norte-americana exige uma ordem judicial de um juiz americano (*warrant*) para a entrega de dados de conteúdo, ao passo que tal ordem judicial, a pedido de um Estado estrangeiro, só pode ser alcançada através da cooperação jurídica internacional na forma de um *mutual legal assistance*.

---

[708] "Artigo 32º – Acesso transfronteiriço a dados informáticos armazenados, com consentimento ou quando são acessíveis ao público. Uma Parte pode, sem autorização de outra Parte: a) Aceder a dados informáticos armazenados acessíveis ao público (fonte aberta), seja qual for a localização geográfica desses dados; seja b) aceder ou receber, através de um sistema informático situado no seu território, dados informáticos armazenados situados no território de outra Parte, se obtiver o consentimento legal e voluntário da pessoa legalmente autorizada a divulgar esses dados, através deste sistema informático."

Vimos, no entanto, que, na análise da jurisdição (direta e indireta) nos Estados Unidos da América, as emendas americanas servem de base para o exercício da jurisdição, tanto através da cláusula do *due process of law* quanto pela proteção ao *freedom speech.*

Assim, ao fim e ao cabo, pode se tornar ineficaz a cooperação internacional na busca do conteúdo de comunicação xenofóbica ou racista, apesar de coibidas pelo Primeiro Protocolo à Convenção de Budapeste.

Além disso, para a obtenção de um *warrant* no cumprimento dos pedidos de cooperação jurídica internacional, os Estados Unidos exigem a comprovação da chamada "causa provável" (*probable cause*), que significa uma base razoável de evidências que levam a crer que o crime foi cometido ou que a evidência que se pretende alcançar com a medida solicitada tem relação com o crime cometido[709].

A causa provável exigida pelos Estados Unidos da América, na análise de um pedido de cooperação, e que é igualmente requerida para atender as solicitações de conteúdo de dados, nem sempre é fácil de ser alcançada, o que faz com que muitos pedidos de cooperação internacional àquele país fiquem adstritos a casos urgentes, segundo a visão de alguns países que praticam a cooperação internacional com os Estados Unidos da América[710].

A terceira circunstância desafiadora é que na prática, ao se estabelecer a jurisdição de acordo com a localização do dado eletrônico, pode ocorrer do dado estar em local incerto ou em um "paraíso cibernético" de tal forma que não apresente condições de assistência através do MLA.

Em dezembro de 2014, levando em consideração a experiência dos países signatários no tocante ao funcionamento prático do *mutual legal assistance* nas investigações cibernéticas, o Comitê de Crimes Cibernéticos (T-CY) concluiu que o MLA é considerado ineficiente em geral, e principalmente no que diz respeito à obtenção de evidências eletrônicas. As respostas aos pedidos costumam levar de 6 a 24 meses. Muitos requerimentos e as próprias investigações são abandonadas. Isso, adversamente, afeta o dever dos Estados

---

[709] A exigência é requerida também para os casos internos norte-americanos, no que diz respeito às ordens judiciais de busca e apreensão. Confira em: <https://law.justia.com/constitution/us/amendment-04/08-probable-cause.html>. Acesso em: 10 de janeiro de 2021.

[710] Veja-se, a propósito o documento "Conclusiones III Reunión virtual CiberRed", de 18 de setembro de 2020, disponível em: <http://www.aiamp.info/index.php/redes-permanentes-aiamp/red-de-ciberdelincuencia/documentos/conclusiones-iii-reunion-ciberred-castellano-18-septiembre-2020>. Acesso em: 10 de janeiro de 2021.

de protegerem a sociedade e os indivíduos contra o *cybercrime* e contra qualquer outro crime envolvendo evidência eletrônica[711].

Justamente por essas dificuldades práticas, o Conselho da Europa constituiu um grupo de trabalho, no âmbito do Comitê sobre o Cibercrime (T-CY)[712], visando fortalecer o *framework* hoje existente através de formas mais expeditas de cooperação.

Assim, um Segundo Protocolo à Convenção de Budapeste foi posto em discussão, desde setembro de 2017, no âmbito do T-CY, que diz respeito, principalmente, às normas de caráter processual da Convenção[713].

Um dos objetivos do Segundo Protocolo é simplificar a cooperação internacional para casos emergenciais (*emergency MLA procedures*)[714] através da rede 24/7, permitindo que a cooperação, em casos de emergência, seja efetuada sem a necessidade de MLA e que este seja postergado para um momento após o cumprimento da solicitação de emergência.

---

711 No original "The mutual legal assistance (MLA) process is considered inefficient in general, and with respect to obtaining electronic evidence in particular. Response times to requests of six to 24 months appear to be the norm. Many requests and thus investigations are abandoned. This adversely affects the positive obligation of governments to protect society and individuals against cybercrime and other crime involving electronic evidence", p. 123. Disponível no *website* do Conselho da Europa em: <https://rm.coe.int/CoERMPublicCommonSearchServices/DisplayDCTMContent?documentId=09000016802e726c>. Acesso em: 24 de setembro de 2020.

712 Os primeiros e principais *input*s foram dados pelo *Cloud Evidence Group*, constituído pelo T-CY na 12ª Sessão Plenária de 2-3 de dezembro de 2014. O relatório final do *Cloud Evidence Group* encontra-se disponível no website do Conselho da Europa em: <https://rm.coe.int/CoERMPublicCommonSearchServices/DisplayDCTMContent?documentId=09000016806a495e>. Acesso em: 24 de setembro de 2020. Colhe-se do relatório a importância do assunto: "Cybercrime affects the right to private life and the protection of personal data, it endangers the property of citizens and industry, it represents attacks against dignity and integrity of individuals and in particular children, it involves attacks against media, civil society organisations and individuals and thus against the freedom of expression, it means attacks against governments, parliaments and other democratic institutions as well as public infrastructure and thus attacks against democracy, it represents attacks against democratic stability in that information and communication technologies are misused for xenophobic and racist purposes and contribute to radicalisation and terrorism, and it threatens international peace and stability in that military conflicts and political disagreements are often accompanied by cyberattacks".

713 O Ministério Público Federal, através da Secretaria de Cooperação Internacional e do Grupo de Apoio sobre Criminalidade Cibernética da Câmara Criminal, participou da 6ª Reunião Plenária, de 22 a 25 de setembro de 2020, sobre o *T-CY Protocol Drafting*. A participação se deu junto à delegação brasileira e na condição de observador do Estado Brasileiro.

714 Disponível em: <https://rm.coe.int/t-cy-2017-20-pdg-workplan/168076cfda>. Acesso em: 30 de setembro de 2020.

A proposta contempla a possibilidade de se requerer, *em casos emergenciais*, e através dos pontos de contato da rede 24/7, *dados de tráfego e de conteúdo* diretamente dos provedores de serviços no território de outro Estado-Parte, para que entreguem, *sem a necessidade de um MLA prévio*, os dados especificados que se encontram na sua posse ou controle. Lembrando que a ordem de obtenção (direta) de dados de tráfego e de conteúdo, via de regra, é proferida por um juiz, o que depende da legislação interna de cada país.

Além disso, o protocolo intenciona fortalecer as bases da jurisdição sobre provedores de serviços[715], atualmente prevista no artigo 18 da Convenção para os dados informáticos de subscrição, abrangendo de alguma forma a chamada cooperação direta com provedores em outras jurisdições[716].

O sentido da norma prevista no artigo 18 do instrumento passa a *alcançar os provedores de serviços que se encontram em outras jurisdições*, e permite que as autoridades de um país obtenham, *diretamente com o provedor localizado no território de outro Estado-Parte*, dados de subscrição que estejam na sua posse ou controle, quando estes dados forem importantes para investigações ou procedimentos criminais, abrangendo, também, os registradores de nomes de domínio no tocante à identificação dos respectivos registrantes. Ou seja, a ordem pela obtenção dos dados de subscrição é emanada de um Estado-Parte *diretamente* para o provedor localizado em outro Estado-Parte.

É muito similar ao proposto pela Comissão Europeia por uma nova ordem de preservação e detenção de prova eletrônica. Não se perquire a adoção de um MLA, nem mesmo em momento posterior, porquanto, *trata-se da chamada ordem de injunção (para dados de subscrição)* prevista no artigo 18 da Convenção de Budapeste[717].

---

[715] Confira em: <https://rm.coe.int/summary-towards-a-protocol-to-the-budapest-convention/1680972d07>. Acesso em: 29 de outubro de 2020

[716] Confira em: <https://rm.coe.int/summary-towards-a-protocol-to-the-budapest-convention/1680972d07>. Acesso em: 29 de outubro de 2020.

[717] O draft text contém o seguinte: Article [ ]: Disclosure of subscriber information
1. Each Party shall adopt such legislative and other measures as may be necessary to empower its competent authorities to issue an order to be submitted directly to a service provider in the territory of another Party, to obtain the disclosure of specified, stored subscriber information in that service provider's possession or control, where the information is needed for the issuing Party's specific criminal investigations or proceedings. 2. a. Each Party shall adopt such legislative and other measures as may be necessary for a service provider in its territory to disclose subscriber information in response to an order under paragraph 1. b. At the time of signature or when depositing its instrument of ratification, acceptance, approval or accession, a Party may – with respect to orders issued to service providers in its territory

A proposta leva em consideração que, muitas vezes, as autoridades de investigação necessitam com urgência dos dados de subscrição e da titularidade dos registros junto aos provedores e registradores para dar início às investigações.

O novo protocolo ainda autoriza o Estado-Parte a conceder efeitos à ordem emanada de autoridade competente de outro Estado-Parte de forma a compelir o servidor localizado em seu território a fornecer dados de tráfego que estejam em sua posse e controle. Neste caso, o Estado-Parte requerido *confere efeitos* à ordem do Estado-Parte requerente antes de que seja cumprida diretamente.

A extensão das hipóteses de buscas de um dado eletrônico armazenado em outro país a partir de um sistema informático presente no território de um Estado-Parte, conforme artigos 19.3[718] e 32b[719], da Convenção de

- make the following declaration: "the order under Article [ ] paragraph 1 must be issued by, or under the supervision of, a prosecutor or other judicial authority, or otherwise be issued under independent supervision." 3. The order under paragraph 1 shall specify: a. the issuing authority and date issued; b. a statement that the order is issued pursuant to this Protocol. C. the name and address of the service provider(s) to be served; d. the offence(s) that is the subject of the criminal investigation or proceeding; e. the authority seeking the specific subscriber information, if not the issuing authority; and f. a detailed description of the specific subscriber information sought. 4. The order under paragraph 1 shall be accompanied by the following additional information: a. the domestic legal grounds that empower the authority to issue the order; b. reference to legal provisions and applicable penalties for the offence being investigated or prosecuted; c. contact information of the authority to which the service provider shall return the subscriber information, request further information, or otherwise respond; d. the time and the manner in which to return the subscriber information; e. whether preservation of the data has already been sought, including date of preservation and any applicable reference number; f. any special procedural instructions; and g. any other information that may aid in obtaining disclosure of the subscriber information. Disponível em: <https://rm.coe.int/t-cy-2018-23-provisional-text-protocol-provisions/1680a00e6e>. Acesso em: 29 de outubro de 2020.

718 "Artigo 19º Busca e apreensão de dados informáticos armazenados. 1. Cada Parte adotará as medidas legislativas e outras que se revelem necessárias para habilitar as suas autoridades competentes para proceder a buscas ou aceder de modo semelhante: a) A um sistema informático ou a uma parte do mesmo, bem como a dados informáticos que nele se encontrem armazenados; e b) A um suporte que permita armazenar dados informáticos. 2. Cada Parte adotará as medidas legislativas e outras que se revelem necessárias para assegurar que, nos casos em que as suas autoridades procedam a buscas ou acedam de forma semelhante a um sistema informático específico ou a uma parte do mesmo, em conformidade com o disposto no nº 1, *a)*, e tenham razões para pensar que os dados procurados se encontram armazenados noutro sistema informático ou numa parte do mesmo situado no seu território, e que esses dados são legalmente acessíveis a partir do sistema inicial ou obteníveis a partir desse sistema inicial, as referidas autoridades estejam em condições de estender de forma expedita a busca, ou o acesso de forma semelhante ao outro sistema. (...)"

719 Ver nota 622.

Budapeste[720] estava contemplada no estudo pelo *T-CY Protocol Drafting*, mas não avançou.

Sem dúvida, a Convenção de Budapeste significou um avanço no início dos anos 2000, e o novo protocolo, na mesma esteira, representa bem os interesses dos países signatários da Convenção atendendo as necessidades emergentes deste século.

É preciso lembrar, no entanto, que a Convenção de Budapeste foi estruturada com base no modelo da cooperação tradicional entre os países através do MLA, e o novo protocolo, apesar dos seus avanços, ainda não responde, satisfatoriamente, as dificuldades com a obtenção de dados de conteúdo na posse ou controle de provedores de serviços estrangeiros.

A Convenção de Budapeste é um tratado que já tem 20 anos, e, em matéria de evolução tecnológica, 20 anos é muito tempo. Nessas duas décadas, surgiram novas figuras delitivas, novas redes de relacionamento, canais de mensagens e a própria nuvem.

Os temas de *cybercrime* evoluem com rapidez e encontram dificuldades de tempo e de espaço. Hoje o fato de os dados serem eletrônicos e estarem armazenados em vários lugares e até na nuvem é um problema, ao passo que a proteção aos dados pessoais é fundamental. Amanhã podem ser outras as dificuldades e necessidades. Dada a velocidade dos fatos transnacionais eletrônicos é difícil não pensar em mecanismos fortalecedores da cooperação cada vez mais *direta* entre os países.

O Conselho da Europa promove ainda a Conferência *Octupus*, dentro de um programa de compartilhamento de informações e experiências entre especialistas, organizações internacionais, acadêmicos, técnicos, autoridades e profissionais ao redor do mundo no campo do *cibercrime*[721].

O compartilhamento de ideias e a troca de experiências e boas práticas entre os profissionais e especialistas na área ajudam a manter atual o tema diante da evolução das tecnologias.

Além disso, o Conselho da Europa promove a capacitação de juízes, membros do Ministério Público e polícias através de programas de capacitação,

---

720 Disponíel em: <https://rm.coe.int/CoERMPublicCommonSearchServices/DisplayDCTM-Content?documentId=09000016802e70b6>. Acesso em: 29 de outubro de 2020.

721 Confira em: <https://www.coe.int/en/web/octopus/home>. Acesso em: 29 de outubro de 2020.

como o Glacy+[722], que objetiva fortalecer as habilidades dos Estados (signatários ou não signatários da Convenção de Budapeste) na elaboração, aplicação de suas legislações, adjudicação dos casos e *enforcement* em cibercriminalidade e evidências eletrônicas.

Esse tipo de programa de capacitação ajuda a promover uma legislação mais aproximada e consistente nos países, além do engajamento na cooperação internacional, afinal, os desafios são mundiais.

2. A Organização das Nações Unidas: a proposta por uma Convenção global em cibercriminalidade

Na Resolução n. 65/230, a Assembleia Geral das Nações Unidas requereu à Comissão em Prevenção Criminal e Justiça Criminal que estabelecesse, de acordo com 42º parágrafo da *Salvador Declaration on Comprehensive Strategies for Global Challenges: Crime Prevention and Criminal Justice Systems and Their Devolopment in a Changing World*[723], um *open-ended intergovernamental expert group* (doravante IEG) para conduzir um estudo sobre o problema da cibercriminalidade e as respostas por parte dos Estados-Membros, da comunidade internacional e do setor privado.

O estudo deveria incluir a troca de informações sobre as legislações nacionais, boas práticas, cooperação internacional e assistência técnica, com o objetivo de examinar as opções e fortalecer as respostas existentes, para propor novas bases legais, nacionais e internacionais, ou outras respostas ao *cybercrime*[724].

---

722 Disponível em: <https://www.coe.int/en/web/cybercrime/glacyplus>. Acesso em: 29 de outubro de 2020.

723 Adotada pelo *High-level segment* do Twelfth United Nations Congress on Crime Prevention and Criminal Justice, realizado em Salvador, Brasil, de 12 a 19 de abril de 2010. A Declaração encontra-se disponível para em: <https://www.unodc.org/documents/Cybercrime/General_Assembly_resolution_65-230_E.pdf>. Acesso em: 25 de setembro de 2020. A 6ª Reunião de consultas 14º Congress on Crime Prevention and Criminal Justice (CCPCJ) ocorreu entre os dias 15 a 18 de setembro de 2020. A Secretaria de Cooperação Internacional do Ministério Público Federal participou da delegação brasileira convidada para a reunião.

724 Segundo o texto da Resolução: "9. *Requests* the Commission on Crime Prevention and Criminal Justice to establish, in line with paragraph 42 of the Salvador Declaration, an open-ended intergovernmental expert group, to be convened prior to the twentieth session of the Commission, to conduct a comprehensive study of the problem of cybercrime and responses to it by Member States, the international community and the private sector,

O primeiro encontro do IEG ocorreu em Viena de 17 a 21 de janeiro de 2011, e sequencialmente, em 2013, 2017, 2018, 2019, 2020, tendo ocorrido a 7ª Reunião do IEG de 6 a 8 de abril de 2021[725].

No § 11º da Resolução n. 65/230, a Assembleia Geral requereu ao *open-ended intergovernamental expert group* que reportasse à Comissão o progresso dos trabalhos.

Assim, no primeiro encontro, em Viena, o IEG adotou dois documentos que transmitiu à Comissão, intitulados *Collection of topics for consideration in a comprehensive study on impact of and response to cybercrime* e *Methodology for the study*[726].

O Grupo de Especialistas dividiu o primeiro documento, para os futuros trabalhos, em 12 tópicos, considerados fundamentais ao enfrentamento da cibercriminalidade. Nos tópicos 1 ao 3, englobados no item "problemas do cibercrime", enfrentariam o fenômeno dos crimes cibernéticos, as informações estatísticas e os seus desafios; nos tópicos 4 a 9, concernentes às respostas legais ao cibercrime, tratariam dos aspectos comuns das legislações nacionais (tópico 4), da criminalização (tópico 5), dos poderes procedimentais (tópico 6), da cooperação internacional (tópico 7), das salvaguardas e condições, incluindo a proteção aos direitos humanos e aos dados pessoais, o respeito aos princípios da soberania dos Estados e da não interferência em assuntos internos; da evidência eletrônica (tópico 8) e do papel e a responsabilidade dos provedores de serviços e do setor privado (tópico 9); os tópicos 10, correspondiam às outras respostas ao cibercrime, o 11, às organizações internacionais, e o tópico 12 encerraria com o tema da assistência técnica.

Colhe-se do tópico "cooperação internacional" o relevo à dimensão internacional do cibercrime particularmente diante do fato que os agentes criminosos, operando através da internet, frequentemente não precisam estar presentes no local onde está a vítima ao passo que esta separação entre as

---

including the exchange of information on national legislation, best practices, technical assistance and international cooperation, with a view to examining options to strengthen existing and to propose new national and international legal or other responses to cybercrime". Disponível em: <https://www.unodc.org/documents/Cybercrime/General_Assembly_resolution_65-230_E.pdf>. Acesso em: 25 de setembro de 2020.

725 A Secretaria de Cooperação Internacional do Ministério Público Federal participou da delegação brasileira convidada para as 6ª e 7ª reuniões do IEG. Em função da pandemia COVID-19, que assolou os países globalmente, o Secretariado das Nações Unidas adotou um procedimento híbrido, presencial e virtual.

726 Disponíveis em: <https://undocs.org/E/CN.15/2011/19>. Acesso em: 25 de setembro de 2020.

localizações da vítima e dos agentes e a mobilidade destes fazem com que seja necessário que as autoridades judiciais e de *law enforcement* ajudem o Estado que assumiu a jurisdição[727].

Geralmente, as modalidades de cibercrime apresentam as características dos crimes à distância, em relação aos quais os países, na definição do lugar do crime, adotam as teorias da ação (onde ocorreu a ação criminosa), a do resultado (onde se produziu ou deveria produzir-se o resultado), e a teoria mista ou da ubiquidade, que é como está previsto no artigo 6º, do Código Penal brasileiro.

Vertendo essa característica do cibercrime ao relatório apresentado pelo IEG, o que o Grupo de Especialistas quis dizer é que, frequentemente, a localização do agente (o país onde o agente se encontra e pratica a ação criminosa, de acordo com a teoria da ação do lugar do crime) não coincide com a localização da vítima (o país onde a vítima se encontra e sofreu os efeitos do ato criminoso, de acordo com a teoria do resultado do lugar do crime). Isso faz com que sejam frequentes os casos de jurisdição concorrente sendo necessário *que as autoridades judiciais e de law enforcement ajudem o Estado que assumiu a jurisdição.*

No tocante ao papel e à responsabilidade dos provedores de serviço e do setor privado, o relatório do IEG 2011 destacou que o cibercrime não consegue ser cometido sem o envolvimento dos provedores (no sentido de exercerem o controle sobre o meio utilizado), de forma que os esforços das autoridades de *law enforcement* frequentemente dependem da cooperação dos provedores de internet (a chamada "cooperação direta" presente no texto da Convenção de Budapeste)[728].

---

[727] No original: "31. An increasing number of cybercrimes have an international dimension, particularly owing to the fact that offenders, operating through the transnational Internet, often do not need to be present at the location of the victim. This separation between the locations of the victim and the offender and the mobility of offenders make it necessary for law enforcement and judicial authorities to cooperate internationally and assist the State that has assumed jurisdiction." Disponível em: <https://undocs.org/E/CN.15/2011/19>. Acesso em: 25 de setembro de 2020.

[728] No original: "40. The fact that cybercrime cannot be committed without the involvement of the providers, coupled with the fact that providers often do not have the ability to prevent the commission of cybercrimes, raises the question of whether the responsibility of service providers should be limited. The answer to the question is critical for the economic development of the information and communications technology infrastructure. 41. The efforts of law enforcement agencies very often depend on the cooperation of Internet providers. This raises some concerns, as imposing or limiting the liability of service providers for acts committed by their users could have an impact on the cooperation and support of the service providers for cybercrime investigations, as well as on the actual prevention of cybercrime."

Na Declaração de Doha, adotada pelo *13º UN Congress on Crime Prevention and Criminal Justice*[729], e endossada pela Resolução n. 70/174 da Assembleia Geral, de 17 de dezembro de 2015[730], os Estados-Membros recomendaram à Comissão que prorrogasse o mandato do Grupo de Especialistas[731].

Através da Resolução n. 26/4, a Comissão pela Prevenção ao Crime e Justiça Criminal requereu ao IEG a continuidade de seus trabalhos, e assim o fazendo, para que mantivesse periódicas reuniões voltadas às discussões das questões substanciais concernentes aos crimes cibernéticos, de acordo com as declarações de Salvador e Doha.

A Comissão também requereu ao *Expert Group* que continuasse trocando informações sobre as legislações nacionais, boas práticas, assistência técnica e cooperação internacional, com o objetivo de examinar as opções para fortalecer as respostas existentes e propor novas respostas legais, nacionais e internacionais, ao cibercrime.

Propôs, ademais, que o Grupo de Especialistas levasse em consideração, na abordagem do estudo, os tópicos relativos à legislação e *frameworks,* à criminalização, ao *law enforcement* e investigações, às evidências eletrônicas e justiça criminal; à prevenção e à cooperação internacional, incluindo nesta a jurisdição e a soberania[732].

---

729 O 13º CCPCJ ocorreu de 12 a 17 de abril de 2015.

730 Disponível em: <https://undocs.org/en/A/RES/70/174>. Acesso em: 25 de setembro de 2020.

731 Confira em: <https://www.unodc.org/documents/congress/Declaration/V1504151_English.pdf>. Acesso em: 25 de setembro de 2020.

732 "1. Requests the open-ended intergovernmental Expert Group to Conduct a Comprehensive Study on Cybercrime, charged with conducting a comprehensive study of the problem of cybercrime and responses to it by Member States, the international community and the private sector, to continue its work and, in so doing, to hold periodic meetings and function as the platform for further discussion on substantive issues concerning cybercrime, keeping pace with its evolving trends, and in line with the Salvador Declaration on Comprehensive Strategies for Global Challenges: Crime Prevention and Criminal Justice Systems and Their Development in a Changing World and the Doha Declaration on Integrating Crime Prevention and Criminal Justice into the Wider United Nations Agenda to Address Social and Economic Challenges and to Promote the Rule of Law at the National and International Levels, and Public Participation, and also requests the Expert Group to continue to exchange information on national legislation, best practices, technical assistance and international cooperation, with a view to examining options to strengthen existing responses and propose new national and international legal or other responses to cybercrime; 2. Decides that the Expert Group will dedicate its future meetings to examining, in a structured manner, each of the main issues dealt with in chapters three through eight of the study, without prejudice to other

Na quarta reunião, realizada em Viena de 3 a 5 de abril de 2018, o Grupo de Especialistas focou o trabalho nas temáticas da legislação, *frameworks* e criminalização, propondo um plano de trabalho para 2018-2021[733].

Na Resolução n. 73/187, de 17 de dezembro de 2018, adotada pela Assembleia Geral das Nações Unidas, ficou estabelecido que a Secretaria Geral buscaria junto aos Estados-Membros os desafios que eles têm enfrentado no uso de informações e de comunicações tecnológicas com objetivos criminais[734].

---

issues included in the mandate of the Expert Group, taking into account, as appropriate, contributions received pursuant to Commission resolution 22/7 and the deliberations of the previous meetings of the Expert Group: Chapter 3: legislation and frameworks; Chapter 4: Criminalization; Chapter 5: Law Enforcement and investigations; Chapter 6: Electronic evidence and criminal justice; Chapter 7: International cooperation (including sovereignty, jurisdiction and international cooperation, formal international cooperation, informal international cooperation, and extraterritorial evidence); Chapter 8: Prevention. 3. Encourages the Expert Group to develop possible conclusions and recommendations for submission to the Commission; 4. Requests the United Nations Office on Drugs and Crime to periodically collect information on new developments, progress made and best practices identified; 5. Invites the Expert Group to provide advice, based on its work, to the United Nations Office on Drugs and Crime, including with regard to the Global Programme on Cybercrime, in order to assist, without prejudice to other issues included in the mandate of the Expert Group, in identifying high-priority capacity-building needs and effective responses, without prejudice to the status of the Commission as the governing body of the crime programme of the Office; 6. Decides to hold the future sessions of the Expert Group within existing resources and without prejudice to other mandated activities of the Commission, and invites Member States and other donors to consider providing extrabudgetary resources for the purposes of the present resolution, including with regard to the work of the Expert Group and the Global Programme on Cybercrime, in accordance with the rules and procedures of the United Nations; 7. Requests the Expert Group to report to the Commission at its next session on progress in its work." Disponível em: <https://www.unodc.org/documents/commissions/CCPCJ/CCPCJ_Sessions/CCPCJ_26/CCCPJ_Res_Dec/CCPCJ-RES-26-4.pdf>. Acesso em: 25 de setembro de 2020

733 Confira em: <https://undocs.org/en/UNODC/CCPCJ/EG.4/2018/1>. Acesso em: 25 de setembro de 2020. Na Resolução n. 73/186, a Assembleia Geral exortou aos Estados-Membros que apoiassem o plano de trabalho do IEG. Em <https://undocs.org/A/RES/73/186>. Acesso em: 26 de setembro de 2020.

734 Segundo o texto; "*Reaffirming* the importance of respect for human rights and fundamental freedoms in the use of information and communications technologies, 1. *Requests* the Secretary-General to seek the views of Member States on the challenges that they face in countering the use of information and communications technologies for criminal purposes and to present a report based on those views for consideration by the General Assembly at its seventy-fourth session" Disponível em: <https://undocs.org/en/A/RES/73/187>. Acesso em: 26 de setembro de 2020.

Atendendo-se aos termos da Resolução n. 73/187, o relatório foi apresentado pela Secretaria-Geral, retratando as diferentes perspectivas e experiências dos Estados, o qual foi adotado pela Resolução n. 74/130, de 30 de julho de 2019[735].

A quinta reunião do IEG teve lugar em Viena, de 27 a 29 de março de 2019, concentrando-se, substancialmente, nos temas do *law enforcement* e investigações e das evidências eletrônicas e justiça criminal.

Na sequência, ao adotar a Resolução n. 74/173, de 18 de dezembro de 2019, a Assembleia Geral convidou os Estados-Membros a consideraram a cooperação, quando apropriada e de maneira transparente e auditável, com o setor privado e com a sociedade civil para o desenvolvimento de medidas de combate ao cibercrime[736].

Através da Resolução n. 74/247, de 27 de dezembro de 2019, a Assembleia Geral das Nações Unidas, reafirmando a importância do respeito aos direitos humanos e às liberdades fundamentais no uso das tecnologias, e observando o relatório do Secretário-Geral, preparado nos termos da Resolução n. 73/187, *decidiu estabelecer um Comitê ad hoc* intergovernamental de especialistas e representantes de todas as regiões, *para elaborar uma convenção internacional* sobre o uso da informação e das comunicações tecnológicas para propósitos criminais, levando em consideração os instrumentos internacionais existentes[737]. E assim surgiu a proposta por uma nova convenção sobre cibercrimes.

---

[735] Ao todo 61 países contribuíram para o relatório. Disponível em: <https://undocs.org/en/A/RES/74/247>. Acesso em: 26 de setembro de 2020.

[736] No original: "12. *Invites* Member States to consider pursuing cooperation, where appropriate and in a transparent and accountable manner, with the private sector and civil society in developing measures to combat cybercrime". Confira em: <https://undocs.org/pdf?symbol=en/A/RES/74/173>. Acesso em: 26 de setembro de 2020.

[737] No original: "*Reaffirming* the importance of respect for human rights and fundamental freedoms in the use of information and communications technologies, 1. *Takes note* of the report of the Secretary-General, which was prepared pursuant to resolution n. 73/187; 2. *Decides* to establish an open-ended ad hoc intergovernmental committee of experts, representative of all regions, to elaborate a comprehensive international convention on countering the use of information and communications technologies for criminal purposes, taking into full consideration existing international instruments and efforts at the national, regional and international levels on combating the use of information and communications technologies for criminal purposes, in particular the work and outcomes of the open-ended intergovernmental Expert Group to Conduct a Comprehensive Study on Cybercrime;" Disponível em: <https://undocs.org/en/A/RES/74/247>. Acesso em: 25 de setembro de 2020.

A proposta por uma convenção global tem como principais apoiadores a Federação Russa e a República Popular da China.

Segundo as declarações da China, compreendidas no relatório apresentado pelo Secretário-Geral junto às declarações dos demais países, adotado no texto da Resolução 74/130 da Assembleia Geral[738], *"a comunidade internacional necessita urgentemente estabelecer um global framework legal contra o cybercrime e trabalhar em conjunto para enfrentar a séria e exponencial situação dos crimes"*[739].

A China também ressaltou os conflitos de jurisdição que prejudicam a cooperação internacional. Em termos de cooperação internacional, observou que a Convenção deve regular a prática da busca por evidências eletrônicas, designando um mecanismo mais eficiente, baseado no respeito à soberania dos Estados e à salvaguarda dos direitos das empresas e dos indivíduos, e faça previsões por um sistema jurisdicional que seja consistente com as características do *cybercrime*[740].

---

[738] Disponível em hyperlink em: <https://undocs.org/en/A/RES/74/247>. Acesso em: 27 de setembro de 2020.

[739] No original: "69 (...) China therefore stated that the international community urgently needed to establish a global legal framework against cybercrime and work together to cope with the increasingly serious crime situation, especially new challenges brought about by new technologies such as cloud computing, artificial intelligence, the Internet of Things and cryptocurrencies. China supported the view that all States negotiate and establish a global convention against cybercrime open to all countries, under the auspices of the United Nations and drawing on the experience of existing regional conventions. 70. According to China, the global convention should effectively coordinate national laws and practices against cybercrime, respond to new problems brought about by technological development in a timely manner and provide universally accepted solutions for global governance of cybercrime. In terms of scope of application, in addition to crimes against computer systems, the convention should also apply to crimes committed primarily through the use of the Internet and information technology, as well as activities aiding and preparing the commission of such crimes. In law enforcement and investigation, the convention should stipulate targeted law enforcement and investigation measures, and make arrangements for public-private partnership issues, clarifying the obligations of network service providers and operators to cooperate in preventing cybercrime and assisting in law enforcement and investigation."

[740] Confira o texto das declarações: "In terms of international cooperation, the convention should regulate the practice of cross-border taking of electronic evidence, design a more efficient mechanism on the taking of evidence, based on respect for State sovereignty and safeguarding the rights of corporates and individuals, and make provisions for the jurisdictional system that are consistent with the characteristics of cybercrime. In addition, the convention should make provisions on capacity-building, technical assistance and

A China ainda fez questão de observar que alguns países têm adotado legislações nacionais para "contornar" os canais de assistência judicial e a cooperação para o *law enforcement,* e unilateralmente alcançam evidências eletrônicas que estão no exterior, o que tem negativamente afetado os princípios básicos de direito internacional, tais como o princípio da soberania e da proteção aos direitos dos indivíduos e empresas. Em respeito à soberania e à jurisdição de outros países, destacou que a obtenção direta de dados eletrônicos localizados em outros países de indivíduos e companhias nacionais não pode ser permitida.

Em sentido similar, a Rússia pontuou que a comunidade internacional não possui um instrumento unificado para tratar a matéria e que falta um compreensível *framework* internacional para a cooperação. Ressaltou que existem instrumentos regionais relevantes que têm sido adotados, mas a

---

crime prevention mechanisms. 71. In terms of international cooperation, China pointed out that, before the introduction of a global convention, countries are encouraged to carry out pragmatic cooperation against cybercrime on the basis of mutual respect, equality and mutual benefit, in accordance with the Organized Crime Convention, regional conventions and bilateral treaties. China also noted that some countries had adopted domestic legislation to bypass the channels of judicial assistance and law enforcement cooperation and had unilaterally taken electronic data abroad, which, in turn, had negatively affected the basic principles of international law such as sovereignty and the protection of individual and corporate rights. China continues to seek a balance between respecting national sovereignty, protecting corporate and individual rights and facilitating investigations, and to improve the efficiency of the taking of evidence by optimizing procedures of judicial assistance and law enforcement cooperation and innovating cooperation models. 72. With regard to domestic measures, China maintained that States should take corresponding measures at the domestic level to effectively combat cybercrime, especially: (a) Criminalizing the use of Internet for terrorist purposes, and activities aiding and preparing the commission of cybercrime; (b) Stipulating the obligations of Internet service providers and operators to cooperate in preventing cybercrime and assisting law enforcement and investigation, and at the same time clarify the boundaries of the above-mentioned obligations and guarantee the legal rights of relevant enterprises and individuals; (c) Enhancing the necessary ability of law enforcement and judicial organs to investigate cybercrime, especially to better cope with the challenges brought about by new technologies; (d) Recognizing the evidential effect of electronic data and stipulating a definition and scope of electronic evidence; (e) Clarifying the rules for taking and admitting electronic evidence and prescribing in domestic legislation such means as seizure and sealing up of original storage media, on-site collection, remote inspection and freezing; (f) Considering the specificity of electronic evidence when applying traditional rules of evidence; (g) Strengthening the capacity-building of those tasked with taking electronic evidence, cultivating professional teams with both legal literacy and technical capabilities and formulating technical standards for the taking of electronic evidence."p.18-19 do relatório, disponível por *hyperlink* em <https://undocs.org/en/A/RES/74/247>. Acesso em: 26 de setembro de 2020.

capacidade desses instrumentos para efetivamente lidar com o cibercrime tem sido insuficiente[741].

[741] Confira as declarações da Rússia: "296. The Russian Federation noted that the challenge of countering the use of information and communications technologies for criminal purposes, in terms of dimensions and extent, had long become a global threat affecting all countries of the world without exception. At present, the world community does not have a unified approach to this issue. At the international level, the situation is compounded by the lack of a comprehensive international legal framework for cooperation and even a common terminological basis. At the regional level, relevant instruments have been developed and adopted by a number of organizations, but their capacity to deal effectively with such crimes remains insufficient.
297. The Russian Federation stated that a number of States promoted the Council of Europe Convention on Cybercrime as a possible solution. However, this instrument is inadequate to address current threats. The Convention was developed at the end of the 1990s, and therefore it does not regulate many modern "inventions" of criminals. It also allows for the possibility of violating the principles of State sovereignty and non-interference in the internal affairs of other States. Thus, there is still a threat of legitimizing access by special services of a limited group of countries to the uncontrolled collection of personal data belonging to users all over the world as well as of continuing the trend set by a number of States to consolidate their technological gains in the information space and maintain the "digital gap" between developed and developing countries. 298. The Russian Federation stressed that it promoted the development of universal principles and norms that would be shared by all interested parties and that would lay the foundation for effective international cooperation in countering cybercrime. Such an instrument could be a convention against crimes in the use of information and communications technologies, under the auspices of the United Nations, which would take into account the current realities and principles of sovereign equality and non-interference in the internal affairs of States. The Russian draft of a United Nations convention on cooperation in combating cybercrime, which was circulated as an official document (A/C.3/72/12), could serve as a basis for such work. The Russian Federation believed that that project would become "food for thought", would initiate a debate on the topic in key international forums, primarily the United Nations, and would consolidate and focus the efforts of the international community on the development of practical solutions in this area. 299. In the view of the Russian Federation, given the global nature of the phenomenon of information crime, it is not enough merely to discuss the issues only within the framework of the Vienna forum of the United Nations – the Expert Group to Conduct a Comprehensive Study on Cybercrime. The mandate of the Expert Group is limited to discussing, for the most part, technical aspects of this issue. In the present context, the search for a political solution and consensus-building are conceived as the primary task. 300. To this end, the Russian Federation emphasized that the provisions of General Assembly resolution n. 73/187, on countering the use of information and communications technologies for criminal purposes, should be firmly implemented. Another solution is to launch a permanent forum within the General Assembly to discuss, on the basis of an integrated and balanced approach, all the aspects of international cooperation in the fight against cybercrime, which would be aimed at finding a political solution and consensus-building, taking into account the urgent needs of States in this area and facilitating the exchange of best practices in this field. One of the options for such a forum is to establish an open-ended United Nations working group on cybercrime with a mandate to develop and implement any relevant documents by the Member States.", pp. 59-60, disponível por hyperlink em: <https://undocs.org/en/A/RES/74/247>. Acesso em: 25 de setembro de 2020.

De acordo com as declarações russas, a Convenção de Budapeste é do final dos anos 1990, não consegue mais alcançar as modernas "invenções" criminosas, e também permite a possibilidade de violação aos princípios da soberania e da não intervenção em assuntos internos "*there is still a threat of legitimizing access by special services of a limited group of countries to the uncontrolled collection of personal data belonging to users all over the world*".

A sexta reunião do IEG, ocorrida de 27 a 29 de julho de 2020, em formato híbrido, presencial (em Viena) e virtual, através de plataforma digital, concentrou-se na pauta da Cooperação Internacional e Prevenção, com a exposição dos países participantes sobre os desafios que enfrentam frente ao atual *framework* da Convenção de Budapeste ou por uma nova proposta de convenção.

Na lista de recomendações preliminares, decorrente da sexta reunião, na agenda da cooperação internacional, os Estados-Partes concluíram que dentro do escopo de definição de cibercrime estão incorporados não apenas os crimes cibernéticos próprios (a que chamaram de *cyber-dependent crimes*), mas, também, todos os outros crimes que são frequentemente cometidos no uso da internet ou de meios eletrônicos (a que denominaram por *cyber-enabled crimes*), como fraudes cibernéticas, lavagem de dinheiro, extorsão, tráfico de drogas, armas, pornografia infantil e atividades terroristas[742].

Nas suas intervenções, alguns Estados-Membros saudaram a adoção da Resolução n. 74/247 da Assembleia Geral das Nações Unidas, pela elaboração de uma nova convenção, que deve ser inclusiva, transparente e baseada no consenso, servindo como bons exemplos a UNTOC (Convenção sobre no Crime Organizado, a chamada Convenção de Palermo) e a UNCAC (Convenção contra a Corrupção, também conhecida por Convenção de Mérida)[743].

---

[742] No original: "As regards the scope of definition of cybercrime for purposes of international cooperation, countries should ensure sufficient criminalization of cybercrime acts, covering not only cyber-dependent crimes, but also other crimes frequently committed with the use of the Internet and electronic means (cyber-enabled crimes), such as cyber fraud, cyber theft, extortion, money-laundering, trafficking in drugs and arms, child pornography and terrorist activities." Disponível em: <https://undocs.org/UNODC/CCPCJ/EG.4/2020/L.1/Add.1>. Acesso em: 26 de setembro de 2020.

[743] "In their interventions some Member States welcomed the adoption of General Assembly resolution 74/247. It was stated that the elaboration of the new convention, pursuant to General Assembly resolution 74/247, should be inclusive, transparent and be based on consensus for which the earlier United Nations processes to conclude UNTOC and UNCAC may stand out as an example. Disponível em: <https://undocs.org/UNODC/CCPCJ/EG.4/2020/L.1/Add.2>. Acesso em: 26 de setembro de 2020.

Ao mesmo tempo, em outras intervenções, os Estados-Membros encorajaram o uso da Convenção de Budapeste para a obtenção de evidências eletrônicas e pela agilidade da cooperação através da rede 24/7. Todavia, visando dirimir os conflitos de jurisdição, ficou constando da lista de recomendações e conclusões preliminares que os Estados devem levar em consideração, em caso de ordens diretas, a legislação do Estado onde o provedor de serviço está localizado ou a legislação do Estado onde o suspeito está localizado, devendo ser respeitada a soberania dos Estados[744].

Na agenda da "prevenção", os Estados-Membros incluíram as parcerias público-privadas, reafirmando a sua necessidade na prevenção e combate ao cibercrime, inclusive a cooperação com stakeholders em cibersegurança e big tech companies para o compartilhamento informações[745]. E ressaltaram que soluções devem ser desenvolvidas por uma cooperação direta entre autoridades nacionais com os provedores de serviços, assegurados o Estado de direito, os direitos humanos e a proteção de dados[746].

---

[744] Segundo trechos do draft report: "5. There were calls for the active participation of all Member States in the elaboration of the work of the Ad Hoc committee to develop a new convention. 6. At the same time in other interventions it was also stated, that, in terms of content, any new convention should take into account, and not be in conflict with, existing frameworks and instruments. It was recommended that the issues of cross-border collection of evidence, criminalization provisions and respect for sovereignty should be included in a possible new convention. (...)13. For acquiring data to conduct investigations of cybercrime acts, States should build on tried and tested international instruments, whereas this complex subject requires an institutional framework that has proven its resilience and added value. The Budapest Convention which has been a standard in acquiring electronic evidence over the years, yielding concrete results on a daily basis for law enforcement agencies around the world, was highlighted in this respect. Also, it was recommended that States reduce conflicts of law regarding applicable legal requirements, by taking into account, in case of direct production orders, the legislation of the state where the requested ISP is located or the legislation of the state of the suspect as starting points." Disponível em: <https://undocs.org/UNODC/CCPCJ/EG.4/2020/L.1/Add.2>. Acesso em: 26 de setembro de 2020.

[745] (9) Public-private partnerships are needed in preventing and combating cybercrime, including cooperation with cybersecurity stakeholders and big tech companies on information-sharing. Disponível em: <https://undocs.org/UNODC/CCPCJ/EG.4/2020/L.1/Add.3>. Acesso em: 26 de setembro de 2020.

[746] "(12) Solutions should be developed for direct cooperation of national authorities with Internet service providers, while upholding the rule of law and human rights, including data protection requirements." Disponível em: <https://undocs.org/UNODC/CCPCJ/EG.4/2020/L.1/Add.3>. Acesso em: 26 de setembro de 2020.

3. A Conferência da Haia e as Convenções Processuais: a Convenção sobre o Reconhecimento e a Execução de Sentenças Estrangeiras em Matéria Civil e Comercial e o Projeto sobre Jurisdição

A Conferência da Haia de Direito Internacional Privado dedica-se, desde a sua primeira sessão, realizada em 1893, à harmonização das normas de Direito Internacional Privado.

A despeito do nome "Conferência", que pode transmitir um sentido equivocado de temporariedade, a Conferência da Haia de Direito Internacional Privado é uma organização internacional de abrangência mundial que adquiriu caráter permanente desde a aprovação do seu estatuto, em 1951, e que conta com um escritório permanente em Haia desde 1955.

Atualmente, possui 85 membros, representados por 84 países e pela União Europeia[747].

As principais temáticas de atuação da Conferência da Haia, voltadas à codificação do Direito Internacional Privado, tanto em termos de direito material quanto nos seus aspectos processuais, concentram-se na esfera de direitos de família[748], notadamente no tocante à proteção à criança, de contratos e transações internacionais[749] e de cooperação internacional[750].

---

[747] Para maiores informações sobre a história e o funcionamento da HCCH consulte a página <www.hcch.net>.

[748] Na área de família, podemos citar as Convenções sobre Alimentos, de 1973, uma sobre o reconhecimento e execução de sentenças estrangeiras e, a outra, sobre a lei aplicável às obrigações alimentares. Mais recentemente, em 23 de novembro de 2007, foram adotados dois novos instrumentos sobre alimentos, a Convenção sobre a Cobrança Internacional de Alimentos em Benefício dos Filhos e de outros Membros da Família e o Protocolo sobre a Lei Aplicável às Obrigações de Alimentos; a Convenção sobre os Aspectos Civis do Sequestro Internacional de Crianças, de 1980; a Convenção sobre Adoção Internacional, de 1993, e a Convenção relativa à Jurisdição, Lei Aplicável, ao Reconhecimento, à Execução e à Cooperação em Matéria de Responsabilidade Parental e de Medidas de Proteção às Crianças, de 1996. Ver mais CARVALHO RAMOS, André. A Conferência da Haia de Direito Internacional Privado em números em seu aniversário de 125 anos (1893-2018); ARAUJO, Nádia; VARGAS, Daniela; DE NARDI, Marcelo. "Revisitando as Convenções Processuais da Conferência da Haia para o Direito Internacional Privado: um olhar a partir do Brasil", in: CARVALHO RAMOS, André de e ARAUJO, Nadia de (org.). *A Conferência da Haia de Direito Internacional Privado e seus Impactos na Sociedade - 125 anos (1893-2018)*. Belo Horizonte: Arraes Editora, 2018.

[749] Como são exemplos a Convenção sobre a lei aplicável *ao trust*, de 1985, a Convenção sobre a compra e venda internacional de mercadorias, de 1986, a Convenção sobre os acordos de eleição do foro, de 2005 e a Convenção sobre a lei aplicável a certos direitos respeitantes a valores mobiliários detidos junto a intermediários, de 2006.

[750] Em matéria de cooperação internacional exercem um importante papel a Convenção relativa à supressão da exigência da legalização dos atos públicos estrangeiros, a chamada

Uma das primeiras propostas de codificação lançada no seio da Conferência da Haia foi na área de processo civil, com relação ao procedimento das comissões rogatórias, como demonstra a Convenção sobre procedimento civil, de 1905[751].

Posteriormente, a Convenção sobre a obtenção de provas no estrangeiro em matéria civil e comercial, de 1970[752] veio a tratar do mesmo assunto, representando um avanço entre as fontes internacionais na forma de assegurar a cooperação jurídica internacional.

O texto da Convenção sobre a obtenção de provas no estrangeiro em matéria civil e comercial aborda os aspectos pertinentes às duas vias por onde podem tramitar os pedidos: a de cartas rogatórias através de autoridades centrais e a obtenção de prova por meio de autoridades diplomáticas, consulares e comissários.

O pedido por meio de carta rogatória só pode versar sobre matéria civil e comercial e deve observar, no seu cumprimento, as normas internas do Estado requerido (artigo 9º). Assim, no caso do Brasil, os pedidos estrangeiros *realizados por autoridades judiciais* devem passar pelo processo de delibação do Superior Tribunal de Justiça, que é a autoridade competente para conceder o *exequatur* prévio à execução da carta pela Justiça Federal, nos termos da Constituição Federal brasileira.

A Convenção de Haia sobre a Obtenção de Provas no Estrangeiro em Matéria Civil e Comercial apresentou-se dentro de uma perspectiva mais moderna à época, pois introduzia a figura da autoridade central, e até então, existiam poucos tratados multilaterais, regionais e acordos bilaterais enfrentando a matéria[753].

Convenção da apostila, de 1961; a Convenção relativa à citação, intimação e notificação no estrangeiro de documentos judiciais e extrajudiciais em matéria civil e comercial, de 1965; a Convenção sobre a obtenção de provas no estrangeiro em matéria civil ou comercial, de 1970; a Convenção sobre o acesso internacional à justiça, de 1980, e mais recentemente a Convenção sobre o reconhecimento e a execução de sentenças estrangeiras em matéria civil e comercial, mais conhecida como Convenção sobre sentenças, de 2019.

751 Disponível na versão francesa em: <https://www.hcch.net/pt/instruments/the-old-conventions/1905-civil-procedure-convention>. Acesso em: 5 de outubro de 2020.

752 Promulgada pelo Decreto n. 9.039, de 27 de abril de 2017.

753 A Convenção de Nova Iorque, de 1958, também traz a figura da autoridade central, que no caso do Brasil é representada pela Procuradora-Geral da República. Ver mais em RIBEIRO, Gustavo Ferreira; FARIAS, Inez Lopes Matos Carneiro de; ARAUJO, Nadia; DE NARDI, Marcelo. "Crônicas de direito internacional privado", in: *Revista de Direito Internacional.* Uniceub, vol. 13, n. 2, 2016.

Sem dúvida, a Convenção cumpre um importante papel na prática da cooperação jurídica internacional, sendo um dos instrumentos mais utilizados, ao lado dos tratados regionais e bilaterais em matéria de assistência jurídica internacional civil e comercial.

Todavia, apesar de ser um instrumento adequado e útil para atender a muitos pedidos de cooperação jurídica internacional, em matéria civil e comercial, a dinâmica nela prevista, pela expedição de cartas rogatórias, não se coaduna com a exigência atual por mais celeridade na obtenção de evidências eletrônicas em matéria civil. É claro que sendo o único instrumento disponível será lançado mão do texto da Convenção para assegurar-se a cooperação internacional, mas isso não quer dizer que o instrumento seja o mais adequado em face das novas tecnologias.

Além da Convenção sobre a obtenção de provas no estrangeiro em matéria civil e comercial, a Conferência de Haia de Direito Internacional Privado adotou outras Convenções Processuais, dentre as quais as mais citadas que guardam pertinência com o tema da jurisdição são: a Convenção sobre o acesso internacional à justiça (1980)[754], já mencionada quando tratamos, anteriormente, do princípio do acesso à justiça e a Convenção sobre os acordos de eleição de foro (2005), também mencionada na abordagem ao princípio da autonomia das partes[755].

A Convenção sobre os acordos de eleição de foro faz parte de um grande projeto sobre jurisdição que está sendo gerido pela Conferência da Haia, no bojo do qual se desenvolveu e se adotou uma nova convenção processual sobre o reconhecimento e execução de sentenças estrangeiras, sobre a qual é de relevo tecer alguns comentários.

Em 2 de julho de 2019, a Conferência da Haia de Direito Internacional Privado adotou a Convenção sobre o reconhecimento e a execução de sentenças estrangeiras em matéria civil e comercial, também conhecida como Convenção sobre sentenças.

---

754 Promulgada através do Decreto n. 8.343, de 13 de novembro de 2014.

755 A Convenção da apostila, de 1961, promulgada pelo Decreto n. 8.660, de 29 de janeiro de 2016, e a Convenção relativa à citação, intimação e notificação no estrangeiro de documentos judiciais e extrajudiciais em matéria civil e comercial, de 1965, promulgada pelo Decreto n. 9.734, de 20 de março de 2019, são também Convenções Processuais da Haia e importantes instrumentos que visam facilitar e acelerar a cooperação jurídica internacional e a circulação transnacional de documentos.

O texto da Convenção foi pela última vez discutido ao longo da 22ª Sessão da Conferência da Haia, de 18 de junho a 2 de julho de 2019. O ato final foi adotado pelo Plenário, na sessão de 2 de julho e a Convenção foi aberta para assinaturas na mesma data[756].

A *origem* da Convenção remonta ao ano de 1992, quando surgiu uma proposta de estudo para a criação de regras uniformes tanto no tocante à jurisdição das cortes quanto no reconhecimento e execução de julgamentos em casos transfronteiriços de natureza civil e comercial. Todavia, a falta de consenso em um considerável número de questões, dentre elas o exercício da jurisdição para adjudicar sobre marcas, patentes e outros direitos de propriedade intelectual, sobre os direitos do consumidor[757], e o impacto da internet no *e-commerce*, fez a Conferência da Haia decidir separar as duas áreas por ocasião da Primeira Parte da 19ª Sessão, em 2001[758].

---

[756] O Uruguai foi o primeiro signatário, assinando a Convenção na data de sua adoção. O status da Convenção está disponível para consulta no website da HCCH, <www.hcch.net>, em "judgments".

[757] A proteção ao consumidor também está sendo tratada pela Conferência da Haia no projeto de Convenção internacional para a proteção do consumidor turista. Ver mais em VIEIRA, Luciane Klein; CIPRIANO, Ana Cândida Muniz. "A Conferência de Haia de Direito Internacional Privado e a Proteção do Consumidor Turista: Balanço e Perspectivas", p. 475-493, in: CARVALHO RAMOS, André de; ARAUJO, Nadia (org.). *A Conferência da Haia de Direito Internacional Privado e seus Impactos na Sociedade - 125 anos (1893-2018).* Belo Horizonte: Arraes Editores, 2018. AMARAL JUNIOR, Alberto do; VIEIRA, Luciane Klein; JUNIOR, Alberto do Amaral. A Jurisdição Internacional e a Proteção do Consumidor Transfronteiriço: um estudo comparativo entre as recentes alterações legislativas verificadas no Brasil e na Argentina, p. 310-323, in: CARVALHO RAMOS, André de (org.). *Direito Internacional Privado.* Belo Horizonte: Arraes Editores, 2016.

[758] Lê-se do documento *Some Reflections on the Present State of Negotiations on the Judgments Project in the Context of the Future Work Programme of the Conference*: "With a view to exploring the prospects for future negotiations, since June 2001 several countries as well as the European Community have held hearings on the proposed Judgments Convention, and bilateral consultations have taken place. It may be assumed that much of the ongoing discussion has revolved around the difficulties relating to activity based jurisdiction, intellectual property, consumer rights and employee rights, among others. More general themes will have been the impact of e-commerce on the negotiations and whether a more limited Convention should be considered as was proposed by some delegations during the First Part of the Nineteenth Session (...). It would seem that, at the end of the June Session, there were at least six major areas, in respect of which a lack of consensus creates obstacles to progress: A) the Internet and e-commerce; B) activity based jurisdiction; C) consumer contracts (in particular Article 7) and employment contracts (in particular Article 8); D) patents, trademarks, copyrights and other intellectual property rights (Articles 12 and 10, among others); E-the relationship with other instruments on jurisdiction and recognition and enforcement of judgments, in particular regional instruments, more particularly the Brussels and Lugano Conventions and the Brussels Regulation (see Annex I to the Interim Text); F- bilateralisation (Article 42)." Disponível em: <https://assets.hcch.net/upload/wop/gen_pd16e.pdf>. Acesso em: 6 de outubro de 2020.

O trabalho desenvolvido de 2002 a 2005 resultou na adoção da já mencionada Convenção sobre acordos de eleição de foro – *HCCH 2005 Choice of Court Convention*, que objetivou, na área da jurisdição das cortes, assegurar a efetividade da escolha do foro em matéria civil e criminal, a qual entrou em vigor em 1º de outubro de 2015.

Paralelamente, durante o ano de 2012, um grupo de especialistas concluiu que a continuidade dos trabalhos era essencial para identificar-se as falhas no atual *framework* e a Conferência da Haia concordou em estabelecer um *Working Group* para preparar propostas de avanço no tema do reconhecimento e execução de julgamentos em matéria civil e comercial.

O *Working Group* produziu uma minuta de texto (*draft)* prevendo disposições que facilitariam a circulação de julgamentos. Após quatro encontros, a Comissão Especial para a discussão e revisão do *draft* publicou o documento *2018 draft Convention*, que serviu de base para a 22ª Sessão da Conferência da Haia.

A Convenção abrange uma das três áreas clássicas do Direito Internacional Privado, a do reconhecimento e execução de julgamentos estrangeiros, e, numa perspectiva mais ampla, a da cooperação jurídica internacional. Assim, a Convenção não estabelece regras de jurisdição para adjudicar.

A Convenção não trata de critérios de jurisdição direta, mas oferece os elementos de *jurisdição indireta* segundo os quais uma decisão pode ser reconhecida e executada nos países signatários.

Seu objetivo é facilitar a circulação de decisões em matéria civil e comercial, reduzir os custos e riscos associados aos litígios transfronteiriços, promover o acesso à justiça, e facilitar o comércio transnacional e a mobilidade[759]. Lembremos que o acesso à justiça pode restar prejudicado, na prática, se a sentença obtida não puder ser executada no foro onde se encontram os bens da parte condenada.

A Convenção complementa a Convenção sobre os acordos de eleição do foro, que é limitada às transações comerciais, garantindo o acesso à justiça também nos casos onde não há jurisdição exclusiva determinada pelas partes.

A Convenção é dividida em quatro capítulos. O primeiro deles é dedicado ao escopo do instrumento e suas definições.

---

[759] O texto integral da Convenção de Haia sobre o Reconhecimento e Execução de Sentenças Estrangeiras em Matéria Civil e Comercial pode ser visualizado em: <https://www.hcch.net/en/instruments/conventions/full-text/?cid=137>. Acesso em: 4 de setembro de 2020.

Em geral, no tocante ao seu escopo, a Convenção não se aplica a casos de natureza administrativa e fiscal, todavia, a mera natureza da pessoa, se pública ou privada, não interfere na sua aplicação, desde que a matéria seja de origem civil ou comercial (artigo 2.4).

A Convenção se aplica ao reconhecimento e execução em um Estado ("Estado requerido") de julgamento (definido como uma decisão de mérito dada por uma corte) proferido em outro Estado ("Estado de origem").

O parágrafo 1º do artigo 2º do texto enumera matérias específicas excluindo-as do escopo da Convenção.

Assim, ficaram excluídas do escopo da Convenção: (a) a capacidade e o estado das pessoas naturais; (b) obrigações de alimentos; (c) outras matérias de direito de família, como anulação de casamento, divórcio, regime de bens, guarda, adoção, emancipação; (d) sucessão hereditária e testamentária; (e) causas baseadas em procedimentos de insolvência, falência (de pessoas individuais e jurídicas), e liquidação de instituições financeiras; (f) matérias relativas ao transporte, marítimo, terrestre ou aéreo, interno ou internacional, de mercadorias e passageiros; (g) poluição marítima e (h) danos nucleares, as duas últimas porque já estariam abrangidas por outros instrumentos internacionais.

Além dessas, as seguintes matérias: (i) litígios sobre a validade, nulidade ou dissolução das pessoas jurídicas; (j) causas sobre a validade e nulidade das entradas em registros públicos, incluindo registros comerciais e imobiliários; (k) difamação a pessoas físicas e jurídicas, por ser uma matéria sensível a muitos Estados, que está relacionada à liberdade de expressão e, via de regra, possui implicações constitucionais.

A exclusão da matéria relativa à difamação de pessoas físicas e jurídicas aplica-se a todos os meios de comunicação, como rádio, televisão, imprensa e *internet*.

Pela mesma razão, o texto da Convenção excluiu as causas relativas à (l) privacidade, incluindo a peculiaridade do conceito de privacidade ser bastante complexo e amplo. A exclusão aplica-se às modalidades de quebra da privacidade, como interceptações ou gravações, seja por texto, imagem, áudio ou vídeo, e à proteção de dados, não se aplicando a exclusão às transações B2B.

A propriedade intelectual (alínea "m" do artigo 2.1) também foi inserida dentre as matérias que não estão contempladas na Convenção, porque já está coberta por vários instrumentos internacionais, como a Convenção de Paris pela Proteção da Propriedade Industrial, a Convenção que estabeleceu a *World Intellectual Property Organization* (WIPO), o Acordo sobre os Aspectos dos Direitos à Propriedade Intelectual relacionados ao Comércio, o Acordo TRIPS – *Trade related Aspects of Intellectual Property Rights*, o Tratado da OMPI sobre o Direito do Autor e a Convenção de Berna sobre a Proteção da Literatura e aos Trabalhos Artísticos.

E ainda: (n) as atividades das Forças Armadas, que não se caracterizariam como matéria civil e comercial; (o) as atividades de *law enforcement* sobre pessoas, como as exercidas pela Polícia, pelas agências de *law enforcement*, as atividades de investigação, incluindo as relativas à cooperação jurídica internacional através da extradição e de acordos de assistência jurídica mútua; (p) matéria antitruste, exceto quando o julgamento é baseado em uma conduta que constitui um acordo anticompetitivo ou relativa à prática entre reais ou potenciais competidores para fixar preços, fazer licitações fraudulentas, estabelecendo restrições de produção ou cotas, ou divide mercado (prática de cartel), e onde tais condutas e efeitos, ambos, ocorrem no Estado de origem; (q) restruturação de dívida soberana por meio de medidas estatais unilaterais.

A Convenção também não se aplica aos procedimentos de arbitragem (artigo 2.3) e não afeta privilégios e imunidades dos Estados (artigo 2.5).

A Convenção adota a prática internacional e define como residência habitual da pessoa jurídica: (a) o lugar da sede estatutária; (b) onde foi incorporada ou se constituiu; (c) onde está sua administração central; e (d) o lugar da sua principal praça de negócios (artigo 3.2).

A despeito de sua extrema importância ao fortalecimento do reconhecimento e execução transfronteiriços de sentenças judiciais, a Convenção expressamente exclui as matérias cíveis relativas às violações dos direitos de personalidade e à propriedade intelectual através da internet. E isso porque é reconhecida a forte carga dos direitos fundamentais nelas envolvidos, via de regra, de interesse dos sistemas constitucionais dos Estados ou porque já existem fontes internacionais que guarnecem tais direitos, como é o caso da propriedade intelectual.

Segundo aponta o documento "Algumas Reflexões sobre o Estado Atual das Negociações sobre o Projeto sobre Julgamentos", estabelecido pelo Escritório Permanente da Conferência da Haia[760], áreas como a dos

---

[760] Disponível em: <https://assets.hcch.net/upload/wop/gen_pd16e.pdf>. Acesso em: 6 de outubro de 2020.

direitos de propriedade e as que envolvem partes mais vulneráveis, como os consumidores, devem ser tratadas de forma especial, separadamente, levando-se em consideração, inclusive, a possibilidade de esforços em conjunto da Conferência de Haia com outras organizações internacionais.

Em 2019, o Conselho da Conferência da Haia (CGAP) confirmou o mandato concedido pelo Escritório Permanente ao Grupo de Especialistas para a continuidade do plano de trabalho relativo às questões sobre o Projeto de Jurisdição, em ordem a se preparar um instrumento adicional sobre o exercício *direto* da jurisdição, que incluísse a previsão de níveis de jurisdição exorbitante e litispendência.

Todavia, o projeto até o presente momento não contempla soluções às matérias tratadas nesta pesquisa[761] a despeito da importância de se vir a ter um instrumento internacional que trate da jurisdição no âmbito de um dos foros mais importantes do Direito Internacional Privado.

4. Outras iniciativas: dos diálogos multissetoriais à construção de uma *soft law* internacional

Existem inúmeras organizações não governamentais, de abrangência nacional e internacional, que se dedicam a discutir de forma multissetorial os impactos econômicos, sociais e jurídicos da internet.

Os segmentos de atuação são variados, afinal, múltiplas são as opções para se explorar a tecnologia da internet na perspectiva do direito e do desenvolvimento social. Assim, do passado ao presente, estão inseridos nestes debates de abrangência regional e global os mais variados assuntos que podem ser impactados pela internet, como a liberdade de expressão, a segurança na internet, privacidade, a vigilância pelo Estado, o comércio eletrônico, as redes comunitárias de Internet, infraestrutura e desenvolvimento da internet, criptografia, cibersegurança e eleições, crimes transnacionais e proteção à criança e ao adolescente.

Algumas dessas iniciativas possuem um escopo de trabalho relacionado ao tema da compreensão da internet sob a visão dos conflitos de jurisdição entre os Estados, da sobreposição dos ordenamentos jurídicos e interesses envolvidos.

---

761 A se ver das conclusões e recomendações adotadas pelo Conselho na reunião de 5 a 9 de março de 2019, conforme conteúdo em: <https://assets.hcch.net/docs/c4af61a8-d8bf-400e--9deb-afcd87ab4a56.pdf>. Acesso em: 4 de outubro de 2020.

Como são organizações que promovem a integração entre o setor público e privado, e que contam com parcerias de organizações internacionais, os diálogos multissetoriais que promovem são fundamentais e costumam contribuir para a identificação de problemas, para a troca de experiências e boas práticas, para a compreensão das legislações nacionais e pela formação de um objetivo comum de coordenação e cooperação a um nível internacional.

Em face desse escopo de trabalho e também de sua abrangência global, vale mencionar algumas das iniciativas que vem sendo desenvolvidas por estas organizações.

A menção a algumas delas não desprestigia, evidentemente, a importância das demais organizações existentes, servindo apenas como um demonstrativo da repercussão que adquiriu o fenômeno da internet como uma preocupação global e de interesse de todos.

Um dos exemplos de organização não governamental que muito tem contribuído para a compreensão dos desafios globais da internet, dialogando e fazendo parcerias com organizações internacionais, dentro da perspectiva da jurisdição, é o da *Internet & Jurisdiction Policy Network*[762].

A *Internet & Jurisdiction Policy Network* é uma organização *multistakeholder* voltada à tensão entre o cruzamento da internet além das fronteiras e as jurisdições nacionais. Seu Secretariado, estabelecido na cidade de Paris, procura facilitar uma política global através do engajamento de mais de 300 entidades vinculadas a setores públicos nacionais, operadores técnicos, companhias de internet, grupos da sociedade civil, da academia, e de organizações internacionais de aproximadamente 50 países.

Em julho de 2020, a *Internet & Jurisdiction Policy Network* e a *United Nations Economic Commission for Latin America and the Caribbean* (ECLAC), com o apoio da agência de cooperação alemã (GIZ) lançaram o relatório *Internet & Jurisdiction and ECLAC Regional Status Report 2020*[763].

O relatório traz um interessante mapeamento das informações mais relevantes consolidadas perante a América Latina e o Caribe reportando os tópicos emergenciais enfrentados pelas autoridades e pelo setor privado destas regiões. O objetivo do relatório é auxiliar no enfrentamento da questão da jurisdição e mitigar os conflitos existentes.

---

762 Para mais informações consulte o *website*: <https://www.internetjurisdiction.net>.

763 O documento foi elaborado por Carlos Affonso de Souza, Diretor do ITS, Instituto de Tecnologia e Sociedade do Rio de Janeiro, Brasil. Disponível em: <https://form.jotform.com/201824024145343>. Acesso em: 20 de outubro de 2020.

O relatório salientou que a *paisagem está mudando: passamos de uma euforia tecnológica romantizada do passado para um momento de techlash, anunciado pelo aumento da desinformação, do discurso de ódio e crimes cibernéticos*, o quais só se intensificaram com o uso da tecnologia durante a pandemia Covid-19.

Também se ressaltou que os fatos transnacionais são cada vez mais frequentes e que as empresas multinacionais possuem muita força e exercem grande influência nesse cenário, mas, principalmente, existem dúvidas no papel da territorialidade e da soberania em face de uma rede global como a internet, pois as leis nacionais têm um alcance geográfico crescente ao mesmo tempo em que os países enfrentam desafios pela aplicabilidade de suas próprias leis.

Além disso, a experiência compartilhada pelos países da América Latina e Caribe, reportada no documento, demonstrou que o sistema de cooperação através do MLA não é apoiado pelas regiões, os quais advogaram a adaptação de um sistema de cooperação para a nova era digital. Os *stakeholders* ouvidos concordaram que a Convenção de Budapeste está se encaminhando para a direção certa no sentido de facilitar as investigações transnacionais, mas ainda não resolve os problemas do sistema instituído pelo MLA[764].

Outro exemplo de organização não governamental que coloca em relevo o papel das fontes internacionais e o respeito aos direitos humanos dentro desta temática de regulação da internet é o da *Global Commision on the Stability of Cyberspace.*

Constituída a partir de uma iniciativa do *The Hague Centre for Strategic Studies* (HCSS) e do *EastWest Institute* (EWI), dois independentes *think*

[764] Mais algumas considerações relevantes apresentadas pelo relatório *Internet & Jurisdiction and ECLAC Regional Status Report 2020:* "Inspired by GDPR, countries in the LAC region are creating or improving their national data protection regulations; An expansive geographic scope of jurisdiction may not lead to actual enforcement; For the sake of consumer protection, courts in the region tend to not uphold choice of forum and choice of law clauses in Terms of Service of international platforms; The region has made significant progress in terms of legislation concerning the internet. In 2017 more than 80% of the countries in Latin America and the Caribbean had some type of legislation on electronic transactions and electronic signature and 90% had regulations on intellectual property matters. Handling the coexistence of heterogeneous laws on the cross-border internet is one of the greatest policy challenges of the 21st century. Yet, scalable and coherent policy solutions cannot be developed without a comprehensive understanding of a highly complex and dynamic ecosystem comprised of multiple actors, initiatives and trends across the policy silos of the digital economy, human rights and security.

thank, a *Global Commision on the Stability of Cyberspace* (GCSC) ajuda a promover o entendimento e a mútua conscientização entre as várias comunidades que trabalham nas matérias relacionadas à cybersegurança internacional, através do apoio a políticas e normas que visam à segurança e à estabilidade do espaço virtual.

A GCSC está estabelecida na Holanda e conta com a contribuição de *stakeholders* de várias regiões geográficas, representantes de instituições públicas, da indústria, técnicos e da sociedade civil, que possuem legitimidade para falar sobre os diferentes aspectos do *cyberspace*[765].

No último relatório produzido, a GCSC[766] propôs um compreensível *framework* pela estabilidade cibernética, consistente, principalmente, num engajamento *multistakeholder,* em princípios pela estabilidade, dentre os quais se destacam o respeito pelos direitos humanos e a responsabilidade dos agentes estatais e não estatais, no desenvolvimento e a implementação de normas, na aderência ao direito internacional e em medidas de construção de confiança.

O *Center of Democracy & Technology*[767] é outra organização não governamental de vulto internacional, que se faz presente nos foros internacionais multissetoriais, como nas próprias conferências do *Internet & Jurisdiction,* trabalhando em favor de uma internet mais segura em termos de proteção aos direitos fundamentais e dedicando-se a temas como liberdade de expressão, privacidade e cibersegurança.

A *Internet Society* também contribui à compreensão de uma internet global ao acesso de todos, num cenário de múltiplos atores, privados e públicos. Há mais de 28 anos a *Internet Society* é uma comunidade global construída ao largo da ideia de que a internet se tornou a força para uma mudança positiva econômica e social, produzindo pensamentos em torno de temas como criptografia e tecnologias para o crescimento da Internet localmente[768].

---

765 Confira em: <https://cyberstability.org/about/>. Acesso em: 14 de setembro de 2020.

766 O relatório é de novembro de 2019. Seu texto integral está disponível em: <https://cyberstability.org/report/>. Acesso em: 14 de setembro de 2020.

767 Confira o *website*: <https://cdt.org/area-of-focus/cybersecurity-standards/>. Acesso em: 14 de setembro de 2020.

768 O último relatório da Internet Society foi produzido em 2019. Conteúdo disponível em: <https://www.internetsociety.org/wp-content/uploads/2020/03/2019_ImpactReport-EN-1.pdf>. Acesso em: 30 de outubro de 2020.

No Brasil, servem de exemplo, na mesma linha, as organizações Safernet[769], Instituto de Tecnologia e Sociedade do Rio de Janeiro (ITSRio)[770], Internetlab – Centro de Pesquisa em Direito e Tecnologia[771], o IRIS – Instituto de Referência em Internet e Sociedade[772] e o Instituto Alana[773], algumas delas estabelecendo parcerias em cooperação técnica com organismos internacionais e instituições públicas nacionais.

Os estudos e reflexões trazidos por essa pequena amostra de organizações não governamentais servem para demonstrar que os desafios ainda são atuais e que todos os interessados, de setores públicos e privados, sabem dos problemas causados pela falta de uma regulamentação coordenada internacionalmente que vise evitar os conflitos entre os ordenamentos jurídicos nacionais.

Ao mesmo tempo, tais reflexões, compartilhadas na forma de relatórios amplamente divulgados, trazem a percepção de que medidas unilaterais por parte dos Estados podem sofrer crises de legitimidade e que dialogar de maneira multissetorial ainda é o melhor a ser feito, principalmente num ambiente em que as tecnologias ultrapassam com rapidez o Direito e onde os setores estatais necessitam acompanhar e se atualizar junto aos setores privados.

O papel das organizações não governamentais é extremamente importante na implementação da *soft law*, principalmente em temas como o da jurisdição internacional, onde o consenso em torno de um instrumento de *hard law* é difícil de ser alcançado.

Evidentemente, a *soft law* não impõe obrigações vinculantes, mas contribui para a formação gradual de normas de direito consuetudinário e para a cristalização dos tratados, ajudando na construção das previsões dos instrumentos de *hard law*[774].

A *soft law* também pode ajudar na interpretação e aplicação das normas de *hard law*, como vemos ocorrer no processo de revisão de convenções com a

[769] Há longa data a *Safernet* preocupa-se com o tema da pornografia infantil na Internet.

[770] Com excelentes contribuições aos estudos sobre a compreensão dos discursos de ódio na internet e à desinformação. Veja em: <https://itsrio.org/pt/home/>. Acesso em: 30 de outubro de 2020.

[771] Com excelentes contribuições ao estudo sobre os direitos fundamentais na era digital e o direito penal, entre outros temas. Confira suas produções no *website*: <https://www.internetlab.org.br/pt/>.

[772] https://irisbh.com.br

[773] Com foco na proteção à criança, disponível em: <https://alana.org.br>.

[774] CASSESE, Antonio. *International Law*. 2. ed. Oxford, 2005.

elaboração de recomendações por parte das organizações internacionais, que auxiliam na implementação de seus tratados[775].

Enfim, é um importante instrumento para o progressivo desenvolvimento do Direito Internacional em determinadas matérias e eficiente para um público com diversos atores globais internacionais[776], que acaba contribuindo para a codificação do Direito Internacional.

No processo de formação da *soft law* no Direito Internacional as organizações internacionais são as principais protagonistas. Ao lado delas, as entidades de codificação do Direito Internacional Privado realizam um formidável papel, como o *Institut de Droit International*, o *American Law Institute*, a *International Law Commission* e o Unidroit.

Numa parceria entre o *American Law Institute* e o Unidroit foram lançados os Princípios de Procedimento Civil Transnacional - Unidroit/ALI, os quais têm como objetivo contribuir na elaboração dos sistemas legais, nacionais ou na forma de tratados, servindo como padrão à adjudicação de litígios comerciais e civis transnacionais[777].

---

[775] Servindo de exemplo o processo de recomendações do GAFI (no combate aos crimes de lavagem de dinheiro e financiamento ao terrorismo), as recomendações da OCDE, no seio da Convenção sobre o combate da corrupção de funcionários públicos estrangeiros em transações comerciais internacionais, e outros. Veja mais em DASSER, Felix. "Soft Law in International Commercial Arbitration", in: *Collected Courses of the Hague Academy of International Law*, vol. 402, 2019. SEIDL-HOVENVELDERN, Ignaz. "International Economic "Soft Law" in: *Collected Courses of the Hague Academy of International Law*, vol. 163, 1979. TREVES, Tullio. "The expansion of International Law", in: *Collected Courses of the Hague Academy of International Law*, vol. 398, 2019.

[776] BAYLIS, Elena. The International Law Commission's Soft Law Influence. Fiu Law Review, volume 13, number 6, 2019. Disponível em formato eletrônico em: <https://ecollections.law.fiu.edu/cgi/viewcontent.cgi?article=1400&context=lawreview>. Acesso em: 9 de outubro de 2020.

[777] Ao todo são 31 princípios, dentre eles o seguinte princípio sobre jurisdição: "2. Jurisdiction Over Parties: 2.1 Jurisdiction over a party may be exercised: 2.1.1 By consent of the parties to submit the dispute to the tribunal; 2.1.2 When there is a substantial connection between the forum state and the party or the transaction or occurrence in dispute. A substantial connection exists when a significant part of the transaction or occurrence occurred in the forum state, when an individual defendant is a habitual resident of the forum state or a jural entity has received its charter of organization or has its principal place of business therein, or when property to which the dispute relates is located in the forum state. 2.2 Jurisdiction may also be exercised, when no other forum is reasonably available, on the basis of: 2.2.1 Presence or nationality of the defendant in the forum state; or 2.2.2 Presence in the forum state of the defendant's property, whether or not the dispute relates to the property, but the court's authority should be limited to the property or its value. 2.3 A court may grant provisional

Além das organizações internacionais e das entidades pela codificação do Direito Internacional Privados como protagonistas na elaboração e construção da *soft law*, as redes interinstitucionais entre os países também têm demonstrado uma nova forma de se ver o Direito Internacional dentro deste contexto global com múltiplos atores estatais e não estatais, contribuindo para a cooperação e a articulação entre os países para compreender os novos fenômenos do século XXI.

São exemplos dessas redes interinstitucionais, as redes entre magistrados, ministérios públicos, receitas federais, bancos centrais, unidades de inteligência financeira (Grupo de Egmont) e outras.

As redes buscam a repetição de boas práticas, a troca de experiências, a compreensão das legislações e o fortalecimento da *hard law*, passando também pela construção da *soft law*, como é o caso da Rede Iberoamericana dos Ministérios Públicos em matéria cibernética (CiberRed), da qual faz parte o Ministério Público Federal brasileiro.

A CiberRed foi criada em Lisboa, em fevereiro de 2018, sob os auspícios da XXIV Assembleia Geral da Associação Iberoamericana de Ministério Públicos (AIAMP). Trata-se de uma rede de procuradores especializados na investigação e persecução penal dos cibercrimes, com pontos de contato em diversos países integrantes da AIAMP[778]. A rede objetiva promover e melhorar

---

measures with respect to a person or to property in the territory of the forum state, even if the court does not have jurisdiction over the controversy. 2.4 Exercise of jurisdiction must ordinarily be declined when the parties have previously agreed that some other tribunal has exclusive jurisdiction. 2.5 Jurisdiction may be declined or the proceeding suspended when the court is manifestly inappropriate relative to another more appropriate court that could exercise jurisdiction. 2.6 The court should decline jurisdiction or suspend the proceeding, when the dispute is previously pending in another court competent to exercise jurisdiction, unless it appears that the dispute will not be fairly, effectively, and expeditiously resolved in that forum." Disponível em: <https://www.unidroit.org/instruments/transnational-civil-procedure>. Acesso em: 9 de outubro de 2020.

[778] A AIAMP é uma entidade sem fins lucrativos, da qual fazem parte os Ministérios Públicos Iberoamericanos. Foi fundada no Brasil em 1954, como Associação Interamericana de Ministérios Públicos e, posteriormente, com a incorporação da Espanha e Portugal, passou a denominar-se Associação Iberoamericana de Ministérios Públicos, AIAMP. Na atualidade, fazem parte da AIAMP 22 Ministérios Públicos da Iberoamérica, que se regem pelos estatutos da Associação, aprovados na XXIV Assembleia Gera Ordinária, que se realizou em Lisboa, em outubro de 2016. Dentre seus principais objetivos se encontram: estreitar os vínculos de cooperação, solidariedade e enriquecimento profissional recíprocos entre os Ministérios Públicos membros; promover o estabelecimento de estratégias comuns para enfrentar os problemas fundamentais, especialmente referidos ao crime organizado

a informação disponível sobre os diferentes sistemas jurídicos dos países iberoamericanos em matéria de ciberdelito, inclusive as normas respeitantes à obtenção da prova digital, potencializar o intercâmbio de conhecimentos e experiências, criar e difundir boas práticas e especialmente otimizar e agilizar a cooperação[779].

A AIAMP trabalha, muitas vezes, em parceria com outras redes, como a Conferência de Ministros de Justiça dos Países Iberoamericanos (COMJIB), as quais têm desenvolvido diversos acordos, que se traduzem em apoio por parte da Conferência às atividades da Associação, como as Assembleias Gerais da AIAMP.

No âmbito da COMJIB existe o Convênio Iberoamericano de Cooperação sobre Investigação, Verificação e Obtenção de Prova em matéria de ciberdelinquência, assinado pelos governos da Guatemala, Nicarágua, Portugal, Peru e Uruguai em 28 de maio de 2014, e a Recomendação da COMJIB relativa à Tipificação e Sanção da Ciberdeliquência. Os dois instrumentos acabaram não tendo a adesão esperada, porque a expectativa é que fossem além das disposições da Convenção de Budapeste, fato que fez com que não atendessem a alguns países, que preferiram partir para a adesão da Convenção de Budapeste. Todavia, como normas de *soft law* possuem o seu impacto na mudança e aplicação das legislações nacionais dos países membros iberoamericanos.

(narcotráfico, terrorismo e tráfico de pessoas) e tratamento de vítimas e testemunhas; facilitar os vínculos e a comunicação com os Ministérios Públicos que são membros da Associação, com vista a contribuir ao seu fortalecimento institucional dentro de seus respectivos ordenamentos jurídicos-políticos. Ver mais informações em: <http://www.aiamp.info/index.php/la-asociacion/quienes-somos>. Acesso em: 20 de outubro de 2020.

[779] Ver mais informações sobre a CiberRed em: <http://www.aiamp.info/index.php/redes-permanentes-aiamp/red-de-ciberdelincuencia/documentos/plan-de-trabajo-ciberred-ano-2020>. Acesso em: 20 de outubro de 2020.

CAPÍTULO 4

NO DIREITO BRASILEIRO

1. A jurisdição para adjudicar em matéria civil: a jurisdição internacional concorrente geral e especial para os fatos transnacionais eletrônicos. O domicílio da pessoa jurídica

O Código de Processo Civil brasileiro contempla mais de uma hipótese em que permite aos tribunais brasileiros adjudicar causas cíveis relativas às atividades na internet.

São as hipóteses de jurisdição internacional concorrente geral (artigos 21, inciso I, e 22, inciso III) e especial (artigos 21, incisos II e III, e 22, inciso II), anteriormente analisadas quando tratamos dos princípios e regras da jurisdição internacional.

É difícil não encontrarmos, na leitura desses dispositivos, uma alternativa ao exercício da jurisdição brasileira (concorrente), no tocante aos fatos transnacionais eletrônicos.

Em meio às regras de jurisdição internacional concorrente geral destaca-se aquela que leva em conta a submissão das partes à jurisdição brasileira (artigo 22, inciso III), critério clássico de eleição de foro que pode ser aplicado em todos os contratos eletrônicos que não envolvam relações de consumo.

Para as relações de consumo, já vimos que a legislação processual brasileira abriga o princípio do acesso à justiça, assegurando-o ao consumidor através da possibilidade de promover a ação no foro do seu domicílio ou residência e de só ser demandado perante o mesmo foro. O critério foi introduzido pelo Código de Processo Civil de 2015, no seu artigo 22, inciso II, seguindo uma tendência internacional de proteção ao consumidor diante de sua vulnerabilidade[780].

---

[780] Para Claudia Lima Marques e Daniela Corrêa Jacques: "A proteção internacional do consumidor é hoje um dos temas mais atuais do Direito Internacional Privado, seja pela crescente influência da legislação da União Europeia, pela banalização do consumo internacional, e não poucos se preocupam com o eventual retrocesso no nível de proteção deste sujeito vulnerável, seja em direito material, seja, metodologicamente/em Direito

Aliás, a Lei n. 12.965, de 23 de abril de 2014, o chamado Marco Civil da Internet, dispõe que serão nulas de pleno direito as cláusulas contratuais em contratos de adesão que não ofereçam como alternativa ao contratante a adoção do foro brasileiro para solução de controvérsias decorrentes de serviços prestados no Brasil[781]. A lei também prevê como direito do usuário a aplicação das normas de proteção e defesa do consumidor nas relações de consumo realizadas na internet.

Por consequência, não apenas os contratos de consumo realizados via internet como os próprios contratos de prestação de serviços com os provedores de serviços de internet dão ao usuário o direito de promover a ação cível pertinente no local do seu domicílio ou residência.

Para fins de jurisdição, importa que a causa vincule-se à relação de consumo e que o serviço tenha sido dirigido ao consumidor.

A análise dos limites da responsabilidade civil do provedor de serviços da internet, qualquer que seja o tipo de serviço, em sendo de acesso, de conteúdo, de informação ou de hospedagem, vai depender de uma análise de mérito sobre a forma de atuação no comércio eletrônico. Existem múltiplas formas de atuação, dependendo do serviço oferecido, pouco importando, no entanto, que o serviço de internet seja ofertado de forma gratuita, pois se reconhece que existe uma contraprestação indireta na prestação desse serviço[782].

Internacional Privado. Os bens estrangeiros estão nos supermercados, os serviços são oferecidos por fornecedores com sede no exterior no telemarketing, através da televisão, do rádio, da Internet, da publicidade massificada no dia-a-dia da maioria dos cidadãos de nossas metrópoles regionais. Não é mais necessário viajar, ser um *consumidor-ativo*, um consumidor turista, deslocar-se para ser um consumidor, que contrata de forma internacional ou se relaciona com fornecedores de outros países. As próprias formas de produção e montagem hoje são internacionais, os contatos internacionais de consumo e o turismo massificaram-se", in: *Normas de aplicação imediata como um método para o Direito Internacional Privado de Proteção do Consumidor no Brasil*, p. 67.

[781] "Art. 8º A garantia do direito à privacidade e à liberdade de expressão nas comunicações é condição para o pleno exercício do direito de acesso à internet. Parágrafo único. São nulas de pleno direito as cláusulas contratuais que violem o disposto no caput, tais como aquelas que: I – impliquem ofensa à inviolabilidade e ao sigilo das comunicações privadas, pela internet; ou II – em contrato de adesão, não ofereçam como alternativa ao contratante a adoção do foro brasileiro para solução de controvérsias decorrentes de serviços prestados no Brasil."

[782] Veja-se, a propósito, o seguinte julgado do Superior Tribunal de Justiça sobre a responsabilidade civil do provedor de serviços UOL pela prestação do serviço de busca na internet quando a pesquisa resultar em site de vendas de produtos que apresentam defeito de acordo com o Código de Defesa do Consumidor: EMENTA: CIVIL E CONSUMIDOR.

A legislação processual brasileira reconhece, ainda, a possibilidade de a jurisdição brasileira ser exercida quando a obrigação tiver que ser cumprida no Brasil, segundo o artigo 21, inciso II, do Código de Processo Civil, que espelha a mesma regra contida no artigo 12 da LINDB. Trata-se de mais uma regra de determinação de jurisdição internacional concorrente especial a qual pode ser aplicada, por exemplo, quando a demanda decorrer da prestação do serviço de internet que tiver que ser cumprida no Brasil.

Os critérios de jurisdição mencionados – do foro eleito pelas partes, do foro do consumidor e do local do cumprimento da obrigação no Brasil – servem para solucionar em grande parte os litígios transnacionais cíveis eletrônicos no Brasil.

Se a causa relaciona-se a atos ilícitos cíveis cometidos via internet, tais como ofensas aos direitos de personalidade através de redes de relacionamento, o inciso III do artigo 21 do CPC é o mais adequado.

Com base no artigo 21, inciso III, do CPC, podem ser adjudicados litígios em que se discute a responsabilidade civil por publicações difamatórias, injuriosas ou inverídicas nas redes, tendo por fundamento o fato danoso ocorrido no Brasil (*forum damni*) ou o ato praticado no Brasil (*forum delicti comissi*). Nesse sentido, a já mencionada decisão do Superior Tribunal de Justiça no REsp. n. 116.844/RJ que reconheceu a jurisdição brasileira com base no critério do foro onde ocorreu o dano por violação de direito de imagem em sítio eletrônico.

Além dessas hipóteses, cabe mencionar, por último, a regra geral de jurisdição concorrente segundo a qual os tribunais brasileiros podem adjudicar qualquer litígio com fundamento no domicílio da parte requerida.

Nesse aspecto, importa saber como se qualifica o domicílio do provedor estrangeiro que presta serviço no Brasil segundo as leis brasileiras.

INTERNET. RELAÇÃO DE CONSUMO. INCIDÊNCIA DO CDC. GRATUIDADE DO SERVIÇO. INDIFERENÇA. PROVEDOR DE PESQUISA VOLTADA AO COMÉRCIO ELETRÔNICO. INTERMEDIAÇÃO. AUSÊNCIA. FORNECEDOR. NÃO CONFIGURADO. (...) 2. A exploração comercial da Internet sujeita as relações de consumo daí advindas à Lei n. 8.078/90. 3. O fato de o serviço prestado pelo provedor de serviço de Internet ser gratuito não desvirtua a relação de consumo. 4. Existência de múltiplas formas de atuação no comércio eletrônico. 5. O provedor de buscas de produtos que não realiza qualquer intermediação entre consumidor e vendedor não pode ser responsabilizado por qualquer vício da mercadoria ou inadimplemento contratual. 6. Recurso especial provido. REsp. n. 1.444.008/RS, Rel. Min. Nancy Andrighi, Terceira turma, DJe 09/11/2016.

De acordo com o parágrafo único do artigo 21 do Código de Processo Civil, *considera-se domiciliada no Brasil a pessoa jurídica estrangeira que nele tiver agência, filial ou sucursal.*

Se a corporação estrangeira quer *funcionar* no Brasil através de uma agência, filial, ou sucursal, precisará de autorização do governo federal para a sua instalação, conforme determina o artigo 1.134, do Código Civil brasileiro.

Ao requerimento de autorização, dentre outras exigências, a lei brasileira obriga que seja feita prova da nomeação de um representante no Brasil com poderes expressos para aceitar as condições exigidas para a autorização.

A exigência se coaduna com o disposto no artigo 75, inciso X, e § 3º, do Código de Processo Civil brasileiro, segundo o qual a pessoa jurídica estrangeira será representada em juízo, ativa e passivamente, pelo gerente, representante ou administrador de sua filial, agência ou sucursal aberta ou instalada no Brasil e o gerente de filial ou agência presume-se autorizado pela pessoa jurídica estrangeira a receber citação para qualquer processo.

Assim, a sociedade estrangeira demandada perante um juiz ou tribunal brasileiro será citada no território brasileiro na pessoa do gerente ou administrador do estabelecimento no Brasil (filial, agência ou sucursal) e não pela via da carta rogatória ativa. A sociedade estrangeira é que figurará no polo passivo, porque o estabelecimento no Brasil autorizado a funcionar não é considerado uma pessoa jurídica autônoma, mas sim uma "extensão" da pessoa jurídica estrangeira com domicílio no Brasil.

É necessário, no entanto, que a demanda tenha a ver com as atividades prestadas pelo estabelecimento fixado no Brasil, porquanto, se a administração, ou diretoria, tiver a sede no estrangeiro, haver-se-á por domicílio da pessoa jurídica, *no tocante às obrigações contraídas por cada uma das suas agências*, o lugar do estabelecimento, sito no Brasil, a que ela corresponder, conforme dispõe o parágrafo 2º do artigo 75 do Código Civil brasileiro.

Objetiva-se com essa disposição legal que o autor da demanda no Brasil não tenha que se locomover até o exterior para mover a ação sobre fato que tenha relação com a atividade desenvolvida pelo estabelecimento no Brasil[783], lembrando que a proteção conferida pelo dispositivo é alargada pelo legislador nas disposições concernentes às relações de consumo e ao domicílio do consumidor como regra de determinação da jurisdição internacional.

---

[783] ALVIM, Arruda. Competência Internacional. *Revista de Processo*, volume 7/8, 1977, p. 28.

No mesmo sentido vimos que o Regulamento (UE) n. 1.215/2012 contempla igual exigência no tocante à jurisdição em matéria contratual perante o tribunal onde foi ou deva ser cumprida a obrigação, determinando que o litígio deve ser relativo à exploração de uma sucursal, de uma agência ou de qualquer outro estabelecimento, para que possa ser promovido perante o tribunal do lugar em que tal sucursal, agência ou estabelecimento se encontram (artigo 7.7), e mesmo com relação à proteção ao consumidor (artigo 18).

Paralelamente, muitas empresas preferem adotar a forma de subsidiárias para se estabelecerem no Brasil e para que tenham pessoas jurídicas distintas em face dos limites da responsabilidade de cada uma delas.

Nesses casos, importa consignar que as empresas subsidiárias seguem outra regra, a do artigo 1126 do Código Civil, segundo a qual, uma vez constituída no Brasil e com sede administrativa no Brasil será considerada como sociedade brasileira. E assim sendo, será considerada sociedade com domicílio no Brasil e o domicílio via de regra é o lugar da sede social ou estatutária (artigo 75 do Código Civil).

Nas primeiras ações cíveis intentadas no Brasil, envolvendo os serviços prestados pelos provedores de serviços de internet, as companhias estrangeiras costumavam alegar a ausência de jurisdição brasileira, uma vez que estavam constituídas sob as leis de outros países (via de regra o Estado da Califórnia dos Estados Unidos da América) e possuíam sede social naquele Estado, a despeito de possuírem estabelecimento no Brasil, como é o caso das grandes companhias *Facebook e Google* (que gerencia o serviço de *gmail* e a rede de relacionamento *Orkut*).

Uma vez que o legislador processual foi claro no tocante ao estabelecimento do domicílio da parte requerida como critério definidor da jurisdição brasileira, mas, principalmente, diante da hipótese de se tratar de uma relação de consumo, as alegações de ausência de jurisdição da justiça brasileira foram substituídas para o alcance da responsabilidade civil do provedor que presta serviço no Brasil. É o que se dessume dos julgados a seguir transcritos.

O tema da responsabilidade civil dos provedores de serviços de internet - que se vincula ao da *lei material aplicável ao caso-*, sobre publicações injuriosas, difamatórias, inverídicas de terceiros nas plataformas de relacionamento como *Facebook e Instagram* (administrado pelo *Facebook*), é assunto discutível que vai depender da análise do mérito da causa.

O Superior Tribunal de Justiça possui entendimento consolidado no sentido de não constituir uma atividade intrínseca de provedores de aplicação semelhante ao do *Facebook*, a fiscalização prévia dos conteúdos a serem postados na rede social. Nesse sentido, mencione-se o julgamento REsp. n. 164.2997/RJ (Terceira Turma, julgado em 12/09/2017, DJe de 15/09/2017) em cuja ementa se lê que a verificação de conteúdo das imagens postadas por cada usuário não constitui atividade intrínseca ao serviço prestado pelos provedores de compartilhamento de vídeos, de modo que não se pode reputar defeituoso, nos termos do art. 14 do CDC, a aplicação que não exerce esse controle.

Da mesma forma, no AgIn no REsp. n. 1.507.782/RS (Quarta Turma, julgado em 11/02/2020, DJe de 03/03/2020), em cuja ementa se lê que o dano moral decorrente de mensagens com conteúdo ofensivo inseridas no site pelo usuário não constitui risco inerente à atividade desenvolvida pelo provedor de conteúdo (no caso era o site de relacionamento Orkut, de responsabilidade do *Google*), pelo que se entendeu que não se lhe aplicava a responsabilidade objetiva prevista no art. 927, parágrafo único, do CC/2002[784].

O Superior Tribunal de Justiça possui o entendimento de que aos provedores de aplicação incide a tese da responsabilidade subjetiva, segundo a qual o provedor torna-se solidariamente responsável com aquele que gerou o conteúdo ofensivo se, *ao ser notificado a respeito da lesão*, não tomar providências para a remoção da aplicação, o que, por força do art. 19 do Marco Civil da Internet, tem como termo inicial o momento da notificação judicial que ordena a retirada de determinado conteúdo da internet (REsp. n. 164.2997/RJ) ou a notificação extrajudicial para os casos de pornografia não consentida, nos termos do artigo 21, do Marco Civil da Internet (REsp. n. 1.735.712/SP)[785]. É digno de nota que em nenhum desses julgados refutou-se a jurisdição brasileira.

[784] Esse posicionamento é corroborado por vários outros precedentes do Tribunal Superior, tais como REsp. n. 1.193.764/SP (Terceira Turma, julgado em 14/12/2010, DJe 08/08/2011), REsp. n. 1.308.830/RS (Terceira Turma, julgado em 08/05/2012, DJe 19/06/2012), REsp. n. 1316921/RJ (Terceira Turma, julgado em 26/06/2012, DJe 29/06/2012), REsp. n. 1.568.935/RJ (Terceira Turma, julgado em 05/04/2016, DJe 13/04/2016), AgRg no AREsp. n. 614.778/RJ (Terceira Turma, julgado em 05/02/2015, DJe 12/02/2015), AgRg no AREsp. n. 308.163/RS (Quarta Turma, julgado em 14/05/2013, DJe 21/05/2013) e AgRg no REsp. n. 1.402.104/RJ (Quarta Turma, julgado em 27/05/2014, DJe 18/06/2014), REsp. n. 1.642.560 / SP (Terceira Turma, julgado em 12/09/2017, DJe 29/11/2017).

[785] No âmbito do STF as controvérsias tomaram o rumo da repercussão geral: a constitucionalidade do art. 19 da Lei n. 12.965, de 2014, ou Marco Civil da Internet (RE 1.037.396, Rel. Min. Dias Toffoli, Tema 987); o dever da empresa hospedeira de sítio na internet fiscalizar o conteúdo publicado e de retirá-lo do ar quando considerado ofensivo, sem intervenção do Judiciário (RE 660.861, Rel. Min. Luiz Fux, Tema 533)

No tocante ao direito ao esquecimento como um direito de personalidade, o Superior Tribunal de Justiça reconhece-o como sendo o direito de não ser lembrado contra sua vontade[786], referindo-se, em alguns de seus julgados, ao Enunciado n. 531 do CJ/STJ, segundo o qual a tutela da dignidade da pessoa humana na sociedade da informação inclui o direito ao esquecimento.

Todavia, a jurisprudência da Corte é pacífica no sentido de que, para a configuração da responsabilidade dos provedores de aplicação por conteúdos gerados por terceiros, a indicação clara e específica de sua localização na internet (através da URL) é essencial, seja por meio de uma notificação do particular seja por meio de uma ordem judicial. Segundo a Corte, a necessidade está expressa na redação conferida ao § 1º do art. 19 do Marco Civil da Internet, ao dispor sobre os requisitos de validade da própria ordem judicial que determina a retirada de conteúdo infringente (REsp. n. 1.851.328/RJ, Terceira Turma, julgado em 16/06/2020, DJe de 19/06/2020)[787].

Na maioria dos seus julgados sobre o tema, a Corte não chega a entrar no mérito do direito da vítima ao acesso à justiça, tal como já decidiu o TJUE entendendo que não se poderia exigir da vítima a localização precisa do sítio eletrônico que propagou a ofensa.

No entanto, em um caso de desindexação de termos de busca contra sites de buscas, julgado em 2018, o Superior Tribunal de Justiça entendeu diferentemente.

---

[786] HC 256.210/SP, Sexta Turma, julgado em 03/12/2013, DJe 13/12/2013; REsp. n. 1.335.153/RJ, Quarta Turma, julgado em 28/05/2013, DJe 10/09/2013; e REsp. n. 1.334.097/RJ, Quarta Turma, julgado em 28/05/2013, DJe 10/09/2013.

[787] Um caso de referência, citado como leading case é o do REsp. n. 1.316.921/RJ, Terceira Turma, julgado em 26/06/2012, DJe de 29/06/2012. Caso Maria da Graça Xuxa Meneghel v. Google Brasil. Veja-se mais: "a jurisprudência do Superior Tribunal de Justiça sedimentou-se no sentido de que os provedores de pesquisa não podem ser obrigados a eliminar do seu sistema os resultados derivados da busca de determinado termo ou expressão, tampouco os resultados que apontem para uma foto ou texto específico, independentemente da indicação do URL da página onde este estiver inserido" (REsp. n. 1.316.921/RJ, Rel. Ministra NANCY ANDRIGHI, TERCEIRA TURMA, julgado em 26/06/2012, DJe 29/06/2012). Nesse sentido: AgInt no REsp. n. 1.593.873, Rel. Ministra Nancy Andrighi, Terceira Turma, DJe 17/11/2016; Rcl 5.072/AC, Rel. Ministro MARCO BUZZI, Rel. p/ Acórdão Ministra NANCY ANDRIGHI, SEGUNDA SEÇÃO, julgado em 11/12/2013, DJe 04/06/2014; AgInt no REsp. n. 1599054/RJ, Rel. Ministro MOURA RIBEIRO, TERCEIRA TURMA, julgado em 25/04/2017, DJe 11/05/2017).

Tratava-se de ação de obrigação de fazer e estava em julgamento o REsp. n. 1.660.168/RJ (contra Google Brasil, Microsoft Brasil e Yahoo! Brasil), na qual a autora postulava a *desindexação*, nos resultados das aplicações de busca mantidas pelos provedores, de notícias relacionadas a suspeitas de fraude no XLI Concurso da Magistratura do Estado do Rio de Janeiro. Na inicial, a autora alegava que a indexação desses conteúdos causava danos a sua dignidade e privacidade, pois bastava buscar-se pelos termos "fraudes concurso" que o seu nome aparecia ou bastava inserir seu nome que a notícia da fraude aparecia, e, assim, requeria a filtragem dos resultados de buscas que utilizem seu nome como parâmetro, a fim de desvinculá-la das mencionadas reportagens.

Por maioria, a Terceira Turma do Superior Tribunal de Justiça pontuou que, apesar da Corte possuir o entendimento consolidado no sentido de afastar a responsabilidade de buscadores da internet pelos resultados de busca apresentados, reconhecendo a impossibilidade de lhes atribuir a função de censor e impondo ao prejudicado o direcionamento de sua pretensão contra os provedores de conteúdo (através da indicação da URL ou movendo a ação diretamente contra quem fez as publicações e não contra os sítios de busca), entendia que em circunstâncias excepcionais caberia a intervenção do Judiciário.

Colhe-se do voto do Ministro Marco Aurelio Bellizze que esse entendimento não equivalia a impor aos provedores de aplicações, em especial, àqueles dedicados exclusivamente à disponibilização de ferramentas de busca, o ônus de retirar do meio digital conteúdo inserido por terceiros, tampouco de imputar-lhes a função de um "verdadeiro censor digital", mas *tão somente de não afastar do Poder judiciário*, peremptoriamente, a apreciação de casos concretos excepcionais em que se denote a ausência de razoabilidade na exibição dos resultados. Seria a essência do direito ao esquecimento: não se trata de efetivamente apagar o passado, mas de permitir que a pessoa envolvida siga sua vida com razoável anonimato, não sendo o fato desabonador corriqueiramente rememorado e perenizado por sistemas automatizados de busca.

Ressaltou o Min. Paulo de Tarso Sanseverino que não se tratava de pedido de retirada de páginas da internet em que constem notícias sobre a suposta fraude ocorrida no certame da magistratura fluminense, e não se buscava, através da ação, a responsabilização civil dos provedores. A pretensão da demandante voltava-se ao reconhecimento de seu direito de evitar que, sendo feita a busca apenas pelo nome da autora, sem qualquer outro critério vinculativo à fraude, os resultados mais relevantes continuem a priorizar esse fato desabonador.

Assim, a despeito de o Superior Tribunal de Justiça não ter mencionado expressamente o direito de acesso à justiça, a Corte entendeu que não se poderia retirar do Judiciário brasileiro a apreciação do caso, o que, sem dúvida, representa um precedente em termos de direito ao esquecimento[788] e desindexação.

Em todos os casos citados, não se cogitou da ausência de jurisdição brasileira em face dos provedores de serviços estrangeiros que possuem suas subsidiárias no Brasil, como *Facebook, Microsoft, Yahoo e Google*. O que se discutiu nos julgados foram os limites da responsabilidade civil dos provedores e não a submissão destes ao Poder Judiciário brasileiro.

Sobre a submissão dos provedores estrangeiros à jurisdição brasileira, a Terceira Turma do Superior Tribunal de Justiça se pronunciou sobre o assunto, enfrentando essa questão no REsp. n. 1.745.657, julgado em 3 de novembro de 2020 (DJe 19/11/2020)[789].

A demanda foi promovida por pessoa que se encontrava no Brasil, ameaçada por meio de mensagens eletrônicas enviadas através de uma conta de *email* @outlook.com. A ação foi ajuizada com o propósito de identificar o autor das ofensas. O Juízo de 1º grau de jurisdição deferiu o pedido de

[788] Ainda no âmbito do direito ao esquecimento no Brasil, é de se ver que o Supremo Tribunal Federal, por maioria, reconheceu a existência de repercussão geral da questão constitucional suscitada no RE 1.010.606 (Caso Aida Curi, Rel. Min. Dias Toffoli, Tema 786), fixando, por maioria, a seguinte tese: "É incompatível com a Constituição a ideia de um direito ao esquecimento, assim entendido como o poder de obstar, em razão da passagem do tempo, a divulgação de fatos ou dados verídicos e licitamente obtidos e publicados em meios de comunicação social analógicos ou digitais. Eventuais excessos ou abusos no exercício da liberdade de expressão e de informação devem ser analisados caso a caso, a partir dos parâmetros constitucionais – especialmente os relativos à proteção da honra, da imagem, da privacidade e da personalidade em geral – e das expressas e específicas previsões legais nos âmbitos penal e cível". Acórdão disponível em: <https://portal.stf.jus.br/processos/downloadPeca.asp?id=15346473757&ext=.pdf>. Acesso em: 11 de fevereiro de 2022.

[789] O inteiro teor da decisão encontra-se disponível no sítio eletrônico do Superior Tribunal de Justiça em: <https://scon.stj.jus.br/SCON/jurisprudencia/doc.jsp?livre=SOBERANIA+-DIGITAL&b=ACOR&p=false&l=10&i=1&operador=mesmo&tipo_visualizacao=RESUMO>. Acesso em: 11 de janeiro de 2021.

tutela antecipada determinando a quebra do sigilo da conta e a exibição das informações necessárias (IP, data e horário de acesso) para a identificação do usuário da mencionada conta de *email*. No entanto, a recorrente (Microsoft Informática Ltda., subsidiária da Microsoft no Brasil), desde o 1º grau de jurisdição, alegou a ausência da jurisdição para a determinação de fornecimento dos dados referentes à mencionada conta de e-mail. Afirmou a recorrente, ainda, que as ameaças foram escritas em inglês, que o endereço eletrônico foi acessado do estrangeiro e que o provedor de conexão também se localiza fora do Brasil.

Por unanimidade, os ministros da Terceira Turma rejeitaram as alegações, reafirmando o entendimento do tribunal sobre a jurisdição brasileira em decorrência dos efeitos do ato danoso dirigido a uma pessoa domiciliada no Brasil[790]. O Tribunal também reconheceu a existência do grupo econômico ao registrar que *é certo que a recorrente, por si só, é empresa subsidiária destinada exclusivamente para operações no Brasil, mas pertence a grupo econômico que reconhecidamente opera em todo o mundo.*

Convém ressaltar que o que define a jurisdição internacional brasileira é o *domicílio* da parte requerida, seja ela pessoa física ou jurídica, brasileira ou

[790] Colhe-se do voto da Ministra Relatora Nancy Andrighi: "as alegações segundo as quais os acessos à conta de e-mail que originou as mensagens ofensivas teriam sido acessadas do estrangeiro, além de não serem devidamente comprovadas, não são relevantes para a solução desta controvérsia, visto que o recebimento e leitura das mensagens eletrônicas ocorreram em território brasileiro, o que já é suficiente para atrair a jurisdição pátria na controvérsia. (...) É evidente que, se há ofensa ao direito brasileiro em aplicação hospedada no estrangeiro (por exemplo, uma ofensa veiculada contra residente no Brasil em rede social), pode ocorrer a determinação judicial de que tal conteúdo seja retirado da internet e que os dados do autor da ofensa sejam apresentados à vítima. Não fosse assim, bastaria a qualquer pessoa armazenar informações lesivas em países longínquos para não responder por seus atos danoso. (...) Afirmar que a obtenção da identificação do autor das mensagens dependeria de fornecimento de informações de provedores de acesso à internet, os quais estariam localizados fora do país, mesmo que verdadeira essa alegação da recorrente, em nada seria capaz de alterar o resultado deste julgamento, pois esse procedimento de identificação precisa de informações tanto dos provedores de aplicação (na hipótese, a recorrente) quanto, posteriormente, de um provedor de acesso (uma operadora de telefonia). Esta controvérsia envolve a primeira parte das informações (os registros de aplicação). Se houver a necessidade de dados de provedores de acesso localizados no estrangeiro, então haverá o dever de pleitear tais informações em jurisdição estrangeira (...) De fato, é um equívoco imaginar que qualquer aplicação hospedada fora do Brasil não possa ser alcançada pela jurisdição nacional ou que as leis brasileiras não sejam aplicáveis às suas atividades."

estrangeira e, por isso, uma vez possuindo estabelecimento no Brasil, submete-se à jurisdição brasileira.

O problema surge quando os provedores de serviço de internet não possuem domicílio no Brasil (nenhum estabelecimento), fato que é muito comum uma vez que o oferecimento do serviço não requer, tecnicamente, que seja estabelecido um escritório no país, ou quando alegam (tal qual no caso citado acima) que as subsidiárias ou filiais no Brasil não tem relação com a causa discutida, nos limites de suas responsabilidades, via de regra, porque não detém controle sobre os serviços de *email, armazenamento de dados e redes* que estão sob o controle da empresa mãe[791].

Em termos de legislação brasileira, para enfrentar esse tipo de alegação, o Marco Civil da Internet dá a solução.

---

[791] Veja-se, a propósito, o Inquérito 784/STJ, conforme trechos dos memoriais da Google Brasil, assinados em abril de 2013, pelo escritório de advocacia Luís Roberto Barroso & Associados; "(...) o sistema eletrônico denominado *gmail* não é operado pela requerente e, sim, pela Google Inc., dos Estados Unidos. A diferença não é artificial. Ao revés, ao criarem suas contas de *e-mail,* os usuários do *gmail* aceitam os termos de uso e celebram um contrato direto com a *Google Inc,* que mantém computadores para operar o serviço e armazenar os dados correspondentes. A requerente não é parte interveniente em tais contratos. Mais importante do que isso: a Google Brasil não exerce qualquer tipo de ingerência sobre o funcionamento do *gmail* e não tem acesso aos dados que nele trafegam *(...)* a Google Brasil não é um braço operacional do sistema *gmail.* Embora as marcas Google e *gmail* estejam amplamente associadas em todo o mundo, o correio eletrônico é apenas um dos serviços operados pela Google Inc.. (...) A Google Brasil dedica-se a objetos sociais diversos, notadamente a execução de ações publicitárias associadas a determinadas plataformas mantidas na Internet, como o *YouTube e o Orkut.* O fato do *gmail* estar disponível em português não significa que ele seja operado do Brasil. Aliás, os usuários podem, a todo momento, selecionar qualquer uma entre as inúmeras outras opções de idioma, do alemão ao japonês. Não é possível, portanto, impor à Google Brasil que cumpre deveres jurídicos imputáveis a empresa diversa, ainda que integrante de um mesmo grupo econômico. Em segundo lugar, a Google Inc. sequer poderia compartilhar os dados diretamente com a Google Brasil. Isso porque aquela empresa está sujeita, como é natural, à legislação norte-americana, que protege o sigilo telemático e estabelece inúmeros requisitos para o seu afastamento. Nesse ponto, vale notar, o quadro não é diferente do que se verifica no Brasil. Imagine-se, *e.g.*, que uma concessionária brasileira de telefonia procedesse à interceptação de determinadas ligações e entregasse o material, de forma direta, a uma empresa sediada no exterior, sob o argumento de que ambas fariam parte do mesmo grupo econômico. A violação à legislação e à ordem constitucional brasileiras seriam inequívocas. A situação dos autos é idêntica, embora no sentido inverso: uma empresa brasileira e seus agentes não podem ser responsabilizados pela posição de uma empresa estrangeira que se recusa a compartilhar, de forma direta, dados que são sigilosos em seu próprio país (e também no Brasil), por determinação legal e constitucional."

2. O alcance da jurisdição de *enforcement* às pessoas jurídicas que prestam serviços no Brasil: o Marco Civil da Internet e a LINDB. O estatuto pessoal da pessoa jurídica

A jurisdição internacional brasileira cível é determinada pelo *domicílio* da parte requerida, seja ela pessoa física ou jurídica, e não por sua *nacionalidade.*

Para definir o *estatuto jurídico da pessoa jurídica*, o Direito Internacional Privado, na forma de tratado ou nas normas internas dos Estados, pode se utilizar do conceito de nacionalidade, quando, então, a nacionalidade da pessoa jurídica será *fator de aplicação da lei.*

No caso do Brasil a nacionalidade pode até ser fator de *aplicação da lei,* mas não é fator de determinação da jurisdição internacional brasileira.

Uma pessoa jurídica precisa ser reconhecida por um Estado para que possa ter personalidade jurídica e passar a ser uma entidade autônoma, titular de direitos e obrigações, não se confundindo com a figura de seus membros, e gozar de capacidade jurídica para dispor de um patrimônio próprio, concluir contratos e ter uma representação judicial.

O vínculo jurídico da pessoa jurídica com o Estado é o que vai reger a sua *existência, funcionamento, modificação, dissolução e capacidade jurídica*, isto é, o seu *estatuto pessoal.* Assim quando se fala em estatuto pessoal da pessoa jurídica a *lex societatis* é a lei que a reconhece.

Tal vínculo jurídico pode corresponder à nacionalidade, mas pode ser também o domicílio da pessoa jurídica, o que não se confunde com o domicílio como hipótese de jurisdição internacional.

Conforme explica João Grandino Rodas, *como regra geral, a lei da nacionalidade indica a lei aplicável, enquanto a competência judiciária depende do domicílio,* mas como a nacionalidade está relacionada à fixação da pessoa jurídica em um determinado local, o que se denomina nacionalidade acaba virando uma espécie de domicílio[792].

A principal razão para se estabelecer um vínculo jurídico às sociedades comerciais, para os fins do Direito Internacional Privado, surgiu da necessidade de se esclarecer se uma pessoa jurídica, legitimamente constituída e com sede em um determinado país, poderia ser reconhecida como titular de direitos e obrigações por outro país, se poderia, por exemplo, adquirir bens, realizar

792 RODAS, João Grandino. *Sociedade Comercial e Estado*. São Paulo: Saraiva, 1995, p. 45.

negócios esporádicos, estabelecer escritórios, acionar a justiça de outro país e ser igualmente demandada.

Com a generalização do reconhecimento das sociedades por parte dos Estados, isto é, uma vez que os Estados passaram a reconhecer a pessoa jurídica estrangeira, a preocupação com o reconhecimento diminuiu na seara internacional[793].

Além disso, sendo considerada como "nacional" de um Estado, a pessoa jurídica poderia, em tese, gozar da proteção diplomática desse Estado, tal como decidiu a Corte Internacional de Justiça no caso Barcelona Traction, em 1970.

Dentre os critérios para determinar a nacionalidade de uma pessoa jurídica, Carmen Tibúrcio e Jacob Dolinger destacam como os mais importantes: o da incorporação, o da sede social e o do controle. Outros critérios, como o centro de exploração e o centro de decisão chegaram a ser adotados pela doutrina de direito internacional, mas foram abandonados.

Na França do século XIX, por exemplo, o critério do centro de exploração foi muito utilizado com relação às indústrias de exploração de construção civil, minas e obras de infraestrutura. Entendia-se que o Estado francês atribuía nacionalidade à sociedade que explorasse sua principal atividade econômica ou industrial em seu território. As mudanças no centro de exploração das indústrias e o crescimento econômico das próprias, que passaram a ter vários centros de exploração espalhados pelos países, fez a França abandonar a teoria e adotar o critério da sede social no começo do século XX[794].

O critério do centro de decisão, por sua vez, foi promovido pelo professor da Universidade de Paris II, Berthold Goldman, na década de 1970, pensando nas empresas multinacionais e nos seus *headquarters,* que possuíam muitas sedes sociais, no afã de se buscar um critério de sede efetiva, real, que já era a tendência na França desde o século XIX.

Para o autor, o centro de decisão se distingue do critério de controle, pois enquanto este se vincula à participação societária e ao controle da empresa pela nacionalidade dos sócios, aquele leva em consideração o lugar onde são tomadas as principais decisões da pessoa jurídica. O critério do centro de decisão, no entanto, acabou sendo absorvido, porquanto muito similar, pelo entendimento do critério da sede real da empresa.

---

793 RODAS, João Grandino. *Sociedade Comercial e Estado.* São Paulo: Saraiva, 1995, p. 410.

794 LAURENT, Levy. *La Nationalite des Societes.* Paris: *Librairie Generale de Droit et de Jurisprudence,* 1984.

Por outro lado, há quem tenha negado a aferição de nacionalidade às sociedades, com base na teoria da ficção da personalidade jurídica das pessoas jurídicas.

F. Laurent, em 1880, entendia que só a pessoa singular era capaz de agir livremente e de autodeterminar-se, ao passo que as pessoas jurídicas eram seres fictícios, que não possuíam personalidade, senão por ficção e que, por isso, de modo algum poderiam se vincular a um Estado através da nacionalidade.

Niboyet, em 1927, também suportado na teoria da ficção jurídica, formulou a tese de que a pessoa jurídica, de *per si,* não possui nacionalidade, atribui-se-lhe uma nacionalidade de empréstimo, que é a nacionalidade dos sócios que a controlam, quer porque possuem a maioria do capital social, quer porque ocupam majoritariamente os lugares de direção e administração, apesar de não deterem maioria. Apesar de ter negado a nacionalidade às pessoas jurídicas, a tese de Niboyet serviu de base para a compreensão da teoria do controle da nacionalidade[795].

A teoria do controle no capital, na participação societária ou na direção da empresa, foi muito utilizada no período das grandes Guerras Mundiais, para facilitar o confisco de bens dos nacionais de países inimigos que controlavam sociedades comerciais em outros países. Até bem pouco tempo foi utilizado para proteger, a nível constitucional, a exploração de certas atividades econômicas no caso do Brasil, como para os serviços de cabotagem e de radiodifusão, assim como para dar preferência à empresa de capital nacional na aquisição de bens e serviços junto ao Poder Público.

Em verdade, os dois grandes critérios adotados na divisão entre países da *common law* e os da Europa continental para estabelecer o estatuto jurídico das pessoas jurídicas são o da incorporação e o da sede social.

---

[795] O tema é muito bem retratado por MARQUES DOS SANTOS, Antônio. Algumas reflexões sobre a nacionalidade das sociedades em direito internacional privado e em direito internacional público. Coimbra, 1985. Segundo o autor, tanto Laurent quanto Niboyet preocupavam-se com os aspectos econômicos do reconhecimento da nacionalidade às pessoas jurídicas. Laurent, em período anterior à Primeira Guerra Mundial, entendia que as pessoas jurídicas, enquanto ficção, estavam incorporando o patrimônio das pessoas singulares, e o ideal buscado à época era o de que todo homem fosse proprietário de um patrimônio que não poderia ser eliminado pelos entes coletivos. Já para Niboyet, a preocupação estava no sequestro dos bens dos inimigos após o desfecho da Primeira Guerra, isto é, sob o véu da personalidade da pessoa jurídica poder-se-ia esconder a personalidade e nacionalidade (inimiga) dos sócios.

É de se ver que nem sempre os países mencionam a palavra "nacionalidade" quando definem o estatuto jurídico da pessoa jurídica.

No Tratado sobre o Funcionamento da União Europeia está disposto que as sociedades constituídas em conformidade com a legislação de um Estado-Membro e que tenha a sua sede social, administração central ou estabelecimento principal na União são equiparadas às pessoas físicas nacionais dos Estados-Membros quanto à liberdade de estabelecimento (artigo 54). Não mencionar expressamente a nacionalidade evita até mesmo confusão com a qualificação do domicílio da pessoa jurídica.

Pela doutrina da incorporação, o estatuto pessoal da pessoa jurídica é regido pelas leis do Estado onde estas se constituem. A teoria da incorporação é admitida na Inglaterra, Estados Unidos, também na Suíça, nos países da América Latina, e em caráter complementar ao da sede social na Itália, Espanha e Alemanha[796].

Trata-se de um critério que leva em conta a autonomia da vontade e é muito bem aceito pelos países reconhecidamente investidores estrangeiros ou que sejam lugar de constituição das maiores companhias multinacionais. Via de regra, vem associado ao critério de controle da companhia, determinado pela participação do capital, com o intuito de se exigir uma ligação mais efetiva com o Estado da constituição[797].

O critério da incorporação foi reconhecido pelo Direito Internacional no julgamento do mencionado caso *Barcelona Traction*, julgado pela Corte Internacional de Justiça em 1970. A Corte da Haia decidiu aplicar a teoria da incorporação e também a da sede social (neste caso a sede estatutária), entendendo que a Bélgica não estava autorizada a proteger uma empresa constituída e sediada no Canadá, embora seus investidores, lesados pela Espanha, fossem belgas.

Já os defensores do critério da sede social entendem que a personalidade e a capacidade da pessoa jurídica se afirmam através de suas atividades jurídicas,

---

[796] MARQUES DOS SANTOS, Antônio. Algumas reflexões sobre a nacionalidade das sociedades em direito internacional privado e em direito internacional público. Coimbra, 1985, p. 62.

[797] A necessidade de um vínculo efetivo da pessoa com o Estado ficou assentada no julgamento de outro célebre caso da CIJ, Caso Nottebohm, relativo à proteção diplomática de pessoas singulares.

ligando-as ao país de sua sede social[798]. É uma ideia que se corresponde com a do centro de decisão da empresa, da sede real e efetiva, do que com a mera sede estatutária, que se vincula, por sua vez, com a teoria da incorporação e da autonomia da vontade.

A rigor, tais critérios não são estanques e podem ser aplicados tanto exclusivamente como de forma complementar a outro, como podemos ver de alguns tratados que abordam a matéria e do próprio direito brasileiro.

No âmbito das conferências especializadas da OEA (CIDIP), foram adotadas a Convenção sobre conflito de leis relativos a companhias comerciais, de 1979, e a Convenção sobre personalidade e capacidade das pessoas jurídicas no Direito Internacional Privado, de 1984. Ambas preveem o critério da incorporação.

Dispõem os artigos 2º e 3º da Convenção de 1979 que a *existência, capacidade, atividade, operação e dissolução das companhias comerciais será regida pela lei do lugar de sua constituição* e que *as companhias regularmente constituídas em um Estado serão reconhecidas nos outros Estados*. E seu artigo 5º preconiza que as sociedades constituídas em um Estado, que pretendam estabelecer a sede da administração central em outro Estado, *poderão ser obrigadas a cumprir os requisitos estabelecidos na legislação deste último*[799].

A Convenção interamericana sobre personalidade e capacidade das pessoas Jurídicas no Direito Internacional Privado prevê, da mesma forma, que *a existência, a capacidade de ser titular de direitos e obrigações, o funcionamento, a dissolução e a fusão das pessoas jurídicas de caráter privado serão regidos pela lei do lugar de sua constituição* (artigo 2º)[800].

O Tratado de Roma, de 1957, que instituiu a Comunidade Econômica Europeia, já dispunha, em seu artigo 52, sobre o direito de estabelecimento, no sentido de que os Estados suprirão, progressivamente, as restrições à liberdade de estabelecimento, o que se estende à criação de agências, sucursais

[798] DOLINGER, Jacob; TIBURCIO, Carmen. *Direito Internacional Privado. Parte Geral e Processo Internacional*. 12. ed. Rio de Janeiro: Forense, 2016, p. 246.

[799] Disponível em: <http://www.planalto.gov.br/ccivil_03/decreto/1997/d2400.htm>. Acesso em: 20/10/2020.

[800] O texto da Convenção Interamericana sobre Personalidade e Capacidade de Pessoas Jurídicas no Direito Internacional Privado foi promulgado pelo Decreto n. 2427, de 17 de dezembro de 1997. Disponível em: <http://www.oas.org/juridico/portuguese/treaties/B-49.htm>. Acesso em: 28 de outubro de 2020.

e filiais pelos nacionais de um Estado em relação ao território de outro Estado-Membro[801]. E, no seu artigo 58, preconiza que as sociedades constituídas em conformidade com a legislação de um Estado-Membro e tendo sua sede estatutária, sua administração central ou seu principal estabelecimento dentro da comunidade, são equiparadas às pessoas físicas nacionais dos Estados-Membros[802].

O Tratado constitutivo da Comunidade Econômica absorveu, assim, a teoria da incorporação associada a um dos demais critérios: da sede social (neste caso, a estatutária), administração central ou principal estabelecimento da União (centro de decisões e sede real), disposições que foram mantidas no Tratado sobre o Funcionamento da União Europeia (artigo 54), à exceção da sede estatutária que foi substituída pelo termo sede social. E por "sociedades" entendem-se as sociedades de direito civil ou comercial, incluindo as sociedades cooperativas, e as outras pessoas coletivas de direito público ou privado, com exceção das que não prossigam fins lucrativos.

A Convenção da Haia sobre Reconhecimento da Personalidade Jurídica das Sociedades, Associações e Fundações Estrangeiras, de 1965, dispõe em seu artigo 1º que a personalidade jurídica adquirida por uma sociedade, uma associação ou uma fundação em virtude da lei de um Estado contratante, cujas formalidades de registro ou de publicidade tenham sido atendidas e no qual se encontre a *sede estatutária,* será reconhecida de pleno direito aos outros Estados contratantes. O texto convencional ainda ressalvou aos Estados-Partes a prerrogativa de não reconhecer a personalidade à pessoa jurídica, na forma do artigo 1º, se este Estado toma em consideração a *sede real* e esta se encontre em seu território ou no território de outro Estado que também leva em consideração a sede real, a qual, por sua vez, é considerada como o local onde se situa a administração central[803].

---

801 Disponível em: <http://eur-lex.europa.eu/legal- content/FR/TXT/PDF/?uri=CELEX:11957E/TXT&from=PT>.

802 No original: "Les sociétés constituées en conformité de la législation d'un État membre et ayant leur siège statutaire, leur administration centrale ou leur principal établissement à l'intérieur de la Communauté, sont assimilées, pour l'application des dispositions du présent chapitre, aux personnes physiques ressortissant des États membres.» Disponível em: <http://eur-lex.europa.eu/legal-content/FR/TXT/PDF/?uri=CELEX:11957E/TXT&from=PT>. Acesso em: 28 de outubro de 2020.

803 "Artigo 1. A personalidade jurídica, adquirida por uma sociedade, uma associação ou uma fundação em virtude da lei do Estado contratante, onde as formalidades de registro ou de publicidade estiverem satisfeitas e onde se encontre a sede estatutária, será reconhecida de

No direito brasileiro, é no artigo 11, da LINDB que vamos encontrar a norma pertinente ao assunto.

Segundo preconiza o artigo 11, da Lei de Introdução às Normas do Direito Brasileiro, as organizações destinadas a fins de interesse coletivo, como as sociedades e as fundações, obedecem à lei do Estado em que se constituírem.

Para André de Carvalho Ramos, o direito brasileiro prevê que a lei do lugar da constituição rege a existência e a capacidade das pessoas jurídicas, não importando a lei do domicílio dos sócios, que rege o estatuto pessoal da pessoa física[804].

Assim, para a LINDB, o estatuto jurídico das pessoas jurídicas segue a lei onde foram constituídas e, tendo sido constituídas no Brasil, a lei brasileira.

Acrescenta a LINDB, no § 1º do seu artigo 11, que as pessoas jurídicas não poderão ter no Brasil filiais, agências ou estabelecimentos antes de seus atos constitutivos serem aprovados pelo Governo brasileiro, ficando sujeitos à lei brasileira.

A disciplina é similar à Convenção Interamericana de 1979, acima citada, que prevê a forma de *autorização* para o estabelecimento de filiais e sucursais no território de outro Estado. De uma maneira geral, uma vez constituída sob as leis de um Estado a pessoa jurídica será reconhecida e pode estabelecer domicílio onde quiser, desde que *cumpra com as exigências do local onde vier a se estabelecer.*

---

pleno direito nos outros Estados contratantes, quando ela comporte, além da capacidade de aparecer na justiça, ao menos a capacidade de possuir bens e de firmar contratos e outros negócios jurídicos. A personalidade jurídica adquirida em formalidades de registro ou de publicidade será, sob a mesma condição, reconhecida de pleno direito, se a sociedade, a associação ou a fundação tiverem sido constituídas segundo a lei que a rege. Artigo 2. De qualquer modo, a personalidade, adquirida conforme as disposições do artigo primeiro poderá não ser reconhecida em outro Estado contratante cuja lei leve em consideração a sede real, se esta sede lá for considerada como se encontrando em seu Estado. A sociedade, associação ou fundação é considerada como possuindo sua sede no local onde está estabelecida sua administração central. As disposições das alíneas 1 e 2 não são aplicáveis se a sociedade, associação ou fundação transferir, em um prazo razoável, sua sede real a um Estado que reconhece a personalidade jurídica sem levar sua sede em consideração." Disponível em: <https://www.hcch.net/pt/instruments/conventions/full-text/?cid=36>. Acesso em: 28 de outubro de 2020.

[804] RAMOS, André de Carvalho. *Comentários à Lei de Introdução às Normas do Direito Brasileiro*. São Paulo: Saraiva, 2016, p. 146.

Assim, a pessoa jurídica constituída sob as leis de outro país é *reconhecida* pelo ordenamento jurídico brasileiro, mas só pode se estabelecer no Brasil, na forma de filial ou sucursal, se for *autorizada* pelo Governo brasileiro, e a partir desse momento deve obediência às leis brasileiras, conforme determina o §1º do artigo 11 da LINDB. As subsidiárias de empresas estrangeiras estabelecidas no Brasil, por sua vez, obedecem à lei brasileira na forma do *caput* do artigo 11 da LINDB, porque são *constituídas* sob as leis brasileiras.

Portanto, introduziu a LINDB o *critério domiciliar* para os atos praticados por pessoas jurídicas estrangeiras com vínculo com o território nacional.

Nesse sentido, André de Carvalho Ramos explica que a regra do § 1º do artigo 11 da LINDB obedeceu a princípio domiciliar, ao estabelecer filial, agência ou estabelecimento no Brasil, a sociedade estrangeira adquire o domicílio aqui e passa ser regida pela lei brasileira, no tocante aos atos aqui praticados[805].

Conforme ensina João Grandino Rodas, para a doutrina, a nacionalidade das pessoas jurídicas decorre do local da celebração do ato constituidor, mantendo-se a nacionalidade enquanto perdurar seu domicílio[806].

Tal é assim para evitar-se fraudes ao enforcement brasileiro na hipótese de deixar a filial ou sucursal de cumprir com suas obrigações e desrespeitar leis e atos judiciais brasileiros sob o argumento de que precisa obedecer a lei do país de sua constituição.

No entanto, o critério do domicílio para a aplicação do enforcement brasileiro apresenta algumas falhas no tocante aos serviços prestados no Brasil pelos provedores estrangeiros.

Primeiro, porque nem todos os provedores de serviços de internet estão estabelecidos no Brasil, ademais, ainda que possuam escritórios, agentes ou subsidiárias brasileiras, de acordo com as disposições da LINDB, a responsabilidade civil destas empresas limita-se, como regra, às suas atividades no Brasil, não se estendendo ao grupo econômico.

---

805 RAMOS, André de Carvalho. *Comentários à Lei de Introdução às Normas do Direito Brasileiro*. São Paulo: Saraiva, 2016, p. 151.

806 RODAS, João Grandino. *Sociedade Comercial e Estado*. São Paulo: Saraiva, 1995, p. 414.

Por essa razão, o artigo 11 do Marco Civil da Internet[807], no exercício da jurisdição prescritiva brasileira, introduziu um novo critério de *enforcement* da lei brasileira e das ordens judiciais sobre dados e comunicações eletrônicas, que se soma ao critério do domicílio como *fator de aplicação da lei brasileira.*

O Marco Civil complementa as disposições da LINDB na medida em que prevê a sujeição dos provedores de conexão e aplicação de internet à lei brasileira sempre que (a) *as atividades de coleta, armazenamento, guarda e tratamento de registros, de dados pessoais ou de comunicações*, ou pelo menos um desses atos, *sejam praticados no território brasileiro*; (b) *um terminal pelo menos esteja localizado no território brasileiro* quanto aos dados coletados no território nacional e ao conteúdo das comunicações; (c) o *serviço* seja ofertado no território nacional, ainda que as atividades de coleta, armazenamento ou tratamento de dados e comunicações sejam realizadas por pessoa jurídica no exterior e (d) pelo menos um integrante do *mesmo grupo econômico* tenha estabelecimento no Brasil, ainda que as atividades de coleta, armazenamento, guarda ou tratamento de dados e comunicações sejam realizadas por pessoa jurídica no exterior.

Em último caso, assim, o critério para aplicação da lei brasileira, para a proteção de dados, guarda e afastamento do sigilo dos dados e comunicações, é o do *serviço prestado em território nacional,* mesmo que o controle das atividades de coleta, armazenamento e tratamento dos dados esteja em outro país, pouco importando, ainda, se a pessoa jurídica possua filial ou sucursal no

[807] "Art. 11. Em qualquer operação de coleta, armazenamento, guarda e tratamento de registros, de dados pessoais ou de comunicações por provedores de conexão e de aplicações de internet em que pelo menos um desses atos ocorra em território nacional, deverão ser obrigatoriamente respeitados a legislação brasileira e os direitos à privacidade, à proteção dos dados pessoais e ao sigilo das comunicações privadas e dos registros. § 1º O disposto no caput aplica-se aos dados coletados em território nacional e ao conteúdo das comunicações, desde que pelo menos um dos terminais esteja localizado no Brasil. § 2º O disposto no caput aplica-se mesmo que as atividades sejam realizadas por pessoa jurídica sediada no exterior, desde que oferte serviço ao público brasileiro ou pelo menos uma integrante do mesmo grupo econômico possua estabelecimento no Brasil. § 3º Os provedores de conexão e de aplicações de internet deverão prestar, na forma da regulamentação, informações que permitam a verificação quanto ao cumprimento da legislação brasileira referente à coleta, à guarda, ao armazenamento ou ao tratamento de dados, bem como quanto ao respeito à privacidade e ao sigilo de comunicações. § 4º Decreto regulamentará o procedimento para apuração de infrações ao disposto neste artigo."

Brasil ou a personalidade jurídica distinta da subsidiária brasileira, pois a lei trouxe a noção de *mesmo grupo econômico*[808].

Em outras palavras, o escritório estabelecido no Brasil pode receber notificações das autoridades judiciárias sobre as atividades de outra empresa do grupo, por exemplo, o *Facebook Brasil* pode ser obrigado a cumprir as ordens expedidas para os serviços de *WhatsApp*, que não possui representação nacional[809], porque fazem parte do mesmo grupo econômico.

O conceito de *grupo econômico* não é unívoco no Brasil.

Na Consolidação das Leis do Trabalho, por exemplo, com a reforma introduzida pela Lei n. 13.467/2017, sempre que uma ou mais empresas, tendo, embora, cada uma delas, personalidade jurídica própria, *estiverem sob a direção, controle ou administração de outra, ou ainda quando, mesmo guardando cada uma sua autonomia, integrem grupo econômico*, serão responsáveis solidariamente pelas obrigações decorrentes da relação de emprego (artigo 2º, § 2º, da CLT). Ademais, não caracteriza grupo econômico a mera identidade de sócios, sendo necessárias, para a configuração do grupo, a demonstração do interesse integrado, a efetiva comunhão de interesses e a atuação conjunta das empresas dele integrantes (artigo 2º, § 3º, da CLT).

Para Calixto Salomão Filho a noção de controle sob a perspectiva do direito concorrencial pode ser entendida como *a influência dominante* que um agente possui em relação às decisões de outro agente, as quais afetem sua conduta no mercado. Sob tal influência, os referidos agentes comportam-se

---

808 E o Marco Civil contempla sanções para compelir o cumprimento da lei brasileira, sem as quais, aliás, não seria possível a jurisdição de *enforcement*: "art. 12. Sem prejuízo das demais sanções cíveis, criminais ou administrativas, as infrações às normas previstas nos arts. 10 e 11 ficam sujeitas, conforme o caso, às seguintes sanções, aplicadas de forma isolada ou cumulativa: I – advertência, com indicação de prazo para adoção de medidas corretivas; II – multa de até 10% (dez por cento) do faturamento do grupo econômico no Brasil no seu último exercício, excluídos os tributos, considerados a condição econômica do infrator e o princípio da proporcionalidade entre a gravidade da falta e a intensidade da sanção; III – suspensão temporária das atividades que envolvam os atos previstos no art. 11; ou IV – proibição de exercício das atividades que envolvam os atos previstos no art. 11. Parágrafo único. Tratando-se de empresa estrangeira, responde solidariamente pelo pagamento da multa de que trata o caput sua filial, sucursal, escritório ou estabelecimento situado no País."

809 O Facebook e o WhatsApp possuem plataformas onde recebem as requisições e ordens judiciais pela preservação dos dados e outras informações (<www.facebook.com/records> e <www.whatssapp.com/records>), lembrando que aquele fornece apenas os dados de subscrição e o WhatsApp apenas os metadados.

uniformemente como um único ente econômico e temos, então, uma concentração econômica[810].

Nas relações de consumo abrigadas pelo Código de Defesa do Consumidor brasileiro, o legislador brasileiro previu que *as sociedades integrantes dos grupos societários e as sociedades controladas, são subsidiariamente responsáveis pelas obrigações decorrentes deste código* (artigo 28, § 2º, do CDC).

O Código de Defesa do Consumidor (Lei n. 8.078/90) foi elaborado levando em conta as definições de "sociedades integrantes dos grupos societários" e "sociedades controladas" previstas na Lei das Sociedades por Ações.

A Lei n. 6.404, de 15 de dezembro de 1976, prevê uma espécie de grupo econômico de direito ou convencional, dispondo que a sociedade controladora e suas controladas podem constituir grupo de sociedades, mediante convenção pela qual se obriguem a combinar recursos ou esforços para a realização dos respectivos objetos, ou a participar de atividades ou empreendimentos comuns (artigo 265).

No entanto, além da forma convencional prevista no artigo 265, o poder de controle empresarial pode ser exercido na forma do § 2° do art. 243 da Lei n. 6.404/1976, que determina que uma sociedade será considerada controladora quando diretamente ou através de outras controladas (uma pessoa física ou uma pessoa jurídica subsidiária ou um conjunto delas), é titular de direitos de sócio que lhe assegurem, de modo permanente, *preponderância nas deliberações sociais e o poder de eleger a maioria dos administradores*, e em combinação com o artigo 116, alínea "b" da mesma lei, entende-se por acionista controlador a pessoa, natural ou jurídica, ou o grupo de pessoas vinculadas por acordo de voto, ou sob controle comum, que *usa efetivamente seu poder para dirigir* as atividades sociais e orientar o funcionamento dos órgãos da companhia.

O Código Civil de 2002 unifica as obrigações e regula as empresas nos artigos 997 e seguintes[811]. Assim, o artigo 1.098 do Código Civil, em consonância com o § 2º do artigo 243 da LSA, conceitua a sociedade controlada como a sociedade de cujo capital outra sociedade possua a maioria dos votos nas deliberações dos quotistas ou da assembleia geral e o *poder de eleger a maioria dos administradores, e a sociedade cujo controle referido esteja em poder*

---

810 SALOMÃO FILHO, Calixto. *Direito concorrencial: as condutas*. 2. ed. São Paulo: Malheiros, 2002, p. 89-90.

811 *Comentários ao Código de Defesa do Consumidor*, por Cláudia Lima Marques, Herman Benjamin e Bruno Miragem, 6. ed. São Paulo: Thomson Reuters Brasil, 2019, p. 884.

de outra, mediante ações ou quotas possuídas por sociedades ou sociedades por esta já controladas.

Para Cláudia Lima Marques, Herman Benjamin e Bruno Miragem[812]:

> Como consequência do método escolhido pelo Código de Defesa do Consumidor, de imputar de forma objetiva (independemente de culpa) deveres solidariamente a todos os fornecedores da cadeia de fornecimento, tem-se que o art. 28, *caput e* § 5º, permite a desconsideração de toda e qualquer sociedade em caso de abuso de direito e 'sempre que a sua personalidade jurídica for, de alguma forma, obstáculo ao 'ressarcimento' dos consumidores. O art. 28 refere-se a todos os fornecedores (diretos e indiretos) da cadeia, contratantes ou não, de forma a permitir o ressarcimento (art. 6º, inciso VI) dos danos morais e materiais, individuais e coletivos ocorridos no mercado de consumo, menciona especialmente as 'sociedades pertencentes a grupos societários' e as 'sociedades controladas' (art. 28, § 2º), as 'sociedades consorciadas' (art. 28, §3º) e propõe um único privilégio para as sociedades coligadas, que respondem somente por culpa (art. 28, § 4º).

Não por acaso o sentido da norma prevista no artigo 28, do Código de Defesa do Consumidor foi aplicado no Caso Panasonic (REsp. n. 63.981/SP), no qual se discutia a responsabilidade da Panasonic no Brasil por defeito de produto (filmadora) comprado em Miami, considerado como *leading case* no tema da proteção aos direitos fundamentais do consumidor frente a um grupo econômico em demanda envolvendo fato transnacional.

O precedente pode, em tese, ser seguido em todos os demais casos que envolvam responsabilidade civil por vício ou fato do produto e do serviço nas relações de consumo via internet, uma vez que o Superior Tribunal de Justiça reconhece o usuário dos serviços de acesso e de aplicação na internet como consumidor, inclusive no tocante ao conteúdo ofensivo postado por terceiros, já que também reconhece a responsabilidade subjetiva do provedor de serviço que for notificado sobre tal conteúdo e não tomar a providência de tornar o conteúdo indisponível na forma do artigo 19, do Marco Civil da Internet.

A jurisprudência consolidada no âmbito do Direito Civil e Processual Civil pode ser perfeitamente estendida aos casos penais brasileiros, nos termos do artigo 3º, do Código de Processo Penal.

---

[812] *Comentários ao Código de Defesa do Consumidor*, por Cláudia Lima Marques, Herman Benjamin e Bruno Miragem. 6. ed. São Paulo: Thomson Reuters Brasil, 2019, p. 884.

A interpretação foi aplicada pelo Superior Tribunal de Justiça no acórdão proferido no Inquérito n. 784/DF, Relatora Ministra Laurita Vaz, quando a Corte obrigou a *Google*, por possuir escritório no Brasil, a entregar o conteúdo de conta *gmail* para fins de investigação criminal, e mais recentemente, nos acórdãos STJ REsp. n. 1.568.445, de 24 de junho de 2020[813] e no AResp. n.

[813] RECURSO ESPECIAL. INTERCEPTAÇÃO DE DADOS. ASTREINTES. AUSÊNCIA DE PREJUDICIALIDADE POR DECISÕES DO STF. APLICABILIDADE SUBSIDIÁRIA DO CPC AO PROCESSO PENAL. MULTA DIÁRIA E PODER GERAL DE CAUTELA. TEORIA DOS PODERES IMPLÍCITOS. MEDIDAS CONSTRITIVAS SOBRE O PATRIMÔNIO DE TERCEIROS. BACEN-JUD E INSCRIÇÃO EM DÍVIDA ATIVA. PRESUNÇÃO RELATIVA DE LIQUIDEZ E CERTEZA. DEVIDO PROCESSO LEGAL. CONTRADITÓRIO POSTERGADO. ANÁLISE ESPECÍFICA DO CASO CONCRETO. CUMPRIMENTO INTEGRAL. NÃO OCORRÊNCIA. PROPORCIONALIDADE DA MULTA APLICADA. RECURSO ESPECIAL DESPROVIDO. 1. Estes autos não cuidam da criptografia de ponta-a-ponta, matéria cuja constitucionalidade encontra-se sob análise do Supremo Tribunal Federal (ADI 5527, de relatoria da Min. Rosa Weber e ADPF 403, do Min. Edson Fachin). 2. O Facebook Brasil é parte legítima para representar, nos Brasil, os interesses do WhatsApp Inc, subsidiária integral do Facebook Inc. "Com o fim de facilitar a comunicação dos atos processuais às pessoas jurídicas estrangeiras no Brasil, o art. 75, X, do CPC prevê que a pessoa jurídica estrangeira é representada em juízo 'pelo gerente, representante ou administrador de sua filial, agência ou sucursal aberta ou instalada no Brasil' e o parágrafo 3o do mesmo artigo estabelece que o 'gerente de filial ou agência presume-se autorizado pela pessoa jurídica estrangeira a receber citação para qualquer processo'. Considerando-se que a finalidade destes dispositivos legais é facilitar a citação da pessoa jurídica estrangeira no Brasil, tem-se que as expressões "filial, agência ou sucursal" não devem ser interpretadas de forma restritiva, de modo que o fato de a pessoa jurídica estrangeira atuar no Brasil por meio de empresa que não tenha sido formalmente constituída como sua filial ou agência não impede que por meio dela seja regularmente efetuada sua citação." (HDE 410/EX, Rel. Ministro BENEDITO GONÇALVES, CORTE ESPECIAL, julgado em 20/11/2019, DJe 26/11/2019). A regras advinda do precedente não deve, no caso concreto, ficar restrita à possibilidade de citação e intimação, sem possibilitar a cominação de multa. Interpretação restritiva tornaria inócua a previsão legal, pois, uma vez intimada, bastaria à representante nada fazer. Portanto, a possibilidade das astreintes revela-se imperiosa até para que se dê sentido ao dispositivo. 3. Conforme amplamente admitido pela doutrina e pela jurisprudência, aplica-se o Código de Processo Civil ao Estatuto processual repressor, quando este for omisso sobre determinada matéria. 4. "A finalidade da multa é coagir (...) ao cumprimento do fazer ou do não fazer, não tendo caráter punitivo. Constitui forma de pressão sobre a vontade", destinada a convencer o seu destinatário ao cumprimento". (MARINONI, Luiz Guilherme; ARENHART, Sérgio Cruz; e MITIDIERO, Daniel. Novo Código de Processo Civil comentado. 3a ed. São Paulo: RT, 2017, pp. 684-685). 5. Aplica-se o poder geral de cautela ao processo penal, só havendo restrição a ele, conforme reconhecido pelo Supremo Tribunal Federal, na ADPF 444/DF, no que diz respeito às cautelares pessoais, que de alguma forma restrinjam o direito de ir e vir da pessoa. O princípio do *nemo tenetur se detegere* e da vedação à analogia in malam partem são garantias em favor da defesa (ao investigado, ao indiciado, ao acusado, ao réu e ao condenado), não se estendendo a quem não esteja submetido à persecução criminal.

1.604.544, de 01/09/2020, DJe de 09/09/2020. Neste último caso, que envolvia a marca BlackBerry, constituída sob as leis do Canadá, o Superior Tribunal de Justiça expressamente reconheceu a jurisdição brasileira de enforcement para determinar o acesso ao conteúdo de comunicações (em tempo real, através da interceptação telefônica), afastando o cumprimento da ordem em outra jurisdição, em hipótese que seria de cooperação internacional[814].

Até porque, apesar de ocorrer incidentalmente em uma relação jurídico-processual-penal, não existe risco de privação de liberdade de terceiros instados a cumprir a ordem judicial, especialmente no caso dos autos, em que são pessoas jurídicas. Trata-se, pois, de poder conferido ao juiz, inerente à própria natureza cogente das decisões judiciais. 6. A teoria dos poderes implícitos também é fundamento autônomo que, por si só, justifica a aplicação de astreintes pelos magistrados no processo criminal. 7. Sobre a possibilidade do bloqueio de valores por meio do Bacen-Jud ou aplicação de outra medida constritiva sobre o patrimônio do agente, é relevante considerar dois momentos: primeiramente, a determinação judicial de cumprimento, sob pena de imposição de multa e, posteriormente, o bloqueio de bens e constrições patrimoniais. No primeiro, o contraditório é absolutamente descabido. Não se pode presumir que a pessoa jurídica intimada, necessariamente, descumprirá a determinação judicial. Quando do bloqueio de bens e realização de constrições patrimoniais, o magistrado age em razão do atraso do terceiro que, devendo contribuir com a Justiça, não o faz. Nesse segundo momento, é possível o contraditório, pois, supondo-se que o particular se opõe à ordem do juiz, passa a haver posições antagônicas que o justificam. 8. No caso concreto, o Tribunal local anotou que as informações requisitadas só foram disponibilizadas mais de seis meses após a quebra judicial do sigilo e expedição do primeiro ofício à empresa. Logo, não se verifica o cumprimento integral da medida. 9. Em relação à proporcionalidade da multa, o parâmetro máximo de R$ 50.000,00 (cinquenta mil reais) fixado por esta Corte em caso assemelhado, na QO-Inq n. 784/DF, foi observado. Assim, não merece revisão. 10. Recurso especial desprovido. (Terceira Seção, Rel. para o acórdão, Ministro Ribeiro Dantas)

[814] AGRAVO REGIMENTAL EM AGRAVO EM RECURSO ESPECIAL. OPERAÇÃO ESCORPIÃO. ASSOCIAÇÃO PARA O TRÁFICO. ART. 35, CAPUT, DA LEI N. 11.343/2006. ALEGAÇÃO DE NULIDADE DAS INTERCEPTAÇÕES TELEFÔNICAS. LEI N. 9.296/1996. OFENSA AO ART. 5º DA LEI N. 9.296/1996. FUNDAMENTO INATACADO. SÚMULA N. 182/STJ. VIOLAÇÃO DO ART. 780 DO CPP. DESNECESSIDADE DE COOPERAÇÃO JURÍDICA INTERNACIONAL. ACÓRDÃO RECORRIDO EM CONSONÂNCIA COM A JURISPRUDÊNCIA DESTA CORTE. ART. 59 DO CP. NÃO ENFRENTAMENTO DOS FUNDAMENTOS DA DECISÃO AGRAVADA. SÚMULA 182/STJ. PENA-BASE. MAJORAÇÃO. ART. 42 DA LEI N. 11.343/2006. FUNDAMENTO IDÔNEO. AUMENTO PROPORCIONAL. PRECEDENTES. 1. É da competência do Supremo Tribunal Federal a determinação de sobrestar na origem as ações penais cujas matérias foram reconhecidas como de repercussão geral (HC n. 409.551/RJ, Ministro Ribeiro Dantas, Quinta Turma, DJe 11/10/2017). 2. É assente nesta Corte Superior que não se conhece do agravo regimental que não tenha atacado, especificamente, os fundamentos da decisão agravada, conforme inteligência da Súmula 182/STJ. Precedente. 3. Não procede a alegação de descabimento das provas dos autos, em razão de a parte operacional da interceptação ter sido produzida em outro país, sem observância das

Igualmente no caso do REsp. n. 1.738.651, julgado em 25/08/2020, no qual, com base no dever de guarda dos registros de acesso dos usuários por dos provedores de aplicação (artigo 15 do MCI), a Terceira Turma do STJ manteve a ordem judicial de entrega dos números de IPs que acessaram uma determinada rede social, causando danos aos autores da ação ao transmitirem o conteúdo da rede (acessível apenas aos amigos dos autores na rede) pelo aplicativo de mensageria WhatsApp.

O Supremo Tribunal Federal também enfrentou a matéria no âmbito de sua competência criminal, no Inquérito n. 4781, que investiga notícias fraudulentas (fake news), falsas comunicações de crimes, denunciações caluniosas, ameaças e outras condutas em tese perpetradas contra os ministros da corte e seus familiares, a partir de determinados perfis em redes, principalmente por meio das redes Twitter, Instagram e Facebook e em grupos de WhatsApp.

O Relator do inquérito, Ministro Alexandre de Moraes, determinou, em 26 de maio de 2020, a preservação do conteúdo das postagens e o bloqueio dos perfis investigados, bem como à rede Twitter que identificasse o @perfil de alguns usuários. Como não houve comprovação do cumprimento da ordem de bloqueio das contas pelo Facebook, Instagram e Twitter, em 22 de julho de 2020, o Ministro Relator reiterou a ordem, culminando multa diária de 20 mil reais por perfil não bloqueado.

Em 28 de julho de 2020, diante da notícia do cumprimento parcial da ordem, o Ministro Relatou reiterou novamente a ordem, para que fosse cumprida independentemente do acesso às postagens se dar por qualquer meio ou qualquer IP, seja do Brasil ou fora dele.

---

regras contidas no Tratado de Assistência Mútua em matéria penal, firmado entre Brasil e Canadá. Isso porque, no caso, as comunicações foram perpetradas em solo brasileiro, por intermédio de operadoras de telefonia estabelecidas neste país, o que evidencia a efetiva atuação da empresa canadense no Brasil, independentemente do local de armazenamento do conteúdo das mensagens realizadas por usuários brasileiros em âmbito nacional. E esta Corte Superior, em situações semelhantes, já afirmou que, em se tratando de matéria submetida à jurisdição brasileira, não é necessária a cooperação jurídica internacional. Precedentes. 4. Em se tratando do crime de associação para o tráfico, cabe ao juiz considerar, com preponderância sobre o previsto no art. 59 do Código Penal, a natureza e a quantidade da substância entorpecente, a personalidade e a conduta social do agente, consoante o disposto no art. 42 da Lei n. 11.343/2006. No caso, a elevada quantidade e a extrema nocividade da droga apreendida, a saber, mais de 80 kg de cocaína, são fundamentos idôneos a embasar o aumento da pena-base no patamar intermediário de 1/3. Precedentes. 5. Agravo regimental improvido. (STJ, Sexta Turma, Min. Sebastião Reis Júnior).

Twitter e Facebook tinham bloqueado apenas parcialmente o acesso, pois continuaram permitindo que os perfis fossem acessados por meio de endereços IP de fora do Brasil, ou seja permitindo que fossem acessados normalmente a partir de serviços de roteamento de conexão, como VPNs, contornando o bloqueio e acessando os perfis como se estivessem em outros países[815]. Por essa razão, o Min. Alexandre de Moraes determinou o cumprimento da ordem *independentemente do acesso às postagens se dar por qualquer meio ou qualquer IP, seja do Brasil ou fora dele.*

O Twitter cumpriu a ordem judicial, mas o Facebook refutou e publicou amplamente seu posicionamento no seguinte sentido: *"Respeitamos as leis dos países em que atuamos. Estamos recorrendo ao STF contra a decisão de bloqueio global de contas, considerando que a lei brasileira reconhece limites à sua jurisdição e a legitimidade de outras jurisdições"*[816].

Em resposta, o Ministro Relatou emitiu nova decisão, em 31 de julho de 2020, na qual asseverou:

> Como qualquer entidade privada que exerça sua atividade econômica no território nacional, a rede social Facebook deve respeitar e cumprir, de forma efetiva, comandos diretos emitidos pelo Poder judiciário relativos a fatos ocorridos ou com seus efeitos perenes dentro do território nacional; cabendo-lhe, se entender necessário, demonstrar seu inconformismo mediante os recursos permitidos pela legislação brasileira

O Presidente do Facebook Serviços Online no Brasil Ltda. foi intimado para efetuar o pagamento de R$1.920 milhões pelo não cumprimento da ordem judicial, e a efetivar o imediato bloqueio sob pena de incidir a multa diária remanejada para 100 mil reais. Nessas condições, o Facebook Brasil cumpriu a ordem.

---

815 Explica o relatório policial contido na decisão judicial do Ministro, que se tornou pública: "No caso da rede social Twitter, o bloqueio dos perfis no Brasil foi efetuado de forma ineficaz. O Twitter continua permitindo que os perfis sejam acessados através de endereços IP do Brasil, desde que o nome do país configurado na conta do usuário seja diferente de "Brasil", por exemplo, "Estados Unidos". Por isso, qualquer pessoa pode efetuar uma alteração simples em seu perfil do Twitter e continuar acessando livremente os perfis que deveriam estar bloqueados, conforme apresentado no item 3, demonstrando que o bloqueio foi ineficaz. Portanto, para atender corretamente a ordem judicial, as redes sociais Twitter e Facebook deveriam bloquear o acesso aos perfis através de qualquer endereço IP."

816 Disponível em: <https://www.cnnbrasil.com.br/politica/2020/07/31/facebook-recorre-contra-bloqueio-de-contas-bolsonaristas-no-exterior>. Acesso em: 1º de novembro de 2020.

É curioso o fato de como as grandes companhias prestam serviços no país, utilizam-se das vantagens legais oferecidas no país, como a observância das leis por parte das mídias publicitárias, dos contratantes que se utilizam dos serviços pagos, faturam somas consideráveis com um público nacional fiel, mas não aceitam a imposição da lei nacional.

Na mesma linha, as companhias transnacionais utilizam-se de suas estruturas como grupos econômicos para as suas atividades negociais, transferindo dados eletrônicos de um país a outro, mas não aceitam – sem resistência – a imposição da noção de grupo econômico para fins de submissão à jurisdição brasileira.

A noção de grupo econômico é também trazida pelo Regulamento Geral de Proteção de Dados da União Europeia, conforme vimos no Capítulo pertinente ao bloco econômico. No Brasil, o GDPR inspirou a elaboração do LGPD, sobre a qual discorreremos a seguir.

3. A jurisdição internacional e a proteção de dados pessoais: a Lei Geral de Proteção de Dados Pessoais

No ordenamento jurídico brasileiro, o primeiro marco infraconstitucional de proteção de dados pessoais foi a Lei n. 12.965, de 23 de abril de 2014, o Marco Civil da internet, que reconheceu a proteção de dados pessoais como princípio relativo ao uso da Internet no Brasil, expressamente consagrado no seu artigo 3º, inciso III.

No referido dispositivo, o legislador previu a elaboração de lei específica para a proteção de dados, que regularia de forma mais detalhada os fundamentos da proteção dos dados pessoais, os limites do tratamento do dado pessoal e seus princípios, os direitos do titular dos dados, as responsabilidades dos agentes de tratamento, a transferência internacional de dados, dentre outras disposições.

Dentro deste contexto foi concebido o PL n. 5276/16 (apensado à proposição original, o PL n. 4060/2012, de autoria do Deputado Milton Monti), enviado em 13 de maio de 2016 ao Congresso Nacional, o qual foi amplamente discutido e recebeu contribuições de vários setores do mercado digital, da sociedade civil e de instituições públicas, nos mesmos moldes em que foi aprovado o Marco Civil da Internet[817].

---

[817] Ver mais em SOUZA, Carlos Affonso Pereira; VIOLA, Mario; e LEMOS, Ronaldo. *Understanding Brazil's Internet Bill of Rights.* 1. ed. Rio de Janeiro: Instituto de Tecnologia e Sociedade do Rio de Janeiro, 2015.

O projeto de lei deu origem à Lei n. 13.709, de 14 de agosto de 2018, que previu um período longo de *vacatio legis* para as adaptações dos setores, público e privado, entrando em vigor em 18 de setembro de 2020.

A Lei n. 13.709 (LGPD) foi concebida na fonte de inspiração do Regulamento Geral de Proteção de Dados da União Europeia (*GDPR*)[818], apresentando ambos as mesmas salvaguardas aos titulares dos dados, o escopo de aplicação similar, exigindo, igualmente, que a transferência internacional dos dados coletados no território nacional somente ocorra aos países e organismos internacionais que tenham grau de proteção adequado ao exigido na lei ou que sejam oferecidas garantias adicionais de cumprimento dos princípios, dos direitos do titular e do regime de proteção de dados previstos na lei, na forma de cláusulas contratuais específicas para determinada transferência; cláusulas-padrão contratuais; normas corporativas globais; e selos, certificados e códigos de conduta regularmente emitidos (artigo 33).

As garantias adicionais com vistas a assegurar a proteção adequada, que no âmbito da União Europeia estão previstas no artigo 46 do *GDPR*, são os mecanismos que estão sendo utilizados para a transferência de dados pessoais entre as multinacionais, como as cláusulas-tipo contratuais de proteção, para conseguirem a transferência de dados da União Europeia para o Brasil, até que o país consiga ser reconhecido como um Estado terceiro com status adequado de proteção, segundo a perspectiva do *GDPR*.

Como salienta Mario Viola o tema é importante porque o fluxo transfronteiriço de informações é essencial para o desenvolvimento de diversas atividades econômicas, principalmente em razão do crescente número de empresas com atuação global, que necessitam da constante troca de informações para subsidiar a gestão eficaz de seus negócios[819].

Na publicação do *new guidance on the interaction of free flow of non-personal data with the EU data protection rules* pela Comissão Europeia, o Vice-Presidente para o *Digital Single Market* salientou que a economia relacionada ao mercado de dados deverá representar 5,4% do PIB da União Europeia até o ano de 2025, equivalentes a 544 bilhões de euros, e este grande potencial será

---

818 Sobre as contribuições recebidas veja o parecer da Comissão Especial, disponível em: <https://www.camara.leg.br/proposicoesWeb/prop_mostrarintegra?codteor=1663305&filename=>. Acesso em: 23 de outubro de 2020.

819 Transferência de Dados entre Europa e Brasil: Análise da Adequação da Legislação Brasileira. Revisores: Priscila Silva, Christian Perrone e Giovana Carneiro. Rio de Janeiro, 2019. Disponível em: <https://itsrio.org/wp-content/uploads/2019/12/Relatorio_UK_Azul_INTERACTIVE_Justificado.pdf>. Acesso em: 23 de outubro de 2020.

limitado se os dados não puderem se mover livremente "by removing forced data localisation restrictions, we give more people and businesses the chance to make the most out of data and its opportunities"[820].

A lei brasileira ressalvou a transferência internacional de dados com o objetivo de cooperação jurídica internacional entres os países, dispondo que a transferência internacional será permitida quando for necessária para a cooperação jurídica internacional entre órgãos públicos de inteligência, de investigação e de persecução, de acordo com os instrumentos de direito internacional (artigo 33)[821].

Para os fins da Lei n. 13.709/2018 considera-se dado pessoal a informação relacionada a pessoa natural identificada ou identificável. Assim, de maneira similar à União Europeia, os dados de subscrição do usuário, de tráfego e de conteúdo de suas comunicações eletrônicas são considerados dados pessoais para os efeitos da LGPD e do Marco Civil.

O grau de proteção no tocante ao acesso por autoridades de *law enforcement* obedecem às disposições do Marco Civil, segundo o qual, os dados pessoais e de comunicações privadas (armazenadas ou em fluxo) devem atender à preservação da intimidade, da vida privada, da honra e da imagem das partes direta ou indiretamente envolvidas, e somente podem ser disponibilizados mediante ordem judicial.

---

[820] Conforme: <https://ec.europa.eu/commission/presscorner/detail/pt/IP_19_2749>. Acesso em: 23 de outubro de 2020.

[821] A lei trouxe outras ressalvas, confira-se o inteiro teor do dispositivo: "art. 33. A transferência internacional de dados pessoais somente é permitida nos seguintes casos: I – para países ou organismos internacionais que proporcionem grau de proteção de dados pessoais adequado ao previsto nesta Lei; II – quando o controlador oferecer e comprovar garantias de cumprimento dos princípios, dos direitos do titular e do regime de proteção de dados previstos nesta Lei, na forma de: a) cláusulas contratuais específicas para determinada transferência; b) cláusulas-padrão contratuais; c) normas corporativas globais; d) selos, certificados e códigos de conduta regularmente emitidos; III – quando a transferência for necessária para a cooperação jurídica internacional entre órgãos públicos de inteligência, de investigação e de persecução, de acordo com os instrumentos de direito internacional; IV – quando a transferência for necessária para a proteção da vida ou da incolumidade física do titular ou de terceiro; V – quando a autoridade nacional autorizar a transferência; VI – quando a transferência resultar em compromisso assumido em acordo de cooperação internacional; VII – quando a transferência for necessária para a execução de política pública ou atribuição legal do serviço público, sendo dada publicidade nos termos do inciso I do caput do art. 23 desta Lei; VIII – quando o titular tiver fornecido o seu consentimento específico e em destaque para a transferência, com informação prévia sobre o caráter internacional da operação, distinguindo claramente esta de outras finalidades; ou IX – quando necessário para atender as hipóteses previstas nos incisos II, V e VI do art. 7º desta Lei."

Na qualificação dos dados que dependem de ordem judicial estão abrangidos os dados de tráfego e comunicação, uma vez que a lei prevê que os dados de subscrição (a lei usa o termo dados cadastrais), como a qualificação pessoal, filiação e endereço, podem ser informados às autoridades administrativas que detém competência legal para a sua requisição (artigo 10, da Lei n. 12.965/2014).

A lei está fundamentada na ideia do consentimento do titular do dado e do livre desenvolvimento de sua personalidade. A lei determina, assim, que o titular do dado tem o direito à autodeterminação informacional, isto é, saber quem está coletando o seu dado, qual o dado coletado e tratado, como se dá o tratamento e para qual finalidade. Ademais, não se concebe que o dado pessoal seja utilizado sem o consentimento do titular fora das hipóteses previstas na lei.

A finalidade, o livre acesso, a qualidade dos dados e a transparência são um dos princípios nos quais as atividades de tratamento devem se basear (artigo 6º) e esses princípios estão relacionados com os direitos dos titulares dos dados (artigo 18), assim, o direito de confirmação da existência do tratamento, de acesso aos dados, de correção de dados incompletos, inexatos ou desatualizados, informação sobre o compartilhamento de seus dados e de se opor ao tratamento dos dados fora das hipóteses e finalidades legais.

De acordo com a LGPD, existem apenas dez hipóteses em que o dado pessoal pode ser tratado, que são as hipóteses previstas no artigo 7º da lei. Em tese, de acordo com o grau de proteção conferido pela lei, os dados pessoais não são passíveis de comércio, tal como não se concebe a venda (legal) de um nome e de qualificações pessoais.

Antes mesmo da LGPD entrar em vigor, o Supremo Tribunal Federal já tinha entrado na discussão jurídica sobre a proteção constitucional dos dados pessoais.

Em maio de 2020, em cinco Ações Diretas de Inconstitucionalidade (ADIs 6.387, 6.388, 6.389, 6.390 e 6.393), de Relatoria da Ministra Rosa Weber, o Tribunal julgou inconstitucional o compartilhamento de dados previsto na MP 954, de 17 de abril de 2020, que obrigava as empresas de telecomunicações prestadoras de Serviço Telefônico Fixo Comutado e de Serviço Móvel Pessoal compartilhar dados de seus consumidores com a Fundação Instituto Brasileiro de Geografia e Estatística (IBGE), para fins de suporte à produção estatística oficial durante a situação de emergência de saúde pública de importância internacional decorrente do coronavírus (Covid-19), de que trata a Lei n. 13.979, de 6 de fevereiro de 2020.

No julgamento, o Tribunal reconheceu a proteção de dados como um direito fundamental autônomo na ordem constitucional brasileira, salientando a desproporcionalidade da medida de compartilhamento dos dados.

No mesmo mês de maio foram proferidos os votos dos Ministros Relatores na APDF 403 e na ADI 5.527 sobre o serviço de WhatsApp e a ordem judicial de suspensão temporária prevista no Marco Civil da Internet na hipótese de descumprimento da lei brasileira.

A ADPF 403, de Relatoria do Ministro Edson Fachin, foi ajuizada pelo Partido Cidadania, em 2016, após um juiz de Sergipe determinar o bloqueio do serviço de WhatsApp no Brasil por 72 horas, em razão da empresa, que é gerenciada pelo Facebook Inc, não ter colaborado com uma investigação criminal sobre tráfico de drogas e organização criminosa sob a alegação de não ter acesso ao conteúdo criptografado (criptografia de ponta a ponta) das mensagens. A ação foi proposta com o objetivo de discutir se o Poder Judiciário pode determinar o bloqueio do serviço por descumprimento às leis brasileiras no contexto da criptografia.

Antes da ordem de bloqueio mencionada, ao WhatsApp já havia sido imposta a suspensão temporária dos seus serviços por pelo menos outras quatro ordens judiciais proferidas por juízes de São Paulo, Rio de Janeiro, Alagoas e Piauí. Em um desses bloqueios, que atingiu os cerca de 120 milhões de usuários brasileiros, os serviços do WhatsApp na Argentina e no Chile foram afetados e chegou-se a determinar a prisão do Diretor do *Facebook* no Brasil pelo descumprimento da ordem judicial.

A ADI 5.527, de Relatoria da Ministra Rosa Weber, foi promovida pelo Partido da República e questiona a constitucionalidade dos dispositivos do Marco Civil da Internet (artigo 10, § 2º e artigo 12, incisos III e IV) que fundamentam as ordens judiciais de bloqueio do serviço do WhatsApp.

No julgamento conjunto das duas ações, que contou com subsídios colhidos na audiência pública promovida pela Corte, os dois Ministros relatores, dentro da perspectiva da proteção dos dados criptografados, mencionaram os direitos fundamentais à liberdade de pensamento (artigo 5º, IV), à liberdade de expressão e comunicação (artigo 5º, inciso IX), à privacidade (artigo 5º, incisos X, XI, XII) como parâmetros de proteção que devem ser abertos às mudanças tecnológicas.

A Ministra Rosa Weber ressaltou que o escopo das comunicações telegráficas, de dados e telefônicos está abrangido no *direito fundamental à personalidade* e que o sigilo dessas comunicações só pode ser levantado nos termos do artigo 5º, inciso XII da Constituição, ou seja, por ordem judicial e dentro de uma investigação ou processo criminal, porque se trata de norma restritiva àquele direito fundamental. A Ministra reconheceu que a proteção de dados é fator de preservação da própria segurança dos usuários das redes de informação e comunicação.

Nas palavras da Ministra Relatora *os telefones celulares, uma vez ativados em nossas mãos, convertem-se em janelas luminosas para a nossa intimidade. Tanto quanto a ampla liberdade de expressão* (incluindo a liberdade de expressão intelectual, artística, científica e a liberdade de imprensa), *a proteção da privacidade também é uma característica indispensável das sociedades democráticas.*

O Ministro Fachin ressaltou que os direitos que as pessoas têm *offline* devem também ser protegidos *online*, pois *direitos digitais são direitos fundamentais*, lembrando, ainda, das garantias que estão previstas no Pacto Internacional de Direitos Civis e Políticos (artigos 17 e 19) e no Pacto de São José da Costa Rica (artigos 11 e 13).

As decisões do STF analisaram o direito de proteção de dados dentro do escopo de vários direitos fundamentais, mas, principalmente, como uma forma de projeção alargada do direito à inviolabilidade, à intimidade, à vida privada, à honra e à imagem, consagrado no artigo 5º, inciso X, da Constituição Federal, não se tratando apenas do cuidado com o sigilo das comunicações pessoais e que também vai muito além do sentido de privacidade.

Trata-se de uma projeção do direito de personalidade, tal como frisou o Ministro Gilmar Mendes na ADPF 695 MC/DF, em decisão de 24 de junho de 2020, quando afirmou que a proteção de dados deve ser compreendida numa dupla dimensão:

> em uma dimensão subjetiva, a proteção do indivíduo contra os riscos que ameaçam a sua personalidade em face da coleta, processamento, utilização e circulação dos dados pessoais e, em uma perspectiva objetiva, a atribuição ao indivíduo da garantia de controlar o fluxo de seus dados. Já em uma dimensão objetiva, a afirmação do direito fundamental à proteção de dados pessoais impõe ao legislador um verdadeiro dever de proteção (*Schutzpflicht*) do direito à autodeterminação informacional, o qual deve ser colmatado a partir da previsão de mecanismos institucionais

de salvaguarda traduzidos em normas de organização e procedimento (*Recht auf Organisation und Verfahren*) e normas de proteção (*Recht auf Schutz*). Essas normas devem ser positivadas justamente para garantir o controle efetivo e transparente do indivíduo relativamente à circulação dos seus dados, tendo como chave-interpretativa da juridicidade desse controle a noção de consentimento.

Dentro da dimensão objetiva mencionada um dos elementos essenciais do direito à proteção de dados pessoais é a institucionalização de uma autoridade independente como autoridade nacional de proteção de dados, que é um dos principais pontos críticos na adequação do Brasil ao padrão europeu de proteção de dados pessoais, tendo em vista a forma como foi concebida a autoridade nacional de proteção de dados brasileira[822].

Aprovada em outubro de 2021, pelo Congresso Nacional brasileiro, a PEC 17/2019 encerra enriquecendo o debate, na esteira das decisões da Suprema Corte, pois reconhece a proteção de dados pessoais como um direito fundamental, a partir de sua inserção no rol do artigo 5º da Constituição Federal.

É fato que, no exercício de sua jurisdição prescritiva ou de regência sobre as pessoas e condutas, o legislador brasileiro previu, na LGPD, nova hipóteses de jurisdição internacional para a proteção de dados, alcançando não apenas os provedores de serviços de informação e comunicação que tratam de dados pessoais, mas qualquer pessoa, na forma da lei. A LGPD aplica-se a qualquer operação de tratamento realizada por pessoa natural ou *por pessoa jurídica de direito público ou privado, independentemente* do meio, *do país de sua sede* ou *do país onde estejam localizados os dados*, desde que (artigo 3º): a operação de tratamento seja realizada no território nacional; a atividade de *tratamento tenha por objetivo a oferta ou o fornecimento de bens ou serviços* ou o *tratamento de dados de indivíduos localizados no território nacional;* ou os *dados pessoais objeto do tratamento tenham sido coletados no território nacional.*

---

[822] A ANPD é o órgão da administração pública federal responsável por zelar pela proteção de dados pessoais, implementar e fiscalizar o cumprimento da LGPD no Brasil. Foi criada pela MP n. 869, de 27 de dezembro de 2018, posteriormente convertida na Lei n. 13.853, de 14 de agosto de 2019. Na discussão da PEC 17/2019 estava em análise a possibilidade de transformar a ANPD em uma autarquia especial e autônoma. É de se ver que muitos países aderem à Convenção n. 108, do Conselho da Europa, para tentar alcançar o cumprimento do processo de adequação da União Europeia, na eventualidade de seu direito interno não cumprir todos os requisitos de adequação. O Brasil atualmente é país observador da Convenção n. 108. Na América do Sul, Argentina e Uruguai já receberam o grau de adequação da União Europeia.

E consideram-se coletados no território nacional os dados pessoais cujo titular nele se encontre no momento da coleta. (artigo 3º, § 1º). A LGPD deixa claro, ainda, que estão sob a égide do CDC as relações de consumo.

A LGPD alcança, assim, as pessoas estrangeiras (naturais ou jurídicas) ainda que não estabelecidas no Brasil, e com mais precisão que no Marco Civil, deixa claro que *independentemente de onde estejam localizados os dados*, desde que: (a) os dados tenham sido coletados ou tratados no Brasil; (b) o tratamento diga respeito a dados de indivíduos localizados no território nacional; e (c) o tratamento tenha por objetivo a oferta ou o fornecimento de bens ou serviços no Brasil.

A lei pode ser criticada devido ao seu alcance extraterritorial, mas, em verdade, reflete uma tendência mundial, como se pode ver do marco supranacional de proteção dos países da União Europeia.

O tratamento de dados para fins de segurança pública e investigações criminais foi expressamente excluído do âmbito da LGPD (artigo 4º), para esses casos a lei determina que deve ser redigida uma outra lei, que está a cargo de uma Comissão de Juristas nomeada pela Câmara dos Deputados.

A LGPD, no entanto, tem um "gap" de aplicação, pois não previu a forma de notificação através de uma das empresas do grupo econômico.

Essa questão está sendo enfrentada pela Comissão constituída pela Câmara dos Deputados na elaboração do projeto da Lei Brasileira de Liberdade, Responsabilidade e Transparência Digital na Internet, o PL n. 2.630/2020, conhecido PL das *Fake News* ou o PL da Desinformação.

A lei deve alcançar os provedores de maior porte, pois de acordo com a proposta de substitutivo que está sendo trabalhada aplica-se aos provedores de redes sociais, ferramentas de busca e de serviços de mensageria constituídos na forma de pessoa jurídica, que ofertem serviços ao público brasileiro e exerçam atividade de forma organizada, profissionalmente e com fins econômicos, cujo número de usuários registrados no país seja equivalente, no mínimo, a 1% da população.

E a proposta de lei aplica-se mesmo que as atividades sejam realizadas por pessoa jurídica *sediada no exterior, desde que oferte serviço ao público brasileiro ou pelo menos uma integrante do mesmo grupo econômico possua estabelecimento no Brasil.*

Observamos que a proposta dialoga com o Marco Civil da Internet, possuindo o mesmo sentido de alcance da jurisdição aos provedores estrangeiros que prestam serviço no Brasil ou que possuam estabelecimento no país.

4. A neutralidade da internet e o exercício da jurisdição brasileira

No âmbito do Direito brasileiro, o Marco Civil da Internet, introduzido pela Lei n. 12.965, de 23 de abril de 2014[823], estabelece princípios, garantias, direitos e deveres para o uso da internet no Brasil e determina as diretrizes para atuação da União, dos Estados, do Distrito Federal e dos Municípios em relação à matéria.

O Marco Civil foi elaborado tendo por base, pelo menos, quatro princípios da internet: a neutralidade da internet, a liberdade de expressão, a privacidade dos usuários e a proteção dos dados pessoais.

De acordo com o artigo 9º do Marco Civil o responsável pela transmissão, comutação ou roteamento tem o dever de tratar de forma isonômica quaisquer pacotes de dados, sem distinção por conteúdo, origem e destino, serviço, terminal ou aplicação.

A norma tem propósito similar ao regulamento sobre o geobloqueio no âmbito da União Europeia, visando evitar a discriminação do consumidor, não sendo permitido, segundo o Comitê Gestor da Internet[824], a filtragem ou privilégios de tráfego, os quais devem respeitar apenas critérios técnicos e éticos (previstos nas exceções do artigo 9º da lei), não sendo admissíveis motivos políticos, comerciais, religiosos, culturais, ou qualquer outra forma de discriminação ou favorecimento no tráfego de dados na rede.

Conforme explicam Paula Forgioni e Maira Yuriko Rocha Miura, o modelo salvaguardado pelo Brasil pressupõe uma política pública a favor da liberdade de escolha para o consumidor e os provedores de conteúdo, em contraposição à liberdade contratual dos provedores de acesso, além de garantir o acesso à informação e ao conhecimento: *o bloqueio do acesso à rede leva não apenas à expulsão do mercado, mas interpõe enorme barreira entre o indivíduo e o conhecimento*[825].

---

[823] O texto do projeto legislativo foi elaborado com a participação da sociedade civil, através de aportes no sítio eletrônico do "Marco Civil da Internet', e-Democracia. Ao Projeto de Lei n. 2.126/2011 foi conferido regime de urgência para aprovação após as revelações de Edward Snowden, em junho de 2013.

[824] Consulte a página do CGI sobre os princípios da Governança da Internet. https://principios.cgi.br/neutralidade-da-rede.

[825] Existe um amplo debate em torno das vantagens e desvantagens da neutralidade da rede. Um panorama geral sobre esses benefícios e malefícios é traçado pelas autoras. FORGIONI, Paula A.; ROCHA MIURA, Maira Yuriko, *in* DE LUCCA, Newton; SIMAO FILHO, Adalberto; LIMA, Cíntia Rosa Pereira de (coords.). *Direito & Internet III*. Tomo II. Marco Civil da Internet Lei nº 12.965/2014. São Paulo: Quartier Latin, 2015, p. 109-133.

A discriminação no tráfego de conteúdo pode se dar através do acesso ao dado, seja pela diminuição da sua velocidade, seja pelo bloqueio de acesso ou pela cobrança de um preço diferenciado.

Por isso a neutralidade é uma espécie de arquitetura da rede que pode ser utilizada, em alguns países, para restringir o conteúdo da internet como política de Governo, como no caso da China, considerando que a maior parte dos provedores de acesso são controlados direta ou indiretamente pelos Estados[826], ou o seu uso pode ser defendido para o controle no acesso a conteúdo de direitos autorais.

As tecnologias de geolocalização, sendo o geobloqueio uma de suas formas, pode ser defendida até mesmo para facilitar o exercício da jurisdição internacional e evitar conflitos de jurisdição, por meio do direcionamento de publicações na internet para um público consumidor determinado[827], caracterizando melhor o mercado na verificação do *targeting test,* ou para restringir os efeitos de publicações difamatórias que se espalham por várias jurisdições.

O fato é que ainda se desconhece o uso da geolocalização como parâmetro internacionalmente adotado, não sendo, por ora, utilizada pelo Brasil com o objetivo de predeterminar a jurisdição internacional[828].

---

[826] RAMOS, Pedro Henrique Soares, *in* DE LUCCA, Newton; SIMAO FILHO, Adalberto; LIMA, Cíntia Rosa Pereira de (coords.). *Direito & Internet III*. Tomo II. Marco Civil da Internet Lei nº 12.965/2014. São Paulo: Quartier Latin, 2015, p. 138.

[827] Conforme defende Dan Svantessom: Geo-location technologies may be used for 'good', they may be used for 'evil'. (...) If a newspaper is sold in Sydney, we may reasonably assume that the publisher has voluntarily and consciously made the decision to sell its newspaper on the Sydney market and can therefore reasonably be expected to abide by the laws of the Australian state of New South Wales. However, the mere fact that a newspaper website is accessible in Sydney does allow us to draw such a conclusion. The difference is found in the mode of distribution. A physical newspaper sets out with a 0 per cent geographical distribution coverage - it reaches no one on its town. And for that percentage to increase, active steps are required of the publisher. In contrast, a website sets outs with virtually a 100 per cent geographical distribution coverage in that, once uploaded, it can be accessed globally unless active steps are taken to limit the distribution coverage. However, the picture painted does not take account of geo-location technologies. Through the use of geo-location technologies, we place the publisher in the position to predetermine the desired publications coverage. After all, contact of readers at any undesired locations can be readily avoided via the use of such technologies." Solving The Internet Jurisdiction Puzzle. UK: Oxford, 2017, p. 207.

[828] Decreto n. 8771, de 11 de maio de 2016. Art. 3º A exigência de tratamento isonômico de que trata o art. 9º da Lei n. 12.965, de 2014 , deve garantir a preservação do caráter público e irrestrito do acesso à internet e os fundamentos, princípios e objetivos do uso da internet no País, conforme previsto na Lei n. 12.965, de 2014. Art. 4. A discriminação ou

a degradação de tráfego são medidas excepcionais, na medida em que somente poderão decorrer de requisitos técnicos indispensáveis à prestação adequada de serviços e aplicações ou da priorização de serviços de emergência, sendo necessário o cumprimento de todos os requisitos dispostos no art. 9º, § 2º, da Lei nº 12.965, de 2014 .Art. 5º Os requisitos técnicos indispensáveis à prestação adequada de serviços e aplicações devem ser observados pelo responsável de atividades de transmissão, de comutação ou de roteamento, no âmbito de sua respectiva rede, e têm como objetivo manter sua estabilidade, segurança, integridade e funcionalidade. § 1º Os requisitos técnicos indispensáveis apontados no caput são aqueles decorrentes de: I – tratamento de questões de segurança de redes, tais como restrição ao envio de mensagens em massa (spam) e controle de ataques de negação de serviço; e II – tratamento de situações excepcionais de congestionamento de redes, tais como rotas alternativas em casos de interrupções da rota principal e em situações de emergência. § 2º A Agência Nacional de Telecomunicações – Anatel atuará na fiscalização e na apuração de infrações quanto aos requisitos técnicos elencados neste artigo, consideradas as diretrizes estabelecidas pelo Comitê Gestor da Internet – CGIbr. Art. 6º Para a adequada prestação de serviços e aplicações na internet, é permitido o gerenciamento de redes com o objetivo de preservar sua estabilidade, segurança e funcionalidade, utilizando-se apenas de medidas técnicas compatíveis com os padrões internacionais, desenvolvidos para o bom funcionamento da internet, e observados os parâmetros regulatórios expedidos pela Anatel e consideradas as diretrizes estabelecidas pelo CGIbr. Art. 7º O responsável pela transmissão, pela comutação ou pelo roteamento deverá adotar medidas de transparência para explicitar ao usuário os motivos do gerenciamento que implique a discriminação ou a degradação de que trata o art. 4º, tais como: I – a indicação nos contratos de prestação de serviço firmado com usuários finais ou provedores de aplicação; e II – a divulgação de informações referentes às práticas de gerenciamento adotadas em seus sítios eletrônicos, por meio de linguagem de fácil compreensão. Parágrafo único. As informações de que trata esse artigo deverão conter, no mínimo: I – a descrição dessas práticas; II – os efeitos de sua adoção para a qualidade de experiência dos usuários; e III – os motivos e a necessidade da adoção dessas práticas. Art. 8º A degradação ou a discriminação decorrente da priorização de serviços de emergência somente poderá decorrer de: I – comunicações destinadas aos prestadores dos serviços de emergência, ou comunicação entre eles, conforme previsto na regulamentação da Agência Nacional de Telecomunicações – Anatel; ou II – comunicações necessárias para informar a população em situações de risco de desastre, de emergência ou de estado de calamidade pública. Parágrafo único. A transmissão de dados nos casos elencados neste artigo será gratuita. Art. 9º Ficam vedadas condutas unilaterais ou acordos entre o responsável pela transmissão, pela comutação ou pelo roteamento e os provedores de aplicação que: I – comprometam o caráter público e irrestrito do acesso à internet e os fundamentos, os princípios e os objetivos do uso da internet no País; II – priorizem pacotes de dados em razão de arranjos comerciais; ou III – privilegiem aplicações ofertadas pelo próprio responsável pela transmissão, pela comutação ou pelo roteamento ou por empresas integrantes de seu grupo econômico. Art. 10. As ofertas comerciais e os modelos de cobrança de acesso à internet devem preservar uma internet única, de natureza aberta, plural e diversa, compreendida como um meio para a promoção do desenvolvimento humano, econômico, social e cultural, contribuindo para a construção de uma sociedade inclusiva e não discriminatória.

PARTE IV

PELA CONSTRUÇÃO DE UMA TEORIA GERAL SOBRE JURISDIÇÃO INTERNACIONAL DE ACORDO COM O FUNCIONAMENTO DA INTERNET E OS DIREITOS HUMANOS ENVOLVIDOS

1. Os quatro pilares estruturais para uma teoria geral: o Direito Internacional, a preponderância das fontes internacionais, a proteção dos direitos humanos e a governança multissetorial da internet

Uma proposta de "Teoria Geral sobre Jurisdição Internacional e Internet" precisa ter base no Direito Internacional.

A internet é um ambiente multidisciplinar, onde as discussões assumem um nível horizontal entre os vários *players* do modelo de governança da internet, ao passo que o Direito Internacional Privado é uma disciplina que tem por finalidade regular justamente, a diversidade.

Além disso, o Direito Internacional Privado estuda os *fatos plurilocalizados*, conectados a mais de um ordenamento jurídico, e o fato transnacional eletrônico possui justamente a característica de se multiconectar a mais de um ordenamento jurídico pela própria engenharia da internet e das redes.

O Direito Internacional Privado contempla, ainda, o estudo da jurisdição internacional, da lei aplicável e da cooperação jurídica internacional, o que está intimamente relacionado com uma proposta de jurisdição internacional e internet.

A confluência entre o Direito Internacional Público e o Direito Internacional Privado também serve para auxiliar no enfrentamento dos desafios da jurisdição internacional frente às redes e aos serviços de internet, os quais não se subsumem aos fatos transnacionais de natureza penal, já que ocorrem os mesmos conflitos de sobreposição de legislações nacionais alicerçados nos mesmos motivos pela implementação da jurisdição nacional em matéria civil e comercial.

E, nessa linha, o Direito Público e o Direito Privado podem dialogar dentro do Direito Internacional Privado, no caminho de um Direito Internacional Privado voltado à proteção dos direitos humanos, vejamos como exemplo a proteção aos dados pessoais, já reconhecida como um direito fundamental.

O homem do século XXI é essencialmente um *homo digitalis*.

O *homo digitalis* é aquele que se comunica em rede, que realiza negócios eletrônicos, que transaciona em criptoativos, e que, por conta de seus dados eletrônicos, necessita de proteção internacional, não apenas sob a ótica da sua privacidade, mas para garantia de sua dignidade, da preservação de sua personalidade. E para que seja verdadeiramente protegido precisa ser visto dentro da perspectiva da confluência do Direito Internacional Público e do Direito Internacional Privado.

Hoje em dia ninguém mais duvida que as redes e os serviços online são altamente lucrativos, que o comportamento humano nas redes virou uma valiosa *commodity*[829], e os dados pessoais se apresentam como um produto econômico atrativo, por décadas comercializados sem a permissão de seus titulares. Por outro lado, os grandes prestadores de serviços de internet lideram em termos de faturamento em comparação com multinacionais do mesmo porte em outros setores, superando empresas tradicionais do ramo de automóveis, construção e medicamentos, citando alguns.

Portanto, não podemos fechar os olhos aos fatos econômicos e na inocência acreditar que existem apenas interesses jurídicos na agenda da definição da jurisdição internacional em matéria de dados eletrônicos. Os interesses econômicos não raras vezes se mostram muito mais fortes e coordenados que os interesses jurídicos dos Estados.

Os ganhos empresariais no consumo de internet, com suas vantagens indiretas, e a função econômica dos dados eletrônicos são evidentes, a abordagem desenvolvida no capítulo 3.2 tentou demonstrar um pouco isso.

A problemática envolvendo a transferência internacional de dados entre Estados Unidos e União Europeia é, igualmente, um importante alerta de que existem outros interesses em jogo, que vão muito além das discussões jurídicas em torno do tema.

Essa conclusão ajuda a demonstrar que o Direito Internacional Privado não deve ser encarado como uma disciplina puramente privatista, apolítica, alheia à perspectiva dos direitos humanos e dos interesses econômicos e políticos envolvidos no tema da jurisdição internacional e internet.

Sem dúvida, a proteção aos dados pessoais e a transferência internacional de dados contribuem à percepção de que existem variados interesses de acordo com os seus *players*: os Estados estão preocupados em legitimar suas jurisdições, em fazer aplicar suas leis, inclusive em proteção aos dados pessoais; as empresas transnacionais estão preocupadas com o emaranhado de leis nacionais a que devem se submeter, com as multas aplicadas pelo descumprimento de ordens judiciais e em manter os serviços de acordo com seus planos de negócios, o que, positivamente, engloba uma internet acessível a um maior número de pessoas; as organizações internacionais, as organizações não governamentais

---

[829] Expressão utilizada por TAVARES, André Ramos em "Um Amanhecer Disruptivo", p. 423, in: TAVARES, André Ramos (coord.). *Vestígios do Futuro: 100 anos de Isaac Asimov*. São Paulo: Etheria Editora, 2020.

e as redes privadas e públicas, numa perspectiva social, preocupam-se com os direitos humanos imbricados nos dados transnacionais eletrônicos e com uma melhor coordenação internacional da matéria.

Em verdade, existe praticamente um consenso em torno da ideia de que ainda não se alcançou uma desejável coordenação internacional, como ressaltam os relatórios do *Internet & Jurisdiction.* A proposta por uma nova convenção global pela Rússia e a China, assim como o Segundo Protocolo à Convenção de Budapeste bem demonstram que as ferramentas normativas hoje disponíveis ainda não são suficientes.

E mesmo dentro do Direito Internacional vemos que os desafios da jurisdição internacional em matéria de internet não se encaixam perfeitamente nos temas onde já existe um regramento dentro da disciplina, como na regulação do espaço aéreo das ondas de rádio e telefonia ou a regulação internacional sobre o alto-mar, merecendo uma teoria geral própria.

Nos desafios especialmente enfrentados na regulação dos serviços de telefonia ou dos correios, as agências estatais de telecomunicações regulam os serviços de acesso e conteúdo da internet, e, principalmente, o fato transnacional se restringe ao espaço físico onde se encontra a infraestrutura.

Como ensina Casella, em matéria de telecomunicações, os princípios correntes de direito internacional são análogos aos que vigoram em matéria de navegação aérea: *as ondas de rádio, por definição, não respeitam as fronteiras, daí decorreu a percepção da necessidade de regulamentação internacional.* E acrescenta o autor *a base das soluções aplicadas tem sido o princípio da soberania do Estado*[830].

Apesar de contemplar também um serviço de telecomunicação (provedores de conexão) a regulação da internet não se circunscreve à infraestrutura dos seus cabos e conexões; em termos de Direito Internacional Privado seus desafios vão muito além, pois dizem respeito, principalmente, ao fluxo e conteúdo das comunicações que são trocadas e que transcendem as fronteiras nacionais.

Portanto, não adianta muito supormos que os problemas relacionados à jurisdição e a internet, por uma regulação, podem ser resolvidos com a ideia de que a internet é um espaço virtual que deveria ser comparado à soberania

---

[830] CASELLA, Paulo Borba. *Direito Internacional dos Espaços.* São Paulo: Atlas, 2009, p. 520-521.

territorial sobre o serviço das telecomunicações ou mesmo ao alto-mar, no sentido de que também ultrapassa as fronteiras territoriais.

A Convenção das Nações Unidas sobre o Direito do Mar, de 1982, conceitua alto-mar como *todas as partes do mar não incluídas na zona econômica exclusiva, no mar territorial ou nas águas interiores de um estado, nem nas águas arquipelágicas de um estado arquipélago*, ao passo que também *cria para os Estados a obrigação de adotar as leis e regulamentos necessários para que constituam infrações, passíveis de sanção, a ruptura ou a danificação, intencional ou por negligência culposa, de um cabo em alto mar*[831].

É bem verdade que a estrutura funcional da internet contempla, inclusive, cabos interligados em alto-mar, de tal forma que, se fôssemos comparar com a disciplina do Direito Internacional dos espaços internacionais, a jurisdição poderia ser exercida por qualquer país que fixasse sua infraestrutura em cabos e estações de servidores em alto-mar, fixando a nacionalidade de sua bandeira sobre os dados que ali trafegam.

O problema, no entanto, como se disse, é que a internet é muito mais que sua infraestrutura de telecomunicações, e mesmo esta infraestrutura, está hoje, pelos modelos de negócio, compartilhada entre os Estados. Os provedores de serviços de aplicação, e principalmente estes, são atingidos pelas questões jurídicas decorrentes dos fatos transnacionais eletrônicos nas redes. Não é à toa que a União Internacional de Telecomunicações está presente no diálogo internacional sobre a internet, foi uma das primeiras aliás a envolver-se, mas não é o único organismo internacional interessado no tema.

Definitivamente, não são as estruturas das redes que devem ser levadas em conta para se fixar a jurisdição, mas as consequências destas estruturas, os comportamentos ilegais que ocorrem diante das facilidades das redes.

Portanto, como *primeiro pilar estrutural* de uma teoria geral de jurisdição internacional e internet *temos que a proposta deve basear-se no Direito Internacional Privado,* inspirando-se em suas fontes.

Como vimos, as fontes do Direito Internacional Privado podem ser nacionais ou internacionais.

Existem inúmeras legislações nacionais regulando os serviços de internet e seus provedores, fixando regras internas de jurisdição nacional que alcançam esses serviços e os fatos transnacionais criminais, tipicamente cibernéticos ou

[831] CASELLA, Paulo Borba. *Direito Internacional dos Espaços*. São Paulo: Atlas, 2009, p. 596.

praticados por meio da internet, bem como os fatos transnacionais cíveis, a exemplo do arcabouço jurídico brasileiro representado pela LINDB, CPC, Marco Civil da Internet e LGPD, que são aplicáveis aos fatos criminais por força do artigo 3º do Código de Processo Penal brasileiro.

Algumas dessas legislações parecem chocar-se, como o *Cloud Act* dos Estados Unidos da América e as previsões do *GDPR* e do projeto *e-evidence* da União Europeia.

Ambos aplicam elementos de definição de jurisdição diferentes, para o *Cloud Act* importa se o *dado está na posse, na custódia ou no controle da empresa*, ao passo que para a União Europeia o mais importante *é que o serviço* esteja voltado aos usuários de um dos Estados-Membros.

Ambos assinalam em suas legislações que *"pouco importa onde o dado está localizado"* para a sujeição dos provedores de serviços de internet às respectivas jurisdições, todavia, continuam se orientando por critérios de localização do dado no tocante aos países terceiros; os Estados Unidos obrigam à elaboração de MLA para a obtenção de dados de conteúdo, e os países da União Europeia, a maior parte deles signatários da Convenção de Budapeste, exortam os termos da Convenção de Budapeste para que possam obter mais facilmente a cooperação direta, com base no lugar da prestação do serviço, dos provedores no tocante aos dados de subscrição (artigo 18 da Convenção), sugerindo, no entanto, a elaboração de MLA para os dados de conteúdo de acordo com o local onde se encontra o provedor.

Lembremos que de acordo com a constituição e legislação norte-americanas as autoridades de *law enforcement* necessitam de um *warrant* para obterem dados de conteúdo dentro do seu território, mas não possuem a mesma reserva de jurisdição para dados em território estrangeiro. Assim, em tese, um *subpoena* basta para que as autoridades de *law enforcement* obtenham dados de *citizens* que eventualmente se encontram armazenados no exterior. A legislação se aplicaria também aos dados de residentes da União Europeia se o Tribunal de Justiça da União Europeia não tivesse declarado inválidas as decisões que abrigavam o *Safe Harbour e o Privacy Shield.*

A fragmentação das legislações nacionais gera insegurança jurídica não só aos usuários que são vítimas das ofensas praticadas através da internet, como aos provedores de serviços, que se sujeitam a obrigações contraditórias, muitas vezes se vendo compelidos a exercer o papel de censor de violações dos direitos fundamentais e das garantias processuais das pessoas afetadas por requisições públicas de dados e informações.

Por outro lado, dentro da perspectiva de uma regulação internacional multilateral, a tentativa mais bem sucedida em matéria criminal, até o momento, é a Convenção de Budapeste para a cibercriminalidade, e nos espectros cível e comercial, as Convenções Processuais da Conferência da Haia, como a de obtenção de prova no estrangeiro, a de acordos de eleição de foro e sobre o reconhecimento de sentenças (para as transações B2B.

Todavia, a Convenção de Budapeste ainda não atende por completo as pretensões dos Estados signatários, tanto assim que o grupo de *experts* do Conselho da Europa discutiu o aperfeiçoamento de suas normas processuais no âmbito do Comitê do TC-Y para a elaboração do Segundo Protocolo Adicional à Convenção, aprovado no final do ano de 2021. Mesmo com as importantes inovações que estão sendo discutidas, o Segundo Protocolo não resolve o problema dos dados de conteúdo que se encontram em outra jurisdição, pois mantem o MLA como principal ferramenta para a obtenção de tais dados.

As Convenções cíveis, por sua vez, não tratam especificamente dos provedores de serviços de internet tampouco dos fatos transnacionais que violam os direitos de personalidade.

Isto é, existe um espaço para a atuação do Direito Internacional Privado através de suas fontes internacionais. Para uma efetiva coordenação internacional sobre a matéria precisamos ir além das fontes nacionais, embora estas possam contribuir sobremaneira na percepção sobre a linha adotada pelos Estados e se é factível ou não um consenso a respeito do tema da jurisdição e da obtenção da prova eletrônica.

Ademais, as fontes internacionais dialogam entre si, os tratados, convenções e decisões das cortes internacionais, notadamente as cortes de direitos humanos, compõem um arcabouço normativo coeso e coerente. É dizer, os direitos humanos à luz de uma matriz internacional serão os mesmos direitos humanos protegidos em qualquer outra vindoura fonte internacional. Além disso, certos conceitos jurídicos – *como o conceito de grupo empresarial econômico* – estão menos sujeitos à qualificação dos Estados quando previstos em fontes internacionais.

Por isso, como *segundo pilar estrutural* de uma teoria geral sobre jurisdição internacional e internet, *propomos a predominância das fontes internacionais do Direito Internacional.*

Como *terceiro pilar estrutural,* sem dúvida, o respeito aos direitos humanos.

Hoje em dia, é muito raro um dado eletrônico não assumir a categoria de dado pessoal. As multinacionais ou mesmo empresas que realizam seus negócios na União Europeia estão sendo obrigadas a adotar níveis de proteção de dados para se adequarem às exigências da União Europeia, sob pena de inviabilizarem os seus negócios. Os Estados estão sendo compelidos a adotar e adaptar suas legislações nacionais sobre proteção de dados para se adequarem aos estandartes de proteção da União Europeia, para que possam ter uma cooperação jurídica internacional mais facilitada.

Assim, um endereço IP e os logs de acesso são considerados dados pessoais atualmente, porque servem à identificação de um indivíduo. Muito mais, ainda, seus dados de conteúdo e transacionais com terceiros. Só não podemos confundir dado pessoal com nível de proteção jurisdicional, pois nem todo dado pessoal está sujeito à reserva de jurisdição, vai depender da legislação interna de cada Estado.

Os dados pessoais refletem a personalidade humana, suas liberdades de expressão, opinião, pensamento e religião, direitos humanos consagrados na Declaração Universal dos Direitos Humanos, de 1948, na Declaração Americana dos Direitos e Deveres do Homem, também de 1948, no Pacto Internacional sobre Direitos Civis e Políticos, de 1966, e na Convenção Americana de Direitos Humanos de 1969. A proteção à imagem e à vida particular são direitos igualmente consagrados.

Somam-se a esses instrumentos as legislações nacionais que estão se proliferando sobre a proteção de dados pessoais e a *soft law* das organizações internacionais, como a OCDE, pioneira no tema ao ter lançado, ainda na década de 80, os *Guidelines on the Protection of Privacy and Transborder Flows of Personal data*, de 23 de setembro de 1980.

Como dissemos, o homem do século XXI é essencialmente um *homo digitalis,* que necessita de proteção internacional, para além da ótica da sua privacidade, para garantia de sua dignidade e da preservação de sua personalidade.

Conforme afirma André Ramos Tavares as *grandes tecnologias podem afetar nossas vidas, não apenas lateralmente, não apenas com uma melhoria em um ponto ou outro, mas com uma mudança radical, estrutural, da sociedade.* De sorte que temos que enfrentar a revolução tecnológica *não em termos de bloqueio do progresso, mas com preocupação ética, de extrema atenção civilizatória com a dignidade da condução humana no Mundo tecnológico*[832].

Por fim, *propomos como quarto e último pilar estrutural* a governança multissetorial da internet.

O debate sobre a governança da internet e o engajamento dos múltiplos *stakeholders* nas principais questões envolvendo as tecnologias e o direito é antigo e se estende há décadas, mas, principalmente, está sendo bem sucedido na sua dimensão multissetorial.

Em verdade, já existe o reconhecimento internacional do mérito multissetorial na construção de ideias que possibilitam o melhor uso da internet, a inclusão digital e o exercício dos direitos e liberdades fundamentais dos seus usuários.

De acordo com a agenda do *UN World Summit on the Information Society*, celebrado no âmbito da UIT (União Internacional de Telecomunicações) e realizado na Tunísia em 2005, os representantes dos Estados declararam como definição funcional de governança da internet o desenvolvimento e aplicação por parte dos governos, do setor privado e da sociedade civil, em suas respectivas funções, dos princípios, normas, regras, procedimentos de tomadas de decisão e programas compartilhados que moldam a evolução e o uso da internet[833].

---

[832] TAVARES, André Ramos. "Um Amanhecer Disruptivo", p. 420, in: TAVARES, André Ramos (coord.). Vestígios do Futuro: 100 anos de Isaac Asimov. São Paulo: Etheria Editora, 2020. Veja também a palestra de Marta Cristina Cury Saad Gimenes no I Congresso Internacional Direitos Fundamentais e Processo Penal na Era Digital, promovido pela Fadusp e pelo InternetLab, onde ressaltou a importância do tema numa contexto em que a tecnologia cada vez mais passa a cumprir um papel central na vida das pessoas no Brasil e no mundo, disponível em: <https://www.internetlab.org.br/pt/privacidade-e-vigilancia/videos-i-congresso-direitos-fundamentais-processo-penal-na-era-digital/>. Acesso em: 20 de dezembro de 2020.

[833] "Tunis Agenda for the Information Society," WSIS (18 November 2005), Paragraph 34, <https://www.itu.int/net/wsis/docs2/tunis/off/6rev1.html>. No original: "a working definition of Internet governance is the development and application by governments, the private sector and civil society, in their respective roles, of shared principles, norms, rules, decision-making procedures, and programmes that shape the evolution and use of the Internet".

Posteriormente, na Resolução n. 70/125 (2015) da Assembleia Geral da ONU, foi reafirmado o desejo comum e o compromisso com a visão da Cúpula Mundial sobre a Sociedade da Informação de construir uma sociedade da informação centrada nas pessoas, inclusiva e orientada para o desenvolvimento, onde todos possam criar, acessar, utilizar e compartilhar informações e conhecimentos, capacitando indivíduos, comunidades e povos para atingir seu pleno potencial na promoção de seu desenvolvimento sustentável e melhoria de sua qualidade de vida, com base nos propósitos e princípios da Carta das Nações Unidas, respeitando plenamente e defendendo a Declaração Universal dos Direitos Humanos[834].

No § 3º do referido documento, os representantes dos Estados reafirmaram, além disso, o valor e os princípios de cooperação e engajamento de múltiplas partes interessadas que têm caracterizado o processo de Cúpula Mundial sobre a Sociedade da Informação desde o seu início, *reconhecendo que a participação, parceria e cooperação efetiva de governos, setor privado, sociedade civil, organizações, as comunidades técnicas e acadêmicas e todas as outras partes interessadas relevantes*, dentro de suas respectivas funções e responsabilidades, especialmente com representação equilibrada de países em desenvolvimento, tem sido e continua a ser vital no desenvolvimento da sociedade da informação[835].

---

[834] Veja United Nations General Assembly Resolution 70/125, *Outcome document of the high-level meeting of the General Assembly on the overall review of the implementation of the outcomes of the World Summit on the Information Society,* parágrafo 1, no original: We reaffirm our common desire and commitment to the World Summit on the Information Society vision to build a people-centred, inclusive and development-oriented information society, where everyone can create, access, utilize and share information and knowledge, enabling individuals, communities and peoples to achieve their full potential in promoting their sustainable development and improving their quality of life, premised on the purposes and principles of the Charter of the United Nations and respecting fully and upholding the Universal Declaration of Human Rights. <https://undocs.org/en/A/RES/70/125>. Acesso em: 22 de novembro de 2020.

[835] No original: "We reaffirm, moreover, the value and principles of multi-stakeholder cooperation and engagement that have characterized the World Summit on the Information Society process since its inception, recognizing that effective participation, partnership and cooperation of Governments, the private sector, civil society, international organizations, the technical and academic communities and all other relevant stakeholders, within their respective roles and responsibilities, especially with balanced representation from developing countries, has been and continues to be vital in developing the information society." <https://undocs.org/en/A/RES/70/125>. Acesso em: 22 de novembro de 2020.

E ainda reconheceram o papel de liderança dos governos em questões de segurança cibernética relacionadas à segurança nacional, mas não deixaram, igualmente, de reconhecer os papéis e contribuições importantes de todas as partes interessadas, em suas respectivas responsabilidades[836], posicionamento que foi reafirmado na Resolução n. 73/266, adotada pela Assembleia Geral da ONU em 22 de dezembro de 2018[837].

E, em junho de 2019, o *UN Secretary-General's High-level Panel on Digital Cooperation* lançou o relatório *The Age of Digital Interdependence* onde estatuiu: apoiamos uma abordagem de "sistemas" de múltiplas partes interessadas para cooperação e regulação que seja adaptativa, ágil, inclusiva e adequada[838].

A abordagem multissetorial da internet tem se mostrado o melhor caminho para enfrentar temas como inclusão digital, segurança na internet e novas tecnologias.

Mesmo que quisessem, os Estados de Direito sozinhos não conseguem prevenir ataques cibernéticos, e não possuem o monopólio do espaço cibernético, com seus números de IPs e registros de domínio. Eles necessitam do envolvimento dos provedores de serviços.

Assim, quando se fala numa governança multissetorial da internet é no sentido de que os governos, apesar de possuírem o controle normativo da jurisdição nacional, o monopólio do uso da força e terem suas responsabilidades no tocante à segurança dos indivíduos, não são os únicos que devem proteger o espaço virtual, os provedores de serviços de internet possuem igualmente suas responsabilidades.

De um lado, os Estados devem evitar de outorgar leis que não tenham aderência no setor privado ou de estabelecerem restrições territoriais em demasia, como obrigarem o armazenamento dos dados dentro do território nacional ou obrigarem a fixação de um estabelecimento comercial em cada local de serviço; tais medidas restritivas podem levar à migração dos serviços para a *deep web*.

---

[836] § 50, no original: "We recognize the leading role for Governments in cybersecurity matters relating to national security. We further recognize the important roles and contributions of all stakeholders, in their respective roles and responsibilities."

[837] Confira em: <https://undocs.org/en/A/RES/73/266>. Acesso em: 25 de novembro de 2020.

[838] No original: "We support a multi-stakeholder "systems" approach for cooperation and regulation that is adaptive, agile, inclusive and fit for purpose for the fast-changing digital age." Disponível em: <https://digitalcooperation.org/wp-content/uploads/2019/06/DigitalCooperation-report-web-FINAL-1.pdf>. Acesso em: 25 de novembro de 2020.

De outro, o setor privado deve compreender que faz parte de um sistema maior de cooperação global e que não lhes ajuda impor resistências, sem uma atuação coordenada dos Estados, pois só vão alavancar mais barreiras territoriais unilaterais estatais impedindo o funcionamento de seus serviços (o *Youtube* teve que sair da Turquia, o *TikTok* da Índia), contrários aos interesses das empresas e mesmo dos usuários, o que pode vir a prejudicar, ao fim e ao cabo, o dinâmico funcionamento da internet, na forma como foi concebida, isto é, uma internet para todos.

2. As matérias abrangidas pelo novo modelo: ofensas aos direitos de personalidade e delitos em matéria cibernética. Propostas de exclusão: direitos de propriedade intelectual, industrial, marcas e patentes, direito antitruste e o consumidor

Existem alguns temas que já estão bem encaminhados no Direito Internacional, assentando-se nas regras e princípio da autonomia de vontade das partes e das liberdades nos negócios, e, que, portanto, apesar de tangenciarem com as questões relativas às novas tecnologias eletrônicas, necessitam ser tratados de forma única. São assim os fatos transnacionais eletrônicos envolvendo o *e-commerce* e os contratos eletrônicos B2B, B2G, *mobile banking, sharing economy,* publicidade digital, dentre outros.

Em termos de comércio eletrônico devem ser lembrados os princípios Relativos aos Contratos Internacionais elaborados pelo Instituto Internacional para a Unificação do Direito Privado (Unidroit), a Convenção das Nações Unidas sobre Compra e Venda Internacional de Mercadorias (CISG), a Convenção das Nações Unidas sobre o Uso de Comunicações Eletrônicas nos Contratos Internacionais e a Convenção da Haia sobre a Escolha do Foro. Existem ainda os Princípios de Direito Europeu dos Contratos, elaborados pela Comissão de Direito Europeu dos Contratos, a lei-modelo sobre comércio eletrônico e a lei-modelo sobre assinaturas eletrônicas adotadas em 1996 e 2001 pela Comissão das Nações Unidas para o Direito do Comércio Internacional (UNCITRAL)[839].

---

[839] Sobre a lei-modelo sobre o comércio eletrônico, explicam Fabrício Polido e Lucas Sávio: "Em 1996, foi, então, lançada pela UNCITRAL a Lei Modelo sobre Comércio Eletrônico (LMCE), hoje o mais popular instrumento normativo não vinculante sobre proteção comercial no ambiente eletrônico, tendo sido adotada por mais de 50 países, dentre eles África do Sul, Austrália, China, França, Índia e México e, ainda, por alguns estados do Canada e Estados Unidos, além de alguns integrantes do Reino Unido da Grã Bretanha e Irlanda do Norte. Seu maior objetivo é o de oferecer aos legislativos nacionais regras internacionalmente

Na mesma toada, para a presente teoria geral, propomos a exclusão dos contratos de consumo em todas as suas formas eletrônicas, C2C, B2C, C2B, D2C, C2G e outras.

Apesar de ser uma tendência internacional a proteção ao consumidor nos contratos de maneira geral, não são todos os países que aceitam a vulnerabilidade da parte como princípio que rege as relações contratuais de consumo, a exemplo dos Estados Unidos da América. Mesmo dentre aqueles que defendem a proteção ao consumidor nos níveis processual e material da lei, com base na proteção à parte mais vulnerável, como o Brasil, demonstram formas peculiares de aplicação de lei imperativas nacionais, a exemplo do CPC e CDC.

Na seara internacional, a recente Convenção da Haia sobre Sentenças, de 2019, demonstra as dificuldades geradas para o alcance de um texto flexível que protegesse o consumidor, mas que ao mesmo tempo fosse capaz de gerar o consenso e a aceitação dos Estados. É de se ver, à luz do artigo 5.2 da referida Convenção da Haia, que a sentença contra o consumidor só circula se ele tiver consentido com a jurisdição de origem, de forma oral ou escrita, perante o juiz de origem (e não apenas perante a contraparte), e se tiver vínculo (domicílio) com a jurisdição de origem.

A Convenção da Haia, sem dúvida, representa um grande avanço em termos de circulação de sentenças em matérias civis e comerciais, mas, certamente e naturalmente suscitará suas próprias dificuldades interpretativas, como, por exemplo, como se aplicará aos contratos C2C ou C2G. Isso tudo

---

aceitas voltadas para a remoção de obstáculos legais relacionados ao comércio eletrônico, facilitando-o por meio da segurança jurídica a ele garantida e contribuindo para o desenvolvimento harmonioso das relações econômicas internacionais. A LMCE é composta de 17 artigos e está dividida em duas partes, a primeira contendo regras gerais sobre comércio eletrônico e a segunda sobre contratos de transporte de mercadorias e documentos a eles relacionados. Dentre outros temas substantivos, a LMCE dispõe sobre os requisitos legais aplicáveis às mensagens de dados, tais como o reconhecimento legal destas mensagens, a necessidade de serem escritas, questões sobre assinaturas e sobre a admissibilidade e peso probatório de tais mensagens. Lida, ainda, com a comunicação das mensagens de dados, mais especificamente com a formação e validade dos contratos, o reconhecimento de entrega das mensagens de dados e com o tempo e lugar do envio e do recebimento dessas mensagens." POLIDO, Fabrício Bertini Pasquot; DA SILVA, Lucas Sávio de Oliveira. *Contratos Internacionais Eletrônicos e o Direito Brasileiro*: entre a insuficiência normativa doméstica e as soluções globais, 2017. Disponível em: <http://www.scielo.br/scielo.php?script=sci_arttext&pid=S2177-70552017000100157#B18>. Acesso em: 2 de dezembro de 2020.

demonstra como a figura do consumidor e, assim também, o usuário da internet enquanto consumidor, merece um distinto tratamento em termos de proteção internacional.

Ademais, uma proposta de jurisdição internacional com base no caráter de consumidor do usuário das redes e da internet não resolve os principais problemas apontados ao longo deste texto, como os fatos transnacionais eletrônicos criminais (os crimes cibernéticos e os crimes cometidos através das redes e da internet) e os fatos transnacionais eletrônicos cíveis que ofendem direitos de personalidade, via de regra cometidos *pelos próprios usuários contra outros usuários*.

A propriedade industrial, de marcas e patentes e a propriedade intelectual em geral é outro tema que merece tratamento à parte, tendo em vista as iniciativas já desenvolvidas dentro do Direito Internacional.

Segundo a Organização Mundial da Propriedade Intelectual (*World Intellectual Property Organization*), uma das agências especializadas das Nações Unidas, o conceito de propriedade intelectual é muito amplo, abrange os direitos resultantes da atividade intelectual na indústria (que abrange os desenhos industriais, as invenções industriais, marcas e nomes comerciais) na literatura, nos campos científicos e artísticos[840].

Nessas esferas, existem a Recomendação Conjunta acerca da Proteção de Marcas e outros Direitos de Propriedade Industrial sobre Sinais na Internet (*Joint Recommendation Concerning Provisions on the Protection of Marks, and Other Industrial Property Rights in Signs, on the Internet)* e a Recomendação Conjunta sobre Proteção de Marcas Notórias (*Joint Recommendation Concerning Provisions on the Protection of Well Know Marks*, Genebra, 2000) ambas adotadas pela Assembleia da União de Paris para a Proteção da Propriedade Industrial e pela Assembleia Geral da Organização Mundial da Propriedade Intelectual (OMPI)[841].

Existem tratados e convenções sobre Propriedade Intelectual, como a Convenção de Paris para a Proteção da Propriedade Industrial, a Convenção de Berna para a Proteção à Literatura e aos Trabalhos Artísticos, o Tratado sobre *Copyright*, o Tratado sobre Cooperação em Patentes, o Acordo de Madri sobre o Registro Internacional de Marcas, o Tratado sobre Direito de

---

[840] Conforme WIPO Intellectual Property Handbook. Disponível em: <https://www.wipo.int/edocs/pubdocs/en/wipo_pub_489.pdf>. Acesso em: 2 de dezembro de 2020.

[841] Disponíveis na página da *World Intellectual Property Organization*, <www.wipo.int>.

Marcas, dentre outros. São instrumentos internacionais que possuem normas materiais que regulam diretamente essas matérias, normas procedimentais e de aplicação da lei.

Além disso, a propriedade intelectual, em termos de *Copyright,* tem uma interface com o comércio eletrônico, e muitas disputas, assim como as que envolvem nomes de domínio, podem ser resolvidas por arbitragem entre as partes[842].

A Convenção sobre Sentenças da Haia serve de exemplo, novamente, uma vez que excluiu do seu escopo a propriedade intelectual, justamente por ser matéria que já está coberta por vários instrumentos internacionais.

Por fim, o direito antitruste deve ser, igualmente, excluído do escopo da presente proposta de teoria geral.

Nas disputas anticoncorrenciais existem relações público-privadas e relações privadas horizontais. Assim, a prática de cartel em licitações, por exemplo, está sujeita, via de regra, à imposição de leis nacionais de cunho administrativo, cível e penal. Todavia, existe uma visão do direito concorrencial que também se aplica às relações privadas de cunho ressarcitório.

Com base nesta dicotomia, mais uma vez, a Convenção da Haia sobre Sentenças ressaltou a abrangência de sua aplicação às condutas que constituem um acordo anticompetitivo ou uma prática concertada entre concorrentes reais ou potenciais para fixar preços, fazer licitações fraudulentas, estabelecer restrições de produção ou cotas ou dividir mercados alocando clientes, fornecedores, territórios ou linhas de comércio, e onde tal conduta e seus efeitos ocorreram ambos no Estado de origem (artigo 2.1, "p"). E ao excluir do seu escopo as atividades de *law enforcement,* o texto da Convenção deixou claro que só se aplica à dimensão privada das disputas anticompetitivas.

O mais importante, no entanto, é que a Convenção da Haia sobre Sentenças deixa claro que só se aplica às relações onde *a conduta e seus efeitos*

---

842 Colhe-se do WIPO's Handbook: WIPO's work in alternative dispute resolution between individuals and companies, through the WIPO Arbitration and Mediation Center has been extended to cover the problems arising from the misuse of domain names on the Internet. WIPO has been accredited by the Internet Corporation for Assigned Names and Numbers (ICANN) to administer cases filed under ICANN's Uniform Domain Name Dispute Resolution Policy. Disputes are handled and resolved online, enabling parties to settle cases in a time- and cost-effective manner, without being physically present in the same place, p. 18.

ocorreram ambos no Estado de origem, querendo dizer com isso que não disciplina as condutas de efeitos extraterritoriais. O texto da Convenção acaba expondo uma discussão de longa data sobre a extraterritorialidade das leis nacionais em matéria antitruste, que já possuem e requerem um tratamento próprio por parte da doutrina e das fontes internacionais e nacionais do Direito Internacional.

A título de registro, os Estados Unidos da América se posicionaram como o primeiro país a ultrapassar as fronteiras nacionais para ampliar sua jurisdição com base nos efeitos das condutas extraterritoriais anticompetitivas, tendo início em 1945, no caso *US v. Aluminium Co. of America*[843].

No começo do século passado, no caso *American Banana Co. vs. United Fruit Co.* (1909), a Suprema Corte havia rejeitado os efeitos extraterritoriais alegados pela empresa norte-americana *American Banana,* entendendo que a jurisdição deveria se basear no local onde ocorreram os atos danosos, de acordo com a lei do local onde ocorreu o delito (*lex loci delicti commissi e forum loci delicti commissi*). Todavia, no julgamento Alcoa, ocorrido em 1945, a Suprema Corte corroborou a teoria dos efeitos.

O caso que deu base à *teoria dos efeitos*, de aplicação nos Estados Unidos, gerou discussão sobre a responsabilização de empresa produtora de lingotes de alumínio situada fora do território dos Estados Unidos. A empresa fazia parte do grupo econômico Alcoa, que estava sendo acusado da prática de monopólio.

Pela *teoria dos efeitos,* o Estado possui jurisdição sobre todos os atos anticoncorrenciais praticados no exterior que tenham produzido efeitos em seu território[844]. A teoria é aplicada até hoje pelos Estados Unidos da América, não apenas para o comércio interno e comércio externo, como também para fins de política externa[845].

---

843 Disponível em: <https://law.justia.com/cases/federal/appellate-courts/F2/148/416/1503668/>. Acesso em: 2 de dezembro de 2020.

844 LIMA E SILVA, Valéria Guimarães de. *Direito Antitruste. Aspectos Internacionais.* Curitiba: Juruá, 2006, p. 74.

845 Veja-se as Leis D'Amato Kennedy e Helms-Burton, de 1996. A lei Helms-Burton visa impor às empresas subsidiárias de grupos americanos em países terceiros o embargo aplicado à Cuba desde 1961, em represália à expropriação pelo governo cubano de propriedades americanas na ilha. Ver mais em Jean-Marc Sorel, Remarques sur l'application extraterritoriale du droit national à la lumière de la législation américaine recente. Revue Juridique de l'Ouest. Année 1996 / 4 / p. 415-440.

A *teoria dos efeitos* foi desenvolvida para evitar as dificuldades enfrentadas na responsabilização de pessoas jurídicas subsidiárias no mesmo grupo econômico, que tenham praticado, em outro país, infrações à ordem econômica, ajudando a enfrentar a argumentação de que se trata de pessoas jurídicas distintas e autônomas da empresa controladora.

No direito antitruste, três são os princípios utilizados para justificar a extraterritorialidade: *a nacionalidade, a proteção e a territorialidade objetiva*[846]. O princípio da *proteção* é o menos utilizado, porque requer que o ato anticoncorrencial abale a segurança nacional. É de se ver, ainda, que o princípio da proteção aos investidores foi refutado pela Corte Internacional de Justiça no caso *Barcelona Traction* (1970).

Pelo princípio *da nacionalidade*, os Estados exercem sua jurisdição com base na nacionalidade das pessoas jurídicas envolvidas na prática anticoncorrencial, alcançando a responsabilização de todas as sociedades que formam o grupo econômico.

O problema que se coloca é que os critérios para apregoar a nacionalidade das pessoas jurídicas são variados entre os países, alguns, especialmente os países da *common law*, adotam o critério da incorporação, outros, o critério da sede estatutária e ainda aqueles que adotam o critério do controle acionário, como os Estados Unidos da América. No Brasil, de acordo com o artigo 11 da LINDB, *as organizações destinadas a fins de interesse coletivo, como as sociedades e as fundações, obedecem à lei do Estado em que se constituírem.*

Dadas as dificuldades na definição da nacionalidade das pessoas jurídicas, desenvolveu-se, no direito antitruste, o princípio da *territorialidade objetiva*. O princípio da *territorialidade* foi desenvolvido para legitimar com mais robustez, perante o Direito Internacional, a extensão unilateral da jurisdição extraterritorial[847], e sustenta-se: na *teoria dos efeitos*, na *teoria da unidade econômica* e na *teoria da implementação*.

A *teoria dos efeitos* já mencionada, justifica o alcance da jurisdição extraterritorial para infrações à lei antitruste cometidas por empresas signatárias fora do Estado, desde que o acordo ilícito produza efeitos no território desde Estado. Embora tenha o mesmo propósito de estender a jurisdição sobre o

---

[846] Lima e Silva, Valéria Guimarães de. *Direito Antitruste. Aspectos Internacionais*. Curitiba: Juruá, 2006.

[847] Obra citada, p. 72.

grupo econômico de empresas, até aquelas que se situam fora do território nacional que tenham cometido a infração, a *teoria dos efeitos* difere-se do critério da nacionalidade porque possui um vínculo de natureza territorial: a exigência de que sejam sentidos os efeitos da prática anticoncorrencial no território do Estado que reclama a jurisdição. E por efeitos podemos entender o prejuízo causado pelo acordo ilícito entre as empresas, como, por exemplo, o prejuízo na bolsa de valores pelas manipulações de mercado decorrentes das práticas anticoncorrenciais[848].

A *teoria da unidade econômica* foi também desenvolvida em face da realidade das multinacionais[849], e serve de suporte à jurisdição e aplicação da lei à empresa controladora por ato praticado por sua subsidiária. O direito antitruste da União Europeia aplica a *teoria da unidade econômica,* permitindo que a "jurisdição comunitária ultrapasse *o alcance da subsidiária situada no mercado comum que executou o ato*, submetendo a sua competência também à controladora, ou seja, a idealizadora e verdadeira mandante da prática anticoncorrencial"[850]. A teoria respalda-se no critério da territorialidade na medida em que parte do ato foi praticado no âmbito da União Europeia.

A *teoria da implementação* foi também desenvolvida no seio do direito antitruste da União Europeia, para igualmente alcançar as empresas fora do mercado comunitário, mas *que não possuem subsidiárias no interior do mercado*, a partir do seguinte entendimento: desmembra-se a conduta anticoncorrencial em duas etapas, a primeira delas seria a celebração do acordo ilícito entre as empresas, e, a segunda, a implementação do acordo, que deve ocorrer dentro do mercado europeu, sendo suficiente que "haja um adquirente do produto ou serviço no espaço comunitário, não sendo considerados, para fins de aplicação da teoria, eventuais intermediários (agentes, filiais, subsidiárias, representantes, etc.) que se coloquem entre este e a empresa estrangeira que praticou o ato anticoncorrencial"[851].

---

848 A Teoria dos Efeitos também é praticada nos Estados Unidos para a incidência do FCPA (Foreign Corruption Practices Act).

849 LIMA E SILVA, Valéria Guimarães de. *Direito Antitruste. Aspectos Internacionais.* Curitiba: Juruá, 2006, p. 248.

850 LIMA E SILVA, Valéria Guimarães de. *Direito Antitruste. Aspectos Internacionais.* Curitiba: Juruá, 2006, p. 249.

851 LIMA E SILVA, Valéria Guimarães de. *Direito Antitruste. Aspectos Internacionais.* Curitiba: Juruá, 2006, p. 257.

No direito brasileiro, a Lei n. 12.529, de 30 de novembro de 2011, tem conotação extraterritorial, pois aplica-se, sem prejuízo de convenções e tratados de que seja signatário o Brasil, *às práticas cometidas no todo ou em parte no território nacional ou que nele produzam ou possam produzir efeitos.*

As concepções sobre a aplicação de teorias que permitem o alcance extraterritorial de jurisdições em matéria antitruste não estão livres de reações de outros Estados que querem proteger a suas soberanias. Como diz João Grandino Rodas, *a aplicação extraterritorial da legislação concorrencial tem causado conflitos com estados estrangeiros e suscitado protestos por parte dos afetados, temerosos de interferência em sua soberania,* o que vem *tomando a forma de recusa em colaborar, reclamações diplomáticas e até mesmo de medidas legislativas*[852].

Em face das peculiaridades das legislações antitruste e das reações a algumas práticas nacionais extraterritoriais há longa data, que já possuem e requerem uma disciplina própria, muito bem trabalhada dentro do Direito Comercial e de sua interface com o Direito Internacional, é que excluímos a matéria antitruste da presente teoria geral.

---

[852] Para o professor: "Exemplo de recusa em colaborar aconteceu no caso *United States vs. Imperial Chemical Industries et al.*, em que, em 1951, tribunal norte-americano julgou a acusação de divisão do mercado global de *Nylon*. A Justiça inglesa recusou-se a implementar o julgamento norte-americano favorável à empresa inglesa *British Nylon Spinners*. Ocorreu reclamação diplomática após o julgamento do caso *U. S. v. The Watchmakers of Switzeerland Information Center*, em 1955, em que a justiça norte-americana deu sentença desfavorável à associação exportadora formada por relojoeiros suíços, e julgada legal pela própria Suíça. O protesto suíço junto ao Departamento de Estado norte-americano, gerou anos de negociação diplomática, bem como outra decisão judicial a pedido do Departamento de Justiça. Vários países descontentes com a aplicação extraterritorial passaram a editar leis com o intuito de bloquear os seus efeitos – regras de bloqueio. As investigações do cartel do urânio dos pelos Estados Unidos deram ensejo a que vários países, como África do Sul, Austrália, Canadá, França, Nova Zelândia e Reino Unido, emitissem leis protetivas. Outras legislações objetivavam outras finalidades: não reconhecimento de decisões estrangeiras de direito concorrencial, que contrariem a sua soberania ou que imponham os *treble damages* próprios do direito estadunidense. Como exemplo, citem-se o *Foreign Antitrust Judgements Restriction of Enforcement Act* (Austrália, 1989) e a *Loi sur mesures extraterritoriales étrangères* (Canadá, 1984). Finalmente, há as que permitem aos que devem pagar *treble damages*, a possibilidade de reaver as quantias excedentes à reparação do dano em sua forma simples: *Foreign Proceedings Excess of Jurisdiction Act.*" Disponível em: <https://www.conjur.com.br/2015-set-10/olhar-economico-aplicacao-extraterritorial-lei-antitruste-gerar-reacoes>. Acesso em: 2 de dezembro de 2020.

A presente proposta de teoria geral foi desenvolvida para ser aplicada, assim, como *framework* para dois tipos de fatos transnacionais eletrônicos: os fatos transnacionais eletrônicos de natureza cível, decorrentes das interações humanas nas redes, que digam respeito a ofensas aos direitos de personalidade (direito ao nome, imagem, honra e privacidade), e os fatos transnacionais eletrônicos criminais que não se identificam com as matérias acima, objeto de exclusão, como são os crimes tipicamente cibernéticos e os demais crimes cometidos por meios das redes e da internet.

Os fatos transnacionais eletrônicos cíveis assim caracterizados compreendem as ofensas decorrentes da desinformação (ou *fake news)* e todos e qualquer tipo de ofensa aos direitos de personalidade que venha ocorrer nas redes de relacionamento social ou em sites eletrônicos e mecanismos de busca.

A escolha pelos fatos transnacionais eletrônicos cíveis decorrentes das violações aos direitos de personalidade se justifica por quatro principais razões.

Por primeiro, porque detectamos que no conjunto destes fatos e dos fatos transnacionais eletrônicos criminais ainda existem lacunas legislativas de ordem internacional e onde as controvérsias se acentuam a respeito dos efeitos extraterritoriais das jurisdições nacionais e do alcance, dentro ou foro do território nacional, das evidências eletrônicas para a comprovação destes fatos.

Por segundo, porque nesse conjunto de fatos cíveis e criminais, as disputas jurídicas sobre os limites das jurisdições nacionais acabam deixando as vítimas das infrações desguarnecidas, sem a resposta efetiva por uma justiça material, não se dando completude ao princípio internacionalmente consagrado do acesso à justiça.

Por terceiro, porque os dados eletrônicos (ou evidências eletrônicas) são em grande parte dados pessoais que se vinculam a uma pessoa física, identificando-a através de seu nome, imagem, honra, expressão de opinião e pensamento, cuja proteção está sendo reconhecida de forma global como um direito fundamental, sobretudo como uma expressão do direito à personalidade.

Por fim, no conjunto desses delitos cíveis e criminais existem similitudes, pois não raras às vezes a mesma ofensa se caracteriza na ordem cível e criminal, além de ambos dialogarem com os limites da jurisdição internacional de acordo com o local dos efeitos do ato danoso (*forum damni*), o que facilita, sem dúvida, para a construção de uma mesma teria geral.

3. O modelo de jurisdição prescritiva: a preponderância do método direto de regulação internacional

Segundo Éric Loquin, o desafio do Direito Internacional Privado no século XXI será administrar um espaço transnacional[853].

Ousamos acrescentar: o desafio do Direito Internacional Privado no século XXI *será administrar um espaço transnacional virtual*, onde as relações humanas são, de fato, estabelecidas em uma dimensão espacial que nega a divisão em ordens jurídicas estatais *territorialmente* autônomas[854].

Já dissemos ao longo do texto que o fenômeno da internet "desmaterializou" as fronteiras físicas, universalizou os problemas jurídicos, aproximou as culturas em certos aspectos, principalmente comercial e de relacionamentos sociais, mas evidenciou, também, mais ainda, o multiculturalismo existente e a fragmentação das legislações nacionais que tentam lidar da maneira que podem com a regulação deste espaço virtual global.

Citando, novamente, Éric Loquin:

> Esses espaços transnacionais são sobretudo espaços econômicos, mercados que se afirmam como globais, como universais. O mesmo é verdade para os mercados intangíveis que são liberados do apoio de territórios estatais e, portanto, de ordens jurídicas estatais. As leis nacionais são impotentes para lidar com relações que não têm outra base territorial que o planeta inteiro e que a lei de um determinado Estado não tem legitimidade para regulamentar[855].

É nesse contexto que surge a importância das normas materiais internacionais, *como resposta do Direito Internacional Privado para além do método indireto de aplicação das leis, dentro de uma economia globalizada e de um espaço transnacional virtual.*

---

[853] LOQUIN, Éric, "Les règles matérielles internationales", in *Collected Courses of the Hague Academy of International Law*, vol. 322, 2007, p. 8.

[854] LOQUIN, Éric, "Les règles matérielles internationales", in *Collected Courses of the Hague Academy of International Law*, vol. 322, 2007, p. 7: "Le défi du droit international privé du XXI siècle sera de gérer un espace transnational. Des relations humaines s'établissent en effet dans une dimension spatiale qui nie la division en ordres juridiques étatiques autonomes."

[855] No original: "Ces espaces transnationaux sont avant tout des espaces économiques, des marchés qui s'affirment comme globaux, comme universels. Il en est de même des marchés immatériels qui se libèrent du support des territoires étatiques et donc des ordres juridiques étatiques. Les législations étatiques sont impuissantes à appréhender des relations qui n'ont plus d'autres assises territoriales que l'ensemble de la planète et que la loi d'un État en particulier n'a pas de légitimité à vouloir réguler."

As regras materiais internacionais são conhecidas do comércio mundial. A Convenção das Nações Unidas sobre Compra e Venda Internacional de Mercadorias (CISG), por exemplo, regula *diretamente* obrigações, direitos e responsabilidades em seu texto. As Convenções de Varsóvia (1929), Montreal (1999), de Genebra (1956) e a Convenção de Berna (1980) harmonizam as regras do transporte internacional aéreo, terrestre e ferroviário, evitando conflitos de leis nas matérias que regulam.

São fontes normativas internacionais que impõem suas regras materiais no espaço internacional *independentemente da localização da situação em que ele pretende governar*[856].

A função da norma material internacional voltada ao comércio mundial é regulá-lo diretamente, com base em padrões internacionais, em atributos da *lex mercatoria*, e permitir a expansão e a organização do mercado mundial, antecipando-se ao conflito de leis internas, exatamente porque impõe diretamente uma regulação jurídica.

Segundo M. Van Hecke uma tendência característica dos anos recentes é a eliminação completa dos conflitos de leis em matéria comercial pela criação de um direito comercial internacional, o *jus mercatorum*[857].

Na linha da *lex mercatoria*, há quem já mencione a existência de uma *lex informatica*[858], *lex electronica*[859] *ou cyberlex*[860], no âmbito do comércio eletrônico, tendo em vista as leis-modelo sobre comércio eletrônico e sobre as assinaturas eletrônicas adotadas em 1996 e 2001 pela UNCITRAL, bem como os contratos-tipo e os códigos de conduta das empresas.

---

[856] LOQUIN, Éric, "Les règles matérielles internationaux", in *Collected Courses of the Hague Academy of International Law*, vol. 322, 2007.

[857] "Principes et méthodes de solution des conflits de lois", in *Collected Courses of the Hague Academy of International Law*, vol. 126, 1969, p. 465. No original: "une tendance caractéristique des années récentes tend à l'élimination complète des conflits de lois en matière commerciale par la création d'un droit commercial international, le jus mercatorum."

[858] FELDSTEIN de Cárdenas, Sara Lidia. La Lex Informatica: La insoportable levedad del no ser. Disponível em: <http://www.ulpiano.org.ve/revistas/bases/artic/texto/RDUCV/133/ucv_2009_133_39-62.pdf>. Acesso em: 5 de dezembro de 2020.

[859] GAUTRAIS, Vicent. *Droit du Commerce Electronique et Normes Applicables: Lemergence de Ia Lex Electronica*, 1997, 5 *RDAI* / International Business Law Journal 547-583.

[860] LOQUIN, Éric, "Les règles matérielles internationaux", in *Collected Courses of the Hague Academy of International Law*, vol. 322, 2007.

A *lex informática, lex electronica ou cyberlex* seria uma espécie de *cyberlaw,* um direito comum para a internet, baseado nos costumes do comércio eletrônico, como uma *lex mercatoria,* fundada na prática reiterada e em princípios em grande parte incorporados pelos direitos nacionais como o *nullus commodum capere potest de injuria sua propria; nemo plus lure transferre potest quam ipse habet; non concedit venire contra factuni proprium,* pirncípio do estoppel ou *l'interdiction de se contredire au detriment d'autrui; lex specialis derogat legi generali; pacta sunt servanda; qui tacet consentire videtur; res inter alios acta alteri non nocet; fraus omnia corrumpit; culpa in contrahendo; exceptio non adimpleti contractus*; cláusula penal; cláusula *rebus sic stantibus, frustration of purpose; unjust enrichment; nemo turpitudinem suam allegans auditur*[861], dentre outros.

Nesse sentido, a *lex informatica, lex electronica ou cyberlex* serve tanto para fundamentar o pensamento daqueles que defendem uma internet autorregulável, livre de intervenções regulatórias estatais, baseada apenas nos usos e costumes dos seus múltiplos *stakeholders,* no contexto da qual aparece a célebre Declaração da Independência do Cyberspace, de John Perry Barlow (1996), como pode servir de base (e cremos que seria sua melhor contribuição) à elaboração de normas internacionais, representando práticas internacionais no comércio eletrônico que podem ser reconhecidas em tratados, como, por exemplo, *a uma comunicação ou contrato não deve ser negada a validade ou executabilidade exclusivamente pelo fato de estar na forma de uma comunicação eletrônica* (artigo 8.1 da Convenção das Nações Unidas sobre o Uso de Comunicações Eletrônicas nos Contratos Internacionais).

Todavia, as normas materiais internacionais também são conhecidas no âmbito de outros direitos que não se fundam na liberdade dos negócios e na autonomia de vontade das partes, como ocorre na regulação dos temas de família e crianças pela Conferência da Haia através dos textos das Convenções sobre os Aspectos Civis do Sequestro Internacional da Crianças, sobre Adoção Internacional e Cobrança de Alimentos.

É um método, em suma, que busca a unidade num ambiente vulnerável a fragmentações legislativas ou às diferentes qualificações por parte dos Estados, prejudiciais aos valores essenciais da comunidade internacional, como, por exemplo, os direitos das crianças, no caso das Convenções da Haia, ou o fluxo de negócios, na regulação direta do comércio mundial.

---

[861] FELDSTEIN de Cárdenas, Sara Lidia. *La Lex Informatica: La insoportable levedad del no ser*, p. 23.

Diferencia-se, portanto, do método clássico do Direito Internacional Privado, introduzido pelos ensinamentos de Savigny, que leva em conta a sede da relação jurídica e, a partir daí, sua classificação jurídica dentro dos ordenamentos jurídicos a indicar, na hipótese de um conflito de leis, qual a lei nacional que será aplicável.

A norma material internacional é uma norma internacional de aplicação imediata, que anuncia a solução jurídica de fundo e não apenas indica o ordenamento nacional que regulará a questão de fundo.

Assemelha-se às leis de polícia (*lois de police*) dado o seu caráter imperativo e o sentido de proteger valores fundamentais para os Estados, todavia, é uma norma internacional que se aplica aos fatos transnacionais e não uma norma imperativa interna dos Estados que pode se aplicar tanto ao direito interno como às relações jurídicas internacionais.

A norma material internacional carrega os próprios valores, as boas ou más tradições jurídicas dos ordenamentos jurídicos nacionais, e propõe a sua substituição por um direito "aculturado", que arranca de todos as fontes do direito e tende a sintetizá-las[862].

A proposta pela preponderância na aplicação do método direto internacional para os fatos transnacionais eletrônicos criminais e cíveis violadores dos direitos de personalidade assenta-se nas seguintes razões.

Primeiro, porque a internet desmaterializa as fronteiras e obriga os operadores do Direito Internacional Privado a repensar a territorialidade sob a perspectiva de um espaço global, e através do método direto de regulação internacional *o Direito Internacional Privado é* justamente *confrontado com o surgimento de um direito desprovido de territorialidade*[863].

Segundo, porque o método direto de regulação internacional antecipa-se ao conflito das qualificações das leis pelos diferentes ordenamentos jurídicos e pode regular conceitos como "grupo econômico", "empresa transnacional", "serviços" e "obtenção direta de dados através dos provedores de serviços" de maneira uniforme, aproximando o direito processual do direito material.

---

[862] LOQUIN, Éric, "Les règles matérielles internationales", in *Collected Courses of the Hague Academy of International Law*, vol. 322, 2007, no original: "Le droit international privé est ainsi confronté a l'apparition d'un droit dépourvu de territorialité", p. 2.

[863] LOQUIN, Éric, "Les règles matérielles internationales, in *Collected Courses of the Hague Academy of International Law*, vol. 322, 2007, no original: "Le droit international privé est ainsi confronté a l'apparition d'un droit dépourvu de territorialité. "

Terceiro, o método fortalece a soberania dos Estados porque reconhece diretamente os limites da jurisdição internacional, evitando a prática unilateral da jurisdição extraterritorial, como já está ocorrendo em alguns Estados, para substitui-la por um *framework* permitido pelo Direito Internacional.

Quarto, porque existem muitos interesses na regulação dos limites da jurisdição internacional, de cunho econômico, político, jurídico e social, ao passo que as normas materiais internacionais, ao anunciarem a solução jurídica material aplicável aos fatos transnacionais, conferem efetividade ao direito, segurança jurídica e satisfação dos diferentes interesses envolvidos.

Quinto, os outros métodos não atendem a questão de fundo dos fatos transnacionais eletrônicos criminais e cíveis que ofendem os direitos de personalidade. Como são fatos impregnados por direito fundamentais, de domínio público, o método indireto clássico não é o mais apropriado, já que foi concebido para atender as relações eminentemente privadas dentro de uma visão apolítica do Direito Internacional Privado. De outro lado, os demais métodos diretos particularistas não resolverão os litígios, pois muitas já são as legislações nacionais imperativas que não solucionaram os conflitos.

Sexto, por ter base em uma regulação internacional, o método proposto possibilita o diálogo entre as fontes internacionais de proteção aos direitos humanos, e, assim, permite, eventualmente, trazer para seu seio as concepções sobre os direitos à privacidade, à intimidade, à personalidade, e sobre as liberdades de expressão, pensamento e opinião, que estão presentes nos instrumentos internacionais e que são praticadas pelas Cortes Internacionais de Direitos Humanos.

E sobretudo porque o tema da jurisdição internacional e internet demanda uma solução internacional, sem uma solução internacional não haverá certeza, nem garantia dentro das relações internacionais.

Evidentemente que a preferência pelo método direto de regulação internacional não extingue a possibilidade de seu convívio com o método conflitual clássico do Direito Internacional Privado para outras matérias atinentes aos impactos do uso da internet nas relações internacionais. Todavia, como diz Horatia Muir Watt, geralmente se reclama da neutralidade das ferramentas metodológicas utilizadas, seja no campo dos conflitos de leis ou de jurisdições. Sua natureza essencialmente procedimental tem muito a ver com isso, significando seu distanciamento da questão de fundo do direito, e, portanto, de considerações seja de justiça entre as partes no conflito, seja de finalidades políticas mais amplas[864].

Por fim, seguramente, não olvidamos o fato de a prática internacional demonstrar as dificuldades de consenso dos Estados em alcançar regras uniformes sobre jurisdição direta. A Convenção sobre Sentenças da Haia, que começou dentro de um projeto maior sobre jurisdição (direta e indireta), é ilustrativa dessas dificuldades. O impacto do uso da internet no desenvolvimento do comércio eletrônico também foi uma das razões que tornou mais difícil o progresso do *Judgments Project* da Haia[865].

Nada obstante, os métodos unilateralistas e particulares dos Estados não estão sendo suficientes para evitar os conflitos de jurisdição, tampouco mostram-se efetivos no que diz respeito ao cumprimento das leis nacionais pelos provedores de serviços estrangeiros, os quais cumprem quando querem as ordens judiciais e requisições das autoridades de *law enforcement* a despeito de prestarem serviços no país.

Como diz Miaja de la Muela, a incorporação da jurisdição internacional em normas de caráter internacional não é uma impossibilidade absoluta. Tudo depende dos princípios materiais que inspiram as regras e basta que o objetivo legislativo não colida com fortes tradições nacionais[866].

Exatamente por isso que se propõe uma teoria geral e não necessariamente uma nova Convenção a regular a matéria. Como um *framework*, os pressupostos de uma teoria geral podem melhor auxiliar na suplementação e interpretação de normas internacionais já existentes e até mesmo na sua exortação em normas de *soft law*, como aquelas produzidas pelas organizações internacionais e pelas redes de *law enforcement* relativas à matéria cibernética.

---

[864] No original: "(...) se réclame généralement de la neutralité des outils méthodologiques utilisés, que ce soit sur le terrain des conflits de lois ou de juridictions. Leur caractère essentiellement procédural y est pour beaucoup - signifiant leur distance par rapport au fond du droit et donc des considérations soit de justice entre les parties au litige, soit de finalités politiques plus larges." Discours sur les méthodes du droit international privé (des formes juridiques de l'inter-altérité). Académie de Droit International de La Haye: Brill/ Nijhoff, 2019, p. 89.

[865] MIGUEL ASENSIO, Pedro de. *Conflict of Laws and the Internet*. UK: Edward Elgar Publishing Limited, 2020, p. 32.

[866] MIAJA DE LA MUELA, Adolfo. "Les principes directeurs des règles de compétence territoriale des tribunaux internes en matière de litiges comportant un élément international", in: *Collected Courses of the Hague Academy of International Law*, vol. 135, 1972, p. 70.

3.1. A regência sobre os provedores estrangeiros de serviços de informação e comunicação: a jurisdição do local onde prestam serviços

Muito se discute se os provedores de serviços de internet precisam ter uma base física no país onde prestam serviços para que possam ser compelidos ao cumprimento da lei territorial.

A discussão costuma girar em torno da submissão destes provedores à jurisdição estatal de onde possuem o vínculo gerado a partir da fixação do domicílio (de um estabelecimento comercial), onde possam, inclusive, receber notificações e intimações, ou, se não possuem o vínculo do domicílio, a sua submissão às leis do país que regulam o seu estatuto pessoal, a chamada lei pessoal da pessoa jurídica que, no caso do Brasil, é a lei onde a pessoa jurídica está constituída.

A verdade é que muitos dos grandes provedores prestam serviços aos usuários de internet de países onde sequer possuem representação física, oferecendo serviços à distância, em estruturas instaladas em outros países.

O Facebook, por exemplo, atende a União Europeia através de sua sede na Irlanda. Na América Latina, o Google, Facebook, Linkedin, Twitter, Apple, Microsoft e Netflix possuem escritórios no Brasil, mas o Dropbox atende os usuários brasileiros a partir de seu *staff* na Ásia, onde possui escritório, além dos Estados Unidos e do continente europeu. Nos países vizinhos do Brasil, como Argentina, Uruguai, Paraguai e outros da América Latina, não existem as mesmas estruturas físicas presentes no território brasileiro, e por uma questão muito simples de lógica do mercado e dos interesses estratégicos das empresas.

E alguns dos escritórios que se concentram no Brasil prestam serviços aos usuários relativos às atividades de outras empresas do grupo econômico que, por sua vez, não estão estabelecidas no Brasil, por exemplo, o Facebook possui escritório no país, mas o Instagram e o WhatsApp não. Nesta mesma perspectiva de grupo econômico, o Google atende os usuários do Gmail e do Youtube no Brasil.

Além disso, na prática, os grandes provedores oferecem plataformas de *law enforcement* por onde atendem as requisições das autoridades públicas, assim, o Facebook tem uma plataforma por onde recebe requisições de preservação de dados do Face e do Instagram; a Microsoft também possui um portal online onde recebe as ordens judiciais para preservação de dados e apreensão de dados cadastrais e *logs* de acesso (contendo IP, data, hora e fuso horário GMT) relativos ao Hotmail e ao Skype; o Twitter também fornece um portal para preservação e para atender ordens judiciais para obtenção de dados, como nome, sobrenome, email relacionado ao perfil, nome de usuário, endereço IP, data, hora, fuso e navegador utilizado, dentre outros; o WhatsApp possui um portal similar ao do Facebook, ao passo que o Linkedin solicita que as ordens judiciais brasileiras sejam direcionadas ao Linkedin da Califórnia.

Ou seja, a prática já demonstra não ser necessário compelir os provedores de serviços a terem uma presença física nos países onde prestam serviços, através de escritórios de representação.

O problema que se afigura na prática é que não existe um padrão de cumprimento às jurisdições nacionais, que ficam à mercê dos planejamentos de negócios das empresas transnacionais.

A ausência de um padrão entre os provedores se mostra perceptível, por exemplo, quando atendem as requisições das autoridades brasileiras, mas não atendem as requisições dos vizinhos uruguaios ou argentinos, ou quando, com base em interpretações do corpo jurídico interno da empresa, atendem ordens judiciais para a obtenção de dados cadastrais e de tráfego, mas não cumprem ordens judiciais a respeito do conteúdo dos dados. Por isso a importância de uma norma material internacional que regule diretamente o *enforcement* sobre os provedores de serviços de internet.

Como dissemos, não é preciso compelir os provedores de serviços a uma presença física nos países onde prestam serviços, pois infere-se do *serviço contínuo e substancial*, e aqui aproveitamos para fazer alusão às bases tradicionais da jurisdição norte-americana, que a empresa consentiu com a jurisdição do lugar onde presta serviços.

A corporação empresarial exerce privilégios dentro do Estado onde presta serviços de forma contínua e substancial, pois ali arrecada e tem seus lucros, aproveitando-se das leis locais de proteção do Estado, tais como as leis contra a inadimplência nos seus contratos.

O exercício desses privilégios lhe traz obrigações, e uma vez que essas obrigações surjam ou estejam conectadas com suas atividades dentro do Estado, está sujeita à sua jurisdição. Então não precisa ser um litígio que tenha por fundamento o serviço prestado (jurisdição especial), pois o vínculo surge em razão do fato de prestar serviço no país de forma contínua e substancial (jurisdição geral).

Dito de outra forma, a empresa dirige propositadamente suas atividades aos residentes daquele Estado (*purposeful availment test*), ficando sujeita à jurisdição local.

Importa salientar que a jurisdição com base nos serviços dirigidos aos residentes dos Estados já faz parte do corpo normativo em vigor entre os países da União Europeia (Capítulo 2, Parte III), das bases tradicionais da jurisdição dos Estados Unidos da América (Capítulo 1, Parte III) e das normas vigentes no Brasil (Marco Civil da Internet e LGPD), não se podendo dizer, assim, que a ideia *colide com fortes tradições nacionais*.

Nada obstante, como se trata de regulação de empresas que a rigor não precisam estar estabelecidas no país, isto é, empresas estrangeiras que prestam serviços de forma contínua e substancial em outros países, para que o modelo funcione é preciso que se adote, de fato, a regulação internacional através das normas materiais internacionais.

A uma, porque o método direto de regulação internacional é importante também para fins de qualificação, para que se compreenda bem o significado de *prestar serviço* de *forma contínua, substancial e dirigida aos residentes de um país*, e que se trata de causa de jurisdição geral, e não especial, o que significa dizer que o litígio não precisa estar fundamentado na responsabilidade do provedor por uma atividade específica em que tenha causado um dano sujeito à reparação.

Ademais, e de grande relevância, prescrever o alcance da jurisdição internacional às empresas estrangeiras (não estabelecidas no país onde prestam serviços) significa reconhecer efeitos extraterritoriais à jurisdição internacional, o que, por mais esta razão, é interessante que se faça através de uma norma material internacional, para se evitar reações contrárias dos Estados ao que poderia ser o exercício unilateral de uma jurisdição extraterritorial.

Conforme vimos no Capítulo I da Parte I, a extraterritorialidade surgiu para facilitar as relações comerciais, permitir que se pudesse negociar e expandir as interações da vida humana.

Por outro lado, reconhecer o direito estrangeiro é da essência do Direito Internacional Privado.

Então podemos reconhecer o direito estrangeiro (no sentido de reconhecer os efeitos extraterritoriais das jurisdições estatais) para fomentar os negócios transnacionais (aqui na perspectiva dos fluxos de negócios dos provedores de serviços), para garantir a efetividade da jurisdição internacional e assegurar o acesso à justiça, pensando a extraterritorialidade dentro desse contexto.

Assim, uma primeira proposta é visualizarmos a extraterritorialidade exatamente como ela é ou de acordo com a finalidade na qual é aceita dentro do Direito Internacional, aquela em que se ajusta à própria finalidade do Direito Internacional Privado, que é o gerenciamento da diversidade e o exercício da tolerância, aceitando-se o direito estrangeiro em benefício dos fluxos de negócios, afinal, o comércio sempre foi fonte de entendimentos e aproximação de povos[867], e em benefício do acesso à justiça.

Não se trata de apregoar a perspectiva negativa da extraterritorialidade. A face negativa da extraterritorialidade é aquela em que jurisdições nacionais tentam se impor, *unilateralmente e em prejuízo de outras jurisdições concorrentes igualmente interessadas*, sem possuírem vínculos estreitos com os fatos.

No afã de resolver os problemas nacionais decorrentes dos efeitos de uma internet global, alguns Estados arvoraram-se no direito de regular todos os fatos transnacionais eletrônicos sob o argumento de que os principais provedores de internet ou os dados eletrônicos se encontram em seu território. Esse posicionamento só conduz a mais conflitos, disparidades de legislações nacionais e, infelizmente, favorece o que chamamos de "territorialização" da internet.

Dentre outros motivos políticos e econômicos que possam mover os interesses dos Estados, é fato que a "territorialização" da internet ocorre também como uma reação aos movimentos estatais unilaterais contrários aos princípios e normas do Direito Internacional, quando a tensão se intensifica a tal ponto em que Estados – e nos referimos até mesmo a Estados democráticos, para que possam aplicar sua própria legislação, territorializam a infraestrutura das redes ou obrigam os provedores de serviços de internet a se estabelecerem fisicamente no seu território.

Ora, para que a internet possa ser de todos, inclusiva, alcançando todas as classes sociais e atendendo ao comércio mundial é melhor que nos afastemos de propostas de territorialização de sua estrutura e de sua governança.

A pandemia causada pelo vírus Covid-19 ao longo dos anos de 2020 e 2021 escancarou ao mundo a desigualdade social. Crianças e adolescentes sem acesso à internet não conseguiram ter o proveito educacional que tiveram

---

[867] MAGALHÃES, José Carlos de. *O mundo como empresa global*: aspectos de ordem internacional. Grua: São Paulo: Grua, 2016, p. 49.

as crianças digitalmente incluídas. Pessoas não incluídas digitalmente não conseguiram se comunicar com seus parentes, ficaram mais isoladas que aquelas que possuíam os recursos da tecnologia, sofrendo mais, fisicamente e mentalmente, com a distância. A não inclusão digital barrou ainda o acesso ao atendimento remoto que foi oferecido por médicos e hospitais às vítimas de Covid. As pessoas sem acesso aos recursos proporcionados pela internet ficaram mais expostas ao vírus que aquelas que conseguiam trabalhar de forma remota e fazer suas compras por aplicativos.

Em outras palavras, ao invés de servir para abrigar os conglomerados econômicos sob um manto de proteção nacional por parte de um Estado, a extraterritorialidade pode servir como fomento dos negócios jurídicos destes mesmos grupos econômicos, que propiciam as interações humanas e a inclusão digital, além de promover a efetividade da justiça e o acesso à justiça.

Lembremos que a extraterritorialidade da jurisdição e das leis para o alcance de nacionais é aceita pelo Direito Internacional com as balizas necessárias e mesmo assim sem se afastar do interesse público.

Quando o nacional comete um crime em território alheio e volta para o seu país, para que não se quede impune, pode ficar sujeito à jurisdição nacional, especialmente se não for extraditável, isto é, ao fim e ao cabo o costume internacional, vertido em muitos tratados e legislações nacionais que preveem o princípio da personalidade para fins de extraterritorialidade, atende o interesse público por um princípio de efetividade de justiça e para que o país da jurisdição extraterritorial não compactue com a impunidade de seus nacionais.

O mesmo ocorre quando a lei pessoal extraterritorial protege os nacionais ou os domiciliados no país, para que tenham o seu estatuto pessoal (nome, personalidade, estado e capacidade) preservados, para que não sejam obrigados a mudarem sua essência pessoal pelo simples fato de cruzarem fronteiras. O interesse é o de propiciar a mobilidade humana.

Ou quando as leis nacionais e internacionais conferem imunidade de jurisdição a certos representantes do Estado, alcançando fatos porventura cometidos no exterior, isso posto, para que tenham a liberdade de atuação que é necessária além de seu território nacional.

E mesmo o conceito tradicional de proteção diplomática como instrumento de defesa do estrangeiro pelo seu Estado de origem que é invocado quando o Estado de residência dispensa tratamento discriminatório aos estrangeiros e deixa de cumprir sua obrigação internacional de reconhecer o estrangeiro como sujeito de direitos, assentando-se no princípio da não discriminação.

O princípio da universalidade dos crimes internacionais e o *forum necessitatis* também se abrigam em razões de interesse público, em valores comuns da humanidade e na não denegação de Justiça.

Por essas razões, cremos na possibilidade de se regular, através de norma internacional, a jurisdição internacional em face dos provedores de serviços estrangeiros, com base na *prestação de serviços*, de forma contínua, substancial e dirigida aos usuários do país onde prestam serviços. Para fins de efetividade e alcance das notificações e intimações judiciais ou das autoridades de *law enforcement,* podem ser previstas plataformas online, muitas já existentes na prática, que atendam as ordens e requisições judiciárias.

Nada obstante, também sob a perspectiva de uma regulação internacional, os países podem prever, através de acordos bilaterais ou multilaterais, regiões de atendimento à distância, com base em um estabelecimento físico presente em um país vizinho. No âmbito do Mercosul, por exemplo, o Brasil pode servir de centro de apoio aos demais países integrantes do Mercosul, e seus associados, recebendo ordens estrangeiras para cumprimento por parte dos provedores de serviços com escritórios no território brasileiro, tal como previsto pelo Projeto *e-evidence* europeu.

Nesse sentido, os acordos bilaterais ou multilaterais serviriam para reforçar a cooperação entre os países, de maneira que as solicitações emitidas por autoridades judiciais ou de *law enforcement* estrangeiras fossem cumpridas por autoridades judiciais ou de *law enforcement* do país requerido diretamente junto ao provedor de serviço, estabelecido fisicamente neste último território.

Todavia, para se alcançar este objetivo faz-se necessária a regulação através de fontes internacionais que prevejam o critério de jurisdição – *serviços* – e o alcance da norma aos provedores de serviços com sede em outro país.

3.2. A regência sobre os grupos econômicos de provedores de serviços de internet

As corporações têm se tornado cada vez mais móveis, em suas decisões por novos negócios possuem o poder de escolher a economia onde querem investir e a jurisdição mais favorável ao ambiente de negócios.

Essa mobilidade corporativa marca o declínio radical da noção de soberania estatal de Westphalia no sentido de que ao Estado compete decidir quem vai governar e sob a força de quais leis. As empresas têm o poder de decidir quais leis as governarão[868], escolhendo sobretudo jurisdições mais flexíveis com taxações e evitando Estados restritivos, com excesso de responsabilidades.

A porosidade das fronteiras é interessante para os negócios, mas na hora da responsabilidade corporativa é melhor defender as barreiras de uma soberania estatal escolhida para os negócios e as regras passam a ser úteis para a defesa dos interesses corporativos[869].

A atividade globalizada e a facilidade de se estruturar em diferentes países, mantendo uma unidade econômica, é útil para os negócios, mas na hora da responsabilidade corporativa é melhor defender a separação legal das pessoas jurídicas.

Empresa transnacional é a expressão utilizada para se referir ao grupo econômico de pessoas jurídicas distintas, que possuem diferentes centros de atividades em diversificados países, mas com uma unidade econômica.

A empresa transnacional é uma empresa global que fragmenta seus fatores de produção por diversos países. Como explica José Carlos de Magalhães[870]:

> As empresas privadas ao adotarem a estratégia da multinacionalidade de suas afiliadas, deixaram de manter os fatores de produção – mão de obra, matéria-prima e capital – aglutinados em um único território no qual forneciam o produto final. Em vez disso, modificaram seu comportamento. Utilizam os fatores da produção separadamente, em países diferentes, disso resultando fragmentação que exclui o poder de cada Estado de controlar o conjunto desses fatores. Em outras palavras, a mão de obra de um país trabalha em matéria-prima provinda de outros, com investimentos de capital feitos a partir de terceiros, destinando-se o produto final a suprir o mercado internacional e não apenas o nacional. Todo esse conjunto tem seu controle centralizado na matriz de cada conglomerado, situada

---

868 ROSEMBLUM, Darren. "Emerging global giants: the legal infrastructure and structural causes of economic monopoly: Samsung. How firms and nations compete through intellectual property law", in: MUIR WATT, Horatia; BÍZIKOVÁ, Luiza; BRANDÃO DE OLIVEIRA, Agatha; FERNÁNDEZ ARROYO, Diego P. *Global Private International Law.* UK e USA: Edward Elgar Publishing, 2019, p. 217.

869 ARCHER, Simon. "The Trafigura Actions as Problems of Transnational Law", in: MUIR WATT, Horatia; BÍZIKOVÁ, Luiza; BRANDÃO DE OLIVEIRA, Agatha; FERNÁNDEZ ARROYO, Diego P. *Global Private International Law.* UK e USA: Edward Elgar Publishing, 2019, p. 108.

870 MAGALHÃES, José Carlos de. *O mundo como empresa global*: aspectos de ordem internacional. Grua: São Paulo: Grua, 2016, p. 93.

> alhures. O produto final deixou de se identificar com um único país, possuindo componentes fabricados em diversos países, e destinado ao mercado mundial, e não mais exclusivamente ao nacional. Disso nasceu o produto global utilizado em todas as partes do planeta com as mesmas características e com marcas também globais.

A estrutura de funcionamento dos grandes provedores e das empresas globais em geral, que fazem grandes investimentos e passam a desejar preservar e desenvolver cada vez mais o mercado nacional do qual acabam ficando parceiras, não justifica a proteção nacional de um Estado aos conglomerados econômicos que se constituem sob suas leis.

Isso porque, ao se tornarem globais, as empresas procuram se afastar dos controles dos Estados e a agir por conta própria, sem abrir mão, quando lhes interessa, da colaboração estatal[871]. Todavia, as crises que atingem o país onde dominam o mercado, inclusive as crises de imagem que atingem os provedores de aplicação, que os vinculam como "facilitadores" de práticas de pedofilia, racismo ou de um ambiente de desinformação eleitoral, os afetam sobremaneira, porque já são partes integrantes daquele mercado nacional[872]. Nesses momentos, os conglomerados *estão por si próprios e não mais atrelados a interesses dos países de onde provieram*[873].

Ademais, como também explica José Carlos de Magalhães, os objetivos estratégicos e de poder dos Estados podem contrastar com os das empresas privadas, desejosas de ampliar seu próprio poder de influir no mercado e ampliar sua participação no segmento econômico em que atuam: o *interesse estratégico do Estado em evitar que tecnologias e produtos desenvolvidos por empresas nele sediadas sejam transferidos para países adversários ilustra essa disparidade*[874].

---

871 MAGALHÃES, José Carlos de. *O mundo como empresa global*: aspectos de ordem internacional. Grua: São Paulo: Grua, 2016, p. 97.

872 MAGALHÃES, José Carlos de. *O mundo como empresa global*: aspectos de ordem internacional. Grua: São Paulo: Grua, 2016, p. 97.

873 MAGALHÃES, José Carlos de. *O mundo como empresa global*: aspectos de ordem internacional. Grua: São Paulo: Grua, 2016, p. 97.

874 MAGALHÃES, José Carlos de. *O mundo como empresa global*: aspectos de ordem internacional. Grua: São Paulo: Grua, 2016, p. 49.

Exemplo dessa disparidade é a famosa "Guerra do Chip" entre os Estados Unidos e a China[875], onde os Estados Unidos estão impondo barreiras comerciais para evitar a expansão no mercado internacional de marcas chinesas, como a Huawei, proibindo empresas norte-americanas ou empresas estrangeiras que queiram instalar fábricas nos Estados Unidos a venderem tecnologia à China, ao passo que a China, na mesma toada, está se preparando para colocar empresas norte-americanas, como a Apple, na lista de empresas não confiáveis.

A empresa transnacional é essencial para a economia dos países onde prestam serviços, todavia, não podem fugir à jurisdição local e ao fato de se apresentarem com a estrutura de um grupo econômico.

A estrutura de grupo econômico é importante para a defesa do modelo proposto, em defesa das próprias empresas para que não tenham que "territorializar" seus negócios em todo e qualquer lugar onde projetam seus serviços. Todavia, para que se possa bem compreender o sentido de grupo econômico, tal como o de "serviço contínuo, substancial e dirigido" é preciso que uma norma material internacional conceitue o que deve se entender por "grupo econômico", prevendo a responsabilidade da empresa transnacional, de forma direta, para que atenda os Estados na dimensão de suas jurisdições de *enforcement*.

De uma forma geral, a escolha da jurisdição mais favorável ao ambiente de negócio está compreendida nas decisões estratégicas da empresa, entretanto, a empresa transnacional não pode estabelecer a jurisdição naquilo que escapa ao seu ambiente de negócios e ao foro de escolha de partes num contrato, como no caso em que, equivocadamente, defendem a jurisdição do local onde se localiza o dado eletrônico.

A jurisdição ditada pelo local onde se encontra armazenado o dado é potencialmente arbitrária, porque fica integralmente nas mãos das empresas armazenar o dado de acordo com os seus fluxos de negócios e, a partir daí, estabelecer a jurisdição, que sequer tem relação com a vítima dos fatos ou mesmo com seus agentes. Isso significa *forum shopping* na categoria negativa de jurisdição exorbitante.

---

[875] Uma amostra das notícias no assunto: <https://economia.estadao.com.br/noticias/geral,a-guerra-do-chip,70002629706>. Acesso em: 22 de novembro de 2020. E <https://pplware.sapo.pt/gadgets/hardware/guerra-com-eua-faz-china-investir-milhoes-em-empresa-chinesa-de-chips/>. Acesso em: 22 de novembro de 2020.

4. O modelo de jurisdição para adjudicar: a jurisdição é *in personam* e não *in rem*

A jurisdição para adjudicar os fatos transnacionais criminais e os fatos transnacionais cíveis violadores dos direitos de personalidade deve ser *in personam* e não *in rem*, isto é, não pode se basear no lugar onde se encontra o dado. E assim afirmamos por variadas razões.

A localização do servidor onde está armazenado o dado via de regra não coincide com os critérios conhecidos para a fixação de jurisdição: não coincide com o domicílio da parte ré, nem com o local do dano ou o local da postagem.

Uma pessoa pode dirigir um *post* difamatório em rede social de qualquer lugar do mundo, não necessariamente de seu domicílio. O referido *post* pode gerar efeitos em um outro território, sem qualquer vínculo com o lugar ou lugares por onde trafegaram ou ficaram armazenados os dados. E principalmente, a conexão de um servidor (onde os dados ficam armazenados) com um território é desconhecida do autor do dano e do crime, escolhida de forma alheia à sua vontade, ao passo que a jurisdição deve ser previsível para as partes[876].

Ademais, os dados não ficam num lugar apenas, eles estão literalmente fragmentados em mais de um lugar, os dados movem-se em nano segundos, para onde a companhia quiser.

Conforme expressa Svantesson, o mundo tem sido dividido por fronteiras geográficas há milhares de anos e a internet não mudou isso evidentemente, entretanto, ela funciona independentemente das divisões geográficas estatais, e, nesse sentido, deve ser compreendida[877].

Essa característica de "independência geográfica", segundo Svantesson, faz com que a internet seja instantânea, não importando o local físico no planeta de onde as informações partem e para onde elas vão, assim, o tempo

---

[876] Nesse sentido, os dados eletrônicos diferenciam-se muito das evidências físicas, documentais. Nas evidências bancárias (extratos, dados cadastrais da conta e movimentações), por exemplo, o titular dos dados bancários se submete à jurisdição do país onde produziu a documentação, onde assinou e se vinculou àquela instituição bancária, ainda que tenha feito tudo à distância ou por interposta pessoa. Nunca importou onde a instituição bancária guarda a documentação do investidor para fins de jurisdição.

[877] SVANTESSON, Dan Jerker. B. *The characteristics making internet communication challenge traditional models of regulation – What every international jurist should know about the internet. International Journal of Law and Information Technology*, Law Journal Library, 2005, p. 44.

em que uma pessoa entra em uma URL de outro lado do planeta é o mesmo em que se estivesse acessando a mesma URL deste lado do continente. Além disso, essa natureza confere à internet a possibilidade de disponibilizar informações que estejam armazenadas em servidores localizados em qualquer lugar[878]. E completa afirmando que inexistem na internet identificadores geográficos confiáveis; ainda que uma URL ou um endereço de email levem indicativos geográficos, não há qualquer segurança de que eles sejam, realmente, de pessoas naturais ou jurídicas dos países de onde parecem ser[879].

Ugo Draetta também se refere à natureza técnica da internet de não se vincular a nenhuma localização geográfica: a) não se conhece e nem mesmo é possível predeterminar os percursos seguidos pelas informações que circulam pela rede; b) a localização de quem se conecta à internet não é conhecida, uma vez que se pode conectar à internet de não importa que lugar; c) mesmo a localização do site ao qual o usuário se conecta não é conhecida uma vez que este pode ter *mirrors* ou sites com nomes criptografados; d) a navegação na rede se faz de forma intrinsicamente anônima; e) o número de destinatários das mensagens transmitidas via internet é praticamente infinito, visto o baixo custo de acesso à internet[880]. E diz que não são apropriadas as normas que têm um "lugar" como referência, justamente pela natureza da rede, desvinculada a uma localização geográfica[881].

Por isso, é mais importante atribuirmos efeitos jurídicos seguros às relações travadas na internet do que buscarmos um determinado "lugar" para essas relações[882].

---

[878] SVANTESSON, Dan Jerker. B. *The characteristics making internet communication challenge traditional models of regulation - What every international jurist should know about the internet. International Journal of Law and Information Technology*, Law Journal Library, 2005, p. 46.

[879] SVANTESSON, Dan Jerker. B. *The characteristics making internet communication challenge traditional models of regulation - What every international jurist should know about the internet. International Journal of Law and Information Technology*, Law Journal Library, 2005, p. 54.

[880] DRAETTA, Ugo. Internet et commerce électronique en Droit International des Affaires. *Collected Cours of the Hague Academy of International Law*, v. 314, 2005, p. 46.

[881] DRAETTA, Ugo. Internet et commerce électronique en Droit International des Affaires. *Collected Cours of the Hague Academy of International Law*, v. 314, 2005, p. 58.

[882] LORENZETTI, Ricardo Luis. Contratos "Eletrônicos", in: DE LUCCA, Newton; SIMÃO FILHO, Aldalberto (Coord.). *Direito & internet: aspectos jurídicos relevantes*. São Paulo: Quartier Latin, 2008, v. II, p. 575.

Observemos, ainda, que a maior parte dos dados dos usuários não estão junto deles, mas sim remotamente armazenados em outros lugares, longe da localização física desses usuários (agentes e vítimas dos fatos transnacionais eletrônicos).

Conforme pontuou o relatório final *Cloud Group T-CY*, em muitos casos, os dados já não são armazenados num dispositivo do utilizador, mas sim disponibilizados numa infraestrutura localizada na nuvem, permitindo, em princípio, o acesso aos mesmos a partir de qualquer lugar.

Na prática, os prestadores de serviços já não precisam estar estabelecidos ou ter servidores nas diferentes jurisdições, recorrendo a uma administração centralizada e a sistemas descentralizados para armazenar os dados e prestar os serviços. Essa solução permite-lhes otimizar o equilíbrio da carga e reduzir os atrasos na resposta aos pedidos de dados enviados pelos utilizadores. Geralmente, são implantadas redes de distribuição de conteúdos para agilizar a distribuição dos mesmos, copiando-os para vários servidores em todo o mundo. Esta abordagem permite que as empresas exibam conteúdos a partir do servidor que estiver mais próximo do utilizador ou que possam encaminhar a comunicação através de uma rede menos congestionada. Frequentemente, não existe outra ligação entre o processo em investigação no Estado em causa e o Estado do local de armazenamento dos dados ou do estabelecimento principal do prestador de serviços em causa[883].

A localização do dado não deve ser causa para a determinação da jurisdição. A jurisdição é geral, sobre as pessoas que cometem delitos cibernéticos ou ofensas a direitos de personalidade e os provedores de serviços.

Via de regra, os dados são pessoais, ajudam a identificar a pessoa e, minimamente, não podem ser compreendidos fora da esfera individual da pessoa, de forma desagregada. O dado é uma projeção de sua personalidade. E se o dado é pessoal ele acompanha a pessoa, como seu nome e estado civil.

Definitivamente, a jurisdição não pode ser fixada com base nos desenhos de negócios das companhias de internet, de suas escolhas de onde armazenam os dados ou possuem os seus servidores. Os interesses dos Estados não devem ser pautados pelas escolhas das companhias, nem os interesses das vítimas e dos titulares dos dados. São apenas conveniências comerciais e nada além disso.

---

[883] Relatório final *Cloud Group T-CY*, p. 7-8.

4.1. A jurisdição para adjudicar com base na ubiquidade da atividade cibernética: a jurisdição do local onde ocorreram os atos ou os efeitos do ato delitivo. O centro de interesse da vítima como critério suplementar da jurisdição cível

Como já tivemos a oportunidade de expressar em linhas anteriores, a atividade cibernética possui a capacidade de produzir efeitos em diferentes ordenamentos jurídicos, simultaneamente, sem limites territoriais. A isso podemos chamar de ubiquidade das atividades cibernéticas[884].

A capacidade de produzir efeitos em diferentes ordenamentos jurídicos é uma característica tanto dos fatos eletrônicos transnacionais criminais quanto dos fatos transnacionais cíveis que causam violações de natureza extracontratual, como as ofensas aos direitos de personalidade.

No âmbito penal geral, existem teorias que tentam precisar o lugar do crime (o *locus commissi delicti*), sendo elas, a Teoria da Atividade, a Teoria do Resultado e a chamada Teoria Mista ou da Ubiquidade.

Os conceitos são intuitivos, assim, pela Teoria da Atividade considera-se lugar do crime o local da ação ou omissão criminosa ainda que seja outro o lugar onde veio a produzir o seu resultado. Pela Teoria do Resultado, considera-se lugar do crime o local onde ocorreu o resultado danoso, isto é, onde o crime se consumou, pouco importando onde ocorreu a ação ou omissão criminosa. E, por fim, pela Teoria Mista ou da Ubiquidade, o lugar do crime é tanto o local da ação ou omissão criminosa como o da consumação do crime.

---

[884] Explicando sobre a ubiquidade das atividades cibernéticas, Javier Carrascosa Gonzáles afirma que a estrutura da internet apresenta algumas características particulares, que são muito interessantes do ponto de vista do Direito Internacional Privado: "The Internet is a net of connections tha lacks a central authority. The users of Internet are connected among themselves in an independent way. Once connected to the Internet, users can appreciate that the contents placed on the World Wide Web are characterized, in general, by their ubiquity, mobility and immediacy. Ubiquity of the contents. Activities and contents disseminated online are instantly accessible worldwide. The Internet is everywhere and what is on Internet is also everywhere. Thus a written defamatory content in an online newspaper is visible worldwide. The Internet is 'ubiquitous'. Or rather, information and data posted on Internet are "ubiquitous content": they are everywhere. Damage, facts, acts, that take place on the Internet, do not occur in the specific territory of any State. They occur everywhere on the planet at the same time. Note that, generally speaking, the placement of content on the Internet is extremely simple and does not involve significant costs. This makes ubiquity of content transmitted through the Internet an everyday phenomenon." CARRASCOSA GONZÁLES, Javier. "The Internet – Privacy and Rights Relating to Personality', in: *Collected Courses of the Hague Academy of International Law*, 2016, vol. 378, p. 25.

Essas teorias, que, no caso do Brasil aplica a Teoria da Ubiquidade, servem para solucionar os crimes à distância e os conflitos de jurisdição e aplicação da lei penal.

Como as atividades produzidas no *cyberspace* têm a característica de propagar seus efeitos à distância, independentemente dos limites territoriais, causando conflitos de jurisdição e aplicação da lei penal, se tenta entender a lógica destas atividades dentro destas teorias.

Assim, os crimes cibernéticos não raras às vezes são também crimes à distância, no sentido de que a ação é executada num país, mas a consumação ocorre em outro.

Na esfera cível, por sua vez, a ubiquidade também está presente nos dispositivos de lei que preveem a jurisdição com base no local do dano (*forum damni*) ou no local onde foi praticado o ato (*forum delicti commissi*), como vimos no Código de Processo Civil brasileiro e no Regulamento n. 1.215/2012 da União Europeia.

A despeito de ser uma jurisdição que tem base territorial no local onde se produziu o dano, ela pode alcançar efeitos extraterritoriais à jurisdição de onde se praticou a ação ou omissão danosa. Nesse sentido, diz-se que existe uma jurisdição extraterritorial baseada no princípio da territorialidade objetiva do fato.

Os princípios que fundamentam a extraterritorialidade (personalidade ativa, passiva, justiça universal e segurança nacional) derivam da prática comum dos Estados. Tais *princípios aplicam-se aos fatos cometidos inteiramente em território alheio*, e para alguns deles exige-se que o agente do fato ingresse no território do Estado para que seja exercida a jurisdição extraterritorial, como no caso do princípio da personalidade ativa e passiva que tem suporte na nacionalidade do agente e da vítima do fato.

Os efeitos extraterritoriais da jurisdição do Estado decorrem de um vínculo do fato com o território, assim, a nacionalidade do agente, a nacionalidade da vítima, os valores que afetam os interesses nacionais dos Estados ou valores internacionais, como nos crimes de *jus cogens*.

Além desses princípios, a prática comum dos Estados também revela o uso do princípio da territorialidade subjetiva e objetiva.

José Carlos de Magalhães explica que, através do princípio da territorialidade subjetiva e objetiva, os Estados passam a usar o conceito de território para considerar produzido dentro dele o evento ocorrido parcialmente no exterior[885].

De acordo com o critério subjetivista, o Estado possui jurisdição sobre participantes de eventos iniciados no Estado, mas consumados no exterior, desde que adentrem o seu território. O critério objetivista, ao contrário, permite ao Estado afirmar a sua jurisdição sobre eventos iniciados fora, mas consumados dentro do território do Estado[886].

E completa para explicar que os efeitos extraterritoriais são muito utilizados na legislação antitruste norte-americana[887]:

> a partir dos princípios que defluem da competência territorial objetiva, desenvolveu-se na jurisprudência e na doutrina norte-americanas, a teoria conhecida como 'impacto territorial', segundo a qual, o Estado possui competência para legislar e conhecer de eventos ocorridos, ainda que integralmente no exterior, envolvendo participantes também não nacionais, desde que tais eventos venham a produzir impacto e a ter efeitos dentro do território do Estado. (...) os atores são responsáveis não pelo que fizeram no exterior, sob outras leis e jurisdições, mas pelos resultados de seus atos no território do Estado, os quais atraem a presença dos mesmos para o local da consumação desses atos.

Segundo, ainda, José Carlos de Magalhães, a aplicação da teoria do impacto territorial na política antimonopólio norte-americana, ainda que sob as vestes da jurisdição territorial objetiva, traz como consequência inevitável a aplicação das leis nacionais (sobre a jurisdição nacional) em território alheio, para regular fatos (a prática de cartel, ajuste ou qualquer outro ato anticompetitivo) ocorridos em outra jurisdição, o que seria motivo de fortes reações por parte dos outros Estados à legislação antitruste dos Estados Unidos.

Novamente, se tenta entender a extraterritorialidade do *cybespace* dentro dessas regras que se traduzem na prática comum dos Estados.

A jurisdição do local onde se encontra a pessoa do agente do delito, no momento em que este pratica o ato delituoso, é importante na realidade não virtual, na era pré-internet, porque sua conduta, via de regra, gera efeitos na

---

885 MAGALHÃES, José Carlos de. A aplicação extraterritorial de leis nacionais. *Rev. Inf. Leg. Brasília*, a. 22, n. 85 jan./mar. 1985.

886 MAGALHÃES, José Carlos de. A aplicação extraterritorial de leis nacionais. *Rev. Inf. Leg. Brasília*, a. 22, n. 85 jan./mar. 1985, p. 197.

887 MAGALHÃES, José Carlos de. A aplicação extraterritorial de leis nacionais. *Rev. Inf. Leg. Brasília*, a. 22, n. 85 jan./mar. 1985, p. 198.

região onde se encontra, muito embora possa causar impactos também em outra jurisdição. A prática de cartel ou de qualquer ajuste anticompetitivo, por exemplo, representa um forte vínculo com o Estado onde o ajuste ocorre (nele são estabelecidos os acertos, as reuniões, as negociações), que provoca neste Estado a resposta adequada até mesmo para fins de prevenção geral, para que aquela prática não só seja reprimida, mas gere a sensação de que existem consequências penais.

Na realidade virtual, no entanto, o local onde se encontra fisicamente o agente é menos relevante que o local onde causa os efeitos da sua conduta. É ali que deve sofrer a ação estatal.

Em outras palavras, punir o agente no local onde está localizado tem sentido num mundo não virtual, mas no mundo de danos na internet, punir o agente no local onde ocorreram os efeitos do seu ato é muito mais eficaz, pois previne novos atos/efeitos similares naquele território e leva justiça às vítimas.

Ademais, na maior parte dos casos existe uma imprecisão a respeito do local da ação. Quando os efeitos de uma conduta danosa são sentidos na jurisdição, via de regra não se sabe de onde partiu o ato, não se sabe o domicílio do agente do fato, ou o local onde está hospedado o site que publicou a ofensa, ou o IP do agente do fato, diligências precisam ser estabelecidas para se precisar justamente a autoria do ato, e as diligências ocorrem na jurisdição onde o dano foi produzido.

Em resumo, o dano é o elemento principal na obrigação delitual e é ele que deve preponderar no critério de fixação da jurisdição.

Todavia, para que o critério tenha a previsibilidade necessária é importante que receba o reforço do *targeting test* (sendo assim, a teoria dos efeitos combinada com o *targeting test*), na esteira da jurisprudência norte-americana ou do centro de interesses da vítima, conforme decisões do TJUE.

A mera acessibilidade a um sítio eletrônico ou o mero acesso a uma foto de pornografia infantil em um aplicativo, por exemplo, não confere, por si, o vínculo adequado de jurisdição, quando o fato produz efeitos em qualquer lugar de onde se acesse o conteúdo ilícito.

Nesse caso, isto é, quando a conduta não é propositadamente dirigida a uma específica jurisdição, aos usuários de um Estado ou onde a vítima é conhecida (centro de interesses), deve preponderar o critério do local onde o ato foi praticado, a menos que não se consiga defini-lo ou o Estado de jurisdição do ato não a exercer, isto é, quando estivermos numa situação de denegação de justiça.

5. O modelo de jurisdição de implementação: a responsabilidade dos provedores de serviços de informação e comunicação e a entrega direta dos dados eletrônicos

Com a globalização desponta o fenômeno de que os Estados perdem a capacidade de *enforcement* sobre as principais atividades dos novos agentes do mercado, as empresas multinacionais, que se espalham nos domínios estatais assumindo, inclusive, parte do mercado que antes era explorado exclusivamente pelos próprios Estados, como nos grandes ramos de construção e infraestrutura, telefonia e telecomunicações, distribuição de petróleo e outros.

Os Estados se deparam com a possibilidade de perder a capacidade de controlar os monopólios e as atividades privadas e, consequentemente, de proteger as pessoas humanas contra as violações praticadas pelas empresas multiconectadas com mais de um território.

No Estados Unidos da América essa percepção surgiu muito antes do que nos países da Europa e no Brasil, onde o processo de abertura da economia pela privatização foi mais tardio. Nos Estados Unidos, a bolsa de valores sempre foi importante, desde o século XIX. E, por isso, os Estados Unidos da América possuem um sistema de *compliance* e de responsabilidade corporativa muito mais solidificado e consolidado que em outros países, pois tiveram que lidar com as consequências da abertura de mercado, como práticas antitrustes, *insider trading* e corrupção (privada e pública) muito antes que os demais.

No Brasil, ao contrário, as multinacionais passaram a surgir a partir dos anos 70 e, até os anos 90, os gigantes empresariais eram as empresas estatais. Não havia a responsabilidade penal da pessoa jurídica por violações ambientais e a responsabilidade civil e administrativa por atos de corrupção, como nos dias atuais, porque não se entendia para que servia essa responsabilidade.

Hoje isso é passado no mundo, de uma maneira geral. Como os Estados não possuem de fato a capacidade de *enforcement* diante de vários aspectos da economia globalizada, são obrigados, no mínimo, a reconhecer a necessidade da cooperação privada, do *compliance* corporativo.

Os códigos de conduta e a autorregulacão das empresas multinacionais é um fenômeno mundial. Os primeiros programas de *compliance* surgiram quando as empresas se cotizaram nas bolsas de valores. De um lado, não adiantava aos Estados imporem leis nacionais extremamente restritivas em proteção aos investidores nacionais e consumidores, que não seriam adequadas à livre iniciativa e ao livre comércio, donde seria preciso conviver com uma autorregulação, e, de outro, existiam os interesses dos investidores ou consumidores que, se prejudicados, causariam prejuízos aos negócios e a imagem da própria empresa. De forma convergente, os interesses dos Estados, empresas e investidores/consumidores estão envolvidos por trás da responsabilidade corporativa.

O código de conduta de uma multinacional é as vezes o instrumento mais importante, muito mais que muitas leis. O poder regulador da multinacional de alguns setores (como no setor farmacêutico) às vezes é muito maior que o poder regulador de um Estado.

Nesse contexto, surge também a capacidade de investigação interna das empresas, os deveres de "denunciar" às autoridades competentes as condutas ilícitas detectadas no bojo de suas atividades e o de reparar os danos causados. Através de sua capacidade de autorregulação, as empresas multinacionais *previnem, detectam, denunciam e reparam* os ilícitos que dizem respeito às atividades que exploram.

Ao fim e ao cabo, ter responsabilidade corporativa significa atuar de forma positiva na sociedade devolvendo-lhe os benefícios que usufruiu.

Todavia, o problema surge quando existem vários estandartes de interpretação baseados exclusivamente nos padrões valorativos das empresas e quando o poder autorregulatório é insuficiente para proteger os direitos humanos.

É o que ocorre quando os provedores de serviços fazem suas próprias interpretações sobre os conteúdos ilícitos que trafegam em sítios eletrônicos, redes de relacionamento, *chats,* serviços de busca e atividades na internet de maneira geral.

Alguns desses ilícitos são evidentemente contrários aos padrões mínimos das ordens nacionais e internacional de proteção aos direitos humanos, como é o caso da pornografia infantil na internet, outros, ao revés, não são tão evidentes em alguns países, por exemplo, a prática de racismo na internet (desvinculada a atos de violência) é considerada expressão do *free speech* nos Estados Unidos da América, a postagem de fotos com roupas transparentes ofende a cultura da Indonésia, mas em outros países não existe este comportamento, o discurso de ódio contra cotas não faz muito sentido senão na Índia e assim por diante.

A situação problema se potencializa quando os provedores de serviços se voltam à legislação do país onde estão incorporados para interpretarem esses estandartes, como se tal legislação nacional fosse uma matriz normativa internacionalmente aceita pelos demais países onde estes provedores prestam serviços. E, assim, pedidos internacionais de cooperação (MLA) não são aceitos nos Estados Unidos da América quando se buscam dados de conteúdo racista ou discriminatório que possam significar expressão da Primeira Emenda Americana.

É o que ocorre, também, quando os provedores de serviços resolvem atender ordens judiciais ou requisições de *law enforcement* relativas apenas aos dados de subscrição e tráfego (quando muito) e não entregam os dados de conteúdo, nem mediante ordem judicial do país onde o conteúdo foi coletado, ou quando os entregam apenas em situações de emergência, como mediante a prática de pornografia infantil ou atos de terrorismo. Mais uma vez impõem o padrão de reserva de jurisdição de um país e suas situações de emergência, como se fosse uma matriz normativa internacionalmente aceita pelos demais.

Por isso, a responsabilidade social corporativa, os códigos de conduta e a autorregulação são importantes, mas não resolvem todos os problemas quando existem direitos humanos em jogo e se força uma interpretação nacional (ou pior, corporativa) para se resolver os desafios multiculturais.

Erik Jayme explica que os indivíduos se sentem inseguros, como que entregues a não proteção do Estado diante do poder das multinacionais[888].

Numa abrangência maior sobre Direitos Humanos e Empresas e o projeto em andamento por uma convenção global no tema[889], André de Carvalho Ramos menciona que a eficácia horizontal (vinculando os particulares) e a

---

[888] "Reportando-se às práticas anticoncorrenciais, Erik Jayme afirma: A vrai dire, la globalisation est caractérisée par le fait que les États ne sont plus les centres du pouvoir et de la protection de la personne humaine. Les États sont en train de céder une grande partie de leurs pouvoirs aux marchés. Les règles de la concurrence déterminent la vie et le comportement des êtres humains. L'existence d'un marché global permet les fusions de grandes entreprises, aboutissant à un pouvoir économique gigantesque, qui laissent ouverte la question de la protection de l'individu qui voudrait garder son poste de travail, protection confiée, traditionnellement, à l'État. Pour combler ce vide légal, les juristes demandent la mise en place d'un système mondial de protection contre les pratiques anticoncurrentielles." Le droit international privé du nouveau millénaire: la protection de la personne humaine face à la globalisation / conférence prononcée le 24 juillet 2000, in *Collected Courses of the Hague Academy of International Law*, vol. 282, 2000, p. 20.

[889] No dia 26 de junho de 2014, o Conselho de Direitos Humanos da ONU estabeleceu, a partir da Resolução n. 26/9, um grupo intergovernamental para elaborar um instrumento vinculante que regule as atividades das empresas no âmbito do direito internacional e dos direitos humanos.

dimensão objetiva dos Direitos Humanos exigem prestações positivas por parte dos Estados: os Estados e as empresas devem levar em consideração as normas internas e internacionais de proteção aos direitos humanos, todavia, existem lacunas normativas nessa abordagem (que denomina indireta), surgindo a necessidade de uma abordagem direta, através de um tratado que vincule a responsabilidade das empresas e os direitos humanos[890].

Nesse sentido, a responsabilidade social corporativa dos provedores de serviços de internet seria uma das formas de se atuar *junto com instrumentos vinculantes do Direito Internacional* enquanto não se alcança o reconhecimento das empresas como sujeitos internacionais.

A edição de uma norma material internacional vinculando os provedores de serviços resolveria os desafios com relação à adequação dessas empresas aos diferentes sistemas nacionais e à obtenção dos dados eletrônicos.

A norma material internacional regularia a obtenção direta dos dados juntos aos provedores de serviços de internet, *independentemente da natureza dos dados* (se de subscrição, tráfego ou conteúdo), *do lugar onde estão armazenados, ou onde se localiza a sede que controla ou tem a posse destes dados*, desde que prestem *serviços de forma contínua, substancial e dirigida ao país.*

Exemplifiquemos com três casos hipotéticos.

Em uma rede de relacionamento alguém posta (não se sabe quem e de onde posta), de forma pública, uma mensagem a um ator de teatro e televisão brasileiro, afrodescendente, com palavras injuriosas do tipo "ele não serve para o papel" "o papel deve ser interpretado por um branco", o qual se sente ofendido pela postagem e quer saber quem fez a postagem para reparar-lhe eventuais danos a sua imagem. O ator também ficou sabendo que, através de um aplicativo de imagens, o mesmo agente publicou *memes* injuriosos sobre sua pessoa, de conteúdo igualmente racista, todavia, o ator não faz parte da rede de relacionamentos do agente do fato, de forma que não tem acesso ao conteúdo da postagem.

Num segundo exemplo, as autoridades de *law enforcement* brasileiras, no curso de uma investigação criminal sobre lavagem de dinheiro, deparam-se com a necessidade de quebrar o *email* (que não necessariamente possui a extensão "br") e o serviço de armazenamento de documentos em nuvem de

[890] Conferência proferida no VI Congresso Luso Brasileiro de Direito Empresarial e Cidadania, "Direitos Humanos e Empresas: Avançamos?" em 11 de dezembro de 2020.

uma pessoa operando dentro do território brasileiro, isto é, o agente criminoso encontra-se no território brasileiro.

Num terceiro exemplo, em um outro aplicativo de relacionamento de notícias rápidas, uma pessoa não identificada imputa fatos difamatórios a um jornalista, dizendo que cometeu um fato que não cometeu, por exemplo, que publicou uma notícia "fabricada", sem checar as fontes.

Nos três exemplos, os provedores de serviço (de *email*, armazenamento em nuvem, redes de relacionamento e aplicativo de imagens), prestam serviços no país, de forma contínua, substancial e dirigida aos seus usuários, não necessariamente possuindo escritório no território brasileiro.

Nos dois exemplos de fatos transnacionais cíveis (ofensivos a direitos de personalidades) as postagens foram claramente dirigidas a vítimas dentro do território brasileiro, onde eram conhecidas (centro de interesse das vítimas), causando efeitos no Brasil.

No caso criminal, os atos criminosos suspeitos foram praticados por pessoa dentro do território nacional.

Nas três situações hipotéticas, não haveria a necessidade de um pedido de cooperação internacional para se obter os dados de IP, dados de subscrição, tráfego e conteúdo das mensagens, e-mails e documentos armazenados no serviço de nuvem.

A regulação direta internacional obrigaria os provedores de serviços estrangeiros de internet, que prestam serviços *de forma contínua, substancial e dirigida ao país*, a entregar os dados *diretamente* às autoridades judiciárias, ainda que não possuam estabelecimento comercial no país, dentro de uma concepção de efeitos extraterritoriais da jurisdição internacional e do conceito material de grupo econômico.

A norma internacional regularia, também, a contrário senso, as condições para se implementar o uso da cooperação jurídica internacional.

Vejamos outros exemplos.

As autoridades de *law enforcement* de um determinado país recebem uma notícia crime com a postagem de uma foto em um aplicativo de imagens de uma criança não identificada em situação de pornografia infantil. Teoricamente, a postagem é acessível a todos que acessarem, através do aplicativo de imagens, o perfil @ onde a foto foi postada. Assim, não se pode dizer que o ato delitivo foi dirigido a um determinado país, pois causa efeitos de maneira geral aonde se acessa o conteúdo da postagem. As autoridades de *law enforcement* requisitam ao provedor que presta serviços no país (do aplicativo de imagens) o número IP relativo ao perfil, sobrevindo, em resposta, que se trata de IP vinculado a outro país (em nome de empresa situada em outro país - sendo necessário identificar melhor a empresa e sua titularidade) e nada nas provas sugere que se trata de agente criminoso operando de dentro do território nacional onde primeiro as autoridades se depararam com a notícia de crime.

Em um segundo exemplo, um menor é assediado por uma pessoa numa rede de relacionamentos (de forma privada) a enviar fotos suas sem roupa, sob a promessa de que ganharia muito dinheiro e ficaria famoso. O agente do fato, na posse das fotografias do menor, troca mensagens com a mãe do menor exigindo-lhe dinheiro sob pena de tornar públicas as fotos. As autoridades de *law enforcement* requisitam ao provedor que presta serviços no país (da rede de relacionamento) o número IP que trocou as mensagens com o menor e sua mãe na hora e data determinadas. O provedor identifica que o IP está vinculado a uma empresa ou uma pessoa em outro país.

Por fim, em um outro caso hipotético, o sistema de um tribunal de um determinado país sofre uma tentativa de invasão e a vulnerabilidade de seus dados é oferecida em um site de leilão acessível de qualquer lugar do mundo, mas que não dirige suas atividades diretamente ao país que sofreu a vulnerabilidade, sendo detectado que se trata de um sítio eletrônico administrado por uma empresa localizada no exterior.

No primeiro exemplo citado, para que se continue no curso de se identificar a autoria do crime, será preciso identificar quem responde pela empresa em cujo nome o IP se encontra vinculado. Assim, apesar do local onde se recebeu a notícia crime de pedofilia através do perfil @ em aplicativo de imagens também possuir jurisdição pela teoria da ubiquidade, como não há nenhum outro vínculo do fato com este país, ao passo que a postagem está vinculada ao IP localizado em outro Estado, o ideal é que, através da *cooperação jurídica internacional entre os países*, as autoridades competentes comuniquem o fato (como uma notícia ou informação espontânea) ao Estado de onde está vinculado o IP, pois este se apresenta como jurisdição mais adequada.

Nas duas outras hipóteses - a do menor e da venda da vulnerabilidade do sistema informático, o país onde se encontra o menor possui jurisdição para adjudicar o fato pelos efeitos do ato delitivo (a mensagem foi postada no exterior, mas produziu efeitos neste país), ao passo que o Estado que sofreu a tentativa de violação de seus sistemas possui jurisdição para adjudicar em virtude da tentativa de invasão e do interesse nacional (princípio da proteção) sobre a apuração e processamento do fato.

A despeito de possuírem jurisdição para adjudicar os fatos nos exemplos citados, as autoridades de persecução penal e judiciais não possuem jurisdição de *enforcement* para alcançar as *pessoas que estão em outro país e não possuem nenhum vínculo com o país do foro*, sendo necessária a cooperação jurídica internacional.

Todavia, assim ocorre não porque os dados eletrônicos estão hospedados ou armazenados no exterior, mas por força dos próprios limites da jurisdição internacional, que não mudam só porque estamos tratando de ambiente virtual.

Mais especificamente, a jurisdição de adjudicação está justificada pela teoria da ubiquidade e dos efeitos do ato danoso no território do Estado do foro, entretanto, a jurisdição de *enforcement* encontra limites e tais limites nada mais são do que os mesmos que vemos no mundo real.

No mundo real, os atos executivos não podem ser cumpridos no território de outro Estado, sem o consentimento deste (o que seria através da cooperação jurídica internacional). Quando se quer saber quem é o representante de empresa localizada no estrangeiro (que não tem vínculo com o Estado do foro), como nos exemplos citados (supondo que a informação não está em fontes públicas), é preciso estabelecer contato com autoridades estrangeiras através da cooperação internacional para que as diligências de identificação, citação ou notificação dessa pessoa sejam efetivadas.

Ou seja, incidem as regras de *enforcement* costumeiramente conhecidas no Direito Internacional, no sentido de que um Estado pode decidir a respeito de temas que se relacionem com outro Estado (no tocante à jurisdição de adjudicação), mas não pode, sob pena de violar a soberania deste, praticar atos concretos de força em território estrangeiro[891].

Mas isso não se confunde com a possibilidade de se exercer a jurisdição em face dos provedores de internet que prestam serviço no país. Nos exemplos citados, os provedores de internet que prestam serviço no território do foro (possuindo vínculo com este) forneceram as informações pertinentes a respeito dos dados do IP e os de acesso, tanto assim que identificaram os IPs

---

891 YARSHELL, Flávio Luiz e GOMES, Adriano Camargo. Internet e Limites da Jurisdição: uma Breve Análise à Luz do Direito Processual Civil", in: *Direito, processo e tecnologia*. São Paulo: Thomson Reuters Brasil, 2020, p. 25.

como pertencentes a pessoas jurídicas constituídas em outros países (e não se tem indícios de que foram usados IPs estrangeiros de dentro do país).

É como explicam Flávio Luiz Yarshell e Adriano Camargo Gomes *nem sempre que uma decisão produz efeitos transnacionais é necessário que sua efetivação se dê por meio de medidas extraterritoriais*, ou seja, *há casos em que as atividades cognitiva e executiva podem ser realizadas em uma única e mesma jurisdição, mesmo produzindo efeitos em outros territórios*[892]. Seria o caso das medidas executivas cumpridas em face dos provedores de internet que prestam serviços no país do foro.

O que não podemos é confundir os limites da jurisdição internacional e aplicar os limites do *enforcement* para provedores que possuem vínculo (pelo serviço prestado de forma contínua e substancial) com o país do foro, afinal, a localização física de dados, servidores e provedores em território estrangeiro é irrelevante se os meios executivos puderem ser empregados no Brasil[893].

Em contrapartida, em se tratando *de provedores de serviços que sequer prestam serviços ao país ou de IPs vinculados a pessoas (físicas e jurídicas) no exterior* (não havendo prova de que estão operando de dentro do país, por exemplo, com o uso do VPN ou trocando o Estado de localização do perfil), há a necessidade da utilização dos mecanismos da cooperação jurídica internacional.

Nada obstante, a edição de norma internacional pode simplificar os mecanismos de cooperação internacional, tal como já vêm fazendo o T-CY, no âmbito da Convenção de Budapeste, e a União Europeia.

Assim, os Estados podem prever mecanismos mais ágeis de cooperação, por meio de tratados bilaterais, regionais ou multilaterais, em que se preveja a preservação e a obtenção de dados eletrônicos através de forma direta, entre autoridade competente do Estado requerente e provedor de serviço no Estado requerido, ou através das redes de cooperação (Interpol, redes de ministérios públicos ou redes judiciárias), entre autoridades competentes dos Estados requerente e requerido, e não necessariamente por meio do tradicional mecanismo de autoridades centrais e do *Mutual Legal Assistance*.

---

[892] YARSHELL, Flávio Luiz e GOMES, Adriano Camargo. Internet e Limites da Jurisdição: uma Breve Análise à Luz do Direito Processual Civil", in: *Direito, processo e tecnologia*. São Paulo: Thomson Reuters Brasil, 2020, p. 44.

[893] YARSHELL, Flávio Luiz e GOMES, Adriano Camargo. Internet e Limites da Jurisdição: uma Breve Análise à Luz do Direito Processual Civil", in: *Direito, processo e tecnologia*. São Paulo: Thomson Reuters Brasil, 2020, p. 52.

Nesse sentido, já desponta no cenário internacional a percepção de que esta forma tradicional de cooperação internacional - autoridades centrais e *Mutual Legal Assistance* - não se coaduna com a velocidade das redes e com o volume de pedidos por evidências eletrônicas que tendem a ser cada vez maior com o aumento da cibercriminalidade e dos delitos (cíveis e criminais), de uma maneira geral, praticados por intermédio das redes.

É de se ver, ainda, que a regulação internacional pode prever níveis de proteção internacional aos direitos humanos que dialoguem com as fontes internacionais já existentes de proteção aos direitos humanos. Os Estados podem prever motivos de recusa na cooperação (direta com o provedor ou entre autoridades) já conhecidos em muitos tratados, como a denegação da cooperação em relação a crimes militares, políticos ou para fins de perseguição política, a recusa com base na aplicação de penas odiosas (pena de morte, de castigos corporais ou de caráter perpétuo) e na cláusula de tribunal ou juízo de exceção[894].

Por outro lado, a combinação dos fatores - *prestação de serviços de forma contínua, substancial e dirigida, obtenção direta dos dados junto aos provedores estrangeiros que prestam serviços no país e grupo econômico*, na forma proposta por esta teoria geral, revela que os critérios territoriais do local onde os dados estão armazenados são irrelevantes e só servem para confundir os operadores da lei.

A combinação desses fatores também revela que o critério territorial de onde se encontra o provedor de serviço que controla ou tem a posse do dado também é desnecessário se este presta serviço de forma contínua, substancial e dirigida ao país.

O local do provedor de serviço estrangeiro só será importante, dentro desta concepção, se não presta serviços no território do Estado, não possuindo nenhum vínculo com este.

O local onde se encontra hospedado um sítio eletrônico ou o local onde se encontra o IP vinculado ao agente do fato são igualmente importantes, para fins de cooperação internacional, se, da mesma forma, não possuírem nenhum vínculo com o Estado de jurisdição (para adjudicar). Mas, nestes casos,

[894] Veja mais sobre a incidência imediata dos direitos mínimos de matriz internacional em ABADE, Denise Neves. Direitos Fundamentais na cooperação jurídica internacional. Extradição, assistência jurídica, execução de sentença estrangeira e transferência de presos. São Paulo: Saraiva, 2013.

novamente, a jurisdição de *enforcement* não tem nada a ver com o local onde se encontram armazenados os dados, senão quanto ao local onde se encontram as pessoas sujeitas aos seus efeitos.

Portanto, os provedores de serviços de internet devem adequar suas políticas de privacidade e moderação de conteúdo à norma internacional. Seus termos de adesão (ou cláusulas gerais de contrato) devem observar os padrões de matriz internacional, que estariam previstos na norma material internacional.

Definitivamente, é preciso abrir mão de critérios territoriais que não justificam uma teoria geral sobre jurisdição internacional à luz do Direito Internacional, que não correspondem ao mundo virtual, à engenharia das redes e ao sentido de acesso à justiça e de proteção aos direitos humanos.

6. Os princípios sobre a jurisdição internacional: o teste de confiabilidade do modelo

É chegado o momento de confrontarmos a presente teoria geral com os princípios sobre a jurisdição internacional analisados na Parte II deste trabalho.

Em primeiro lugar, confrontemos o modelo com as razões para o exercício da jurisdição internacional, isto é, com os interesses econômicos, políticos e jurídicos envolvidos na escolha da jurisdição.

Os Estados vinculam-se, principalmente, a argumentos políticos e econômicos, como independência e soberania, e boa administração da justiça.

Conforme vimos ao longo do texto, a jurisdição é uma emanação do próprio poder soberano estatal. Por outro lado, por mais que os Estados sejam independentes para determinar a extensão e mesmo o conteúdo de sua jurisdição, a jurisdição internacional possui limitações, uma prática nacionalista extremamente enraizada na concepção territorialista do direito e na extravagância de um Estado com jurisdição para tudo, não consegue conviver minimamente com outros Estados democráticos.

A maior crítica dos Estados é no tocante ao exercício de uma jurisdição exorbitante, que alcance, principalmente, as pessoas residentes em seus territórios, sem observância da cooperação jurídica internacional. Foi a razão de a União Europeia ter se oposto ao fluxo de dados transnacionais de seus residentes para os Estados Unidos da América, dentro das decisões de adequação do *Safe Habour e Privacy Shield.*

A presente teoria geral procura respeitar as situações onde, verdadeiramente, se faz necessária a cooperação internacional, para o alcance de pessoas que se encontram fora dos limites territoriais de um Estado (e não possuem nenhum vínculo com este) ou com relação aos provedores de serviços que não prestam serviços ao Estado do foro.

Por outro lado, o modelo proposto reforça a jurisdição dos Estados sobre os provedores que prestam serviços no seu território, independentemente de uma presença física, não fazendo distinção, para tanto, entre dados de subscrição, de tráfego ou de conteúdo, como ainda hoje se faz, de maneira aleatória, por parte dos provedores de serviços.

A boa administração da justiça, como argumento de recusa de jurisdição internacional quando o Estado não possui vínculo suficiente com a causa, também parece atendida na medida em que se propõe como vínculo o serviço prestado de forma contínua, substancial e dirigida, na esteira do direito comparado analisado.

Ao mesmo tempo, fica patente que o local onde se encontram armazenados os dados não é critério que se coaduna com a boa administração da justiça porque não tem a previsibilidade exigida para o exercício da jurisdição, não possuindo qualquer vínculo com o titular dos dados, com as vítimas ou com o Estado que sofreu as consequências do ato danoso.

Em defesa dos interesses dos particulares, a liberdade dos fluxos de negócios dos provedores e da comodidade das partes restam garantidos na medida em que se evita a "territorialização" dos negócios, fluxos transfronteiriços de dados, garantindo-se uma regulação uniforme. Por outro lado, evita-se a tendência ao *forum shopping* através da escolha da jurisdição exclusivamente pela vontade dos provedores de serviços de acordo com o local onde armazenam os dados.

Os interesses particulares especialmente protegidos estão igualmente respeitados, porque o modelo segue os parâmetros de proteção aos dados pessoais, estrutura-se no diálogo entre as fontes internacionais de proteção aos direitos humanos e no *acesso à justiça pelas vítimas.*

Os interesses das relações internacionais, por sua vez, são atendidos uma vez que se confere *efetividade* à *justiça*, conferindo-se maior *enforcement* aos Estados, justiça material e tutela efetiva como resultado prático do processo. Paralelamente, evita-se decisões contraditórias dentro do modelo de regulação direta internacional.

Por fim, em face dos interesses das ordens jurídicas, busca-se a certeza e a segurança jurídica através da preponderância das fontes internacionais e do método direto de regulação internacional por normas materiais.

Uma vez que a jurisdição internacional é uma jurisdição sobretudo de limites frente aos demais Estados, dentre os princípios delimitadores da jurisdição internacional, exaltamos a extraterritorialidade na forma permitida pelo Direito Internacional, com base em vínculos relevantes entre a jurisdição e o litígio, no que também se cumpre *o princípio da proximidade.*

Consideramos, ademais, como manifestação do princípio da proximidade no tocante aos fatos transnacionais eletrônicos, os precedentes judiciais nos quais já se decidiu que o mero acesso de uma *web page* de algum lugar do mundo não garante a jurisdição do país de acesso (*Caso Zippo Mfg Co v Zippo Dot Coin, Inc/USA*[895]; *Caso Peter Pammer vs Reederei Karl Schlüter GmbH &Co. KG e Hotel Alpenhof*[896]), e, portanto, seria necessário um mínimo de conectividade do caso (a interatividade do site ou do fornecedor) com o território (ou com o centro de interesse da vítima) onde a demanda é proposta para garantir a sua jurisdição.

Ao mesmo tempo, atende-se o *princípio da submissão voluntária* do provedor de serviço à jurisdição, na medida em que presta serviços ao país e dirige seus negócios diretamente ao público daquele país, aceitando a sua jurisdição, e da submissão do agente da ofensa ou do crime, quando dirige seu ato para os usuários e vítimas de determinado país, concebendo-se o seu livre arbítrio de agir fora ou dentro da lei e submeter-se à jurisdição de um determinado país se infringi-la.

Por fim, a jurisdição está voltada a gerar a pacificação social, o dizer o direito, o *ius dicere*, é uma forma de eliminar o conflito de direito material, e só se consegue eliminar um conflito de ordem internacional com uma solução igualmente internacional.

---

[895] Disponível em: <https://law.justia.com/cases/federal/district-courts/FSupp/952/1119/1432344/>. Acesso em: 10 de dezembro de 2020.

[896] Disponível em: <https://eur-lex.europa.eu/legal-content/PT/TXT/PDF/?uri=CELEX:62008CJ0585&from=EN>. Acesso em: 10 de dezembro de 2020.

CONSIDERAÇÕES FINAIS

A jurisdição internacional é uma jurisdição diferenciada, com elementos de estraneidade que a singularizam e tornam mais complexo o seu exercício do que o da jurisdição interna, voltado apenas para o próprio território.

A jurisdição internacional é a jurisdição sobre *fatos transnacionais,* que se caracteriza por ser exercida em face de outros Estados soberanos, e, como tal, é uma jurisdição limitada por regras e princípios do Direito Internacional Público e Privado.

Os Estados procuram exercer a jurisdição internacional com base em vínculos ou elementos de conexão territoriais. Ocorre que a ausência de fronteiras na engenharia da internet e das redes abalou a principal regra de jurisdição: a territorialidade.

Talvez o maior impacto da internet no Direito Internacional Privado diga respeito à forma como se concebe a jurisdição internacional como um espaço limitado por fronteiras geográficas e territoriais. Por isso, é preciso repensar certas relações virtuais além dos limites nacionais, desde que respeitadas as regras e princípios do Direito Internacional.

A internet foi concebida para que seja um espaço onde todos os indivíduos tenham igual direito de acesso, de forma segura e aberta. De acordo com a *Internet Rights and Principles Dynamic Coalition (IRPC)* e com o Fórum de Governança da Internet das Nações Unidas, existem Dez Direitos e Princípios para a Internet, sendo eles: universalidade e igualdade; direitos e justiça social; acessibilidade; expressão e associação; privacidade e proteção de dados; vida, liberdade e segurança; diversidade; igualdade; padrões e regulamento; e governança.

A garantia dos direitos humanos para a internet é um dos princípios basilares da governança da internet, entendendo-se esta como um espaço de diálogo multissetorial entre os diferentes *stakeholders* do mundo digital, onde governos, empresas e grupos da sociedade civil se reúnem para discutir questões de interesse comum relacionadas à Internet.

Na governança na internet, os direitos humanos e a justiça social devem formar as bases legais e normativas sobre as quais a internet funciona e é governada. Isso deve acontecer de forma transparente e multilateral, com uma internet baseada nos princípios de abertura, participação inclusiva e de responsabilização.

Os setores privado e público são afetados pela nova revolução industrial representada pela era digital. Por conta da tecnologia que se movimenta de forma tão rápida, há a necessidade de diálogo constante entre o público e o privado, entre aqueles que criam a tecnologia e os que são responsáveis pela elaboração e aplicação das leis.

Assim, num ambiente de regulação da internet é preciso atentar para os múltiplos interesses: os interesses dos Estados, dos provedores de serviços, dos usuários e titulares de dados pessoais. Se a internet for de interesse apenas dos Estados, as normas nacionais ganharão maior peso dentre aquelas que devem regular as jurisdições, e imporão, via de regra, a jurisdição territorial ou extraterritorial de acordo, unicamente, com os interesses dos Estados, sem aderência internacional e no setor privado. Se ao contrário, a internet for regulada apenas por normas privadas, os direitos humanos em jogo podem ficar desprotegidos.

A doutrina mais moderna do Direito Internacional Privado já se ocupa por esclarecer que a disciplina deve regular os fatos transnacionais levando em consideração os impactos nos direitos dos envolvidos, bem como a proteção dos direitos humanos previstos em normas internacionais e nacionais.

Sendo assim, através desta obra, procuramos propor uma teoria geral sobre jurisdição internacional respeitando o funcionamento da internet e os direitos humanos envolvidos. A presente teoria foi sustentada em quatro pilares que concebemos como estruturais: no Direito Internacional, na preponderância das fontes internacionais, na proteção dos direitos humanos e na governança multissetorial da internet.

Entendemos que o exercício da jurisdição é uma forma de eliminar o conflito de direito material, e só se consegue eliminar um conflito de ordem internacional com uma solução igualmente internacional.

REFERÊNCIAS BIBLIOGRÁFICAS

ABADE, Denise Neves. "Carta Rogatória e o auxílio direto na Cooperação Jurídica Internacional", in: CARVALHO RAMOS, André de; MENEZES, Wagner (org). *Direito Internacional Privado e a Nova Cooperação Jurídica Internacional.* Belo Horizonte: Arraes Editores, 2015.

ABADE, Denise Neves. *Direitos Fundamentais na cooperação jurídica internacional. Extradição, assistência jurídica, execução de sentença estrangeira e transferência de presos.* São Paulo: Saraiva, 2013.

ABREU, Jacqueline de Souza; ANTONIALLI, Dennys (eds.) *Direitos Fundamentais e Processo Penal na Era Digital: Doutrina e Prática em Debate*, vol. I. São Paulo: InternetLab, 2018.

ALMEIDA. Ricardo R. "Breves reflexões sobre a eleição de foro estrangeiro e a competência concorrente do judiciário brasileiro", in: RODAS João Grandino. *Contratos Internacionais.* 3. ed. São Paulo: Revista dos Tribunais, 2002, p. 297 e ss.

ANTONIO CARRILO SALCEDO, Juan. "Le renouveau du particularisme em droit international privé", in: *Collected Courses of the Hague Academy of International Law*, vol. 160.

ARAUJO, Nádia de. *Direito internacional privado: teoria e prática brasileira.* 5. ed. Rio de Janeiro: Renovar, 2011.

ARAUJO, Nádia de. "Contratos Internacionais e consumo nas Américas e no Mercosul: Regulamentação atual e a proposta brasileira para uma Convenção Interamericana na CIDIP VII", in: TIBURCIO, Carmen; BARROSO, Luís Roberto (org.). *O Direito Internacional Contemporâneo. Estudos em Homenagem ao Professor Jacob Dolinger.* Rio de Janeiro: Renovar, 2006, p. 705-736.

ARAUJO, Nádia de. *Contratos Internacionais. Autonomia da Vontade, Mercosul e Convenções Internacionais.* Rio de Janeiro: Renovar, 1997.

ARAÚJO Nádia; VARGAS, Daniela. "A Conferência da Haia de Direito Internacional Privado: reaproximação do Brasil e análise das Convenções Processuais", in: *Revista de Arbitragem e Mediação*, vol. 35, p. 189, 2012.

ARAÚJO, Nádia; DE NARDI, Marcelo. "Projeto de sentenças estrangeiras da Conferência da Haia: por um regime global de circulação internacional de sentenças em matéria civil e comercial", in: *REI - Revista Estudos Institucionais*, vol. 2, n. 2, p. 707-735, fev. 2017.

ARMINJON, P. *Précis de Droit International Privé. I. Les notions fondamentales du droit international privé.* Troisième édition. Paris: Librairie Dalloz, 1947.

A. MANN, F. "The Doctrine of International Jurisdiction Revisited after Twenty Years", in: *Collected Courses of the Hague Academy of International Law*, vol. 186, 1984.

AVELÃS NUNES, António José. "Da Europa social à Europa alemã.", in: *Revista Internacional de Direito Público*. Belo Horizonte, ano 2, n. 2, jan./jun. 2017.

BARBI, Celso Agrícola. *Comentários ao Código de Processo civil*. São Paulo: Forense, 1994, vol.1.

BASEDOW, Jürgen. "Coerência do Direito Internacional Privado na União Europeia", in: JAEGER JUNIOR, Augusto (org.). *Europeização da parte geral do direito internacional privado: estudos sobre uma codificação do direito internacional privado na União Europeia através de um Regulamento Roma Zero*. Porto Alegre: Editora RJR, 2016, p. 51-77.

BASEDOW, Jürgen; RUHL, Giesela; FERRARI, Franco; MIGUEL ASENSIO, Pedro de. *Encyclopedia of Private International Law*, volumes 1 a 4. USA: Edward Elgar Publishing, 2017.

BASSO, Maristela. POLIDO. Fabrício. "Jurisdição e Lei Aplicável na Internet: Adjudicando litígios de violação de direitos da personalidade e as redes de relacionamento social", in: DE LUCCA, Newton; SIMAO FILHO, Adalberto (org.). *Direito & Internet Aspectos Jurídicos Relevantes*. São Paulo, Quartier Latin, 2008, p. 441-489.

BARTIN, E. "La doctrine des qualifications et ses rapports avec le caractère national du conflit des lois", in: *Collected Courses of the Hague Academy of International Law*, vol. 31, 1930.

BARTIN, E. "Une conception nouvelle de L'Empire de la loi locale par opposition à la loi personnelle et à la loi territorial", in: *Collected Courses of the Hague Academy of International Law*, vol. 52, 1935.

BATIFFOL, Henri. *Traité élémentaire de droit international privé*. 3. éd. Paris, 1959.

BATIFFOL, Henri. "Le pluralisme des méthodes en droit international privé", in: *Collected Courses of the Hague Academy of International Law*, vol. 139, 1973.

BATIFFOL, Henri. "Les tendances doctrinales actuelles en droit International privé", in: *Collected Courses of the Hague Academy of International Law*, vol. 72, 1948.

BEÇAK, Rubens; LONGHI, João Victor Rozatti. "Abertura e Colaboração como Fundamentos do Marco Civil da Internet: A atuação do Poder Público na Construção do Governo Eletrônico Brasileiro e a Governança da Internet", in: DE LUCCA, Newton; FILHO, Adalberto Simão; LIMA, Cíntia Rosa Pereira de (org.) *Direito e Internet III. Marco Civil da Internet. Tomo I*. São Paulo: Quartier Latin, 2015, p. 141.

BEVILAQUA, Clovis. *Princípios Elementares de Direito Internacional Privado*. 4. ed. São Paulo: Livraria Editora Freitas Bastos, 1944.

BERGÉ, Jean Sylvestre; PORCHERON, Delphine; CERQUEIRA, Gustavo Vieira da Costa. "Droit International Privé et Droit de l'Union Européennee", in: *Répertoire Dalloz (de Droit international et de Droit européen)*, Avril, 2017.

BIONI, Bruno Ricardo. *Proteção de dados pessoais: a função e os limites do consentimento*. São Paulo: Editora Gen, 2019.

BISMUTH, Régis. "Le *Cloud Act* face au projet européen *e-evidence*: confrontation ou coopération? ", in: *Revue critique de droit international privé*, vol. 3, n. 3, 2019, p. 681-694.

BOBBIO, Norberto. *A era dos direitos*. Rio de Janeiro: Ed. Campus, 1992.

C. DOUGLAS FLOYD AND SHIMA BARADARAN-ROBISON. *Toward a Unified Test of Personal Jurisdiction in an Era of Widely Diffused Wrongs: The Relevance of Purpose and Effects*. Disponível em: <http://ssrn.com/abstract=1516163>.

CAMARGO, Solano de. *Forum Shopping: a escolha da jurisdição mais favorável*. São Paulo: Editora Intelecto, 2017.

CAPPELLETTI, Mauro. *Acesso à Justiça*. Tradução de Ellen Gracie Northfleet. Porto Alegre: Fabris, 1998.

CARDOSO, P. Balmaceda. *Ensaio de uma Sistematização Científica do Direito Internacional Privado*. Rio de Janeiro: Livraria Editora Freitas Bastos, 1942.

CARRASCOSA GONZÁLES, Javier. "The Internet – Privacy and Rights Relating to Personality", in: *Collected Courses of the Hague Academy of International Law*, vol. 378, 2016.

CARVALHO RAMOS, André de. *Curso de Direito Internacional Privado*. São Paulo: Saraiva, 2018.

CARVALHO RAMOS, André de. *Teoria Geral dos Direitos Humanos na Ordem Internacional*. São Paulo: Renovar, 2012.

CARVALHO RAMOS, André de. *Processo internacional de direitos humanos*. 5. ed. São Paulo: Saraiva: 2016.

CARVALHO RAMOS, André de. *Pluralidade de ordens jurídicas*. Curitiba: Juruá: 2012.

CARVALHO RAMOS, André de. "Direito internacional privado e o direito transnacional: entre a unificação e a anarquia", in: *Revista Brasileira de Direito internacional*, vol. 13, n. 2, 2016.

CARVALHO RAMOS, André de. "Evolução Histórica do Direito Internacional Privado e a Consagração do Conflitualismo", in: Rev. Sec. Trib. Perm. Revis. Año 3, n. 5, Marzo 2015, p. 423-444.

CARVALHO RAMOS, André de. "Jurisdição Internacional sobre Relações de Consumo no Novo Código de Processo Civil: Avanços e Desafios", in: *RT Online*.

CARVALHO RAMOS, André de. "Direito Internacional Privado de matriz legal e sua evolução no Brasil", in: *Revista da AJURIS*, vol.42, n. 137, março de 2015.

CARVALHO RAMOS, André de. "O novo Direito Internacional Privado e o conflito de fontes na cooperação jurídica internacional", in: *R.Dir. Univ. São Paulo*, vol. 108, jan./dez. 2013, p. 621-647.

CARVALHO RAMOS, André de. "Direito Internacional Privado e a extraterritorialidade da jurisdição em casos de violações de direitos humanos: a jurisdição de proteção", in: *Direitos Humanos e Empresas. Responsabilidade e Jurisdição.* Belo Horizonte, São Paulo: D'Plácido, 2020.

CASELLA, Paulo Borba. *Direito Internacional dos Espaços*. São Paulo: Atlas, 2009.

CASELLA, Paulo Borba. *Direito Internacional no Tempo Antigo*. São Paulo: Atlas, 2012.

CASELLA, Paulo Borba. *Direito Internacional no Tempo Medieval e Moderno até Vitoria*. São Paulo: Atlas, 2012.

CASELLA, Paulo Borba. *Direito Internacional no Tempo Moderno. De Suarez a Grócio.* São Paulo: Atlas, 2014.

CASELLA, Paulo Borba. *Direito Internacional no Tempo Clássico*. São Paulo: Atlas, 2015.

CASELLA, Paulo Borba. "Autonomia de vontade, arbitragem comercial internacional e direito brasileiro", in: TIBURCIO, Carmen; BARROSO, Luís Roberto (org.). *Direito Internacional Contemporâneo*. Estudos em homenagem ao Professor Jacob Dolinger. Rio de Janeiro: Renovar, 2006, p.737-750.

CASELLA, Paulo Borba. *Comunidade europeia e seu ordenamento jurídico.* São Paulo: LTr, 1994.

CASELLA, Paulo Borba; VIEGAS LIQUIDATO (coord.). *Direito da Integração*. São Paulo: Quartier Latin, 2006.

CASELLA, Paulo Borba; ARAÚJO, Nádia de. "A convenção interamericana sobre cartas rogatórias e as consequências de sua adoção para o Brasil", in: *Integração jurídica interamericana*. São Paulo: LTr, 1998.

CASTRO, Amílcar de. *Direito Internacional Privado.* 6. ed. Rio de Janeiro: Forense, 2008.

CASTRO, Amílcar de. *Direito Internacional Privado*, 1º vol., 2. ed. Rio de Janeiro: Forense, 1968.

CAVERS, David F. "A Critique of the Choice-of-Law Problem", 47 Harvard Law Review, p. 173-208, 1933.

CINTRA, Antônio Carlos; DINAMARCO, Cândido Rangel; GRINOVER, Ada Pellegrini. *Teoria geral do processo*. 28. ed. São Paulo: Malheiros, 2012.

CHIOVENDA, *Instituições de Direito Processual Civil*. Saraiva, 1943, vol. II.

DE LUCCA, Newton; SIMÃO FILHO, Adalberto; PEREIRA DE LIMA, Cíntia Rosa (coord.). *Direito & Internet III: Marco Civil da Internet. Lei n. 12.965/2014*. Tomo I. São Paulo: Quartier Latin, 2015.

DE LUCCA, Newton; SIMÃO FILHO, Adalberto; PEREIRA DE LIMA, Cíntia Rosa (coord.). *Direito & Internet III: Marco Civil da Internet. Lei n. 12.965/2014*. Tomo II. São Paulo: Quartier Latin, 2015.

CHRISTAKIS, Théodore. "La communication aux autorités américaines de données sur la base du *Cloud Act* est-elle en conflit avec le règlement général sur la protection des données?", *Revue critique de droit international privé*, vol. 3, n. 3, 2019, p. 695-707.

DIDIER, Fredie Jr. *Curso de direito processual civil*. 17. ed. Salvador: Jus Podivm, 2015.

DINAMARCO, Cândido Rangel. *Instituições de direito processual civil*. São Paulo: Malheiros, 2001.

DOLINGER, Jacob; TIBÚRCIO, Carmen. *Direito Internacional Privado. Parte Geral e Processo Internacional*. 12. ed. Rio de Janeiro: Forense, 2016.

DOLINGER, Jacob; TIBÚRCIO, Carmen. *Direito Internacional Privado. Parte Geral*, 10. ed. Rio de Janeiro: Forense, 2011.

DOLINGER, Jacob; TIBÚRCIO, Carmen. "Evolution of Principles for resolving conflicts in the field of contracts and torts", in: *Collected Courses of Hague Academy of International Law*, vol. 283, 2000.

DONEDA, Danilo. *Da privacidade à proteção de dados pessoais*. Renovar: Rio de Janeiro.

DRAETTA, Ugo. "Internet et commerce électronique en Droit International des Affaires", in: *Collected Courses of Hague Academy of International Law*, vol. 314, 2005.

ESPÍNOLA, Eduardo; ESPÍNOLA FILHO, Eduardo. *Do direito internacional privado brasileiro: parte especial*. Rio de Janeiro: Freitas Bastos, 1942, t. 1, v. 8.

ESPÍNOLA, Eduardo; ESPÍNOLA FILHO, Eduardo. *Tratado de direito civil brasileiro*. Rio de Janeiro: Freitas Bastos, 1939, vol. 2.

ESPÍNOLA, Eduardo. *Elementos de Direito Internacional Privado*. Rio de Janeiro: Jacintho Ribeiro dos Santos Editor, 1925.

FARIAS, Inez Lopes Matos Carneiro de. "A família entre pessoas do mesmo sexto e o Direito Internacional Privado", p. 198- 218, in: CARVALHO RAMOS, André de. *Direito Internacional Privado. Questões controvertidas*. Belo Horizonte: Arraes Editores, 2016.

RIBEIRO, Gustavo Ferreira, FARIAS, Inez Lopes Matos Carneiro de, ARAUJO, Nadia e DE NARDI, Marcelo. "Crônicas de direito internacional privado", in: *Revista de Direito Internacional.* Uniceub, vol. 13, n. 2, 2016.

FAWCETT & CHESHIRE, NORTH. *Private International Law,* Fifteenth Edition. Oxford, 2017.

FERNÁNDEZ ARROYO, Diego P. "Compétence exclusive et compétence exorbitante dans les relations privées internationals", in: *Collected Courses of the Hague Academy of International Law,* vol. 323, 2006.

FERNÁNDEZ ARROYO, Diego P. "Competencia judicial internacional: cuestiones e elementos para una reglamentación internacional", in: MANCILLA, Hugo Llanos; ALBÓNICO, Eduardo Picand (coord.) *Estudios de Derecho Internacional.* Santiago, 2008. p. 117-152. (Libro homenaje al Profesor Santiago Benadava).

FERNÁNDEZ ARROYO, Diego P. *El derecho internacional privado en el diván: tribulaciones de un ser complejo. Derecho internacional privado y Derecho de la integración.* Assunção: CEDEP, 2013.

FERREIRA DA SILVA, Carlos Bruno. *Proteção de Dados e Cooperação Transnacional. Teoria e Prática na Alemanha, Espanha e Brasil.* Belo Horizonte: Arraes Editores, 2014.

FERRER CORREIA, A. *Lições de direito internacional privado.* Coimbra: Almedina, vol. 1, 2000.

FRAGISTAS, N. "La compétence internationale en droit privé", in: *Collected Courses of the Hague Academy of International Law,* vol. 104, 1961.

FREIRE E AlMEIDA, Daniel. *Um Tribunal Internacional para a Internet.* São Paulo: Almedina, 2015.

FRIEDRICH, Tatiana Scheila. *Norma imperativa: a conexão dos direitos humanos com o Direito Internacional Privado.* Tese apresentada ao Programa de Pós-Graduação em Direito, setor de Ciências Jurídicas, Universidade Federal do Paraná, como requisito parcial à obtenção do título de Doutor em Direito.

GALINDO, George Rodrigo Bandeira Galindo (org.). *Fragmentação do direito internacional: pontos e contrapontos.* Belo Horizonte: Arraes Editores, 2015.

GALINDO, George Rodrigo Bandeira Galindo (org.). *Tratados internacionais de Direitos Humanos e Constituição Brasileira.* Del Rey: 2002.

GINSBURG, Jane C. "A lex mercatoria for the copyright in cyberspace?", in: *Collected Courses of the Hague Academy of International Law,* vol. 273, 1998.

GONÇALVES, Thiago Moreira; ESTRELLITA, Luz Marienne; DOLABELLA, Alessandra Pereira. "La Experiencia de Brasil y Argentina en la democratización de los medios comunicación", in: POLIDO, Fabrício Bertini Pasquot; ANJOS, Lucas Costa dos (org.). *Marco Civil e Governança da Internet Diálogos entre o Doméstico e o Global.* Belo Horizonte: Instituto de Referência em Internet e Sociedade, 2016, p. 149-162.

GOOLDSCHIMIDT, Werner. *Derecho internacional privado.* 9. ed. Buenos Aires: Depalma, 2002.

GOTLIEB, A.E. "The impact of technology on the development of contemporary international law", in: *Collected Courses of the Hague Academy of International Law,* vol. 170, 1981.

GRUENBAUM, Daniel. "Proximidade e tolerância: Competência internacional para demandas relativas a imóveis", p. 229-288, in: TIBURCIO, Carmen; BARROSO, Luís Roberto (org.). *O Direito Internacional Contemporâneo. Estudos em Homenagem ao Professor Jacob Dolinger.* Rio de Janeiro: Renovar, 2006.

HAY, Peter. *Advanced Introduction to Private International Law and Procedure.* UK, USA: Edward Elgar Publishing, 2018.

HILDING, Eek. "Peremptory Norms and Private International Law", in: *Collected Courses of the Hague Academy of International Law,* vol. 139, 1973.

IVAN LOON, J.H.A. "The Global Horizon of Private International Law", in: *Collected Courses of the Hague Academy of International Law,* vol. 380, 2016.

JAEGER JUNIOR, Augusto. *Mercados Comum e Interno e Liberdades Econômicas Fundamentais.* Atualizado conforme o Tratado de Lisboa. Curitiba: Juruá 2010.

JAEGER JUNIOR, Augusto. *Europeização da Parte Geral do Direito Internacional Privado.* Porto Alegre: Gráfica e editora RJR, 2016, p. 51-77.

JAYME, Erik. "Le droit international privé du nouveau millénaire: la protection de la personne humaine face à la globalisation /conférence prononcée le 24 juillet 2000", in: *Collected Courses of the Hague Academy of International Law,* vol. 282.

JAYME, Erik. Identité culturelle et intégration: le droit internationale privé postmoderne, *Collected Courses of the Hague Academy of International Law,* vol. 251, 1995.

JATAHY, Vera Maria Barrera. *Do conflito de jurisdições: a competência internacional da Justiça Brasileira.* Rio de Janeiro: Forense, 2003, p. 20.

JOHNSON, David R.; POST, David G. *And How Shall the Net Be Governed? A meditation on de relative virtues of decentralized, Emergent Law, in Coordinating the Internet.* Editado por James H. Keller e Brian Kahin. Cambridge: *Harvard Information Infrastructure Project, MIT Press,* 1997.

JUENGER, Friedrich K. "Judicial jurisdiction in the United States and in the european communities: a comparison", in: *Michigan Law Review,* vol. 82, 1984, p. 1195-1211.

KEETON, G.W. "Extraterritoriality in international and comparative law", in: *Collected Courses of the Hague Academy of International Law,* vol. 72, 1948.

KOHL, UTA. *The Net and the Nation State: Multidisciplinary perspectives on Internet Governance.* UK: Cambridge University Press, 2017.

KOHL, UTA. *Jurisdiction and Internet. Regulatory Competence over Online Activity.* Uk: UK: Cambridge University Press, 2007.

KURBALIJA, Jovan. "Uma Introdução à Governança da Internet", in: *Cadernos CGI 3.* São Paulo: Comitê Gestor da Internet no Brasil, 2016.

LAGARDE, Paul. "La méthode de la reconnaissance est-elle l'avenir du droit international privé? Conférence inaugurale, session de droit international privé", in: *Collected Courses of the Hague Academy of International Law*, vol. 371, 2015.

LALIVE, Pierre. "Tendances et méthodes en droit international privé. Cours general", in: *Collected Courses of the Hague Academy of International Law*, vol. 155, 1977.

LIEBMAN, Enrico Tullio. *Manuale di diritto processuale civile*, vol. I. Milão: Giufré, 1984.

LOQUIN, Éric. "Les règles matérielles internationals", in: *Collected Courses of the Hague Academy of International Law*, vol. 322, 2007.

LOULA, Maria Rosa Guimarães. *Auxílio Direto. Novo instrumento de cooperação jurídica internacional civil.* Editora Forum, 2015.

MACHADO VILLELA, Álvaro da Costa. *Tratado elementar (teórico e prático) de direito internacional privado.* Coimbra: Coimbra Editor, 1921.

MAGALHÃES, José Carlos de. *O mundo como empresa global: aspectos de ordem internacional.* Grua: São Paulo: Grua, 2016.

MAGALHÃES, José Carlos de. "Fatores de Limitação da Jurisdição do Estado", in: *Revista dos Tribunais*, ano 88, vol. 765, set. 1999, p. 46-58.

MANCINI, Pasquale Stanislao. *Direito Internacional. Coleção Clássicos do Direito Internacional.* Ijuí: Editora Unijuí, 2003.

MANKOWSKI, Peter. *Research Handbook on the Brussels Ibis Regulation.* UK, USA: Edward Elgar Publishing, 2020.

MARQUES, Cláudia Lima (coord.). *Diálogo das Fontes. Do conflito à coordenação de normas do direito brasileiro*. São Paulo: Editora Revista dos Tribunais, 2012.

MARQUES, Cláudia Lima (coord.). *Confiança no mercado eletrônico e a proteção do consumidor*. Revista dos Tribunais, 2004, p. 88.

MARQUES, Sérgio André Laclau Sarmento. *A jurisdição internacional dos tribunais brasileiros.* Rio de Janeiro: Renovar, 2007.

MARRELLA, Fabrizio. "Protection internationale des droits de l'homme et activités des sociétés transnationales", in: *Collected Courses of the Hague Academy of International Law,* vol. 385, 2017.

MENEZES, Wagner. "Os princípios no Direito Internacional", in: CASELLA, Paulo Borba. CARVALHO RAMOS, André de (org.) *Direito Internacional: Homenagem a Adherbal Meira Mattos*. São Paulo: Quartier Latin, 2009, p. 683-701.

MESQUITA, José Ignácio Botelho de. "Da competência internacional e dos princípios que a informam", in: *Revista de Processo*, São Paulo, n. 50, p. 51-71, 1988.

MIAJA DE LA MUELA, Adolfo. "Les principles directeurs des règles de compétence territoriale des tribunaux internes en matière de litiges comportant un élément international", in: *Collected Courses of the Hague Academy of International Law*, vol. 135, 1972.

MICHAELS, Ralph. "Some fundamental jurisdictional conceptions as applied in judgment conventions", in: *Duke Law School Legal Studies, Research Papers Series, Reserach Paper*, n.123, Aug. 2006.

MILLS, Alex. *The Confluence of Public and Private International Law. Justice, Pluralism and Subsidiarity in the International Constitutional Ordering of Private Law*. Uk: Cambridge, 2009.

MIGUEL ASENSIO, Pedro de. *Conflict of Laws and the Internet*. UK: Edward Elgar Publishing Limited, 2020.

MORAIS, Alexandre de. *Direito Constitucional*. 32. ed. São Paulo: Atlas, 2016.

MOREIRA, José Carlos Barbosa. "Problemas relativos à litígios internacionais", in: *Temas de Direito Processual*, Quinta Série. São Paulo: Saraiva, 1994, p. 139-163.

MOREIRA, José Carlos Barbosa. "Garantia Constitucional do direito à jurisdição – Competência Internacional da Justiça Brasileira – Prova do Direito Estrangeiro", in: *Revista Forense*. Rio de Janeiro: Forense, n. 343, p. 275-291.

MOSCHEN, Valesca R. Borges; GUERRA, Marcel Victor M. Processo civil transnacional: a caminho de uma sistematização dos princípios de competência internacional: reflexos de um novo paradigma axiológico face à crise metodológica positivista". *Anais do XVIII Encontro Nacional do CONPEDI*. S.l.: Fundação Boiteux, 2009.

MOURA RAMOS, Rui Manuel Gens de. "Introdução ao Direito Internacional Privado da União Europeia: da interacção originária do direito internacional privado e do direito comunitário à criação de um direito internacional privado da União Europeia", in: MOURA RAMOS, Rui Manuel Gens de; MONACO, Gustavo Ferraz de Campos (Coord.). *Aspectos da Unificação europeia do direito internacional privado*. São Paulo: Intelecto, 2016, p. 3-61.

MOURA VICENTE, Dario. "A comunitarização do direito internacional privado e o comércio electrónico", in: *Seminário Internacional sobre a Comunitarização do Direito Internacional Privado*. Lisboa: Almedina, 2005, p. 63-77.

MOURA VICENTE, Dario. *Direito Internacional Privado. Problemática Internacional da Sociedade da Informação.* Coimbra: Almedina, 2005.

MUIR WATT, Horatia; SMITH Bradford L. "The third industrial revolution: law and policy for the internet", in: *Collected Courses of the Hague Academy of International Law*, vol. 282.

MUIR WATT, Horatia; SMITH Bradford L. *Discours sur les méthodes du droit international privé (des formes juridiques de l'inter-altérité).* Académie de Droit International de La Haye: Brill/Nijhoff, 2019.

MUIR WATT, Horatia; BÍZIKOVÁ, Luiza; DE OLIVEIRA, Agatha Brandão;e ARROYO, Diego P. Fernández Arroyo. *Global Private International Law*. UK e USA: Edward Elgar Publishing, 2019.

OCTAVIO, Rodrigo. *Direito Internacional Privado*. Rio de Janeiro e São Paulo: Livraria e Editora Freitas Bastos, 1942.

PATRICK, Jacob. "La compétence des États à l'égard des données numériques. Du nuage au brouillard... en attendant l'éclaircie?", in: *Revue critique de droit international privé*, 2019/3 (n. 3), p. 665-680. Disponível em: <https://www.cairn.info/revue-critique-de-droit-international-prive-2019-3-page-665.htm>.

POLIDO, Fabrício Bertini Pasquot; DA SILVA, Lucas Sávio de Oliveira. *Contratos Internacionais Eletrônicos e o Direito Brasileiro: entre a insuficiência normativa doméstica e as soluções globais.*

POLIDO, Fabrício Bertini Pasquot; DA SILVA, Lucas Sávio de Oliveira. *Direito Processual Internacional e o Contencioso Internacional Privado*. Curitiva: Juruá, 2013.

POLIDO, Fabrício Bertini Pasquot; ANJOS, Lucas Costa dos; BRANDÃO, Luíza Couto Chaves (org.). *Governança Global da Internet, Conflitos de leis e Jurisdição*. Belo Horizonte: IRIS, 2018, p. 55. Disponível em: <https://irisbh.com.br/wp-content/uploads/2018/06/Governanca_global_da_internet_IRIS.pdf>.

POLIDO, Fabrício Bertini Pasquot; BASSO, Maristela. "Jurisdição e Lei Aplicável na Internet: Adjudicando litígios de violação de direitos de personalidade e as redes de relacionamento social", in: DE LUCCA, Newton; SIMAO FILHO, Adalberto (org.). *Direito & Internet Aspectos Jurídicos Relevantes*. São Paulo, Quartier Latin, 2008, p. 461.

PILLET, Antoine. *Principes de droit international privé.* Paris: Pedone/Allier Frères, 1903.

PIMENTA BUENO, José Antônio. *Direito internacional privado e aplicação de seus principios com referência às leis particulares do Brazil.* Rio de Janeiro: Typographia Imp. e Const. de J. Villeneuve & C., 1863.

Restatement of the Law Fourth. Restatement of the Law. The Foreign Relations Law of the United States. Selected Topics in Treaties, Jurisdiction and Sovereign Immunity. The American Law Institute. St Paul, MN: American Law Institute Publishers, 2018.

Restatement (Second) of Conflict of Law. American Law Institute, Volume 1, St Paul, MN: American Law Institute Publishers, 1971.

Restatement (Second) of Conflict of Law. American Law Institute, Volume 2, St Paul, MN: American Law Institute Publishers, 1971.

RIBEIRO, Gustavo Ferreira; FÁRIAS, Inez Lopes Matos Carneiro de; ARAUJO, Nadia; DE NARDI, Marcelo. "Crônicas de direito internacional privado", in: *Revista de Direito Internacional*. Uniceub, vol. 13, n. 2, 2016.

RICHMAN, William; M. REYNOLDS, William L.; WHYTOCK, Christopher *A. Understanding conflict of laws*. Fourth Edition. North Carolina: Carolina Academic Press, LLC, 2018.

RODAS, João Grandino. *Sociedade Comercial e Estado*. São Paulo: Saraiva, 1995.

RODAS, João Grandino. *Direito Internacional Privado Brasileiro*. São Paulo: RT, 1993.

RODAS, João Grandino. *Contratos internacionais*. 3. ed. São Paulo, RT: 2002.

RODOTÀ, Stefano. *A vida na sociedade da vigilância: a privacidade hoje*. Rio de Janeiro: Renovar, 2008.

ROHRMANN, Carlos Alberto. *Curso de Direito Virtual*. Belo Horizonte: Del Rey, 2005.

SAVIGNY, Friedrich Karl von. *System of the Modern Roman Law*. Madras: J. Higginbotham, Publisher, 1867, vol. I.

SAVIGNY, Friedrich Karl von. *Sistema do Direito Romano Atual*. Ijuí: Ed. Unijuí, 20, publicado em 1849, *v*ol. VIII.

SICA, Heitor Vitor Mendonça. "Velhos e Novos Institutos Fundamentais do Direito Processual Civil", in: *40 anos da teoria geral do processo no Brasil: passado, presente e futuro* [S.l: s.n.], 2013.

SILVA, Ovídio Araújo Baptista da. *Teoria geral do processo civil*. 3. ed. São Paulo: RT, 2002.

SILVEIRA, Renato de Mello Jorge, *Compliance, Direito Penal e lei anticorrupção*. Renato de Mello Jorge Silveira, Eduardo Saad-Diniz. São Paulo: Saraiva, 2015.

SOARES, Guido Fernando Silva. "A competência internacional do Judiciário brasileiro e a questão da autonomia da vontade das partes", in: BAPTISTA, Luiz Olavo; HUCK, Hermes Marcelo; CASELLA, Paulo Borba (org.). *Direito e comércio internacional*: estudos em homenagem a Irineu Strenger. São Paulo: LTr, 1994.

SOLTYSINSKI, Stanislaw. "Choice of law and choice of forum in transnational transfer of technology transactions", in: *Collected Courses of the Hague Academy of International Law*, vol. 196, 1986, p. 251.

STORY, Joseph. *Commentaries on the Conflict of Laws*. First Edition 1834. New Jersey: The Lawbook Exchange, 2010.

STRENGER, Irineu. *Direito Internacional Privado*. Volume I. Parte Geral. São Paulo: Revista dos Tribunais, 1986.

STRENGER, Irineu. *Direito Processual Internacional*. São Paulo: LTr, 2003.

STRENGER, Irineu. *Reparação do Dano em Direito Internacional Privado*. São Paulo: Editora Revista dos Tribunais, 1973.

SVANTESSON, Dan Jerker B. *Solving the Internet Jurisdiction Puzzle*. United Kingdom: Oxford, 2017.

SVANTESSON, Dan Jerker B. *Between a rock and a hard place – An international law perspective of the difficult position of globally active Internet intermediaries*. Elsevier. Computer Law and Security Review 30, 2014.

SVANTESSON, Dan Jerker B. <https://works.bepress.com/dan_svantesson/99 civil_justice_guide_EU_pt>.

SVANTESSON, Dan Jerker B. <http://www.europarl.europa.eu/sides/getDoc.do?type =TA&language=EN&reference=P7-TA-2014-0230>.

SYMEONIDES, Symeon. *The Choice-of-Law Revolution Fifty Years after Currie: An End and a Beginning (February 21, 2015)*. University of Illinois Law Review, Vol. 2015, No. 2, 2015. Available at SSRN: <https://ssrn.com/abstract=2568175>.

TAMAGNO, Maristela Basso. *Da aplicação do direito estrangeiro pelo juiz nacional: o direito internacional privado à luz da jurisprudência*. São Paulo: Saraiva, 1988.

TAVARES, André Ramos. Um Amanhecer Disruptivo", in: TAVARES, André Ramos (coord.). *Vestígios do Futuro: 100 anos de Isaac Asimov*. São Paulo: Etheria Editora, 2020, p. 420.

TENÓRIO, Oscar. *Direito internacional privado*. 10. ed. Rio de Janeiro: Freitas Bastos, 1970, v. 1.

TIBURCIO, Carmen. *Extensão e Limites da Jurisdição Brasileira. Competência Internacional e Imunidade de Jurisdição*. Rio de Janeiro: Editora Juspodivm, 2016.

US Federal Courts. The Zippo Sliding Scale: Internet-Based Personal *Jurisdiction* (LandMark Case Law). LandMark Publications. Edição do Kindle.

VALLADÃO, Haroldo. *Direito Internacional Privado*. 2. ed. Rio de Janeiro: Freitas Bastos, 1977, vol. 2.

VALLADÃO, Haroldo. "Lei reguladora do estatuto pessoal", in *Revista Forense*, v. 51, n. 153, p. 503-513, maio/jun. 1954.

VICHER, Frank. "General course on private international law", in: *Collected Course of the Hague Academy of International Law*, vol. 232, 1992.

VIEIRA, Luciane Klein; CIPRIANO, Ana Cândida Muniz. "A Conferência de Haia de Direito Internacional Privado e a Proteção do Consumidor Turista: Balanço e Perspectivas", in: CARVALHO RAMOS, André de; ARAUJO, Nadia (org.). *A Conferência da Haia de Direito Internacional Privado e seus Impactos na Sociedade – 125 anos (1893-2018).* Belo Horizonte: Arraes Editores, 2018, p. 475-495.

AMARAL JUNIOR, Alberto do; VIEIRA, Luciane Klein; JUNIOR, Alberto do Amaral. "A Jurisdição Internacional e a Proteção do Consumidor Transfronteiriço: um estudo comparativo entre as recentes alterações legislativas verificadas no Brasil e na Argentina", in: CARVALHO RAMOS, André de (org.). *Direito Internacional Privado.* Belo Horizonte: Arraes Editores, 2016, p. 310-323.

YARSHELL, Flávio Luiz; GOMES, Adriano Camargo. "Internet e Limites da Jurisdição: uma Breve Análise à Luz do Direito Processual Civil", in: *Direito, processo e tecnologia.* São Paulo: Thomson Reuters Brasil, 2020, p. 17-56.

WANG, Faye Fangfei. *Internet Jurisdiction and Choice of Law. Legal Practices on EU, US and China.* UK: Cambridge University Press, 2010.

Websites

<http://www.onu.org.br/img/2014/09/DUDH.pdf>.

<http://internetrightsandprinciples.org/site/wp-content/uploads/2017/03/IRPC_booklet_brazilian portuguese_final_v2.pdf>.

<https://www.internetjurisdiction.net/about/mission>.

<https://www.internetsociety.org>.

<https://www.w3.org/People/Berners-Lee/1996/ppf.html>.

<http://internettrafficreport.com>.

<http://www.internetlivestats.com>.

<http://ceweb.br/linhadotempo>.